시각화 통계자료 분석
Visualizing Statistical
Data Analysis
SPSS 17
5 May 2005

일러두기

이 책은 편안한 마음으로 누어서 읽을 만한 책이 아니니다. 그렇다고 마음을 잡고 바르게 앉아 정독을 한다고 해도 그다지 쉬워지지도 않는다. 이는 같은 문제에 대해서 그만큼 많이 고민하고 연구한 노력없이 해결방법을 쉽게 습득할 수는 없을 것이다. 세상에서 체득하기에 쉽지 않은 것들 중에 하나다. 굳이 통계데이터분석법이라기 보다는 '시각화 통계자료 분석'이다. 이 책은 데이터 분석법에 관한 시각화 교재로서 필자의 오랜 강의와 분석경험을 통하여 쌓아 온 노하우를 담아 놓은 책이다. 그러나 이 책에 표현된 노하우의 깊이는 매우 얇을 수도 있고 매우 깊을 수도 있다. 평범한 내용이라고 간과하지 마라. 그러한 마음 때문에 진정한 지식을 놓치는 경우가 허다하다. 무엇이든 장담하지 말라. 모르는 것이 아는 것보다 항상 많음을 잊어서는 안 된다. 그러므로 아는 지식의 한도 내에서 최선의 의사결정을 내려야 할 것이다. 해결 방법을 알고 있으면서 실천에 옮기지 않는 것은 무지한 사람만도 못한 것이다. 길을 아는 것과 길을 가는 것의 차이를 아는가! 우리는 길을 가는 방법을 배우고자 한다. 알고만 있지 않고 알고 실천하겠다는 것이다. "장황한 소리는 이제 그만 두자!" 구체적이고 명료한 최선의 해법을 찾아 진실에 접근하고자 한다. "잘하면 된다!"는 누구나 할 수 있는 말이다. "어떻게 잘 할 것인가!"가 문제인 것이다. 우리가 하고자 하는 해법은 과학적인 문제해결방법을 익히는 것이다. 이는 통계적 방법론이 주류를 이루고 있으나 반드시 통계학만은 아니니다. 오히려 간단한 매트릭스를 사용하여 문제를 해결하거나 향상시킬 수 있는 경우도 많다. 즉 매우 쉽고 간단한 방법으로 복잡한 문제를 해결할 수도 있다는 것이다. 매우 쉽고 간단한 방법으로 문제를 해결할 수 있는데도 불구하고 어렵고 세련된 방법으로 문제를 해결하려는 사람은 없을 것이다. 그러나 과연 그런가! 현학적인 자세로 인해 쉽게 표현할 수 있는데도 불구하고 어렵게 표현하는 사례도 왕왕 있다. 이 책은 SPSS Statistics 17.0을 활용하여 분석하는 고급 분석가들을 위해 작성한 것이다. 그리고 Six Sigma나 CRM을 추진하는 기업에 있어서 행동전략적 분석 및 시각화 분석 마인드와 일변량/다변량 도구가 절실히 필요한 연구자 또는 논문작성자들을 훈련시키기 위하여 작성하였다. 앞으로도 시각화 know-how를 지속적으로 개정되고 향상시켜 나갈 것이다.

By Dr. Won

원태연, Ph.D. Profile-1

경력

- 중앙대학교 대학원 통계학과 박사
- 중앙대학교 대학원 통계학과 석사
- 중앙대학교 응용통계학과 졸업
- E-mail : tywon@dreamwiz.com , tywon@imgcg.com

- ➢ 관심분야
- 시각화(visualization) 방법론, 행동지향적 분석기법, Data Mining, Balanced Score Cards,
- Six Sigma Analytical Technique, Six Sigma 경영혁신전략, 서비스 품질향상기법,
- 고객정보조사 분석, CRM, 등...

- 현, Global Consulting Group BI 본부장/이사
- 현, 보람기업자문㈜ 전문위원/이사
- 현, 중앙대학교 대학원 강사
- 현, 중앙대 창업경영대학원 외래교수
- 현, 여의도연구소 정책자문위원
- 07' 한나라당 경선관리위원회 여론조사전문가 위원역임
- 99~05, LG 전자 Learning Center 기술교육 외래교수, TQ Six Sigma 자문교수
- 경원대학교 응용통계학과 겸임교수 역임
- 중앙대, 경원대, 대전대, 세종대 ... 강사역임
- 2000' LG 전자 CU Six Sigma 연구회 사외 자문교수 역임
- KSA 2001년도 교육과정개발 TFT 자문위원 역임
- KSA 연구소 Six Sigma 품질혁신전략 교재개발 위원 역임
- KSA 품질경영(QM) 교육부 통계분과 자문위원 역임
- SPSS Academy 교육강사 ..., SPSS Terminologist
- LG 인화원 통계조사분석 강의 ...
- 금호인력개발원 데이터분석법 강의 ...
- 아시아나 CC 클럽 고객만족조사 책임 컨설팅
- 롯데그룹 연수원 SPSS 분석기법 강의 ...
- 한국안전공단 'Survey와 만족측정' 초청강의
- KSA 통계조사방법 -고객만족도 조사 - 강의...
- 태평양 인력개발원 마케팅 전략분석 강의 ...
- 현대백화점 인재개발원 전략적 분석 강의 ...
- CJ 리서치 센터 MART(고급 데이터 분석) 교육
- 삼성전기 MBB 다변량 해석법 교육 ...
- LG 그룹 - 초청강의 – "CRM-Six Sigma 통합모델 연구"
- LG 전자 Six Sigma 추진자 정례 발표회 초청강의 – "Data Mining - Six Sigma Techniques"
- LG 전자 Learning Center: Six Sigma 고객요구파악 기법 교육 ...
- LG 전자 Six Sigma 프로젝트 자문 ...
- LG 전자 평택 공장 사내고객조사 수행 및 분석 자문
- 삼성SDS MBB survey skill 교육 ...이외 생략..

- ➢ 경영혁신 Tools 개발
- 09` TQ-6Sigma Tools 2007 개발 완료
- Six Sigma Project 수행 Tools 개발(TQ-6Sigma Tools Version 1.0 for LGE) 완료 – LG 전자 CU 내에서 사용권 허용 ...
- 08` TQ-6Sigma Tools Version 5.0 개발 완료
- 06` X-SPI V3.0, 한국경영혁신컨설팅과 제휴
- 07` 현, X-SPI V4.0 upgrade 완료, 한국경영혁신컨설팅(www.kmiway.com)
- 07` PDCA Tools V1.0 개발 중...
- 07` Won's DOE Tools V1.0 개발 중...
- 07` 수요예측 모듈 개발예정...

원태연, Ph.D. Profile-2

저서

1	EXCEL VBA 를 이용한 고객만족분석	근간	미정
2	TQ-SixSigma Tools 통계적사고	근간	미정
3	TQ-Six Sigma Tools 가이드북	근간	미정
4	SPSS 서베이리서치	근간	미정
5	SPSS 통계조사분석	2009, 7	한나래
6	SPSS 17.0 바이블	근간	미정
7	마케팅 조사 통계분석	2004, 8	교우사
8	시각화 통계분석 원리	2004, 8	교우사
9	다변량 시각화 데이터 분석법	2004, 8	교우사
10	일변량 시각화 데이터 분석법	2004, 8	교우사
11	경영혁신전략을 위한 고객정보 조사분석	2004, 7	교우사
12	시계열자료와 단순화 분석 II	2003, 5	SPSS 아카데미
13	설문조사분석	2002, 10	교우사
14	시계열자료와 단순화 분석 : Series I	2001, 8	SPSS 아카데미
15	고객정보조사분석	2001, 4	SPSS 아카데미
16	시각화 데이터 분석법 –Advanced	2001, 2	SPSS 아카데미
17	시각화 데이터 분석법 –BASIC	2001, 2	SPSS 아카데미
18	시각화 통계분석 원리	2000, 12	SPSS 아카데미
19	마케팅 조사분석론 -은행 고객만족도 조사-	2000, 8	율곡출판사
20	SPSS 통계조사분석	1998, 9	SPSS 아카데미
21	한글 SPSS 마케팅조사 통계분석	1998, 8	SPSS 아카데미
22	윈도우용 SPSS 통계조사분석 II	1997, 4	SPSS 아카데미
23	윈도우용 SPSS 통계조사분석 I	1997, 3	SPSS 아카데미
24	SAS를 이용한 통계자료분석	1995, 11	중앙대학교 출판부
25	윈도우용 SPSS 범주형 데이터분석, SPSS 총서(10)	1995, 8	SPSS KOREA
26	윈도우용 SPSS 전문 통계분석, SPSS 총서(8)	1995, 3	SPSS KOREA
27	SPSS/PC+ 고급 데이터분석, SPSS 총서(5)	1993, 3	SPSS KOREA
28	SPSS/PC+ 중급 데이터분석, SPSS 총서(4)	1993, 3	SPSS KOREA
29	SPSS/PC+ 초급 데이터분석, SPSS 총서(3)	1993, 3	SPSS KOREA
30	SPSS/PC+ I / II	1991, 11	자유아카데미

SPSS 시각화 통계분석

내용

앎, 측정 ...

앎(knowing)

- 모르면 **행동**할 수 없다.
- 행동할 수 없다면 **손실위험**(risk of loss)이 커진다.
- 알고도 행동하지 않는다면 **손실**(loss)은 당연하다.
- 알고 행동한다면 **위험**(risk)을 다스릴 수 있다.

아는 자는 현명하다...

측정(measurements)

- 우리는 무엇을 모르는 지를 모른다.
- 우리가 아는 것을 **수치로 표현**(측정)할 수 없다면 우리는 진정으로 그것에 대하여 모르고 있는 것이다.
- 그것에 대해 정확히 알지 못하면 그것을 **관리**할 수 없다.
- 우리가 그것을 관리할 수 없다면 운에 맡겨야 한다.

운에 걸고 있지 않은가?...

지식(knowledge)과 앎(knowing)

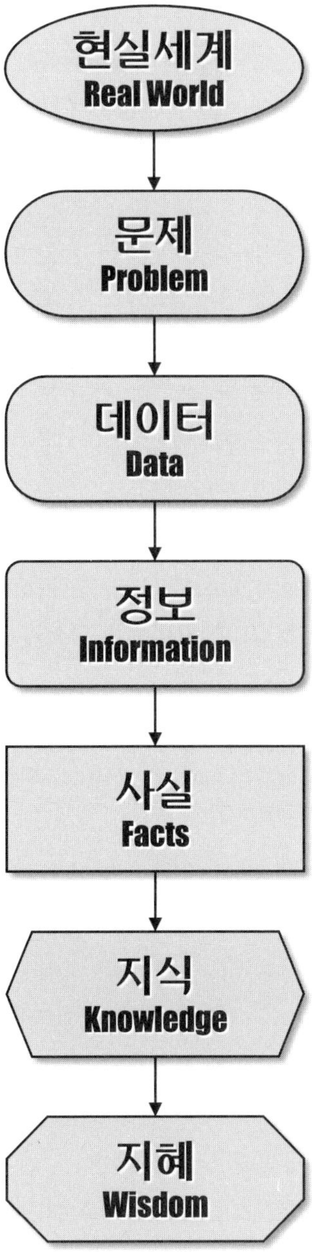

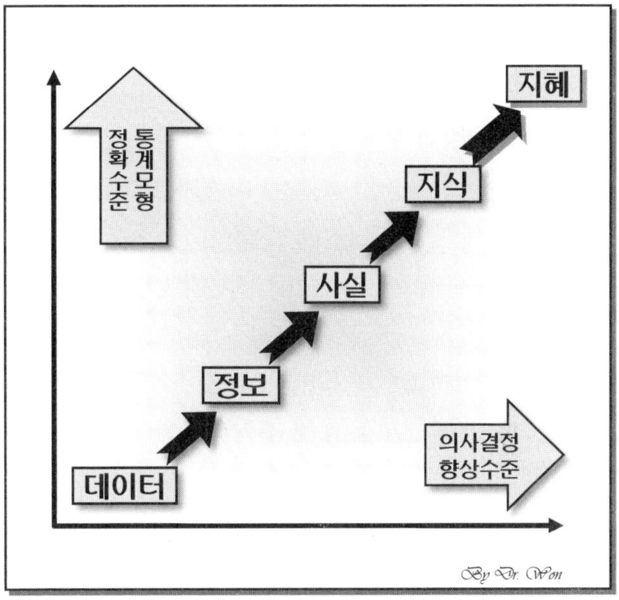

지혜(앎)는 ...... 이다.

미래비전

원동력

경쟁력

차별화

조직역량

자산

행동가치

By Dr. Won

지식과 앎의 차이?

우리는 행복한 삶을 영위하기 위해서 많은 교육과 배움을 받고 있으며, 심지어는 지식을 습득하도록 강요 받고 있을 정도다. 이 사회가 만들어 놓은 체계적인 교육기관을 거쳐 사회로 진출하게 된다. 사회는 그러한 사람들에게 효율과 생산성을 요구하게 되고 이에 적절히 대응하지 못하면 사회는 그러한 사람들에게 알게 모르게 무능한 자로서 보이지 않는 낙인을 찍곤 한다. 그러나 이러한 교육체계를 거쳐도 사회는 다시 재교육을 하게 되어 이중, 삼중의 교육역량을 발휘하지만 노력에 비해 효율은 매우 미진하다고 할 수 있다. 예를 들면, 대학을 졸업하고 무사히 취업하여 직업을 가지게 되면 기업은 그들을 다시 교육하게 된다. 그리고 그 교육은 "실무중심의 교육"이라고들 말한다. 그렇다면 대학은 실무중심의 교육이 아니었다는 말인가? 그렇다. 불행히도 그 점은 필자도 인정하는 사실이다. 책이라는 매체를 통해서 학습하고 강의력이 우수한 교수로부터 수 많은 지식들은 듣고 암기하여 자신의 것으로 만들려고 한다. 그러나 이렇게 남으로부터 듣고 배우고 암기한 것들은 결코 자신의 것이 될 수 없다. 책과 여러 강좌들로부터 받아들인 모든 것들을 지식(knowledge)이라고 한다. 이렇게 남으로부터 모아 들인 지식은 결코 자신이 터득한 사실이 아니며 단지 생각과 이성적 사고로서만 이해된 것들이다. 이러한 지식은 진정한 앎(knowing)이라 할 수 없으며, 실제 우리들의 삶에 있어서의 문제를 해결하는 핵심적 열쇠가 될 수 없다. 그러므로 체험없는 지식만을 많이 쌓은 사람은 실무에서 총명한 기지를 발휘할 수 없다. 즉 체험을 통하여 습득된 것만이 진정한 나의 것이며, 이것이 진정한 앎인 것이다. 필자가 이렇게 한 절을 할애하여 구구절절 이러한 말을 하는 것은 실제 현실세계에서 일어나는 수많은 문제들을 해결하는데 남으로부터 끌어 모은 지식이 궁극적으로 도움이 되지 못했기 때문이다. 즉 남으로부터 배운 지식은 반드시 체험을 통해서 직접 학습되는 과정이 뒤따를 때만이 비로서 '앎'이 성숙되고 완성된다는 것이다. 이러한 앎은 우리가 추구해야 할 궁극의 가치이며 삶에 활력소가 될 뿐만 아니라 지혜로움의 단계로 인도해 준다. 데이터분석에서도 역시 체험을 통한 '앎'이 없이는 그저 상습적인 활용수준에 머무르게 된다. 이러한 '앎'이 깊어지고 확대됨에 따라서 문제의 본질적인 핵심을 찾고 그에 대한 해결방법론을 매우 적절하게 적용할 수 있게 됨을 명심해야 한다. 필자는 강의 중에 "데이터를 보는 통찰력"을 기르도록 학습하고 체험해야 한다고 주장하곤 했는데 이 핵심이 바로 '앎'이다. '지식'과 '앎'의 차이를 우리는 명확히 구분하고 이해해야 한다. 지식의 수준에서 아는 것처럼 말해서는 안 된다.

경영의사결정과 통계분석 역할

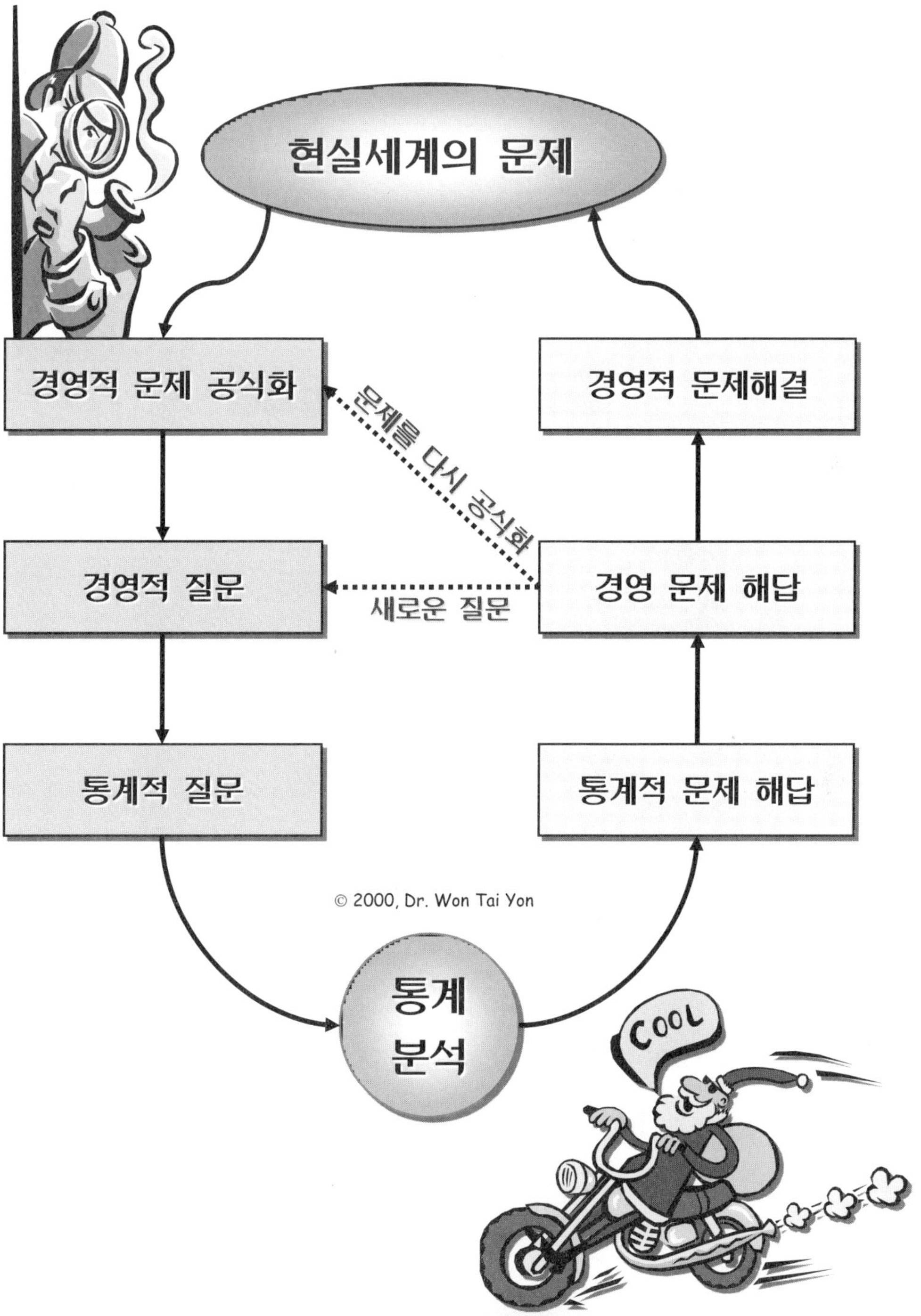

Need-Do의 상호작용

Need-Do 상호작용을 통하여 가치를 산출…

이 둘은 이러한 상호작용
으로 창출되는 가치를
극대화하는 것이다.

고객(Customers)과 공급자(Suppliers)는 Need-Do 상호작용을 통하여 가치(value)를 교환한다.

상호작용을 극대화하는 것!

우리는 프로세스의 결함이 생길 때마다 그 결함을 검색하여 발견하고, 분석하고, 조치하기 위하여 기업이 가지고 있는 자원(resources), 즉 인력, 자본, 간접비, 자재, 시간 등을 투입하게 된다. 이러한 조치활동은 고객만족의 3요소인 **최고의 품질의 제품/서비스**(quality), **적절한 가격**(price), **정시에 공급**(delivery)에 직접적으로 연결된다. 불량이 발생할 가능성이 극적으로 적어지면 실제로 결함을 발견하고, 분석하고, 조치하는 체계를 유지할 필요가 없어지므로 비용이 극적으로 감소하게 된다. 이것이 Six Sigma의 궁극적인 목표이다.

고객(Customers)**과 공급자**(Suppliers)**는** Need-Do **상호작용을 통하여 가치**(value)**를 교환한다.**

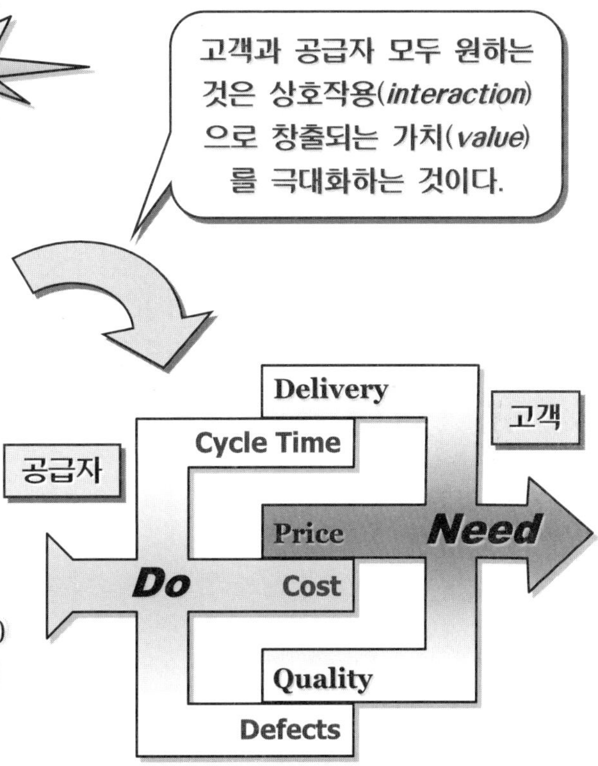

Quality, Price, Delivery**에 대한 고객의 커져가는 기대를 만족시키기 위해 공급자는** Defect, Cost, Cycle Time**를 극적으로 감소시킬 수 있도록 노력해야 한다.**

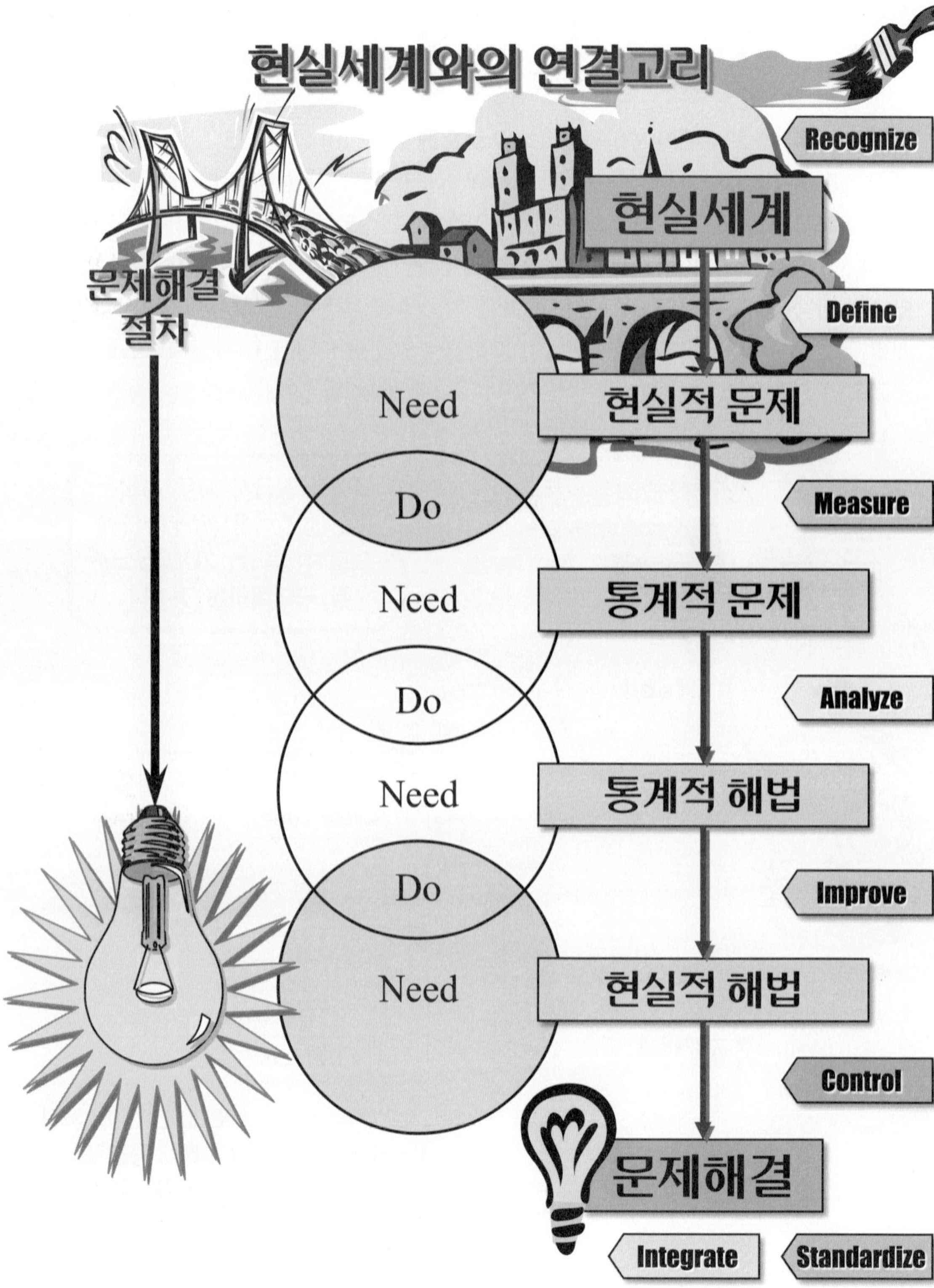
현실세계와의 연결고리
Recognize
현실세계
문제해결 절차
Define
Need
현실적 문제
Do
Measure
Need
통계적 문제
Do
Analyze
Need
통계적 해법
Do
Improve
Need
현실적 해법
Control
문제해결
Integrate
Standardize

문제의 변환

현실세계

수익이 감소하고 있다.

1 — **문제정의**: 현장의 용어로 문제를 설명하고 정의한다. 예를 들어 A 사업부에서 지난 3개월동안 고정고객의 유지비율이 90%에서 70%로 감소하였다. 수익이 감소하게 된 상황은? 그리고 이러한 상황이 지속될 것인가? 어떤 전략과 서비스로 유지할 것인가? 문제를 현실적 용어로 정의한 후에 문제를 공식화한다.

판단

현실적 문제

수익을 어떻게 향상시킬 수 있는가?

2 — **접근방법 결정**: 고객정보수집 방법, 구매이력 데이터 확보방안, 고객분류, 상관분석..., 수집한 데이터에 관한 통계량의 성질과 가정은? 종속 또는 독립표본의 설계? 사용해야 할 분석의 유형? 실제적 문제에 대한 타당성은? α와 β, H_a의 선택 ? 등

지식

통계적 문제

H_0 : 고정고객과 이탈고객의 만족도에 차이가 없다.
H_1 : 고정고객과 이탈고객의 만족도에 차이가 있다.

3 — **접근방법 실행**: 표본크기 n을 정하고, 데이터를 수집한다. 통계적 방법을 실행하여 출력결과를 산출한다. t, p, r 등..

지식과 판단

통계적 결론

유의수준 5%하에서 H_0 기각
∴ 고정고객 만족도 > 이탈고객 만족도

4 — **결론 도출**: 전반적으로 통계적 모형이 적절하였는가 또는 적합도가 인정할 만 한가? 현실적인 결론에 있어서 한계, 즉 표본추출 조건, 자원의 종류, 측정방법, 특수한 연구상태, 등 ....

지식

현실적 결론

고정고객보다 이탈고객의 만족도가 떨어진다.
원인과 이유는 무엇인가를 현실적 용어로 기술한다.

5 — **결과 일반화**: 결론이 이 연구의 특정한 상황에만 적용되는가? 기타 다른 상황에도 일반화하여 적용할 수 있는가? 무엇이 한계인가? 새로운 사실을 일반화하여 지식으로 공유한다.

판단

새로운 지식 (→ 현실세계)

원인/이유에 적절한 대응전략을 수립하고 유사한 상황에 대처할 수 있도록 지침을 마련한다.

통계분석이란?

우리는 일상생활에서 의식하지 못하지만 통계적인 의미를 사용하여 매일같이 이야기하고 생각하고 있다. “나는 매일밤 8시간은 잔다” 라든가 “미리 준비한다면 너는 시험에 합격할 것이다” 등의 말은 분명히 통계적인 말이다. 이는 “매일밤 평균 8시간은 잠을 잔다” 는 말이며, “미리 준비하면 합격할 확률이 커진다” 는 말일 것이다. 그렇다면 이러한 말들을 증명할 방법은 없을까? 단지 말로 만... 아니 어떤 현상 또는 의사결정을 아무런 근거(데이터) 없이 말만 앞 세운다면 그 누가?? 믿어 줄 것인가? 통계학은 다음의 능력을 습득하고, 훈련하는 것이다.

- 실험 및 기타 데이터 수집계획을 설계하고,
- 쉽게 이해할 수 있는 정보로 요약하고,
- 데이터를 근거로 한 의사결정을 유도하고,
- 현재를 추정하고 미래를 예측한다.
- 많은 분석결과를 정보화, 지식화한다.

오늘날 통계학은 의학, 심리학, 교육학, 사회학, 경영학, 경제학, 공학 등의 많은 학문 분야에서 연구를 수행하는 중요한 도구로써 자리매김하고 있다. 또한 통계학은 기업, 산업, 정부 등과 같은 많은 사회적 구조에 있어서도 중요한 학문 분야이다. 그러나 통계학은 이들 분야의 실증적인 연구의 결과를 증명해 보이는 도구로서 광범위하게 이용되어 왔으나 그 오용 및 남용도 간과해서는 안 된다. 바르게 사용되지 못한 통계적 방법론으로 인해 많은 오해와 실수를 야기하게 되고, 이로 인하여 치명적인 장애를 경험하게 됨을 명심해야 할 것이다. 이미 직관이나 오랜 경험만을 활용하는 의사결정의 시대는 이미 사라지고 있으며 사라져야 할 것이다. 데이터에 근거한 과학적인 사고와 의사결정을 요구하는 시대가 도래하고 있다. 그러므로 양질의 데이터는 의사결정에 있어서 매우 중요한 사안이다. 데이터가 불충분하다면 어떠한 고급의 통계적 모형을 적용한다 하더라도 원래의 데이터가 가지고 있는 정보 이상의 수준으로 결과를 산출하지는 못하기 때문이다(Garbage In, Garbage OUT : GIGO).

데이터분석과 시각화

데이터는 대상, 상황, 현상 등으로부터 측정을 통하여 추출된다. 대상, 상황, 현상 등을 분류하고, 설명하고, 개선하고, 관리하기 위하여 데이터를 사용한다. 즉 사실에 근거한 분석이 없이는 대상, 상황, 현상을 이해할 수 없다. 단지 오랜 경험이나 명철한 직관에 의해 판단하는 것은 그야말로 운에 맡기는 것과 같다. 설사 운에 맡긴다고 해도 보다 과학적인 근거를 가지고 운명을 맡기는 것이 현명하지 않겠는가!

분석의 수준

1. **데이터 없이 경험이나 직관에 따라 행동한다.**
2. **데이터는 수집하나 단지 숫자로만 본다.**
3. **챠트나 그래프를 그리기 위하여 데이터를 모은다.**
4. **전수 데이터를 이용하여 기술통계분석을 행한다.**
5. **표본 데이터를 이용하여 기술통계분석을 행한다.**
6. **표본 데이터를 이용하여 추론통계분석을 행한다.**
7. **추론의 종합적인 결과를 요약하여 [그래프+수치+분석정보]로 시각화**(Visualization)**한다.**

많은 경우 분석한 결과를 이해하고 해석하는 과정에서 많은 산출물들을 단지 수치로서 정리된 표나 문장으로 표현한다면 어떻겠는가? 이해하기가 쉽지 않을 것이다. 더구나 수치는 이해하는데 어려운 점이 있다. 분석결과는 많은 사람들을 설득할 수 있는 결과로서 제시되어야 한다. 그러기 위해서는 쉽고 명료해야 한다. 많은 사람을 설득하는데 가장 효과적인 방법은 그림(도표)으로 표현하는 것이다. 이러한 그림표현에는 통계적으로 정확성을 가미하여 매우 유용한 결과(숫자 및 분석정보)를 그림상에 표시하도록 하여야 한다. 즉 가장 이상적인 표현은 [그림+수치+분석정보]로 작성된 결과이다. 바로 도식화, 수치화, 정보화로서 결론을 요약하자는 것이다. 이것이 시각화의 기본 개념이다.

시각화 데이터 분석 절차

대상, 상황, 현상
측정
데이터 기록
시각화
데이터
분석
시각화는 데이터가 담고 있는 정보를 기호화하여 그래프로 나타내는 것이다. 그래프의 품질은 주로 정보를 시각적으로 번역하는 능력에 따라 결정된다. 만일 정보를 번역할 수 없다면 그래프는 쓸모없는 것이 되고 만다.
By Dr. Won
의사결정
시각화 분석
보고서
© 2000, Dr. Won Tai Yon

분석자의 위치와 역할, 초점

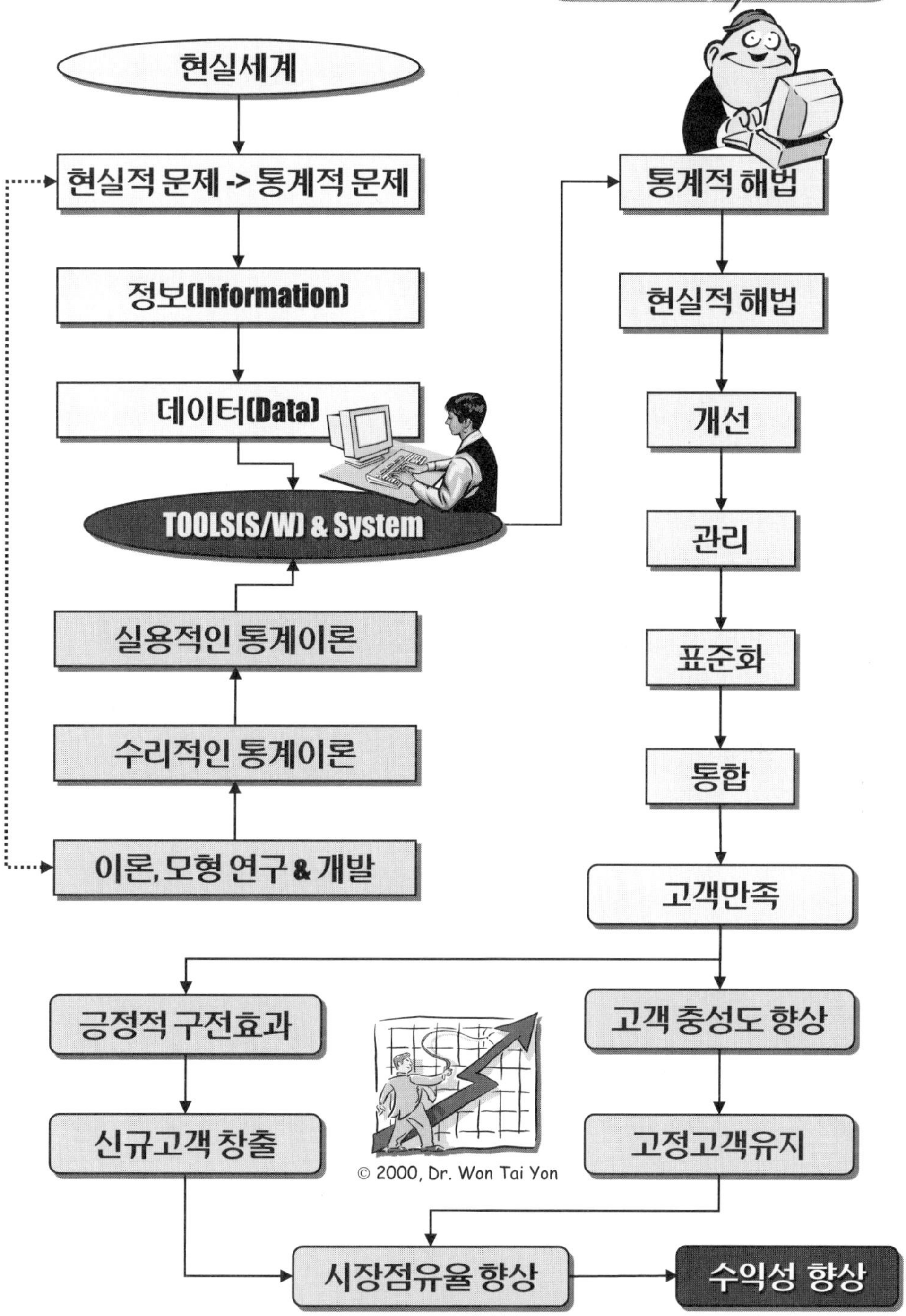

Memo

통계적 사고
Statistical Thinking

통계학과 데이터

우리는 일상생활에서 의식하지 못하지만 통계적인 의미를 사용하여 매일같이 이야기하고 생각하고 있다. “나는 매일밤 8시간은 잔다” 라든가 “미리 준비한다면 너는 시험에 합격할 것이다” 등의 말은 분명히 통계적인 말이다. 이는 “매일밤 평균 8시간은 잠을 잔다” 는 말이며, “미리 준비하면 합격할 확률이 커진다” 는 말일 것이다. 그렇다면 이러한 말들을 증명할 방법은 없을까? 단지 말로 만... 아니 어떤 현상 또는 의사결정을 아무런 근거(데이터) 없이 말만 앞 세운다면 그 어느 누가?? 믿어 줄 것인가?

통계학은 단순히 데이터를 정리하는 것만을 의미하는 것은 아니다. 즉 통계학에서는 근거없는 막연한 추측이나 의사결정 등은 결코 허용하지 않는다. 과학적인 이론에 근거하여 우리의 관심사나 연구 목적에 알맞은 정확한 대상이 선정되어야 하며, 연구목적에 필요한 데이터와 정보가 경제성과 정밀도를 고려하여 가장 적절한 방법으로 수집되고, 수집된 데이터는 과학적인 이론에 의해 정리·분석되고, 이를 토대로 현실적인 해석과 행동전략이 수반되어야 한다. 즉 이러한 방법론을 제시해주는 것이 바로 **통계학**(statistics)이다. 통계학은 분석적 도구로서 다음의 능력을 습득하고, 훈련하는 것이다.

- 현실문제를 계량적으로 접근할 수 있도록 바르고 정확하게 정의하고,
- 실험 및 기타 데이터 수집계획을 설계하고,
- 데이터를 근거로 한 의사결정을 유도하고,
- 많은 분석결과를 쉽게 이해할 수 있도록 요약화, 정보화, 지식화, 행동전략화 하고,
- 현재를 추정하고 미래를 예측한다.

오늘날 통계학은 의학, 심리학, 교육학, 사회학, 경영학, 경제학, 공학 등의 많은 학문분야에서 연구를 수행하는 중요한 도구로써 자리매김하고 있다. 또한 통계학은 기업, 산업, 정부 등과 같은 많은 사회적 구조에 있어서도 중요한 학문 분야이다. 그러나 통계학은 이들 분야의 실증적인 연구의 결과를 증명해 보이는 도구로서 광범위하게 이용되어 왔으나 그 오용 및 남용도 간과해서는 안 된다. 바르게 사용되지 못한 통계적 방법론으로 인해 많은 오해와 실수를 야기하게 되고, 이로 인하여 치명적인 장애를 경험하게 됨을 명심해야 할 것이다. 이미 직관이나 오랜 경험을 통한 의사결정의 시대는 이미 사라지고 있으며 사라져야 할 것이다. 데이터에 근거한 과학적인 사고와 의사결정을 요구하는 시대가 도래하고 있다. 그러므로 양질의 데이터는 의사결정에 있어서 매우 중요한 사안이다. 데이터가 불충하다면 어떠한 고급의 통계적 모형을 적용한다 하더라도 원래의 데이터가 가지고 있는 정보 이상의 수준으로 결과를 산출하지는 못하기 때문이다(Garbage In, Garbage OUT : GIGO).

모집단과 표본

통계적 개념의 가장 기초가 되는 것은 모집단과 표본이다. 우리의 관심의 대상이 되는 모든 개체의 관측값이나 측정값의 집합을 **모집단**(population)이라 하며, 통계적 분석을 위하여 모집단으로부터 무작위로 추출한 몇 개의 관측값이나 측정값의 집합을 **표본**(sample)이라고 한다. 일반적으로 모집단에 대하여 판단하거나 이에 대한 의사결정을 진행하기 위하여 모집단의 일부를 추출하는 과정을 **표본추출**(sampling)이라고 한다. 표본추출은 통계학을 공부하는 사람들만이 사용하는 전문용어가 결코 아니며, 일상생활에서 흔히 접할 수 있는 용어이다. 표본추출을 통하여 우리가 알고자 하는 대상과 관련된 정보를 입수하는 예를 주변에서 흔히 찾아 볼 수 있다. 그렇다면 표본을 추출하는 목적은 무엇인가? 간략하게 말하면 표본추출은 표본을 추출한 모집단에 대해 올바른 추론을 할 수 있도록 충분한 정보를 제공해 주자는 데 그 목적이 있다. 따라서 표본추출의 바람직한 방법도 모집단의 특성값(모수)을 가장 잘 나타낼 수 있도록 표본을 추출하는 것이다. 만약 모집단에서 추출된 표본이 모집단의 특성값을 잘 나타내지 못한다면 표본을 바탕으로 한 모집단의 추정값(통계량)도 믿을 수 없게 된다. 왜냐 하면 모집단에서 추출된 표본은 그 모집단의 일부에 지나지 않기 때문에 모집단에 대한 정보를 정확히 알 수 없으며 반드시 오차가 생기기 마련이다. 따라서 이러한 오차를 줄이려면 모집단을 잘 대표하는 표본을 추출하여야 한다.

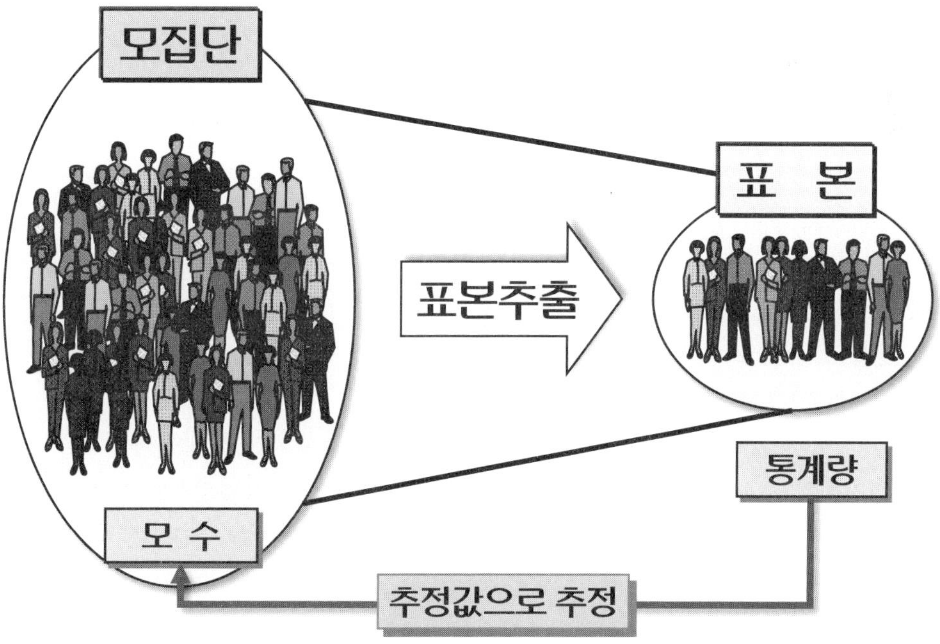

전수조사와 표본조사

전수조사(census)란 모집단 전체를 조사하여 모집단으로부터 직접 정보를 얻는 방법이며, **표본조사**(sampling survey)는 모집단의 특성을 파악하기 위하여 그 중 일부분인 표본을 추출하여 관측하는 방법이다. 모든 의사결정문제는 최소한의 비용과 시간을 들여 보다 정확한 결론을 이끌어 내는 것이 중요한 과제일 것이다. 그러나 일반적으로 의사결정의 기초가 되는 정확한 정보를 수집하기 위해서는 많은 시간과 비용이 필요하며, 시간과 비용이 절약되면 정보의 양과 질이 떨어지기 마련이다. 의사결정자는 표본조사를 통하여 이러한 정보의 양 및 질적인 측면과 이의 수집을 위해 드는 시간 및 비용과의 관계에서 가장 효율적인 정보수집 방안을 모색하게 된다. 물론 정보를 수집하는데 비용이 거의 들지 않고, 항상 수집이 가능한 이상적인 상황이 존재한다면 표본조사를 고려할 필요가 없을 것이다. 그러나 이런 이상적인 상황이 존재할 수 없기 때문에 전수조사가 적절하지 않거나 불가능한 경우가 많으며, 전수조사가 가능하다고 해도 비용과 시간이 너무 많이 들어 현실적으로 비효율적이거나 무모한 상황이 많은 것이 사실이다.

표본조사의 필수적인 전제조건은 표본이 모집단을 적절히 대표해야 한다는 것이다. 따라서 표본으로부터 얻어진 통계량들을 사용하여 모집단의 특성치인 모수를 추정할 수 있는 것이다. 표본조사의 이점을 다음과 같다.

1) 경제성
2) 시간성
3) 세밀한 조사가능
4) 파괴적인 조사를 해야 할 경우
5) 전수조사가 불가능한 경우
6) 표본관리가 용이
7) 다량의 정보 확보가능

표본조사의 단점은 다음과 같다.

1) 모집단을 대표할 수 있는 표본 선정에 어려움
2) 모집단 크기가 작은 경우에는 표본조사는 무의미
3) 복잡한 표본 설계를 요하는 경우에는 시간이 많이 들고 오차가 많이 발생

참고로 통계학은 크게 나누어 데이터를 정리/요약하여 데이터의 특성을 계산하는 **기술통계학**(descriptive statistics)과 추출한 표본을 분석하여 모집단의 특성을 규명하는 **추론통계학**(inferential statistics))으로 나누어 볼 수 있으며, 일반적으로 전수조사의 경우는 기술통계학을 활용하게 되며, 표본조사의 경우는 추론통계학을 사용하게 된다.

모수와 통계량

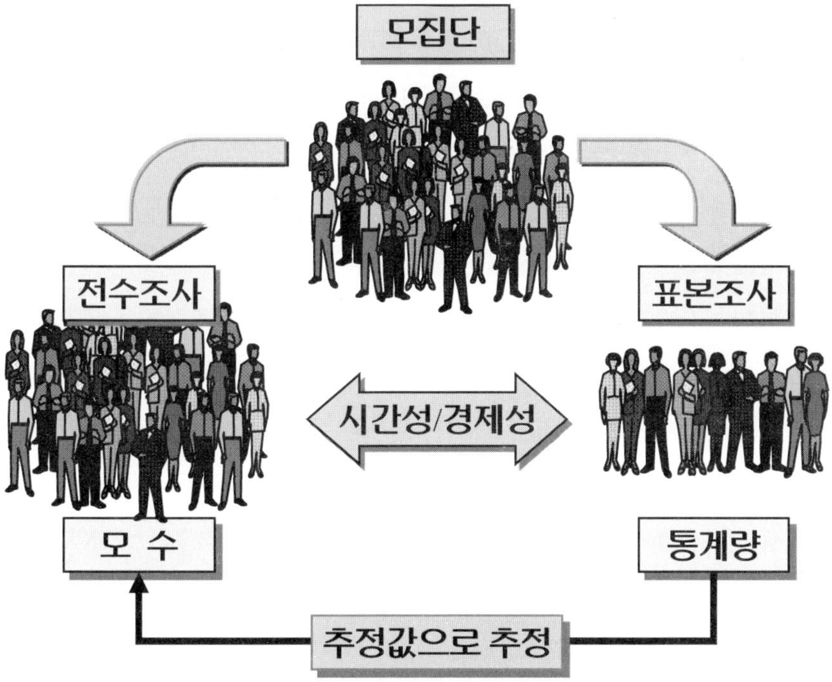

모집단의 특성을 수치로 나타낸 값을 **모수**(parameter)라고 하며, 표본의 특성을 나타낸 값을 **통계량**(statistic)이라고 한다. 일반적으로 전수조사를 하지 않고 표본조사를 통하여 모집단의 특성을 판단하므로 통계량이라는 말이 주로 언급되고 있다. 그리고 통계량이라는 용어는 표본의 용어이므로 모집단을 언급할 때 사용할 수 있는 용어가 아님을 주의하기 바란다. 표본의 특성을 나타내는 통계량들은 여러 가지가 있을 수 있으며 모수를 추정하는데 주로 사용된다. 어떤 특정 모수를 추정하는 데 사용되는 통계량을 모수의 **추정량**(estimator)이라고 하며, 모수에 대한 검정에 사용되는 통계량을 **검정통계량**(test statistic)이라고 한다. 여기에서 추정량은 아직 구체적인 수치를 대입하지 않은 정해지지 않은 값을 말하며 이러한 추정량에 구체적인 데이터 값들을 대입하여 상수로서 계산된 값을 모수의 **추정치** 또는 **추정값**(estimate)라고 한다. 결국 우리가 수집한 데이터는 표본이며 이를 통해 분석한 결과 내의 모든 수치적 정보들은 통계량이라고 할 수 있는 것이다.

무작위성(Randomness)

모집단의 특성을 파악하기 위하여 표본을 추출하고 이 표본을 통하여 모수를 추정하고 기타 특성들을 예측, 분석하게 된다. 그러나 표본이 모집단의 일부를 추출한 것이므로 모집단과는 완전하게 동일한 결과가 나타나지 않는 것이 당연하다고 할 수 있다. 그렇다면 이렇게 표본을 통해서 모집단을 추정하고 분석하려면 표본의 성질은 기본적으로 모집단을 대표할 수 있어야 표본으로서의 자격이 된다고 할 수 있다. 만일 표본이 모집단을 대표할 수 없다면 표본을 통해 판단하는 어떠한 결론도 모집단과 다른 엉뚱한 결과일 수밖에 없다.

그렇다면 "**표본을 어떻게 추출하는 것이 바람직한 것인가**?" 이는 모집단을 구성하고 있는 각각의 개체가 표본으로 뽑힐 확률이 같도록 설계된 표본, 즉 **확률표본**(random sample)을 사용하는 것이다. 이러한 확률표본을 추출하는 행위를 "**무작위 표본추출**(random sampling)"이라 한다. 많은 조사 보고에서 "무작위 표본추출을 하였다" 라고 명시한 경우 무작위 표본추출 방법을 제대로 지키지 않고 조사한 경우도 적지 않으며, 이러한 경우 결과는 대표성이 없는 일그러진 소리일 수밖에 없다. 따라서 표본을 어떻게 추출하느냐에 따라 표본이 갖는 정보에는 큰 차이가 있게 됨을 명심해야 한다.

무작위성(randomness)이란 무엇인가? 이 문제는 철학이나 수학에서는 아직 논란이 계속되고 있으나, 통계학에서는 이에 대한 정의를 내리고 이를 준수하는 것만이 무작위성을 인정하게 되었다. 즉 무작위성은 모집단을 구성하고 있는 각각의 개체가 표본으로 뽑힐 확률이 같도록 설계하는 것이다. 예를 들어 어떤 기업의 시장조사에서 고객집단의 크기가 대략 N이라면 모집단의 구성원 또는 개체는 고객이 될 것이다. 즉 이 각각의 고객이 시장조사의 대상인 표본으로 뽑힐 가능성을 1/N로 모두 동일하게 부여하는 것이다. 이와 같이 무작위성을 충실히 가정하지 못하는 표본은 논리적으로 통계학적 접근이 무의미하다. 그러므로 기본적으로 표본은 무작위 표본추출법을 사용하여 추출되어야 통계적 분석의 의미를 부여할 수 있음을 명심해야 한다.

Randomness의 실천상의 문제점

그렇다면 "**무작위성을 어떻게 실천할 수 있는가?**"

이와 같은 무작위성을 실제 필드에서 실천하는 데는 몇 가지 어려운 점이 있을 수 있는 데 이는 공간상의 거리, 시간, 비용 등의 문제가 발생된다. 일단 공간상의 거리 문제를 일부 해결하는 방법으로 직접 어떤 지역을 방문하여 그 곳에서 무작위로 추출할 수 없음으로 미리 표본 프레임(조사 대상 리스트)을 작성하고 이 프레임에서 무작위로 추출하는 것이다. 이 경우 무작위 표본추출을 수행할 수 있는 여러 가지 개발된 프로그램을 이용하는 것이 좋다. 이렇게 추출된 대상들만을 찾아 조사측정을 실시하면 된다. 그러나 이 경우에도 실제로 물리적인 거리로 인해 무작위성을 실천하는데 어려운 점이 종종 발생한다. 이는 실제 조사나 실험 등이 무작위로 행하게 될 경우 지역적인 거리로 인해 일부 대상에 쉽게 접근하지 못하는 경우, 또는 조사대상의 부재/유실 등으로 접근 실패하는 경우와 여러 가지 비용 및 시간, 조사인력 등의 수급의 문제로 인해 접근에 실패하는 경우, 또한 측정할 때 파괴조사나 조사대상의 기능이 측정을 통해 상실됨으로 인해 고비용이 발생되는 경우에는 고비용의 발생 뿐만 아니라 표본크기를 충분히 확보하지 못하는 문제도 발생된다.

그리고 설사 무작위성을 충실히 실천하여 표본을 추출하였다고 하더라고 그것이 모집단의 특성과 꼭 맞아 떨어진다고 할 수는 없는 것이다. 다만 무작위성의 충실도에 따라 표본이 모집단을 잘 대표할 가능성이 커진다는 점뿐이다. 그러고 무작위 표본추출 이외의 보다 과학적인 방법론이 현재 개발되어 있지 않기 때문에 우리의 입장에서는 무작위성을 최대한 위반하지 않도록 최선의 노력을 다하는 방법밖에는 달리 대안이 없다는 것이다. 그러나 실제 측정에 있어서 무작위 추출방법론도 중요하기는 하나 시간과 비용이 오히려 더 중요시 되고 있음을 간과해서는 안될 것이다.

Memo

데이터와 측정수준

Data & Level of Measurement

데이터란?

어떤 결론을 내리는데 있어서 근거가 될 수 있는 모든 사실을 통칭하여 데이터(또는 자료)라고 한다. 데이터는 숫자, 문자, 화상, 소리 등의 형태로 표현될 수 있지만 데이터 분석에서는 주로 수치 데이터를 대상으로 한다. 이렇게 어떤 현상에 대해 수치를 부여하는 과정을 '수치화' 라고 한다.

- 숫자, 문자, 화상, 소리, 느낌 등 모든 자연 현상
- 의사결정에 있어서 근거가 되는 모든 사실, 현상 등을 통칭
- 데이터 분석 -- 수치화된 자료

수치화란?

: 어떤 대상의 속성에 숫자를 부여하는 과정

데이터의 출처

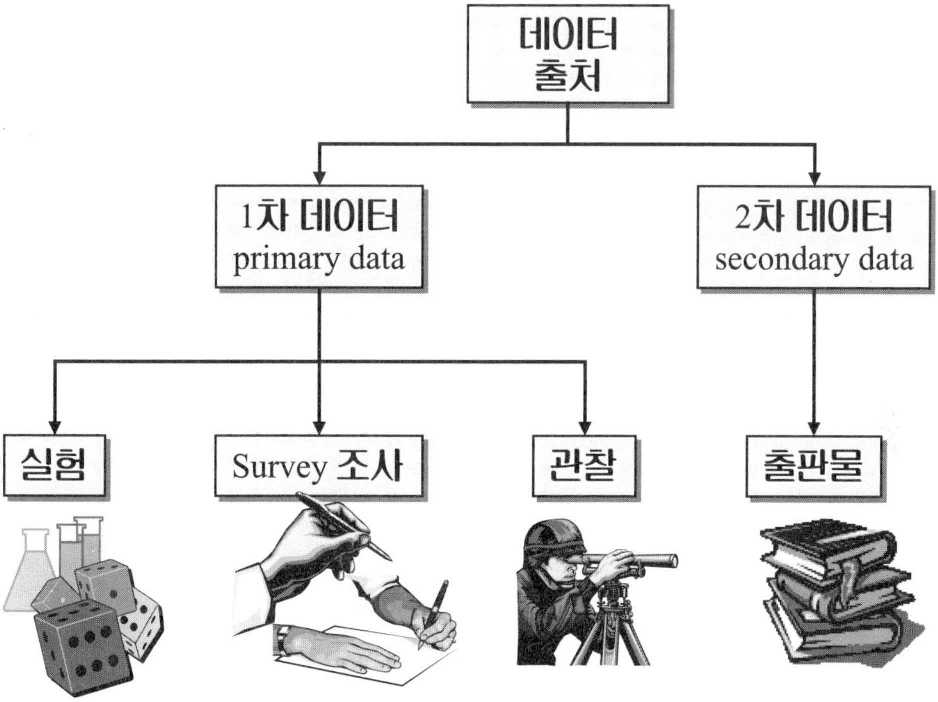
데이터
출처
1차 데이터
primary data
2차 데이터
secondary data
실험
Survey 조사
관찰
출판물

측정수준(Level of Measurement)

어떤 변수에 대한 속성들에 할당된 변수값들의 관계

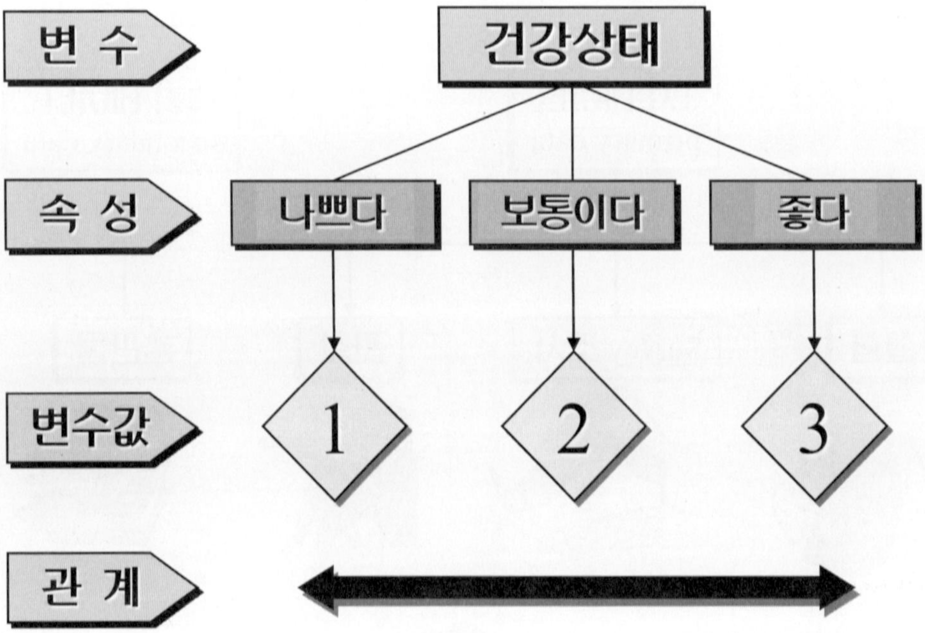

측정수준(level of measurement)은 어떤 변수에 대한 속성들에 할당된 변수값들의 관계를 의미한다. 그러면 변수값들의 관계란 무엇을 의미하는 것인가? 예를 들어, "건강상태" 라는 **변수**를 생각해 보자. 응답자들이 응답할 수 있는 건강상태는 여러 가지 척도로 응답할 수 있으나 여기에서는 "나쁘다", "보통이다", "좋다" 등으로 응답할 수 있다고 가정하면, 각각의 3가지 종류의 건강상태는 **속성**들이라고 할 수 있으며, 이러한 속성들에 숫자를 부여하는 과정을 수치화라고 한다. 이렇게 수치화 과정을 통하여 부여된 각 숫자를 **변수값**이라 한다. 이러한 변수값들이 가지는 **상호관계**를 측정수준이라 한다. 수치화된 변수값들 간의 관계에 따라 **명목척도**(nominal scale), **서열척도**(ordinal scale), **등간척도**(interval scale), **비율척도**(ratio scale)등으로 나누어 진다.

데이터의 유형

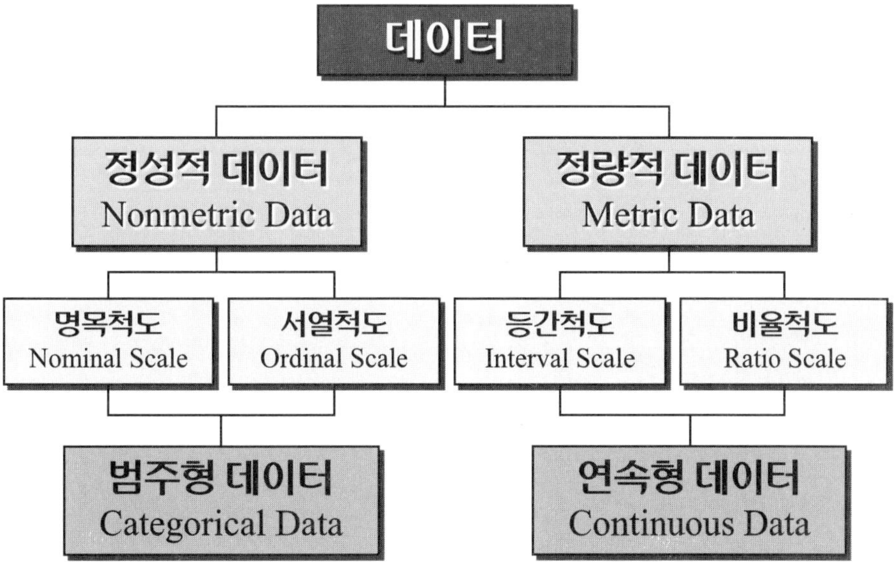

데이터는 **측정수준**에 따라 크게 **범주형 데이터**(categorical data)와 **연속형 데이터**(continuous data)로 나누어진다. 범주형 데이터는 **정성적 데이터**(nonmetric data), 비계량적 데이터, 또는 **질적 데이터**(qualitative data)라고도 하며, 명목척도와 서열 (순서)척도로 구분된다. 연속형 데이터는 **정량적 데이터**(metric data), 계량적 데이터 또는 **양적 데이터**(quantitative data)라고도 하며, 등간척도와 비율척도로 구분된다.

수치화된 변수값들 간의 관계, 즉 측정수준에 따라 명목척도, 서열척도, 등간척도, 비율척도 등의 순으로 보다 고급의 정보를 포함한다고 할 수 있다. 그러므로 연구자는 범주형 보다는 연속형의 데이터를 수집하려는 경향이 있으며 연속형에서도 비율척도를 더 선호하는 경향이 있다. 왜냐하면 비율척도일수록 보다 더 명료하고 정확한 고급의 분석 방법을 적용할 수 있기 때문이다.

주) 측정수준에 따라 4가지 척도인 명목(nominal), 서열(ordinal), 등간(interval), 비율(ratio)척도로 나누는 전통적인 측정수준 분류방법은 S. S. Stevens(1946)에 의해 개발된 것이다.
참고문헌) Stevens, S. S. (1946), On the theory of scales of measurement, Science, 103, 677-680

1. 명목척도(Nominal Scale)

어떤 범주에 대해 단지 명목상의 의미로서 수치를 부여한 척도

측정대상을 고유한 특성에 따라 분류하거나 구분할 목적으로, 동일한 특성을 갖는 대상들이 동일한 수치를 갖도록 한 데이터를 명목척도 데이터라 한다. 즉, 명목척도는 분류에 기초를 두고 수치화된 데이터이다. 명목척도에서는 유일한 속성에 부여된 숫자 변수값이 단지 '이름'에 불과하다. 케이스들에 순서적인 의미가 없다. 예를 들어, 어떤 상품의 전체 구매고객집단을 성별로 분류하여 '남자고객'에게는 '1', '여자고객' 에게는 '2'라는 수치를 부여한다면 이것이 바로 명목 데이터인데, 이러한 수치들은 단지 그 집단의 명칭을 대신할 뿐, 통상적인 수량의 의미로서 '1'과 '2'를 뜻하지 않는다. 또 다른 예로 농구에서 셔츠의 등번호는 명목상의 의미로 부여된 이름에 불과하다. 등번호 30인 선수는 등번호 15인 선수보다 운동능력이 뛰어난 것이 아니며, 능력이 두 배라고 할 수도 없다. 따라서 명목척도는 4칙 연산 등 일체의 수학적 계산이 불가능하며, 데이터의 값을 바꾸어도 무방하다. 즉, 성별에 있어서 남자를 '2', 여자를 '1'로 하여도 아무런 문제가 발생되지 않는다.

예) 성별: 남자=1, 여자=2

직업: 회사원=1, 공무원=2, 자영업=3, 학생=4

지역: 서울=1, 경기=2, 강원=3, 전라=4, 경상=5, 제주=6 등

수학적 의미) $A=B$ 또는 $A \neq B$

2. 서열척도(Ordinal Scale)

비교를 위해 특성의 대소의 서열(순서)에 따라 측정대상에 수치를 부여한 척도

측정대상들을 비교하기 위해 특성의 다과 또는 대소의 서열(순서)에 따라 측정대상들에게 수치를 부여한 데이터를 순서척도 데이터 또는 서열척도 데이터라 한다. 즉, 측정대상을 그 특성에 따라 순서대로 배열하고, 그 순서에 따라 1, 2, 3 등의 수치를 부여하면 이것이 바로 순서척도 데이터에 해당된다.

예를 들어, 특정상품의 고객만족도에 따라 매우 만족= 5, 만족=4, 보통=3, 불만=2, 매우 불만=1 등으로 수치를 부여하였을 경우, 5는 1과 다르게 분류된다는 점 이외에 수치가 커질수록 고객만족도라는 특성의 순서가 높아지게 된다. 그러나 1, 2, 3, 4, 5 등의 수치들은 단지 순서적 배열에서의 상대적 위치만을 가리킬 뿐이므로, 고객들이 절대적으로 얼마나 많은 만족감을 느끼고 있는지는 알 수 없다. 즉, 매우 만족=5로 응답한 고객의 호응도가 매우 불만=1로 답한 고객의 만족도의 5배에 해당하는 호응도라고는 말할 수 없다.

예) 건강상태: 양호=3, 보통=2, 나쁨=1

지지도: 적극찬성=2, 약간찬성=1, 잘모르겠음=0, 약간반대=-1, 적극반대=-2

상품소비도: 대량소비=3 중간소비=2, 소량소비=1, 비소비=0

수학적 의미) A>B, A=B, A<B

3. 등간척도(Interval Scale)

절대적 원점이 없으며, 대상이 갖는 양적인 정도의 차이에 따라 등간격으로 수치를 부여한 척도

측정대상이 갖고 있는 속성의 양적인 정도의 차이에 따라 등간격으로 수치를 부여한 데이터를 등간척도 데이터 혹은 구간척도 데이터라 한다. 등간척도 데이터는 해당속성이 전혀 없는 상태인 절대적 원점(absolute zero)이 존재하지 않으며 비율의 의미가 존재하지 않는 데이터이다. 등간척도 데이터는 수학에서 사용되는 4칙연산이 가능하며, 평균, 표준편차 등의 계산도 가능하다.

등간척도의 가장 대표적인 예로서 온도를 들 수 있는데, 화씨온도와 섭씨온도에 있어서 양자 모두 서로 다른 임의의 '0'점을 가지고 있지만, 실제로 '0'이라는 양을 가리키거나 온도가 없다는 것을 의미하지는 않는다. 또한, 100°C의 온도가 50°C의 온도의 정확히 두 배 높은 온도라고 말할 수 없다. 이는 섭씨 0도가 열이 전혀 없는 상태인 절대적 0점이 아니라 편의에 의하여 설정된 상대적 0점이기 때문이다.

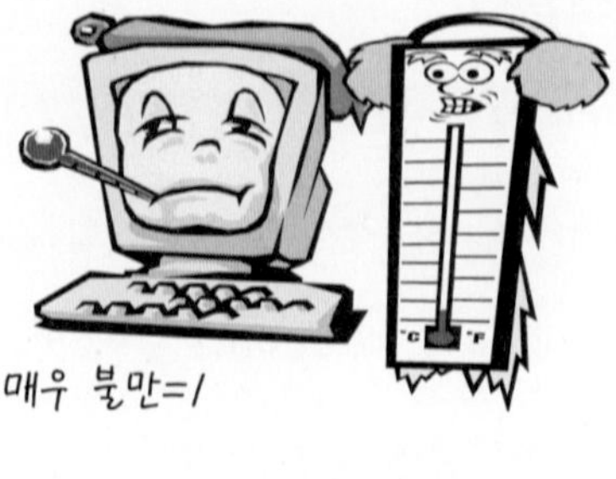

예) 온도: 섭씨 0°C 50°C 100°C

화씨 32°F 122°F 212°F

물가지수, 산업생산지수, 무역수지

만족도 : 매우 만족=5, 만족=4, 보통=3, 불만=2, 매우 불만=1

수학적 의미) (A-B)+(B-C) = A-C

4. 비율척도(Ratio Scale)

절대적 원점이 존재하며, 비율계산이 가능한 수치를 부여한 척도

등간척도가 갖는 특성에 추가로 절대적 원점(absolute zero)이 존재하고 비율계산이 가능한 데이터를 비율척도 데이터라 한다. 즉, 소득이 0이라면 소득이 전혀 없음을 의미하며, 소득 200만원은 소득 100만원 두 배라고 확실하게 말할 수 있다. 수학에서 사용되는 4칙연산이 가능하며, 평균, 표준편차 등의 계산이 가능하다.

예) 광고비, 판매량, 매출액, 무게, 제품가격, 소득 등

수학적 의미) $A=KB$ $B=LC$ 이면 $A=KLC$ (단, $K,L \neq 0$)

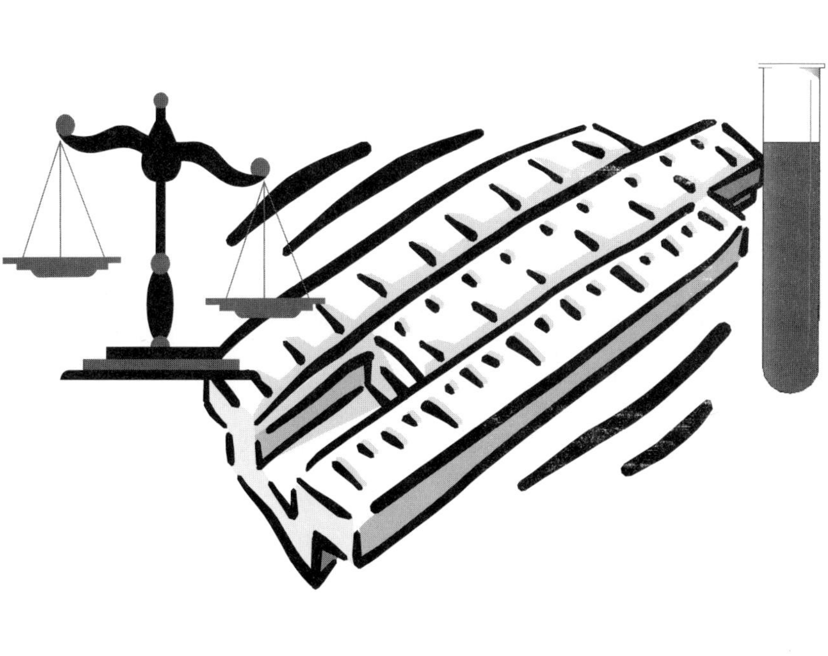

척도에 따른 정보량

상기 4종류의 데이터는 명목척도, 서열척도, 등간척도, 비율척도의 순으로 데이터가 갖고 있는 정보의 수준이 높아지므로 보다 정밀한 통계분석방법을 적용시킬 수 있다. 그러므로 분석자는 보다 정밀한 분석방법을 적용시킬 수 있도록 하기 위하여 비율척도나 등간척도를 사용하기를 원할 것이다. 그러나 비율척도나 등간척도는 응답자로부터 정확한 응답을 얻기가 어렵거나 불가능한 경우가 많고, 가능하다 하더라도 신뢰성이 높은 척도를 개발하기가 쉽지 않다. 이에 반해 서열척도나 명목척도를 이용한 측정은 설문에 대해 응답자의 협조를 얻기가 쉬운 장점이 있으나 적용할 통계적 분석방법에 한계가 있으므로 조사 분석자는 수집될 자료의 질적인 문제뿐만 아니라 응답자의 협조가능성 등을 고려하여 적절한 척도를 선정하여야 한다.

서열척도? VS 등간척도?

다음의 문항은 서열척도로 측정하고 있다. 그러나 실제로 이를 등간척도로 보고 분석하는 경우가 많다.

문7) ABC 사의 기술력에 대한 귀하의 만족도는 어느 정도 입니까?

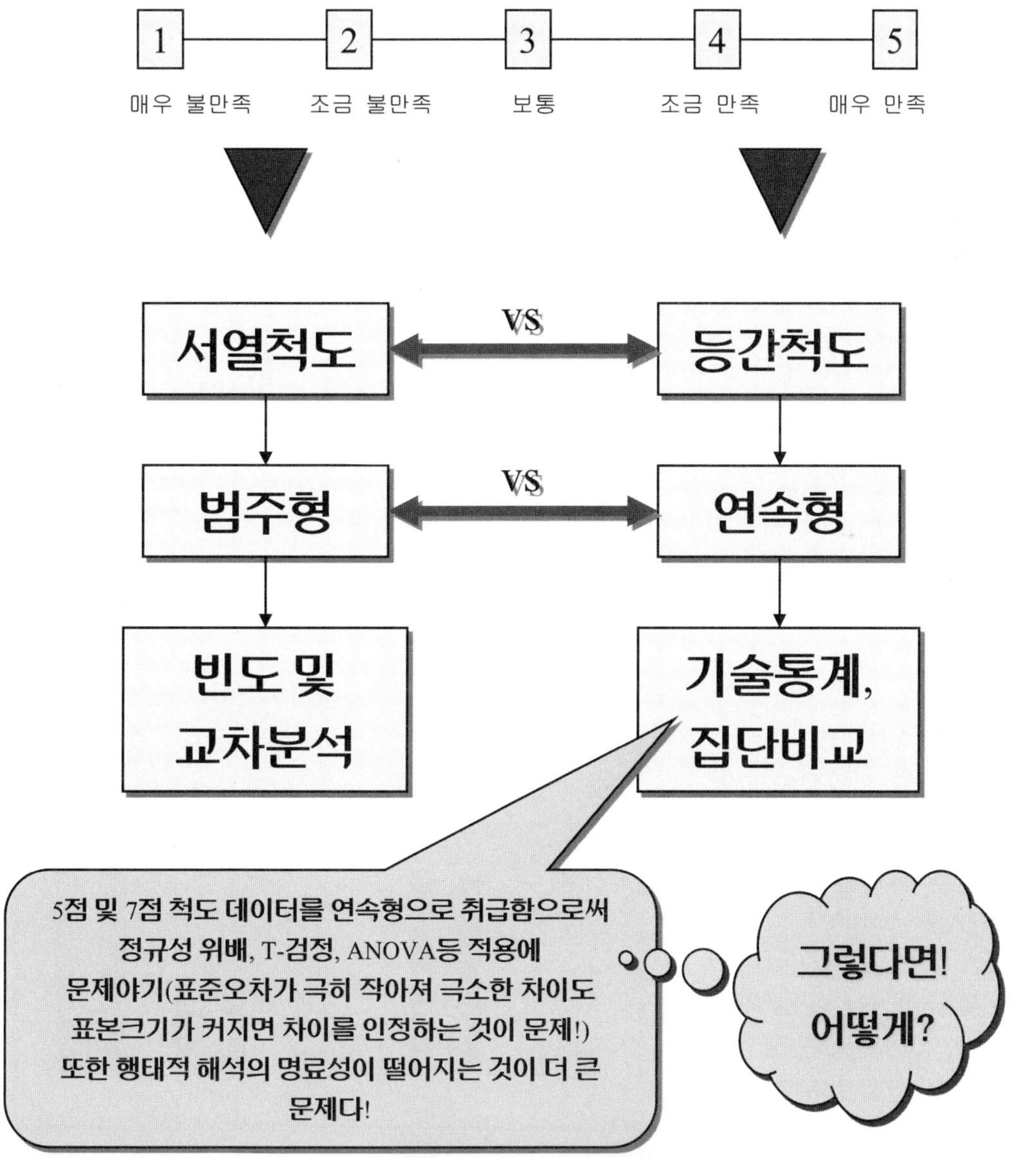

그렇다면 어떻게 ... ??? -1

일반적으로 많은 사회과학 분야에서 Likert 척도를 개발하여 응답자의 감정, 신념, 의지, 태도, 의견 등을 측정하게 된다. 이때 주로 이용하고 있는 반응척도는 5점 척도나 7점 척도를 주로 사용하게 된다. 그리고 이를 등간척도로 간주하여 평균과 표준편차를 계산하고 이를 토대로 집단 간의 평균 비교 뿐만 아니라 심지어는 5점 척도인 종합만족도를 종속변수로 하고 역시 5점 척도로 측정한 세부 만족도 변수들을 독립변수들로 하여 선형회귀분석을 시도하는 사례도 왕왕 보게 된다. 물론 이를 서열척도로 본다면 연속형이 아니어서 평균과 표준편차를 계산할 수 없으며 당연히 집단 간의 평균 비교 뿐만 아니라 고급의 함수모델을 적용하기 쉽지 않게 된다. 이는 그야 말로 데이터에 근거한 의사결정이 아닌 분석적 난이가 높은 통계기법상의 세련미에 초점이 맞추어져 있다고 할 수 있다. 즉 지금부터 필자는 이러한 5점 및 7점 척도(그 이상의 척도도 마찬가지...)는 등간척도가 아닌 서열척도로 간주해야 되고 서열척도로 분석하고 해석해야 만이 그 타당성을 상실하지 않게 된다는 것을 주장하고자 한다. 즉 5점 척도를 등간척도로 간주하여 평균을 계산하게 되면 평균은 대표값으로서 그 성질을 상실하게 되는 경우가 종종 발생한다. 예를 들어 만족측정의 경우 평균이 '3.7'이라면 3.70이라는 평균은 무엇을 의미하는 것일까? 해석이 명료하지가 않게 된다. '3.7'이면 대부분의 응답자가 만족하는 경향이 있다는 것인지 아니면 '보통'이라는 의미인지 도대체 명료함이란 찾아 볼 수 없다. 여기에서 평균의 의미를 알아야 한다. 평균은 수학적으로는 '무게중심'을 의미하며 또한 '중심경향값'이라고도 한다. 그러므로 많은 데이터 들이 평균을 중심으로 표준편차 만큼의 밀도로 몰려 있음을 의미한다. 즉 많은 응답자들이 중심경향값 '3.7'을 중심으로 반응했을 것이라는 얘기다. 그러나 '3.7'이라는 값에는 반응할 수 없으므로 많은 응답자가 3, 4, 5점에 주로 반응하고(특히 4에 응답한 경우가 많음) 적은 빈도로 '1'이나 '2'점에 반응했을 것이다. 그러나 다음 그림과 같은 상황일 수도 있다. 이 그림을 보면 평균 '3.7'을 중심으로 반응값이 모여 있지 않으며 평균 '3.7'만의 정보로 판단하기 힘든 상황임을 직관적으로 알 수 있다. 게다가 이러한 척도들은 산포도인 표준편차들도 거의 유사하여 실제로 1점에서 ±0.5 정도 이내 인 경우가 80% 이상이라는 사실을 확인 할 수 있었다. 즉 대표값으로서의 자격이 상실(설득력이 없음)된 것이다.

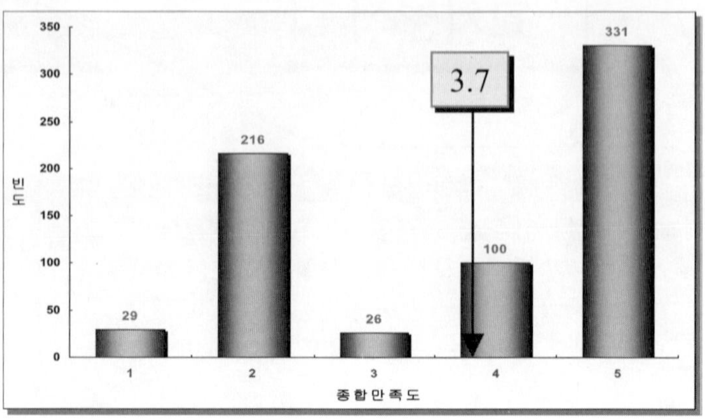

그렇다면 어떻게 ... ??? -2

게다가 5점 및 7점 척도를 등간척도로 간주하면 등간격을 인정하는 셈이 되어 '매우 불만족'과 '조금 불만족' 간의 차이인 1점과 '보통'과 '조금 만족' 간의 차이점수 '1'을 같은 것으로 가정하는 것이다. 과연 그런가? 그렇지 않다. 실제 응답자들의 감성은 중립적인 감성을 중심으로 부정적 감성과 긍정적 감성으로 나누어 이 감성적 길이가 동일하다고 할 수도 없으며 더욱이 부정부분의 1점의 간격이 긍정부분의 1점의 간격과 같다는 가정 자체가 이미 비현실적인 것이다. 그러므로 이를 해석할 경우에 주의를 요한다. 예를 들어 고객만족도에서 삼성전자는 89점이고 LG 전자는 87 점이라면 삼성전자가 2점이 더 크므로 '고객들이 삼성전자 제품에 더 만족해 하는 구나'라고 할 수 없다는 것이다. 그리고 2점이라는 차이 역시 해석이 되지 않는다. 도대체 2점의 차이가 어떻게 삼성전자가 고객들을 더 잘 만족시켰다는 의미인지를 알 수가 없으며 이렇게 5점 이나 7점의 척도로 조사하여 100점 만점의 고객만족지수로 환산하는 시대는 이제 마감해야 한다. 그야 말로 평균의 의미와 적절한 사용 척도도 모른다고 할 수 있다. 또한 이러한 척도는 데이터를 연속형으로 취급함으로써 정규성 위배, T-검정, ANOVA등 적용에 문제가 발생(표본크기가 클수록 표준오차가 극히 작아져 극소한 차이도 유의한 것으로 인정하는 것이 문제!)되며 여기에서도 역시 평균으로서의 자격이 상실되어 해석의 오류가 발생되며, 평균으로서의 설득력이 있다고 해도 명료한 행태적 해석이 안 되는 문제를 극복할 수가 없다. 두 기업의 고객만족지수를 통계적으로 비교한다면 T-검정을 사용하여 통계적으로 같은지 또는 다른지를 판단하는데 이는 등간척도로 취급하지 않고서는 가능하지 않다. 그리고 T-검정이 무슨 잘못이겠는가? 순수한 연속형이 아닌 5점 척도 데이터에 이러한 모수통계분석 방법론을 적용하는 그 행동 자체가 잘못이다. 그러나 5점 및 7점 척도를 서열척도로 간주하면 100% 서열척도의 성질을 만족한다. 물론 이때는 범주형 데이터가 되어 평균이나 표준편차를 계산해서는 안 된다. 그러므로 기본적으로 통계량은 평균이 아니라 '빈도'나 '비율', '%'로 계산하여 분석해야 한다. 특히 Six Sigma 경영혁신을 추진하는 기업에서는 이상할 것이 없다. 결국 PPM (people per million)으로 표현하는 그 자체가 빈도나 %로 환산하는 것과 같기 때문이다. 그러므로 보통 고객조사에서 5점 척도의 경우 Top 2 System을 적용하여 '만족'으로 정의하고 나머지는 '불만'으로 적용하여 계산할 수도 있다. 또한 5를 '감동', 4와 3을 '만족', 2와 1을 '불만'으로 보고 각 점수에 반응한

응답자들의 %를 구하여 분석하는 것도 추천할 만 하다.

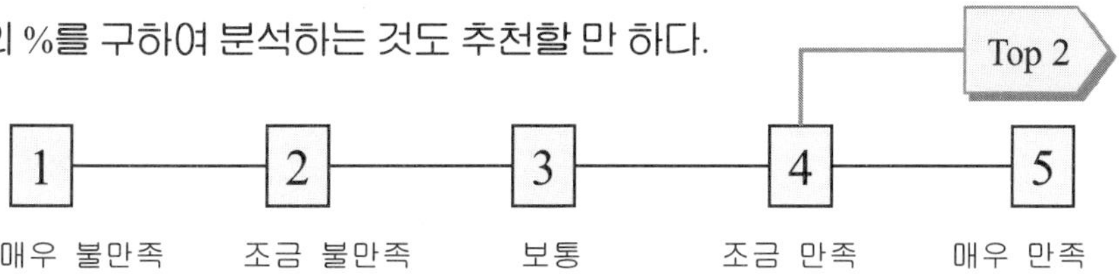

Memo

기술통계학
Descriptive Statistics

기술통계량

많은 경우 주어진 데이터를 적절히 요약할 필요가 있다. 이러한 요약성은 주어진 데이터를 간단하게 표시하는 이점이 있는 반면에 데이터를 요약하는 과정은 필연적으로 정보의 손실(loss of information)을 동반하게 되어 정확성을 상실하게 된다. 그러나 대부분의 경우 요약성이 정확성 보다 더욱 중요한 의미를 갖는다.

정보의 손실을 최대로 줄이면서 주어진 데이터를 가장 효과적으로 요약할 수 있는 몇 개의 요약값을 찾아내는 분석방법이 바로 기술통계분석이다. 이러한 기술통계값의 계산은 차후에 보다 차원 높은 데이터분석을 하기 위한 준비과정이라 할 수 있다.

대표적인 기술통계값은 크게 분포의 중심을 나타내는 중심경향값, 분포의 퍼진 정도를 나타내는 산포도, 분포의 모양을 나타내는 분포도 등으로 나누어 볼 수 있다.

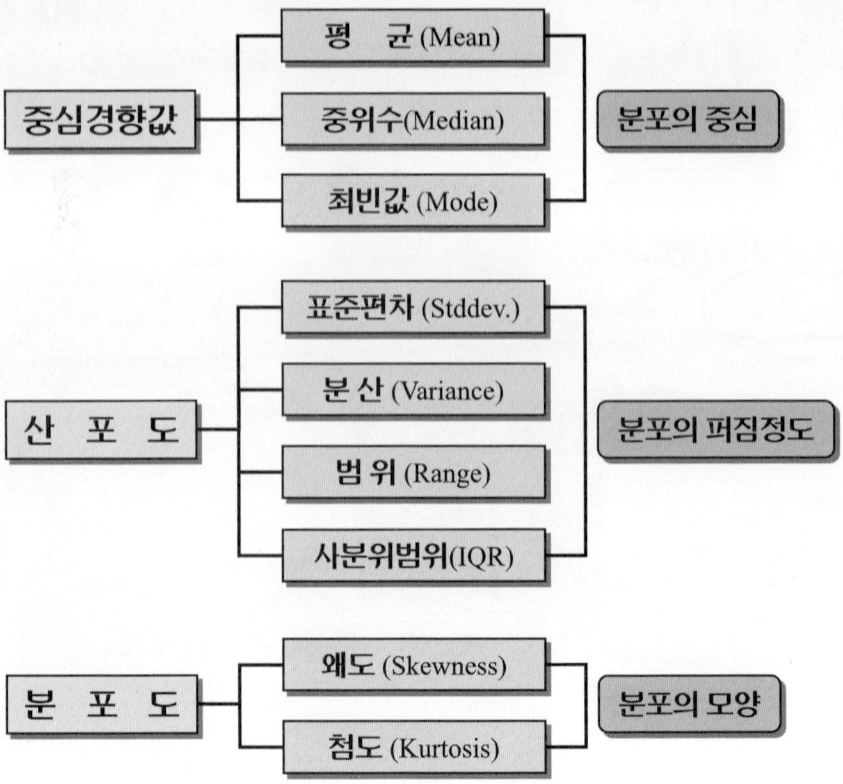

중심경향값 - 대표값

표본평균 (Mean)

산술평균

$$\overline{X} = \frac{1}{n}\sum_{i=1}^{n} X_i$$

중위수 (Median)

정렬시 가운데 위치한 관측값

최빈값 (Mode)

빈도가 가장 많은 관측값

표본평균은 모든 관측값을 합하고 전체 관측값의 수로 나누어 주기 때문에 수학적으로 다루기 편하고 계산이 쉬운 장점이 있으나 극단값(extreme values)에 대하여 민감하기 때문에 몇 개의 극단값들만 있어도 표본의 크기가 작을 경우 대표값으로서의 기능을 상실하는 단점을 지니고 있다.

중위수는 데이터를 정렬했을 때 가운데 위치한 값으로 관측값의 수가 홀수개 일 때는 정확하게 중간에 위치한 값이 존재하므로 쉽게 중위수를 찾을 수 있지만 관측값의 수가 짝수개 일 때는 중앙에 위치한 하나의 관측값이 존재하지 않는다. 이러한 경우는 통상적으로 중앙에 위치한 2개의 관측값의 평균을 중위수로 사용한다. 또한 대표값으로서 중위수의 장점은 극단값에 민감한 반응을 보이지 않는다. 그러므로 관측값의 수가 작고 극단값이 존재하는 경우에도 대표값으로서 그 기능을 상실하지 않는다.

최빈값은 존재하지 않을 수도 있으며, 또 존재한다 하더라도 유일하지 않을 수도 있다. 예로 다음을 참고하면 쉽게 이해할 수 있을 것이다.

(예 1) 22, 23, 32, 40, 79 → 최빈값이 존재하지 않음

(예 2) 2, 3, 7, 7, 7, 7, 8, 9, 9, 9, 9 → 최빈값은 7과 9가 됨

(예 3) 2, 3, 7, 7, 7, 8, 9, 9 → 최빈값은 7임

이상의 예로 볼 때 최빈값은 존재하지 않을 수도 있으며 존재한다면 유일한 값이거나 여러 개의 최빈값이 존재할 수 있음을 알 수 있다. 일반적으로 최빈값은 대표값으로서 단독으로 사용하기에는 부족하므로, 대체로 평균이나 중위수의 보조용으로 사용한다.

대표값의 선택?

어떤 대표값을 사용할 것인가?를 결정하기 위해서는 우선 데이터의 유형을 고려해야 한다. 만일 변수가 범주형이라면 데이터를 서술하는 중심경향측도는 **최빈값**(mode)이 가장 적절하다. 두 번째로 고려해야 되는 사항은 모든 관측값 전체에 관심이 있는지에 따라 결정된다. 즉, 모든 관측값 전체에 관심이 있다면 이 때의 적절한 중심경향값으로 **평균**(mean)을 사용한다. 만약 전체에 관심이 없다면 히스토그램을 그려 대칭인지 치우쳐 있는지에 따라 평균을 사용할 것인지 **중위수**(median)를 사용할 것인지를 결정한다.

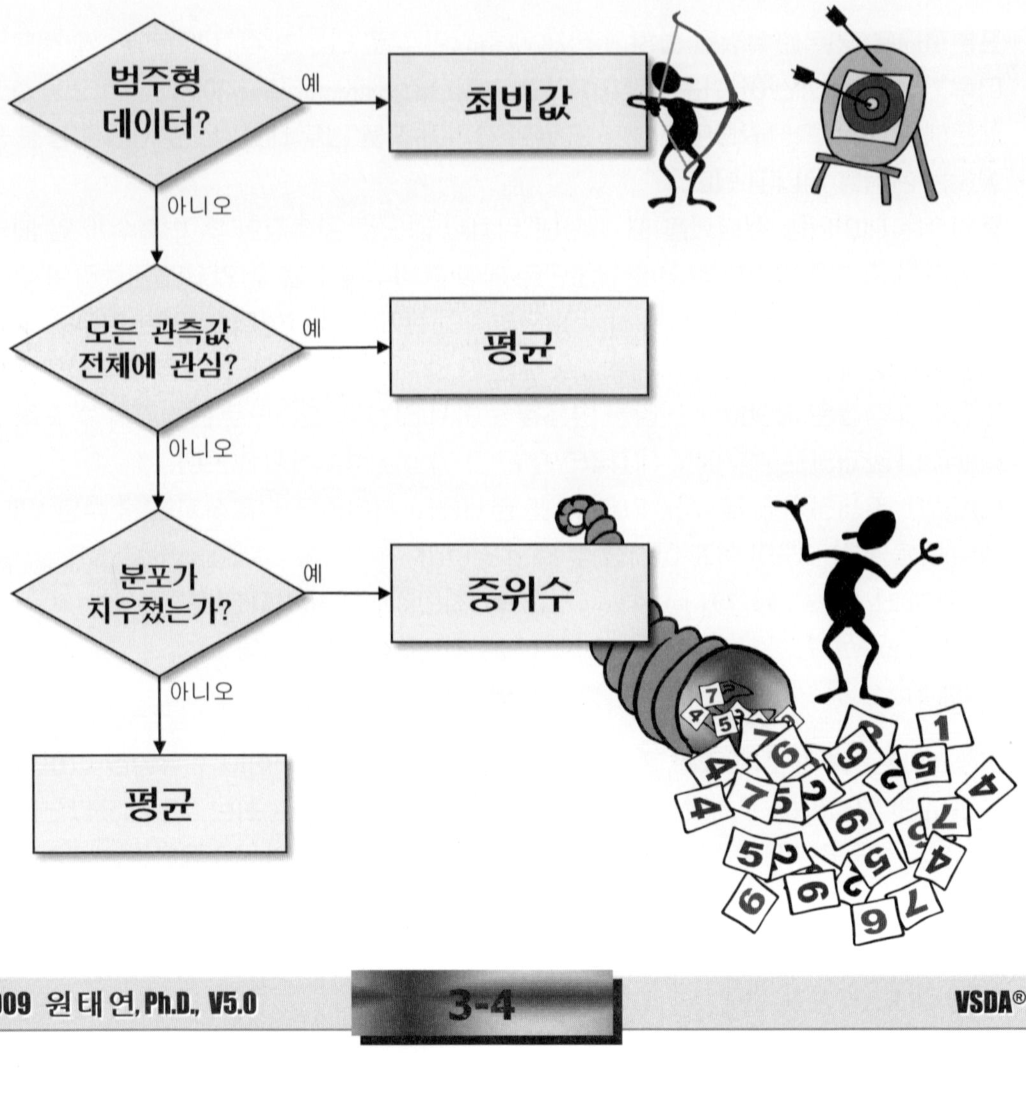

산포도

분산 (Variance)

$$S^2 = \frac{\sum_{i=1}^{n}(X_i - \overline{X})^2}{n-1}$$

표준편차(Standard Deviation)

$$S = \sqrt{\frac{\sum_{i=1}^{n}(X_i - \overline{X})^2}{n-1}}$$

범위 (Range)

$$R = \text{최대값} - \text{최소값}$$

사분위범위 (Interquartile Range)

$$IQR = Q_{0.75} - Q_{0.25}$$

분위수를 활용한 집단화 방법:

연속형인 변수를 범주형으로 변환함으로써 많은 경우 분석을 보다 더 효과적으로 수행할 수 있는 경우가 종종 있다. 예를 들어 연령을 연속형으로 측정하고 이를 다른 범주형 변수와 교차분석을 수행하기를 원할 경우 연령은 사회적인 합의가 존재한다. 즉 10대, 20대, 30대... 등으로 집단화해도 이에 대해 누구도 반박하지 않는다. 그러므로 이렇게 사회적인 합의가 관습적으로 이루어져 있는 경우는 범주화하는데 어려움이 없다. 그러나 항상 이렇게 연령과 같은 변수만이 있는 것은 아니다. 소득과 같은 변수를 연속형으로 측정한 경우는 소득을 고, 중, 저의 3개 범주로 만들 경우 얼마 이상을 고소득으로 할 것인지? , 중소득은? 저소득은? 등의 사회적 합의를 이루기가 쉽지 않다. 그러므로 이러한 연속형의 수치를 범주화하는 경우 분위수의 개념을 이용하여 범주화하는 것이 타당하다. 즉 소득을 3개 집단으로 범주화하는 경우 3분위수를 계산하여 제 1 삼분위수 보다 작은 집단은 저소득, 제 1 삼분위수에서 제 2 삼분위수까지는 중소득, 제 2 삼분위수 보다 큰 집단은 고소득으로 범주화하는 것이다. 아니면 Pareto 원리를 적용하여 고소득은 상위 20%를 적용하고 저소득은 하위 30%를 적용하고 나머지 50%는 중소득으로 분류한다면 백분위수를 적용하여 30백분위수와 80백분위수를 계산하여 3개 집단으로 분류하면 된다. 30분위수보다 작은 집단은 저소득, 30분위수와 같거나 크고 80백분위수보다 작은 집단은 중소득, 80백분위수와 같거나 큰 집단은 고소득으로 범주화하는 것이다. 참고로 분위수는 SPSS의 빈도분석 대화상자에서 'Statistics(통계량)' 단추를 클릭하면 선택 지정할 수 있으며 SPSS 17버전에서는 변환 > 빈 만들기(Visual Binning)라는 메뉴를 사용하면 보다 용이하게 분위수를 이용하여 집단화할 수 있다. 직접 수행할 수 있도록 연습하기 바란다.

분포도

왜도의 값이 크면 클수록 분포의 모양이 왼쪽 또는 오른쪽으로 기울어진다. 정규분포의 왜도는 '0'이다. 그러므로 왜도가 '0'에 가까운 값을 가질수록 정규분포와 비슷하다고 할 수 있다.

첨도의 값이 클수록 분포의 모양이 뾰쪽해지고 작을수록 분포의 모양이 편편한 모양을 나타낸다. 정규분포의 첨도는 '0'이다. 그러므로 첨도가 '0'에 가까운 값을 가질수록 정규분포와 비슷하다고 할 수 있다.

왜도 (Skewness)
분포의 치우침 정도

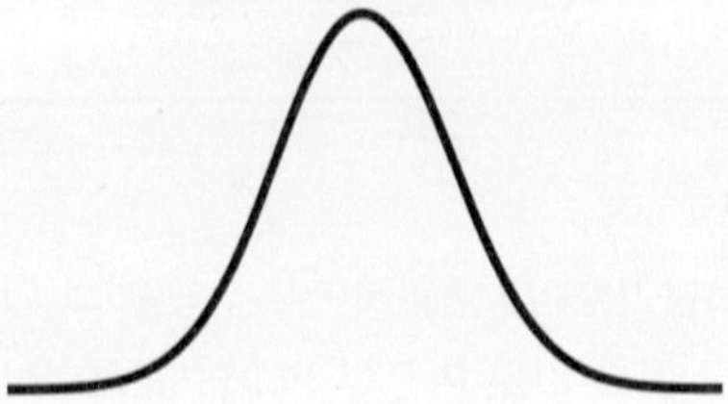

$S_k = 0$: **좌우대칭**

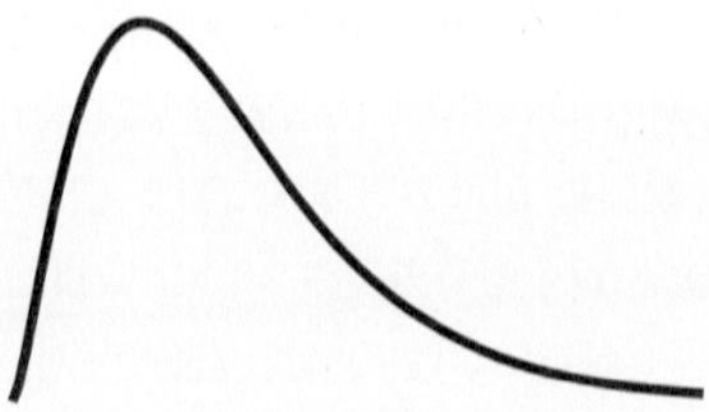

$S_k > 0$: **오른쪽으로 긴 꼬리**

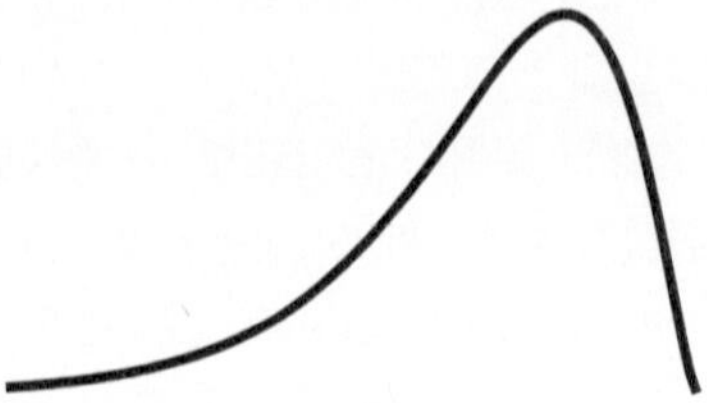

$S_k < 0$: **왼쪽으로 긴 꼬리**

첨도 (Kurtosis)
분포의 뾰족함 정도

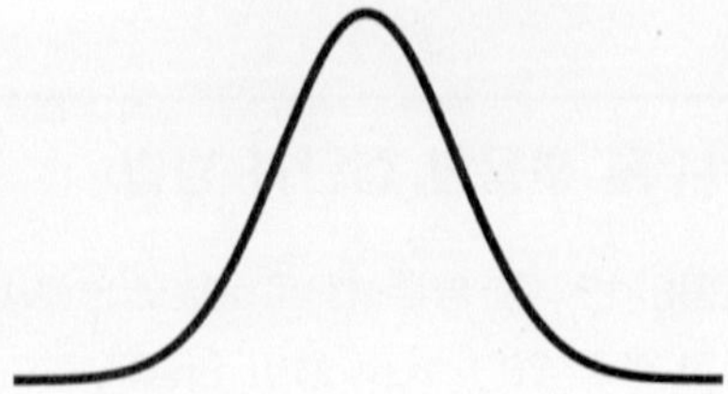

K = 0 : **표준정규분포의 첨도와 동일**

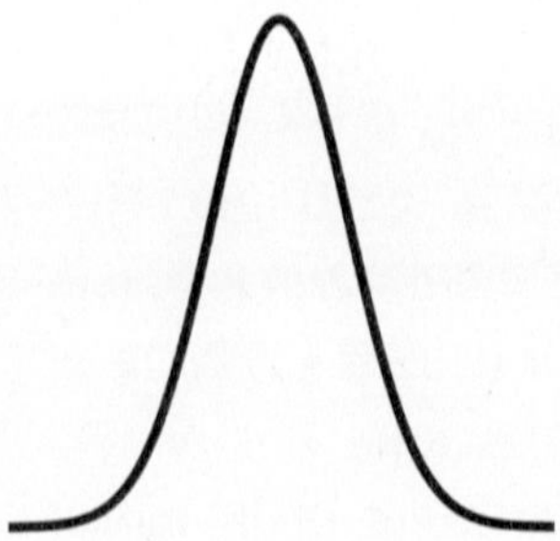

K > 0 : **표준정규분포보다 뾰족함**

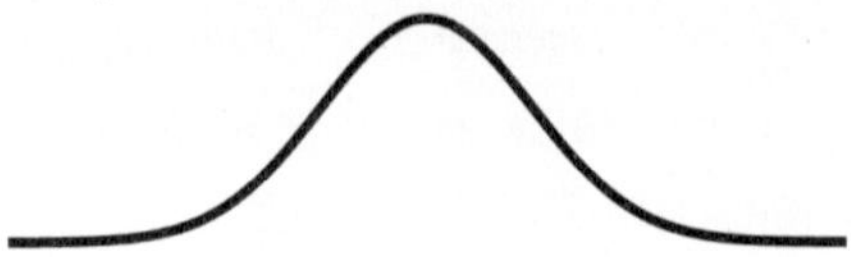

K < 0 : **표준정규분포보다 납작함**

정규곡선
Normal Curve

정규곡선의 모양

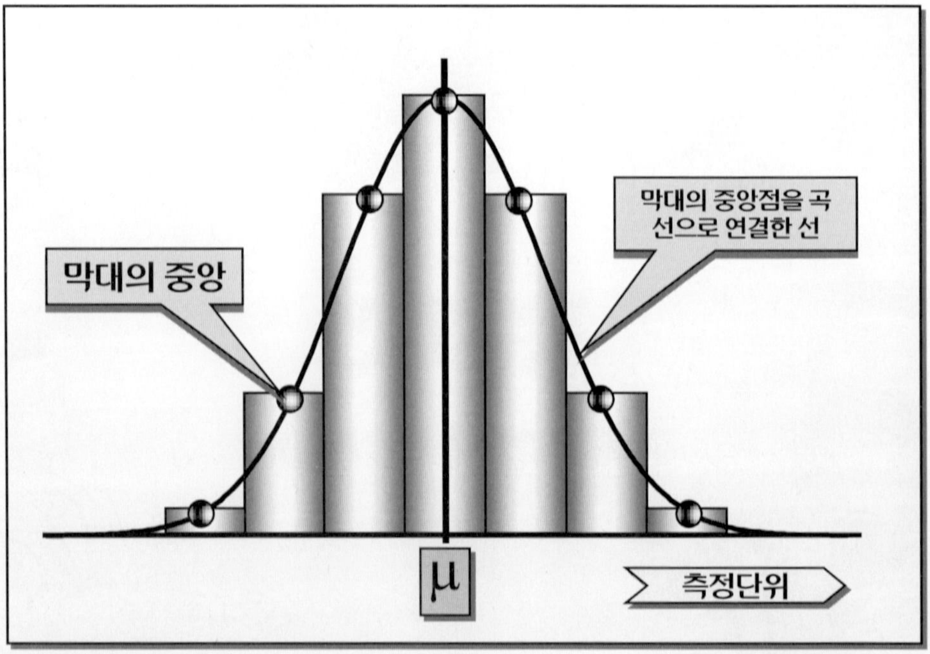

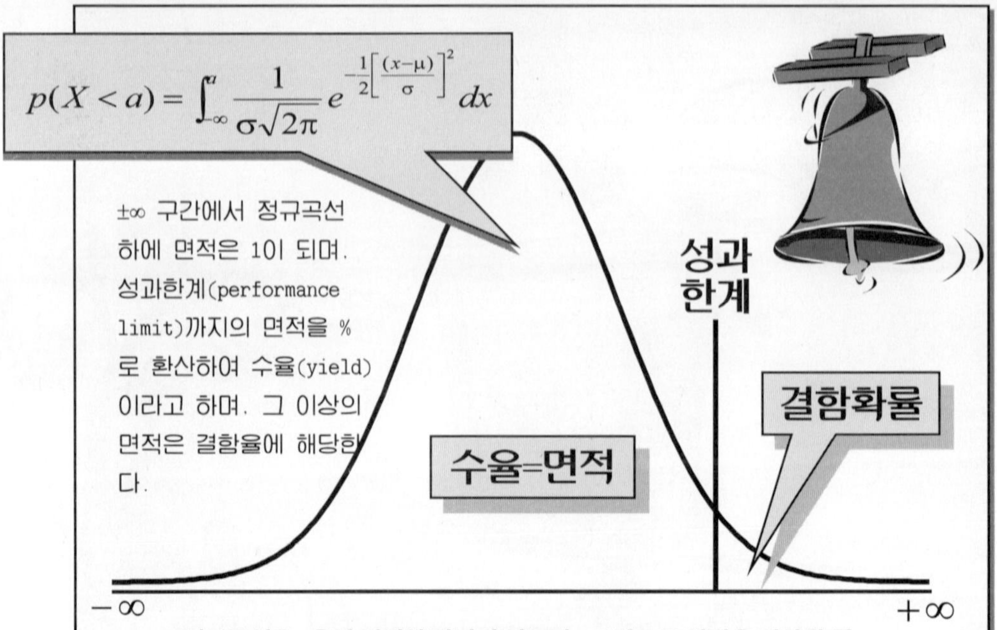

정규곡선은 x축과 영원히 만나지 않는다. 그러므로 면적을 계산할 경우 값의 정확성이 결여될 수 있다.

정규곡선과 능력

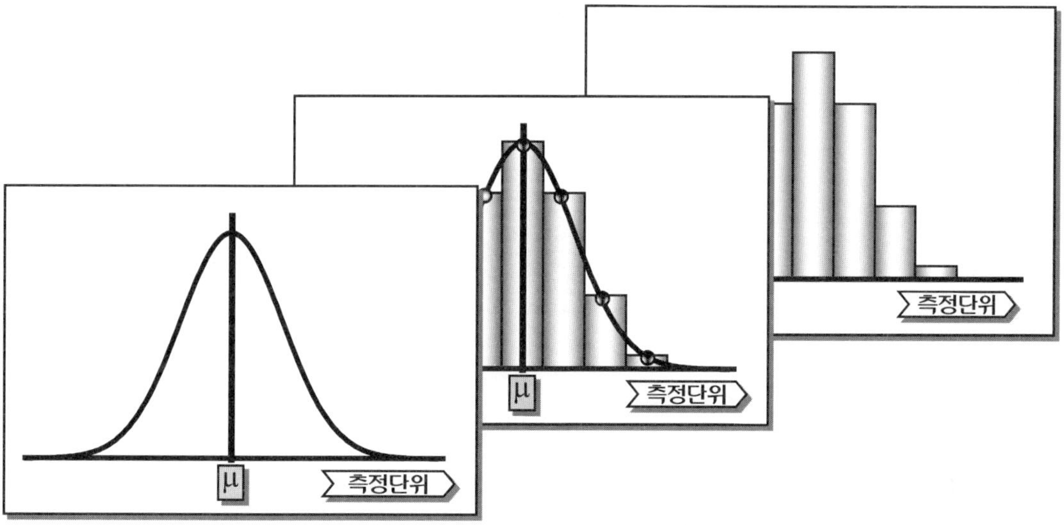
측정단위
μ
측정단위
μ
측정단위

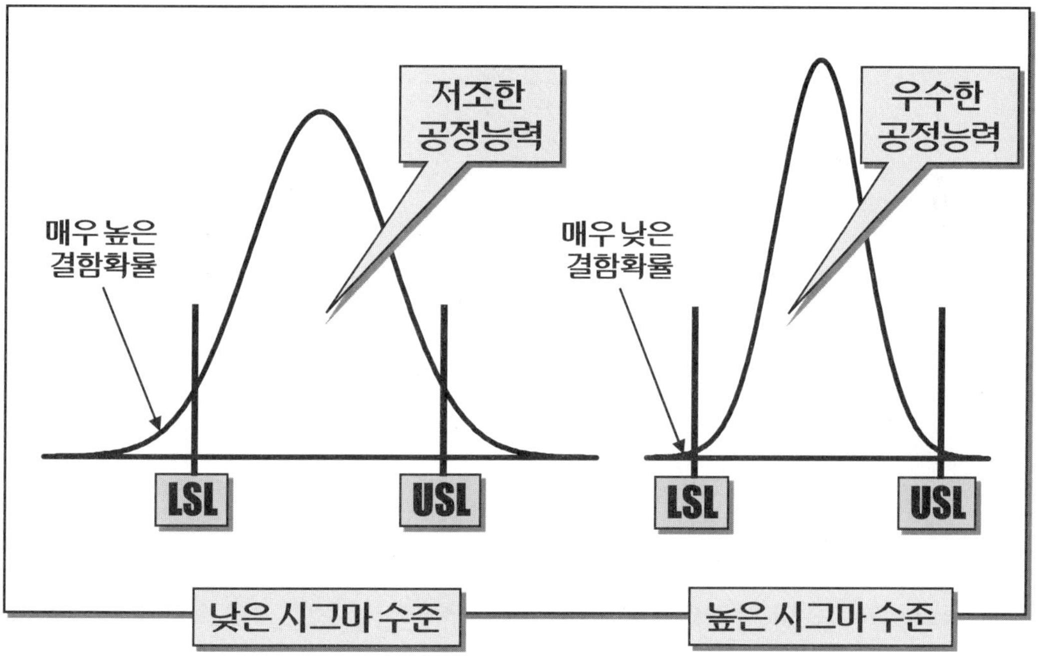
저조한
공정능력
매우 높은
결함확률
LSL
USL
우수한
공정능력
매우 낮은
결함확률
LSL
USL
낮은 시그마 수준
높은 시그마 수준

정규곡선과 변동

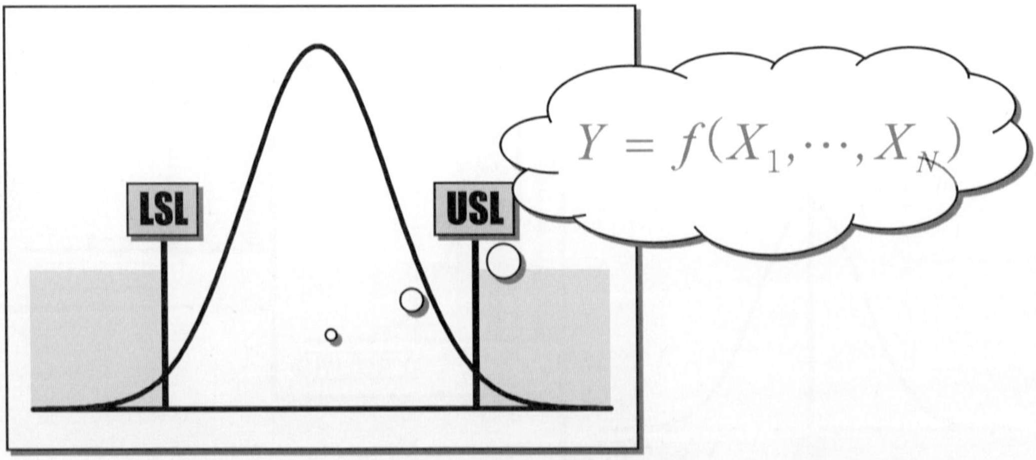

어떤 종속변수(Y)가 가지고 있는 변동은 각 독립변수들(X)이 가지고 있는 변동에 의해 결정된다.

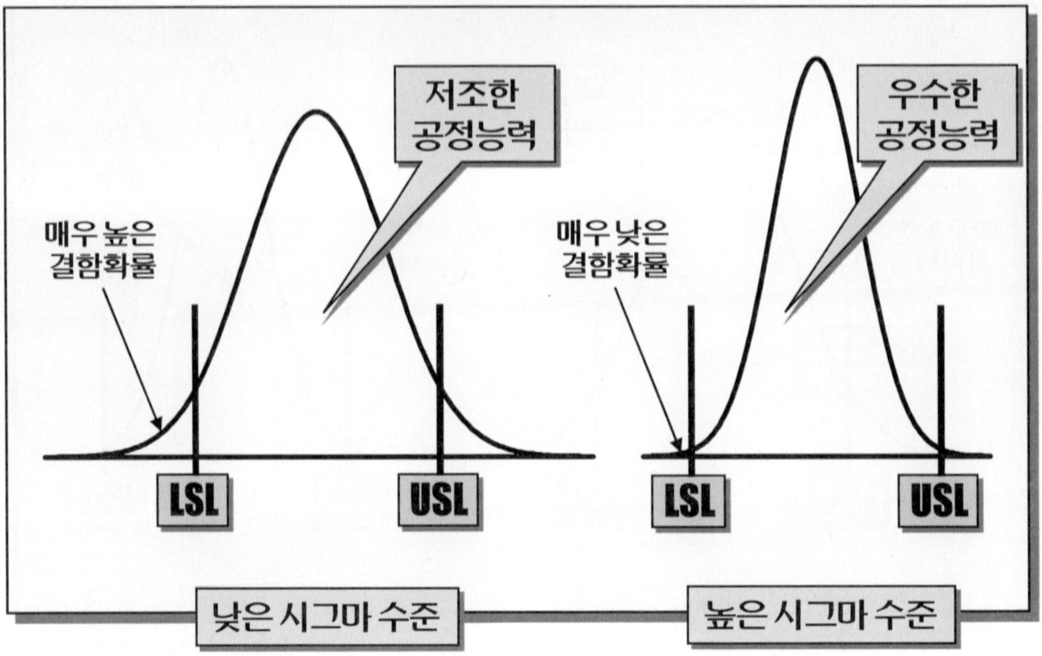

수율(Yield)

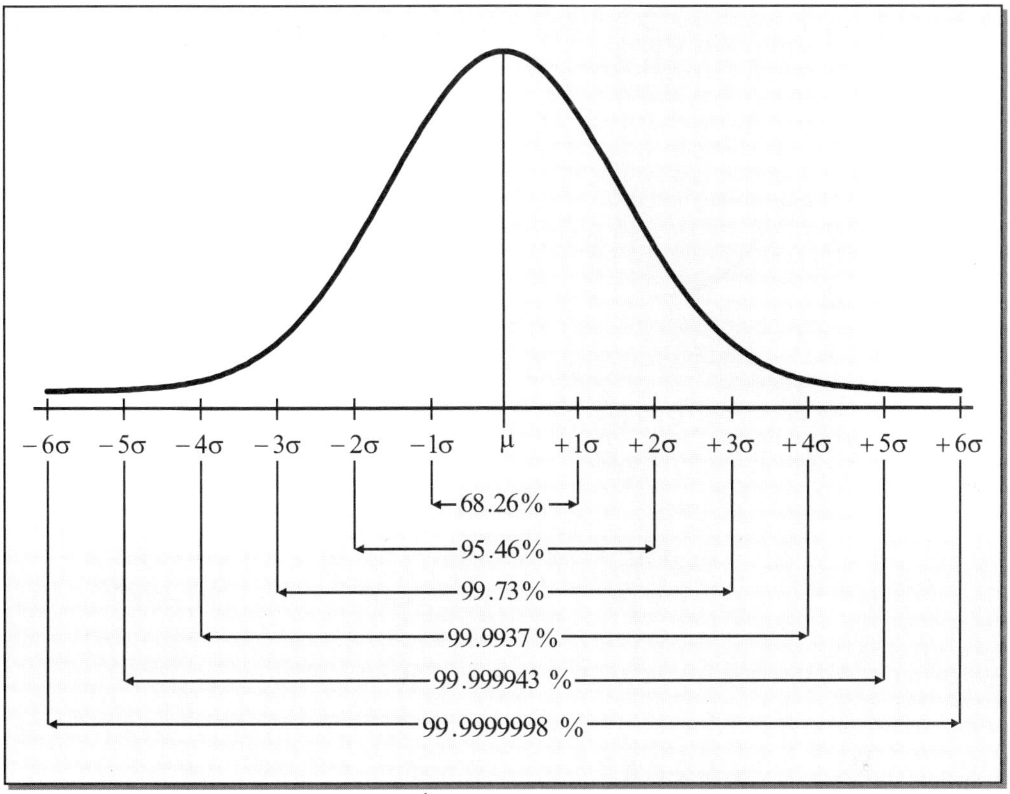

정규분포에서 평균을 중심으로 ±1×표준편차까지는 면적의 약 68.26%를 차지 한다. 이는 관측 데이터가 100개 있다면 약 68개의 데이터가 평균을 중심으로 한 배의 표준편차 내에 모여있는 것을 의미한다. 역시 마찬가지로 ±3×표준편차 안의 면적은 약 99.9937%로 3시그마 밖에 놓이는 측정치는 불량으로 간주하며 수율은 99.9937%가 되는 것이다. 어떤 제품의 품질특성치가 평균을 중심으로 매우 조밀하게 모여있다면 이는 수율이 매우 높을 것이다. 이러한 경우는 표준편차 즉 시그마(σ)가 매우 작아져야 가능한 일일 것이다. 시그마 수준이 작을수록 많은 측정치가 평균에 가까이 밀집되어 있는 분포를 나타내므로 시그마를 품질의 지표로 사용하기도 한다. 즉 6시그마의 수준은 수율이 99.9999998%를 의미하며, 보통 식스시그마 경영혁신을 추진하는 조직에서는 1.5시그마 정도 분포가 이동(shift)됨을 가정함으로 수율은 99.99966%가 되며 이를 PPM (parts per million) 단위로 환산하면 약 3.4 PPM이 되는 것이다. 이는 백만개 당 불량수가 약 3.4개 정도되는 것을 말하며 거의 무결점(zero defect)에 가까운 상태를 의미한다.

Central Limit Theorem이란?

중심극한 정리(Central Limit Theorem)

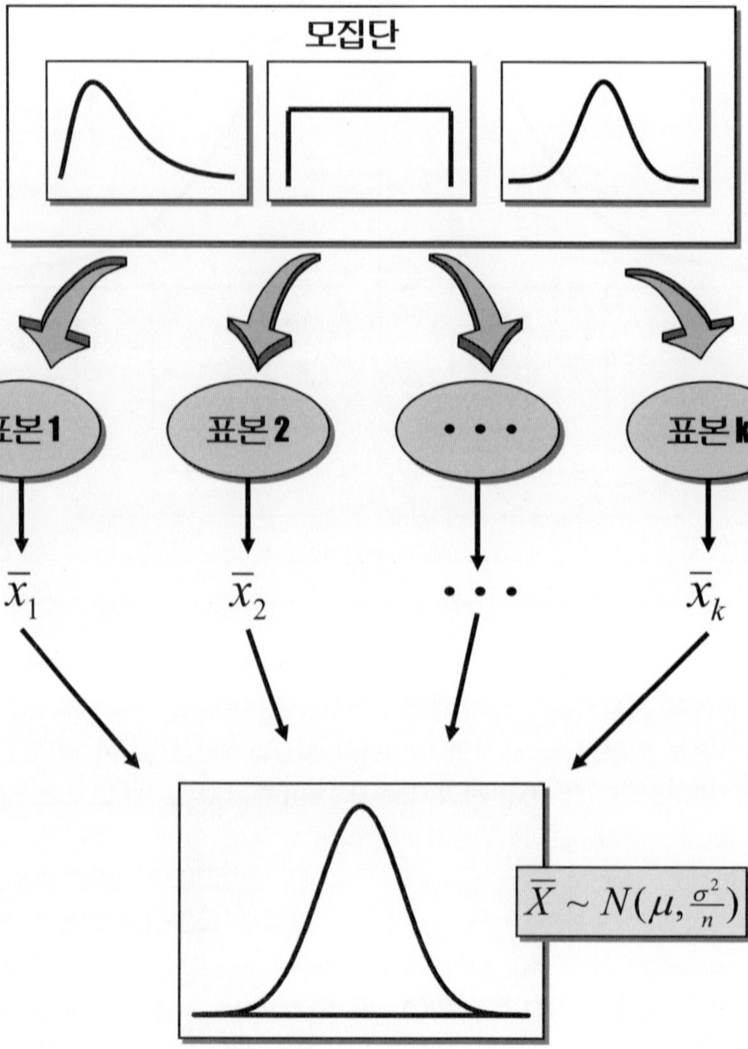

표본크기(n)가 커짐(>30)에 따라서 평균의 표본분포는 정규분포에 접근한다.

왜 정규분포가 중요한가?

모집단이 어떤 분포를 따르든지 상관없이 ...

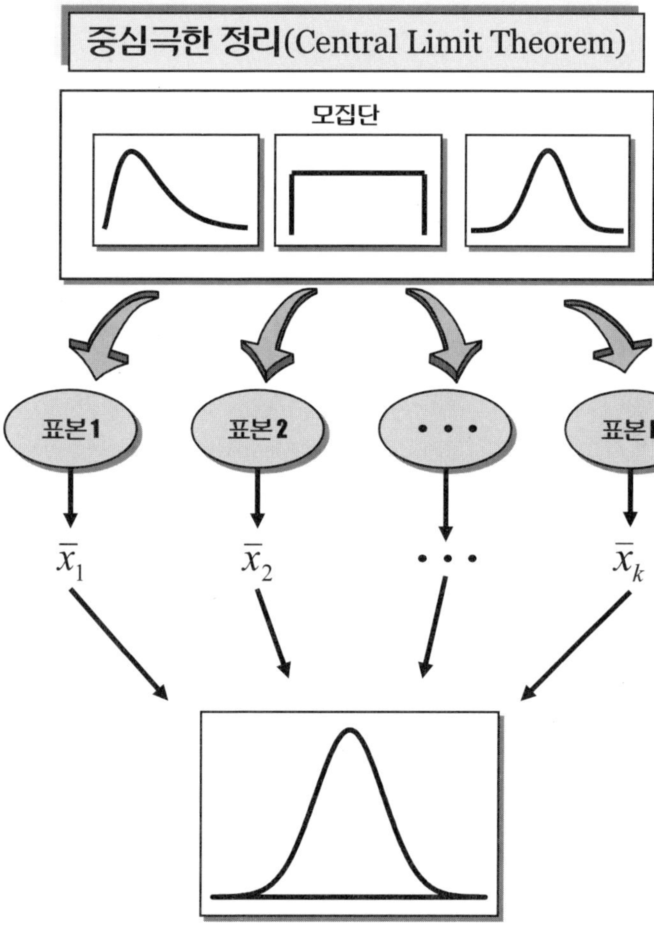

표본크기(n)가 커짐에 따라서 평균의 표본분포는 정규분포에 접근한다.

❖ 정규분포의 중요성

정규분포는 다양한 통계적 응용문제에서 항상 나타난다. 이러한 이유는 중심극한 정리(Central Limit Theorem)로 인한 것이다. 이 정리는 확률변수들의 합은 관측값의 수가 많을수록 근사적으로 정규분포를 따른다는 사실을 말해 주고 있다. 예를 들어 동전을 던지는 경우 앞면의 총수는 무수히 동전을 던지는 경우 정규성에 접근한다. 어떤 분포가 정확하게 정규분포를 따르지 않는다고 하더라도 정규분포에 잘 근사됨을 가정할 수 있으므로 매우 편리하다. 그러므로 T-검정과 같은 많은 통계적 절차를 사용할 수 있게 된다.

중심극한정리

중심극한정리(central limit theorem: CLT)는 확률론에서 매우 획기적인 이론 중의 하나다. 간단히 말해 일반적인 상황 하에서 많은 독립 관측값의 합은 근사적으로 정규분포를 따른다는 것이다. 게다가 관측값의 수가 많아질수록 보다 더 잘 근사된다. 이 정리는 확률이론의 핵심으로 '정규수렴이론' 이라고 지칭하는 것이 보다 직관적으로 이해하기 편할 것이다.

예를 들어, 동전을 100번 던져 앞면의 수를 센다고 하자. 이는 앞면일 때 1, 뒷면일 때 0인 점수와 같으며, 점수의 합을 구하면 된다. 그러므로 앞면의 합계는 독립이며 동일한 분포를 따르는 100개의 확률변수들의 합이 된다. 중심극한정리에 따라 앞면의 총수의 분포는 근사정도가 매우 높은 정규분포를 따르게 될 것이다. 이는 수많은 실험을 반복한 실험의 예를 그래프로 표현하면 정규분포와 유사함을 확인할 수 있다.

개인의 키와 몸무게 등 …. 여러 가지 자연현상을 관측해 온 결과, 근사적으로 정규분포를 따른다는 사실이 알려져 왔다. 이러한 현상들은 많은 독립적인 확률효과들의 합이므로 중심극한정리에 의하여 근사적으로 정규분포를 따르게 된다.

도대체! 표본크기는 얼마나?

현실적인 입장에서 중심극한정리(CLT)의 주요 아이디어는 어떤 모양의 분포를 가지는 모집단으로부터 추출된 관측값들의 표본평균이 일부 조건들이 만족된다면 근사적으로 정규분포를 따른다는 것이다. 이론 통계학에서는 이러한 조건들이 어떻게 설정되느냐에 따라 몇 가지 버전의 중심극한정리가 있다. 이는 표본을 추출한 모집단의 분포와 실제 표본추출절차에 대한 가정에 따라 달라진다.

이 이론의 가장 단순한 버전 중에 하나는 만일 무한 모집단으로부터 표본크기가 n(>30)인 확률표본을 추출한 경우 표준화 표본평균은 표준정규분포에 수렴한다. 또는 달리 표현하면 표본평균은 평균이 모평균과 같고 분산은 모분산을 표본크기 n으로 나눈 것과 같은 정규분포에 접근한다. 그러나 통계적 추론의 실제문제에서 중심극한정리를 응용하는데 있어서 통계학자들은 그 자체의 극한분포보다는 표본크기가 얼마일 때 표본평균의 근사분포가 정규분포에 얼마나 가깝게 접근하는가에 더 큰 관심을 갖게 된다. 정규분포에 매우 밀접하게 일치한다는 사실은 모집단의 실제분포와 상관없이 표본평균을 이용하여 모집단 모수를 추정하기 위한 정규이론을 이용할 수 있음을 시사하는 것이다.

모집단 분포를 잘 알고 있다면 확률표본의 표준화 변수는 평균이 '0' 이고 표준편차가 '1' 인 분포를 따른다. 게다가 모집단이 정규분포를 따른다면 이때는 표본크기 n에 상관없이 정확하게 표준정규분포를 따르게 된다. 즉, 모집단의 분포가 정규분포든 아니든 간에 표준화 변수는 표본크기가 충분히 크다면(대략 30 이상) 근사적으로 정규분포를 따르게 된다. 중심극한정리에 의한 근사이론이 어떤 상황 하에서 표본크기가 얼마인 경우 충분히 잘 근사된다라고 일반화시켜 언급할 수는 없다. 일반적인 지침으로서, 통계학자들은 모집단의 분포가 대칭이고 상대적으로 짧은 꼬리를 가지는 경우는 치우치거나 긴 꼬리는 가지는 경우보다 더 작은 표본크기로도 정규성에 보다 더 잘 근사되는 것으로 알려져 있다.

도대체! 표본크기는 얼마나?

그러므로 다양한 모집단으로부터 서로 다른 크기의 표본의 평균의 행태를 연구해야 한다. 다양한 분포로부터 추출한 여러 크기의 표본으로부터 계산된 표본평균의 표본분포를 실험함으로써 실제로 중심극한정리를 이용하여 앞에서 언급한 여러 가지 지침을 실험할 뿐만 아니라 이들 특정 분포하에서의 표본평균의 행태를 눈으로 확인할 수 있다.

표본크기가 크다면 어떤 상황이든 표본평균의 표본분포가 정규분포로 근사됨은 의심에 여지가 없을 것이다. 모집단의 분포의 모양에 따라 정규근사를 위해 필요한 표본크기는 크게 달라진다. 특히 대칭성은 중요한 분포모양이다. 모집단 분포모양이 정규분포와 전혀 다르지만 대칭일 경우 비록 소표본이라 하더라도 (균일분포인 경우 표본크기 10~12 정도)에도 근사적으로 정규분포를 따른다. 표본평균의 분포는 모집단의 분포가 대칭이고 짧은 꼬리를 가지는 경우는 치우치고 긴 꼬리를 가지는 경우보다 더 잘 정규분포에 근사된다. 일부 극단적인 경우 (예. 이항분포)에는 정규분포로 근사되기 위해서는 일반적인 지침(n=30)보다 훨씬 표본크기가 커야 되는 경우도 있다. 1차 및 2차 적률(moments)이 존재하지 않는 분포(예. Cauchy)는 중심극한정리를 적용할 수 없다.

표준편차
Standard Deviation

표준편차

표준편차의 크기는 평균(mean)과 변곡점(point of inflection) 간의 거리이다. 만일 목표값(target value)과 규격한계(specification limit) 간의 거리가 3배의 표준편차일 경우, 프로세스는 '3σ 능력'을 가진다고 말한다.

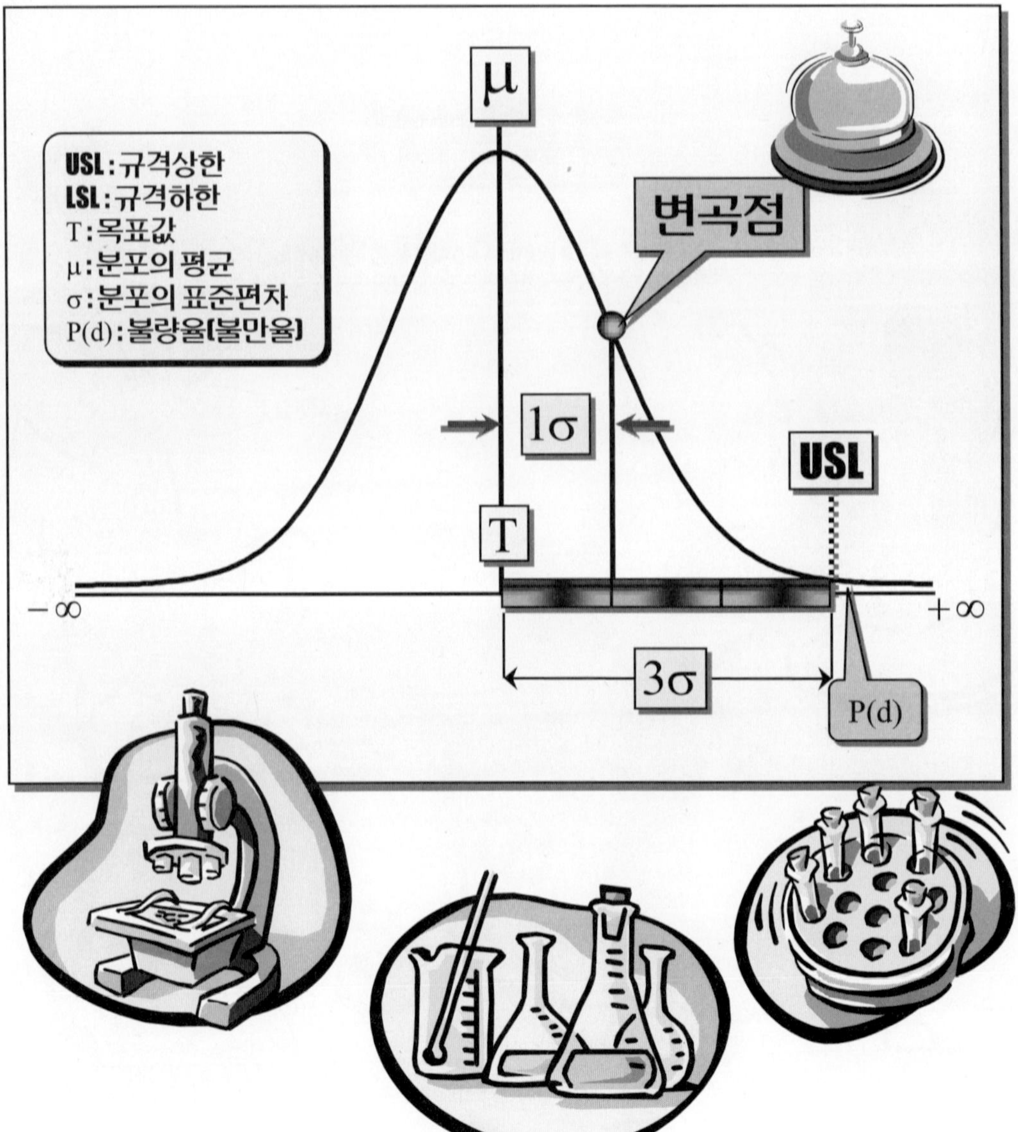

모수와 추정량 계산식

모평균

$$\mu = \frac{\sum_{i=1}^{N} X_i}{N}$$

모표준편차

$$\sigma = \sqrt{\frac{\sum_{i=1}^{N} (X_i - \mu)^2}{N}}$$

관측값

모집단 크기

표본평균

$$\overline{X} = \frac{\sum_{i=1}^{n} X_i}{n}$$

표본 표준편차

$$S = \sqrt{\frac{\sum_{i=1}^{n} (X_i - \overline{X})^2}{n-1}}$$

표본크기

?

편차제곱

제곱은 데이터의 중심으로부터 극단적인 편차에 가중치를 부여하기 위한 수단이다.

$$\sqrt{\frac{\sum_{i=1}^{N}(X_i-\mu)^2}{N}}$$

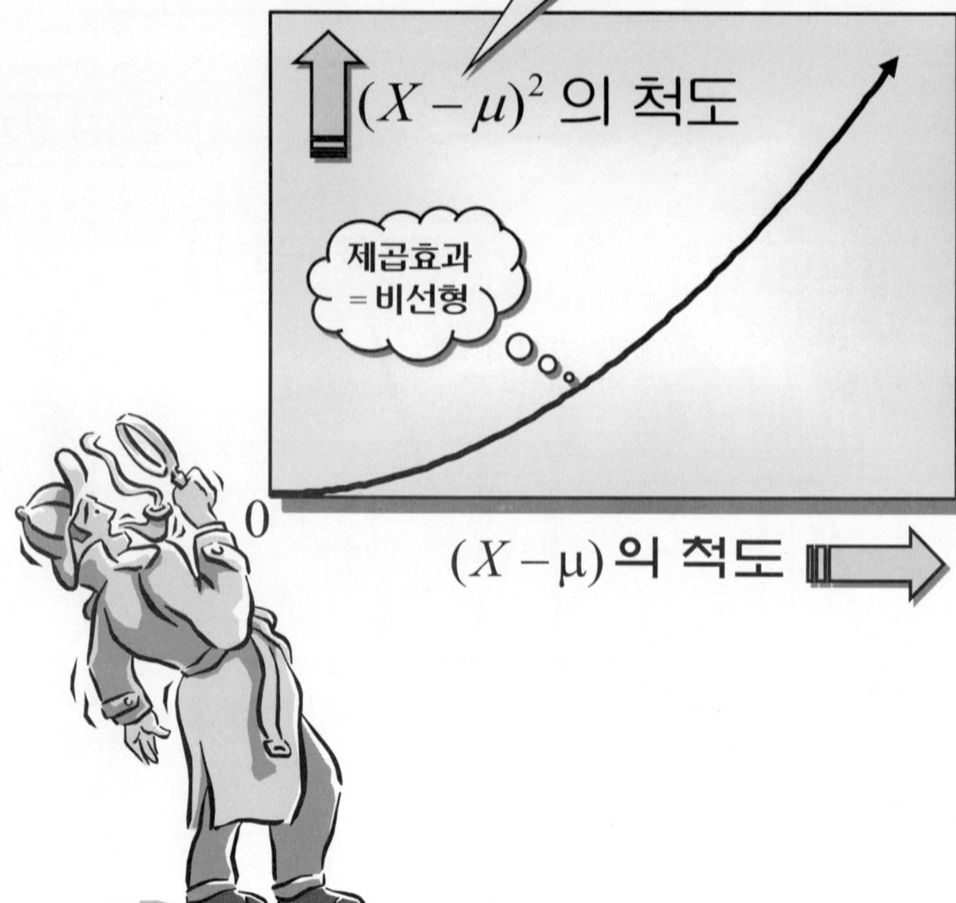

자유도(Degrees of Freedom)

표본의 표준편차는 모집단의 표준편차의 **불편추정량**(unbiased estimator)을 유도하기 위하여 제곱합(sum of square)을 수리적으로 (n-1)을 사용하여 나누게 된다. 여기에서 (n-1)을 **자유도**(degree of freedom; d.f)라고 한다.

$$\hat{\sigma} = s = \sqrt{\frac{\sum_{i=1}^{n}(X_i - \bar{X})^2}{n-1}}$$

여기에서 (n-1)은 모표준편차의 불편추정량(unbiased estimator)을 유도하기 위하여 고안된 수학적 장치이며, 이를 **자유도**(degree of freedom; d.f)라고 부른다.

그렇다면 도대체 자유도란 무엇일까?

하나의 독립된 관측값이 생성되면 자유도 하나를 부여하자. 그러면 n개의 독립된 관측값을 얻었다면 자유도는 n이 된다. 그런데 편차 $(X_i - \bar{X})$ 들의 합은 '0' 이 되므로 하나의 편차는 나머지 (n-1)개의 편차가 알려지면 자동으로 알 수 있게 되므로 n개의 편차들은 하나가 종속되어 자유도 하나를 상실하게 된다. 그러므로 자유도는 (n-1)이 된다.

확인설명 - 가

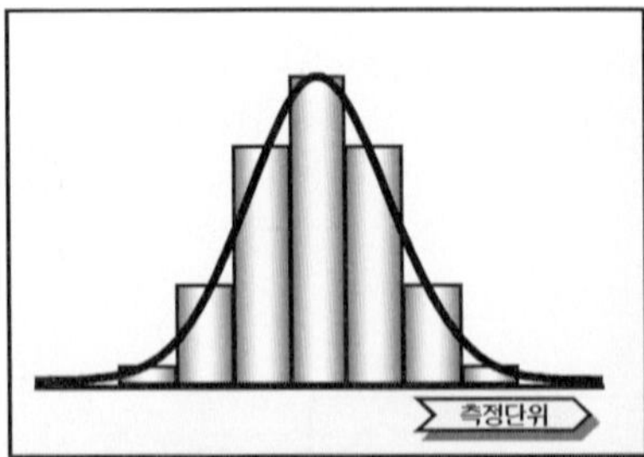

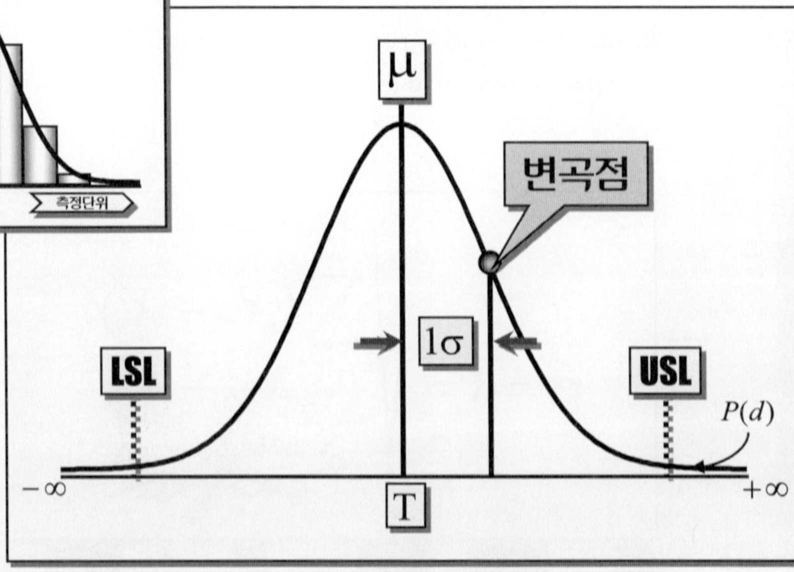

$$\hat{\sigma} = \sqrt{\frac{\sum_{i=1}^{n}(X_i - \overline{X})^2}{n-1}}$$

$$\overline{X} = \frac{\sum_{i=1}^{n} X_i}{n}$$

	x	$x-\overline{x}$	$(x-\overline{x})^2$
	1	-2	4
	2	-1	1
	3	0	0
	4	1	1
	5	2	4
Sum	15	0	10
Mean	3.0		
Var			2.50
Stdev			1.58

?

도대체! 1.58은 무엇을 의미하는 것일까?

확인설명 - 나

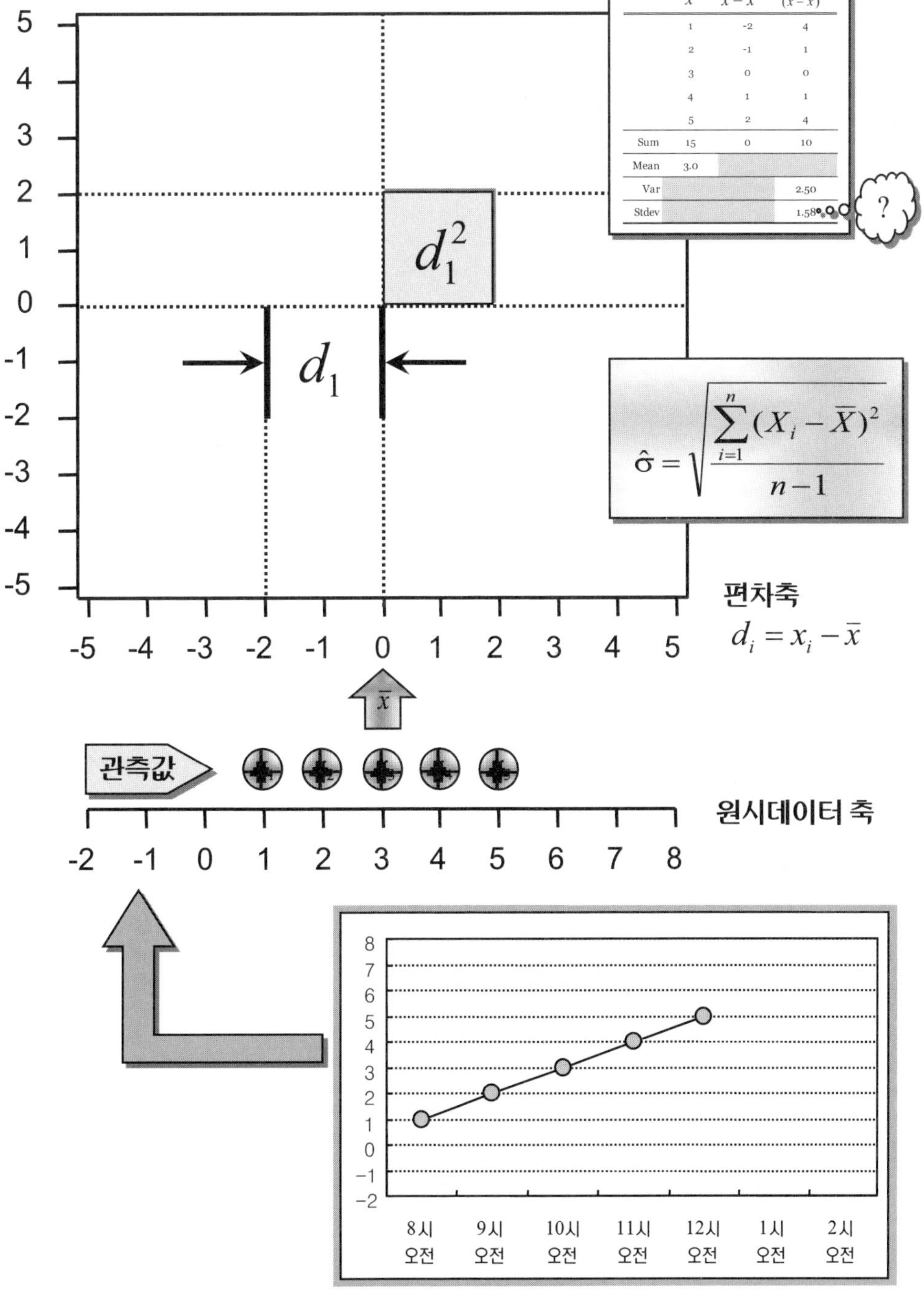

d_1, d_1^2

$d_i = x_i - \bar{x}$

	x	$x-\bar{x}$	$(x-\bar{x})^2$
	1	-2	4
	2	-1	1
	3	0	0
	4	1	1
	5	2	4
Sum	15	0	10
Mean	3.0		
Var			2.50
Stdev			1.58

$$\hat{\sigma} = \sqrt{\frac{\sum_{i=1}^{n}(X_i - \bar{X})^2}{n-1}}$$

확인설명 - 다

$$\hat{\sigma} = \sqrt{\frac{\sum_{i=1}^{n}(X_i - \overline{X})^2}{n-1}}$$

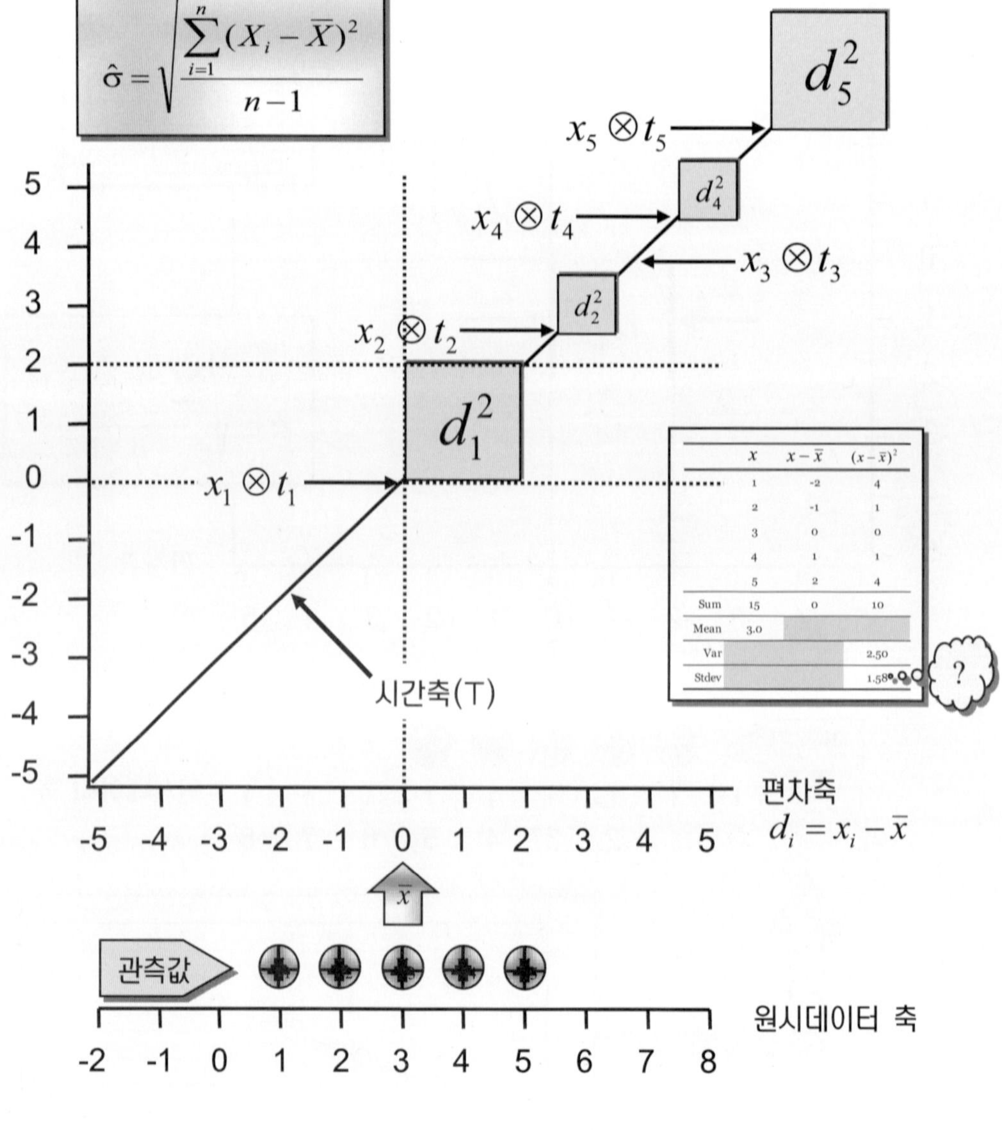

	x	$x-\overline{x}$	$(x-\overline{x})^2$
	1	-2	4
	2	-1	1
	3	0	0
	4	1	1
	5	2	4
Sum	15	0	10
Mean	3.0		
Var			2.50
Stdev			1.58

확인설명 - 라

$$\hat{\sigma} = \sqrt{\frac{\sum_{i=1}^{n}(X_i - \overline{X})^2}{n-1}}$$

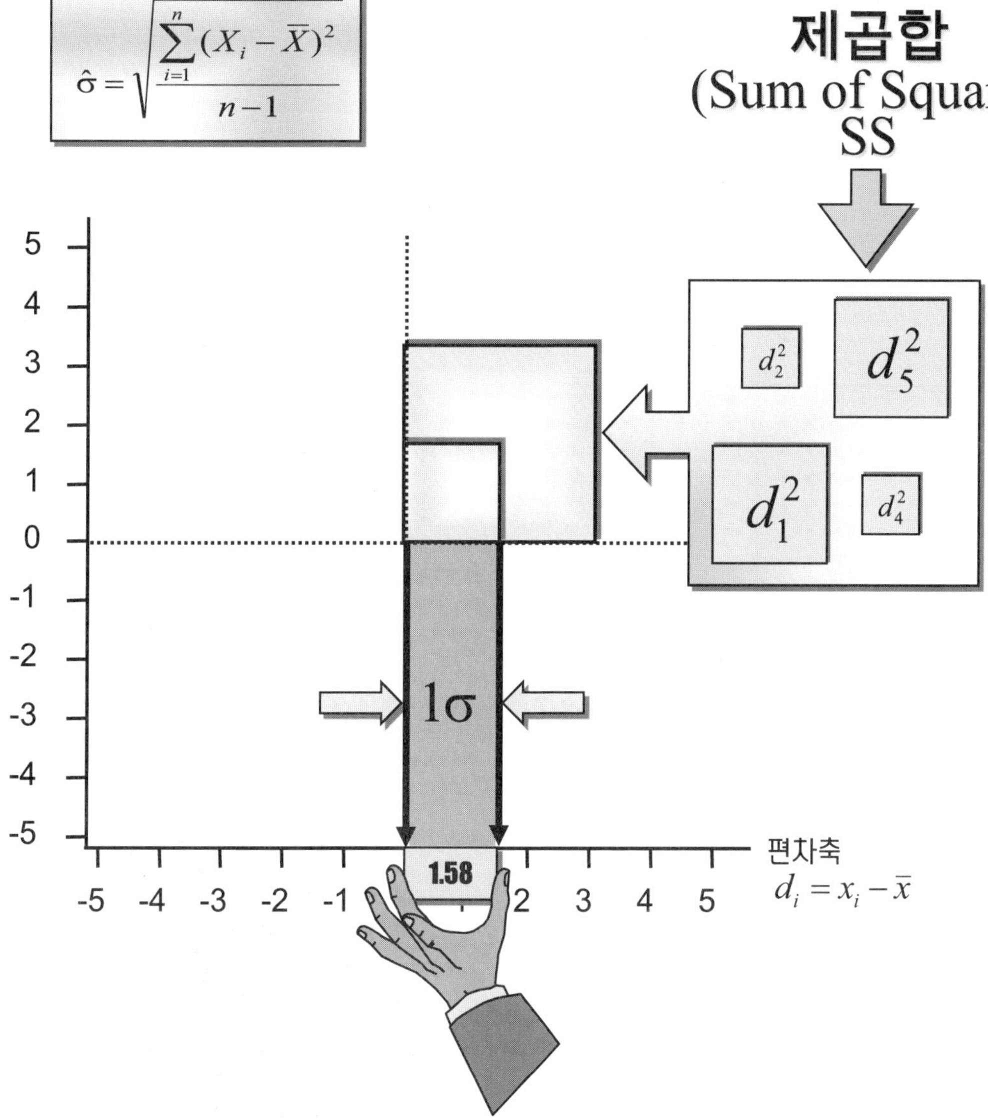

데이터 포함 비율

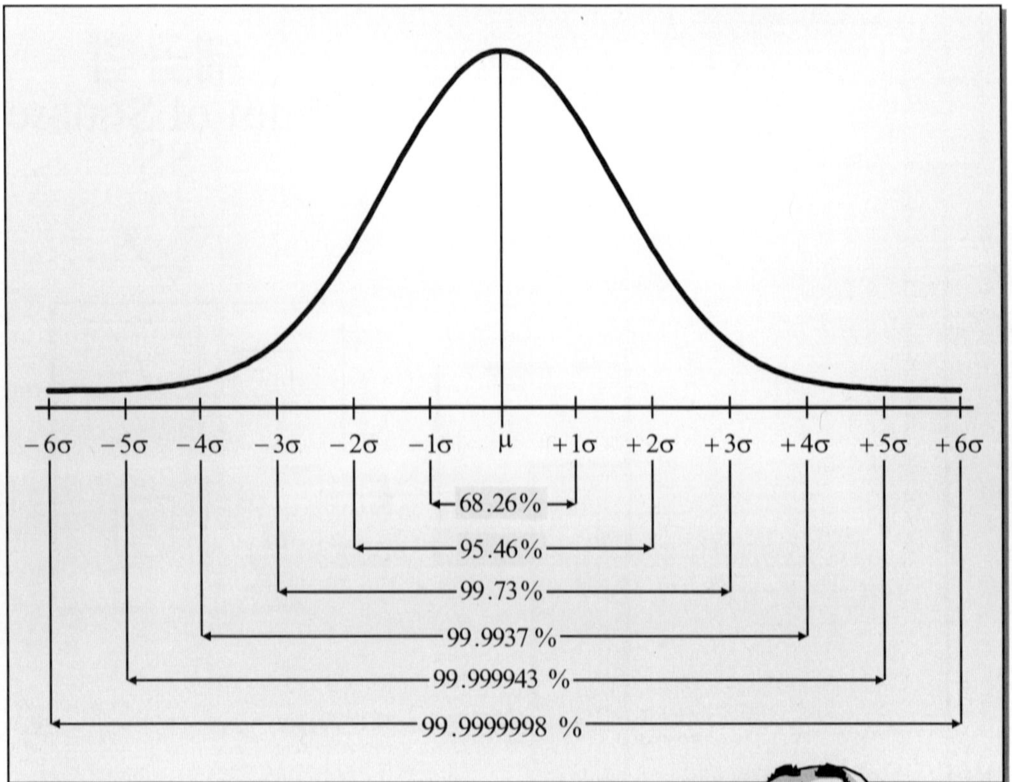

−6σ
−5σ
−4σ
−3σ
−2σ
−1σ
μ
+1σ
+2σ
+3σ
+4σ
+5σ
+6σ
68.26%
95.46%
99.73%
99.9937 %
99.999943 %
99.9999998 %

Case Study 1 - 가

원시 데이터

95.4	90.2	101.2	98.9	110.3	91.2	103.1	94.4
94.3	110.1	111.1	101.8	87.6	116.2	97.7	97.8
111.7	124.2	94.1	111.7	88.8	100.9	97.2	108.7
116.8	89.1	99.3	104.0	110.5	96.1	95.7	112.5
104.0	114.5	95.1	99.7	102.7	78.3	87.5	109.0
95.7	116.2	90.2	89.2	95.6	118.4	85.2	90.7
110.4	106.2	97.1	109.8	89.4	108.4	90.8	98.0
104.7	94.4	90.6	99.5	93.0	108.2	82.6	86.9
106.1	121.0	96.8	108.8	101.7	111.1	114.4	101.0
107.3	110.1	112.9	104.6	100.7	105.9	93.1	100.1
110.2	92.1	109.9	106.2	102.6	82.6	87.4	119.0
104.6	102.7	85.5	103.1	106.0	80.7	92.5	102.9
[illegible]	92.4	120.4	89.7	116.4	71.4	103.5	104.0
[illegible]	116.9	81.6	115.5	112.4	97.4	97.6	88.9
[illegible]	[illegible]4.3	89.9	92.2	82.0	110.5	102.7	89.6
[illegible]	[illegible].6	88.0	110.5	99.2	89.5	95.1	96.2
[illegible]	[illegible]8.3	92.4	99.5	108.9	100.8	85.7	99.0
[illegible]	[illegible]10.3	110.0	107.6	93.5	109.8	112.8	98.4
[illegible]	96.0	109.0	118.5	105.3	96.3	103.0	124.5
[illegible]	90.4	113.5	102.3	109.8	109.0	102.2	90.5
106.4	98.0	99.6	113.6	97.8	102.1	93.1	90.0
91.7	95.2	101.5	89.7	101.5	108.6	95.5	87.6
8[illegible]	109.2	93.7	101.2	100.1	104.0	94.8	87.1
10[illegible]	96.2	91.1	100.5	90.6	84.6	105.4	92.2
[illegible]	9[illegible]	99.8	100.1	125.8	95.6	112.0	81.2
[illegible]	11[illegible]	87.1	104.8	108.9	98.6	94.7	102.8

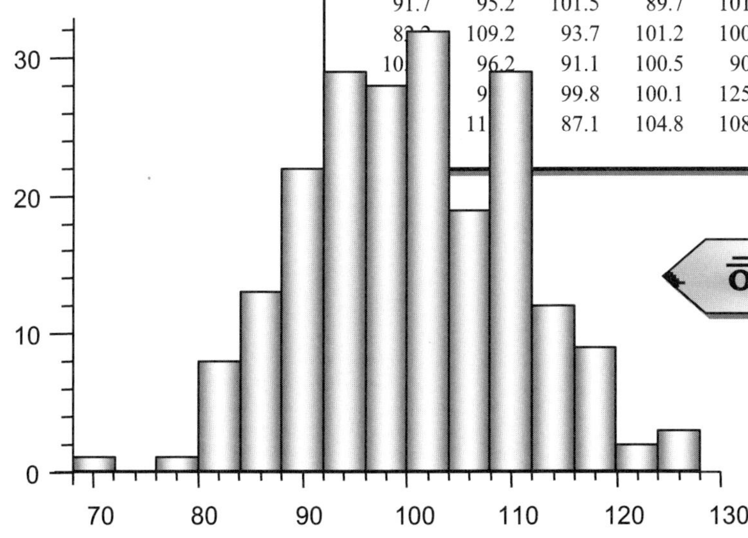

히스토그램

Case Study 1 - 나

원시 데이터

95.4	90.2	101.2	98.9	110.3	91.2	103.1	94.4
94.3	110.1	111.1	101.8	87.6	116.2	97.7	97.8
111.7	124.2	94.1	111.7	88.8	100.9	97.2	108.7
116.8	89.1	99.3	104.0	110.5	96.1	95.7	112.5
104.0	114.5	95.1	99.7	102.7	78.3	87.5	109.0
95.7	116.2	90.2	89.2	95.6	118.4	85.2	90.7
110.4	106.2	97.1	109.8	89.4	108.4	90.8	98.0
104.7	94.4	90.6	99.5	93.0	108.2	82.6	86.9
106.1	121.0	96.8	108.8	101.7	111.1	114.4	101.0
107.3	110.1	112.9	104.6	100.7	105.9	93.1	100.1
110.2	92.1	109.9	106.2	102.6	82.6	87.4	119.0
104.6	102.7	85.5	103.1	106.0	80.7	92.5	102.9
97.4	92.4	120.4	89.7	116.4	71.4	103.5	104.0
83.9	116.9	81.6	115.5	112.4	97.4	97.6	88.9
106.3	104.3	89.9	92.2	82.0	110.5	102.7	89.6
86.8	116.6	88.0	110.5	99.2	89.5	95.1	96.2
101.5	98.3	92.4	99.5	108.9	100.8	85.7	99.0
93.3	110.[illegible]	110.0	107.6	93.5	109.8	112.8	98.4
95.1	96.[illegible]	109.0	118.5	105.3	96.3	103.0	124.5
104.[illegible]	[illegible]	113.[illegible]	102.3	109.8	109.0	102.2	90.5
106.[illegible]	[illegible]	99.[illegible]	113.6	97.8	102.1	93.1	90.0
91.[illegible]	[illegible]	101.[illegible]	89.7	101.5	108.6	95.5	[illegible]
[illegible]	[illegible]	93.[illegible]	101.2	100.1	104.0	94.8	[illegible]
[illegible]	[illegible]	[illegible]	100.5	90.6	84.6	105.4	[illegible]
[illegible]	[illegible]	[illegible]	100.1	125.8	95.6	112.0	[illegible]
[illegible]	[illegible]	[illegible]	104.8	108.9	98.6	94.7	[illegible]

히스토그램

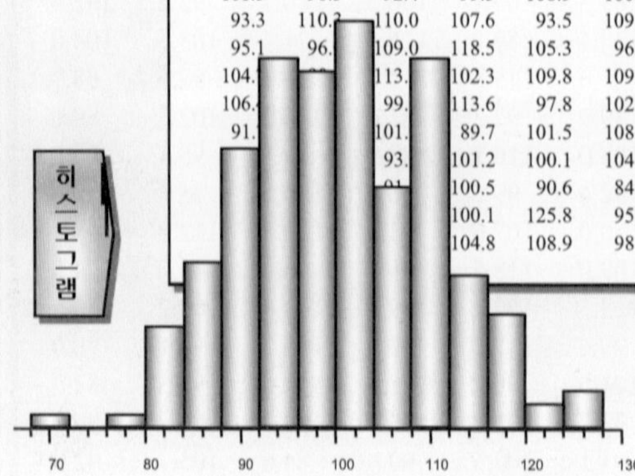

$$\hat{\sigma} = \sqrt{\frac{\sum_{i=1}^{n}(X_i - \overline{X})^2}{n-1}}$$

$$\overline{X} = \frac{\sum_{i=1}^{n} X_i}{n}$$

원시 데이터의 기술통계량

평균	100.37
표준편차	10.01
표준오차	0.69
표본크기	208
최소값	71.38
최대값	125.78
분산	100.17
변동계수	9.971992
범위	54.40
합계	20876.08
제곱합	20735.06
중위수	100.13

Case Study 2 - 가

집단(g)	X1	X2	X3	X4	X5
1	3.239	3.240	3.239	3.240	3.239
2	3.240	3.239	3.240	3.239	3.239
3	3.238	3.239	3.240	3.240	3.239
4	3.239	3.240	3.240	3.239	[illegible]
5	3.241	3.239	3.240	3.240	[illegible]
6	3.240	3.239	3.242	3.240	3.241
7	3.240	3.239	3.240	3.242	3.239
8	3.239	3.240	3.238	3.238	3.240
9	3.238	3.240	3.240	3.237	[illegible]
10	3.239	3.241	3.240	3.239	3.240
11	3.241	3.241	3.239	3.239	3.239
12	3.239	3.241	3.241	3.240	3.239
13	3.237	3.242	3.238	3.239	3.239
14	3.238	3.240	3.241	3.240	3.241
15	3.239	3.240	3.241	3.240	3.239
16	3.241	3.240	3.240	3.240	3.241
17	3.240	3.238	3.240	3.238	3.239
18	3.239	3.241	3.241	3.241	3.239
19	3.240	3.240	3.240	3.241	3.239
20	3.240	3.239	3.239	3.241	3.241
21	3.240	3.241	3.240	3.239	3.241
22	3.240	3.240	3.241	3.240	3.239
23	3.241	3.240	3.240	3.239	3.239
24	3.238	3.238	3.240	3.239	3.239
25	3.240	3.240	3.240	3.238	[illegible]

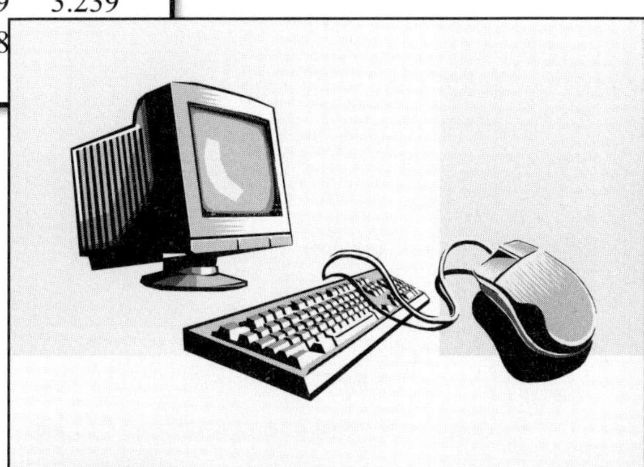

Case Study 2 - 나

평균	3.23972
표준편차	0.00095
표준오차	0.00008
표본크기	125
최소값	3.2374
최대값	3.2421
분산	9.0135E-07
범위	0.0047
합계	404.96
제곱합	1.118E-04
중위수	3.24

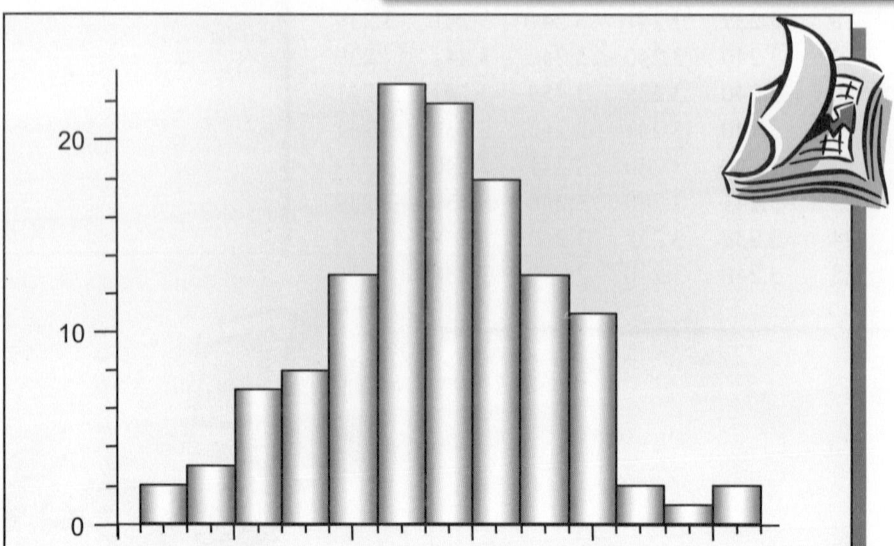

Case Study 2 - 다

집단(g)	X1	X2	X3	X4	X5
1	3.239	3.240	3.239	3.240	3.239
2	3.240	3.239	3.240	3.239	3.239
3	3.238	3.239	3.240	3.240	3.239
4	3.239	3.240	3.240	3.239	3.240
5	3.241	3.239	3.240	3.240	3.240
6	3.240	3.239	3.242	3.240	3.241
7	3.240	3.239	3.240	3.242	3.239
8	3.239	3.240	3.238	3.238	3.240
9	3.238	3.240	3.240	3.237	3.241
10	3.239	3.241	3.240	3.239	3.240
11	3.241	3.241	3.239	3.239	3.239
12	3.239	3.241	3.241	3.240	3.239
13	3.2				
14	3.2				
15	3.2				
16	3.2				
17	3.2				
18	3.2				
19	3.2				
20	3.2				
21	3.2				
22	3.2				
23	3.2				
24	3.238	3.238	3.2		
25	3.240	3.240	3.2		

집단(g)	범위	표준편차
1	0.0010	0.0004
2	0.0010	0.0004
3	0.0021	0.0008
4	0.0008	0.0003
5	0.0024	0.0009
6	0.0035	0.0013
7	0.0025	0.0010
8	0.0024	0.0010
9	0.0032	0.0015
10	0.0021	0.0008
11	0.0021	0.0009
12	0.0020	0.0009
	0.0046	0.0018
	0.0027	0.0010
	0.0022	0.0008
	0.0014	0.0006
	0.0019	0.0008
	0.0019	0.0009
	0.0013	0.0005
	0.0023	0.0010
	0.0022	0.0009
	0.0016	0.0006
	0.0025	0.0010

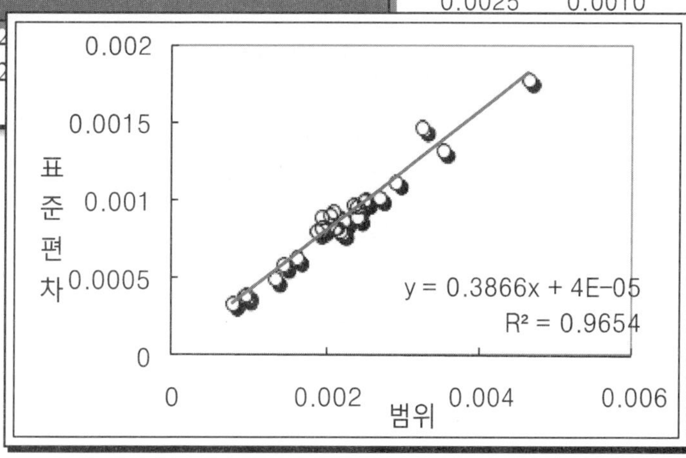

탐색적 데이터 분석 EDA

탐색적 데이터 분석

데이터분석의 초기단계에서 각각의 데이터를 면밀히 검토해야 한다. 이 단계에서 데이터에 입력의 오류가 있는지 혹은 데이터가 매우 특이한 형태를 이루고 있는지를 개략적으로 판단하여야 한다. 이는 차후에 수행할 '고급통계분석'의 기초정보가 되는데, 이와 같은 기술통계분석의 한 분야를 가리켜 탐색적 데이터분석(Exploratory Data Analysis; EDA)이라 한다.

탐색적 데이터분석은 데이터의 구조와 특징을 알아내기 위한 분석방법들을 통칭한다. 이는 전통적인 기술통계분석 분야와 많은 유사점을 가지고 있지만, 한 걸음 더 나가서 데이터가 내포하고 있는 구조적 특성을 가려낼 뿐만 아니라, 기대했던 구조에서 벗어나는 점(이상점이나 극단점)들을 가려내어, 그 구조의 특성을 더욱 명확히 표현할 수 있다는데 큰 차이가 있다. 탐색적 데이터분석에서는 데이터 분석의 결과를 쉽게 전달하기 위하여 여러 통계값들을 형상화하여 표현하는 그래프적 표현법을 많이 사용한다.

데이터 탐색

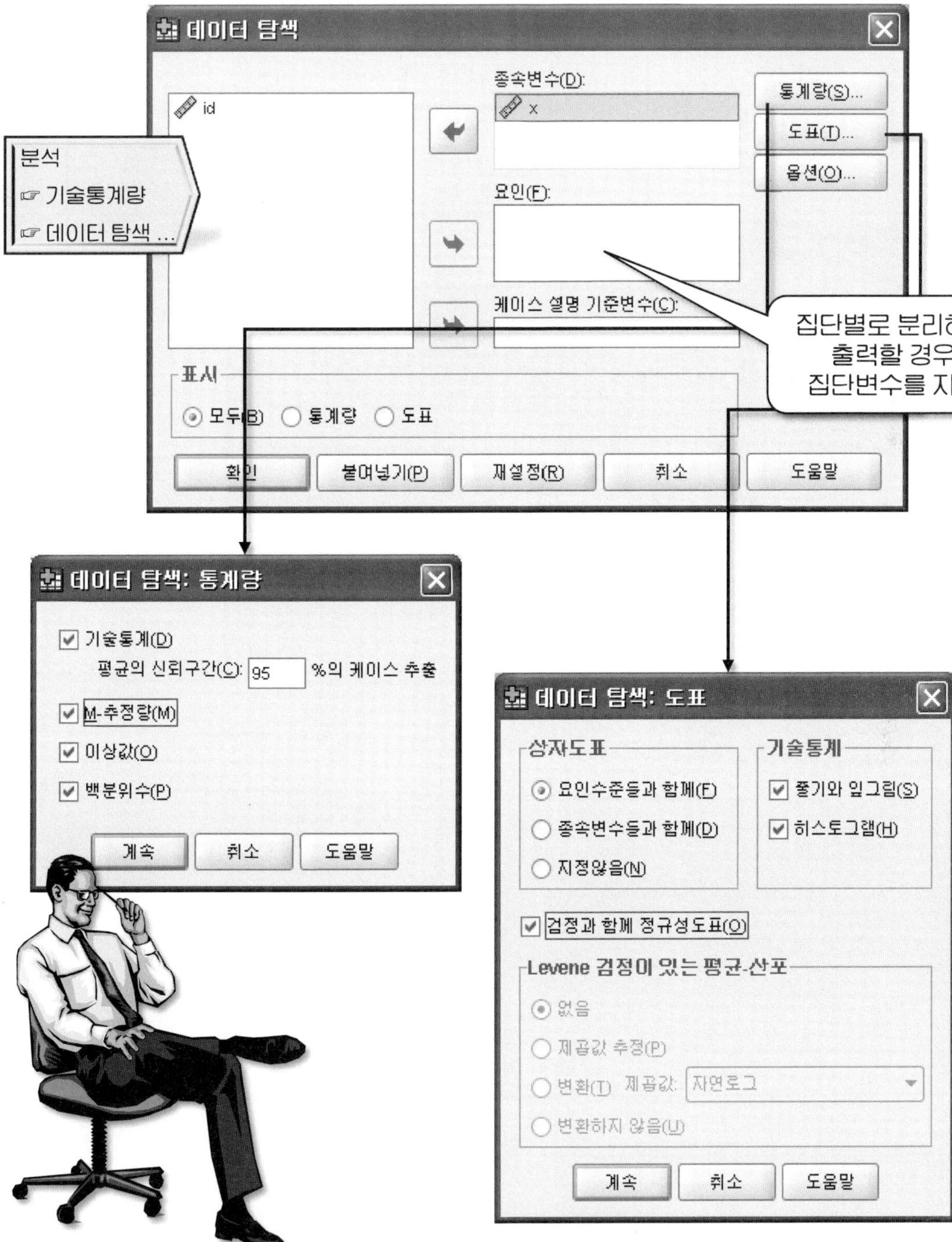
분석
☞ 기술통계량
☞ 데이터 탐색 ...
데이터 탐색
종속변수(D):
x
요인(F):
케이스 설명 기준변수(C):
id
통계량(S)...
도표(T)...
옵션(O)...
표시
모두(B) 통계량 도표
확인 붙여넣기(P) 재설정(R) 취소 도움말
집단별로 분리하여
출력할 경우
집단변수를 지정
데이터 탐색: 통계량
기술통계(D)
평균의 신뢰구간(C): 95 %의 케이스 추출
M-추정량(M)
이상값(O)
백분위수(P)
계속 취소 도움말
데이터 탐색: 도표
상자도표
요인수준들과 함께(F)
종속변수들과 함께(D)
지정않음(N)
기술통계
줄기와 잎그림(S)
히스토그램(H)
검정과 함께 정규성도표(O)
Levene 검정이 있는 평균-산포
없음
제곱값 추정(P)
변환(T) 제곱값: 자연로그
변환하지 않음(U)
계속 취소 도움말

기술통계

원시 데이터

파일이름: 정규난수.sav

98.18	100.03	99.93	99.03	101.53
		100.80	102.12	99.17
		100.05	101.94	98.34
99.28	99.47	100.81	97.77	98.27
96.29	99.97	100.25	103.52	95.91
96.47	102.73	99.36	100.96	99.05

기술통계

		통계량	표준오차
평균		99.7334	.20658
평균의 95% 신뢰구간	하한	99.3236	
	상한	100.1433	
5% 절삭평균		99.7411	
중위수		99.5598	
분산		4.267	
표준편차		2.06576	
최소값		94.52	
최대값		104.79	
범위		10.27	
사분위수 범위		3.17	
왜도		-.023	.241
첨도		-.386	.478

M-추정량

	Huber의 M-추정량[a]	Tukey의 이중가중[b]	Hampel의 M-추정량[c]	Andrews의 웨이브[d]
x	99.6759	99.6746	99.7045	99.6744

a. 가중 상수는 1.339입니다.
b. 가중 상수는 4.685입니다.
c. 가중 상수는 1.700, 3.400 및 8.500입니다.
d. 가중 상수는 1.340*pi입니다.

극단값

		케이스 수	값
최대값	1	59	104.79
	2	65	103.52
	3	72	103.42
	4	93	103.37
	5	8	103.27
최소값	1	52	94.52
	2	71	95.75
	3	85	95.91
	4	80	96.02
	5	87	96.08

백분위수

		백분위수						
		5	10	25	50	75	90	95
가중평균(정의 1)	x	96.0862	96.9757	98.2436	99.5598	101.4116	102.6679	103.2561
Tukey의 Hinges	x			98.2477	99.5598	101.4047		

히스토그램

원시 데이터

파일이름: 정규난수.sav

98.18	100.03	99.93	99.03	101.53
99.93	98.24	100.80	102.12	99.17
99.45	103.03	100.05	101.94	98.34
[illegible]	[illegible]	100.81	97.77	98.27
[illegible]	[illegible]	100.25	103.52	95.91
96.47	102.73	99.36	100.96	99.05
99.37	99.57	101.65	98.67	96.08
103.27	99.36	100.13	99.78	96.56
99.63	101.39	100.12	102.28	100.75
99.37	98.04	100.62	102.07	101.42
99.32	99.99	97.61	95.75	98.87
97.68	102.12	94.52	103.42	100.76
102.85	97.23	101.59	99.11	103.37

정규성 검정

	Kolmogorov-Smirnov[a]			Shapiro-Wilk		
	통계량	자유도	유의확률	통계량	자유도	유의확률
x	.049	100	.200*	.992	100	.845

a. Lilliefors 유의확률 수정

*. 이것은 참인 유의확률의 하한값입니다.

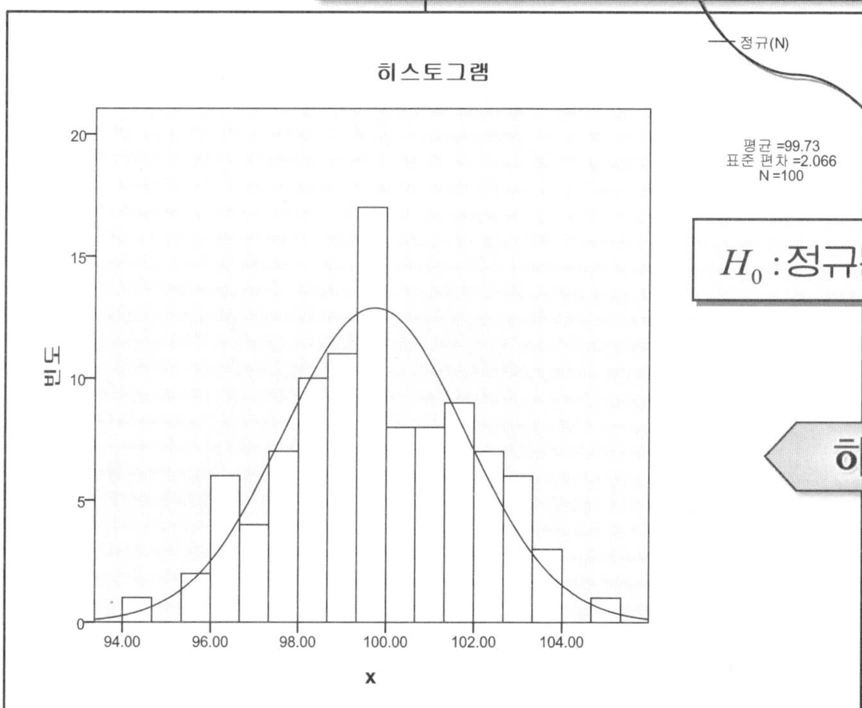

H_0 : 정규분포를 따른다.

히스토그램

히스토그램 계급구간 기준

원시 데이터

98.18	100.03	99.93	99.03	101.53
99.93	98.24	100.80	102.12	99.17
99.45	103.03	100.05	101.94	98.34
99.28	99.47	100.81	97.77	98.27
96.29	99.97	100.25	103.52	95.91
96.47	102.73	99.36	100.96	99.05
99.37	99.57	101.65	98.67	96.08
103.27	99.36	100.13	99.78	96.56
99.63	101.39	100.12	102.28	100.75
99.37	98.04	100.62	102.07	101.42
99.32	99.99	97.61	95.75	98.87
97.68	102.12	94.52	103.42	100.76

계급구간의 기준:

- 서로 겹치지 않도록...
- 계급구간은 동일한 폭으로 ...
- 구간이 6개 미만으로 하지 말것.
- 구간이 20개 이상으로 하지 말것.

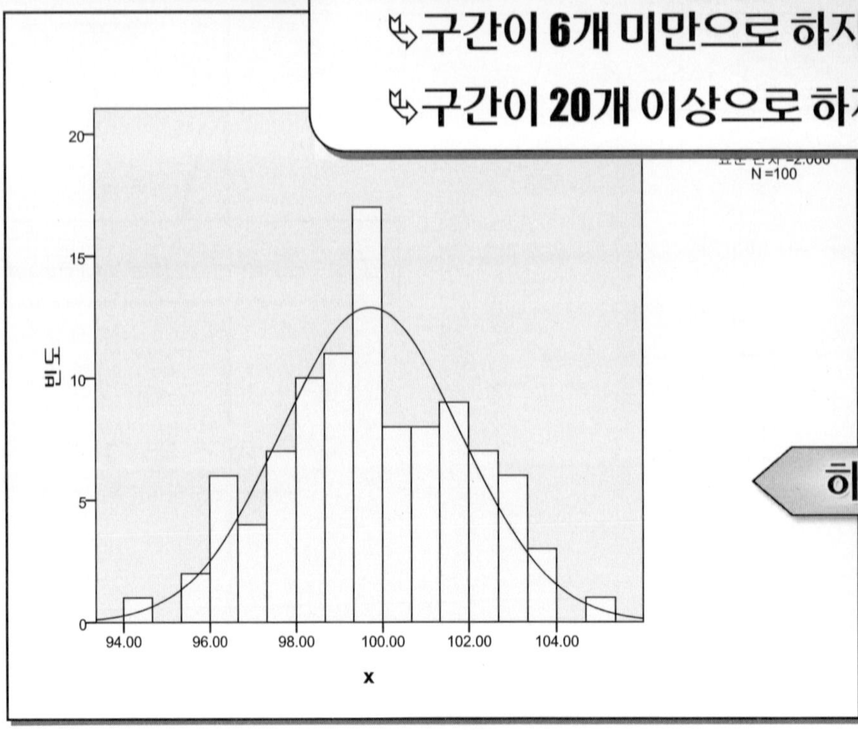

히스토그램

정규성 도표

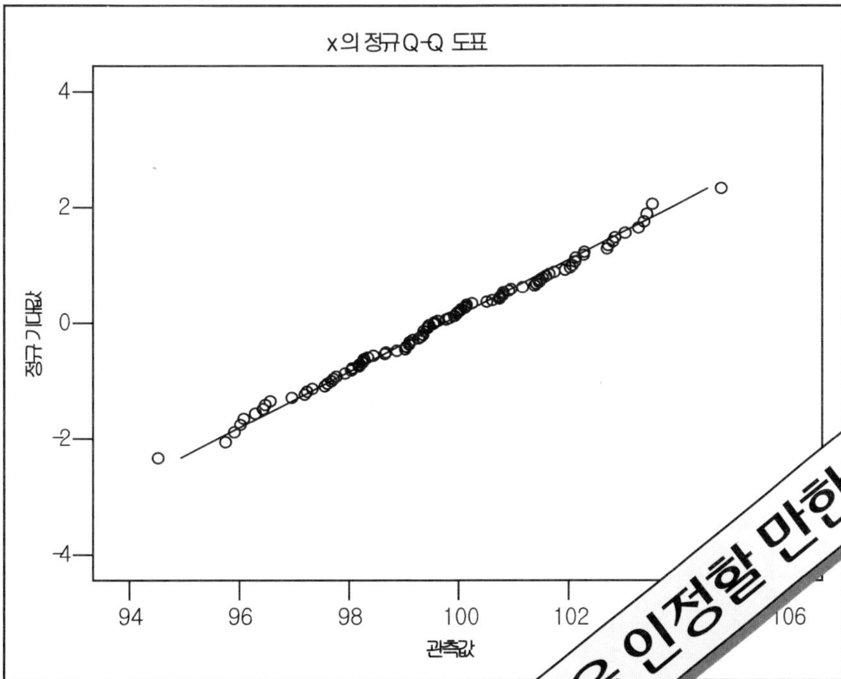

정규성을 인정할 만한가?!?

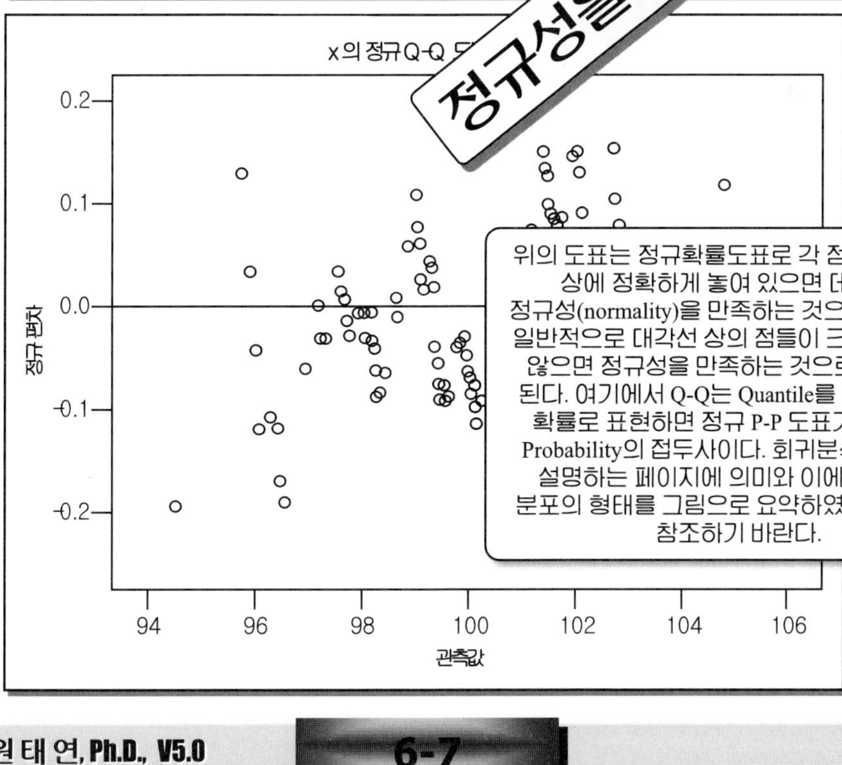

위의 도표는 정규확률도표로 각 점들이 대각선 상에 정확하게 놓여 있으면 데이터가 정규성(normality)을 만족하는 것으로 판단한다. 일반적으로 대각선 상의 점들이 크게 벗어나지 않으면 정규성을 만족하는 것으로 간주하게 된다. 여기에서 Q-Q는 Quantile를 의하며 이를 확률로 표현하면 정규 P-P 도표가 되며 P는 Probability의 접두사이다. 회귀분석의 잔차를 설명하는 페이지에 의미와 이에 대응하는 분포의 형태를 그림으로 요약하였으므로 이를 참조하기 바란다.

줄기와 잎 그림

히스토그램과 상당히 유사한 표현방법이 바로 "**줄기와 잎 그림** (Stem-and-Leaf Plot)" 이다. 이는 히스토그램에서 막대로 빈도를 표시하는 대신에 실제적인 수치를 사용하여 그림을 그린다. 이렇게 함으로써 히스토그램에서 보다 많은 실제 정보를 제공할 수 있다.

```
X Stem-and-Leaf Plot

 Frequency    Stem &  Leaf

     1.00       94 .  5
     2.00       95 .  79
     7.00       96 .  0024459
    10.00       97 .  1235667799
    12.00       98 .  001122234668
    26.00       99 .  00001112333333444556789999
    15.00      100 .  001112567778899
    10.00      101 .  1344455679
    11.00      102 .  00111227788
     5.00      103 .  02345
     1.00      104 .  7

 Stem width:      1.00
                  1 case(s)
```

줄기와 잎 그림

원시 데이터

			3	101.53
			2	99.17
			4	98.34
99.28	99.47	100.81	97.77	98.27
96.29	99.97	100.25	103.52	95.91
96.47	102.73	99.36	100.96	99.05
99.37	99.57	101.65	98.67	96.08
103.27	99.36	100.13	99.78	96.56
99.63	101.39	100.12	102.28	100.75
99.37	98.04	100.62	102.07	101.42
99.32	99.99	97.61	95.75	98.87
97.68	102.12	94.52	103.42	100.76
102.85	97.23	101.59	99.11	103.37
98.26	99.44	102.81	100.92	100.15
99.11	98.44	102.13	99.84	101.48
96.43	99.37	100.82	97.19	97.33
96.95	97.72	98.06	101.74	97.93
102.03	102.29	99.10	99.05	97.93
101.47	102.71	104.79	98.19	99.55
101.17	97.56	98.65	96.02	100.52

상자도표란?

히스토그램과 줄기-잎 그림은 수집된 데이터가 어떠한 분포를 이루고 있는가에 대한 유용한 정보를 제공하여 준다. 즉, 데이터들이 어떤 정점을 기준으로 조밀하게 또는 넓게 분포되어 있는지를 판단할 수 있으며, 개개의 데이터의 분포 정점이 하나인지 또는 두 개인지를 파악할 수 있고 이상값이나 극단값 등이 존재하는지를 아울러 살펴볼 수 있다. 이러한 두 가지의 데이터 표현방법보다 좀더 요약된 통계량을 제시하여 주는 표현방법이 바로 "**상자도표** (Boxplot)"이다.

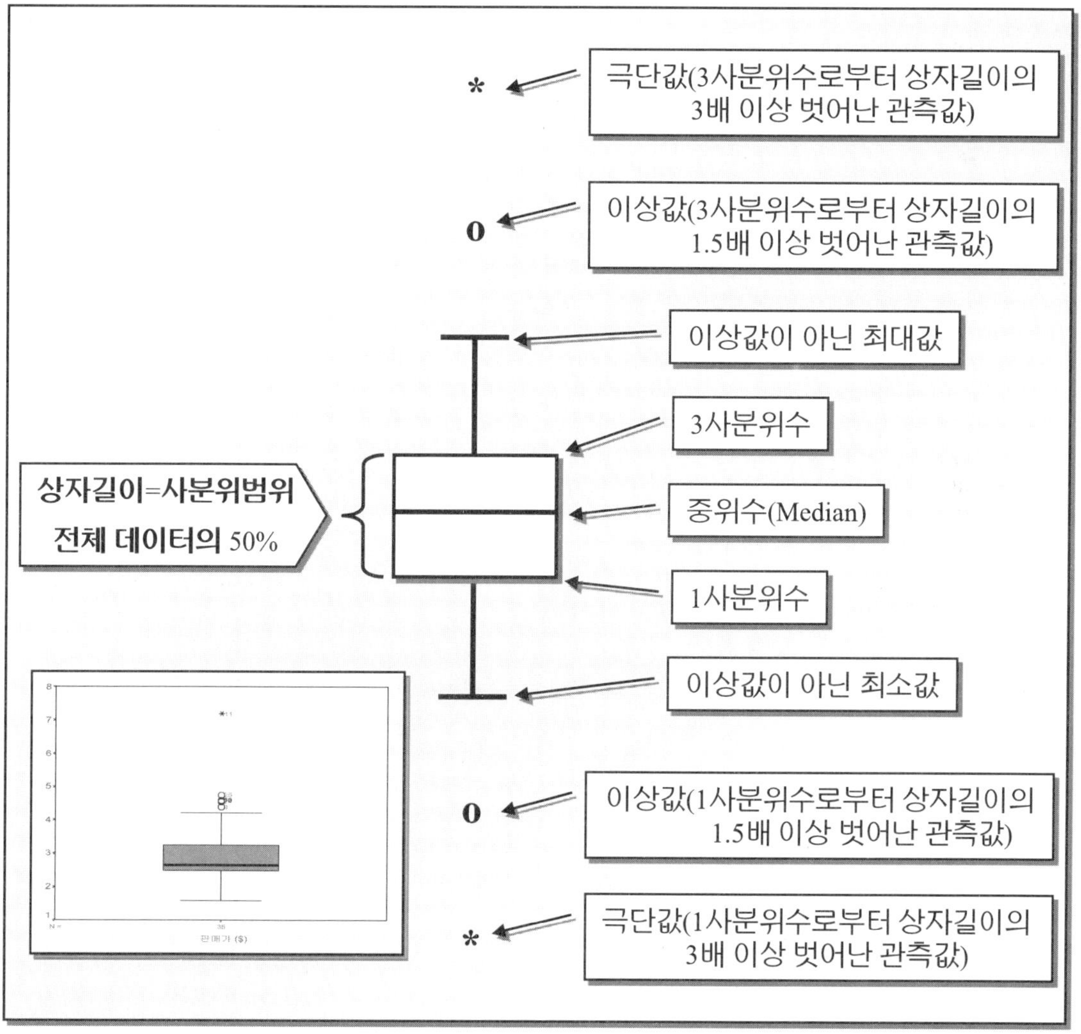

상자도표

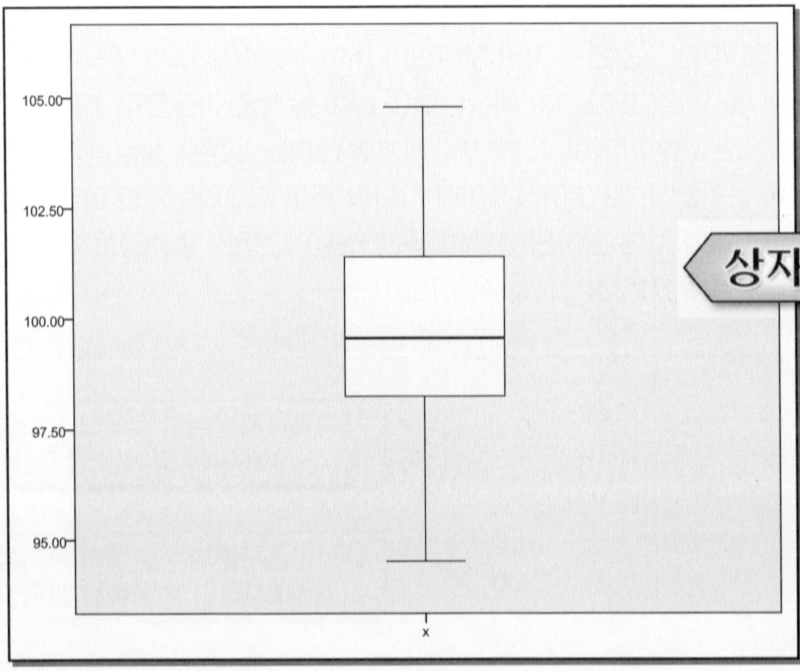

상자도표

원시 데이터

98.18	100.03	99.93	99.03	101.53
99.93	98.24	100.80	102.12	99.17
99.45	103.03	100.05	101.94	98.34
99.28	99.47	100.81	97.77	98.27
96.29	99.97	100.25	103.52	95.91
96.47	102.73	99.36	100.96	99.05
99.37	99.57	101.65	98.67	96.08
103.27	99.36	100.13	99.78	96.56
99.63	101.39	100.12	102.28	100.75
99.37	98.04	100.62	102.07	101.42
99.32	99.99	97.61	95.75	98.87
97.68	102.12	94.52	103.42	100.76
102.85	97.23	101.59	99.11	103.37
98.26	99.44	102.81	100.92	100.15
9.11	98.44	102.13	99.84	101.48
6.43	99.37	100.82	97.19	97.33
96.95	97.72	98.06	101.74	97.93
102.03	102.29	99.10	99.05	97.93
101.47	102.71	104.79	98.19	99.55
101.17	97.56	98.65	96.02	100.52

통계적 가설검정
Statistical Hypothesis Test

통계적 가설검정이란?

우리는 일상생활이나 연구, 조사에서 특정 모집단의 특성에 대하여 나름대로의 추측이나 주장을 하게 된다. 이러한 추측이나 주장에 대해 진위를 가리는 방법을 없는 것인가? 즉 통계적 가설검정이란 모집단에 대한 어떤 가설을 설정한 뒤에 표본관측을 통하여 그 가설의 채택여부를 결정하는 분석방법이다.

예를 들어 어느 피고를 법정에서 재판을 할 때 **'그 피고는 유죄인가?'** 라는 문제를 결정해야 할 것이다. 이 때 가설은 다음과 같이 설정된다.

귀무가설 : 피고는 무죄이다.

대립가설 : 피고는 유죄이다.

검사(연구자)가 유죄라는 충분한 증거를 제시하지 못하면 **귀무가설**(null hypothesis)을 채택하여 피고는 석방될 것이고, 충분한 증거를 제시하면 **대립가설**(alternative hypothesis)을 채택하여 피고는 유죄로 선고될 것이다. 여기에서 피고가 석방되었다는 것이 죄가 없다는 것을 말하는 것은 아니다. 단지 피고의 유죄를 입증할 만한 증거가 없기 때문이다. 또한 피고가 유죄로 선고되었다고 해서 꼭 죄를 범했다는 것은 아니다. 왜냐하면 진실은 오직 피고만이 알 뿐이기 때문이다. 그러므로 법정에서 무고한 사람의 무죄를 확인하기 위하여 재판을 하지 않듯 검정에서도 일반적으로 귀무가설을 검정하기 위해 가설을 검정하지는 않는다. 즉, 대립가설을 확인하기 위하여 가설검정을 시도하는 것이 일반적인 의사결정 절차이다. 그러므로 연구자의 관심은 대립가설에 초점을 맞추게 되고, 귀무가설은 단지 통계적인 의사결정 절차에 필요한 가설이 된다. 이러한 관점에서 대립가설은 **'연구가설'** 이라고도 하며, 귀무가설은 **'영가설'** 이라고도 한다.

가설검정 단계

단계 1. 검정하고자 하는 목적에 따라서 귀무가설과 대립가설을 설정한다.

단계 2. 가설검정 분석방법을 결정한다.

단계 3. 유의수준을 정한다.

단계 4. 귀무가설이 옳다는 전제하에서 표본관측에 의한 P-값 (유의확률) 을 구한다.

단계 5. 단계 4에서 구한 P-값이 유의수준보다 작으면 귀무가설을 기각하고, 크면 귀무가설을 채택한다.

단계 6. 가설의 채택여부에 따른 의사결정을 내린다.

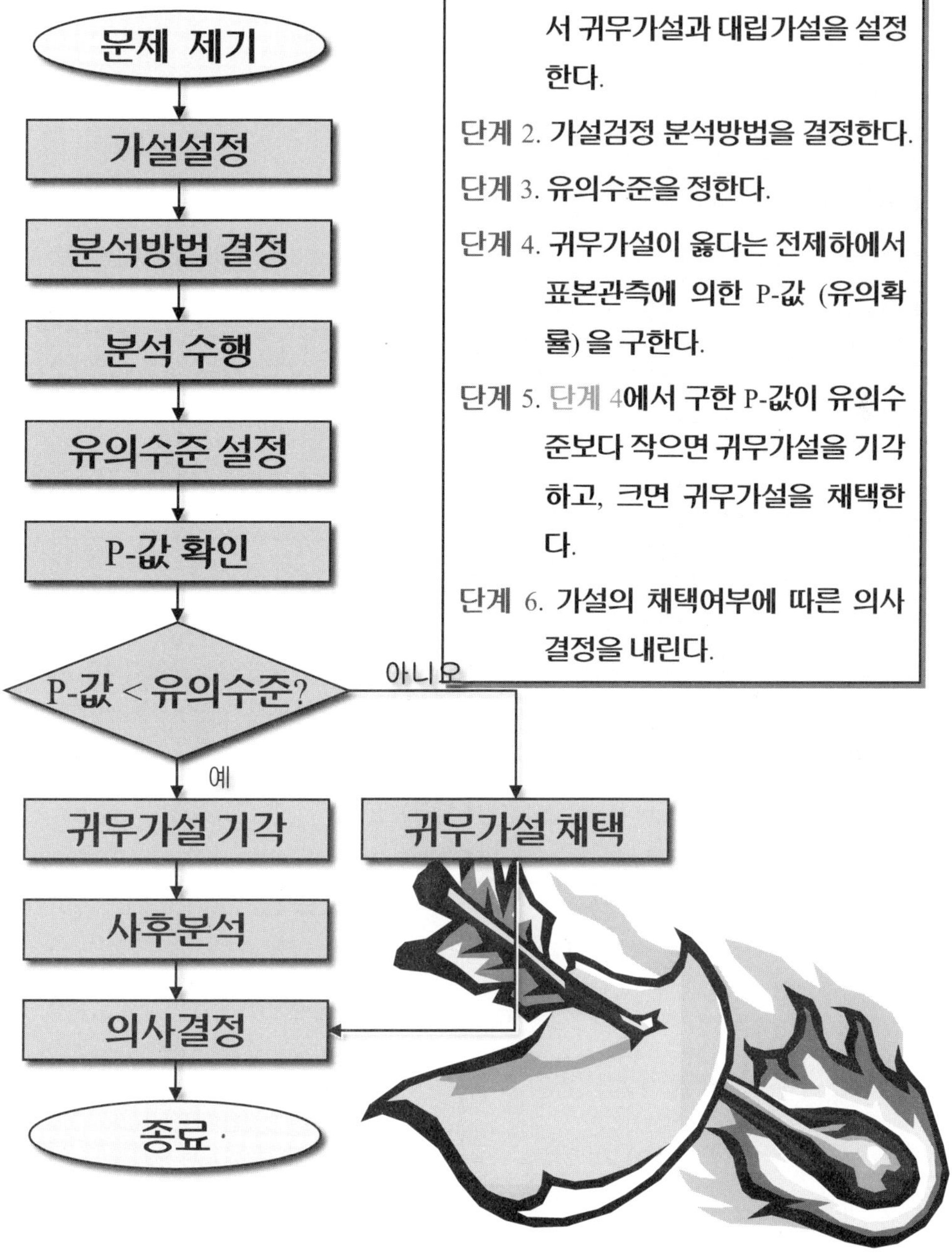

가설의 설정

가설검정에서 가장 기본적인 사항은 검정하고자 하는 모집단의 모수에 대하여 가설을 설정하는 것이다. **가설**(hypothesis)은 항상 **귀무가설**(null hypothesis;H_0)과 **대립가설**(alternative hypothesis ;H_1)로 설정하며, 가설검정이란 표본관찰 또는 실험을 통하여 귀무가설과 대립가설 중에서 하나를 선택하는 과정이라고 할 수 있다. 두 가설 H_0 와 H_1은 각각의 경우에 따라서 결정되어지는데 모수에 대한 가설 중에서 '**항상 간단하고 구체적인 표현**'을 귀무가설로 설정한다. 가설검정이란 두 가설 H_0 와 H_1 중에서 하나를 선택하는 과정이므로 H_0을 **채택**(accept)하면 H_1을 **기각**(reject)하게 되고 H_0을 기각하면 H_1을 채택하게 된다. 따라서 가설검정이란 **"귀무가설 H_0을 채택하든지 또는 기각하는 과정"** 이라고 이해할 수 있다.

가설검정에서 가설은 **귀무가설**(H_0)과 **대립가설**(H_1)로 설정하는데, 귀무가설은 "모수가 특정한 값이다." 또는 "두 모수의 값이 같다." 와 같이 간단하고 구체적인 경우를 지정하며 대립가설은 "모수가 특정한 값이 아니다" 또는 "한 모수의 값이 다른 모수의 값보다 크다." 또는 "두 모수의 값이 서로 다르다." 등과 같이 모수에 대한 관심의 영역 중에서 귀무가설로 지정되지 않은 모든 경우를 포괄적으로 지정한다.

일반적인 가설 설정 형식

귀무가설(영가설) 설정	대립가설(연구가설) 설정
...은 영이다.	...은 영이 아니다.
...은 차이가 없다.	...은 차이가 있다.
...은 효과가 없다.	...은 효과가 있다.

가설검정의 오류

가설검정 결과와 오류

가설검정결과 / 정확한 사실	영가설 채택	영가설 기각
영가설 사실	옳은 결정 신뢰수준 $(1-\alpha)$	제 1 종 오류 유의수준 (α)
영가설 거짓	제 2 종 오류 (β)	옳은 결정 검정력 $(1-\beta)$

가설검정에서는 두 가지 가설 H_0와 H_1을 설정하며, 표본관찰을 통하여 둘 중 하나를 채택하게 된다. 이와 같은 가설검정과정에서는 다음과 같은 두 가지 **오류**(error)가 발생될 수 있는데, 첫째는 귀무가설 H_0이 옳은데도 불구하고 H_0을 기각하게 되는 오류이고, 둘째는 귀무가설 H_0 이 옳지 않은데도 H_0 을 채택하는 오류(즉 대립가설이 옳은데도 귀무가설을 채택하는 오류)이다.

처음 오류의 크기, 즉 H_0 이 옳은데도 불구하고 H_0 을 기각하는 오류를 **제 1 종 오류**(type I error)라고 하며, 제 1 종 오류를 일으킬 확률을 α(알파)라고 하는데, 이는 앞에서 정의된 유의수준 α와 같으며, 두 번째 오류는 **제 2 종 오류**(type II error)라고 하며, 제 2 종 오류를 일으킬 확률을 β(베타)로 표현한다. 가설검정에서는 두 가지 오류가 모두 작은 경우가 바람직한데, 기각역의 크기를 작게 하면 제 1 종 오류는 작아지나 제 2 종 오류는 커지며, 기각역을 크게 하면 제 2 종 오류는 작아지나 제 1 종 오류가 커진다. 따라서 가설검정에서는 제 1 종 오류확률 α의 크기를 0.1, 0.05, 0.01 등으로 고정시킨 뒤에 제 2 종 오류확률 β가 최소가 되도록 기각역을 설정한다.

α와 β의 관계

α
β
동시에 두 오류의 확률을
최소로 줄일 수가 없으므로
유의수준을 상수로 고정하게
된다.

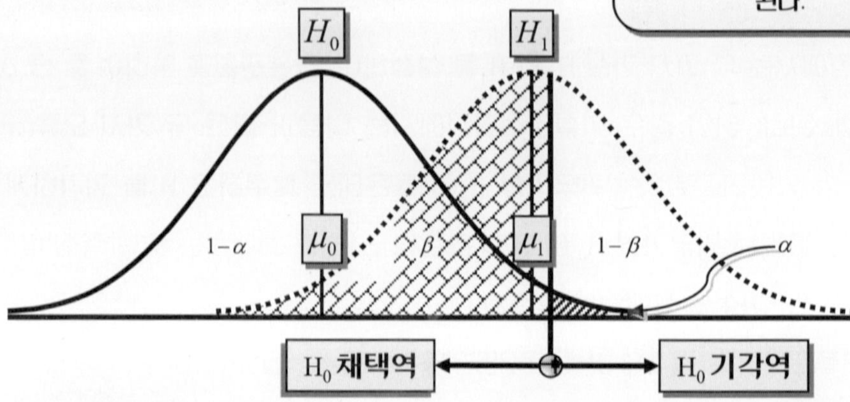
H_0
H_1
$1-\alpha$
μ_0
β
μ_1
$1-\beta$
α
H_0 채택역
H_0 기각역

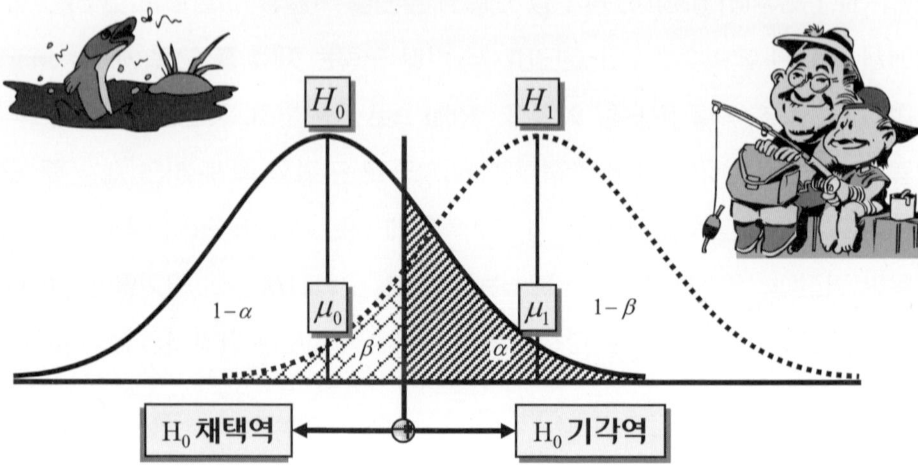
H_0
H_1
$1-\alpha$
μ_0
β
α
μ_1
$1-\beta$
H_0 채택역
H_0 기각역

유의수준과 신뢰수준

유의수준 α가 커지면, β는 작아진다. ☞ 검정력(1-β) ↑
유의수준 α가 작아지면, β는 커진다. ☞ 검정력(1-β) ↓

그러므로 유의수준(α)을 상수로 고정하고, β를 최소화하는, 즉 검정력(1-β)을 최대화하는 검정통계량을 개발하는 것이 목적 ....

유의수준(α)이나 제 2 종 오류를 일으킬 확률(β)은 오류의 확률이므로 둘 다 작을수록 좋다. 이는 가설검정의 문제에서 의사결정이 잘못될 확률이 작은 것을 의미한다. 그러나 유의수준을 작게 하면 제2종 오류확률은 커지고, 제2종 오류확률을 작게 하면 유의수준이 커진다. 일반적으로 이러한 문제는 한쪽의 오류확률을 고정하고 다른 오류확률을 최소화하는 방법을 주로 사용한다. 즉 유의수준을 적당히 작은 값으로 고정하고 2종 오류확률을 최소화하는 검정통계량을 개발하게 된다. 이러한 이유로 유의수준을 고정된 상수 0.01, 0.05, 0.1 등을 주로 사용하며, 유의수준 설정에 따라 신뢰수준(1-α)은 0.99, 0.95, 0.90 등으로 달라지게 된다.

유의수준 = 0.01, 0.05, 0.10 (α)
신뢰수준 = 0.99, 0.95, 0.90 (1-α)

위에서 2종 오류확률을 최소화한다는 것은 **검정력**(power)을 최대로 한다는 의미와 같으므로 검정력이 큰 통계량이 좋은 통계량이라고 할 수 있다. 이러한 이유로 통계학에서는 검정력이 좋은 통계량을 개발해 왔으며, 모수통계(parametric statistics) 분석에서 주로 사용되는 대표적인 통계량들은 Z, T, F, c^2 등이 있다. 그리고 이 통계량들은 고유의 확률분포를 따르고, 이를 기초로 확률을 계산할 수 있으며, 가설검정의 판단기준이 된다.

검정통계량과 P-값

가설검정은 모수에 대한 가설을 설정한 후에 표본관찰을 통하여 검정에 필요한 통계량을 구한다. 이와 같이 검정에 이용되는 통계량을 **검정통계량**(test statistic ;T(X))이라고 하는데, 검정통계량의 분포는 항상 가설에서 주어지는 모수를 갖는 분포를 따른다.

> 검정통계량이란 가설검정에서 관측된 표본으로부터 구하는 통계량으로 분포가 가설에서 주어지는 모수에 의존한다. 귀무가설이 옳다는 전제하에서 구한 검정통계량의 값이 나타날 가능성이 크면 귀무가설을 채택하고 나타날 가능성이 작으면 귀무가설을 기각한다.

검정통계량이 나타날 가능성을 P-값 또는 유의확률이라고 하며, 이는 최소한의 관측 유의수준이라고 말할 수 있다. 이는 귀무가설이 옳다고 할 때 관측표본으로부터의 기각할 오류의 확률(P-값)이 작으면 귀무가설을 기각하고, 크면 채택하게 된다. 그러므로 귀무가설의 기각 및 채택여부는 다음과 같은 기준에 의해 판단하게 된다.

가설검정에서 p-값(유의확률)과 유의수준 α와는 다음과 같은 관계가 있다.

P-값 < α : **귀무가설 기각**

P-값 ≥ α : **귀무가설 채택**

P-값과 유의수준

P-값≥ α : 귀무가설 채택

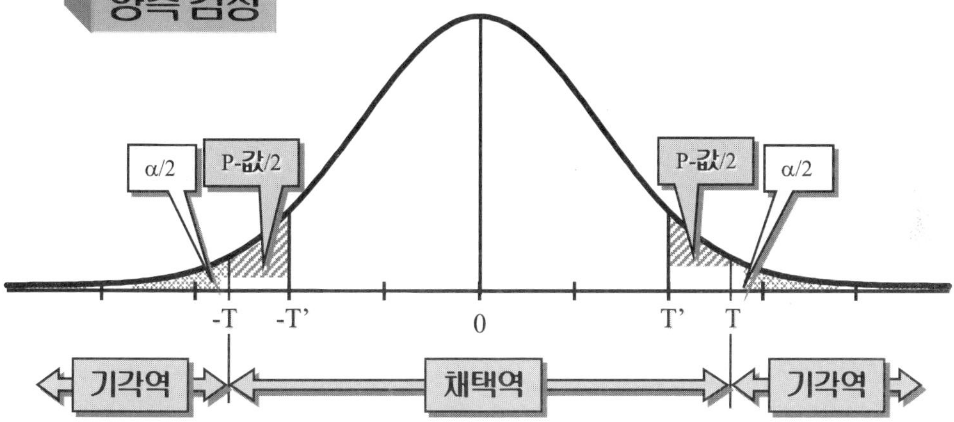

P-값 〈 α : 귀무가설 기각

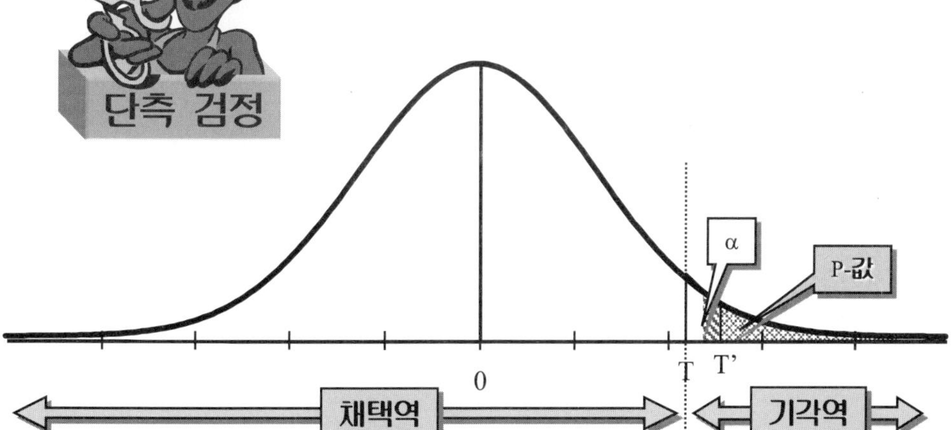

검정력

가설검정에서 제 1 종 오류와 제 2 종 오류는 현실적으로 피할 수 없으므로 제 1 종 오류를 일으킬 확률인 α를 미리 정해 놓고(상수로), 유의수준 α를 갖는 수 많은 검정방법들 중에서 제 2 종 오류를 일으킬 확률, 즉 β를 최소화하는 검정방법을 사용해야 한다. 즉 이 말은 (1- β)의 확률을 최대화하는 검정법을 찾는 것과 같다. 이는 영가설이 거짓일 때 영가설을 기각할 확률로서 **검정력**(power of test)이라고 한다. (1- β)는 검정법의 효율을 비교하는데 매우 중요한 역할을 한다. 동일한 현상에 대한 검정방법이 여러 가지가 있다면 검정력이 좋은(큰) 검정법이 우수한 검정법으로 인정 받게 된다.

검정력과 β의 영향요인

❶ **H_0에서 평균 μ_0와 H_1의 실제 평균 μ_1 간의 차이 $\mu_0-\mu_1$**

❷ **표본크기(n)**

❸ **모집단의 분산**

❹ **유의수준(α)**

❺ **양쪽검정과 한쪽검정**

1. 검정력과 $|\mu_0 - \mu_1|$

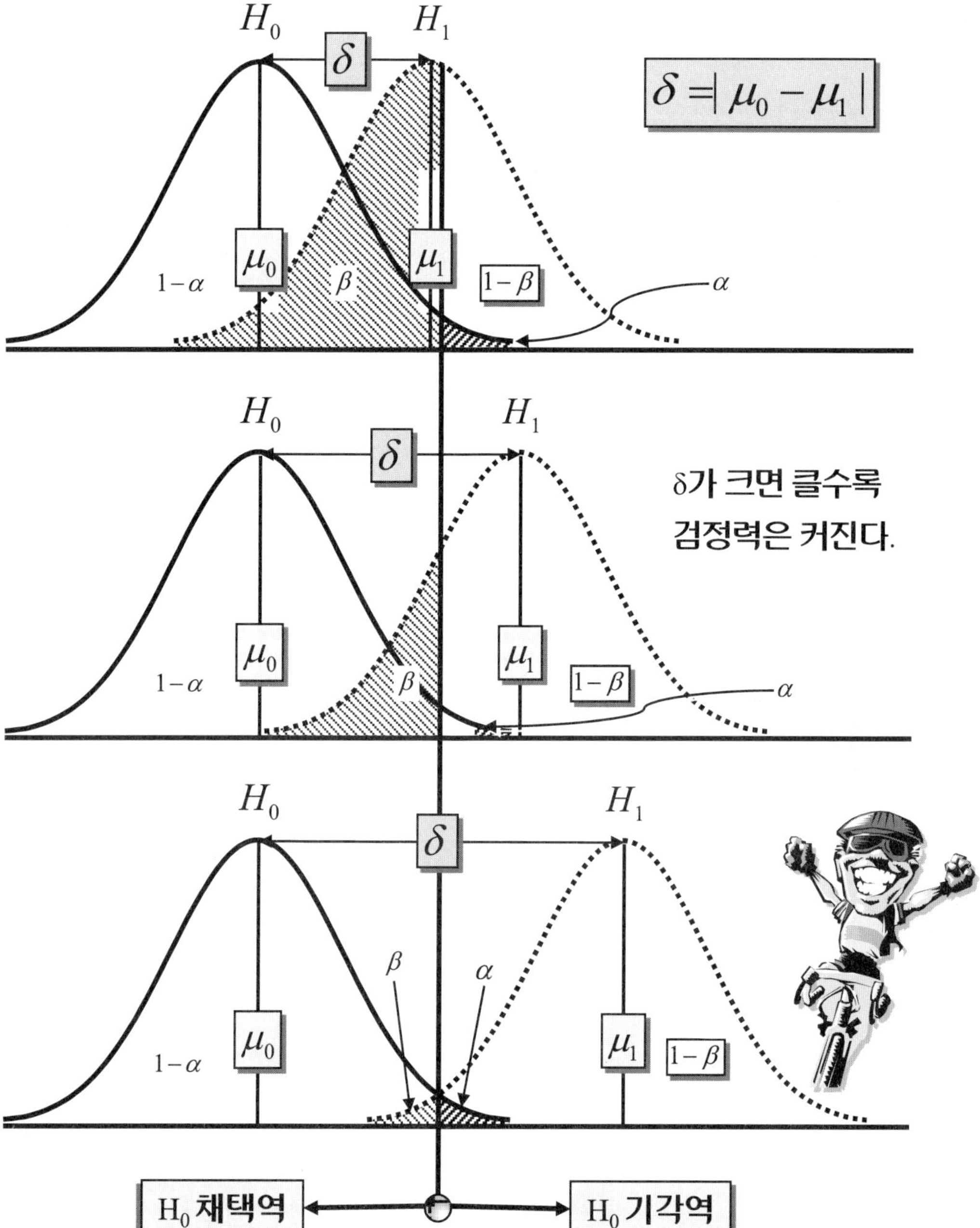

δ가 크면 클수록
검정력은 커진다.

2. 검정력과 표본크기

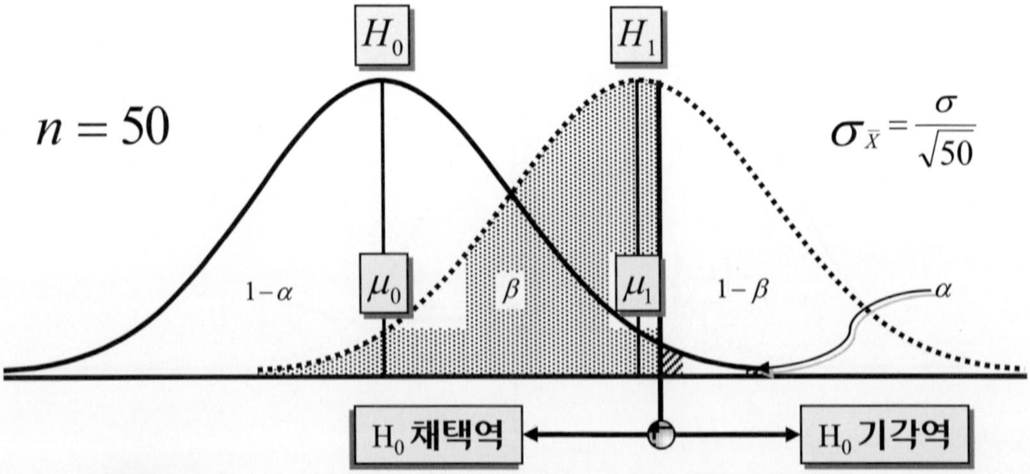
H_0
H_1
$n = 50$
$\sigma_{\bar{X}} = \frac{\sigma}{\sqrt{50}}$
$1-\alpha$
μ_0
β
μ_1
$1-\beta$
α
H_0 채택역
H_0 기각역

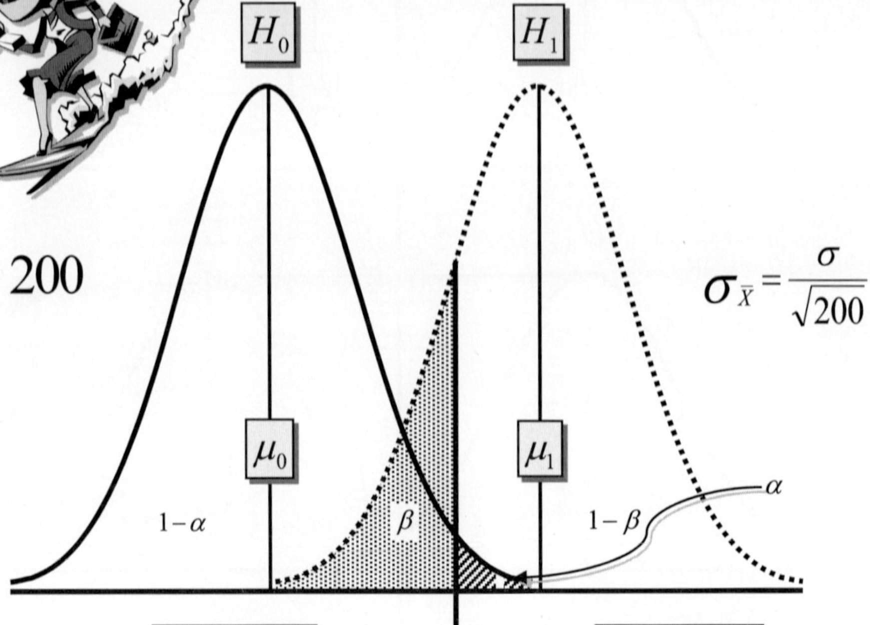
H_0
H_1
$n = 200$
$\sigma_{\bar{X}} = \frac{\sigma}{\sqrt{200}}$
μ_0
μ_1
α
$1-\alpha$
β
$1-\beta$
H_0 채택역
H_0 기각역

3. 검정력과 모분산

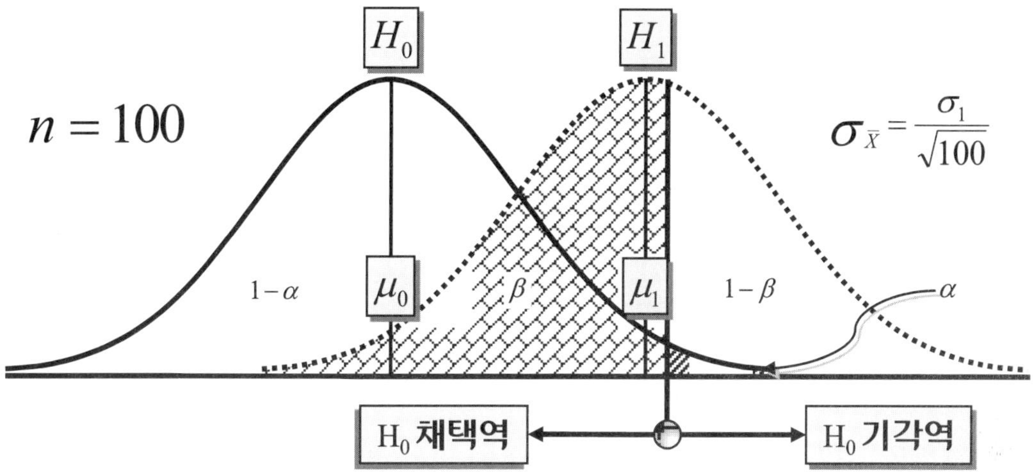

$\sigma_1 > \sigma_2$

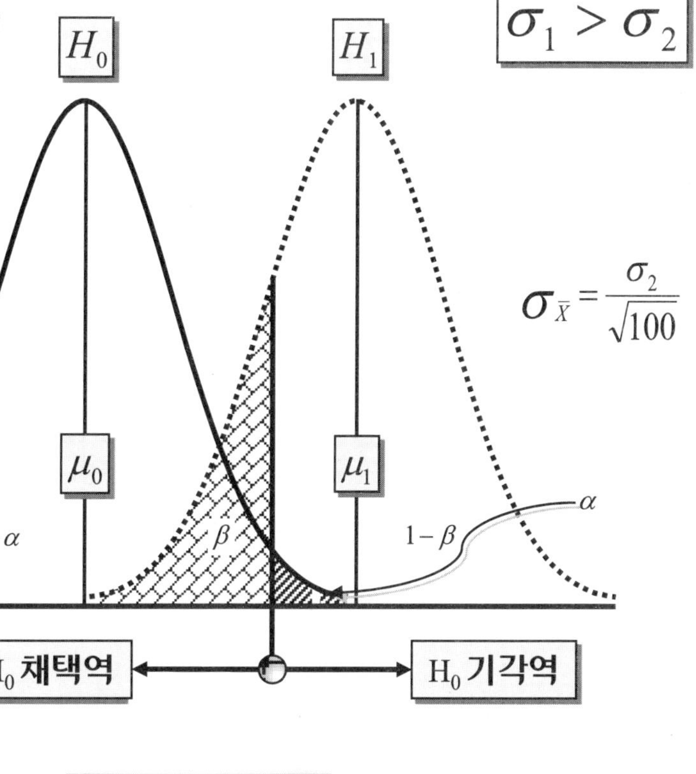

4. 검정력과 유의수준

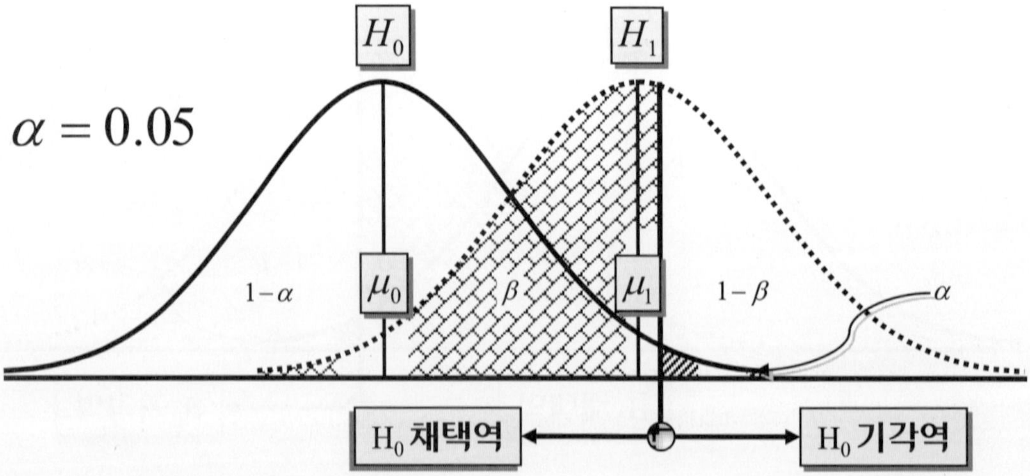
$\alpha = 0.05$
H_0
H_1
$1-\alpha$
μ_0
β
μ_1
$1-\beta$
α
H_0 채택역
H_0 기각역

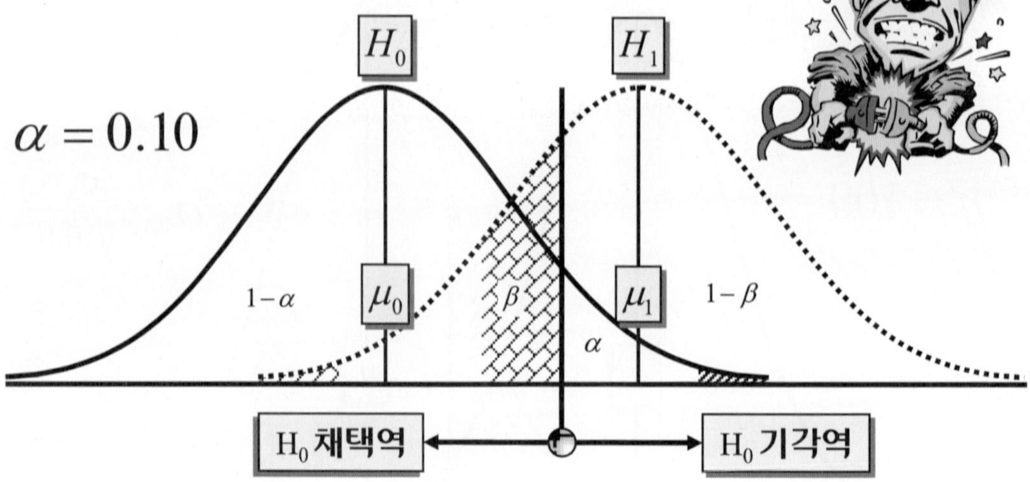
$\alpha = 0.10$
H_0
H_1
$1-\alpha$
μ_0
β
μ_1
$1-\beta$
α
H_0 채택역
H_0 기각역

5. 양쪽검정과 한쪽검정

$H_0 : \mu = \mu_0$
$H_1 : \mu \neq \mu_0$
$\alpha = 0.05$

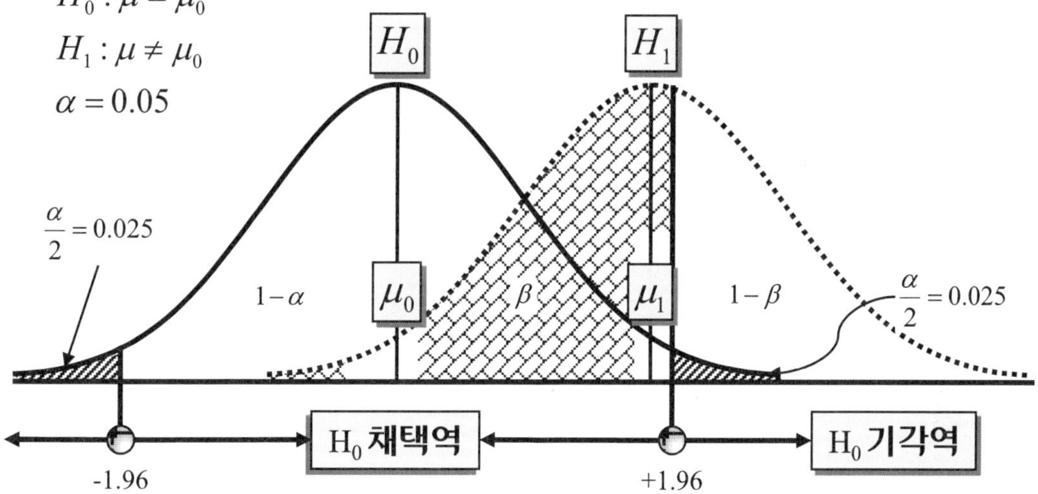

$H_0 : \mu \leq \mu_0$
$H_1 : \mu > \mu_0$
$\alpha = 0.05$

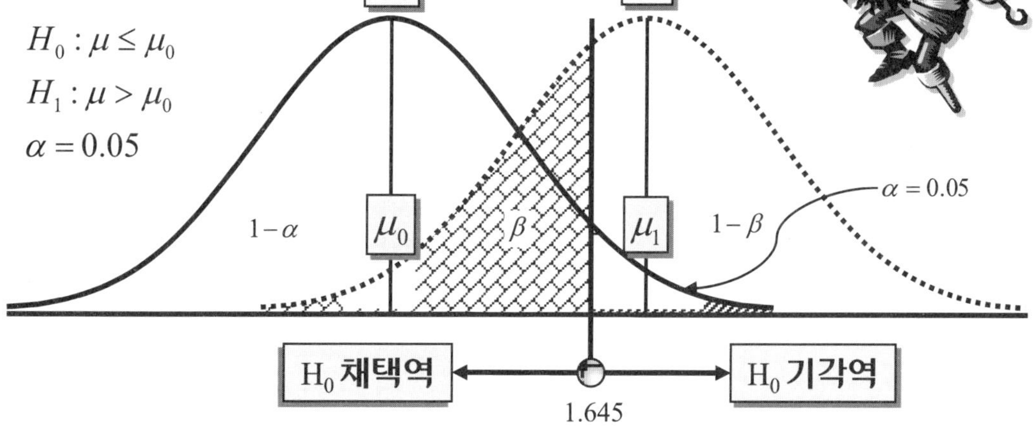

Memo

평균비교
Comparison of Means
SPSS 17
5 May 2005

평균비교를 위한 검정

현실세계에서 가장 빈번히 일어나는 것이 비교의 문제라고 해도 과언이 아니다. 예를 들어 여러 모집단의 차이를 비교하는 문제로 각 개인의 실적 및 성과를 비교하여 서열을 매기거나 동종기업들 간의 고객만족 정도를 비교하여 평가하는 일, 국가별로 복지상태를 비교하여 등급을 매기는 일 등... 실제로 우리는 무수히 많은 크고 작은 비교의 문제들을 부둥켜 안고 고민하고 연구하고 판단하고 있는 것이다. 그런데 이러한 비교의 문제들은 통계적으로 표현하면 어떤 모집단의 중심경향값인 평균을 다른 모집단의 평균과 비교하는 문제로 요약된다. 즉 평균의 크기를 비교하여 통계적으로 크다고 할 수 있다면 큰 집단이 상대적으로 평균이 작은 집단보다 더 우수하다든지 ... 하고 판단하게 된다. 이렇게 단지 두 모집단의 평균의 차이를 검정하는 방법을 T-검정이라고 한다. 이러한 검정방법을 확장하여 3개 이상의 모집단 비교로 확장한 방법을 분산분석(ANOVA)이라고 한다. 그러나 이러한 방법들은 기본적으로 모집단에 대해 몇 가지 가정을 하고 있다. 즉 정규분포를 따른다는 정규성 가정이 첫 번째이고 두 번째는 서로 비교하고자 하는 모집단의 모분산들이 동일하다는 가정이다. 마지막으로 이러한 정규성을 만족하는 모집단으로부터 표본이 무작위(random)로 추출되었다는 가정이다. 이렇게 모집단에 대해 **정규성**(normality), **등분산성**(equaled variances), **무작위성**(randomness)을 가정하여 검정하는 통계적 방법론을 모수검정법(parametric tests)이라고 한다. 이에 반해 모집단에 대해 특별한 가정을 두지 않고 진행하는 방법을 비모수검정법(nonparametric tests)이라고 한다. 일반적으로 모수검정에서 평균을 비교하는 문제는 무작위성은 잘 검토하지 않는 경향이 있으며, 검정방법(Run Test) 역시 그다지 효율적이지 않다. 정규성은 표본의 크기가 어느 정도 확보된다면 표본분포가 근사적으로 정규성을 만족하는 경향이 있는 것으로 증명됨(이는 중심극한정리로 알려져 있음)에 따라 역시 정교하게 검토하지 않는 경우가 많으며, 등분산에 대한 검정은 반드시 수행해야 하며 이를 기각하여 이분산이라는 결론에 이르게 되면 역시 이분산에 대한 비교검정법이 마련되어 있으므로 이를 실행하면 된다. 이러한 검정법에 대한 자세한 과정은 각 장에서 설명하였으므로 놓치지 말고 잘 이해하고 숙지하여 지식화하기 바란다.

모수검정 vs 비모수 검정

다음과 같은 5가지 기준 중에서 적어도 하나를 만족하면 비모수 통계기법을 사용해야 한다.

1. **분석하려는 데이터가 각 범주 또는 교차범주 내의 관측값의 수를 나타내는 빈도(도수)로 계산된 경우.**
2. **명목척도로 측정되었거나 분석된 데이터.**
3. **순서척도로 측정되었거나 분석된 데이터.**
4. **추론이 모집단의 분포의 모수와 관련이 없을 때 - 예를 들어, 관측값이 시간 순서에 따라 랜덤패턴을 나타내는 경우**
5. **분석의 기본이 되는 통계량의 확률분포가 모집단의 정보나 가정에 상관없는 표본을 추출하였을 때, 그러나 모집단의 분포가 연속형/대칭과 같은 일반적인 가정은 적용되는 경우**

위의 기준 중에서 1~3은 분석할 때 사용하거나 필요한 측정수준에 따라서 구분하여 적용하는 기준이며, 4는 추론의 종류에 따라서, 5는 모집단 분포에 대한 가정의 일반성에 따라서 결정한다. 예를 들어 데이터가 정규분포를 따르지 않을 경우 독립표본 T-검정 대신에 Mann-Whitney 순위 검정을 사용하는 것이 좋다.

- **Mann-Whitney**: 독립인 두 집단 간의 차이검정(독립 2표본 T-검정과 유사)
- **Wilcoxon**: 대응된(짝을 이룬, 순서쌍) 2 집단 간의 차이검정 (대응 2표본 T-검정과 유사)
- **Kruskal-Wallis**: 둘 이상의 독립집단 간의 차이검정 (일원(개체-간)분산분석(single-factor between subjects ANOVA)와 유사)
- **Friedman**: 둘 이상의 대응집단 간의 차이검정 (일원(개체-내)분산분석(single-factor within-subjects ANOVA)와 유사)

비모수검정 vs 분포무관검정

비모수검정(non-parametric tests)은 일반적인 검정의 일부특정 조건이 위배되었을 때 사용하는 것이라면 분포무관검정(distribution-free tests)은 모든 모집단의 분포형태가 다를 때 타당한 절차이다.

예를 들어, 주어진 모집단의 분산과 관련한 카이제곱검정은 모집단의 분포가 정규분포라는 가정이 필요하므로 모수적 분석방법이다. 그러나 독립성 검정을 위한 카이제곱은 정규성을 가정하지 않을 뿐만 아니라 데이터가 연속형도 아니다. 그러므로 비모수적 검정이라고 할 수 있으나 Kolmogorov-Smirnov 적합도(goodness-of-fit) 검정은 모든 분포를 검정하는데 적용할 수 있는 분포무관검정이다.

독립 2표본의 가설검정

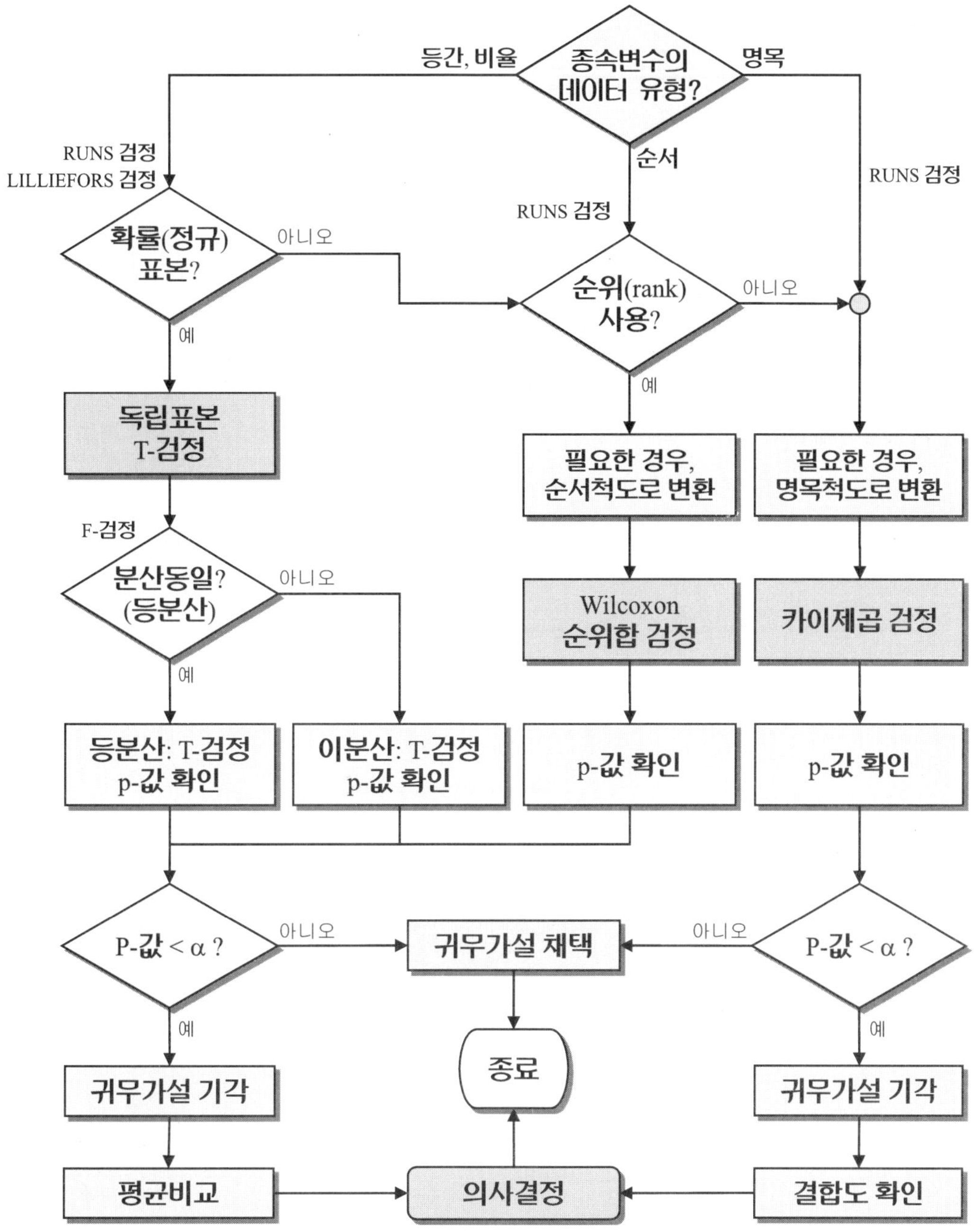
종속변수의 데이터 유형?
등간, 비율
명목
순서
RUNS 검정
LILLIEFORS 검정
RUNS 검정
RUNS 검정
확률(정규) 표본?
아니오
순위(rank) 사용?
아니오
예
예
독립표본 T-검정
필요한 경우, 순서척도로 변환
필요한 경우, 명목척도로 변환
F-검정
분산동일? (등분산)
아니오
예
Wilcoxon 순위합 검정
카이제곱 검정
등분산: T-검정 p-값 확인
이분산: T-검정 p-값 확인
p-값 확인
p-값 확인
P-값 < α ?
아니오
귀무가설 채택
아니오
P-값 < α ?
예
예
종료
귀무가설 기각
귀무가설 기각
평균비교
의사결정
결합도 확인

대응 2표본의 가설검정

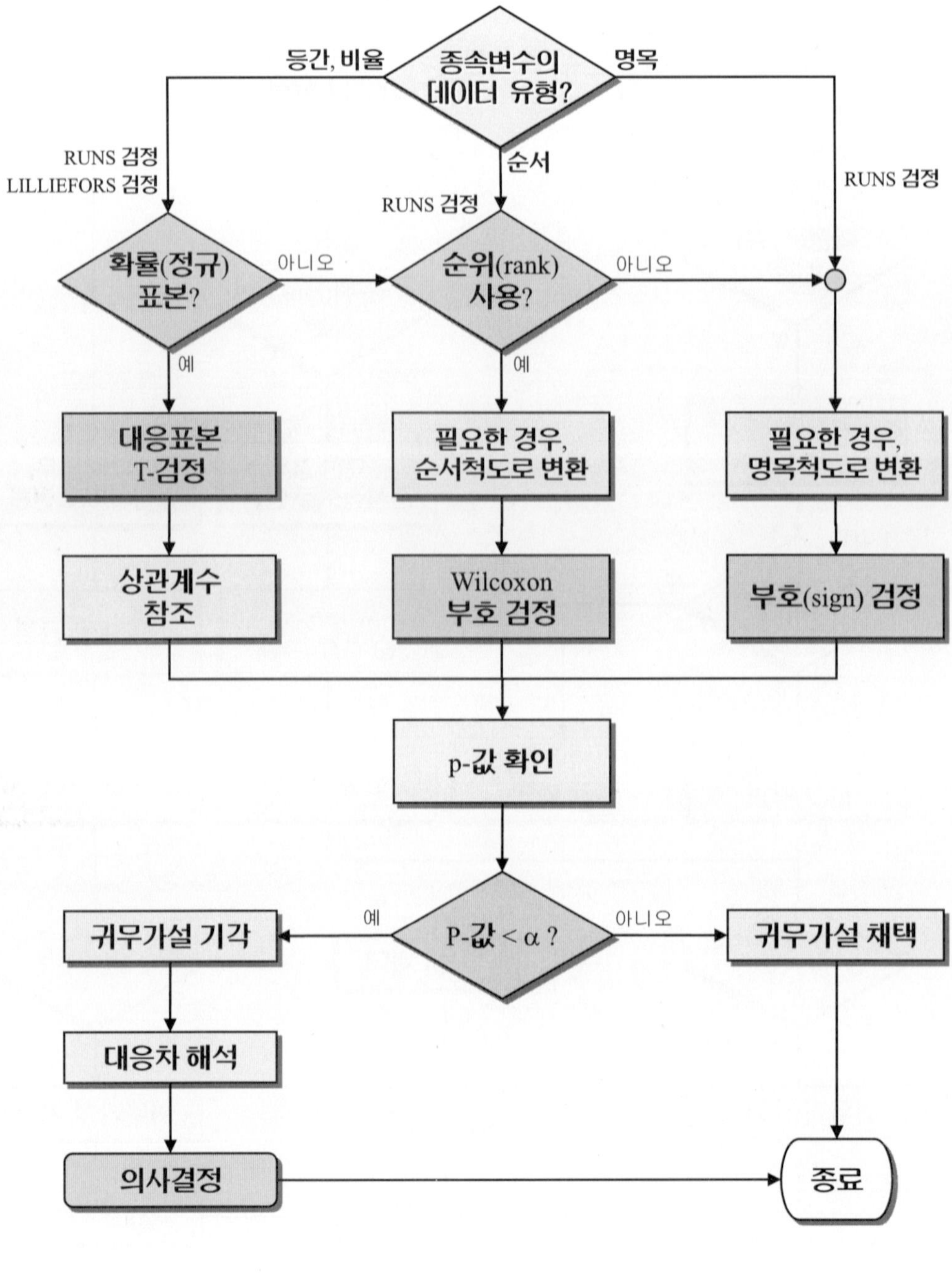
종속변수의 데이터 유형?
등간, 비율
명목
순서
RUNS 검정
LILLIEFORS 검정
RUNS 검정
RUNS 검정
확률(정규) 표본?
아니오
순위(rank) 사용?
아니오
예
예
대응표본 T-검정
필요한 경우, 순서척도로 변환
필요한 경우, 명목척도로 변환
상관계수 참조
Wilcoxon 부호 검정
부호(sign) 검정
p-값 확인
예
P-값 < α ?
아니오
귀무가설 기각
귀무가설 채택
대응차 해석
의사결정
종료

독립 3표본 이상의 가설검정

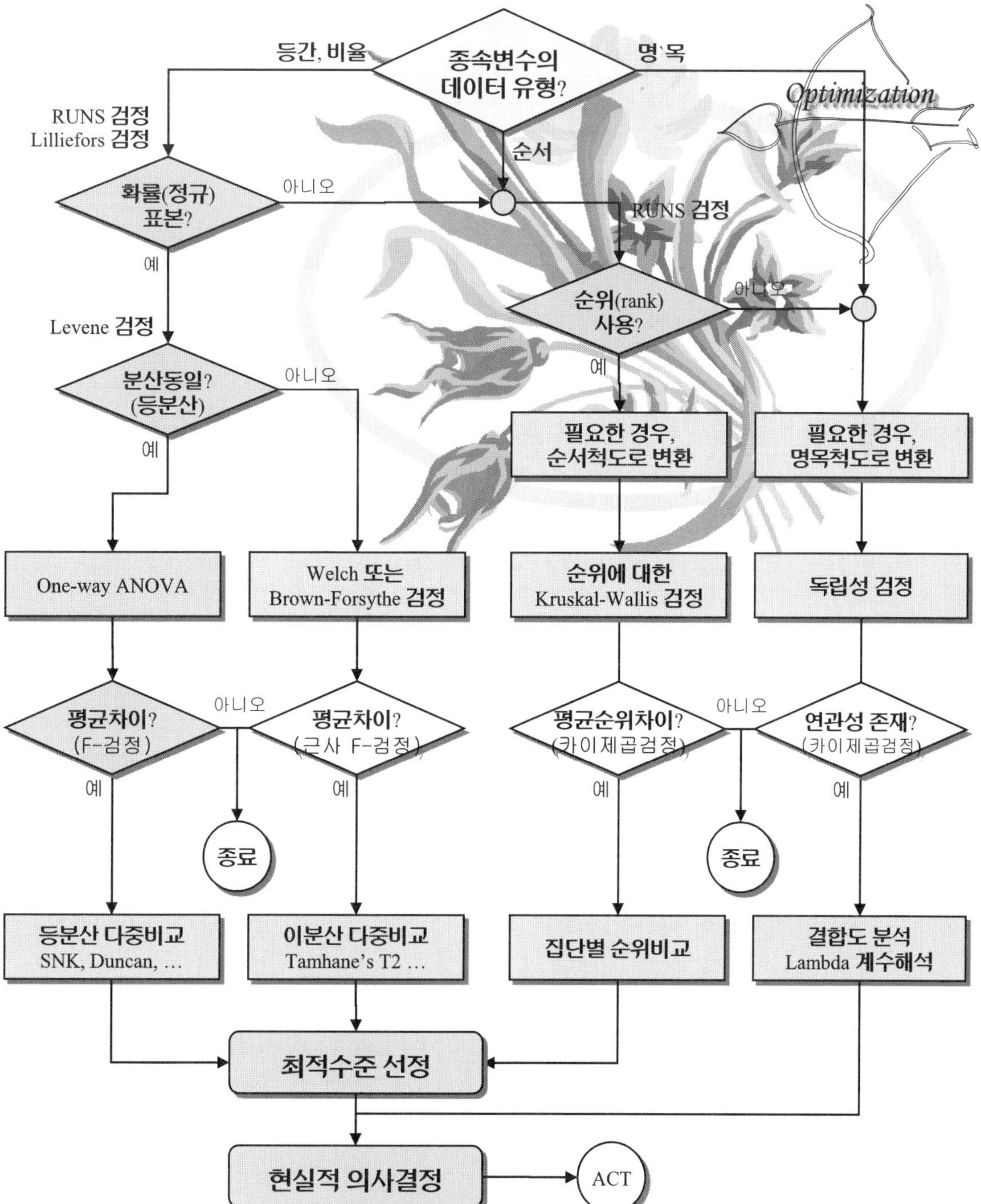

대응 3표본 이상의 가설검정

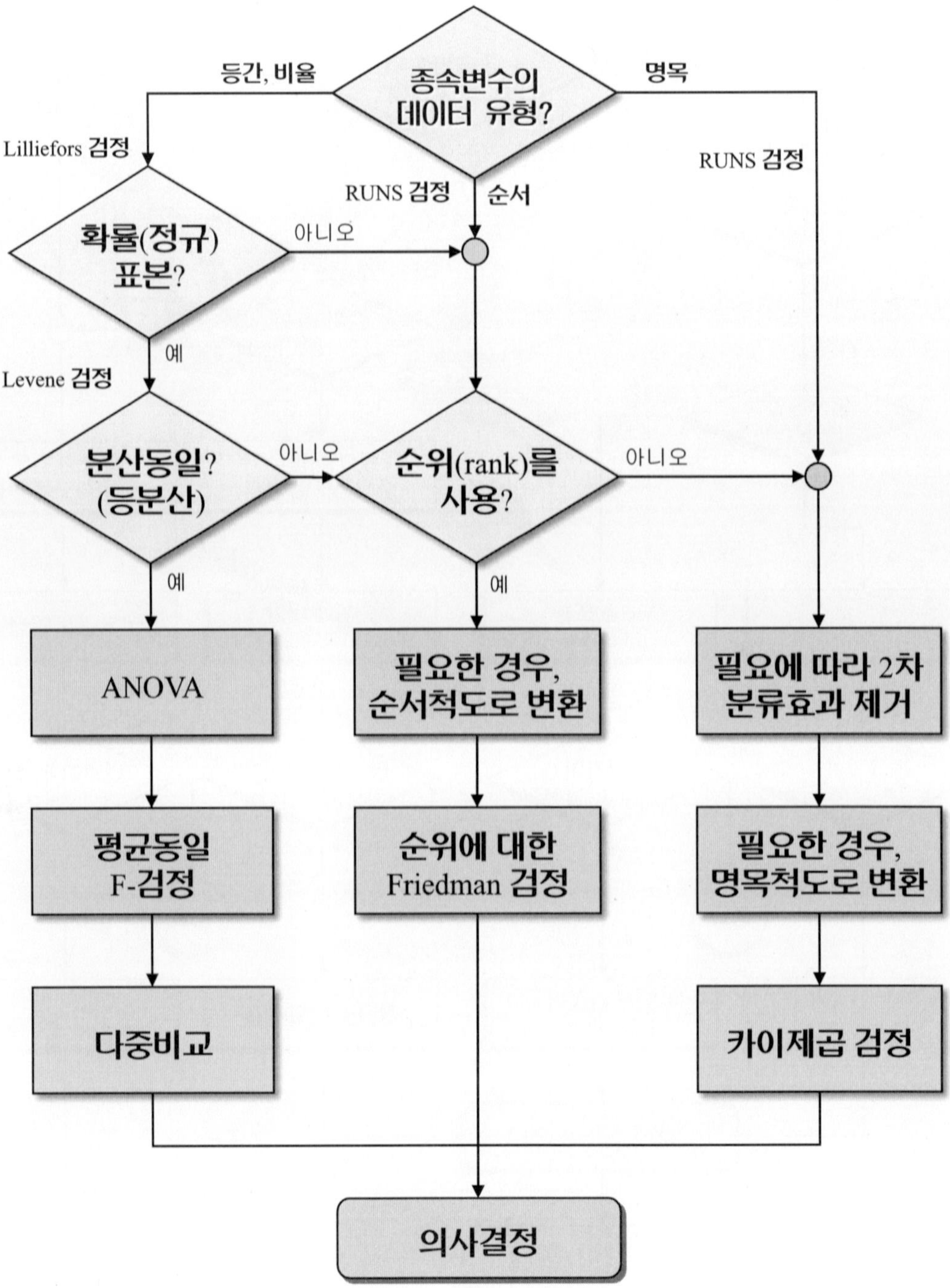

무작위성 검정? - Runs 검정

런 검정은 해당 표본이 무작위로 추출되었는지를 판단하는데 사용된다. "run"은 유사한 요소들이 연속하여 나타나는 최대수이다. 생산라인에서 연속적으로 발생되는 사건(D는 불량품, N은 양품)을 생각해 보자. 즉 연속하여 DDDNNDNDNDDD으로 검출되었다면. 런의 수, R = 7이며, 각각의 D와 N의 수, 즉 불량과 양품의 수가 8이고, 4이다. 런의 수가 상당히 많거나 적으면 관측값들의 연속결과가 무작위(random)라고 볼 수 없다. 예를 들어 DDDNDNDNDNDD는 R = 9로서 런의 수가 많으며, 반면 DDDDDDDDNNNN는 R = 2로서 런의 수가 작다. 즉 이 둘은 무작위성(randomness)을 인정할 수 없는 경우이다. 런 검정은 또한 Wald-Wolfowitz 검정으로도 알려져 있으며, 주어진 표본의 무작위성을 100(1-α)% 신뢰수준에서 검정하도록 설계되었다. 표본에 대해 런 검정을 실시할 경우 다음과 같은 단계에 따라 실행한다.

단계 1: 표본평균 계산

단계 2: 순서대로 표본평균보다 크면 +, 작으면 –를 할당한다. 동일한 값이면 버린다.

단계 3: 런 R과, n_1, n_2를 계산

단계 4: 다음과 같이 R의 평균과 분산을 계산한다:

$$m = 1 + 2n_1n_2/(n_1 + n_2),$$

$$s^2 = 2\,n_1n_2\,(2\,n_1n_2 - n_1 - n_2) / [(n_1 + n_2)\,2\,(n_1 + n_2 - 1)]$$

단계 5: $z = (R-m)/ s$ 계산

단계 6: 결론:

$z > Z_\alpha$, 순환(cyclic), 계절성(seasonality behavior) (under-mixing).

$z < - Z_\alpha$, 경향(trend)이 있는 것으로 판단,

$z < - Z_{\alpha/2}$, 또는 $z > Z_{\alpha/2}$, 무작위성(randomness)을 기각한다.

주의!: 이 검정은 n_1과 n_2 둘 다 큰 경우(보통 10 이상)에 타당하다. 표본크기가 작은 경우에는 표를 참조하는 것이 좋다.

예를 들어, 표본크기가 50인 표본에서 R = 24, D의 수 n_1 = 14이고 N의 수 n_2 = 36이라고 가정하고, 무작위성 검정은 유의수준 0.05에서 실시한다. 공식에 대입하면 m = 16.95, s = 2.473, z = -2.0이 된다. 표준정규분포표에서 $Z_{0.05}$ = 1.645이므로 이는 무작위 표본이 아니며 어떤 경향(trend)을 가지고 있는 것으로 판단된다.

SPSS에서 런 검정

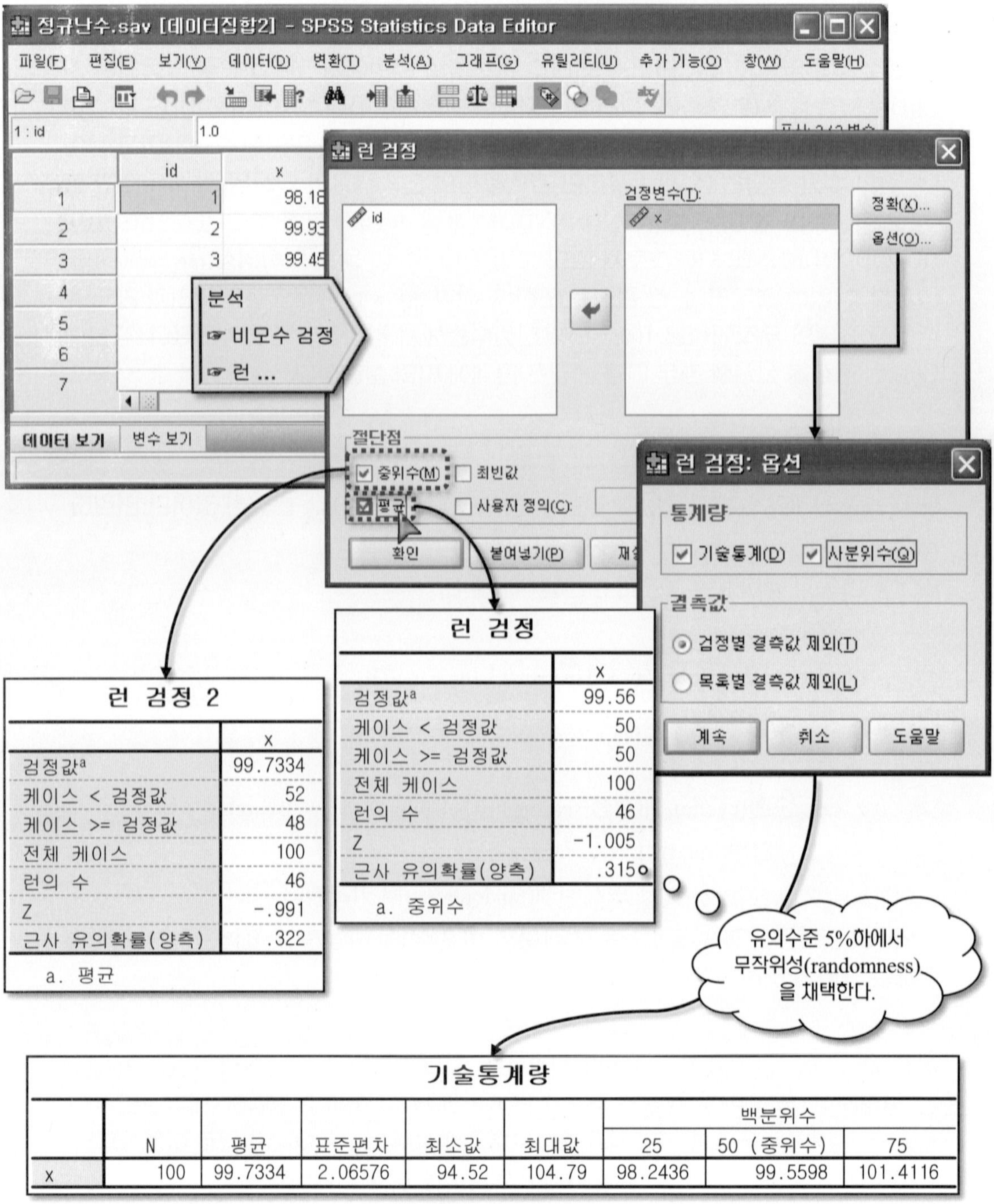

런 검정

	x
검정값[a]	99.56
케이스 < 검정값	50
케이스 >= 검정값	50
전체 케이스	100
런의 수	46
Z	-1.005
근사 유의확률(양측)	.315

a. 중위수

런 검정 2

	x
검정값[a]	99.7334
케이스 < 검정값	52
케이스 >= 검정값	48
전체 케이스	100
런의 수	46
Z	-.991
근사 유의확률(양측)	.322

a. 평균

유의수준 5%하에서 무작위성(randomness)을 채택한다.

기술통계량

	N	평균	표준편차	최소값	최대값	백분위수 25	백분위수 50 (중위수)	백분위수 75
x	100	99.7334	2.06576	94.52	104.79	98.2436	99.5598	101.4116

K-S Lilliefors 정규성 검정

Lilliefors 정규성 검정

Kolmogorov-Smirnov-Lilliefors 통계량은 약어를 사용하여 LS라고도 한다. SPSS에서는 데이터 탐색에서 출력할 수 있다.

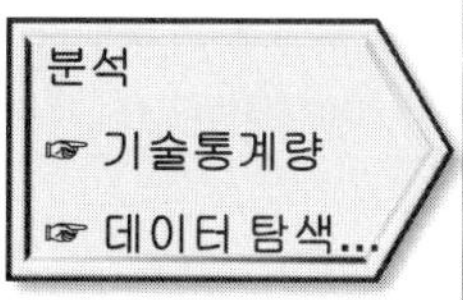

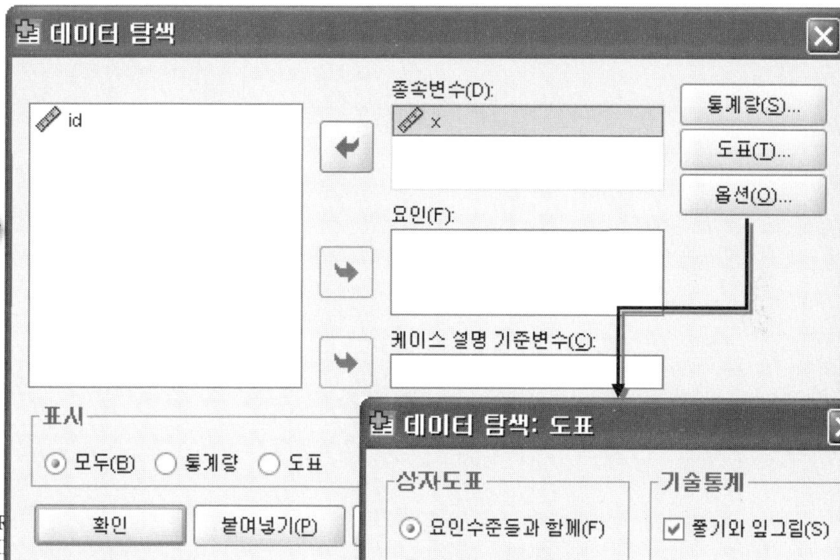

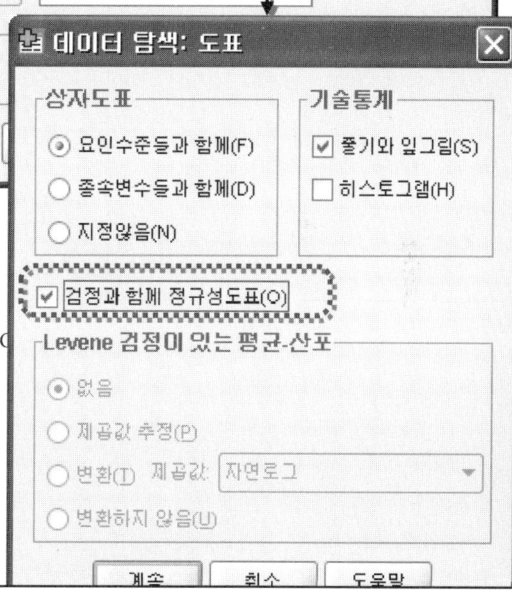


```
TITLE 'K-S LILLIEFOR
*DATA LIST  FREE FI
EXECUTE.
VARIABLE LABELS  X  '표본 데이터'.
LIST CASE=20/VARIABLES=ALL.
CONDESCRIPTIVE X(ZX) .
LIST  CASE=20/VARIABLES=X ZX.
SORT CASES BY ZX(A).
RANK VARIABLES=ZX/RFRACTION INTO CRANK/TIES=HIG
COMPUTE Y=CDFNORM(ZX).
COMPUTE SPROB=CRANK.
COMPUTE DA=Y-SPROB.
COMPUTE DB=Y-LAG(SPROB,1).
COMPUTE DAABS=ABS(DA).
COMPUTE DBABS=ABS(DB).
COMPUTE LS=MAX(DAABS,DBABS).
EXECUTE.
LIST VARIABLES=X,ZX,Y,SPROB,DA,DB.
LIST VARIABLES=LS.
SORT CASES BY LS(D).
FORMAT LS (f8.4).
SUMMARIZE
  /TABLES=ls
  /FORMAT=LIST NOCASEN
  /TITLE='K-S Lilliefors 통계
  /CELLS=NONE.
```

파일명:K-S LILLIEFORS.SPS

정규성 검정

	Kolmogorov-Smirnov[a]			Shapiro-Wilk		
	통계량	자유도	유의확률	통계량	자유도	유의확률
표본 데이터	.049	100	.200*	.992	100	.845

a. Lilliefors 유의확률 수정

*. 이것은 참인 유의확률의 하한값입니다.

정규성도표 및 기타 도표

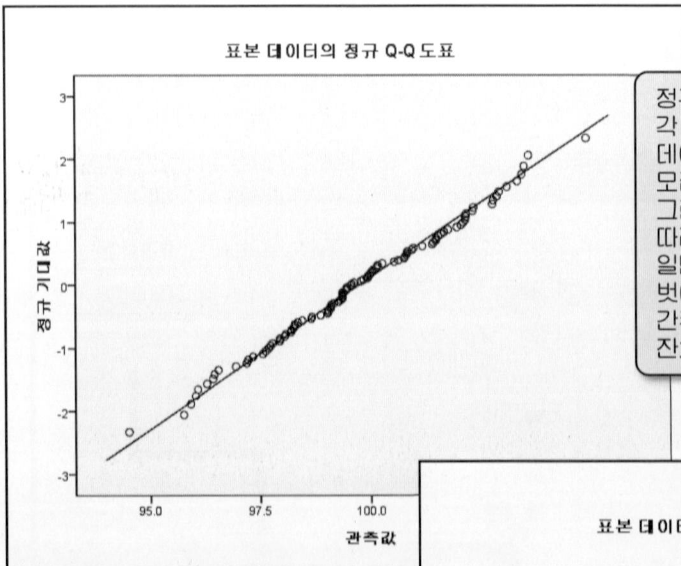

정규 Q-Q 도표는 정규확률도표라고도하며 각 점들이 대각선 상에 정확하게 놓여 있으면 데이터가 정규성(normality)을 만족하는 모집단으로 부터 추출된 것으로 판단한다. 그런데 실전 데이터에서는 이렇게 대각선을 따라 거의 벗어나지 않는 경우가 드물어 일반적으로 대각선 상의 점들이 크게 벗어나지 않으면 정규성을 만족하는 것으로 간주하게 된다. 자세한 내용은 회귀분석에서 잔차의 정규성에 대해 참고하기 바란다.

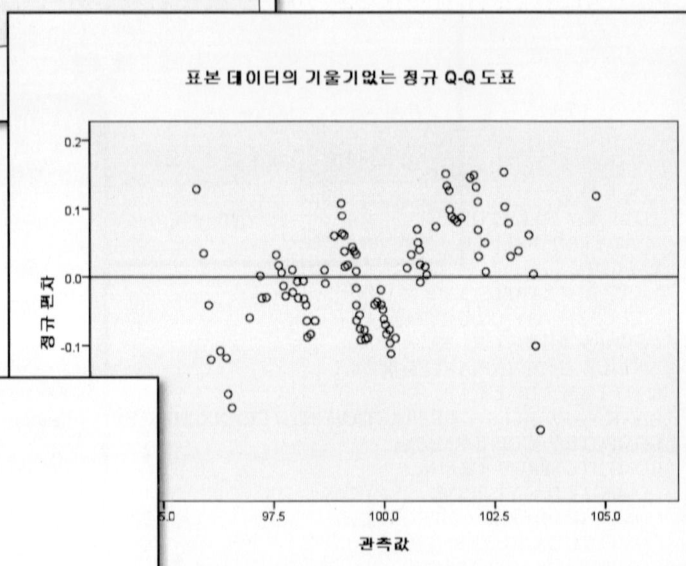


```
표본 데이터 Stem-and-Leaf Plot

 Frequency    Stem &  Leaf

     1.00       94 .  5
     2.00       95 .  79
     7.00       96 .  0024459
    10.00       97 .  1235667799
    12.00       98 .  001122234668
    26.00       99 .  00001112333333444556789999
    15.00      100 .  001112567778899
    10.00      101 .  1344455679
    11.00      102 .  00111227788
     5.00      103 .  02345
     1.00      104 .  7

 Stem width:       1.00
 Each leaf:        1 case(s)
```

기울기 없는 정규 Q-Q 도표는 '0'을 중심으로 고르게 분포하면 등분산 및 선형성을 만족한다고 할 수 있다. 그리고 줄기와 잎 그림(Stem-and-Leaf Plot) 은 데이터의 관측값을 포함하는 히스토그램이라고 할 수 있다. 이 그림 역시 중심기준 상하 대칭이라 할 수 있으면 정규분포와 매우 유사함을 알 수 있다. 그러나 정규분포 보다 뾰쪽한지 납작한지는 첨도(kurtosis)를 확인해야 한다.

Levene의 등분산 검정

평균을 비교할 때 비교하고자 하는 집단들의 분산이 서로 다른 경우에는 검정하는 통계량도 수정되거나 달라진다. 이는 유의확률이 달라짐을 의미한다.

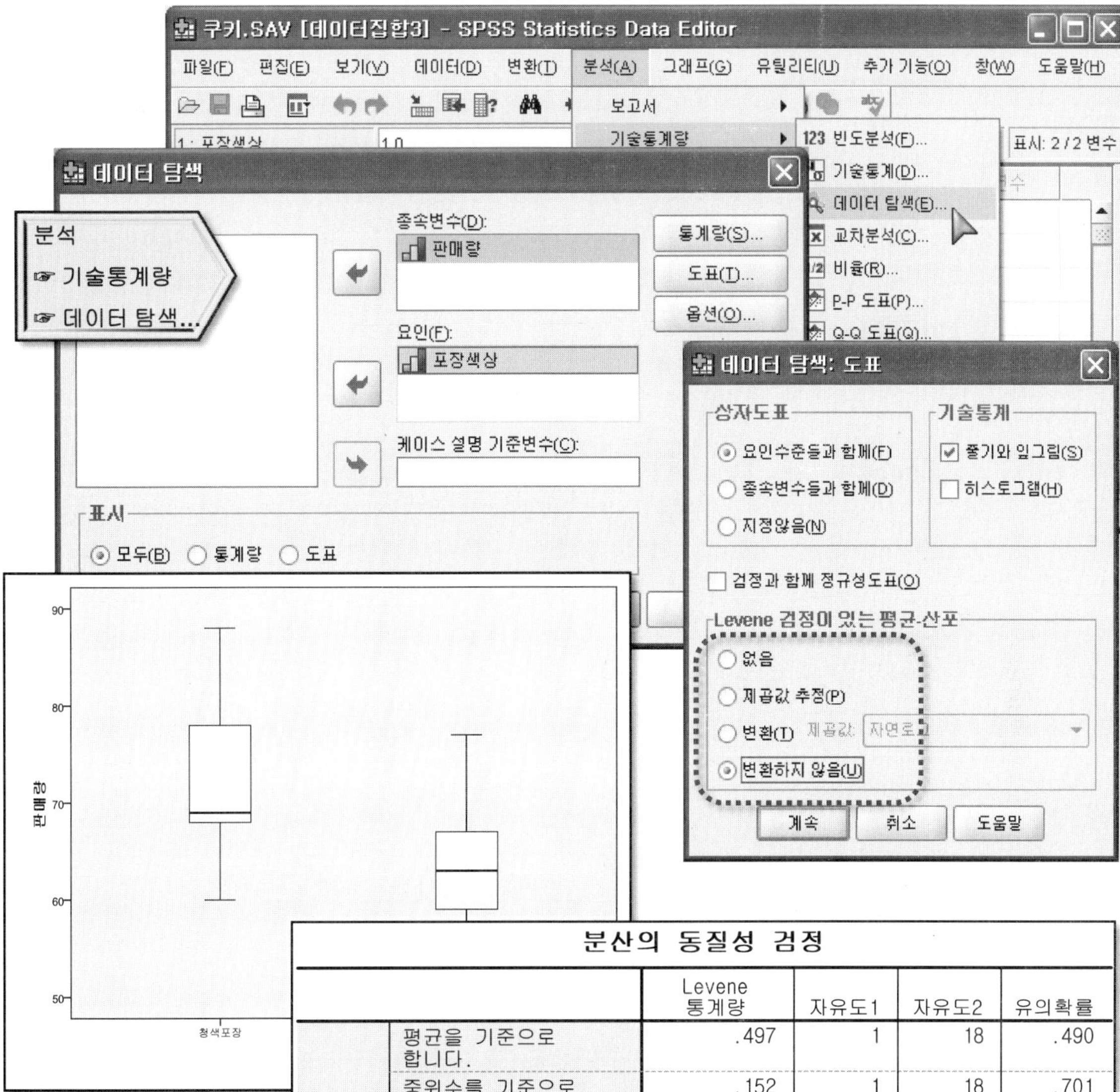

분산의 동질성 검정

		Levene 통계량	자유도1	자유도2	유의확률
판매량	평균을 기준으로 합니다.	.497	1	18	.490
	중위수를 기준으로 합니다.	.152	1	18	.701
	자유도를 조정한 상태에서 중위수를 기준으로 합니다.	.152	1	14.317	.702
	절삭평균을 기준으로 합니다.	.439	1	18	.516

신뢰구간과 가설검정

모평균 μ에 대한 100(1-α)% 신뢰구간은 다음과 같다.

$$\bar{x} \pm z_{\alpha/2} \frac{\sigma}{\sqrt{n}}$$

☜ 표본크기가 큰 경우($n \geq 30$), σ를 모를 때 S사용.

$$H_0 : \mu = \mu_0 \quad \text{vs} \quad H_1 : \mu \neq \mu_0$$

기각역: $|Z| = \left| \frac{\bar{X} - \mu_0}{\sigma/\sqrt{n}} \right| > z_{\alpha/2}$

채택역: $|Z| = \left| \frac{\bar{X} - \mu_0}{\sigma/\sqrt{n}} \right| \leq z_{\alpha/2}$

채택역: $\bar{X} - z_{\alpha/2} \frac{\sigma}{\sqrt{n}} \leq \mu_0 \leq \bar{X} + z_{\alpha/2} \frac{\sigma}{\sqrt{n}}$

따라서 모평균 μ에 대한 100(1-α)% 신뢰구간을 구함으로써 이 구간 내에 있는 값 μ_0 로 된 귀무가설은 유의수준 α에서 기각되지 않을 것이고 구간 밖에 있는 경우는 기각될 것이다. 이는 모평균에 대해서만 성립되는 것이 아니며, 일반적으로 모수 θ의 신뢰구간과 가설검정에 동일하게 적용된다.

μ_0가 100(1-α)% 신뢰구간 내에 있으면 유의수준 α에서 귀무가설 H0: $\mu=\mu_0$ 을 기각할 수 없다.

신뢰구간(Confidence Intervals)

1-모집단

모수	신뢰구간	비고
μ	$\bar{x} \pm t_{\alpha/2,n-1} \dfrac{S}{\sqrt{n}}$	
	$\bar{x} \pm z_{\alpha/2} \dfrac{\sigma}{\sqrt{n}}$	☜ 표본크기가 큰 경우($n \geq 30$), σ를 모를 때 S사용.
μ_D	$\bar{x}_D \pm t_{\alpha/2,n-1} \dfrac{S_D}{\sqrt{n}}$	☜ 대응표본인 경우
σ^2	$\dfrac{(n-1)S^2}{\chi^2_{\alpha/2,n-1}}, \dfrac{(n-1)S^2}{\chi^2_{1-\alpha/2,n-1}}$	
σ	$\dfrac{S}{1 \pm z_{\alpha/2} / \sqrt{2n}}$	☜ 표본크기가 매우 큰 경우, 카이제곱으로 대체
p	$\hat{p} \pm z_{\alpha/2} \sqrt{\dfrac{\hat{p}(1-\hat{p})}{n}}$	
n	$\dfrac{(z_{\alpha/2})^2 S^2}{e^2}$	☜ 모평균 추정시 표본크기 산식
	$\dfrac{(z_{\alpha/2})^2 \hat{p}(1-\hat{p})}{e^2}$	☜ 모비율 추정시 표본크기 산식

2-모집단

모수	신뢰구간	비고
$\mu_1 - \mu_2$	$\bar{x}_1 - \bar{x}_2 \pm t_{\alpha/2,n_1+n_2-2} \cdot S_p \sqrt{\dfrac{1}{n_1} + \dfrac{1}{n_2}}$	$S_p = \sqrt{\dfrac{(n_1-1)S_1^2+(n_2-1)S_2^2}{n_1+n_2-2}}$, $n_1, n_2 \leq 30$
	$\bar{x}_1 - \bar{x}_2 \pm z_{\alpha/2} \sqrt{\dfrac{S_1^2}{n_1} + \dfrac{S_2^2}{n_2}}$	☜ $n_1, n_2 \geq 30$
	$\bar{x}_1 - \bar{x}_2 \pm t_{\alpha/2,n-1} \sqrt{\dfrac{S_1^2+S_2^2-2rS_1S_2}{n}}$	☜ 2-모집단이 종속관계
$\dfrac{\sigma_1^2}{\sigma_2^2}$	$\dfrac{S_1^2}{S_2^2} \dfrac{1}{F_{\alpha/2,n_2-1,n_1-1}}, \dfrac{S_1^2}{S_2^2} F_{\alpha/2,n_1-1,n_2-1}$	
$p_1 - p_2$	$\hat{p}_1 - \hat{p}_2 \pm z_{\alpha/2} \sqrt{\dfrac{\hat{p}_1(1-\hat{p}_1)}{n_1} + \dfrac{\hat{p}_2(1-\hat{p}_2)}{n_2}}$	

T-검정

T - Test

두 집단 평균비교

많은 조사, 실험, 연구 등에서 집단 간의 차이를 규명하는 문제는 가장 빈번히 발생되는 문제일 것이다. 예를 들어 병원에서 환자 집단과 정상인 집단의 임상실험 결과에 대한 효과를 측정하여 이에 대한 효과를 규명한다거나 기업에서 우량고객과 불량고객을 판단하여 이들의 소비행태에 차이가 있는가를 분석한다든지 등 … 무수히 많은 비교의 문제들이 산재되어 있다. 이렇게 두 모집단의 차이를 규명하는 일은 평균비교문제에서 가장 기본적이며 모든 비교문제의 기초적인 아이디어를 제공한다. 이는 두 집단의 차이를 비교하는 문제를 기본으로 하여 둘 이상의 집단들을 비교하는 문제도 해결할 수 있기 때문이다. 이 장에서는 모수분석법으로 두 집단 간의 모평균을 비교하는 T-검정에 대해 학습하기로 한다. T-검정은 두 표본의 관계가 대응되어 있느냐 또는 독립적인 표본이냐에 따라 대응표본 T-검정(paired sample T-test)과 독립표본 T-검정(independent sample T-test)으로 나누어진다. T-검정에서는 데이터가 정규분포를 따른다는 정규성(normality), 독립표본에서는 서로 비교하고자 하는 모집단의 모분산들이 동일하다는 등분산성(equal variances), 모집단으로부터 표본이 무작위로 추출되었다는 무작위성(randomness) 등을 가정하나 일반적으로 어느 정도 표본의 크기가 크다면 정규성과 무작위성 등은 무시하는 경향이 있으며, 등분산성은 두 집단의 평균을 비교하는 문제에서 반드시 고려해야 한다. 즉 각 집단들은 자신의 분산의 크기에 따라서 평균의 차이가 통계적으로 인정되기도 하지만 전혀 그렇지 않은 반대의 결과도 나타난다. 그러므로 실제 통계적인 차이검정에서 단순히 평균의 값 만을 고려하여 검정하는 것이 아니라 분산의 크기에 따라 평균차이의 유무에 결정적인 영향을 주게 된다. 그러므로 독립표본 T-검정에 있어서 가장 먼저 해야 할 일은 두 집단의 모분산이 동일한가를 검정하는 것이다. 이 검정의 결과에 따라 분산이 같은 경우와 분산이 다른 경우의 T-통계량으로 구분하여 검정의 절차를 따라야 한다. 그리고 평균의 차이가 인정되면 반드시 어느 집단의 평균이 통계적으로 큰지 작은지를 언급하고 이에 대한 현실적인 해석과 행동전략을 설명해야 한다. 그리고 마지막으로 잊지 말아야 할 점은 이러한 결과를 한 장의 그림이나 도식으로 시각화하여 문서화해야 할 것이다.

독립 2표본의 가설검정

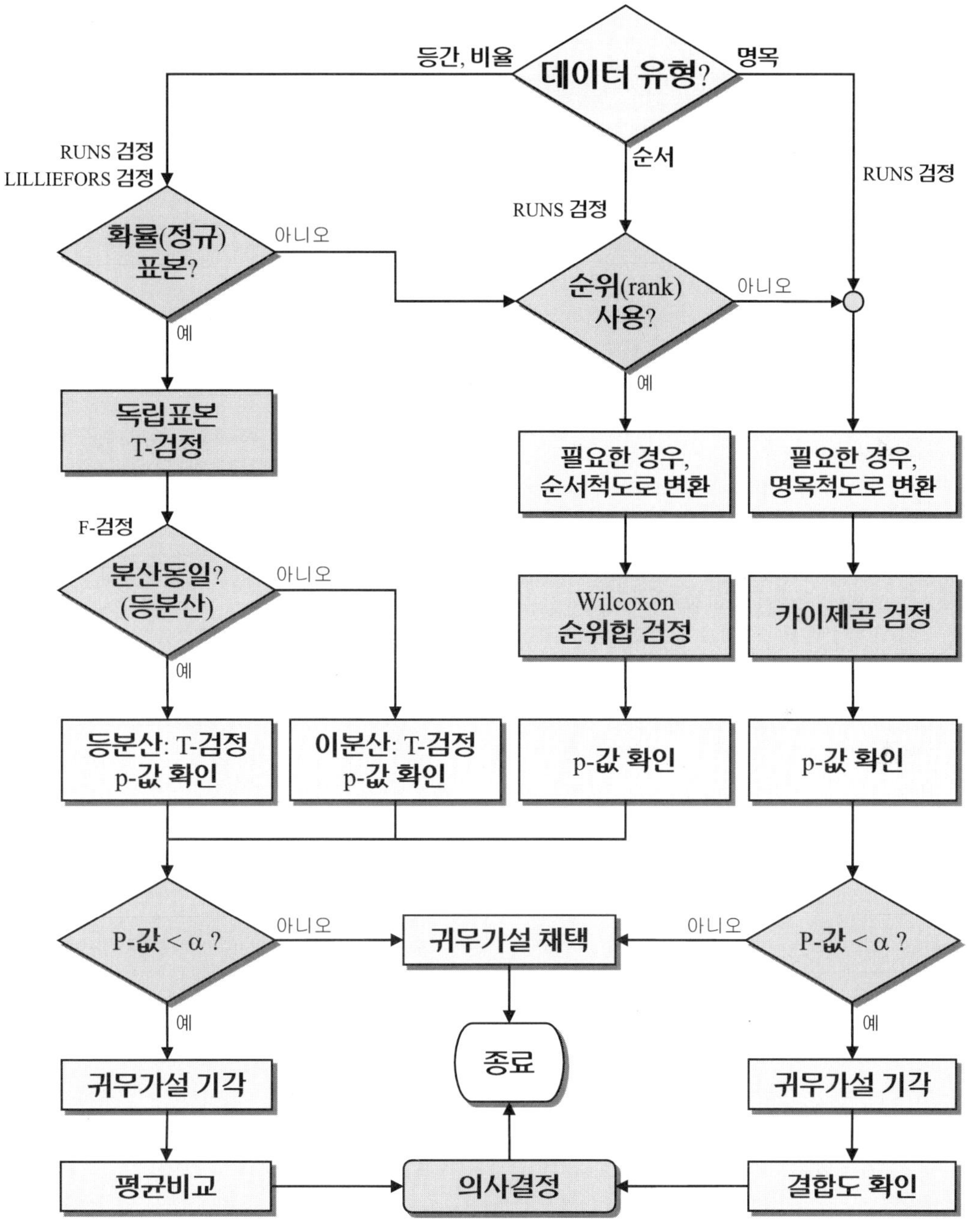
데이터 유형?
등간, 비율
명목
순서
RUNS 검정
LILLIEFORS 검정
RUNS 검정
RUNS 검정
확률(정규) 표본?
아니오
순위(rank) 사용?
아니오
예
예
독립표본 T-검정
필요한 경우, 순서척도로 변환
필요한 경우, 명목척도로 변환
F-검정
분산동일? (등분산)
아니오
Wilcoxon 순위합 검정
카이제곱 검정
예
등분산: T-검정 p-값 확인
이분산: T-검정 p-값 확인
p-값 확인
p-값 확인
P-값 < α ?
아니오
귀무가설 채택
아니오
P-값 < α ?
예
예
종료
귀무가설 기각
귀무가설 기각
평균비교
의사결정
결합도 확인

독립 2표본 T-검정

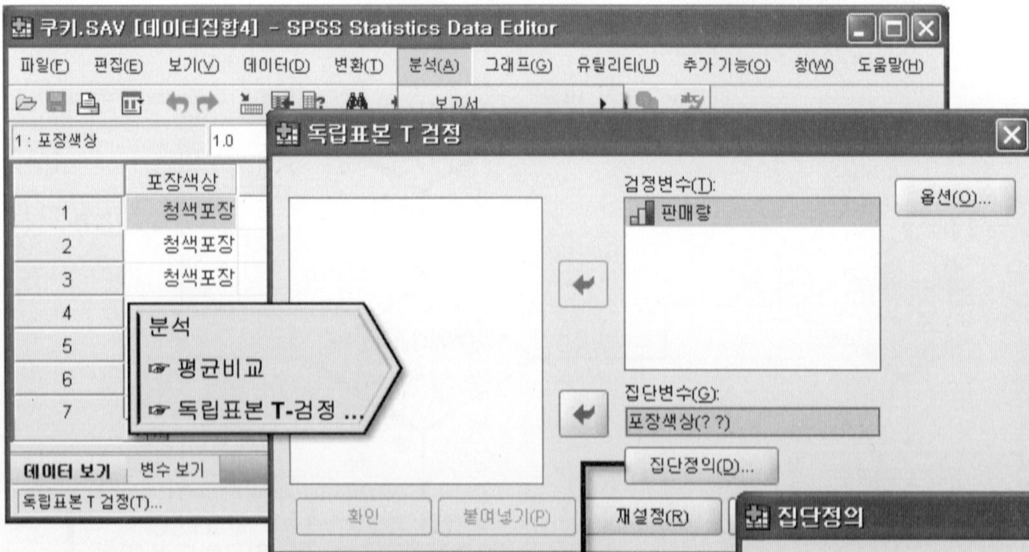

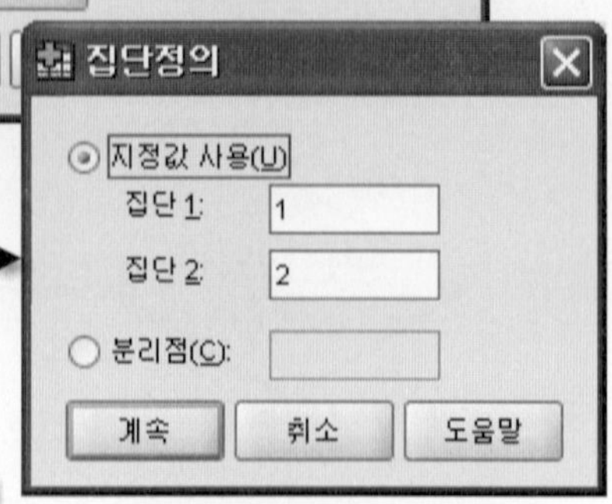

영가설 : 포장색상에 따른 쿠키판매량은 차이가 없다.

집단통계량

	포장색상	N	평균	표준편차	평균의 표준오차
판매량	청색포장	10	72.10	8.252	2.610
	적색포장	10	63.60	6.363	2.012

두 집단의 쿠키 판매량의 모분산이 같다는 가설을 채택하였으므로 이에 해당하는 p-값은 0.019이므로 평균 간의 유의한 차이가 인정된다. 그러므로 결과는 평균이 상대적으로 큰 '청색포장'의 쿠키판매량이 더 크다고 할 수 있다.

독립표본 검정

		Levene의 등분산 검정		평균의 동일성에 대한 t-검정						
									차이의 95% 신뢰구간	
		F	유의확률	t	자유도	유의확률 (양쪽)	평균차	차이의 표준오차	하한	상한
판매량	등분산이 가정됨	.497	.490	2.579	18	.019	8.500	3.295	1.577	15.423
	등분산이 가정되지 않음			2.579	16.907	.020	8.500	3.295	1.545	15.455

독립표본 평균 - 막대도표

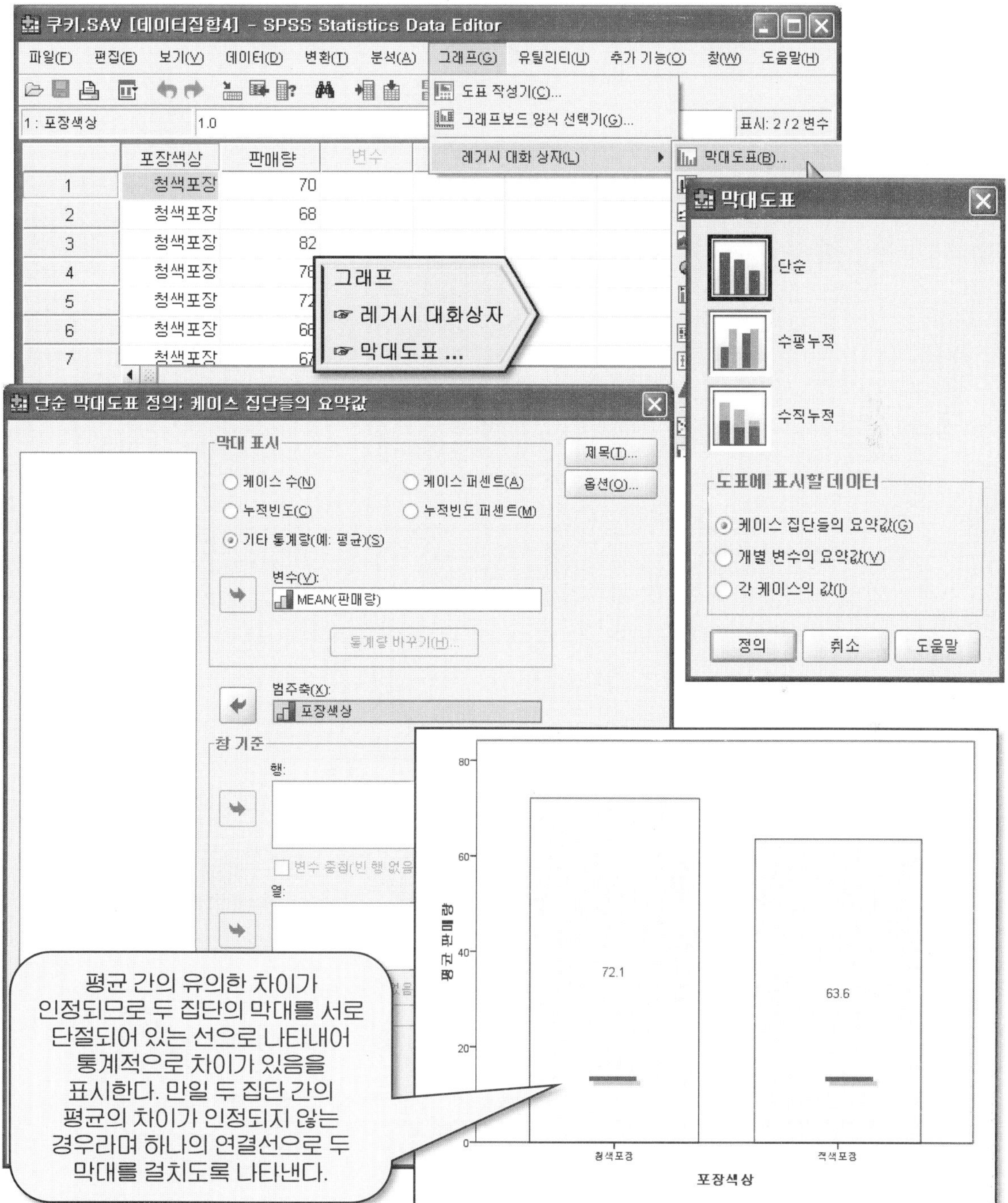

평균 간의 유의한 차이가 인정되므로 두 집단의 막대를 서로 단절되어 있는 선으로 나타내어 통계적으로 차이가 있음을 표시한다. 만일 두 집단 간의 평균의 차이가 인정되지 않는 경우라며 하나의 연결선으로 두 막대를 걸치도록 나타낸다.

대응 2표본의 가설검정

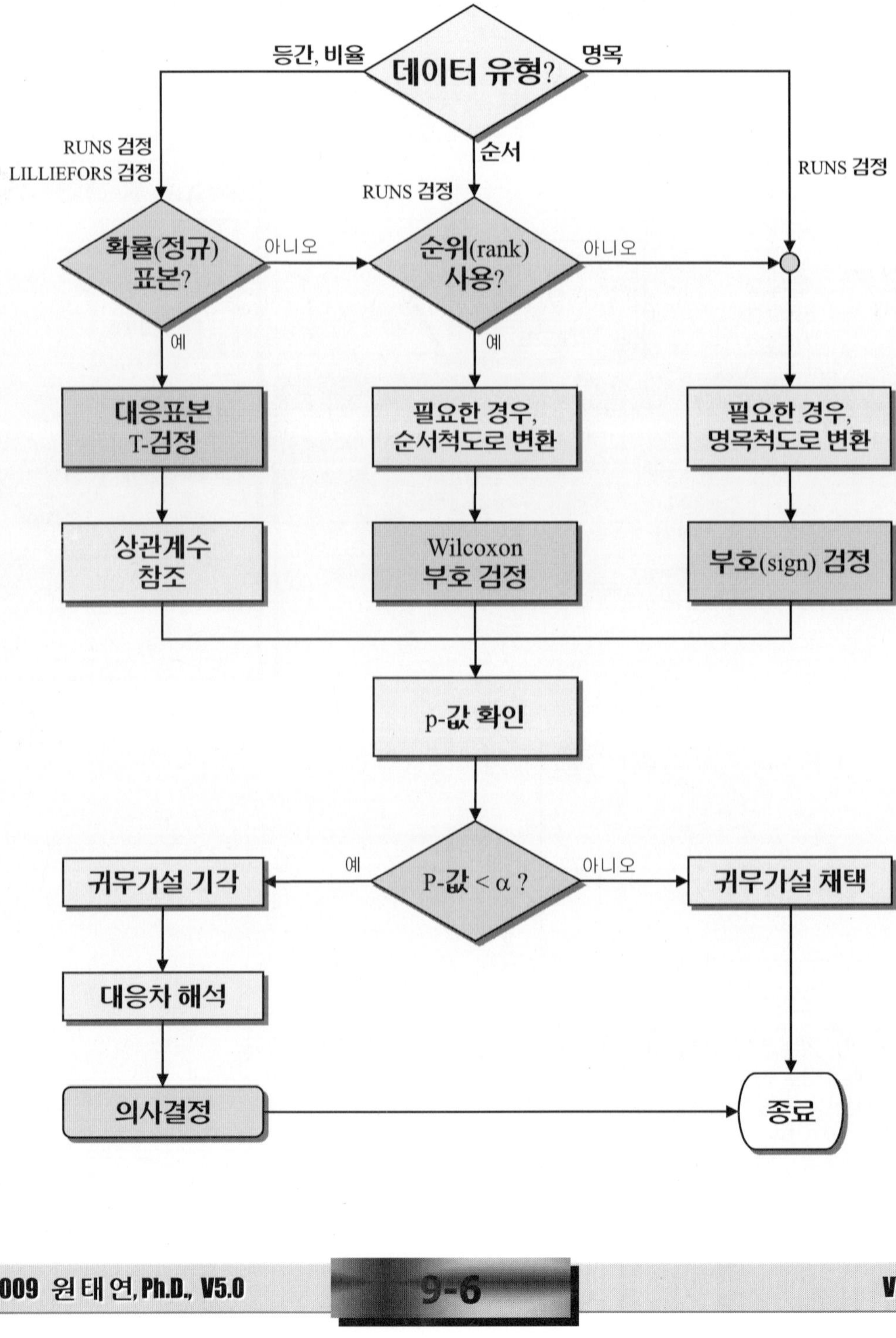
데이터 유형?
등간, 비율
명목
순서
RUNS 검정
LILLIEFORS 검정
RUNS 검정
RUNS 검정
확률(정규) 표본?
아니오
순위(rank) 사용?
아니오
예
예
대응표본 T-검정
필요한 경우, 순서척도로 변환
필요한 경우, 명목척도로 변환
상관계수 참조
Wilcoxon 부호 검정
부호(sign) 검정
p-값 확인
P-값 < α ?
예
아니오
귀무가설 기각
귀무가설 채택
대응차 해석
의사결정
종료

대응 2표본 T-검정

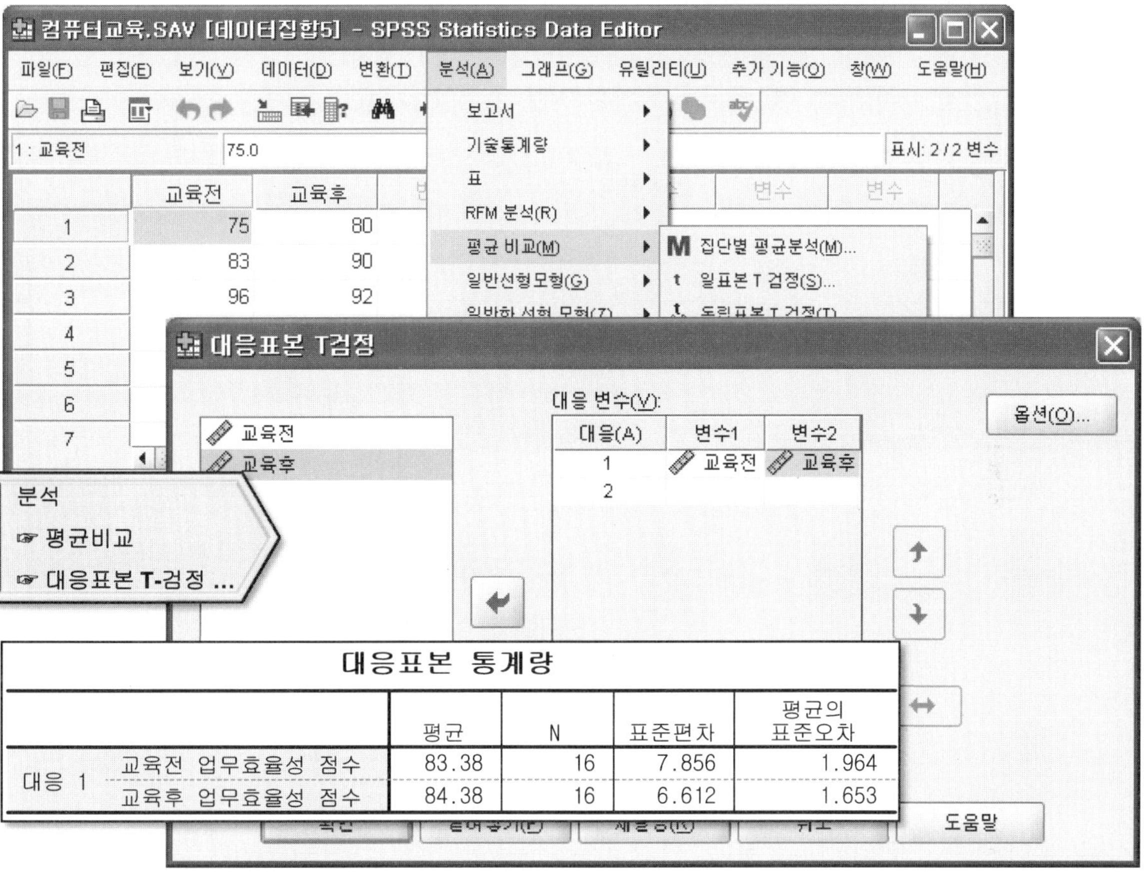

대응표본 통계량

		평균	N	표준편차	평균의 표준오차
대응 1	교육전 업무효율성 점수	83.38	16	7.856	1.964
	교육후 업무효율성 점수	84.38	16	6.612	1.653

대응표본 상관계수

		N	상관계수	유의확률
대응 1	교육전 업무효율성 점수 & 교육후 업무효율성 점수	16	.731	.001

p-값이 0.473으로 평균 간의 유의한 차이가 인정되지 않는다. 그러므로 유의수준 5%하에서 검정할 경우 컴퓨터 교육이 업무효율에 미치는 효과가 없다고 할 수 있다.

대응표본 검정

		대응차					t	자유도	유의확률 (양쪽)
					차이의 95% 신뢰구간				
		평균	표준편차	평균의 표준오차	하한	상한			
대응 1	교육전 업무효율성 점수 - 교육후 업무효율성 점수	-1.000	5.428	1.357	-3.893	1.893	-.737	15	.473

대응표본 평균-막대도표

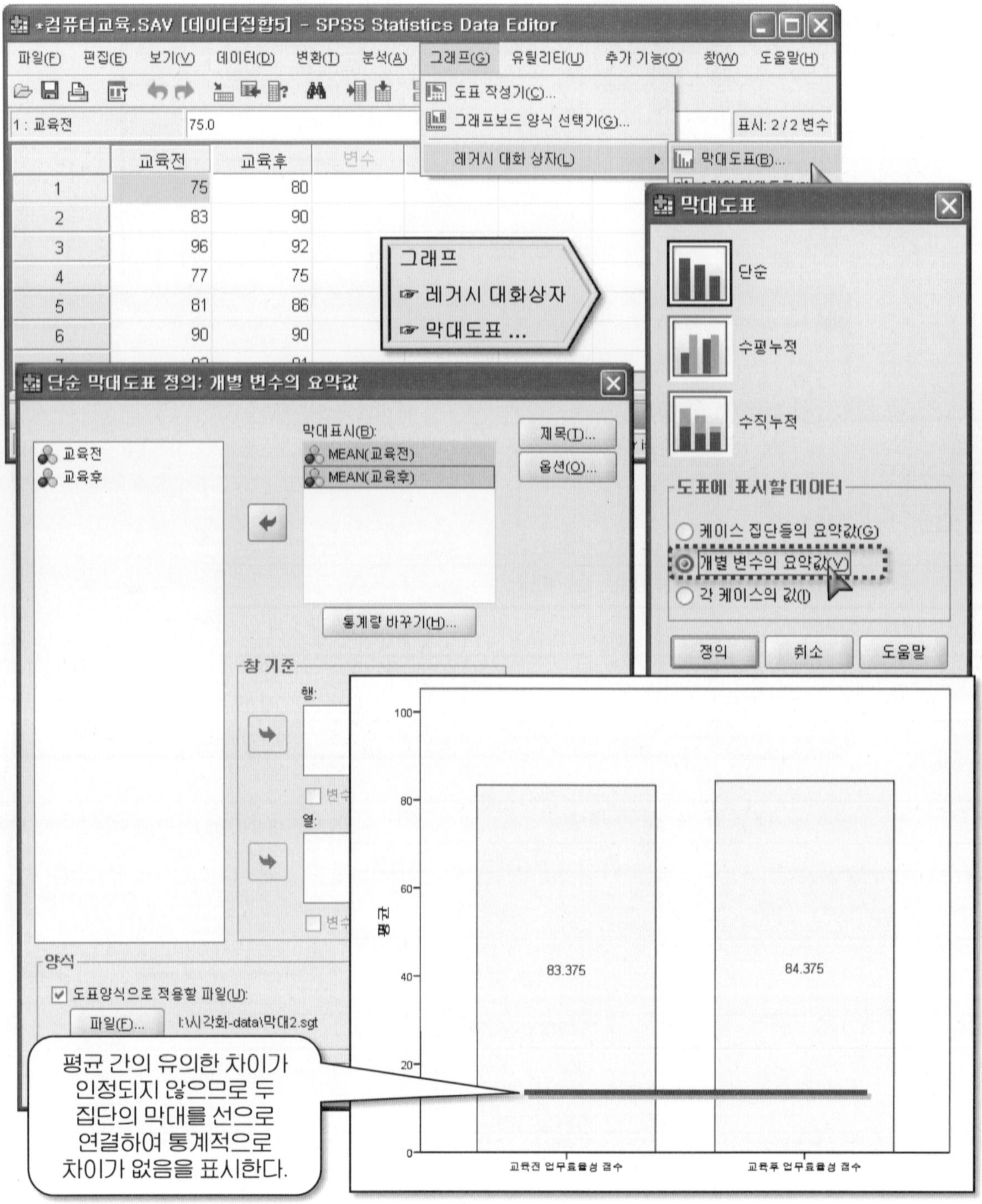
*컴퓨터교육.SAV [데이터집합5] - SPSS Statistics Data Editor
그래프
☞ 레거시 대화상자
☞ 막대도표 ...
단순 막대도표 정의: 개별 변수의 요약값
막대도표
단순
수평누적
수직누적
도표에 표시할 데이터
케이스 집단들의 요약값(G)
개별 변수의 요약값(V)
각 케이스의 값(I)
83.375
84.375
평균 간의 유의한 차이가 인정되지 않으므로 두 집단의 막대를 선으로 연결하여 통계적으로 차이가 없음을 표시한다.

분산분석

Analysis of Variance

분산분석 개요

분산분석(Analysis of Variance: ANOVA)은 연속형인 종속변수와 범주형인 독립변수(들) 간의 관계를 분석하는데 주로 사용되는 통계적 기법이다. 예를 들어 일상생활이나 연구활동에 있어서 여러 집단의 평균을 동시에 비교해야 하는 경우가 종종 발생한다. 병원에서 같은 질병을 앓고 있는 환자들에게 몇 가지 치료방법을 적용하여 그 치료효과를 비교한 후에 치료효과가 있는지를 알아보고 가장 최적의 치료방법을 알아내고 하는 경우에 적절하게 이용할 수 있다. 또한 TV, 인터넷, 신문, 라디오 등의 광고매체에 따른 광고 효과의 차이가 있는가를 알고자 하는 경우, 교육방법에 따른 직무처리능력에 차이가 있는가를 알고자 하는 경우, 서로 다른 설비에 따른 생산성의 차이가 있는가를 알아보고자 하는 경우 등 평균의 차이를 비교하여 그 차이가 통계적으로 유의한 지를 규명하는데 주로 이용하는 분석방법이다. 이와 같이 여러 모집단의 평균이 동일한가 또는 차이가 있는가를 분석하는 방법을 분산분석 또는 **ANOVA**(아노바)라고 한다. 보통 분산분석에서 독립변수인 범주형 변수들을 **요인**(factor)이라고 하며 이 요인이 가지는 범주(집단)들을 **수준**(level)이라고 한다. 요인이 하나 있으면 일원분산분석(one-way ANOVA), 둘이면 이원분산분석(two-way ANOVA), 셋이면 삼원분산분석(three-way ANOVA) ... 등으로 부른다. 어떤 요인의 수준간에 평균의 차이가 인정된다면 이러한 경우 요인의 효과가 있다고 판단한다. 요인이 둘 이상인 경우에는 각 요인의 효과인 **주효과**(main effects) 뿐만 아니라 요인들 간의 **상호작용효과**(interaction effects)도 고려해야 됨으로 모형이 그만큼 복잡해 진다. 또한 **처리**(treatment)는 요인이 하나 있는 일원분산분석에서는 그 해당 요인의 수준을 말하며 2요인 이상에서는 서로 다른 요인들 간의 수준 조합을 말한다. 즉 A요인 만 있고 수준의 수가 3개라면 3개의 처리로 구성되며, 2개의 수준을 가지는 B 요인이 포함된다면 이때의 처리는 6(=3×2)개로 구성되는 것이다.

분산분석의 기본 가정은 다음과 같다.

① 각 모집단의 분포는 정규분포를 한다.

② 각 모집단의 분포의 분산은 모두 같다.

③ 각 모집단에서 추출된 표본은 확률표본(무작위 추출)이고 각 집단의 표본은 서로 독립적이다.

분산분석 모형

분산분석
ANOVA

- 일원배치분산분석
One-way ANOVA
- 이원배치분산분석
Two-way ANOVA
- 삼원배치분산분석
Three-way ANOVA

$$y_{ij} = \mu + \alpha_i + \beta_j + \alpha\beta_{ij} + \varepsilon_{ij}$$

$$y_i = \mu + \alpha_i + \varepsilon_i$$

$$y_{ijk} = \mu + \alpha_i + \beta_j + \gamma_k + \alpha\beta_{ij} + \beta\gamma_{jk} + \gamma\alpha_{ki} + \alpha\beta\gamma_{ijk} + \varepsilon_{ijk}$$

주효과: $\alpha_i + \beta_j + \gamma_k$

상호작용효과: $\alpha\beta_{ij} + \beta\gamma_{jk} + \gamma\alpha_{ki} + \alpha\beta\gamma_{ijk}$

☺ **요인**(factor): **범주형 설명(독립)변수**

☺ **수준**(level) : **요인의 범주**

☺ **처리**(treatment) : 1**요인 분산분석에서는 요인의 수준을 말하며,** 2**요인 이상에서는 각 요인의 수준조합을 말한다.**

☺ **효과**(effect) : **처리들 간의 평균의 차이**

☺ **주효과**(main effect) : **각 요인의 효과**

☺ **상호작용효과**(interaction effect) : **둘 이상의 요인들의 교차된 효과**

독립 3표본 이상의 가설검정

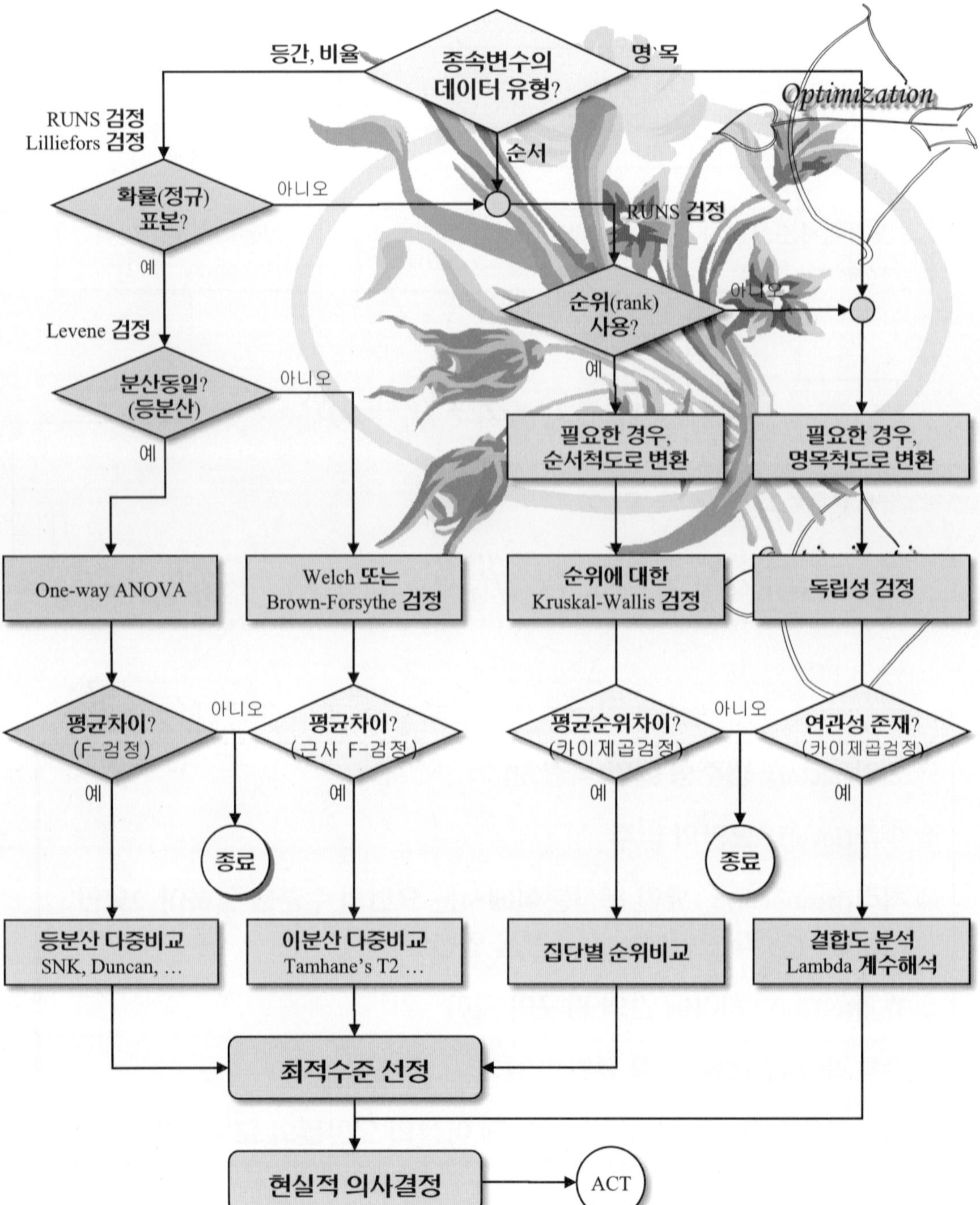

일원배치 분산분석 지정

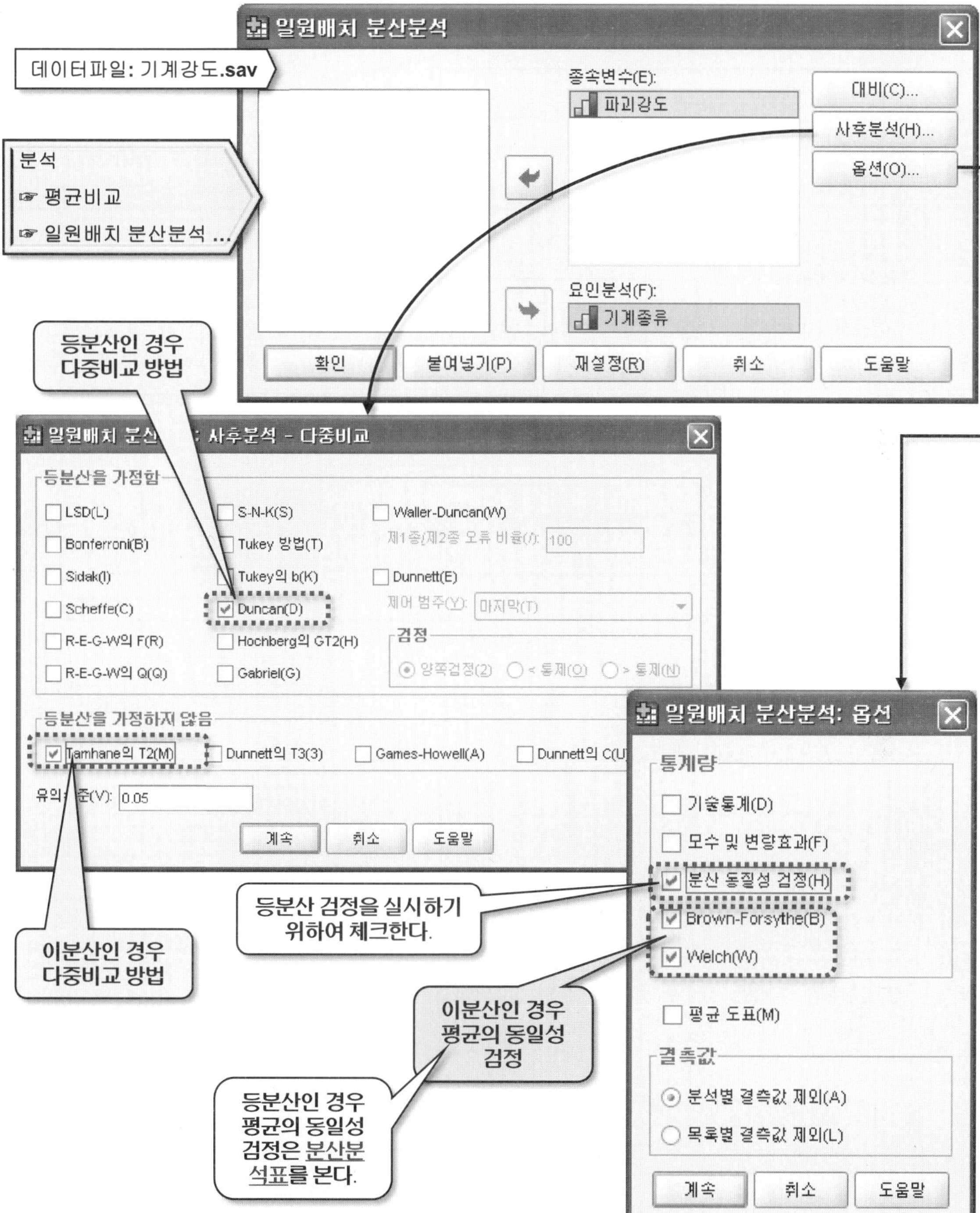
데이터파일: 기계강도.sav
분석
☞ 평균비교
☞ 일원배치 분산분석 ...
일원배치 분산분석
종속변수(E):
파괴강도
요인분석(F):
기계종류
대비(C)...
사후분석(H)...
옵션(O)...
확인
붙여넣기(P)
재설정(R)
취소
도움말
등분산인 경우 다중비교 방법
일원배치 분산분석: 사후분석 - 다중비교
등분산을 가정함
LSD(L)
S-N-K(S)
Waller-Duncan(W)
Bonferroni(B)
Tukey 방법(T)
제1종/제2종 오류 비율(/): 100
Sidak(I)
Tukey의 b(K)
Dunnett(E)
Scheffe(C)
Duncan(D)
제어 범주(Y): 마지막(T)
R-E-G-W의 F(R)
Hochberg의 GT2(H)
검정
R-E-G-W의 Q(Q)
Gabriel(G)
양쪽검정(2)
< 통제(O)
> 통제(N)
등분산을 가정하지 않음
Tamhane의 T2(M)
Dunnett의 T3(3)
Games-Howell(A)
Dunnett의 C(U)
0.05
계속
취소
도움말
일원배치 분산분석: 옵션
통계량
기술통계(D)
모수 및 변량효과(F)
분산 동질성 검정(H)
Brown-Forsythe(B)
Welch(W)
평균 도표(M)
결측값
분석별 결측값 제외(A)
목록별 결측값 제외(L)
계속
취소
도움말
등분산 검정을 실시하기 위하여 체크한다.
이분산인 경우 다중비교 방법
이분산인 경우 평균의 동일성 검정
등분산인 경우 평균의 동일성 검정은 분산분석표를 본다.

일원배치 분산분석 결과

분산의 동질성 검정

종속변수	Levene 통계량	df1	df2	유의확률
파괴강도	.096	2	11	.909

Levene의 등분산 검정 결과 유의수준 5% 하에서 등분산이므로 Welch 나 Brown-Forsythe의 근사 F-검정을 하지 않고 분산분석표를 보아야 한다.

분산분석

파괴강도

	제곱합	df	평균 제곱	거짓	유의확률
집단-간	146.057	2	73.029	4.041	.048
집단-내	198.800	11	18.073		
합계	344.857	13			

등분산인 경우 평균의 동일성 검정은 분산분석표를 본다.

평균의 동질성 검정

파괴강도

	통계량[a]	df1	df2	Sig.
Welch	4.455	2	6.628	.059
Brown-Forsythe	3.783	2	8.240	.068

a. 자동으로 F 분배합니다.

이분산인 경우 평균의 동일성 검정

다중 비교

종속 변수:파괴강도

	(I) 기계종류	(J) 기계종류	평균차(I-J)	표준 오차 오류	유의확률	95% 신뢰구간 하한값	95% 신뢰구간 상한값
Tamhane	기계 1	기계 2	-1.200	3.147	.978	-12.12	9.72
		기계 3	6.000	3.173	.305	-4.91	16.91
	기계 2	기계 1	1.200	3.147	.978	-9.72	12.12
		기계 3	7.200*	2.375	.048	.06	14.34
	기계 3	기계 1	[illegible]	[illegible]	[illegible]	[illegible]	[illegible]
		기계 2	[illegible]	[illegible]	[illegible]	[illegible]	[illegible]

*. 평균차는 0.05 수준에서 유의합니[illegible]

이분산인 경우 다중비교 결과

파괴강도

	기계종류	N	유의수준 = 0.05에 대한 부집단 1	유의수준 = 0.05에 대한 부집단 2
Duncan[a,b]	기계 3	5	36.00	
	기계 1	4	42.00	42.00
	기계 2	5		43.20
	유의확률		.055	.676

동일 집단군에 있는 집단에 대한 평균이 표시됩니다.

a. 조화평균 표본 크기 4.615을(를) 사용합니다.

b. 집단 크기가 동일하지 않습니다. 집단 크기의 조화평균이 사용됩니다. I 유형 오차 수준은 보장되지 않습니다.

등분산인 경우 다중비교 결과

일원분산분석 결과 시각화

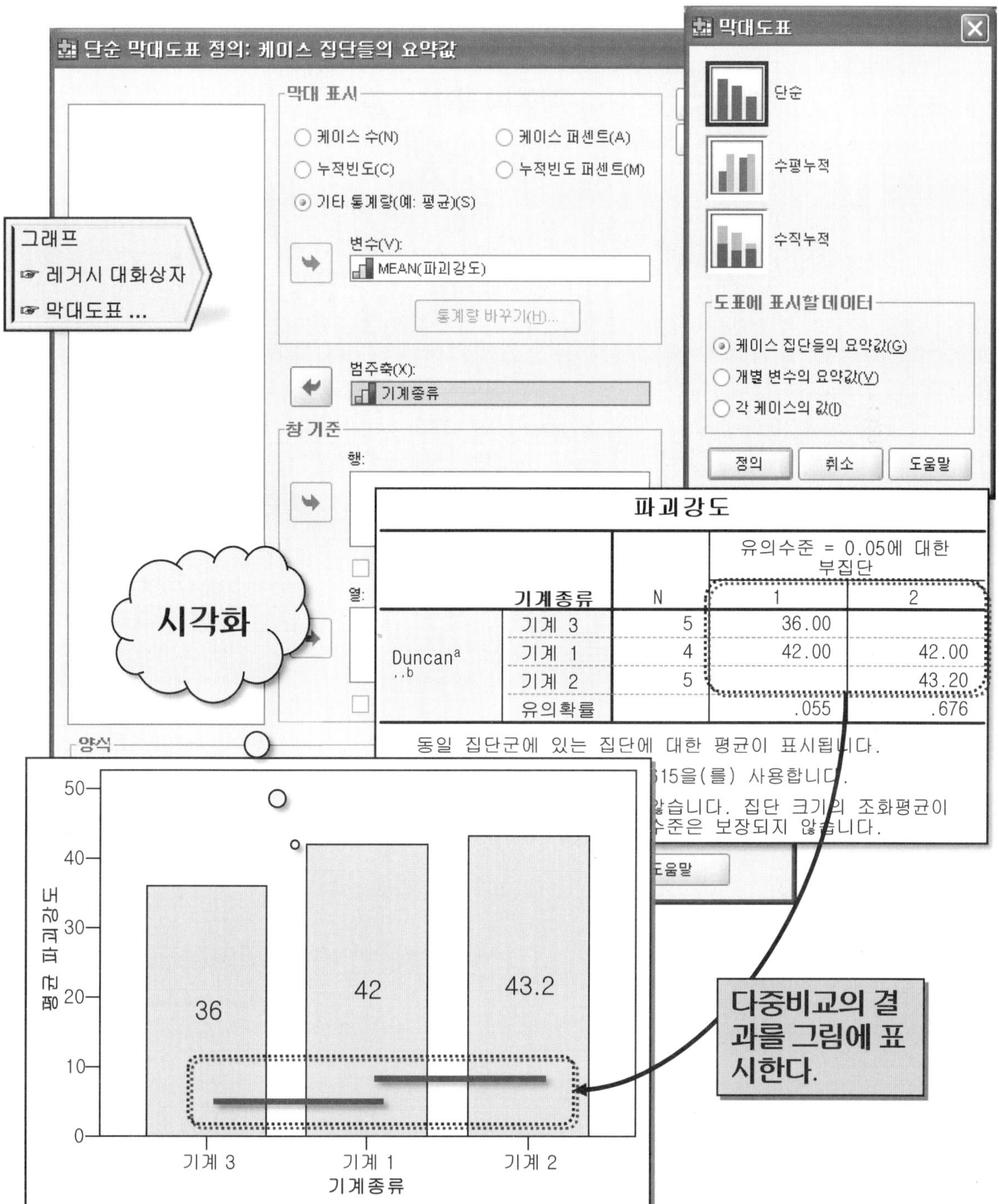

파괴강도

	기계종류	N	유의수준 = 0.05에 대한 부집단 1	2
Duncan[a,b]	기계 3	5	36.00	
	기계 1	4	42.00	42.00
	기계 2	5		43.20
	유의확률		.055	.676

동일 집단군에 있는 집단에 대한 평균이 표시됩니다.

...515을(를) 사용합니다.

...않습니다. 집단 크기의 조화평균이 ...수준은 보장되지 않습니다.

대응 3표본 이상의 가설검정

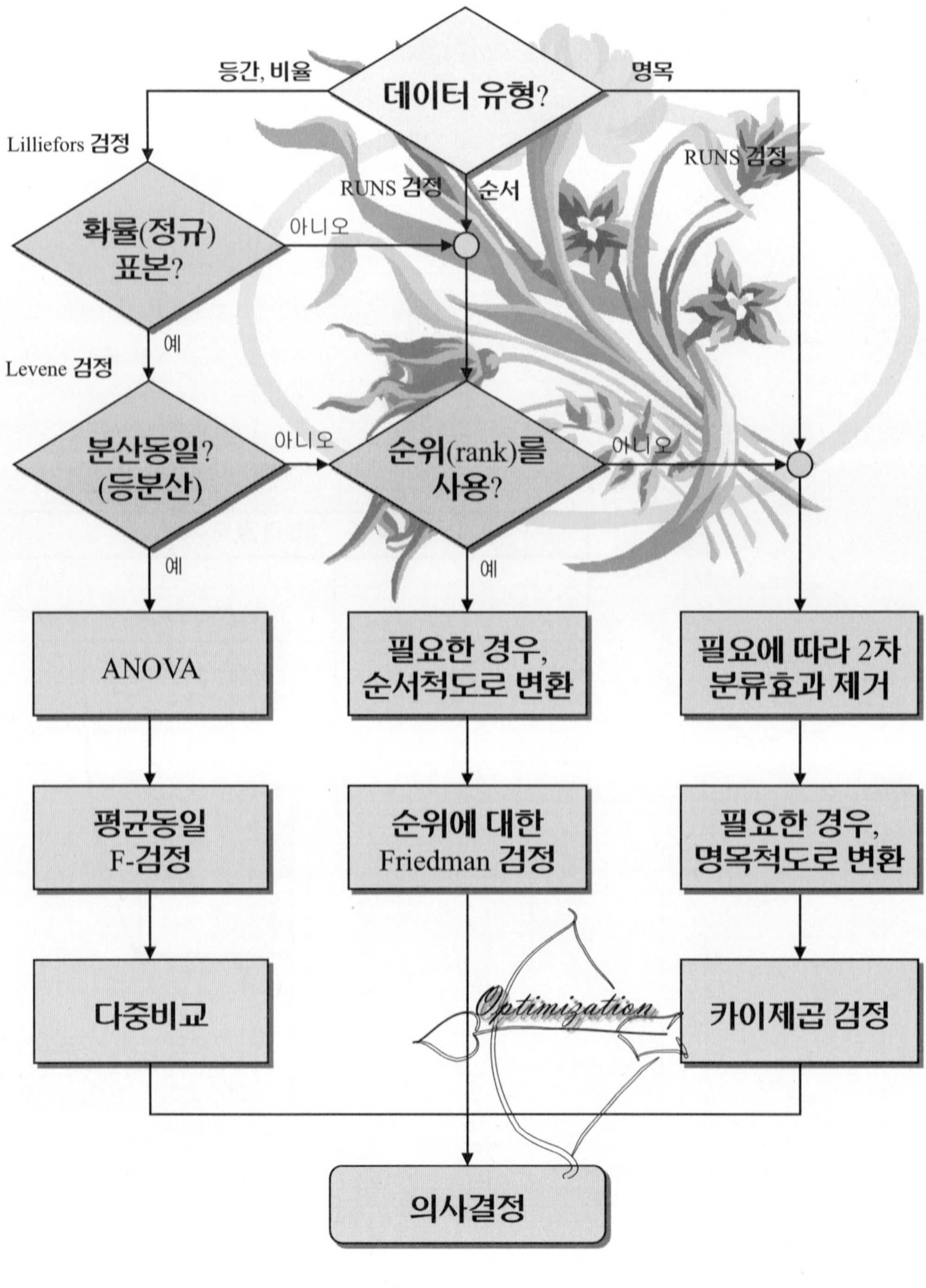

이원배치 분산분석 절차

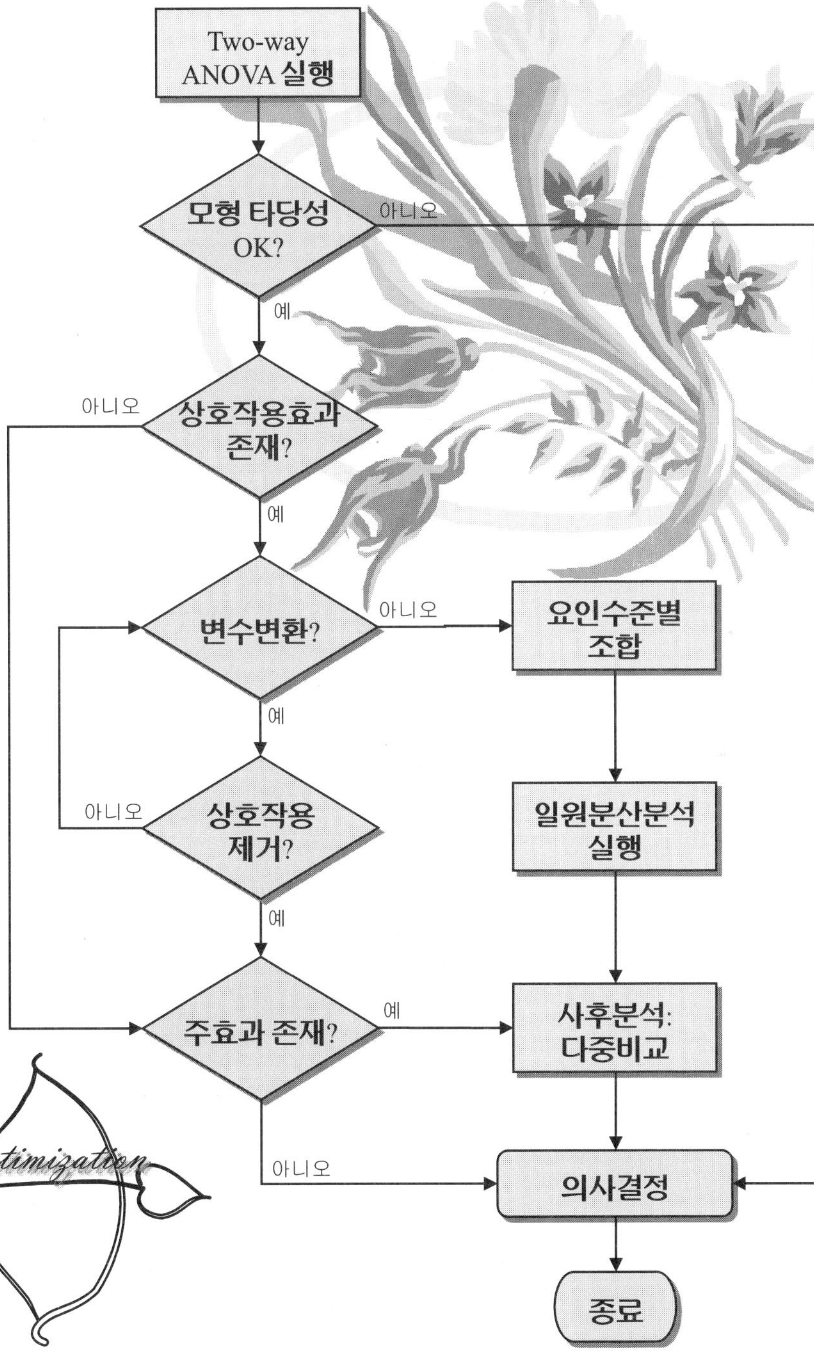
Two-way ANOVA 실행
모형 타당성 OK?
아니오
예
상호작용효과 존재?
아니오
예
변수변환?
아니오
요인수준별 조합
예
상호작용 제거?
아니오
일원분산분석 실행
예
주효과 존재?
예
사후분석: 다중비교
아니오
의사결정
종료

이원배치 분산분석 지정

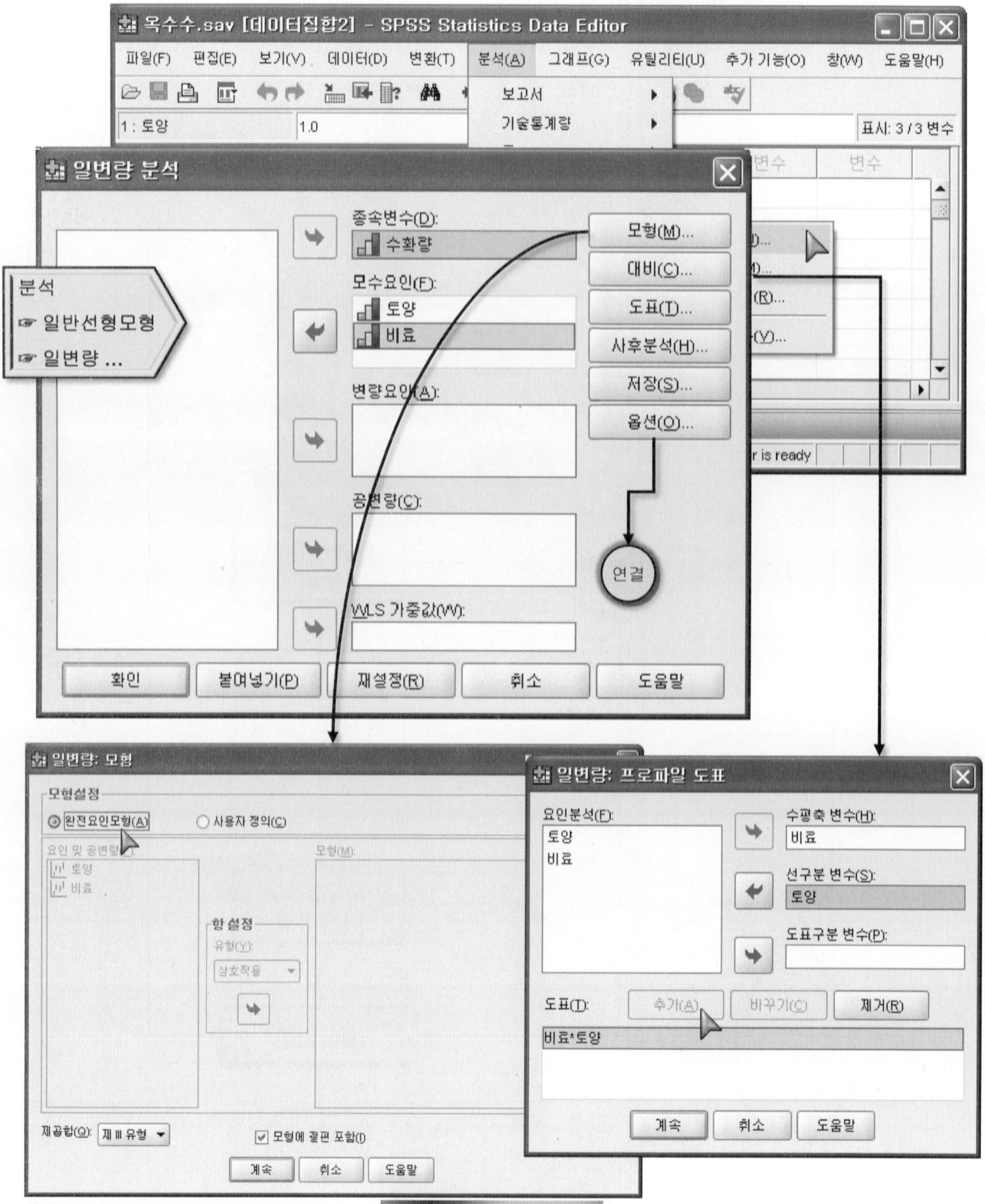
옥수수.sav [데이터집합2] - SPSS Statistics Data Editor
일변량 분석
종속변수(D):
수확량
모수요인(F):
토양
비료
변량요인(A):
공변량(C):
WLS 가중값(W):
모형(M)...
대비(C)...
도표(T)...
사후분석(H)...
저장(S)...
옵션(O)...
연결
확인
붙여넣기(P)
재설정(R)
취소
도움말
분석
☞ 일반선형모형
☞ 일변량 ...
일변량: 모형
모형설정
완전요인모형(A)
사용자 정의(C)
항 설정
제곱합(Q): 제 III 유형
모형에 절편 포함(I)
계속
취소
도움말
일변량: 프로파일 도표
요인분석(F):
토양
비료
수평축 변수(H):
비료
선구분 변수(S):
토양
도표구분 변수(P):
도표(T):
추가(A)
바꾸기(C)
제거(R)
비료*토양
계속
취소
도움말

등분산 및 2-way ANOVA

연결

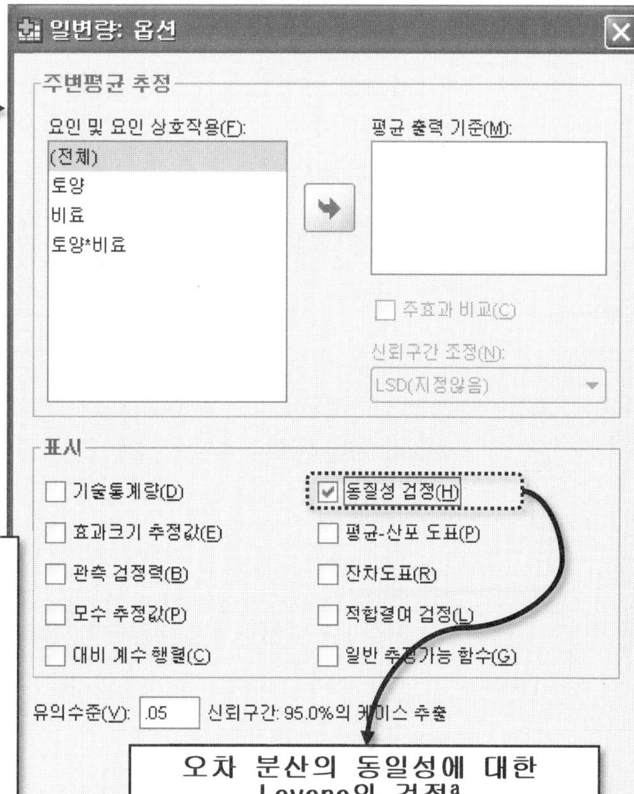

개체-간 요인

		변수값 설명	N
토양	1	토양1	6
	2	토양2	6
	3	토양3	6
비료	1	비료1	9
	2	비료2	9

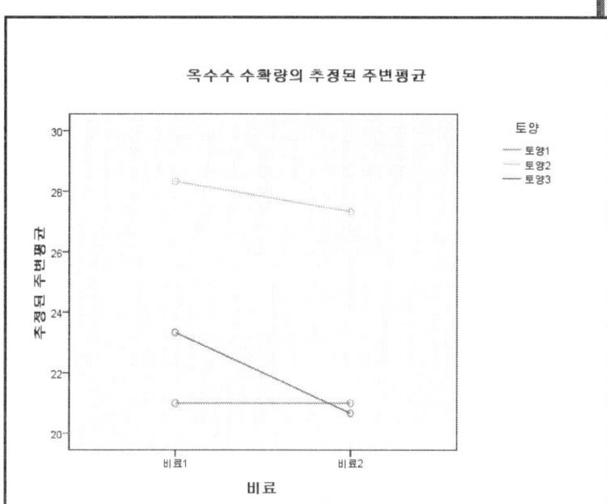

오차 분산의 동일성에 대한 Levene의 검정[a]

종속 변수:옥수수 수확량

F	df1	df2	유의확률
.506	5	12	.766

여러 집단에서 종속변수의 오차 분산이 동일한 영가설을 검정합니다.

a. Design: 절편 + 토양 + 비료 + 토양 * 비료

개체-간 효과 검정

종속 변수:옥수수 수확량

소스	제 III 유형 제곱합	자유도	평균 제곱	F	유의확률
수정 모형	175.611[a]	5	35.122	11.495	.000
절편	10034.722	1	10034.722	3284.091	.000
토양	163.444	2	81.722	26.745	.000
비료	6.722	1	6.722	2.200	.164
토양 * 비료	5.444	2	2.722	.891	.436
오류	36.667	12	3.056		
합계	10247.000	18			
수정 합계	212.278	17			

a. R 제곱 = .827 (수정된 R 제곱 = .755)

오차의 모분산이 동일하다는 가설을 유의수준 0.05 하에서 채택하게 되므로 등분산을 가정할 수 있다. 이는 각 처리별 (3×2=6) 모분산이 동일하다는 검정과 같다.

ANOVA 표와 가설검정 순서

개체-간 효과 검정

종속 변수:옥수수 수확량

소스	제 III 유형 제곱합	자유도	평균 제곱	F	유의확률
수정 모형	175.611[a]	5	35.122	11.495	① .000
절편	10034.722	1	10034.722	3284.091	② .000
토양	163.444	2	81.722	26.745	④ .000
비료	6.722	1	6.722	2.200	⑤ .164
토양 * 비료	5.444	2	2.722	.891	③ .436
오류	36.667	12	3.056		
합계	10247.000	18			
수정 합계	212.278	17			

a. R 제곱 = .827 (수정된 R 제곱 = .755)

영가설 설정

① : H_0: 토양효과 = 비료효과 = 토양*비료의 상호작용효과 = 0

② : H_0: 절편(intercept) = 0

④ : H_0: 토양효과 = 0

⑤ : H_0: 비료효과 = 0

③ : H_0: 토양*비료의 상호작용효과 = 0

주의! : 가설검정 순서는 반드시 번호순으로 실시해야 하며, 검정의 결과에 따라서 계속 진행여부가 결정된다.

SPSS 7.5K의 결과

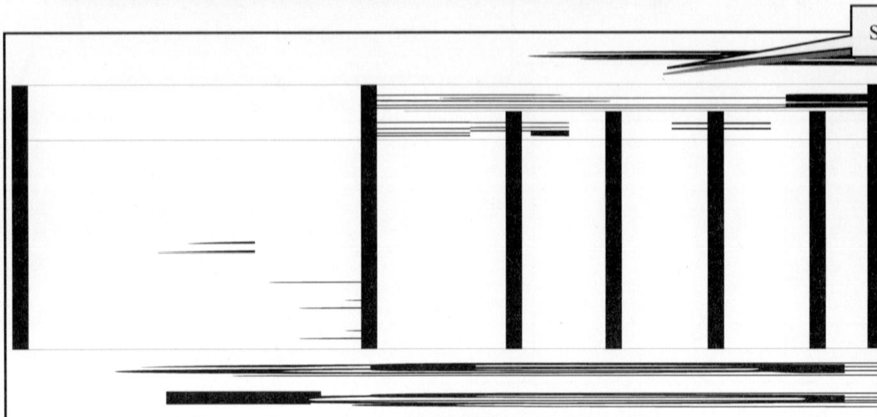

가설검정 절차

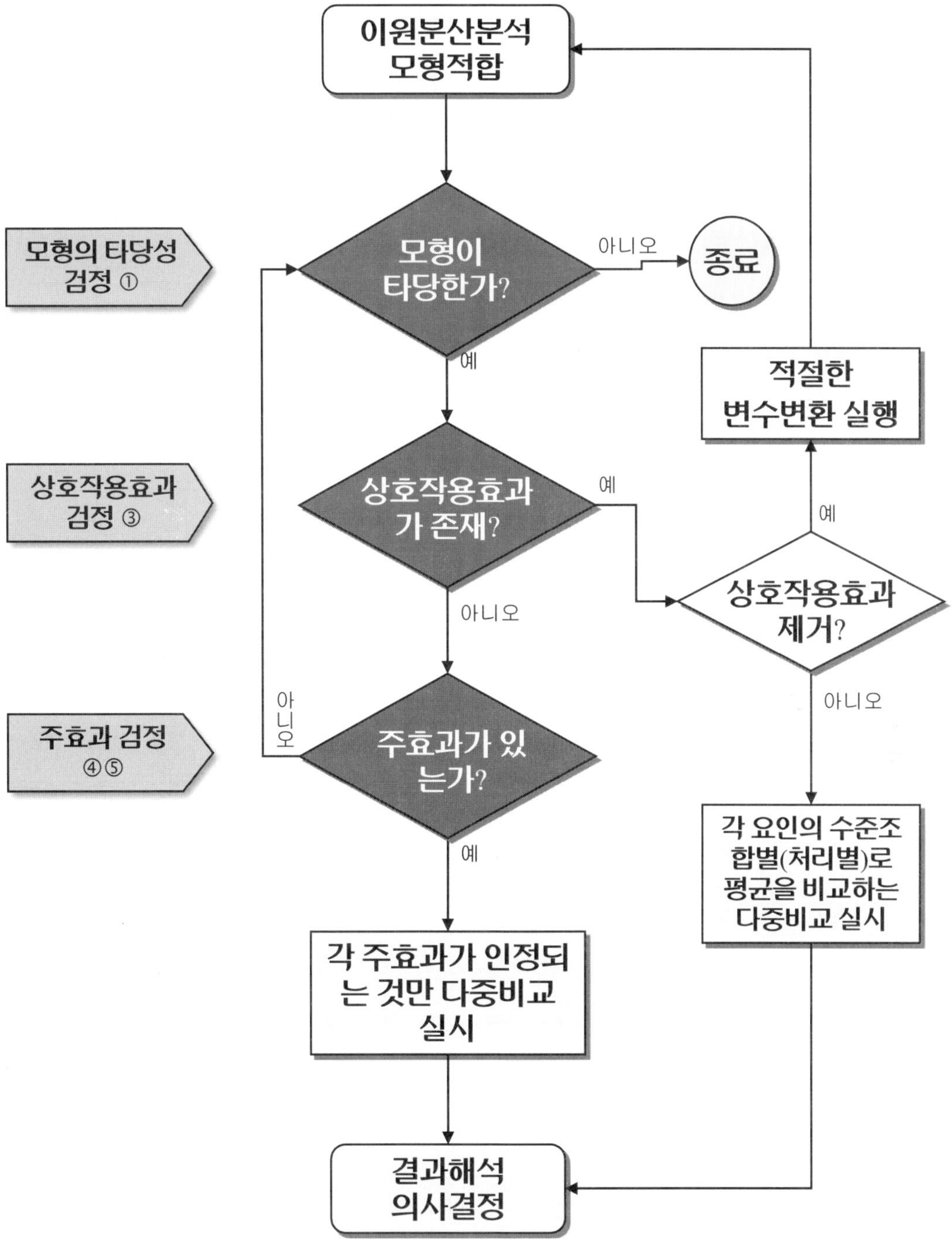

이원분산분석 모형적합
모형의 타당성 검정 ①
모형이 타당한가?
아니오
종료
예
상호작용효과 검정 ③
상호작용효과가 존재?
예
아니오
적절한 변수변환 실행
예
상호작용효과 제거?
아니오
주효과 검정 ④⑤
아니오
주효과가 있는가?
예
각 요인의 수준조합별(처리별)로 평균을 비교하는 다중비교 실시
각 주효과가 인정되는 것만 다중비교 실시
결과해석 의사결정

토양효과 분석

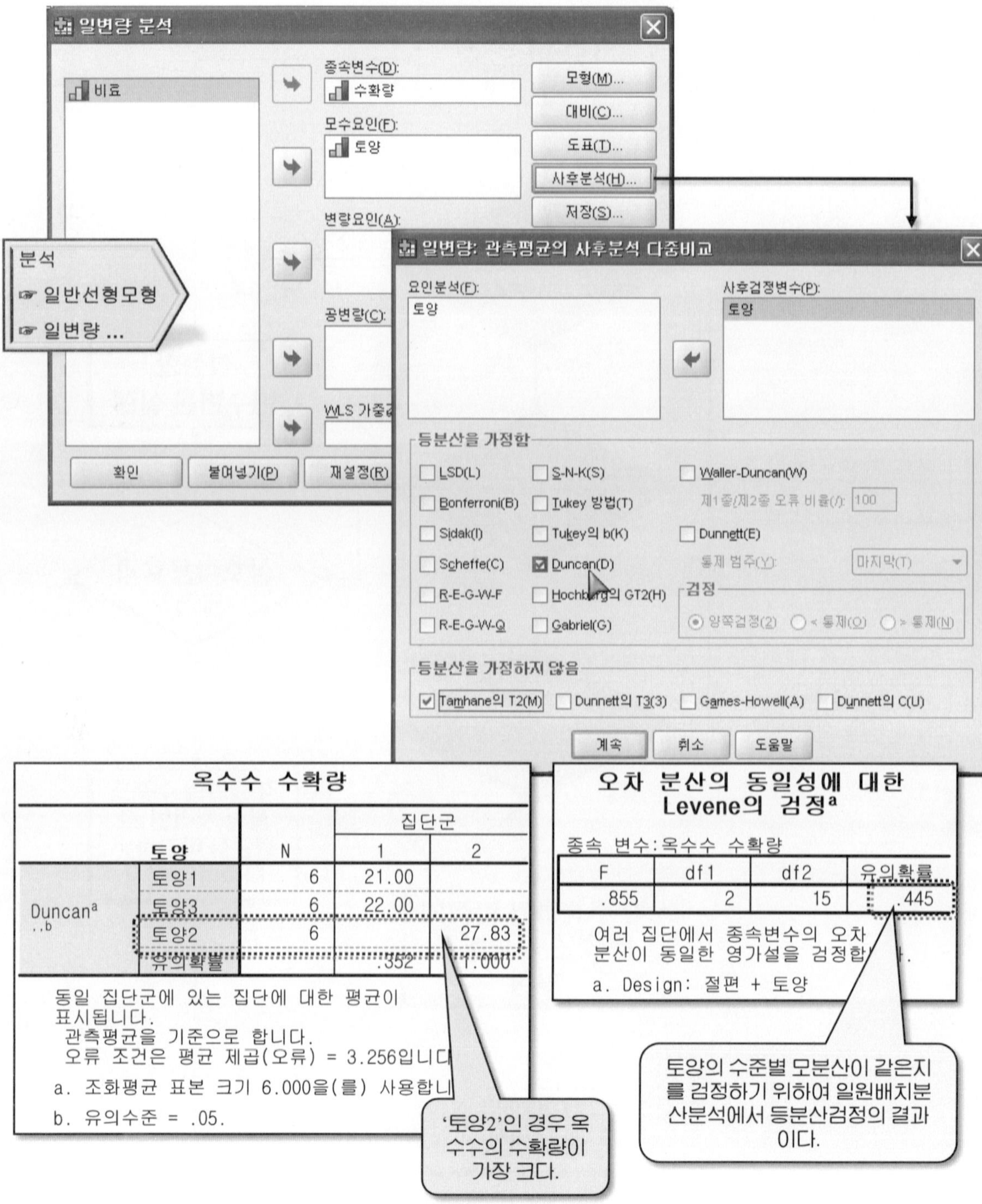

옥수수 수확량

	토양	N	집단군 1	집단군 2
Duncan[a,b]	토양1	6	21.00	
	토양3	6	22.00	
	토양2	6		27.83
	유의확률		.352	1.000

동일 집단군에 있는 집단에 대한 평균이 표시됩니다.
관측평균을 기준으로 합니다.
오류 조건은 평균 제곱(오류) = 3.256입니다.

a. 조화평균 표본 크기 6.000을(를) 사용합니다.

b. 유의수준 = .05.

'토양2'인 경우 옥수수의 수확량이 가장 크다.

오차 분산의 동일성에 대한 Levene의 검정[a]

종속 변수:옥수수 수확량

F	df1	df2	유의확률
.855	2	15	.445

여러 집단에서 종속변수의 오차 분산이 동일한 영가설을 검정합니다.

a. Design: 절편 + 토양

토양의 수준별 모분산이 같은지를 검정하기 위하여 일원배치분산분석에서 등분산검정의 결과이다.

토양효과 시각화

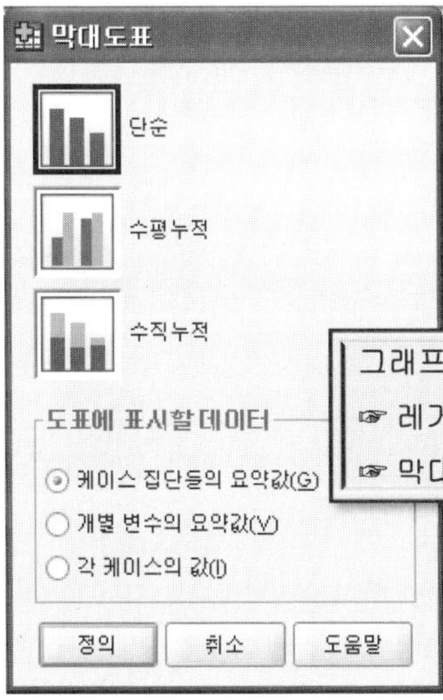

그래프
☞ 레거시 대화상자
☞ 막대도표 ...

옥수수 수확량

	토양	N	집단군 1	집단군 2
Duncan[a,b]	토양1	6	21.00	
	토양3	6	22.00	
	토양2	6		27.83
	유의확률		.352	1.000

동일 집단군에 있는 집단에 대한 평균이 표시됩니다.
관측평균을 기준으로 합니다.
오류 조건은 평균 제곱(오류) = 3.256입니다.

a. 조화평균 표본 크기 6.000을(를) 사용합니다.

b. 유의수준 = .05.

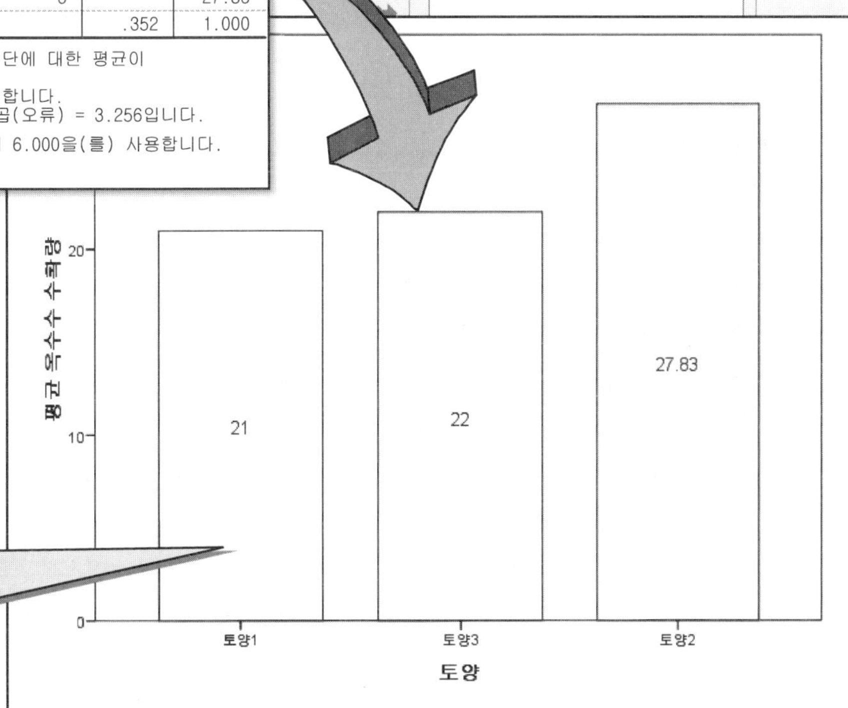

평균이 통계적으로 동일한 집단은 선으로 막대를 연결하여 표시한다.

상호작용이 존재하면 ?!!

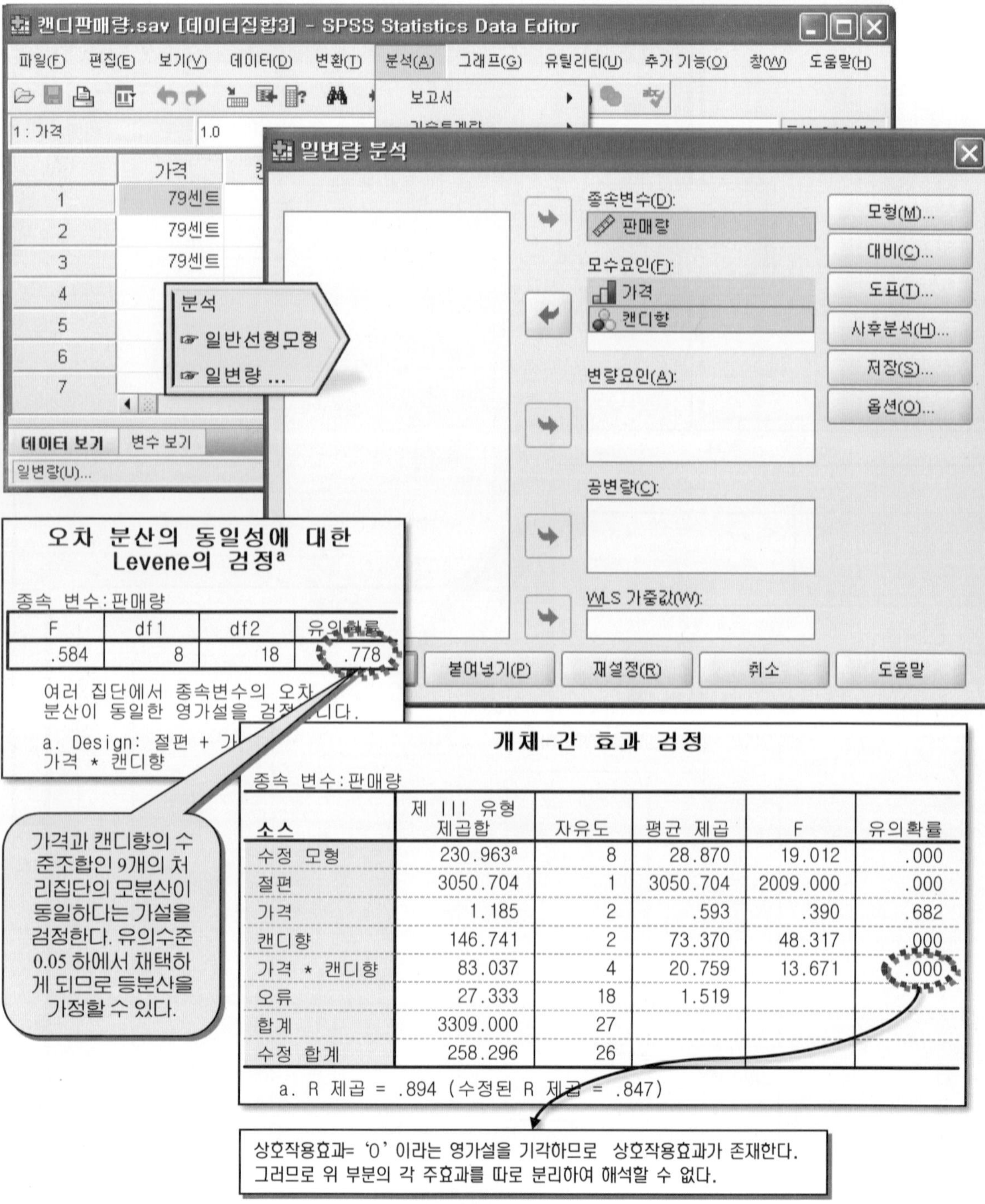

오차 분산의 동일성에 대한 Levene의 검정[a]

종속 변수:판매량

F	df1	df2	유의확률
.584	8	18	.778

여러 집단에서 종속변수의 오차 분산이 동일한 영가설을 검정합니다.

a. Design: 절편 + 가[격 + 캔디향 +] 가격 * 캔디향

가격과 캔디향의 수준조합인 9개의 처리집단의 모분산이 동일하다는 가설을 검정한다. 유의수준 0.05 하에서 채택하게 되므로 등분산을 가정할 수 있다.

개체-간 효과 검정

종속 변수:판매량

소스	제 III 유형 제곱합	자유도	평균 제곱	F	유의확률
수정 모형	230.963[a]	8	28.870	19.012	.000
절편	3050.704	1	3050.704	2009.000	.000
가격	1.185	2	.593	.390	.682
캔디향	146.741	2	73.370	48.317	.000
가격 * 캔디향	83.037	4	20.759	13.671	.000
오류	27.333	18	1.519		
합계	3309.000	27			
수정 합계	258.296	26			

a. R 제곱 = .894 (수정된 R 제곱 = .847)

상호작용효과= '0' 이라는 영가설을 기각하므로 상호작용효과가 존재한다.
그러므로 위 부분의 각 주효과를 따로 분리하여 해석할 수 없다.

프로파일 도표

분석
☞ 일반선형모형
☞ 일변량 ...

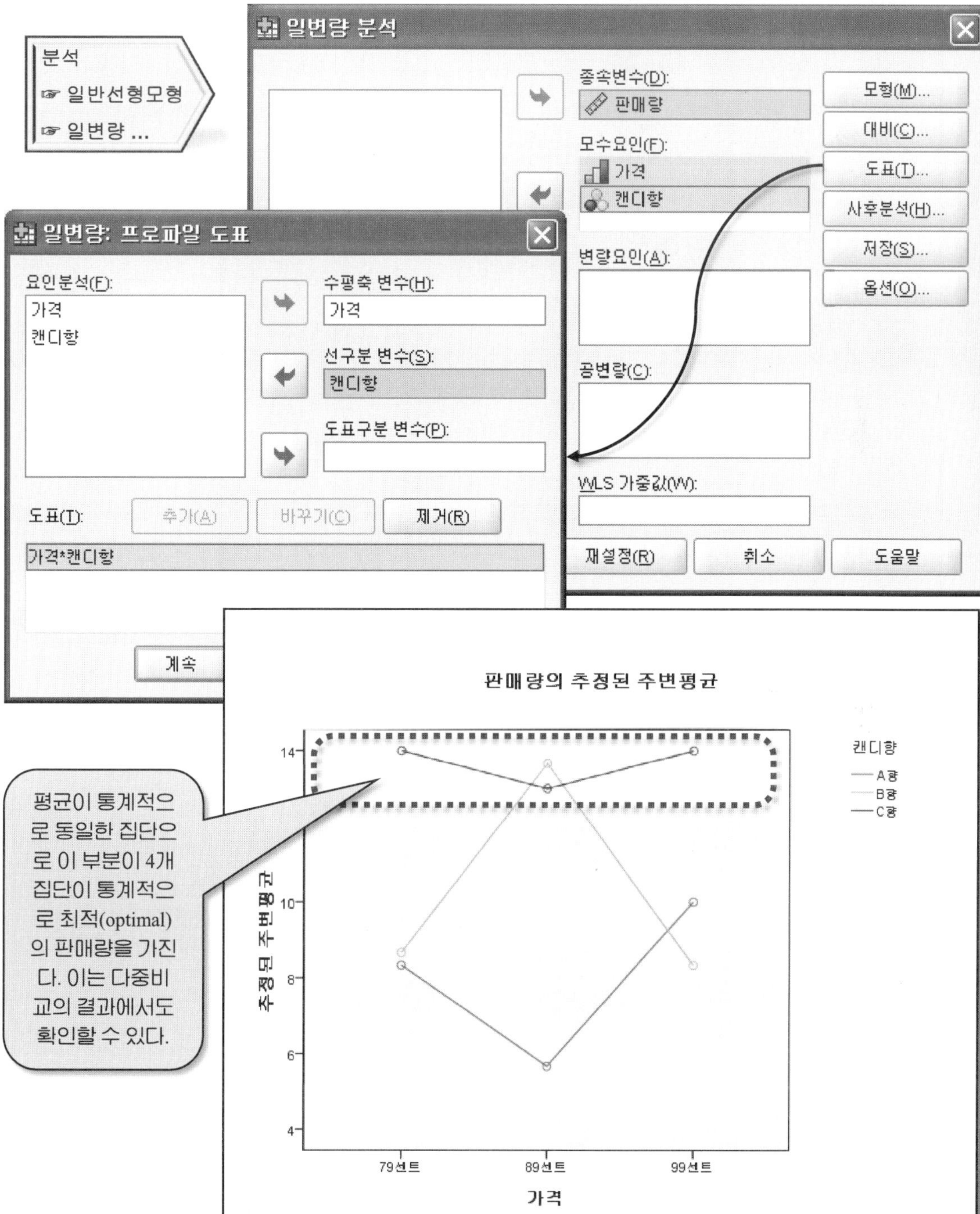

수준별 처리조합 만들기

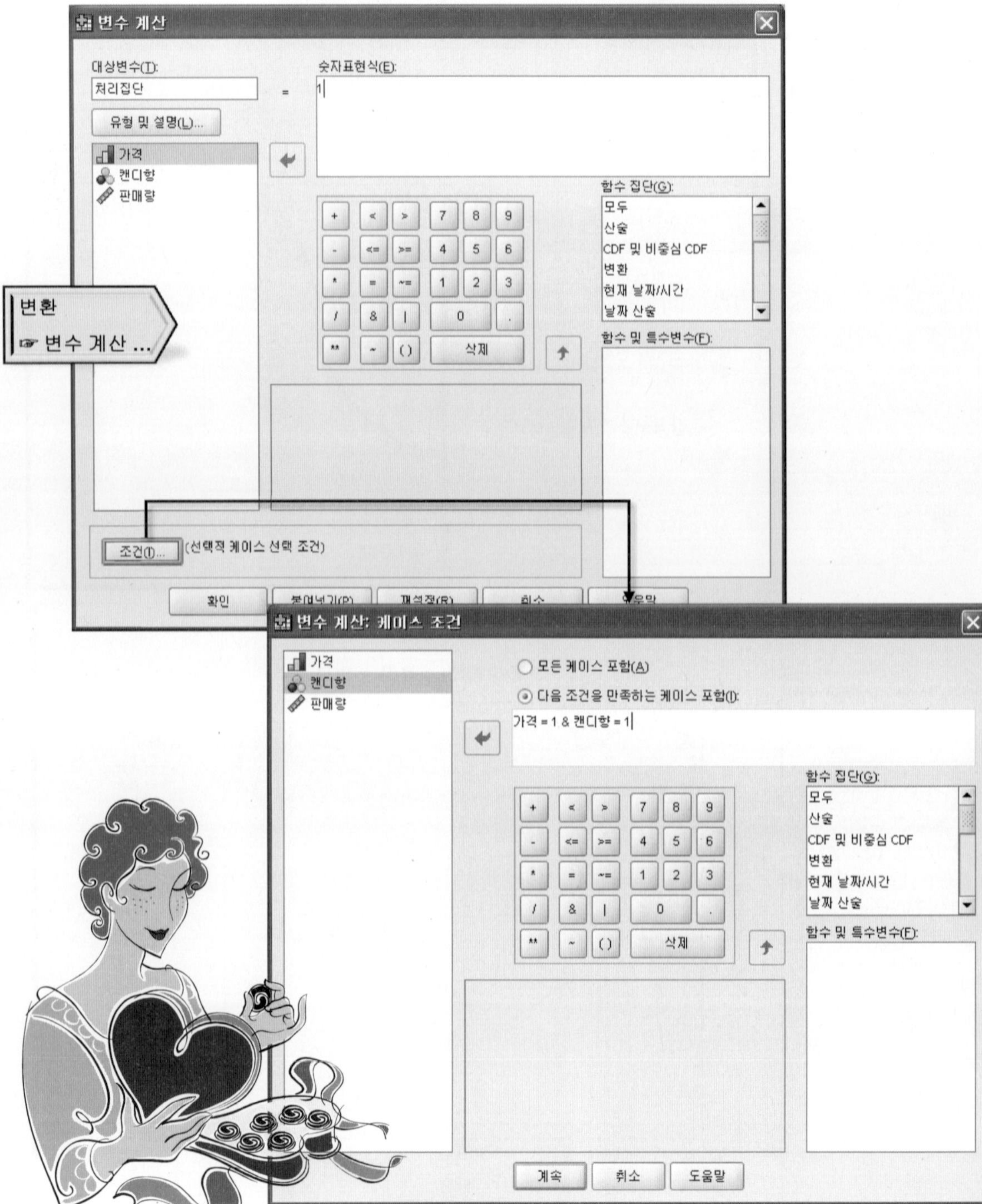
변수 계산
대상변수(T):
처리집단
숫자표현식(E):
1
유형 및 설명(L)...
가격
캔디향
판매량
함수 집단(G):
모두
산술
CDF 및 비중심 CDF
변환
현재 날짜/시간
날짜 산술
함수 및 특수변수(F):
삭제
조건(I)...
(선택적 케이스 선택 조건)
확인
변환
☞ 변수 계산 ...
변수 계산: 케이스 조건
모든 케이스 포함(A)
다음 조건을 만족하는 케이스 포함(I):
가격 = 1 & 캔디향 = 1
계속
취소
도움말

수준별 처리조합 만들기

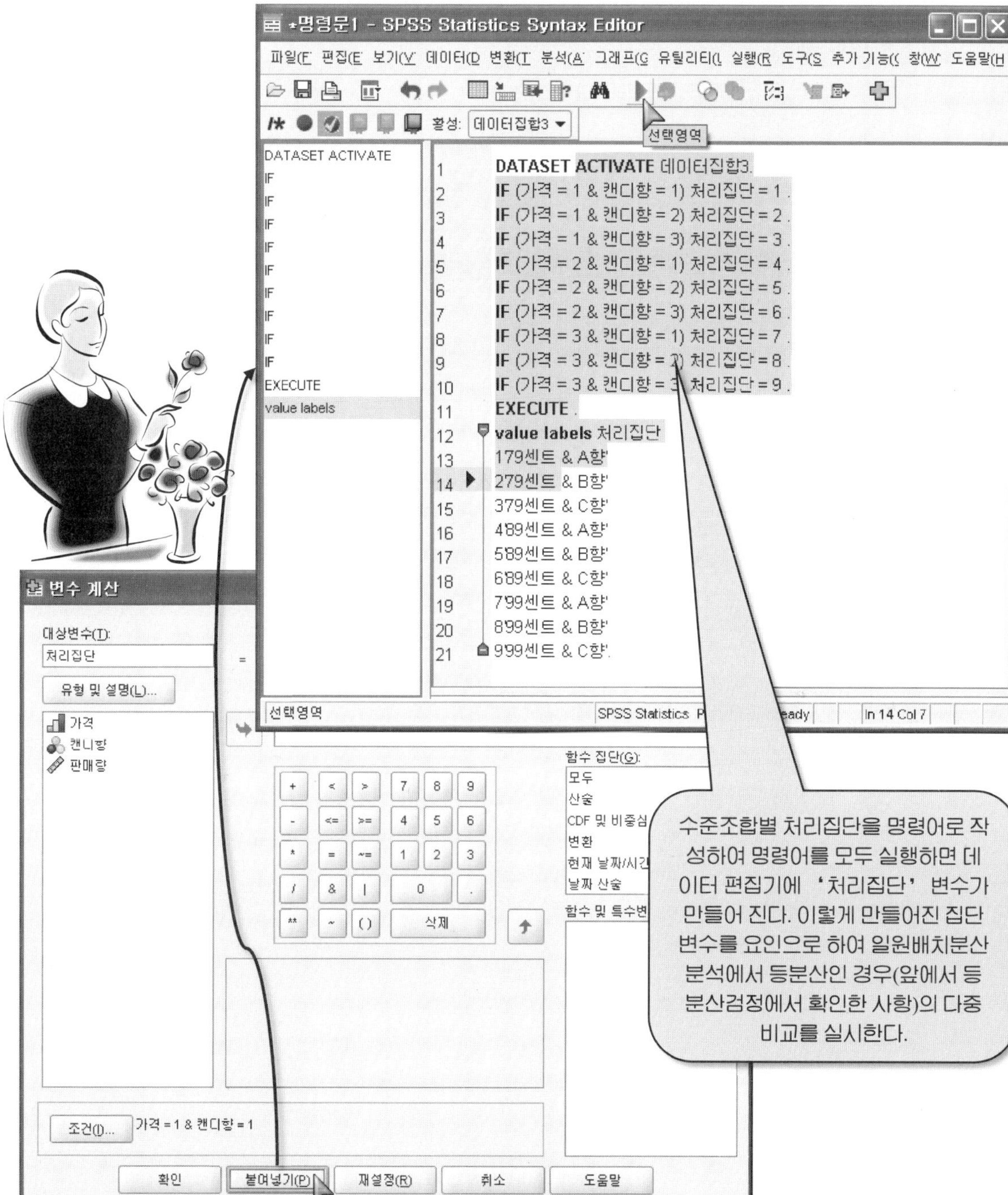

수준조합별 처리집단을 명령어로 작성하여 명령어를 모두 실행하면 데이터 편집기에 '처리집단' 변수가 만들어 진다. 이렇게 만들어진 집단변수를 요인으로 하여 일원배치분산분석에서 등분산인 경우(앞에서 등분산검정에서 확인한 사항)의 다중비교를 실시한다.

처리별 평균비교

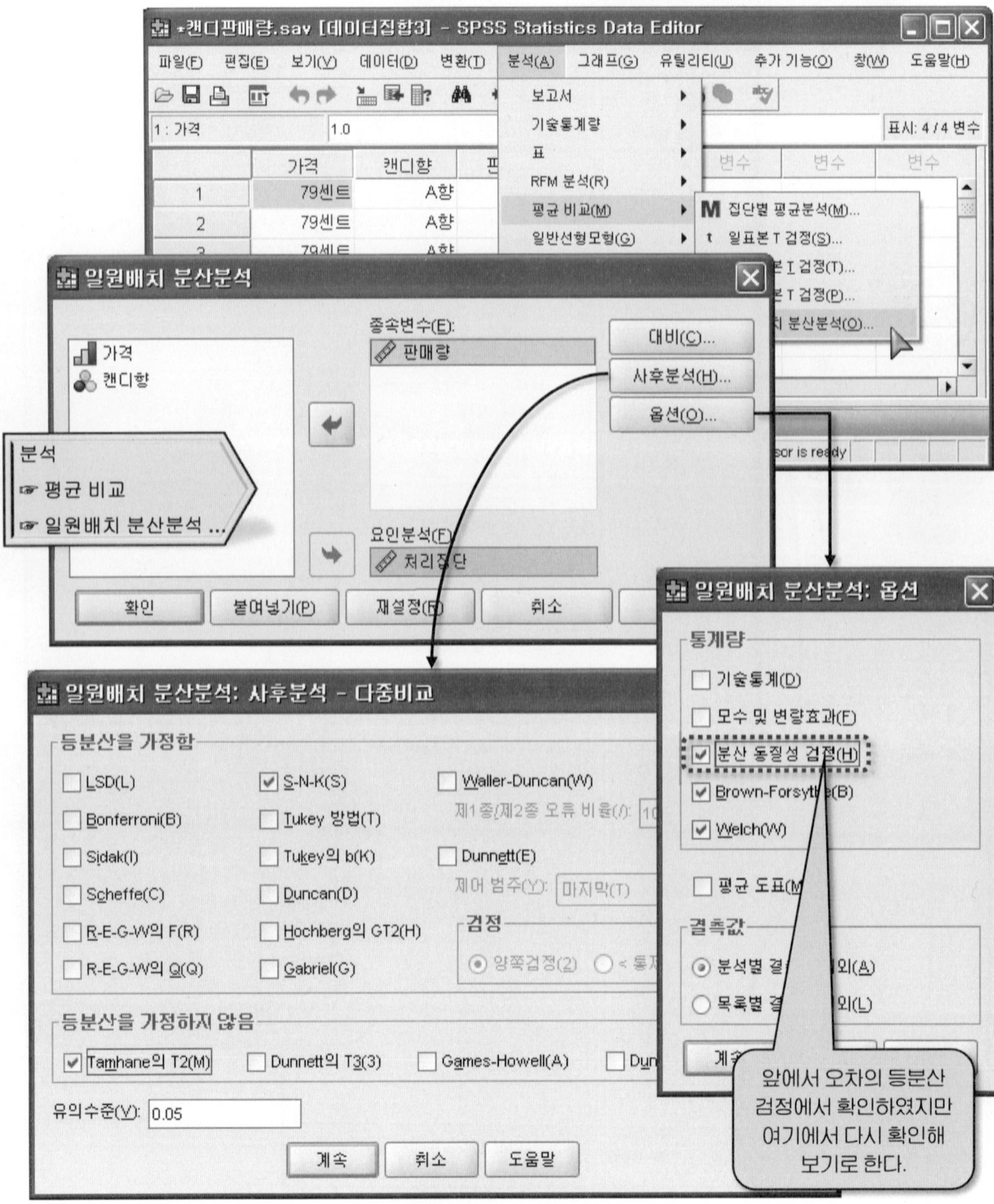
*캔디판매량.sav [데이터집합3] - SPSS Statistics Data Editor
파일(F) 편집(E) 보기(V) 데이터(D) 변환(T) 분석(A) 그래프(G) 유틸리티(U) 추가 기능(O) 창(W) 도움말(H)
보고서
기술통계량
표
RFM 분석(R)
평균 비교(M)
일반선형모형(G)
집단별 평균분석(M)...
일표본 T 검정(S)...
일원배치 분산분석(O)...
일원배치 분산분석
종속변수(E):
판매량
요인분석(F):
처리집단
가격
캔디향
대비(C)...
사후분석(H)...
옵션(O)...
확인
붙여넣기(P)
재설정(R)
취소
분석
☞ 평균 비교
☞ 일원배치 분산분석 ...
일원배치 분산분석: 사후분석 - 다중비교
등분산을 가정함
LSD(L)
S-N-K(S)
Waller-Duncan(W)
Bonferroni(B)
Tukey 방법(T)
제1종/제2종 오류 비율(/):
Sidak(I)
Tukey의 b(K)
Dunnett(E)
Scheffe(C)
Duncan(D)
제어 범주(Y): 마지막(T)
R-E-G-W의 F(R)
Hochberg의 GT2(H)
검정
R-E-G-W의 Q(Q)
Gabriel(G)
양쪽검정(2)
등분산을 가정하지 않음
Tamhane의 T2(M)
Dunnett의 T3(3)
Games-Howell(A)
유의수준(V): 0.05
계속
취소
도움말
일원배치 분산분석: 옵션
통계량
기술통계(D)
모수 및 변량효과(F)
분산 동질성 검정(H)
Brown-Forsythe(B)
Welch(W)
평균 도표(M)
결측값
분석별 결측값 제외(A)
목록별 결측값 제외(L)
앞에서 오차의 등분산 검정에서 확인하였지만 여기에서 다시 확인해 보기로 한다.

처리별 평균비교 결과

분산의 동질성 검정

판매량

Levene 통계량	df1	df2	유의확률
.584	8	18	.778

앞에서 오차의 등분산 검정에서 p-값과 같다. 등분산이므로 분산분석 표를 볼 수 있다.

분산분석

판매량

	제곱합	df	평균 제곱	거짓	유의확률
집단-간	230.963	8	28.870	19.012	.000
집단-내	27.333	18	1.519		
합계	258.296	26			

유의수준 5%하에서 평균간의 차이가 인정된다. 그러므로 다중비교 결과를 보기로 하자.

판매량

	처리집단	N	유의수준 = 0.05에 대한 부집단 1	2	3
Student-Newman-Keuls[a]	89센트 & A향	3	5.67		
	79센트 & A향	3		8.33	
	99센트 & B향	3		8.33	
	79센트 & B향	3		8.67	
	99센트 & A향	3		10.00	
	89센트 & C향	3			13.00
	89센트 & B향	3			13.67
	79센트 & C향	3			14.00
	99센트 & C향	3			14.00
	유의확률		1.000	.374	.755

동일 집단군에 있는 집단에 대한 평균이 표시됩니다.

a. 조화평균 표본 크기 3.000을(를) 사용합니다.

판매량이 최적인 집단

결과 시각화

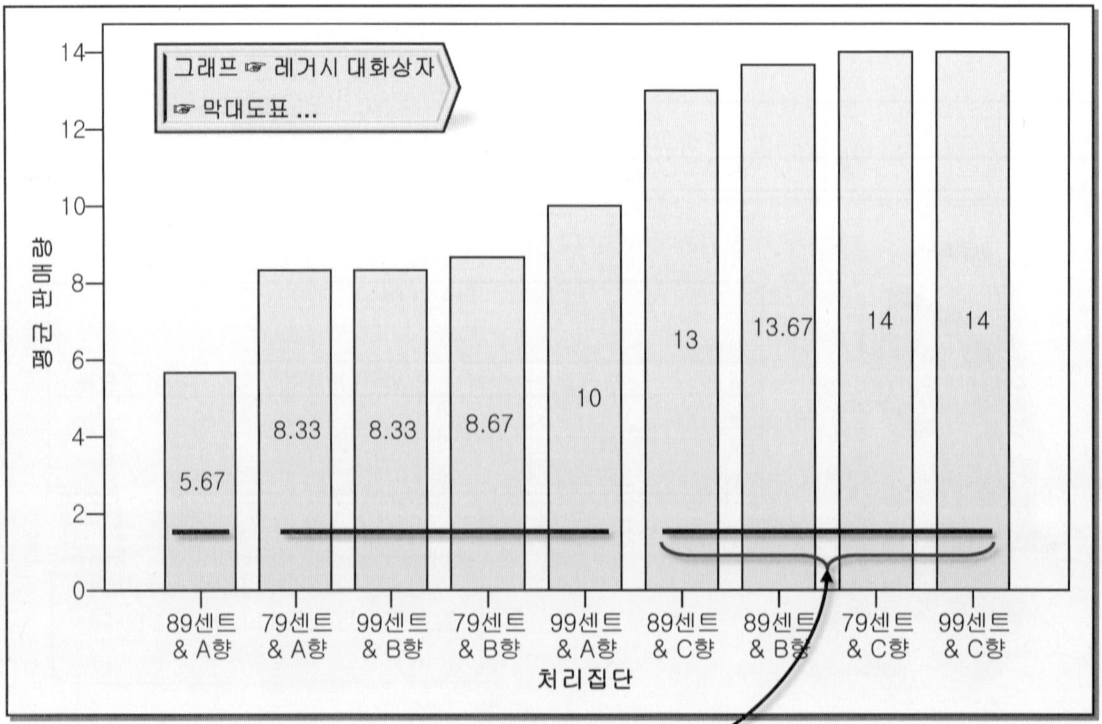

판매량이 최적인 집단

판매량

	처리집단	N	유의수준 = 0.05에 대한 부집단		
			1	2	3
Student-Newman-Keuls[a]	89센트 & A향	3	5.67		
	79센트 & A향	3		8.33	
	99센트 & B향	3		8.33	
	79센트 & B향	3		8.67	
	99센트 & A향	3		10.00	
	89센트 & C향	3			13.00
	89센트 & B향	3			13.67
	79센트 & C향	3			14.00
	99센트 & C향	3			14.00
	유의확률		1.000	.374	.755

동일 집단군에 있는 집단에 대한 평균이 표시됩니다.

a. 조화평균 표본 크기 3.000을(를) 사용합니다.

제곱합 유형

모형에 대해 한 가지 유형의 제곱합을 선택할 수 있으며, 제 III 유형이 가장 일반적으로 사용되며 디폴트다.

- 제 I 유형: 이 방법은 또한 제곱합의 계층적 분해 방법으로 알려져 있다. 각 항은 모형에서 해당 항의 앞에 오는 항에 따라서만 수정된다. 제 I 유형 제곱합은 일반적으로 다음 경우에 사용된다.
  - 임의의 1차 상호작용효과 이전에 주효과가 지정되고 2차 상호작용효과 이전에 1차 상호작용효과가 지정되는 등의 균형 분산분석 모형.
  - 저차항이 고차항 이전에 지정되는 다항회귀모형.
  - 1차 지정 효과가 2차 지정 효과 내에 중첩(nest)되고 2차 지정 효과가 3차 지정 효과 내에 중첩되는 등의 순수지분모형(이 중첩 형식은 명령문을 통해서만 지정될 수 있다).
- 제 II 유형: 이 방법은 다른 모든 "적합된" 효과에 맞게 수정된 모형내의 효과의 제곱합을 계산한다. 적합한 효과는 검토 중인 효과를 포함하지 않는 모든 효과에 해당한다. 제 II 유형 제곱합 방법은 일반적으로 다음 경우에 사용된다.
  - 균형 분산분석 모형.
  - 주요인 효과만 있는 모형.
  - 모든 회귀 모형
  - 순수 지분 계획(이 중첩 형식은 명령문을 통해 지정될 수 있다).
- 제 III 유형: 디폴트. 이 방법을 사용하면 계획(design) 내의 한 효과의 제곱합을 계산할 때 이 효과를 포함하지 않는 다른 효과에 맞게 수정되며 이 효과를 포함하는 효과(있는 경우)에 직교하는 제곱합을 사용한다. 제 III 유형 제곱합은 일반 추정 형식이 일정하게 유지되는 한 셀 빈도에 관해 변하지 않는 이점이 있다. 따라서 이 제곱합 유형은 종종 결측 셀이 없는 비균형 모형에 유용하다. 이 방법은 결측 셀이 없는 요인 계획에서 Yates의 가중평균제곱 기법과 동일하다. 제 III 유형 제곱합은 일반적으로 다음 경우에 사용된다.
  - 제 I 유형과 제 II 유형으로 나열된 모든 모형.
  - 빈 셀이 없는 모든 균형 모형이나 불균형 모형.
- 제 IV 유형: 이 방법은 결측 셀이 있는 경우에 유리하다. 계획 내의 효과 F의 경우 F가 다른 효과에 포함되지 않는다면 (제 IV 유형)=(제 III 유형)=(제 II 유형)이 된다. F가 다른 효과에 포함되는 경우 제 IV 유형은 F의 모수 사이에서 수행되는 대비를 모든 최적수준 효과에 동일하게 분포시킨다. 제 IV 유형 제곱합은 일반적으로 다음 경우에 사용된다.
  - 제 I 유형과 제 II 유형으로 나열된 모든 모형.
  - 빈 셀이 있는 모든 균형 모형이나 불균형 모형.

Memo

카이제곱검정
Chi-Square Test

카이제곱검정이란?

두 범주형 변수의 연관성을 검토하기 위한 통계적 방법으로 가장 대표적인 검정 방법은 독립성 검정이다. 두 범주형 변수가 서로 종속관계(연관성이 있는지)인지 독립인지를 판단하는 통계적 검정방법을 **독립성 검정**(independence test)이라고 하며, 검정 통계량으로 카이제곱 통계량을 사용함으로 **카이제곱검정**(Chi-Square Test)이라고도 한다. 그러나 카이제곱 검정은 일반적으로 다음과 같은 3가지 검정에 이용되고 있다.

카이제곱검정의 3가지 목적

검정	목적
독립성 검정 Independence Test	두 범주형 변수 간의 관련성이 있는지 여부를 알고자 할 때 사용
적합도 검정 Goodness-of-Fit Test	데이터가 특정한 분포에서 추출된 것인가를 알고자 할 때 사용
동질성 검정 Homogeneity Test	둘 이상의 다항분포가 동일한지 여부를 알고자 할 때 사용

카이제곱 통계량

$$\chi^2 = \sum \frac{(O_i - E_i)^2}{E_i}$$

E_i : 기대빈도
O_i : 관측빈도

독립성 검정 절차

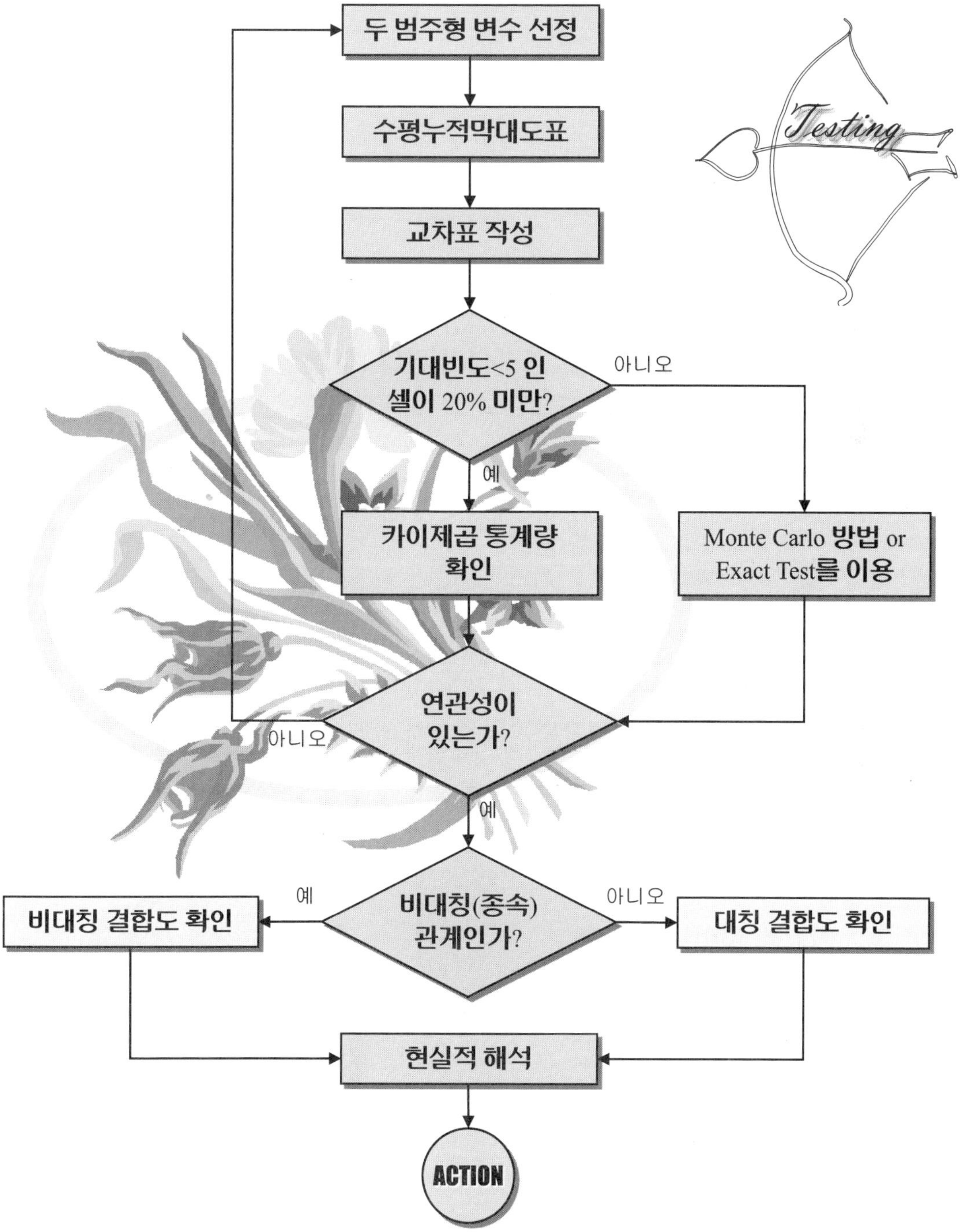
두 범주형 변수 선정
수평누적막대도표
교차표 작성
기대빈도<5 인 셀이 20% 미만?
아니오
예
카이제곱 통계량 확인
Monte Carlo 방법 or Exact Test를 이용
연관성이 있는가?
아니오
예
비대칭(종속) 관계인가?
예
비대칭 결합도 확인
아니오
대칭 결합도 확인
현실적 해석
ACTION

통계적 가설설정

만일 통계적으로 종속인 연구가설이 채택되면 "두 범주형 변수는 서로 연관성이 있다" 라는 결론을 내리게 된다. 그렇다면 과연 "어느 정도 연관성이 있는가?"라는 의문을 가지게 된다. 바로 이러한 의문에 답이 **결합도**(measures of association)이다. 결합도는 두 범주형 변수가 어느 정도 결합되어 있는가를 재는 측정지표(measure)이다.

H_0 : **두 범주형 변수는 서로 연관성이 없다.(통계적으로 독립이다.)**

H_1 : **두 범주형 변수는 서로 연관성이 있다.(통계적으로 종속이다.)**

예를 들어 어느 방송국에서 TV프로그램의 대한 시청자의 반응(좋다, 나쁘다)을 모니터링하고자 한다. 시청자가 어느 지역에 거주하느냐에 따라 반응도 차이가 있을 것이라고 연구자는 생각하고 있다. 지역은 단순히 서울과 기타 지역으로만 구분한다. 만일 지역에 따라 반응이 차이가 있다면 어느 지역인지 반응이 좋지 않은 지역은 프로그램 방영을 조기에 중단하고 다른 프로그램으로 대체하고자 한다. 무작위로 100명의 시청자를 선발하여 그들의 반응을 조사하였다.

H_0 : **지역에 따라 특정 TV 프로그램의 반응에 차이가 없다.**

H_1 : **지역에 따라 특정 TV 프로그램의 반응에 차이가 있다.**

독립성 검정

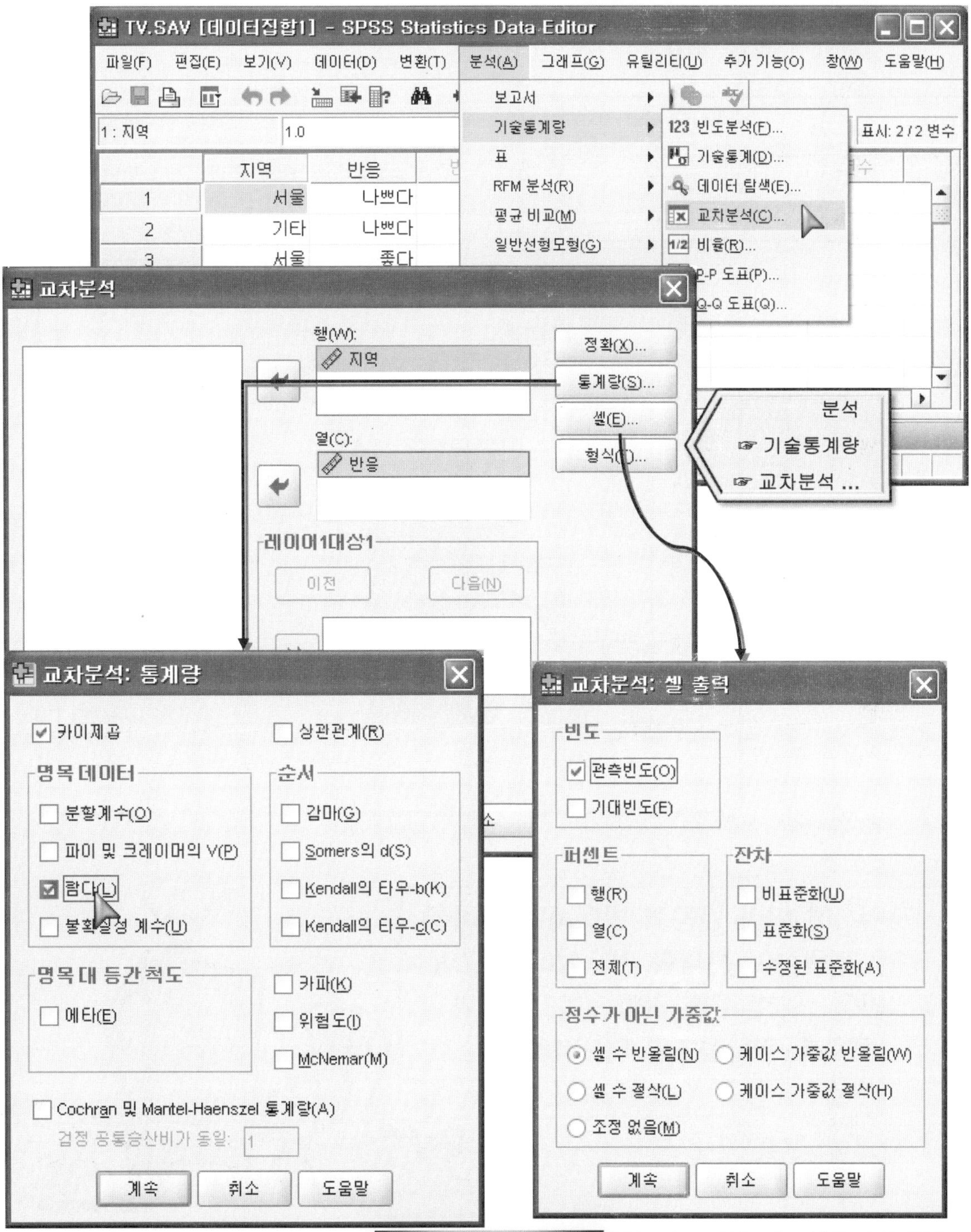
TV.SAV [데이터집합1] - SPSS Statistics Data Editor
파일(F) 편집(E) 보기(V) 데이터(D) 변환(T) 분석(A) 그래프(G) 유틸리티(U) 추가 기능(O) 창(W) 도움말(H)
보고서
기술통계량
표
RFM 분석(R)
평균 비교(M)
일반선형모형(G)
123 빈도분석(F)...
기술통계(D)...
데이터 탐색(E)...
교차분석(C)...
비율(R)...
P-P 도표(P)...
Q-Q 도표(Q)...
표시: 2 / 2 변수
1 : 지역 1.0
지역 반응
1 서울 나쁘다
2 기타 나쁘다
3 서울 좋다
분석
☞ 기술통계량
☞ 교차분석 ...
교차분석
행(W): 지역
열(C): 반응
정확(X)...
통계량(S)...
셀(E)...
형식(F)...
레이어1대상1
이전 다음(N)
교차분석: 통계량
카이제곱 상관관계(R)
명목 데이터
분할계수(O)
파이 및 크레이머의 V(P)
람다(L)
불확실성 계수(U)
순서
감마(G)
Somers의 d(S)
Kendall의 타우-b(K)
Kendall의 타우-c(C)
명목 대 등간 척도
에타(E)
카파(K)
위험도(I)
McNemar(M)
Cochran 및 Mantel-Haenszel 통계량(A)
검정 공통승산비가 동일: 1
계속 취소 도움말
교차분석: 셀 출력
빈도
관측빈도(O)
기대빈도(E)
퍼센트
행(R)
열(C)
전체(T)
잔차
비표준화(U)
표준화(S)
수정된 표준화(A)
정수가 아닌 가중값
셀 수 반올림(N)
케이스 가중값 반올림(W)
셀 수 절삭(L)
케이스 가중값 절삭(H)
조정 없음(M)
계속 취소 도움말

수평누적막대

지역 * 반응 교차표

빈도

		반응		전체
		좋다	나쁘다	
지역	서울	10	35	45
	기타	44	11	55
전체		54	46	100

동일한 범주끼리 막대의 정상중앙점을 선으로 연결하여 보면 이 선들이 서로 교차하는 정도가 심할수록 두 범주형 변수간에 연관성이 깊음을 암시하며 이 두 선이 서로 평행하거나 평행에 가까울수록 연관성은 미약해진다고 판단할 수 있다.

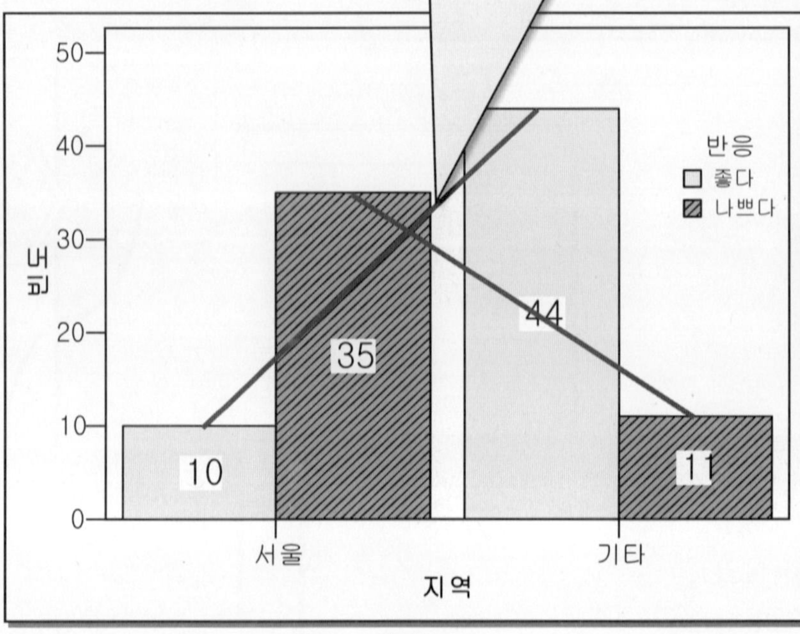

'지역' 에 따라 반응의 빈도서열이 바뀔 경우 연관성이 존재할 가능성이 있으며, '반응' 의 범주들 간의 빈도 차이가 클수록 결합정도가 더 강해진다.

독립성 검정 결과

지역 * 반응 교차표

빈도

		반응		전체
		좋다	나쁘다	
지역	서울	10	35	45
	기타	44	11	55
전체		54	46	100

피어슨의 카이제곱 통계량에 대한 유의확률(p-값)로 '지역과 반응간에는 연관성이 없다'라는 영가설을 유의수준 5%하에서 기각하게 되므로 지역과 반응 간에 연관성이 존재하는 것으로 판단할 수 있다.

카이제곱 검정

	값	자유도	점근 유의확률 (양측검정)	정확한 유의확률 (양측검정)	정확한 유의확률 (단측검정)
Pearson 카이제곱	33.262[a]	1	.000		
연속수정[b]	30.976	1	.000		
우도비	35.271	1	.000		
Fisher의 정확한 검정				.000	.000
선형 대 선형결합	32.929	1	.000		
유효 케이스 수	100				

a. 0 셀 (.0%)은(는) 5보다 작은 기대 빈도를 가지는 셀입니다. 최소 기대빈도는 20.70입니다.

b. 2x2 표에 대해서만 계산됨

피어슨의 카이제곱 통계량은 전체 셀 중에서 기대빈도가 5개 미만인 셀이 약 20% 이상이 되면 검정력이 약화되어 검정의 결과를 신뢰할 수 없게 된다. 그러므로 이때는 몬테칼로 방법을 사용하기를 권한다.

유의수준 5%하에서 지역과 반응 간의 연관성이 존재하는 것으로 판단하였으므로 과연 얼마나 강하게 연관되어 있는가에 의문을 가질 것이다. 이에 대한 측도를 결합도라고 하며, 두 변수 모두 명목척도이므로 이 때에 적절한 결합도로서 '람다(lambda)계수'를 확인한다. 지역이 반응에 영향을 주므로 반응이 종속변수가 되어야 한다. 그러므로 반응 종속에 해당하는 결합도는 '0.543'이 됨을 알 수 있다.

방향성 측도

			값	점근 표준오차[a]	근사 T 값[b]	근사 유의확률
명목척도 대 명목척도	람다	대칭적	.538	.098	4.187	.000
		지역 종속	.533	.103	3.783	.000
		반응 종속	.543	.099	4.016	.000
	Goodman과 Kruskal 타우	지역 종속	.333	.095		.000[c]
		반응 종속	.333	.095		.000[c]

a. 영가설을 가정하지 않음.

b. 영가설을 가정하는 점근 표준오차 사용

c. 카이제곱 근사법을 기준으로

결합도

결합도를 측정하는 데는 칼피어슨의 분할계수 C(contingency coefficient), 크레머의 V, 굿만과 크루스칼의 람다(lambda), 감마(gamma), 썸머스의 d(D), 켄달의 타우(BTAU, CTAU)등이 있다. 이중에서 C와 V등은 행태적 해석(operational interpretation)의 어려움이 있고 타우는 몇 가지 기술적인 문제점으로 근래에는 자주 사용하지 않고 있다. 행태적인 해석이 용이하여 많이 사용되고 있는 결합도만을 정리하면 다음과 같다.

- **명목 데이터인 경우 : 람다**(lambda)
- **순서 데이터인 경우 : 감마**(gamma), Somers**의** d

❖ **두 변수가 명목 데이터일 경우(람다계수)**

$0 \le$ **결합도** ≤ 1

- **결합도**=0 ; **두 개의 변수가 통계적으로 독립일 때**
- **결합도**=1 ; **두 개의 변수가 완전 의존적일 때**

❖ **두 변수가 순서 데이터일 경우(감마계수**, Somers**의** d)

$-1 \le$ **결합도** ≤ 1

- **결합도**= 0 ; **두 개의 변수가 통계적으로 독립일 때**
- **결합도**=+1 ; **두 개의 변수가 같은 방향으로 완전 의존적일 때**
- **결합도**=-1 ; **두 개의 변수가 반대 방향으로 완전 의존적일 때**

람다의 계산과 해석

[상황1] : 지역에 대한 정보를 모를 때, TV 프로그램에 대한 반응의 합리적인 추측

[상황2] : 지역에 대한 정보를 알고 있을 때, TV 프로그램에 대한 반응의 합리적인 추측

$$\lambda = \frac{\text{Pr[상황1의 오류]} - \text{Pr[상황2의 오류]}}{\text{Pr[상황1의 오류]}}$$

단, $\text{Pr[상황1의 오류]} \neq 0$이다.

명목척도인 경우 λ(람다)는 '0'과 '1' 사이의 값을 가진다. 그러므로 λ가 '0'일 때와 λ가 '1'일 때를 명료하게 해석할 수 있다면 중간에 위치한 결합도의 값도 그 의미를 해석할 수 있다.

$\lambda = 0$ 이면, $\text{Pr[상황1의 오류]} = \text{Pr[상황2의 오류]}$이고

$\lambda = 1$ 이면, $\text{Pr[상황2의 오류]} = 0$가 된다.

$\lambda = 0.543$의 의미는?

앞에서 작성된 교차표는 표본의 정보(통계량)이다. 그러므로 이 표본의 정보를 이용하여 모집단을 예측해야 한다. 즉, 지역이 서울인 경우는 반응이 '좋다'보다 '나쁘다'가 더 많다. 그러므로 모집단에 대한 합리적 예측은 "서울 지역은 TV 프로그램에 대한 반응이 '나쁘다'는 경향이 강하고 또한 기타 지역은 '좋다'는 경향이 강하다"고 예측하게 된다. 이와 같이 합리적 예측은 지역이라는 정보를 모르고 할 경우도 있다. 즉 지역이라는 정보를 모를 때 반응은 '좋다'가 54개 케이스고 '나쁘다'가 46개 케이스이므로 합리적 예측은 '좋다'는 경향이 강하다고 말할 수 있다. 결국 결합도는 지역이라는 정보를 모를 때 보다 지역이라는 정보를 알고 있을 경우 합리적 예측이 잘못될 가능성을 약 54.3% 줄여준다는 의미이다. 그러므로 지역이라는 정보를 알고 있음으로 해서 반응의 좋고 나쁨을 판단하는데 그 만큼 도움이 된다는 뜻이며, 또한 그 만큼 지역이 반응에 영향을 준다고도 해석할 수 있다. 즉 람다계수가 클수록 지역이 반응에 미치는 영향력은 그 만큼 강해진다고 할 수 있다. 이를 활용하여 명목변수들 간에 영향력을 가늠해 볼 수도 있을 것이다.

서열척도와 결합도

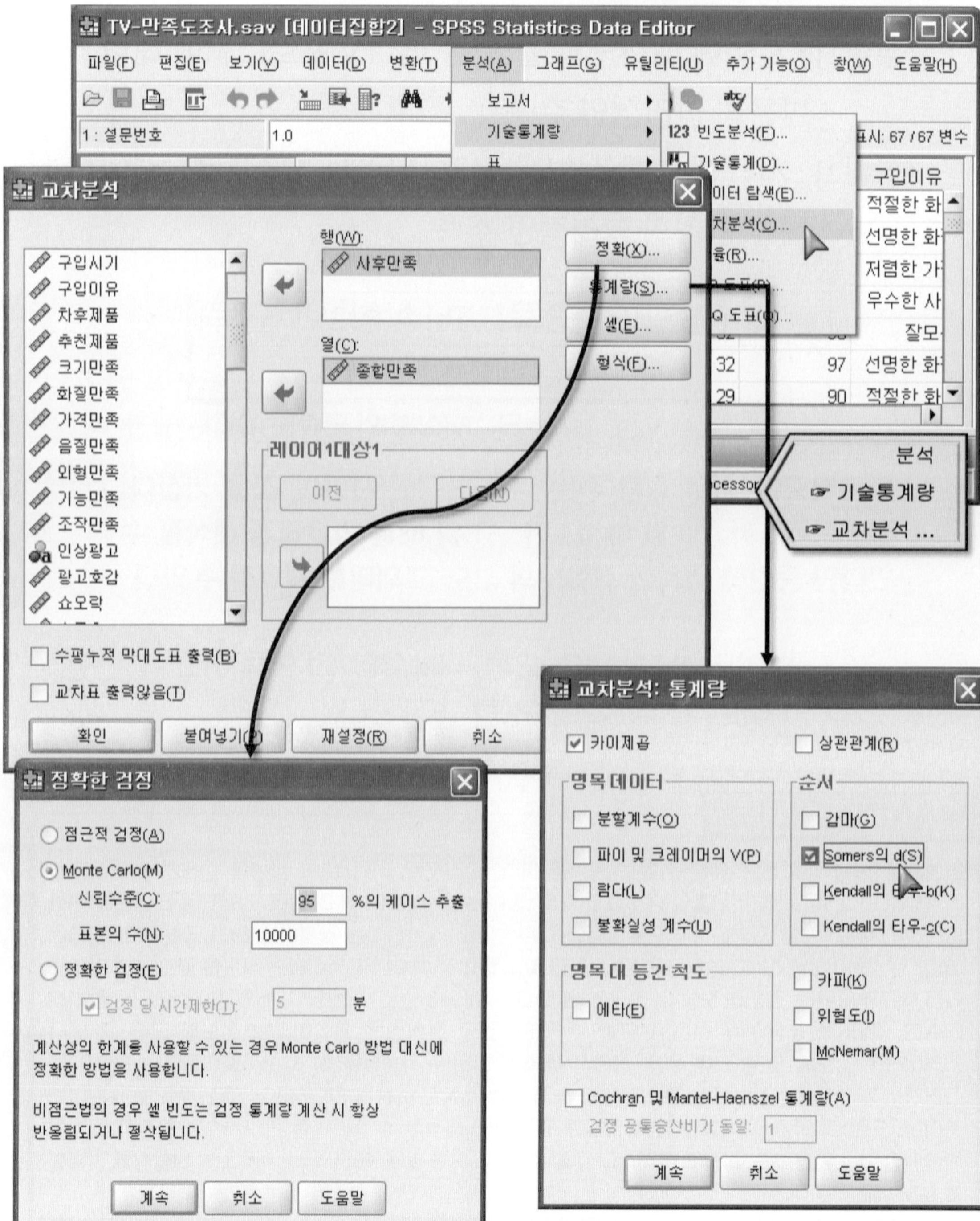
TV-만족도조사.sav [데이터집합2] - SPSS Statistics Data Editor
파일(F) 편집(E) 보기(V) 데이터(D) 변환(T) 분석(A) 그래프(G) 유틸리티(U) 추가 기능(O) 창(W) 도움말(H)
보고서
기술통계량
123 빈도분석(F)...
기술통계(D)...
교차분석
행(W):
사후만족
열(C):
종합만족
레이어 1 대상 1
이전
다음(N)
정확(X)...
통계량(S)...
셀(E)...
형식(F)...
구입시기
구입이유
차후제품
추천제품
크기만족
화질만족
가격만족
음질만족
외형만족
기능만족
조작만족
인상광고
광고호감
쇼오락
수평누적 막대도표 출력(B)
교차표 출력않음(T)
확인
붙여넣기(P)
재설정(R)
취소
분석
☞ 기술통계량
☞ 교차분석 ...
정확한 검정
점근적 검정(A)
Monte Carlo(M)
신뢰수준(C): 95 %의 케이스 추출
표본의 수(N): 10000
정확한 검정(E)
검정 당 시간제한(T): 5 분
계산상의 한계를 사용할 수 있는 경우 Monte Carlo 방법 대신에 정확한 방법을 사용합니다.
비점근법의 경우 셀 빈도는 검정 통계량 계산 시 항상 반올림되거나 절삭됩니다.
계속
취소
도움말
교차분석: 통계량
카이제곱
상관관계(R)
명목 데이터
분할계수(O)
파이 및 크레이머의 V(P)
람다(L)
불확실성 계수(U)
순서
감마(G)
Somers의 d(S)
Kendall의 타우-b(K)
Kendall의 타우-c(C)
명목 대 등간척도
에타(E)
카파(K)
위험도(I)
McNemar(M)
Cochran 및 Mantel-Haenszel 통계량(A)
검정 공통승산비가 동일: 1
계속
취소
도움말

교차표와 순서(서열)척도 결합도

사후서비스(A/S) * 현재 소유한 TV에 대한 종합 만족도 교차표

빈도

		현재 소유한 TV에 대한 종합 만족도						
		불만인 편	조금불만	중립	조금만족	만족한 편	매우만족	전체
사후서비스(A/S)	매우불만	3	8	0	0	0	0	11
	조금불만	1	13	1	8	33	0	56
	중립	1	26	19	7	64	8	125
	조금만족	8	13	0	59	155	6	241
	매우만족	0	0	0	0	46	35	81
전체		13	60	20	74	298	49	514

카이제곱 검정

				Monte Carlo 유의확률 (양측검정)			Monte Carlo 유의확률 (단측검정)		
					95% 신뢰구간			95% 신뢰구간	
	값	자유도	점근 유의확률 (양측검정)	유의확률	하한	상한	유의확률	하한	상한
Pearson 카이제곱	316.218[a]	20	.000	.000[b]	.000	.000			
우도비	270.988	20	.000	.000[b]	.000	.000			
Fisher의 정확한 검정	244.683			.000[b]	.000	.000			
선형 대 선형결합	95.935[c]	1	.000	.000[b]	[illegible]	.000	.000[b]	.000	.000
유효 케이스 수	514								

a. 11 셀 (36.7%)은(는) 5보다 작은 기대 빈도를 가지는 셀입니다. 최소 기대빈도 [illegible] 니다.

b. 시작값 334431365을(를) 가지는 10000 표본표를 기준으로

c. 표준화 통계량은 9.795입니다.

유의수준 5%하에서 유의함 = 연관성이 존재한다.

방향성 측도

			값	점근 표준오차[a]	근사 T 값[b]	근사 유의확률	Monte Carlo 유의확률	95% 신뢰구간 하한	95% 신뢰구간 상한
순서척도 대 순서척도	Somers의 d	대칭적	.368	.035	9.625	.000	.000[c]	.000	.000
		사후서비스(A/S) 종속	.388	.037	9.625	.000	.000[c]	.000	.000
		현재 소유한 TV에 대한 종합 만족도 종속	.350	.035	9.625	.000	.000[c]	.000	.000

a. 영가설을 가정하지 않음.

b. 영가설을 가정하는 점근 표준오차 사용

c. 시작값 334431365을(를) 가지는 10000 표본표를 기준으로

우리가 찾는 결합도! 무슨 의미?

Somers' D의 의미는?

결합도가 양수(+)이므로 행과 열의 순서 범주를 같은 방향으로 읽으면서 해석한다.

Somers' D = +0.350

사후서비스(A/S) * 현재 소유한 TV에 대한 종합 만족도 교차표

빈도

		현재 소유한 TV에 대한 종합 만족도						
		불만인 편	조금불만	중립	조금만족	만족한 편	매우만족	전체
사후서비스(A/S)	매우불만	3	8	0	0	0	0	11
	조금불만	1	13	1	8	33	0	56
	중립	1	26	19	7	64	8	125
	조금만족	8	13	0	59	155	6	241
	매우만족	0	0	0	0	46	35	81
전체		13	60	20	74	298	49	514

서열척도(ordinal scale)의 결합도가 가질 수 있는 값의 범위는 -1 ~ +1 사이이다. 우선 해석에 중요한 요소는 값의 부호(sign)이며, 부호가 '+'이면 행의 순서 범주의 값이 커질수록 열의 범주도 커지는 경향이 있음을 의미한다. 이는 방향성을 반대로 해석해도 동일하다. 즉, 행의 범주의 값이 작아질수록 열의 범주도 작아지는 경향이 있는 것이다. 부호가 '-'이면 행의 순서 범주가 커질수록 열의 범주는 작아지는 경향이 있음을 의미한다. 또한 행의 범주가 작아질수록 열의 범주는 커지는 경향이 있다라고 해석하는 것 역시 같은 해석이 된다. 위의 결과를 보면 양의 결합도 '+0.350'이므로 부호를 해석하면 결과의 ⊕ 표시를 원점으로 해서 원점에서 나가는 방향으로 해석해 보면 "사후서비스에 만족하는 고객일수록 종합만족도도 만족하는 경향이 있다" 라고 해석하게 된다. 그리고 절대값인 '0.350'은 비교의 대상이 있을 때 상대적으로 "~할수록 ~하다"는 방향성의 흐름의 강도(strength)로 해석한다. 그러므로 예를 들면 결합도가 '0.5'라면 '0.3'에 비해 사후서비스에 만족하는 고객일수록 종합적으로 만족하는 경향이 보다 강하다는 의미이므로 '0.3' 보다는 '0.5'의 결합도를 가지는 요소의 만족도를 향상시키는 것이 종합만족도를 더욱 더 효과적으로 향상시키는 것이 된다. 그러므로 결합도가 큰 값을 가지는 요소일수록 그 만큼 종합만족에 미치는 영향력이 크다고 할 수 있으며, 이러한 사실을 응용하여 가중치(weight)의 개념으로도 활용할 수 있는 것이다.

상관계수
Correlation Coefficients

리조트와 우산

날씨가 수익률에 영향을 주는가?
우산 생산자와 리조트 수익의 관계는?

상관계수

두 변수 X,Y에 대해 크기 n인 확률표본(random sample)을 추출한 후 얻어진 데이터로부터 두 변수간의 관련성을 연구하는 통계적 분석방법을 **상관분석**(correlation analysis)이라고 한다. 두 변수간의 상호관계를 측정하는 측도를 **상관계수**(correlation coefficient)라고 하며, 이는 두 변수간의 간의 **선형관계**(linear relationship)**를 재는 측도**로써 사용된다. 즉 상관계수는 두 변수간의 관계가 선형(산점도에서 직선)에 가까울수록 계수의 절대값이 '1' 에 접근하며, 반대로 선형관계에서 멀어질수록 '0' 에 가까운 값을 가지게 된다. 일반적으로 상관계수는 영국의 우생학자 Galton(1822~1911)의 제자인 Karl Pearson(1896)이 발표한 **피어슨 적률상관계수**(Pearson product moment correlation coefficient)를 말한다.

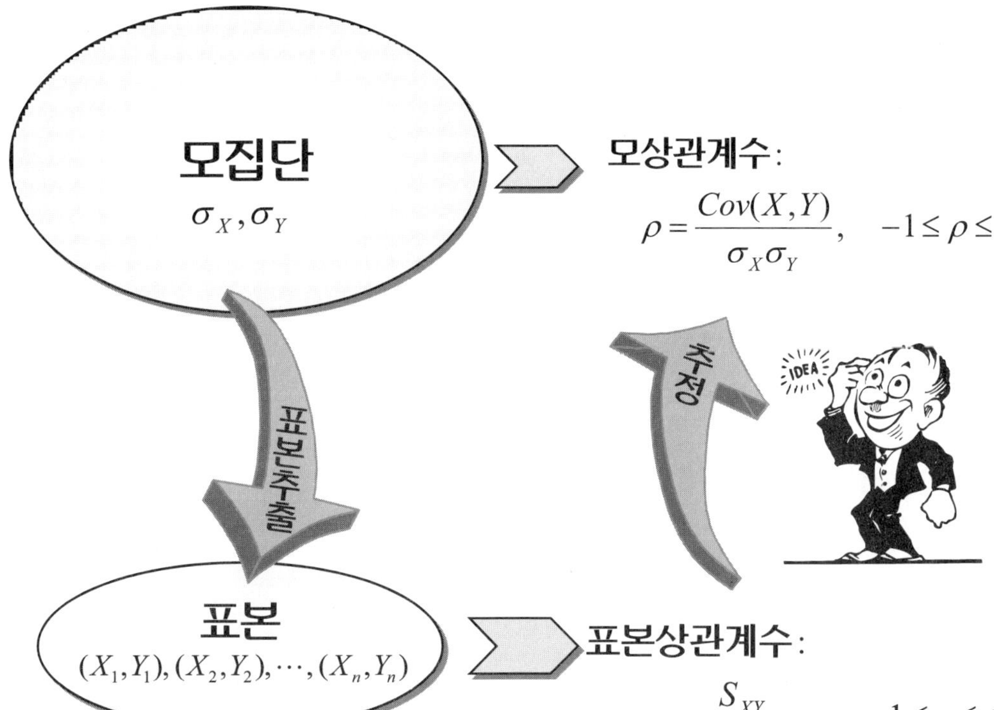

모상관계수:

$$\rho = \frac{Cov(X,Y)}{\sigma_X \sigma_Y}, \quad -1 \le \rho \le +1$$

표본상관계수:

$$r = \frac{S_{XY}}{\sqrt{S_{XX} \cdot S_{YY}}}, \quad -1 \le r \le +1$$

$$S_{XY} = \sum (X_i - \bar{X})(Y_i - \bar{Y})$$
$$S_{XX} = \sum (X_i - \bar{X})^2$$
$$S_{YY} = \sum (Y_i - \bar{Y})^2$$

상관계수의 추정

모상관계수:

$$\rho = \frac{\sigma_{XY}}{\sigma_X \sigma_Y} = \frac{Cov(X,Y)}{\sqrt{Var(X) \cdot Var(Y)}}, \quad -1 \le \rho \le +1$$

$$\sigma_{XY} = Cov(X,Y) = E(X-\mu_X)(Y-\mu_Y) = E(XY) - \mu_X \mu_Y$$

$$\sigma_X^2 = Var(X) = E(X-\mu_X)^2$$

$$\sigma_Y^2 = Var(Y) = E(Y-\mu_Y)^2$$

$$Cov(X,Y)\text{의추정량} = \frac{1}{n-1}\sum(X_i - \bar{X})(Y_i - \bar{Y}) = \frac{S_{XY}}{n-1}$$

$$Var(X)\text{의 추정량} = \frac{1}{n-1}\sum(X_i - \bar{X})^2 = \frac{S_{XX}}{n-1}$$

$$Var(Y)\text{의 추정량} = \frac{1}{n-1}\sum(Y_i - \bar{Y})^2 = \frac{S_{YY}}{n-1}$$

표본상관계수:

$$\hat{\rho} = \frac{\hat{\sigma}_{XY}}{\sqrt{\hat{\sigma}_{XX} \cdot \hat{\sigma}_{YY}}} = \frac{\frac{S_{XY}}{n-1}}{\sqrt{\frac{S_{XX}}{n-1} \cdot \frac{S_{YY}}{n-1}}} = \frac{S_{XY}}{\sqrt{S_{XX} \cdot S_{YY}}} = r, \quad -1 \le r \le +1$$

상관계수의 성질

모상관계수의 공식에서 분자는 X와 Y의 공분산 Cov(X,Y)는 통계학에서 중요한 의미를 가지고 있다. 그러나 이 공분산의 결정적인 문제는 분석 대상이 되는 변수의 측정단위에 따라 그 값이 결정된다는 점이다. 예로 무게를 나타내는 두 변수 X와 Y의 공분산을 구할 때 측정단위가 그램(g)으로 표시되는 경우보다 킬로그램(kg)로 표시되는 경우가 훨씬 더 공분산이 작아진다. 따라서 이 지표는 두 변수의 밀집도를 상대적으로 비교하는 목적에는 사용할 수 없다. 이러한 문제는 두 변수의 측정단위를 통계적으로 표준화하면 문제를 해결할 수 있다. 즉 공분산을 각 표준편차의 곱으로 나누는 것이다. 이와 같이 표준화된 공분산이 바로 모상관계수이다.

$$\rho = \frac{Cov(X,Y)}{\sqrt{Var(X)\cdot Var(Y)}} = \frac{\sigma_{XY}}{\sigma_X \cdot \sigma_Y}, \quad -1 \le \rho \le +1$$

$$\begin{aligned} Cov(X,Y) &= \sigma_{XY} \\ &= E[(X-\mu_X)(Y-\mu_Y)] \\ &= E(XY) - \mu_X \mu_Y \end{aligned}$$

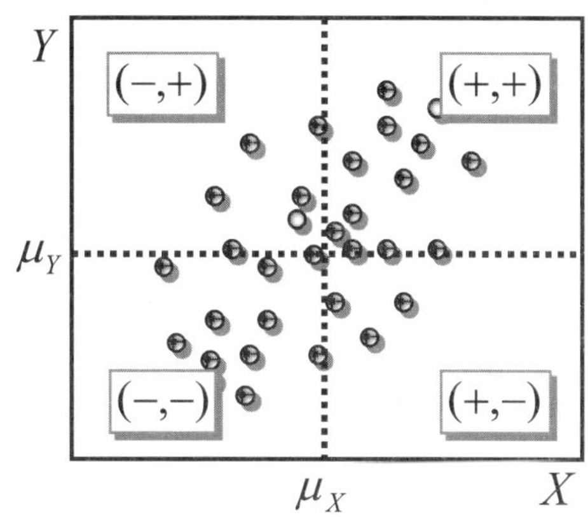

공분산은 X와 Y의 두 편차의 곱의 기대값이다. 만약에 X와 Y가 모평균 μ_X, μ_Y 보다 작다면, 즉 편차가 서로 음이면 편차의 곱은 양이 되므로 공분산은 양이 될 것이고, 두 변수의 편차가 모두 양이면 역시 공분산은 양이 될 것이다. 반대로 두 편차의 크기가 서로 반대인 경우에 공분산의 값은 음의 값을 가질 가능성이 커질 것이다. 이와 같이 공분산은 확률변수 X의 증감에 따른 확률변수 Y의 증감의 경향에 대하여 측정한 것을 나타낸다. 즉 공분산이 양의 값을 가지면 X와 Y는 같은 방향으로 움직이는 것을 알 수 있고(X가 커지면 Y도 커지는 경향), 음의 값이라면 X와 Y는 반대방향으로 움직임(X가 커지면 Y는 작아지는 경향)을 알 수 있다. 공분산의 값 '0' 이면 X와 Y의 관계는 아무런 증감의 관계가 없음을 의미한다.

상관계수의 계산: Sample view

표본상관계수 r은 모상관계수 r를 추정하기 위하여 사용된다.

r의 계산:

- **X와 Y를 표준화한다**(standardize).
- **서로 곱한 값들의 평균**(average;(n-1)**로 나눔**)**을 구한다**.

표준화

$$Z_x = \frac{x-\bar{x}}{S_x} \qquad S_x = \sqrt{\sum_{i=1}^{n}(x_i-\bar{x})^2}$$

$$Z_y = \frac{y-\bar{y}}{S_y} \qquad S_y = \sqrt{\sum_{i=1}^{n}(y_i-\bar{y})^2}$$

관측번호	X	Y	Zx	Zy	Zx*Zy
1	1	2	-1.26	-1.47	1.86
2	2	6	-0.63	0.08	-0.05
3	3	7	0.00	0.46	0.00
4	4	5	0.63	-0.31	-0.20
5	5	9	1.26	1.24	1.56
평균	3.00	5.80	합		3.18
표준편차	1.58	2.59	상관계수(평균)		0.79

$Z_x \cdot Z_y$

$\sum Z_x \cdot Z_y$

$$r = \frac{\sum Z_x \cdot Z_y}{n-1}$$

$$-1 \le r \le +1$$

$$\because \quad -(n-1) \le \sum Z_x \cdot Z_y \le (n-1)$$

$$E[\sum Z_x \cdot Z_y] = 0$$

산점도와 상관계수

- 연관성 확인사항
  - ❒ 방향 (양상관, 음상관)
  - ❒ 형태 (직선, 곡선)
  - ❒ 강도 (강함, 약함)

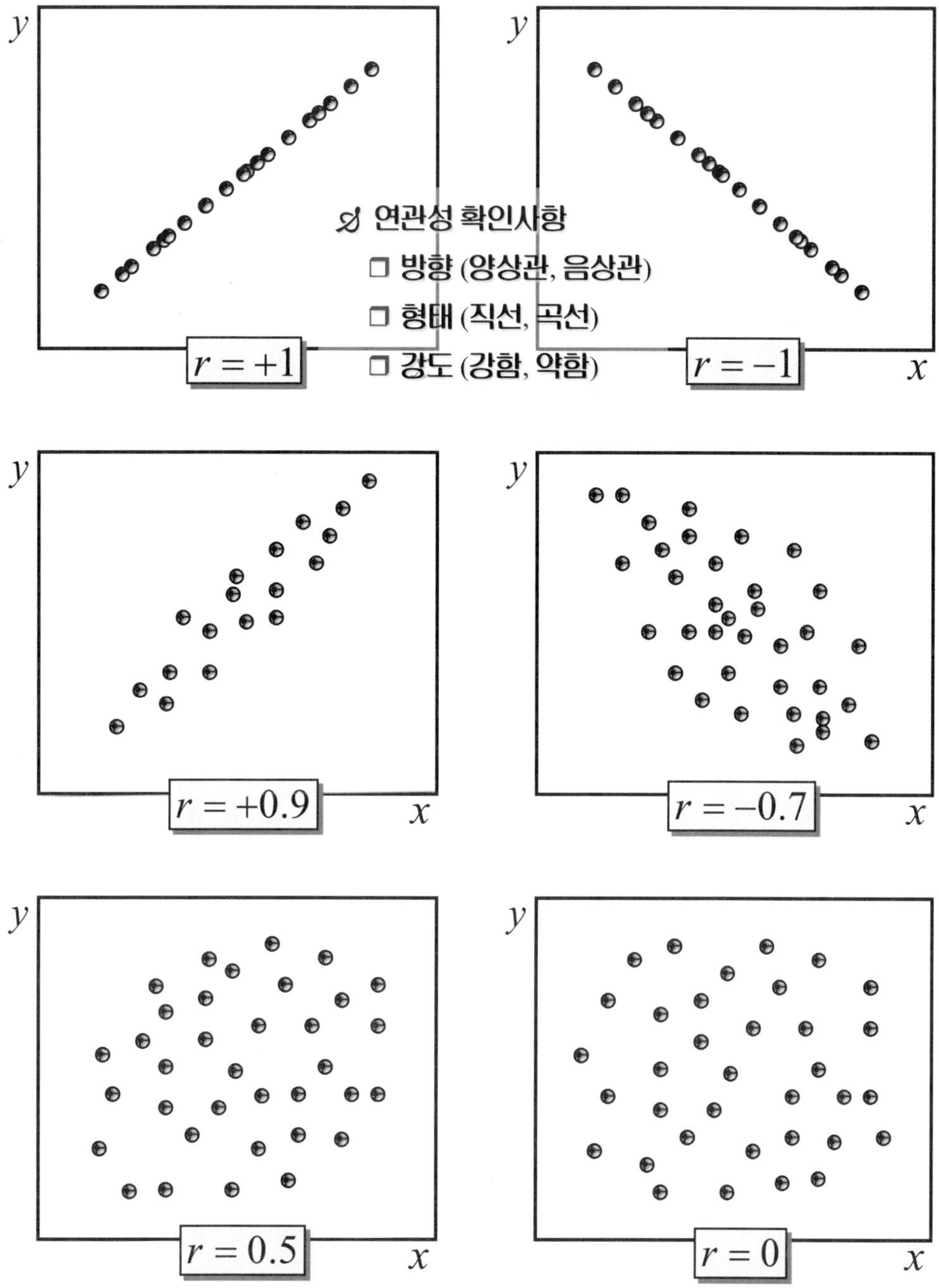

ρ=0 인가?

가설:

$$H_0 : \rho = 0 \quad vs \quad H_a : \rho \neq 0$$

검정통계량:

$$T = \frac{r}{\sqrt{\frac{1-r^2}{n-2}}} \sim t(n-2)$$

X	Y	Zx	Zy	Zx * Zy
41.9	2.5	-1.02	-1.14	1.16
44.1	4.0	-0.64	0.38	-0.24
44.4	2.6	-0.59	-1.03	0.61
44.7	3.6	-0.54	-0.02	0.01
45.2	2.8	-0.45	-0.83	0.37
45.9	3.1	-0.33	-0.53	0.17
50.7	5.2	0.50	1.60	0.79
53.3	5.0	0.94	1.39	1.32
60.1	3.8	2.12	0.18	0.38
			합 계	4.57
			Pearson's rho	0.57
			T	1.97

$$T = \frac{0.57}{\sqrt{\frac{1-(0.57)^2}{9-2}}} = 1.97$$

$$p-\text{값} = P[r_p \geq 1.97]$$

The good, the bad & the ugly

The good :

- x와 y 또는 y와 x의 관계가 서로 동일하다.
- 변수의 측정단위에 따라 영향을 받지 않으므로 스케일이 바뀌지 않는다($-1 \le r \le +1$).

The bad : r의 단점, 약점

- 이상값(outlier)에 쉽게 영향을 받는다.
- 단지 선형관계만을 표시할 뿐이다.

The ugly: r의 남용, 오용

- 높은 상관 !! ?

=> 인과관계가 아니다.

상관관계는 인과관계가 아니다!

관계?

다리 길이

지능

상관계수를 해석하는데 가장 흔하게 범하는 실수는 마치 상관관계가 인과관계(causation)인 것처럼 설명하는 것이다. 상관계수는 단지 연관관계(associations)만을 의미할 뿐 원인과 결과의 관계를 의미하는 것은 결코 아니다.

관계?

풀의 길이

토끼의 수

관계?

콜라 소비량

민주주의

상관계수 출력

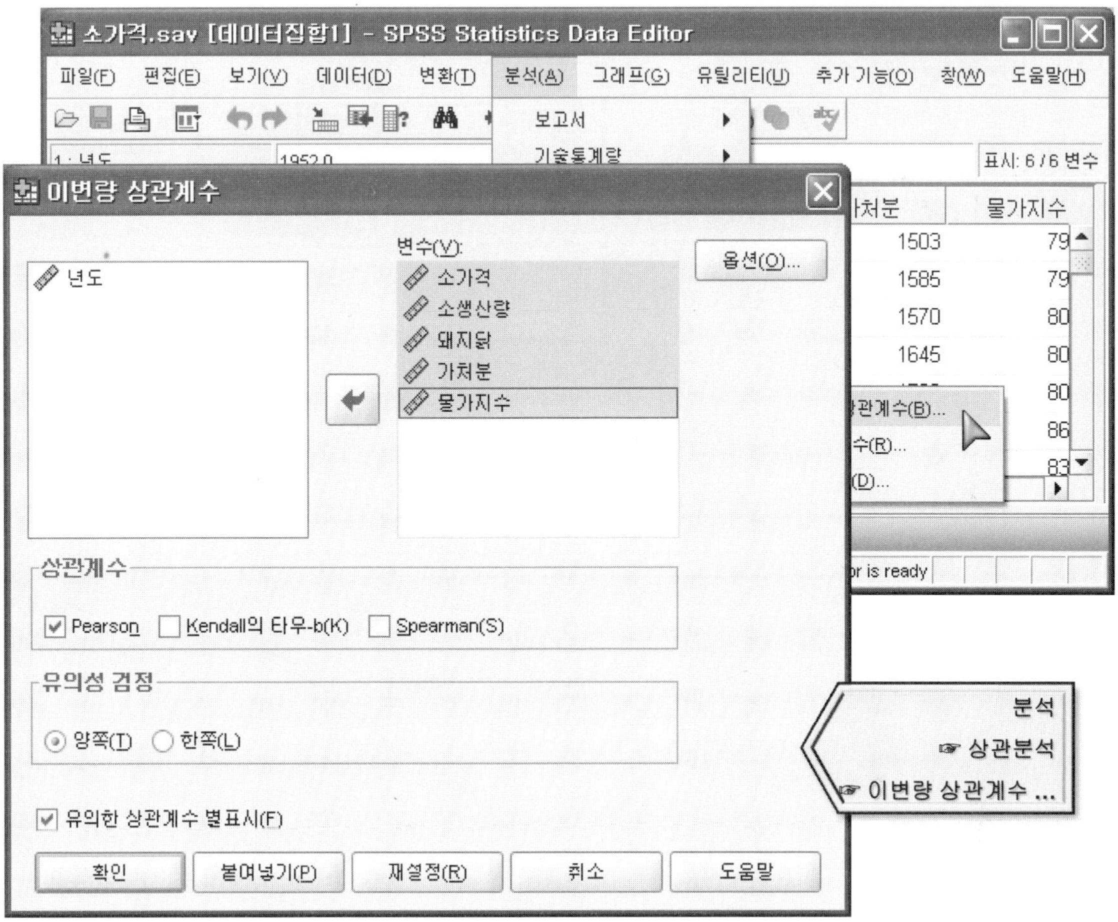

상관계수

통계량=Pearson 상관계수

	소가격/100 파운드	쇠고기생산량 /1인	돼지고기 및 닭고기 생산량/1인	소비자 가처분소득/ 1인	소비자 물가지수 (CPi)
소가격/100파운드	1	.385*	.830**	.895**	.912**
쇠고기생산량/1인	.385*	1	.669**	.516**	.475**
돼지고기 및 닭고기 생산량/1인	.830**	.669**	1	.860**	.851**
소비자 가처분소득/1인	.895**	.516**	.860**	1	.996**
소비자 물가지수(CPi)	.912**	.475**	.851**	.996**	1

*. 상관계수는 0.05 수준(양쪽)에서 유의합니다.

**. 상관계수는 0.01 수준(양쪽)에서 유의합니다.

행렬 산점도

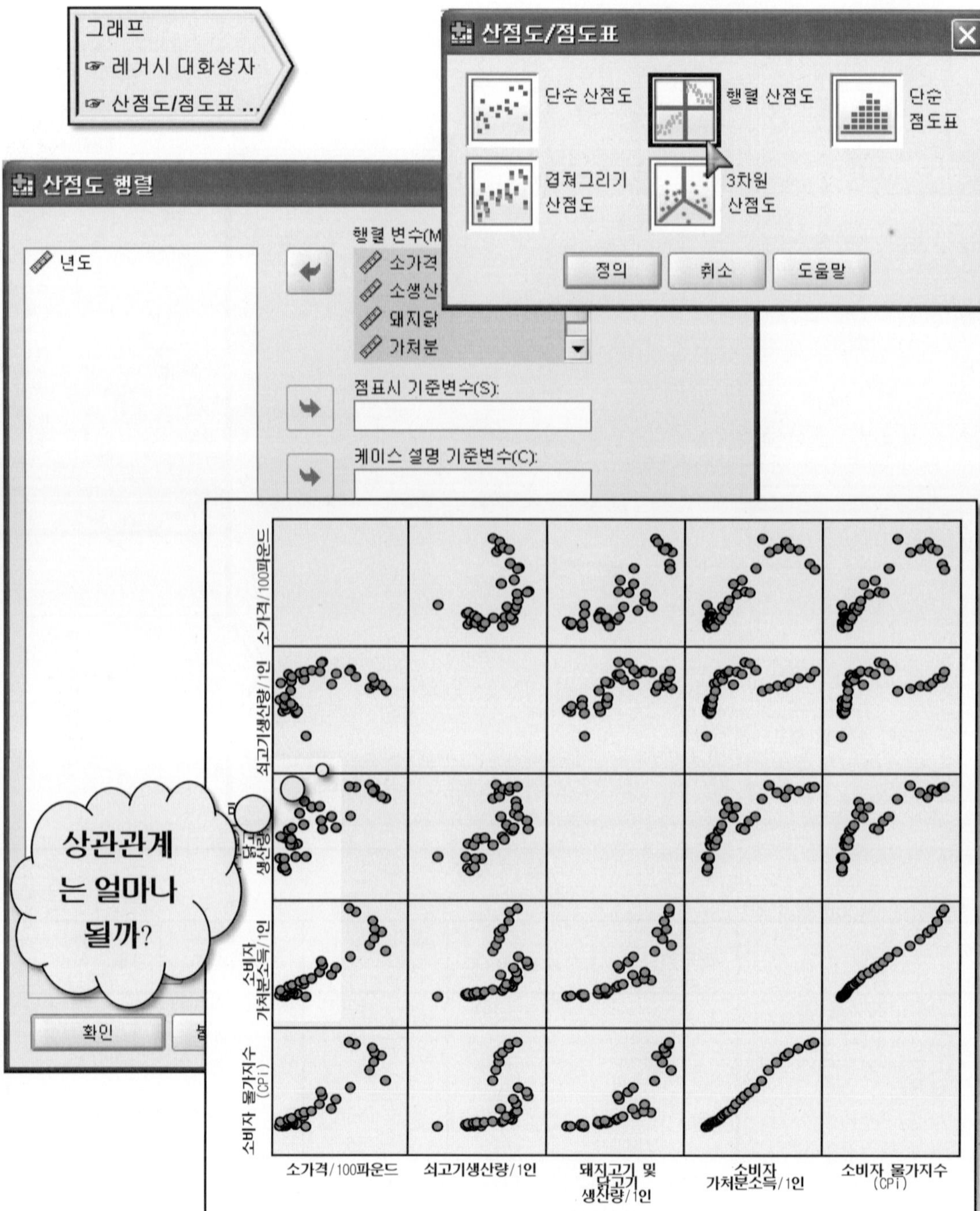
그래프
☞ 레거시 대화상자
☞ 산점도/점도표 ...
산점도/점도표
단순 산점도
행렬 산점도
단순 점도표
겹쳐그리기 산점도
3차원 산점도
정의
취소
도움말
산점도 행렬
년도
행렬 변수(M
소가격
소생산
돼지닭
가처분
점표시 기준변수(S):
케이스 설명 기준변수(C):
확인
상관관계는 얼마나 될까?
소가격/100파운드
쇠고기생산량/1인
돼지고기 및 닭고기 생산량/1인
소비자 가처분소득/1인
소비자 물가지수 (CPI)

Spearman의 순위상관계수

Pearson의 표본상관계수 r은 일반적으로 측정수준이 등간척도나 비율척도로 측정된 연속형에만 적용되고 두 변수의 형태가 알려진 경우에 사용된다. 그러나 만약에 두 변수 X와 Y의 분포가 알려지지 않은 경우에는 r은 적용할 수 없다. X와 Y의 변량의 분포가 미지일 때 두 변수에 대하여 각각 그 **순위**(rank-order)가 정해질 수 있다면 관련정도를 측정하는 도구로서 순위상관계수를 계산할 수 있다. 이러한 상관계수를 **스피어만의 순위상관계수**(Spearman rank correlation coefficient)라고 한다.

Spearman **의 순위상관계수**:

$$r_s = 1 - \frac{6\sum_{i=1}^{n}(R_i - S_i)^2}{n(n^2-1)}$$

$$= 1 - \frac{6\sum_{i=1}^{n} d_i^2}{n(n^2-1)}$$

R, S 는 X, Y **의 순위**(*rank*)

$d_i = R_i - S_i$

순위상관계수 역시 Pearson의 상관계수와 마찬가지로 -1에서 +1 사이의 값을 가진다. 만일 두 변수의 순위결정이 동일하다면 모든 차이는 '0' 이 되어 $\sum d^2=0$ 이다. 이 때의 순위상관계수는 '1' 이 되어 두 순위 사이에는 완전한 상관관계가 있음을 나타낸다. 반대로 두 변수의 순위가 정반대라면 순위상관계수는 '-1' 이 되어 완전한 음의 상관관계를 나타낸다.

$$r_s = \frac{\sum_{i=1}^{n}(R_i-\bar{R})(S_i-\bar{S})}{\sqrt{\sum_{i=1}^{n}(R_i-\bar{R})^2\sum_{i=1}^{n}(S_i-\bar{S})^2}} \quad \because \bar{R} = \bar{S} = \tfrac{n+1}{2}$$

$$= 1 - \frac{6}{n(n^2-1)}\sum_{i=1}^{n}(R_i - S_i)^2$$

Spearman's Correlation: example

R	S	d=R-S	d**2
1	1	0	0
2	2	0	0
3	3	0	0
4	4	0	0
5	5	0	0
합계			0
Spearman 순위상관계수			1.00

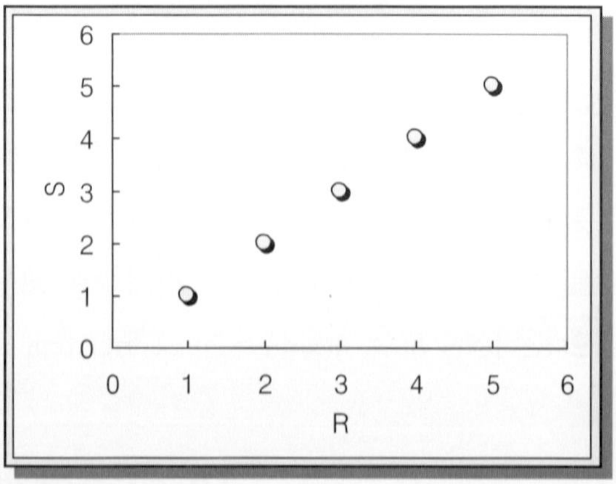

R	S	d=R-S	d**2
3	1	2	4
2	4	-2	4
1	3	-2	4
5	2	3	9
4	5	-1	1
합계			21
Spearman 순위상관계수			−0.05

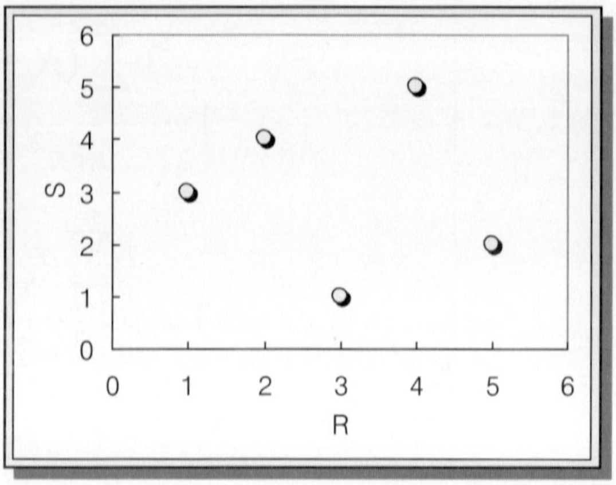

R	S	d=R-S	d**2
1	5	-4	16
2	4	-2	4
3	3	0	0
4	2	2	4
5	1	4	16
합계			40
Spearman 순위상관계수			−1.00

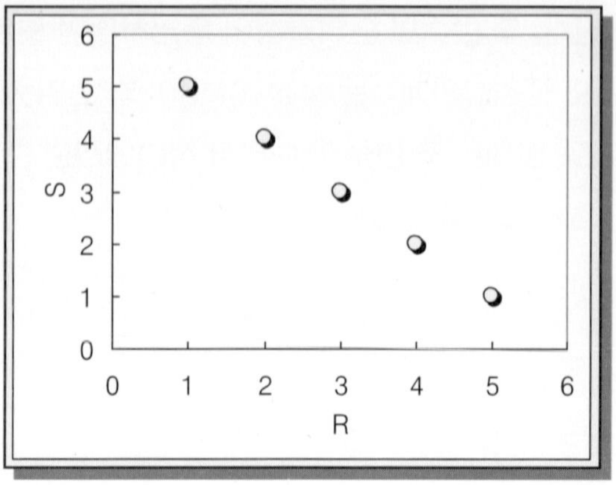

ρ_s=0 인가?

가설:

$$H_0 : \rho_s = 0 \quad vs \quad H_a : \rho_s \neq 0$$

검정통계량: 두 변수가 독립일 때

1. $E[r_s] = 0, \;\; V[r_s] = \dfrac{1}{n-1}$
2. n이 충분히 클 때 $\sqrt{n-1}\, r_s \;\dot{\sim}\; N(0,1)$

X	Y	R	S	(R-S)**2
41.9	2.5	1	1	0
44.1	4.0	2	7	25
44.4	2.6	3	2	1
44.7	3.6	4	5	1
45.2	2.8	5	3	4
45.9	3.1	6	4	4
50.7	5.2	7	9	4
53.3	5.0	8	8	0
60.1	3.8	9	6	9
			합 계	48
			Spearman's rho	0.60

$$r_s = 1 - \frac{6}{n(n^2-1)} \sum (R_i - S_i)^2$$
$$= 1 - \frac{6}{9(9^2-1)}(48)$$
$$= 0.60$$

$$p-\text{값} = P[r_s \geq 0.60]$$

켄달의 타우 - Kendall's τ

이변량 정규분포에서 상관관계를 나타내는 측도로서 피어슨의 ρ를 사용하였다. 그러나 비모수적인 방법에서는 ρ의 의미가 약해지며 상관관계를 나타내는 비모수적인 측도를 생각할 수 있다. 그 중에 켄달(Kendall)은 다음과 같은 측도를 제안하였다.

확률표본 $(X_1,Y_1),(X_2,Y_2),\cdots,(X_n,Y_n)$**에서** i, j**번째 쌍에 대하여**

$X_i - X_j$**와** $Y_i - Y_j$**의 부호가 같으면 일치쌍**(*concordant pair*)

$X_i - X_j$**와** $Y_i - Y_j$**의 부호가 다르면 비일치쌍**(*discordant pair*)

이라 하고 일치쌍과 비일치쌍의 확률은

$$\pi_c = P[(X_i - X_j)(Y_i - Y_j) > 0]$$

$$\pi_d = P[(X_i - X_j)(Y_i - Y_j) < 0]$$

이라 하고 이들의 연관성 측도인 켄달의 타우(*Kendall's tau*)**는 다음과 같다.**

$$\tau = \pi_c - \pi_d$$

연령 (X)	콜레스테롤 (Y)	일치쌍 Concordant	불일치쌍 Discordant
41	274	1	7
45	209	4	3
50	194	5	1
51	270	1	4
54	165	4	0
59	234	2	1
62	281	0	2
68	238	0	1
71	208	0	0
합 계		17	19

τ=0 인가?

켄달의 통계량 K는 귀무가설 하에서는 F와는 무관한 분포를 가지므로 K에 기초한 켄달의 검정은 분포무관 검정방법이다.

가설:

$$H_0 : \tau = 0 \quad vs \quad H_a : \tau \neq 0$$

켄달통계량:

$$K = P - Q$$
$$= \sum_{i<j}\sum sign(X_i - X_j)sign(Y_i - Y_j)$$

여기에서

P : **일치쌍의 수**

Q : **불일치쌍의 수**

$sign(t) : t > 0, t = 0, t < 0$**에 따라 각각** $1, 0, -1$**로 정의**

$H_0 : \tau = 0$**하에서** K**는 다음이 성립한다.**

$$E_0(K) = 0, \quad Var_0(K) = \frac{n(n-2)(2n-5)}{18}$$

$$Z_K = \frac{K}{\sqrt{n(n-1)(2n+5)/18}} \;\dot{\sim}\; \mathrm{N}(0,1)$$

상관계수의 기하적 이해

벡터의 각도(방향)

$$\cos\theta = \frac{x_1 y_1 + x_2 y_2}{L_x L_y}$$

벡터가 방향을 가지고 있다는 것은 어느 정도의 각도(angle)를 가지고 뻗어 나가고 있다는 것을 의미 한다.

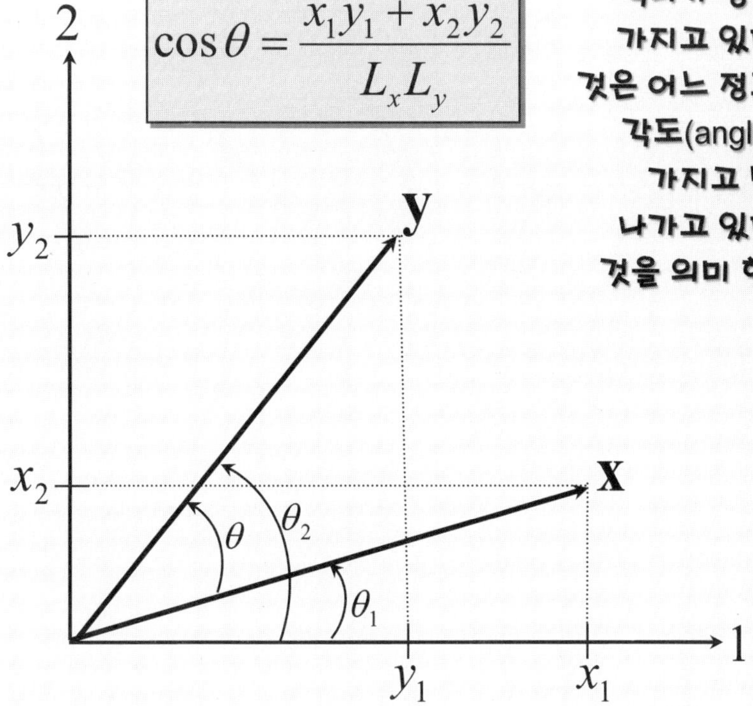

$$\cos\theta_1 = \frac{x_1}{L_x} \qquad \cos\theta_2 = \frac{y_1}{L_y}$$

$$\sin\theta_1 = \frac{x_2}{L_x} \qquad \sin\theta_2 = \frac{y_2}{L_x}$$

$L_{\mathbf{x}}$ = 벡터 $\mathbf{x}$의 길이

$= \sqrt{\mathbf{x}'\mathbf{x}}$

$L_{\mathbf{y}}$ = 벡터 $\mathbf{y}$의 길이

$= \sqrt{\mathbf{y}'\mathbf{y}}$

$$\begin{aligned}\cos\theta &= \cos(\theta_2 - \theta_1)\\ &= \cos\theta_2\cos\theta_1 + \sin\theta_2\sin\theta_1\\ &= \left(\frac{y_1}{L_{\mathbf{y}}}\right)\left(\frac{x_1}{L_{\mathbf{x}}}\right) + \left(\frac{y_2}{L_{\mathbf{y}}}\right)\left(\frac{x_2}{L_{\mathbf{x}}}\right)\\ &= \frac{x_1 y_1 + x_2 y_2}{L_{\mathbf{x}} L_{\mathbf{y}}}\\ &= \frac{\mathbf{x}'\mathbf{y}}{\sqrt{\mathbf{x}'\mathbf{x}}\sqrt{\mathbf{y}'\mathbf{y}}}\end{aligned}$$

벡터의 내적(inner product): $\mathbf{x}'\mathbf{y} = x_1 y_1 + x_2 y_2$ $(= L_x L_y \cos\theta)$

cos θ는 무엇을 의미?

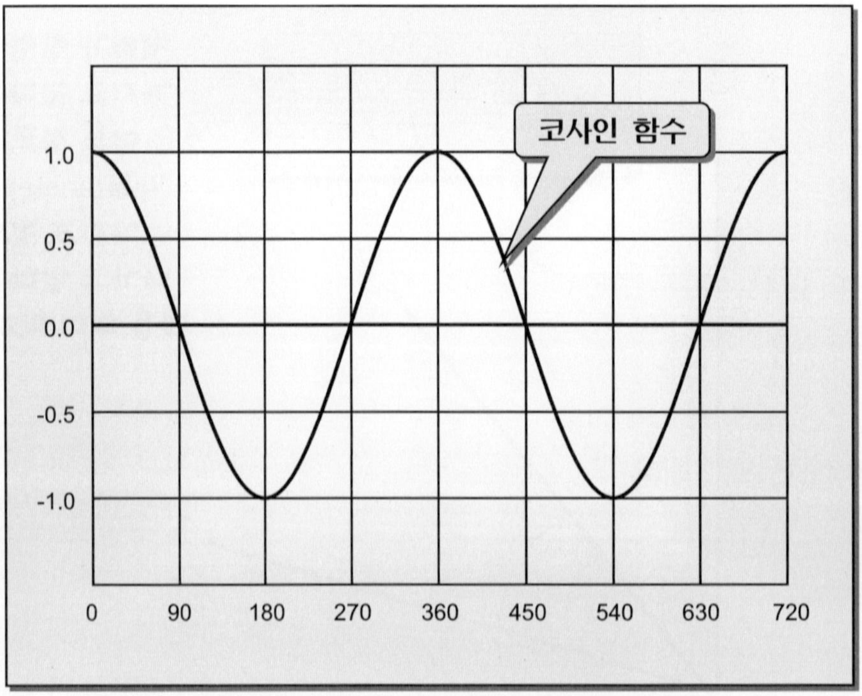

θ가 90° (또는 270°)면 직각으로 교차한다 (cos 90° = 0).

θ가 0° (또는 360°)면 동일한 방향으로 뻗어 나아간다(cos 0° = +1).

θ가 180° 면 정반대 방향으로 뻗어 나아간다(cos 180° = -1).

Corr(x, y) = cos θ

편차벡터와 표본상관계수

편차벡터:

$$\mathbf{e_i} = \begin{bmatrix} x_{i1} - \bar{x}_i \\ x_{i2} - \bar{x}_i \\ \vdots \\ x_{in} - \bar{x}_i \end{bmatrix}$$

편차벡터의 제곱길이(내적):

$$L_i^2 = \mathbf{e}_i'\mathbf{e}_i = \begin{bmatrix} x_{i1} - \bar{x}_i & x_{i2} - \bar{x}_i & \cdots & x_{in} - \bar{x}_i \end{bmatrix} \cdot \begin{bmatrix} x_{i1} - \bar{x}_i \\ x_{i2} - \bar{x}_i \\ \vdots \\ x_{in} - \bar{x}_i \end{bmatrix}$$

$$= \sum_{j=1}^{n} (x_{ij} - \bar{x}_i)^2$$

$$\mathbf{e}_i'\mathbf{e}_k = \sum_{j=1}^{n} (x_{ij} - \bar{x}_i)(x_{kj} - \bar{x}_k)$$

$$\mathbf{e}_i'\mathbf{e}_k = L_i L_k \cdot \cos\theta_{ik} \qquad (\text{단, } i \neq k)$$

$$\sum_{j=1}^{n} (x_{ij} - \bar{x}_i)(x_{kj} - \bar{x}_k) = \sqrt{\sum_{j=1}^{n} (x_{ij} - \bar{x}_i)^2} \sqrt{\sum_{j=1}^{n} (x_{kj} - \bar{x}_k)^2} \cdot \cos\theta_{ik}$$

$$\cos\theta_{ik} = \frac{\sum_{j=1}^{n} (x_{ij} - \bar{x}_i)(x_{kj} - \bar{x}_k)}{\sqrt{\sum_{j=1}^{n} (x_{ij} - \bar{x}_i)^2} \sqrt{\sum_{j=1}^{n} (x_{kj} - \bar{x}_k)^2}}$$

$$= \frac{S_{ik}}{\sqrt{S_{ii}} \sqrt{S_{kk}}}$$

$$= r_{ik}$$

그러므로 두 변수의 편차벡터가 이루는 각의 cosine 값이 표본상관계수 임을 알 수 있다. 따라서 두 편차벡터가 이루는 각이 0°에 가까우면, 즉 두 벡터의 방향이 거의 일치하면 표본상관계수는 '1'에 가까워지며 90°에 가까우면 표본상관계수는 '0'에 가까워지고 180°에 가까울 수록 표본상관계수는 '-1'에 가까워짐을 알 수 있다.

Corr(x,y) = cos θ

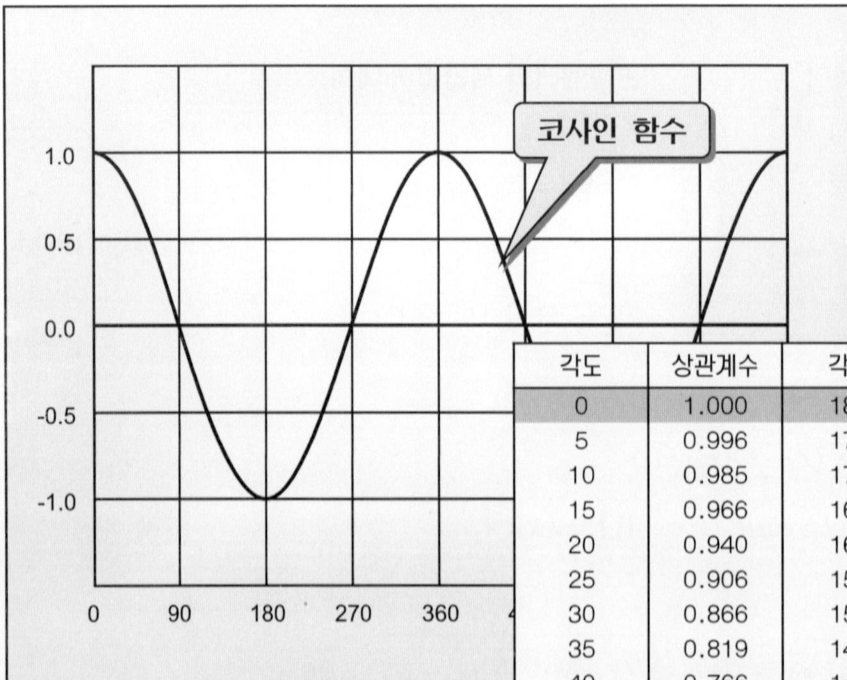

각도	상관계수	각도	상관계수
0	1.000	180	-1.000
5	0.996	175	-0.996
10	0.985	170	-0.985
15	0.966	165	-0.966
20	0.940	160	-0.940
25	0.906	155	-0.906
30	0.866	150	-0.866
35	0.819	145	-0.819
40	0.766	140	-0.766
45	0.707	135	-0.707
50	0.643	130	-0.643
55	0.574	125	-0.574
60	0.500	120	-0.500
65	0.423	115	-0.423
70	0.342	110	-0.342
75	0.259	105	-0.259
80	0.174	100	-0.174
85	0.087	95	-0.087
90	0.000		

상관계수는 두 변수벡터의 길이를 '1' 로 하였을 때 (normalize) 두 벡터 사이각의 cosine값이다.

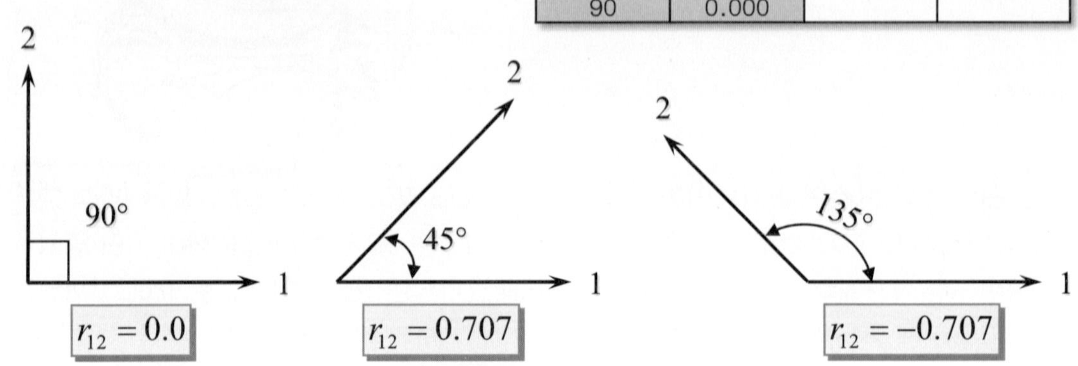

세 변인 사이의 각도

	1	2	3
1			
2	0.000		
3	0.000	0.000	

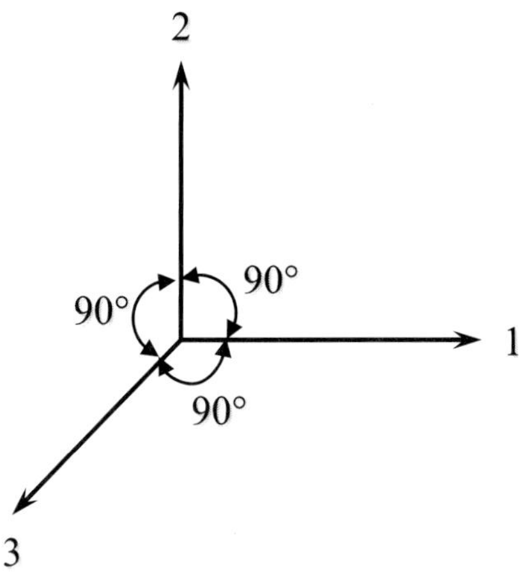

각도	상관계수	각도	상관계수
0	1.000	180	-1.000
5	0.996	175	-0.996
10	0.985	170	-0.985
15	0.966	165	-0.966
20	0.940	160	-0.940
25	0.906	155	-0.906
30	0.866	150	-0.866
35	0.819	145	-0.819
40	0.766	140	-0.766
45	0.707	135	-0.707
50	0.643	130	-0.643
55	0.574	125	-0.574
60	0.500	120	-0.500
65	0.423	115	-0.423
70	0.342	110	-0.342
75	0.259	105	-0.259
80	0.174	100	-0.174
85	0.087	95	-0.087
90	0.000		

	1	2	3
1			
2	0.000		
3	0.500	−0.500	

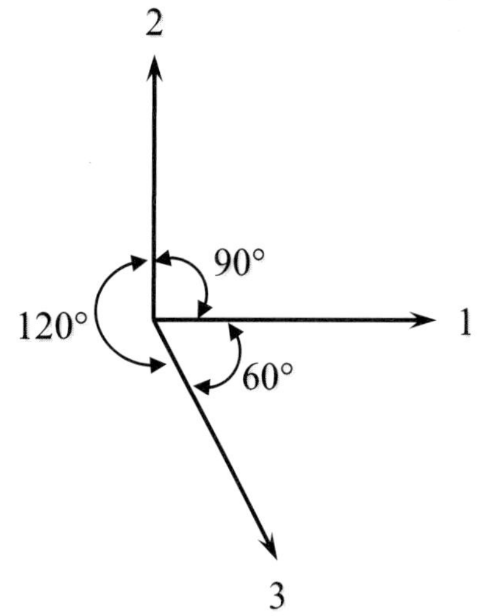

단순선형회귀모형
Simple Linear Regression Model

회귀분석이란?

변수들의 관련성을 찾아낼 수 있다면, 어떤 변수의 변화로부터 다른 변수의 변화를 예측할 수 있을 것이다. 또한 관심을 가지고 있는 변수의 최적값을 달성하려면 기타 다른 변수들의 값이 어떤 값을 취해야 만 달성할 수 있을지 등을 결정하는데 도움이 될 것이다. 즉 변수와 변수 간의 관계를 종속과 독립변수로 확장하여 함수관계로 해석하는 통계적 방법이 **회귀분석**(regression analysis)이다.

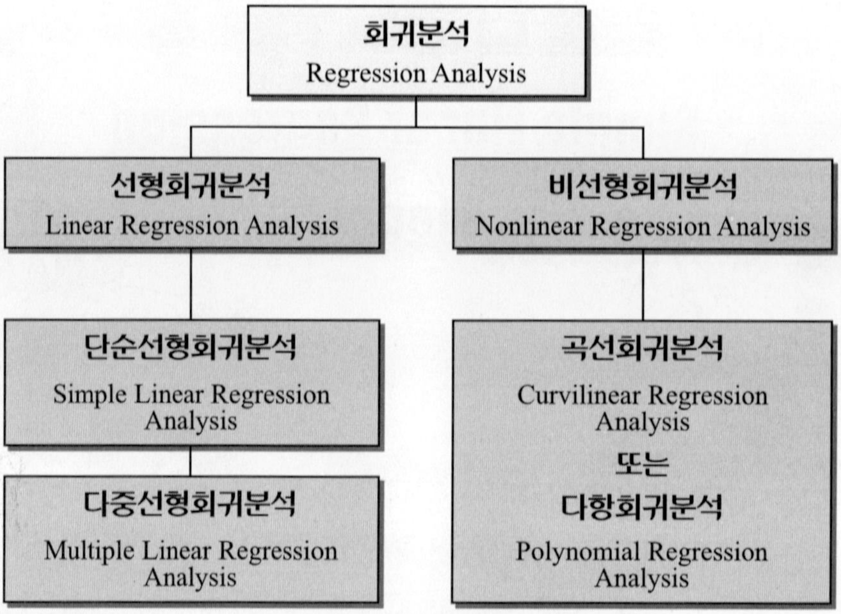

서로 관계를 가지고 있는 둘 이상의 변수들 중에는 다른 변수에 영향을 주는 변수도 있고, 영향을 받는 변수도 있을 것이다. 다른 변수에 영향을 받는 변수를 **종속변수**(dependent variables)라고 하며, 영향을 주는 변수를 **독립변수**(independent variable)라고 한다. 회귀분석이란 하나의 종속변수와 독립변수들 사이의 함수관계를 규명하기 위하여 통계적 모형을 가정하고, 이 모형을 측정된 변수들의 데이터로부터 추정하는 통계적 분석방법이다.

단순회귀모형

1개의 종속변수(dependent variables)에 1개의 독립변수(independent variable)가 영향을 주는 직선관계식(1차 함수)을 적합시키는 방법이다. 이는 직선이므로 적합된 직선을 **회귀직선**(regression line)이라고 부르며 직선관계식을 **회귀식**(regression equation)이라고 한다. 또한 이러한 회귀식을 일반화하여 나타낸 것을 **회귀모형**(regression model)이라고 한다.

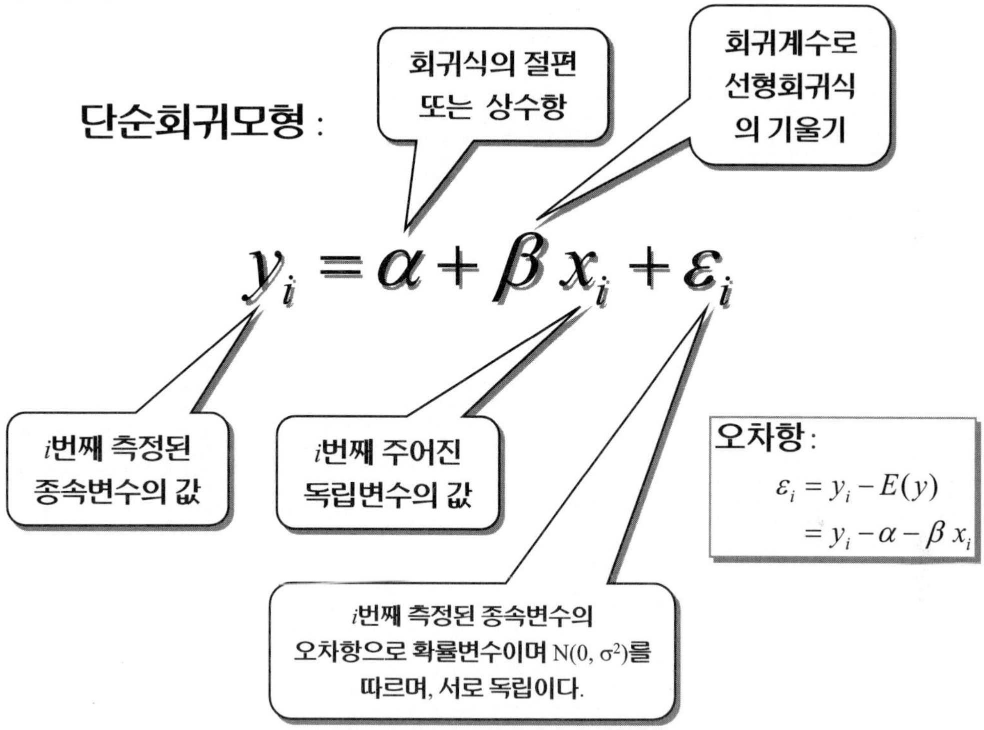

회귀모형이 어떤 목적으로 설정되든 간에 종속변수의 정확한 값을 예측할 수는 없다. 독립변수가 종속변수에 주요한 영향을 줄지라도 고려하지 못한 기타 많은 요인들에 의해 종속변수 값에 영향을 줄 수 있기 때문이다. 따라서 회귀모형의 설정을 통한 분석에서 의도하는 것은 종속변수와 독립변수 사이의 평균적 관계를 규명하고자 하는 것이다. 즉 주어진 독립변수의 값에 대한 종속변수의 평균값을 추정하고자 하는 것이다.

오차항

회귀모형에서 오차항에 대한 기본가정:

① 오차항은 확률변수다.

② 오차항의 평균값, 즉 기대값은 '0'이다. $E(\varepsilon_i)=0$

③ 오차항은 모든 독립변수값에 대해 분산이 동일하다.

④ 오차항은 정규분포 $N(0,\sigma^2)$를 따른다.

⑤ 오차항들은 서로 독립이다. 즉 $Cov(\varepsilon_i, \varepsilon_j)=0,\ i \neq j$

⑥ 오차항은 선형성을 만족한다.

⑦ 독립변수는 고정된 값으로 확률변수가 아니다.

$$y_i = \alpha + \beta x_i + \varepsilon_i$$

오차항:

$$\varepsilon_i = y_i - E(y_i) = y_i - \alpha - \beta x_i$$

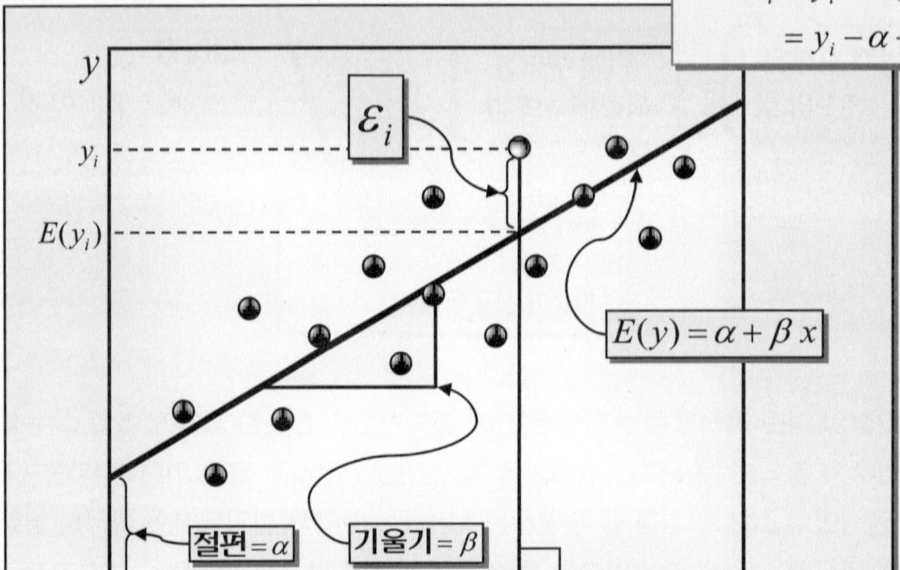

y 의 확률분포

$$y_i = \underbrace{\alpha + \beta x_i}_{\text{상수항}} + \underbrace{\varepsilon_i}_{\text{오차항}}$$

$$\varepsilon_i \overset{iid}{\sim} N(0, \sigma^2)$$

$$\begin{aligned} E(y_i) &= E(\alpha + \beta x_i + \varepsilon_i) \\ &= \alpha + \beta x_i + E(\varepsilon_i) \\ &= \alpha + \beta x_i \end{aligned} \qquad \begin{aligned} Var(y_i) &= Var(\alpha + \beta x_i + \varepsilon_i) \\ &= Var(\varepsilon_i) \\ &= \sigma^2 \end{aligned}$$

$$y_i \overset{iid}{\sim} N(\alpha + \beta x_i, \sigma^2)$$

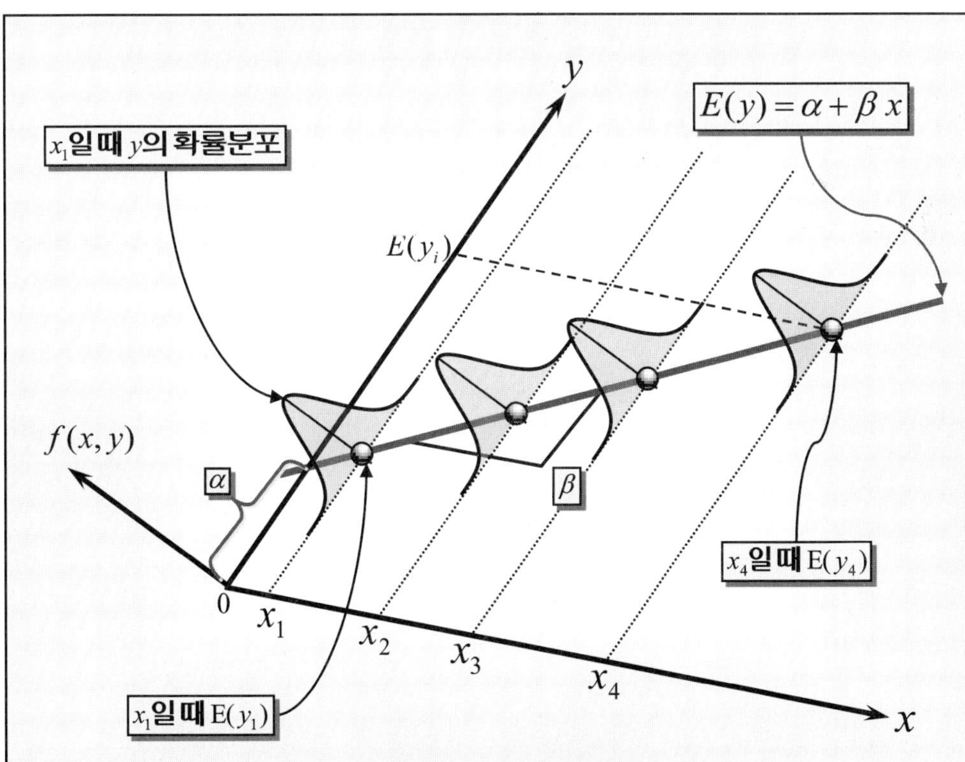

표본의 회귀모형

모집단 회귀모형

$$y_i = \alpha + \beta x_i + \varepsilon_i$$

추정

y_i : **관측값**(*observed value*)
$\hat{y}_i$: **예측값**(*predicted value*)
e_i : **잔차**(*residual*)

표본 회귀모형

$$y_i = a + bx_i + e_i \qquad \because \hat{\varepsilon}_i = e_i$$

잔차(residual)**란 오차항을 추정한 값이다.**

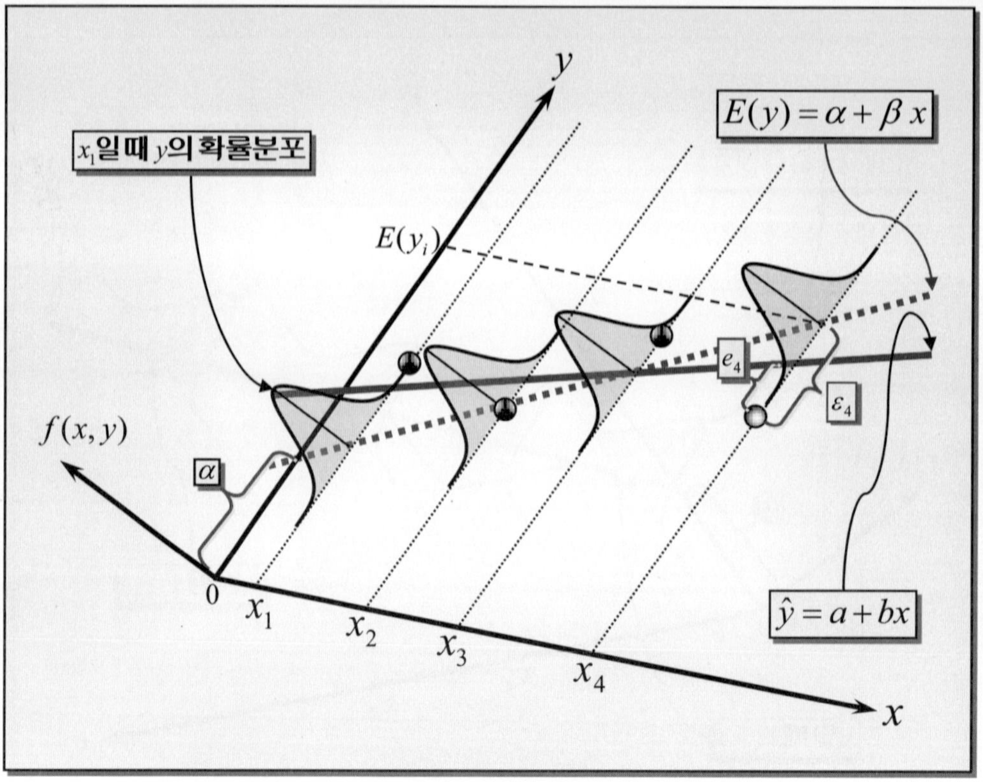

표본 회귀선의 결정방법

모집단 회귀선의 특성치인 미지의 모수 α와 β에 대한 가장 좋은 추정치란 무엇인가? 이 문제는 결국 전체적으로 **잔차**(residual)가 최소가 되는 표본회귀선을 결정하는 것이 문제로 귀착된다. 그러므로 잔차를 최소화하는 방법을 생각해 보기로 한다.

첫 번째 방법은 단순히 각 관측값의 회귀선으로부터의 거리, 즉 잔차의 합이 최소가 되는 선을 결정하는 것이다. 그러나 양수와 음수의 합이 서로 상쇄되어 '0'이 된다.

$$\min \sum e_i = \min \sum (y_i - \hat{y}_i)$$

두 번째 방법은 잔차의 절대값이 최소가 되는 회귀선을 결정함으로써 잔차의 방향에 따라 양수와 음수가 상쇄되는 문제점을 제거하는 동시에 가장 높은 적합도를 갖는 회귀선을 제시하는 것이다.

$$\min \sum | e_i | = \min \sum | y_i - \hat{y}_i |$$

세 번째 방법은 잔차를 제곱한 값들의 합이 최소가 되도록 하는 회귀선을 결정하는 것이다. 최소제곱법(least square method ; LSD)이라고 한다.

$$\min \sum e_i^2 = \min \sum (y_i - \hat{y}_i)^2$$

Least Square Method 의 타당성:

- 잔차를 제곱하여 처리하므로 첫 번째 방법의 문제점은 자동으로 해소된다.
- 최소제곱법은 두 번째 방법에 비해 수학적으로 다루기 편리할 뿐만 아니라 둘 이상의 회귀선이 결정될 가능성을 완전히 배제한다.
- 최소제곱법은 일정한 가정이 충족되면 이 방법에 의해 추정된 추정치는 바람직한 추정치(good estimate)의 모든 특성을 갖게 된다.

최소제곱법

$$S = \sum \varepsilon_i^2 = \sum [y_i - E(y_i)]^2 = \sum (y_i - \alpha - \beta x_i)^2$$

$$\frac{\partial S}{\partial \alpha} = -2\sum (y_i - \alpha - \beta x_i)$$

$$\frac{\partial S}{\partial \beta} = -2\sum x_i(y_i - \alpha - \beta x_i)$$

편미분의 값을 영으로 만드는 추정값 a와 b를 대입

$$-2\sum (y_i - a - bx_i) = 0$$

$$-2\sum x_i(y_i - a - bx_i) = 0$$

a와 b를 대해 정리하면

$$na + b\sum x_i = \sum y_i$$

$$a\sum x_i + b\sum x_i^2 = \sum x_i y_i$$

정규방정식(normal equation)

최소제곱 추정량

$$a = \frac{1}{n}\sum y_i - b\frac{1}{n}\sum x_i = \bar{y} - b\bar{x}$$

$$b = \frac{\sum x_i y_i - \frac{\sum x_i \sum y_i}{n}}{\left[\sum x_i^2 - \frac{(\sum x_i)^2}{n}\right]} = \frac{\sum (x_i - \bar{x})(y_i - \bar{y})}{\sum (x_i - \bar{x})^2} = \frac{S_{xy}}{S_{xx}}$$

$$\sum x_i y_i = a\sum x_i + b\sum x_i^2 = (\bar{y} - b\bar{x})\sum x_i + b\sum x_i^2 = \frac{\sum y_i \sum x_i}{n} + b\left[\sum x_i^2 - \frac{(\sum x_i)^2}{n}\right]$$

불편추정량이며 최소분산을 가진다.

잔차의 성질

$$e_i = y_i - \hat{y}_i$$

(1) **잔차들의 합**(sum)**은** '0'**이다.**

$$\begin{aligned}\sum e_i &= \sum (y_i - \hat{y}_i) \\ &= \sum (y_i - a - bx_i) \\ &= \sum y_i - na - b\sum x_i \\ &= (na + b\sum x_i) - na - b\sum x_i \qquad \because \sum y_i = na + b\sum x_i \\ &= 0\end{aligned}$$

정규방정식에 의해

(2) **잔차들의** x_i **에대한 가중합**(weighted sum)**은** '0'**이다.**

$$\begin{aligned}\sum x_i e_i &= \sum x_i (y_i - \hat{y}_i) \\ &= \sum x_i (y_i - a - bx_i) \\ &= \sum x_i y_i - a\sum x_i - b\sum x_i^2 \\ &= \sum x_i y_i - (\sum x_i y_i) \qquad \because \sum x_i y_i = a\sum x_i + b\sum x_i^2 \\ &= 0\end{aligned}$$

(3) **잔차들의** $\hat{y}_i$ **에 대한 가중합은** '0'**이다.**

$$\begin{aligned}\sum \hat{y}_i e_i &= \sum (a + bx_i) e_i \\ &= a\sum e_i + b\sum x_i e_i \qquad \because \sum e_i = 0, \ \sum x_i e_i = 0 \\ &= 0\end{aligned}$$

(4) **잔차의 합은 최소이다.**

(5) **회귀직선은 항상** $(\bar{x}, \bar{y})$ **를 지난다.**

변동(variation)의 분해

$$y_i - \bar{y} = \hat{y}_i - \bar{y} + y_i - \hat{y}_i$$

총편차 / 회귀에 의해 설명되는 편차 / 회귀에 의해 설명되지 않는 편차

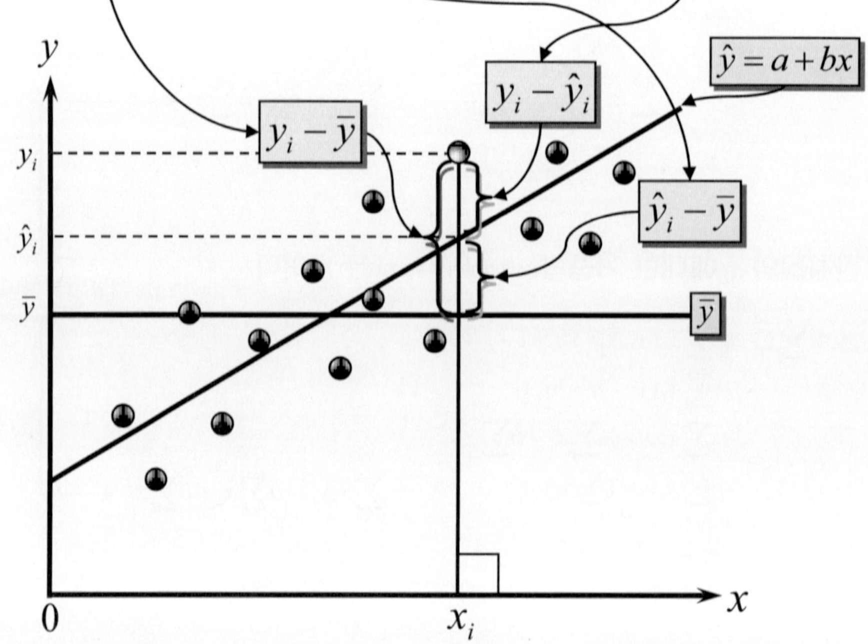

$$\sum(y_i - \bar{y})^2 = \sum(\hat{y}_i - \bar{y})^2 + \sum(y_i - \hat{y}_i)^2$$

총변동 / 회귀에 의해 설명되는 변동 / 회귀에 의해 설명되지 않는 변동

$$\begin{aligned}\sum(y_i - \bar{y})^2 &= \sum[(\hat{y}_i - \bar{y}) + (y_i - \hat{y}_i)]^2 \\ &= \sum(\hat{y}_i - \bar{y})^2 + \sum(y_i - \hat{y}_i)^2 + 2\sum(\hat{y}_i - \bar{y})(y_i - \hat{y}_i)\end{aligned}$$

$$\begin{aligned}\sum(\hat{y}_i - \bar{y})(y_i - \hat{y}_i) &= \sum(\hat{y}_i - \bar{y})e_i \\ &= \sum\hat{y}_i e_i - \bar{y}\sum e_i = 0\end{aligned}$$

SST = SSR + SSE

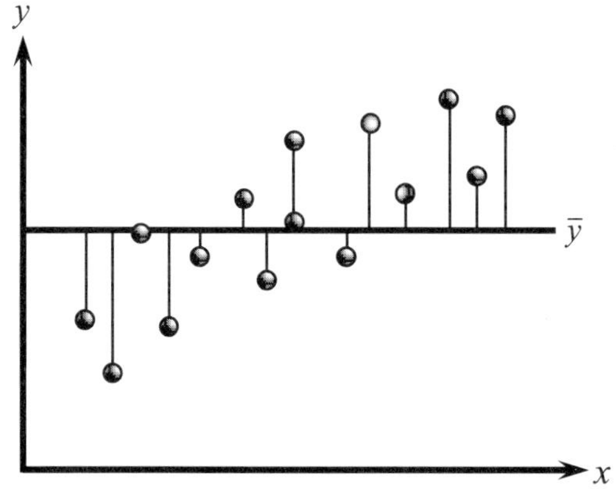

$$SST = \sum_{i=1}^{n} (y_i - \bar{y})^2$$

총변동

$$df = n-1$$

=

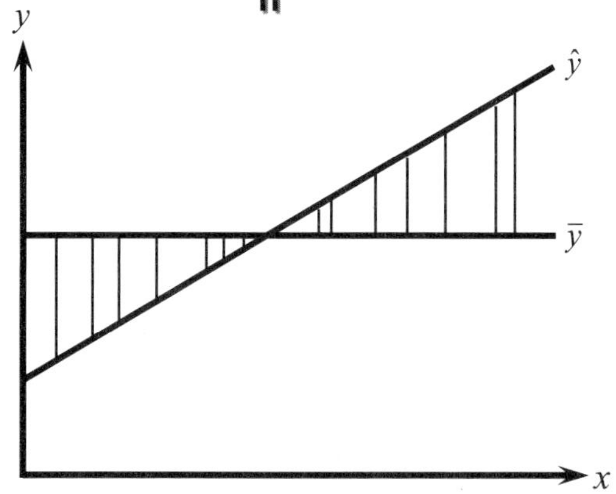

$$SSR = \sum_{i=1}^{n} (\hat{y}_i - \bar{y})^2$$

회귀에 의해
설명되는 변동

$$df = 1$$

+

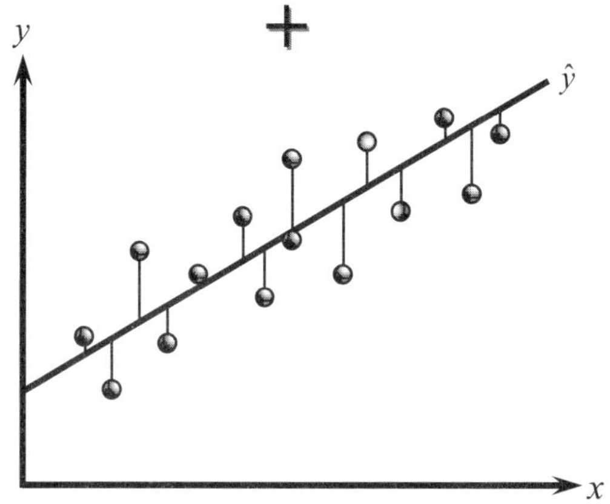

$$SSE = \sum_{i=1}^{n} (y_i - \hat{y}_i)^2$$

회귀에 의해
설명되지 않는 변동

$$df = n-2$$

표본 회귀선의 정도

관측점들이 회귀선 주위에 어떻게 분포되어 있으며, 적합된 회귀선이 얼마나 관측점들을 잘 대변하고 있는가를 판단하기 위한 방법, 즉 회귀선의 정도(precision)를 측정하는 방법...

(1) 표본회귀선의 주위에 관측점들이 흩어진 정도를 나타내는 추정의 **표준오차**(standard error)로 측정하는 방법

(2) 관측점들의 변동을 표본회귀선이 얼마나 잘 설명해 주는가를 상대적으로 나타내는 **결정계수**(coefficient of determination; R^2)로 측정하는 방법

(1) 추정의 표준오차

$$S_e = \sqrt{\frac{\sum e_i^2}{n-2}} = \sqrt{\frac{\sum (y_i - \hat{y}_i)^2}{n-2}} = \sqrt{\frac{SSE}{n-2}} = \sqrt{MSE}$$

1×표준오차 : 관측값 중 68.26%가 적합된 회귀선을 중심으로 상하 1표준오차 만큼 떨어진 거리 내에 분포하고 있다.

2×표준오차 : 관측값 중 95.44%가 적합된 회귀선을 중심으로 상하 2표준오차 만큼 떨어진 거리 내에 분포하고 있다.

3×표준오차 : 관측값 중 99.74%가 적합된 회귀선을 중심으로 상하 3표준오차 만큼 떨어진 거리 내에 분포하고 있다.

(2) 결정계수

$$\frac{SST}{SST} = \frac{SSR}{SST} + \frac{SSE}{SST}$$

$$1 = \frac{SSR}{SST} + \frac{SSE}{SST}$$

$$R^2 = \frac{SSR}{SST} = 1 - \frac{SSE}{SST}, \quad 0 \le R^2 \le 1$$

결정계수는 총변동을 설명하는데 회귀선에 의해 설명되는 변동의 비율을 의미하므로 값이 클수록 회귀선의 설명력이 높아지며, 모든 관측점이 회귀선과 일치한다면 결정계수는 '1'이 된다. 즉 이는 SSE=0이 되어 모든 잔차가 '0'이 되는 경우이다. 반대로 Y와 X 사이에 회귀관계가 전혀 없어서 b=0가 된다면 결정계수는 가 되어(SSR=0), 결정계수는 '0'이 되어 회귀분석의 의미가 없게 된다.

결정계수의 문제점 수정

결정계수 R^2(=1-SSE/SST) 독립변수의 수가 많아질수록 큰 값을 가지게 된다. 왜냐하면 독립변수가 추가되면 SSE 는 항상 작아지는데 SST는 값이 변하지 않기 때문에 R^2의 값은 커지게 된다. 그러므로 종속변수에 전혀 관계가 없는 변수를 독립변수로 포함시켜도 R^2는 증가하는 단점을 가지고 있다. 또한 독립변수의 수를 늘여 R^2의 값을 크게 하는 것이 반드시 바람직하다고 할 수 없다. 독립변수의 수가 늘어나면 모형 자체도 복잡해질 뿐만 아니라 독립변수들 간의 상관관계가 높아져 회귀계수가 잘못 추정될 가능성이 증가하여 해석의 어려움(다중공선성 문제)이 따르게 된다. 이러한 단점을 보완하기 위하여 만든 것이 **수정결정계수**(adjusted coefficient of determination)이다.

$$
\begin{aligned}
adj.R^2 &= 1-\left(\frac{n-1}{n-p-1}\right)(1-R^2) \\
&= 1-\left(\frac{n-1}{n-p-1}\right)\left(1-\frac{SSR}{SST}\right) \\
&= 1-\left(\frac{n-1}{n-p-1}\right)\left(\frac{SSE}{SST}\right)
\end{aligned}
$$

adj. R^2 역시 독립변수의 수가 증가하면 adj. R^2의 변화량이 R^2 보다는 작지만 근본적인 문제를 해결해 주는 것은 아니다.

독립변수의 수 p가 증가하면 R^2는 커지지만 n-p-1은 작아지기 때문에 adj. R^2는 이 둘의 상충적인 효과를 서로 결합시키고 있다.

회귀모형의 유의성

표본회귀선이 통계적으로 타당한가? 또는 유의한가?

$H_0 : \beta = 0$ → H_0 : 회귀모형이 타당하지 않다.

$H_1 : \beta \neq 0$ → H_1 : 회귀모형이 타당하다.

<u>분산분석표(ANOVA Table)</u>

요인	제곱합(SS)	자유도	평균제곱(MS)	F	P-값
회귀	*SSR*	1	*MSR*	*MSR/MSE*	p
잔차	*SSE*	*n*-2	*MSE*		
전체	*SST*	*n*-1			

회귀분석 절차

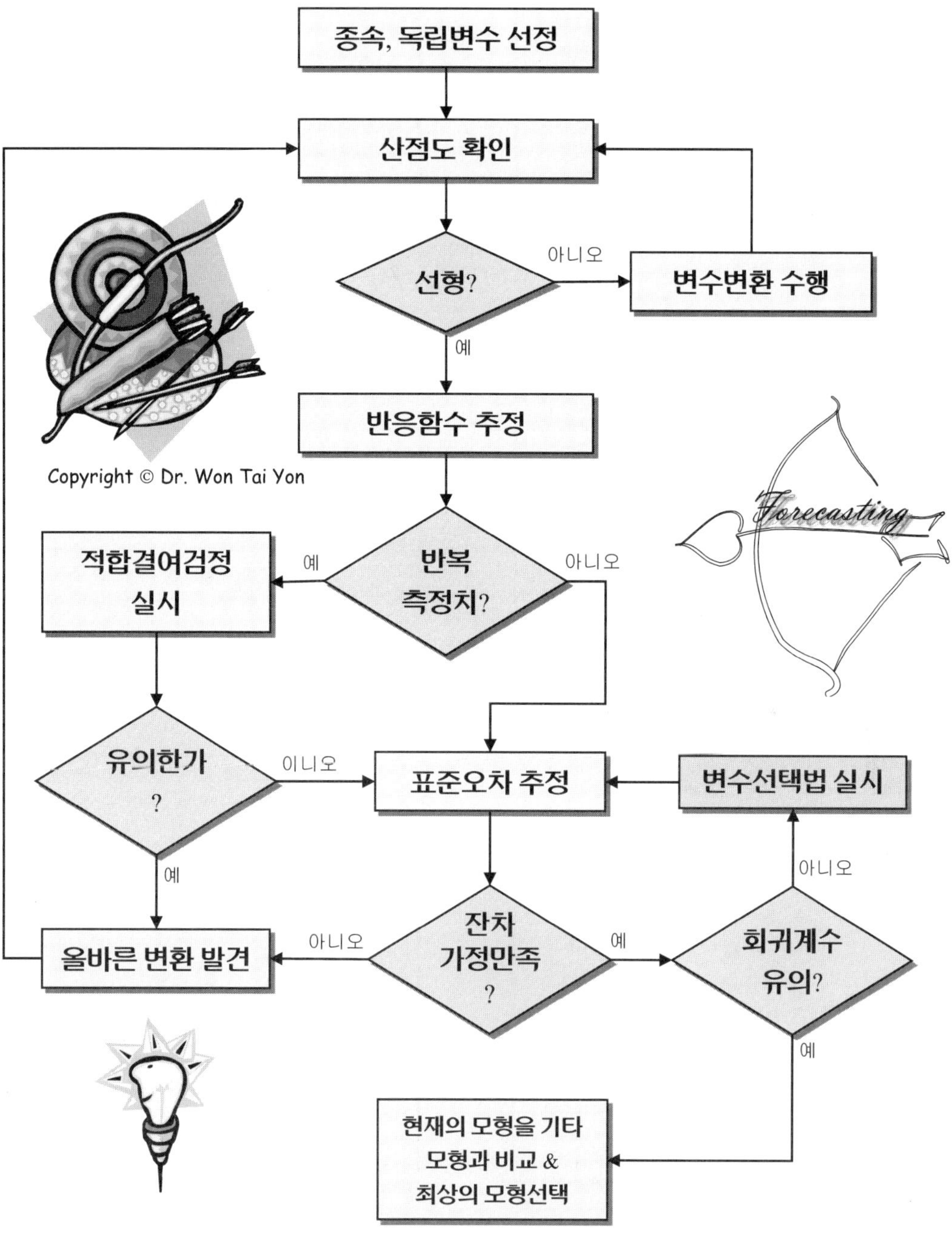
종속, 독립변수 선정
산점도 확인
선형?
아니오
변수변환 수행
예
반응함수 추정
반복
측정치?
예
아니오
적합결여검정
실시
유의한가
?
아니오
예
표준오차 추정
변수선택법 실시
아니오
잔차
가정만족
?
아니오
예
올바른 변환 발견
회귀계수
유의?
예
현재의 모형을 기타
모형과 비교 &
최상의 모형선택
Copyright © Dr. Won Tai Yon
Forecasting

산점도와 상관계수

$$R = \pm\sqrt{R^2}$$

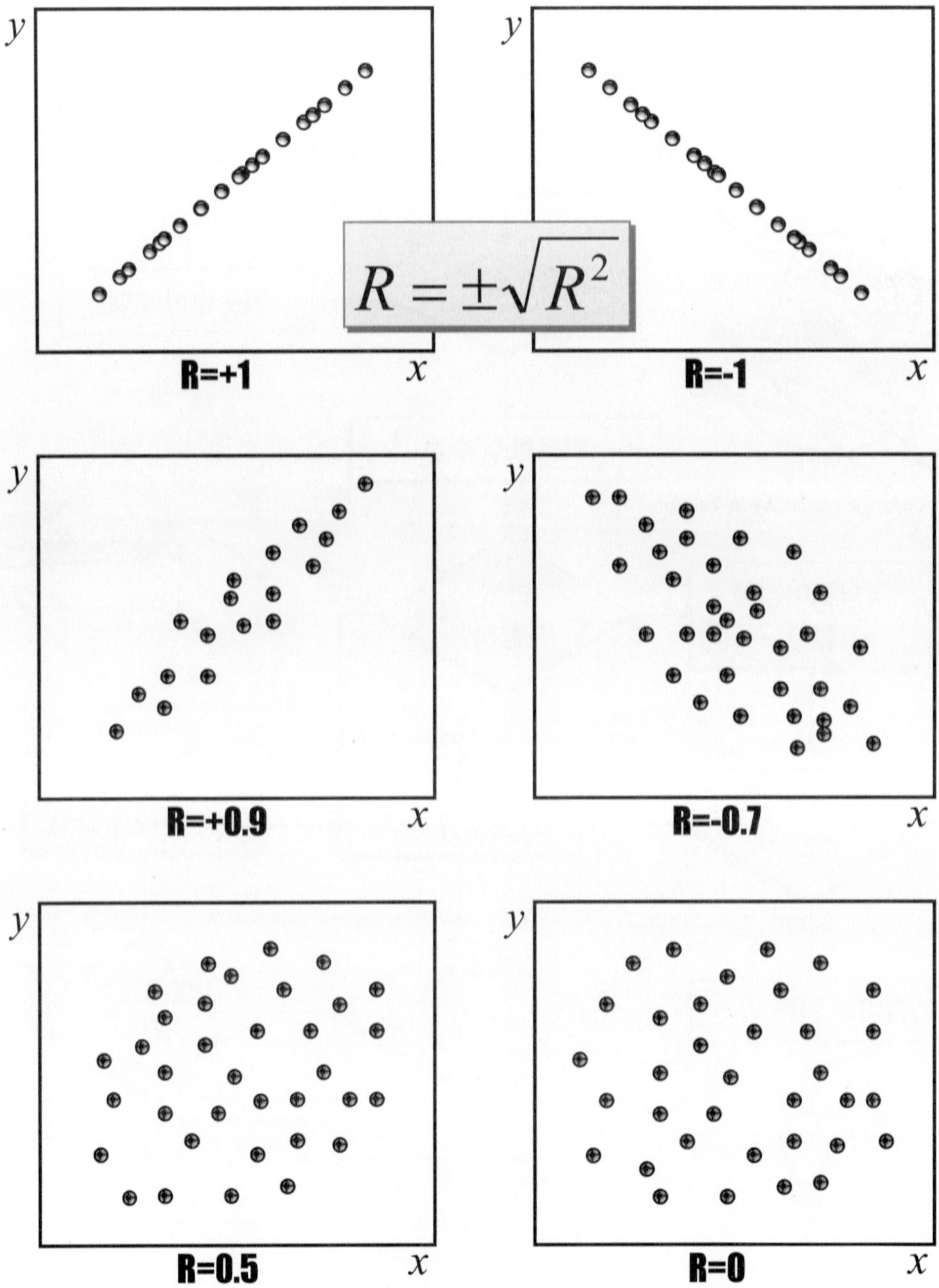

행렬 산점도

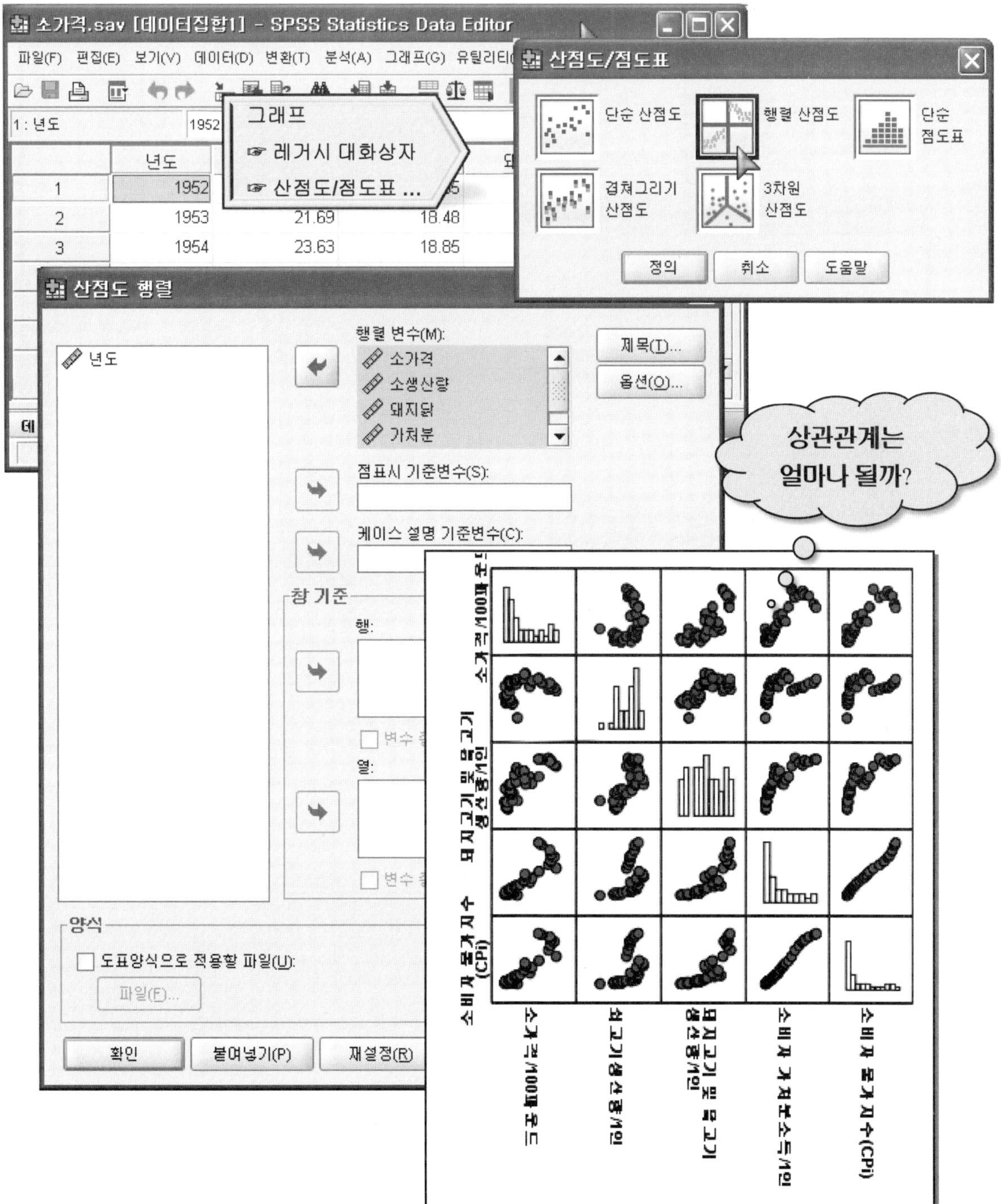

소가격.sav [데이터집합1] - SPSS Statistics Data Editor
파일(F) 편집(E) 보기(V) 데이터(D) 변환(T) 분석(A) 그래프(G) 유틸리티
그래프
☞ 레거시 대화상자
☞ 산점도/점도표 ...
산점도/점도표
단순 산점도
행렬 산점도
단순 점도표
겹쳐그리기 산점도
3차원 산점도
정의
취소
도움말
산점도 행렬
년도
행렬 변수(M):
소가격
소생산량
돼지닭
가처분
점표시 기준변수(S):
케이스 설명 기준변수(C):
창 기준
행:
열:
양식
도표양식으로 적용할 파일(U):
파일(F)...
확인
붙여넣기(P)
재설정(R)
제목(T)...
옵션(O)...
상관관계는 얼마나 될까?
소가격/100파운드
쇠고기생산량/1인
돼지고기 및 닭고기 생산량/1인
소비자 가처분소득/1인
소비자 물가지수(CPI)

상관계수

상관계수

통계량=Pearson 상관계수

	소가격/100파운드	쇠고기생산량/1인	돼지고기 및 닭고기 생산량/1인	소비자 가처분소득/1인	소비자 물가지수(CPi)
소가격/100파운드	1	.385*	.830**	.895**	.912**
쇠고기생산량/1인	.385*	1	.669**	.516**	.475**
돼지고기 및 닭고기 생산량/1인	.830**	.669**	1	.860**	.851**
소비자 가처분소득/1인	.895**	.516**	.860**	1	.996**
소비자 물가지수(CPi)	.912**	.475**	.851**	.996**	1

*. 상관계수는 0.05 수준(양쪽)에서 유의합니다.

**. 상관계수는 0.01 수준(양쪽)에서 유의합니다.

단순회귀 실행

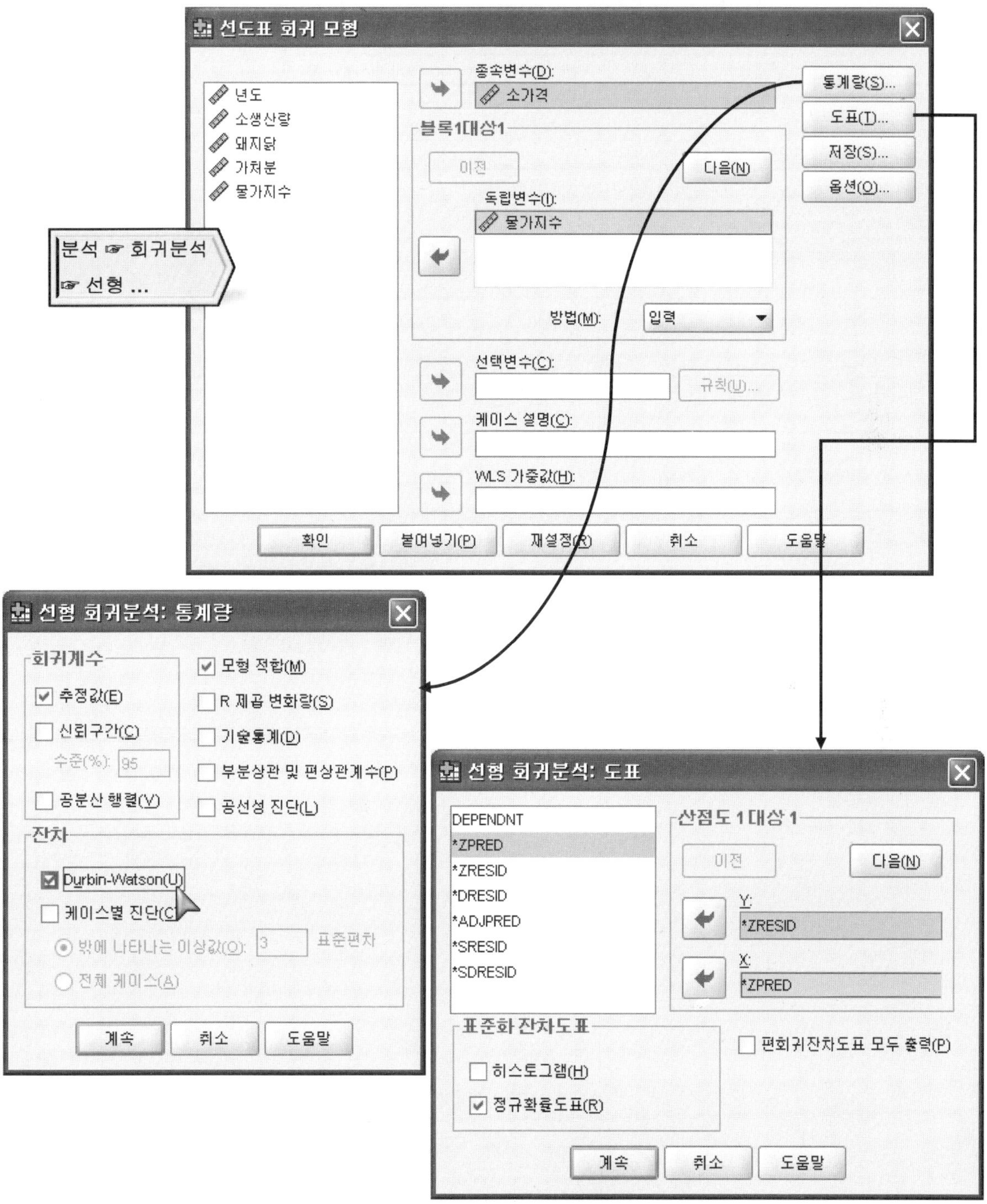
선도표 회귀 모형
년도
소생산량
돼지닭
가처분
물가지수
종속변수(D):
소가격
블록1대상1
이전
다음(N)
독립변수(I):
물가지수
방법(M):
입력
선택변수(C):
규칙(U)...
케이스 설명(C):
WLS 가중값(H):
통계량(S)...
도표(T)...
저장(S)...
옵션(O)...
확인
붙여넣기(P)
재설정(R)
취소
도움말
분석 ☞ 회귀분석
☞ 선형 ...
선형 회귀분석: 통계량
회귀계수
추정값(E)
신뢰구간(C)
수준(%): 95
공분산 행렬(V)
모형 적합(M)
R 제곱 변화량(S)
기술통계(D)
부분상관 및 편상관계수(P)
공선성 진단(L)
잔차
Durbin-Watson(U)
케이스별 진단(C)
밖에 나타나는 이상값(O): 3 표준편차
전체 케이스(A)
계속
취소
도움말
선형 회귀분석: 도표
DEPENDNT
*ZPRED
*ZRESID
*DRESID
*ADJPRED
*SRESID
*SDRESID
산점도 1 대상 1
이전
다음(N)
Y:
*ZRESID
X:
*ZPRED
표준화 잔차도표
히스토그램(H)
정규확률도표(R)
편회귀잔차도표 모두 출력(P)
계속
취소
도움말

3차원 산점도-회전모드

분산분석[b]

모형		제곱합	자유도	평균 제곱	F	유의확률
1	회귀 모형	8094.588	1	8094.588	162.768	.000[a]
	잔차	1641.115	33	49.731		
	합계	9735.702	34			

a. 예측값: (상수), 소비자 물가지수(CPi)

b. 종속변수: 소가격/100파운드

계수[a]

모형		비표준화 계수		표준화 계수		
		B	표준 오차 오류	베타	t	유의확률
1	(상수)	10.242	2.512		4.078	.000
	소비자 물가지수(CPi)	.189	.015	.912	12.758	.000

a. 종속변수: 소가격/100파운드

$$소가격 = 10.242 + 0.189 \times CPI$$

적합된 회귀식의 절편 및 회귀계수가 모두 유의하나 아직 오차항에 대한 4가지 가정사항을 검토하지 않았으므로 현재 적합된 회귀식을 적용해야 할지는 아직 결정할 수가 없다.

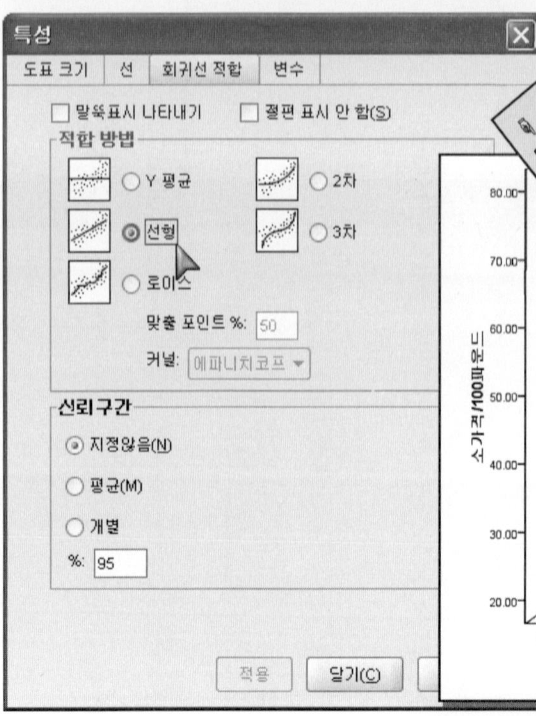

그래프
☞ 레거시 대화상자
☞ 산점도 ...

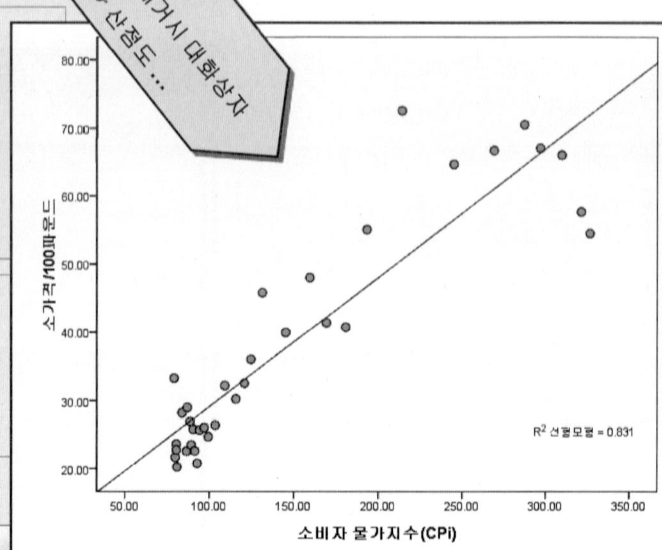

단순회귀직선

그래프는 수치 그 이상의 많은 정보를 보다 이해하기 쉬운 방식으로 전달할 수 있다. 다음의 4가지 데이터 셋은 모두 동일한 회귀식으로 적합된다. 즉 평균과 분산이 같고, 기울기와 절편이 같다. 데이터 셋들 간의 주요 차이점을 지적할 수 있겠는가? 이들 모두 선형회귀분석이 적절한가?

X1	Y1	X2	Y2	X3	Y3	X4	Y4
10	8.04	10	9.14	10	7.46	8	6.58
8	6.95	8	8.14	8	6.77	8	5.76
13	7.58	13	8.74	13	12.74	8	7.71
9	8.81	9	8.77	9	7.11	8	8.84
11	8.33	11	9.26	11	7.81	8	8.47
14	9.96	14	8.1	14	8.84	8	7.04

- **Data Set 1** 회귀의 기본 가정사항을 만족하는 것 같다.
- **Data Set 2** 두 변수간의 상관성은 있으나 선형이 아니다.
- **Data Set 3** 정확하게 선형이지만 이상치가 하나 존재한다.
- **Data Set 4** 단지 **2**개의 특정 **x**값에서만 예측할 수 있으며 이는 산점도를 보기 전에는 이러한 특징을 알 수 없다.

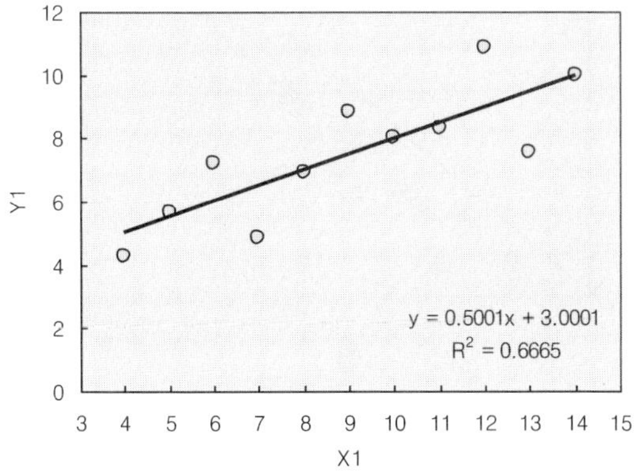

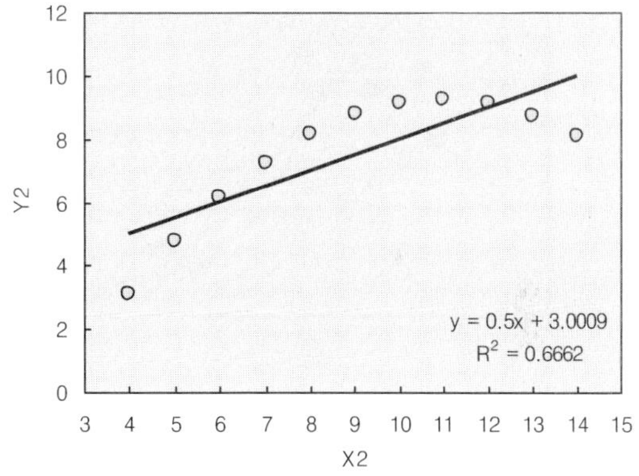

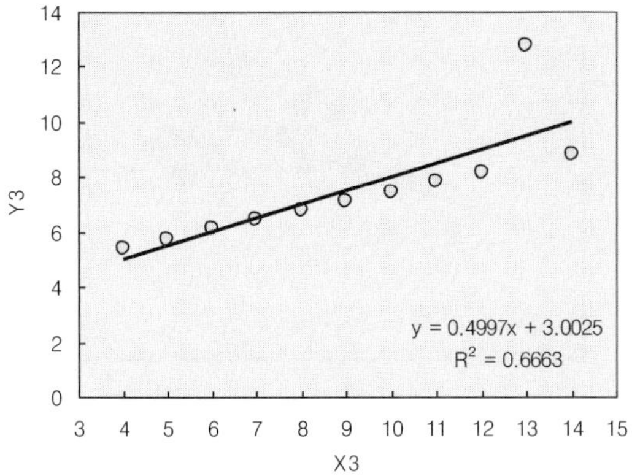

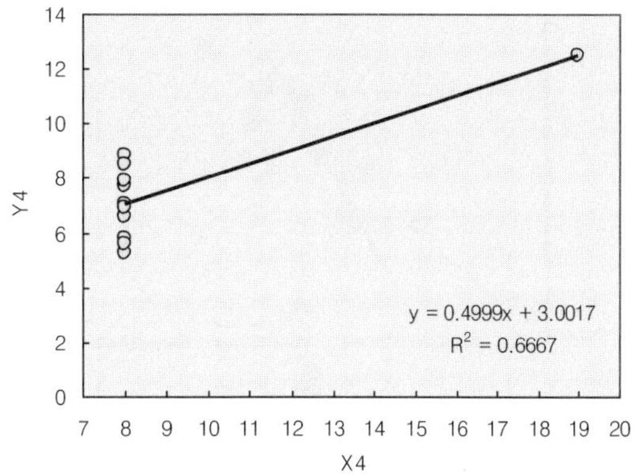

영향력 관측값의 영향

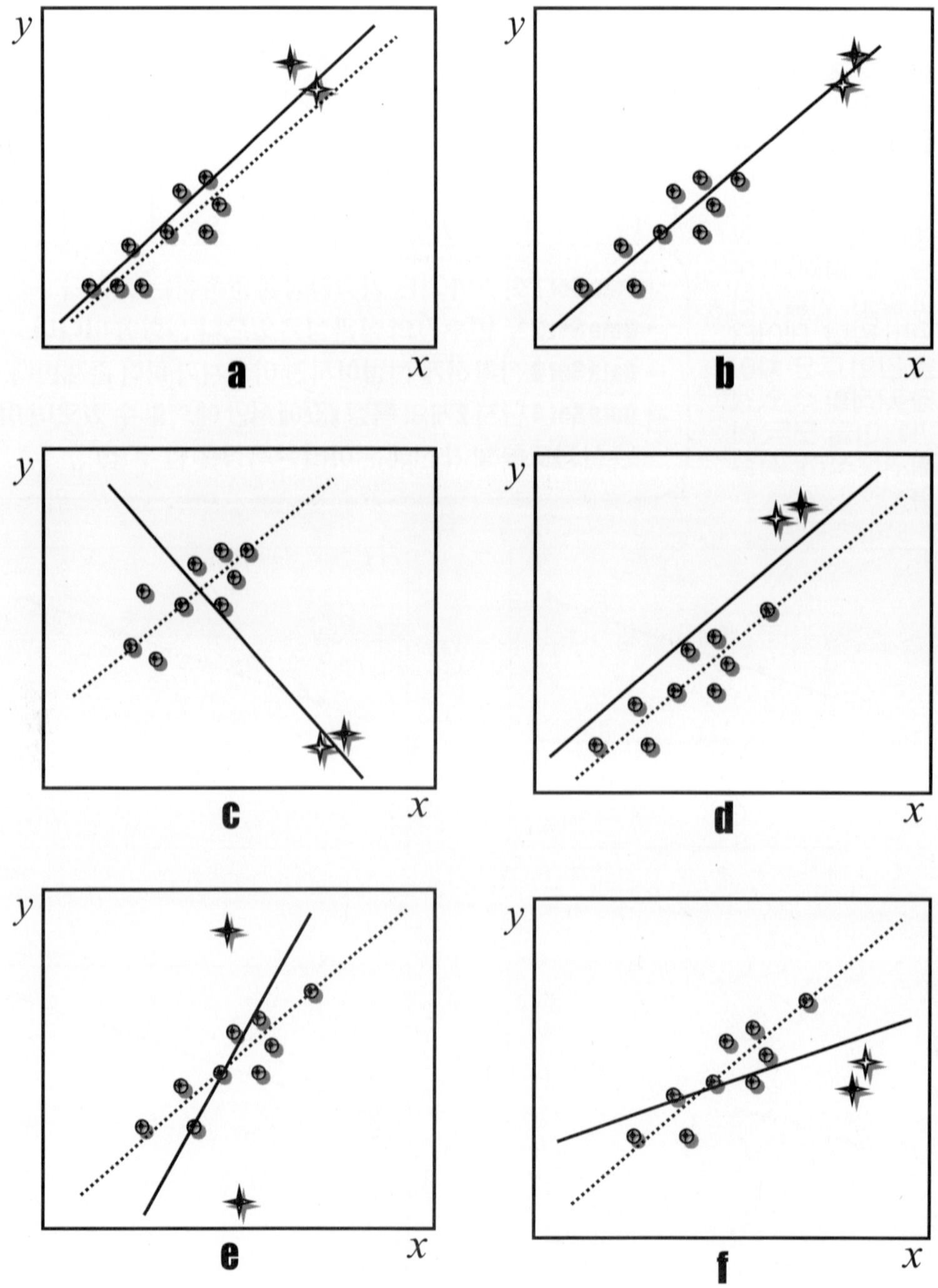

오차항에 대한 4가정

가정	확인
정규성 (Normality)	P-P 도표
독립성 (Independence)	D-W 통계량
등분산성 (Equal Var.)	잔차도표
선형성 (Linearity)	잔차도표

iid : identically independent distribution

정규확률도표

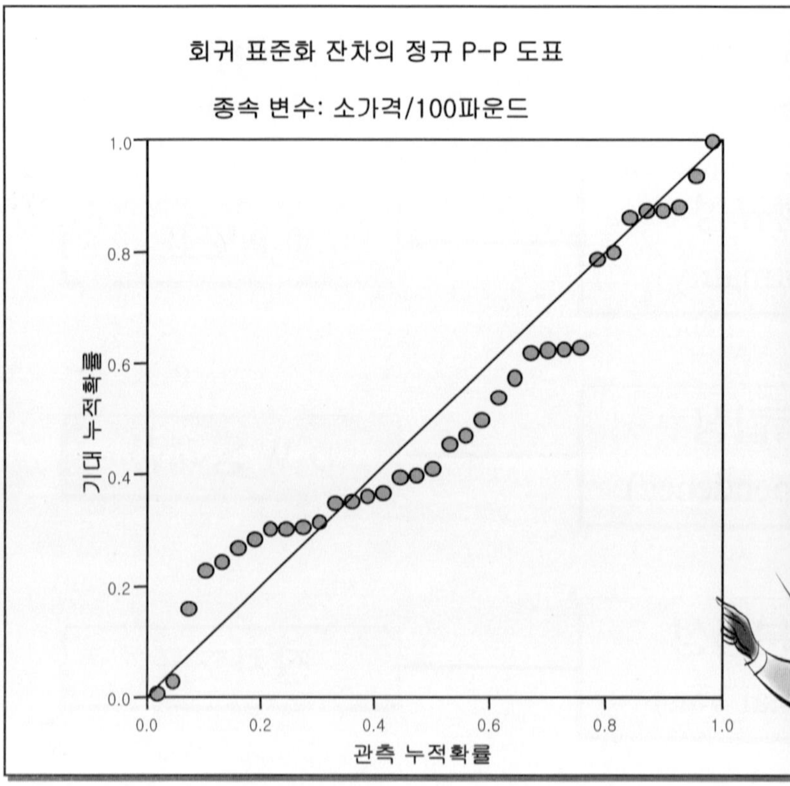

위의 도표는 정규확률도표로 각 점들이 대각선 상에 정확하게 놓여 있으면 잔차(residuals)가 정규성(normality)을 만족하게 된다. 그런데 잔차는 오차(error)를 추정량이므로 역시 오차항이 정규성을 만족한다고 추론할 수 있다. 일반적으로 대각선 상의 점들이 크게 벗어나지 않으면 정규성을 만족하는 것으로 간주하게 된다. 여기에서의 형상 역시 잔차가 정규성을 만족하는 것으로 판단할 수 있다. 다음 두 페이지에 걸쳐 정규 P-P 도표와 이에 대응하는 분포의 형태를 그림으로 요약하였으므로 이를 참조하여 판단하기 바란다.

P-P 도표 판정-1

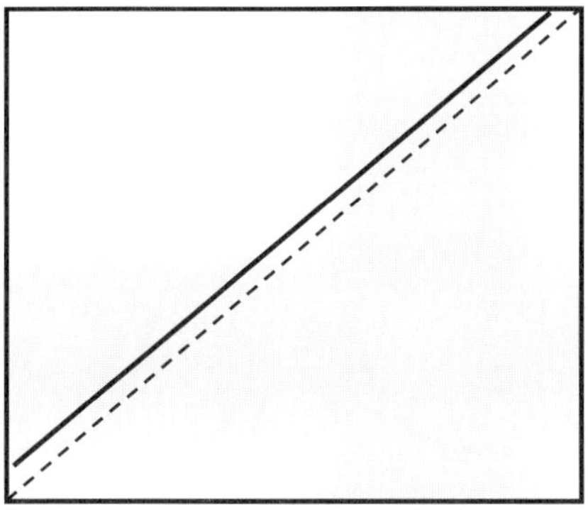

P-P 도표

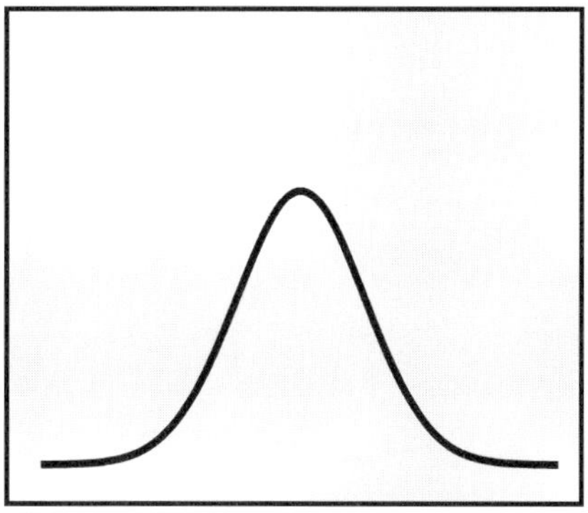

정규분포

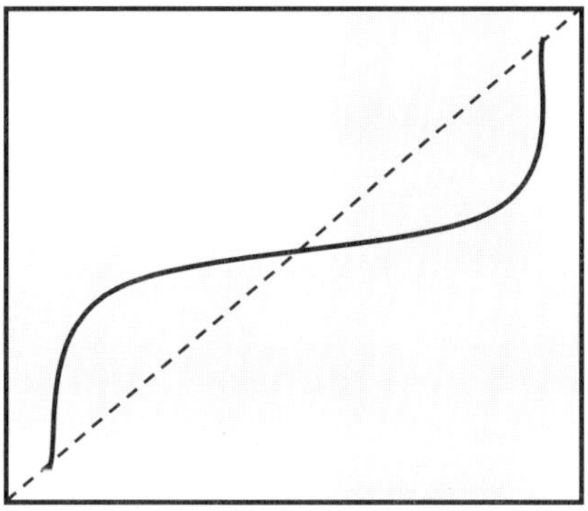

P-P 도표

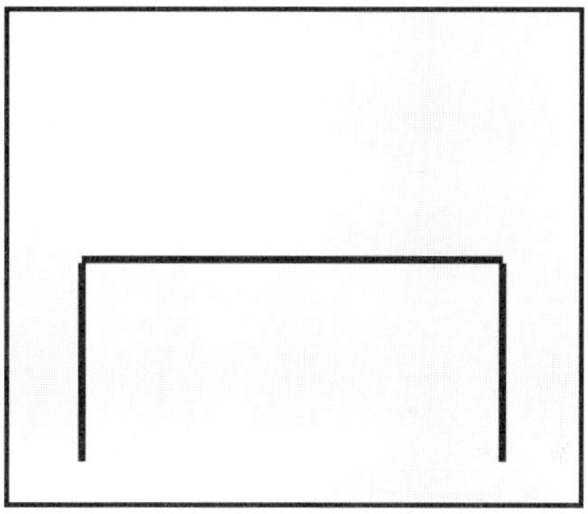

균일분포

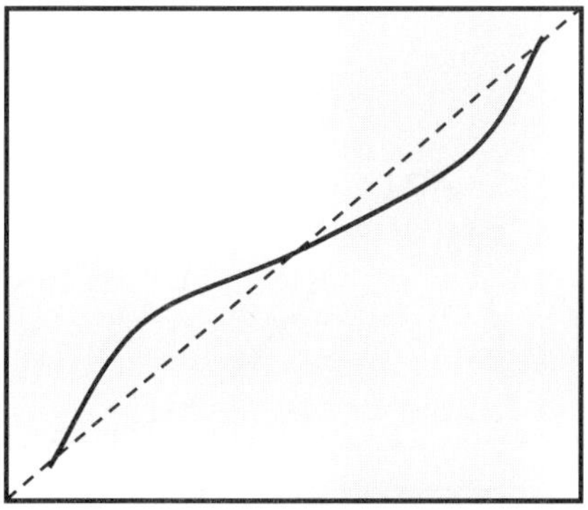

P-P 도표

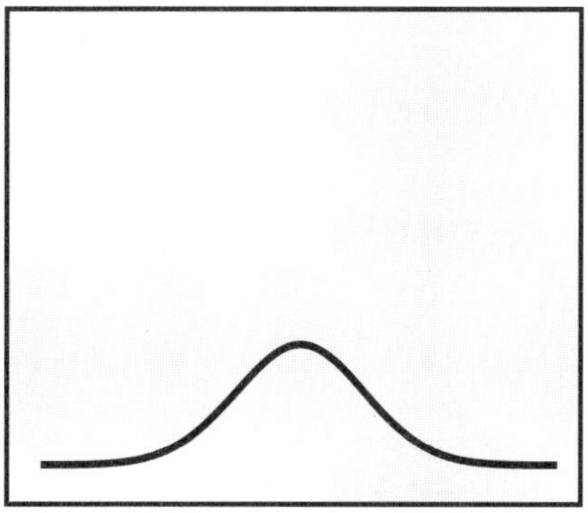

납작한 분포

P-P 도표 판정-2

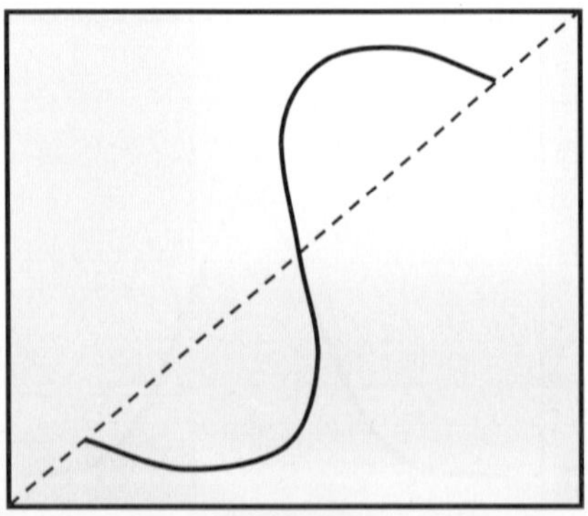

P-P 도표

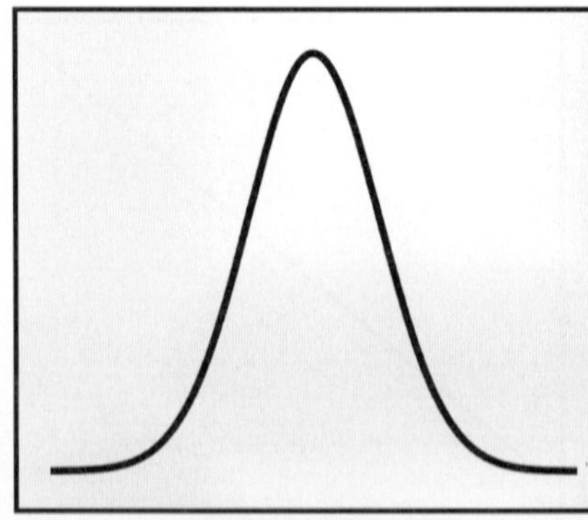

뾰족한 분포

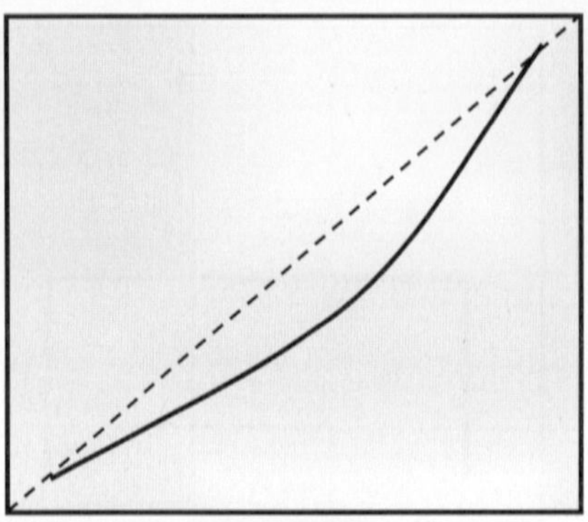

P-P 도표

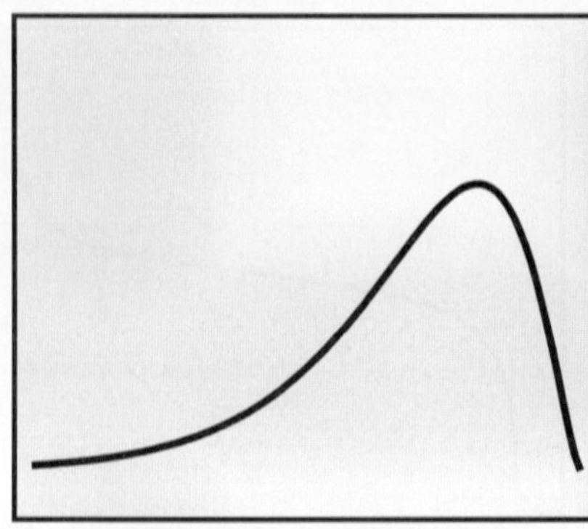

왼쪽으로 긴 꼬리 분포

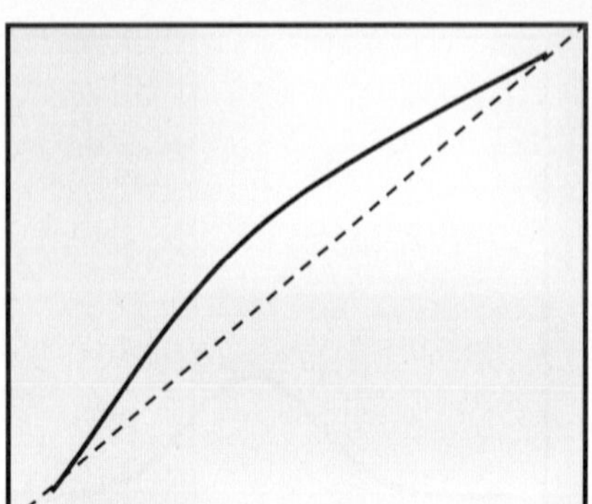

P-P 도표

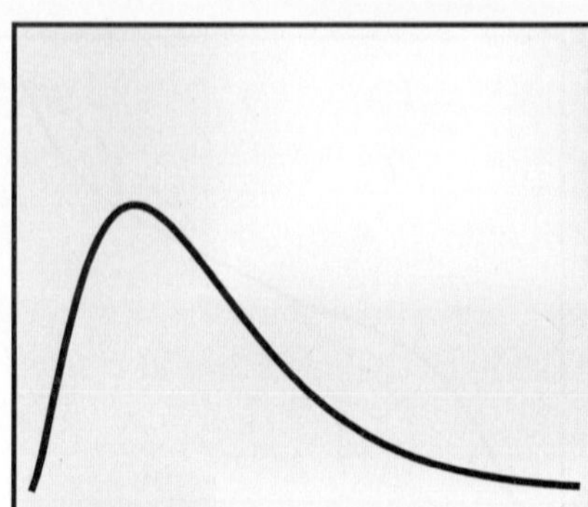

오른쪽으로 긴 꼬리 분포

잔차의 독립성

1차 자기상관이 존재하지 않으면 2차 이상의 자기상관도 존재하지 않는 것으로 생각하는 것이 타당하다. 그러므로 1차 자기상관이 존재하지 않으면 오차항에 대한 독립성을 가정할 수 있다.

$$DW = 2(1-r)$$

r은 1차 자기상관계수

$$r = +1 \;\Rightarrow\; DW = 0$$
$$r = 0 \;\Rightarrow\; DW = 2$$
$$r = -1 \;\Rightarrow\; DW = 4$$

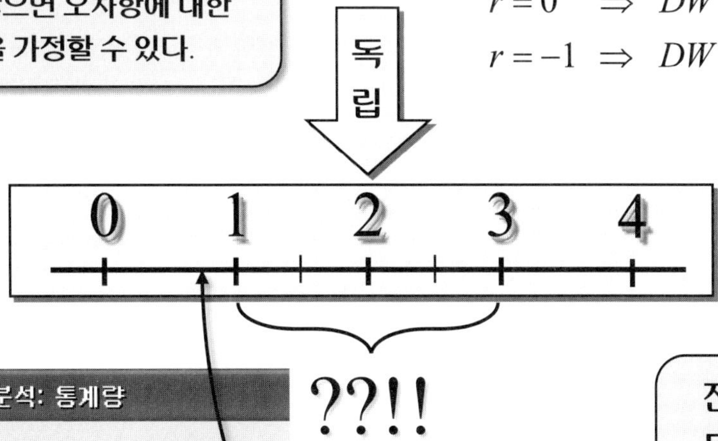

잔차의 독립성 검토

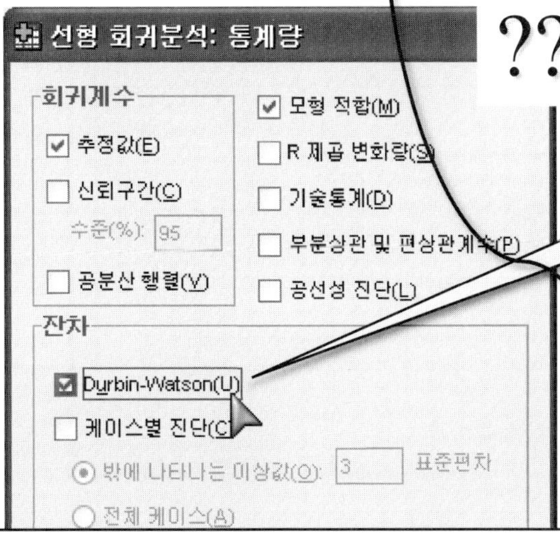

모형 요약[b]

모형	R	R 제곱	수정된 R 제곱	표준 오차 추정값의 표준오차	Durbin-Watson
1	.912[a]	.831	.826	7.05200	.750

a. 예측값: (상수), 소비자 물가지수(CPi)

b. 종속변수: 소가격/100파운드

D-W 통계량이 0.750으로 대략 1~3 사이의 범위에 포함되지 않았으므로 이는 양의 1차 자기상관을 가진다고 할 수 있다. 어림잡아 약 0.5가 넘으므로 이는 단순선형회귀의 기본가정 중의 하나인 오차항의 독립성 가정을 만족하지 않는 것으로 판단된다. 그러므로 이는 시계열 모형을 고려해야 될 것으로 판단된다.

잔차도표 및 검토

케이스별 진단a				
케이스 번호	표준 오차 잔차	소가격/100 파운드	예측값	잔차
28	3.093	72.51	50.6972	21.81282

a. 종속변수: 소가격/100파운드

다음의 도표는 잔차도표로 대략적으로 수평선 '0'를 중심으로 산점들의 띠가 고르게 되어 있으면 등분산성과 선형성을 만족하게 된다. 다음 페이지의 잔차도표를 참조하여 가장 이상적인 상태에 얼마나 가까운가를 확인하기 바란다.

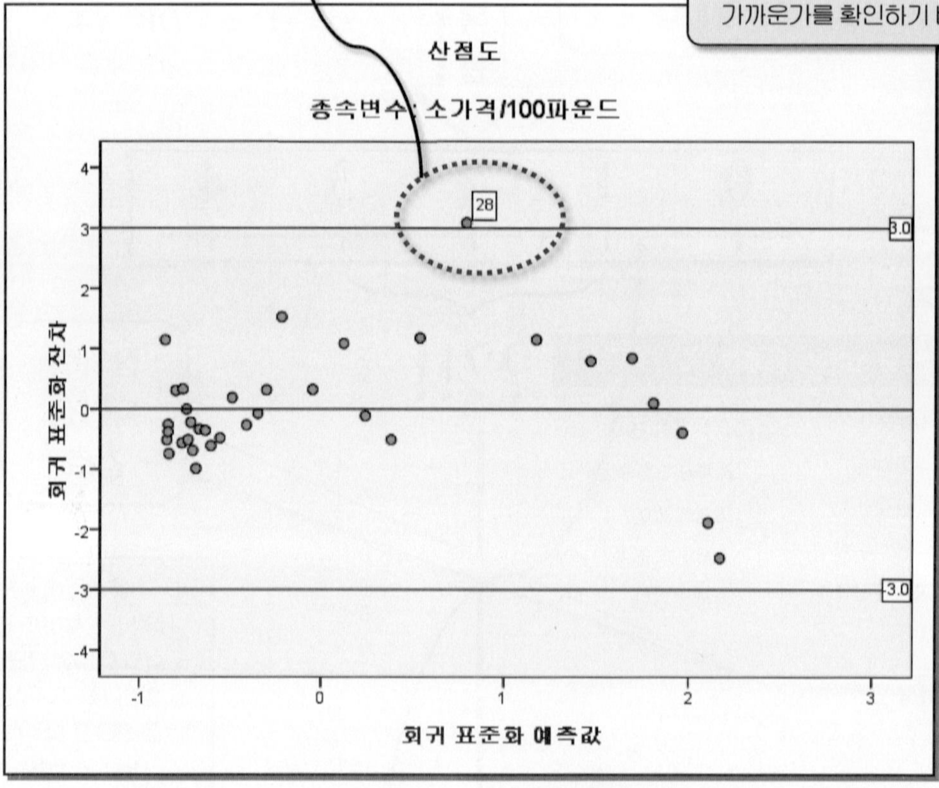

잔차 통계량a	최소값	최대값	평균	표준 오차 편차	N
예측값	25.2071	71.9357	38.4486	15.42972	35
잔차	-17.41572	21.81282	.00000	6.94752	35
표준 오차 예측값	-.858	2.170	.000	1.000	35
표준 오차 잔차	-2.470	3.093	.000	.985	35

a. 종속변수: 소가격/100파운드

잔차도표 판정

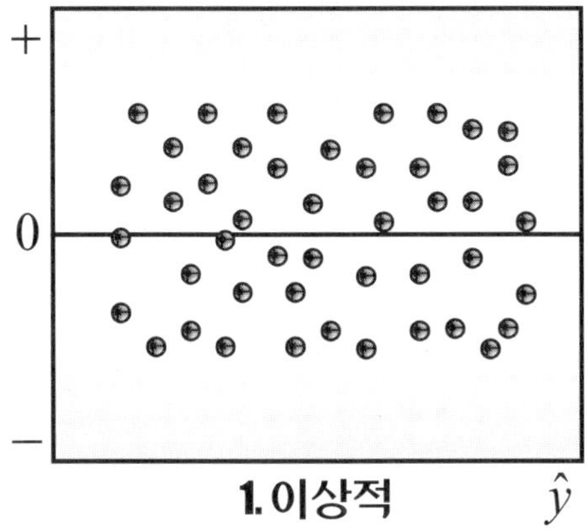

1. 이상적

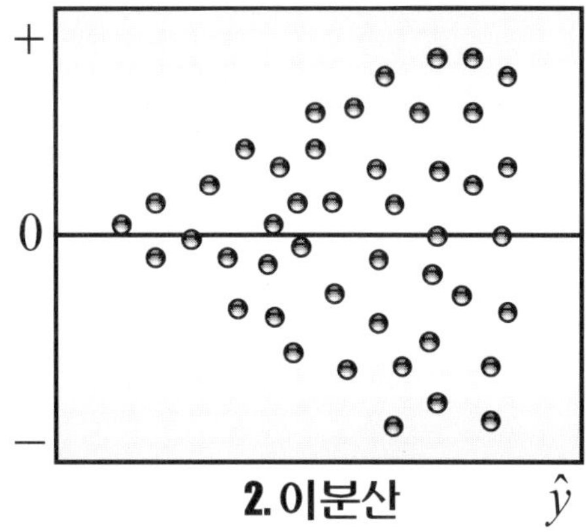

2. 이분산

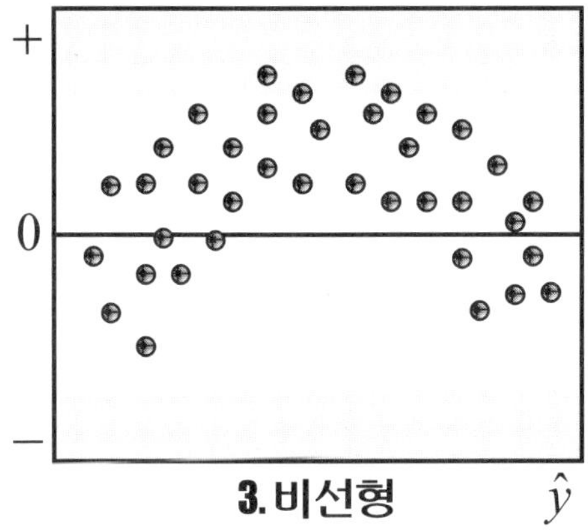

3. 비선형

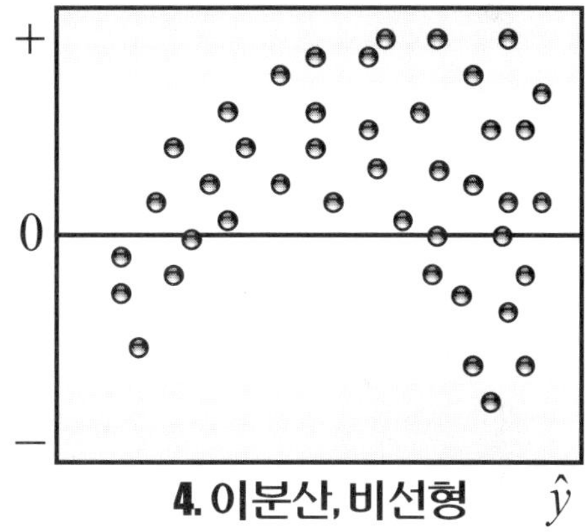

4. 이분산, 비선형

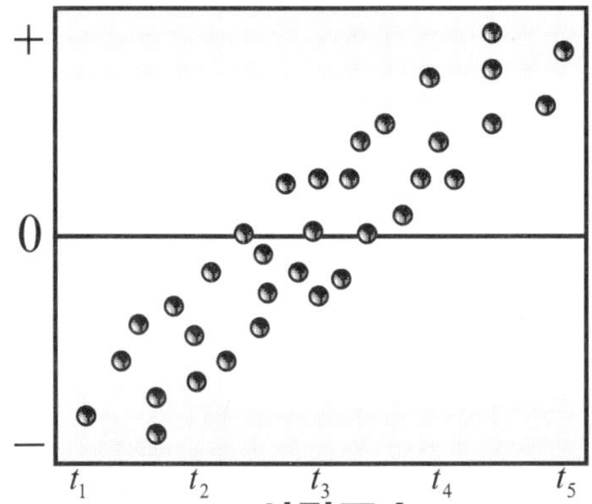

a. 시간종속

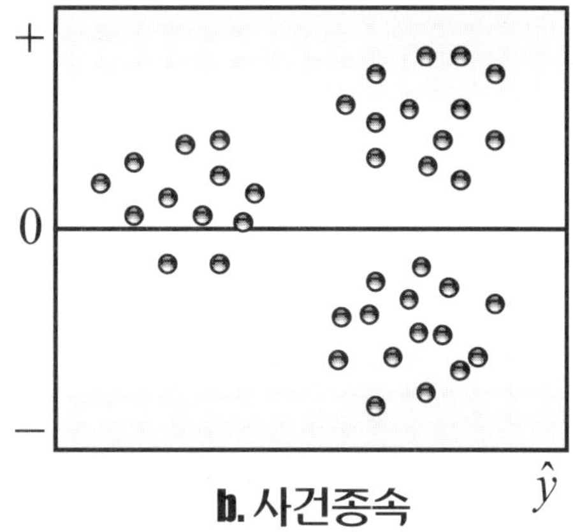

b. 사건종속

다중선형회귀모형

Multiple Linear Regression Model

다중회귀모형

단순선형회귀모형

$$y_i = \alpha + \beta\, x_i + \varepsilon_i \quad , i = 1,2,\cdots,n$$

$$\begin{pmatrix} y_1 \\ y_2 \\ \vdots \\ y_n \end{pmatrix} = \begin{pmatrix} 1 & x_1 \\ 1 & x_2 \\ \vdots & \vdots \\ 1 & x_n \end{pmatrix} \begin{pmatrix} \alpha \\ \beta \end{pmatrix} + \begin{pmatrix} \varepsilon_1 \\ \varepsilon_2 \\ \vdots \\ \varepsilon_n \end{pmatrix}$$

다중선형회귀모형

$$y_i = \alpha + \beta_1\, x_{1i} + \beta_2\, x_{2i} + \cdots + \beta_p\, x_{pi} + \varepsilon_i \quad , i = 1,2,\cdots,n$$

$$\underbrace{\begin{pmatrix} y_1 \\ y_2 \\ \vdots \\ y_n \end{pmatrix}}_{\mathbf{y}} = \underbrace{\begin{pmatrix} 1 & x_{11} & x_{21} & \cdots & x_{p1} \\ 1 & x_{12} & x_{22} & \cdots & x_{p2} \\ \vdots & \vdots & \vdots & & \vdots \\ 1 & x_{1n} & x_{2n} & \cdots & x_{pn} \end{pmatrix}}_{\mathbf{X}} \underbrace{\begin{pmatrix} \alpha \\ \beta_1 \\ \vdots \\ \beta_p \end{pmatrix}}_{\boldsymbol{\beta}} + \underbrace{\begin{pmatrix} \varepsilon_1 \\ \varepsilon_2 \\ \vdots \\ \varepsilon_n \end{pmatrix}}_{\boldsymbol{\varepsilon}}$$

$$\mathbf{y} = \mathbf{X}\boldsymbol{\beta} + \boldsymbol{\varepsilon}, \quad \boldsymbol{\varepsilon} \sim N(\mathbf{0}, \sigma^2\mathbf{I})$$

최소제곱 추정량

$$\underbrace{\begin{pmatrix} y_1 \\ y_2 \\ \vdots \\ y_n \end{pmatrix}}_{\mathbf{y}} = \underbrace{\begin{pmatrix} 1 & x_{11} & x_{21} & \cdots & x_{p1} \\ 1 & x_{12} & x_{22} & \cdots & x_{p2} \\ \vdots & \vdots & \vdots & & \vdots \\ 1 & x_{1n} & x_{2n} & \cdots & x_{pn} \end{pmatrix}}_{\mathbf{X}} \underbrace{\begin{pmatrix} \alpha \\ \beta_1 \\ \vdots \\ \beta_p \end{pmatrix}}_{\boldsymbol{\beta}} + \underbrace{\begin{pmatrix} \varepsilon_1 \\ \varepsilon_2 \\ \vdots \\ \varepsilon_n \end{pmatrix}}_{\boldsymbol{\varepsilon}}$$

$$\begin{aligned} Q &= \sum \varepsilon_i^2 = \boldsymbol{\varepsilon}'\boldsymbol{\varepsilon} = (\mathbf{y} - \mathbf{X}\boldsymbol{\beta})'(\mathbf{y} - \mathbf{X}\boldsymbol{\beta}) \\ &= \mathbf{y}'\mathbf{y} - \boldsymbol{\beta}'\mathbf{X}'\mathbf{y} - \mathbf{y}'\mathbf{X}\boldsymbol{\beta} + \boldsymbol{\beta}'\mathbf{X}'\mathbf{X}\boldsymbol{\beta} \\ &= \mathbf{y}'\mathbf{y} - 2\boldsymbol{\beta}'\mathbf{X}'\mathbf{y} + \boldsymbol{\beta}'\mathbf{X}'\mathbf{X}\boldsymbol{\beta} \end{aligned}$$

$$\frac{\partial Q}{\partial \boldsymbol{\beta}} = -2\mathbf{X}'\mathbf{y} + 2\mathbf{X}'\mathbf{X}\boldsymbol{\beta} = 0$$

$$\mathbf{b} = \begin{pmatrix} a \\ b_1 \\ \vdots \\ b_p \end{pmatrix}$$

최소제곱 정규방정식:

$$(\mathbf{X}'\mathbf{X})\mathbf{b} = \mathbf{X}'\mathbf{y}$$

최소제곱 추정량:

$$\mathbf{b} = (\mathbf{X}'\mathbf{X})^{-1}\mathbf{X}'\mathbf{y}$$

분산분석

표본회귀선이 통계적으로 타당한가? 또는 유의한가?

$H_0 : \beta_1 = \cdots = \beta_p = 0$
$H_1 : H_0$이 사실이 아니다.

⇨

H_0 : 회귀모형이 타당하지 않다.
H_1 : 회귀모형이 타당하다.

분산분석표(ANOVA Table)

요인	제곱합(SS)	자유도	평균제곱(MS)	F	P-값
회귀	SSR	p	MSR	MSR/MSE	유의확률
잔차	SSE	n-p-1	MSE		
전체	SST	n-1			

$$MSR = \frac{SSR}{p}, \quad MSE = \frac{SSE}{n-p-1}$$

$$\begin{aligned} SST &= \sum_{i=1}^{n} (y_i - \bar{y})^2 \\ &= \sum y_i^2 - n(\bar{y})^2 \\ &= \mathbf{y}'\mathbf{y} - n(\bar{y})^2 \end{aligned}$$

$$\begin{aligned} n(\bar{y})^2 &= \tfrac{1}{n}(\sum y_i)^2 \\ &= \mathbf{y}'\mathbf{1}\mathbf{1}'\mathbf{y}/n \\ &= \mathbf{y}'\left(\tfrac{\mathbf{J}}{n}\right)\mathbf{y} \end{aligned}$$

$$\begin{aligned} SSR &= \sum_{i=1}^{n} (\hat{y}_i - \bar{y})^2 \\ &= \sum \hat{y}_i^2 - n(\bar{y})^2 \\ &= \hat{\mathbf{y}}'\hat{\mathbf{y}} - n(\bar{y})^2 \\ &= \mathbf{b}'\mathbf{X}'\hat{\mathbf{y}} - n(\bar{y})^2 \\ &= \mathbf{b}'\mathbf{X}'\mathbf{X}\mathbf{b} - n(\bar{y})^2 \\ &= \mathbf{b}'\mathbf{X}'\mathbf{X}(\mathbf{X}'\mathbf{X})^{-1}\mathbf{X}'\mathbf{y} - n(\bar{y})^2 \\ &= \mathbf{b}'\mathbf{X}'\mathbf{y} - n(\bar{y})^2 \end{aligned}$$

$$\begin{aligned} SSE &= SST - SSR \\ &= \mathbf{y}'\mathbf{y} - \mathbf{b}'\mathbf{X}'\mathbf{y} \end{aligned}$$

회귀선의 정도

관측점들이 회귀선 주위에 어떻게 분포되어 있으며, 적합된 회귀선이 얼마나 관측점들을 잘 대변하고 있는가를 판단하기 위한 방법, 즉 회귀선의 정도(precision)를 측정하는 방법...

(1) 표본회귀선의 주위에 관측점들이 흩어진 정도를 나타내는 추정의 표준오차(standard error)로 측정하는 방법

(2) 관측점들의 변동을 표본회귀선이 얼마나 잘 설명해 주는가를 상대적으로 나타내는 결정계수(coefficient of determination; r^2)로 측정하는 방법

(1) **추정의 표준오차**

$$MSE = \frac{\sum (y_i - \hat{y}_i)^2}{n-p-1} = \frac{\mathbf{y}'\mathbf{y} - \mathbf{b}'\mathbf{X}'\mathbf{y}}{n-p-1} = \frac{\mathbf{y}'[\mathbf{I} - \mathbf{X}(\mathbf{X}'\mathbf{X})^{-1}\mathbf{X}']\mathbf{y}}{n-p-1}$$

(2) **결정계수**

$$\frac{SST}{SST} = \frac{SSR}{SST} + \frac{SSE}{SST}$$

$$1 = \frac{SSR}{SST} + \frac{SSE}{SST}$$

$$R^2 = \frac{SSR}{SST} = \frac{\sum (\hat{y}_i - \bar{y})^2}{\sum (y_i - \bar{y})^2} = \frac{\mathbf{b}'\mathbf{X}'\mathbf{y} - n(\bar{y})^2}{\mathbf{y}'\mathbf{y} - n(\bar{y})^2}$$

또는

$$R^2 = 1 - \frac{SSE}{SST} = 1 - \frac{\mathbf{y}'\mathbf{y} - \mathbf{b}'\mathbf{X}'\mathbf{y}}{\mathbf{y}'\mathbf{y} - n(\bar{y})^2}, \quad 0 \le R^2 \le 1$$

1) $MSE \to 0$
2) $R^2 \to 1$
3) $p-$값 $< \alpha$

$\rightarrow$ ~일수록 좋다.

2개의 독립변수

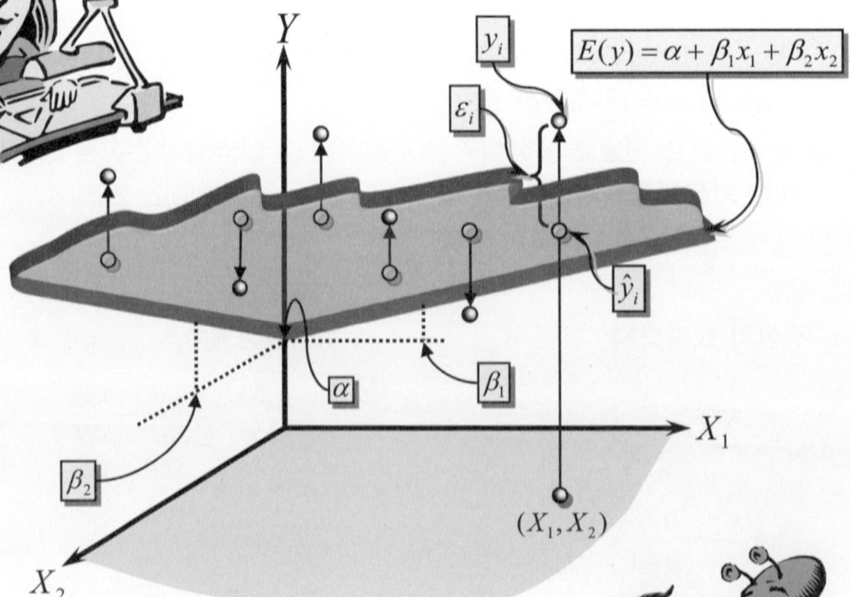

저자의 요청!

소가격을 종속변수로 하고 소비자 가처분소득과 물가지수(cpi)를 독립변수로 하여 다중회귀모형을 적합해 보고 회귀식이 쓸 만하다면 적합된 회귀식을 3D 그래프로 시각화를 시도해 보세요!

반응표면

다중회귀에서 회귀방정식은 때때로 **회귀면**(regression surface) 또는 **반응표면**(response surface)이라 부른다. Y절편인 α는 두 독립변수의 값이 동시에 '0'일 때 평균반응을 나타낸다. 그러므로 두 독립변수의 값이 '0'일 때 반드시 종속변수(Y)의 값이 '0'이 되어야 하는 경우는 상수항을 제거한 모형을 적합하여야 한다. β_1은 X_2를 고정 시키고 X_1의 단위가 증가할 경우 평균반응의 변화를 나타낸다. 이와 반대로 β_2는 역시 평균반응의 변화를 나타낸다.

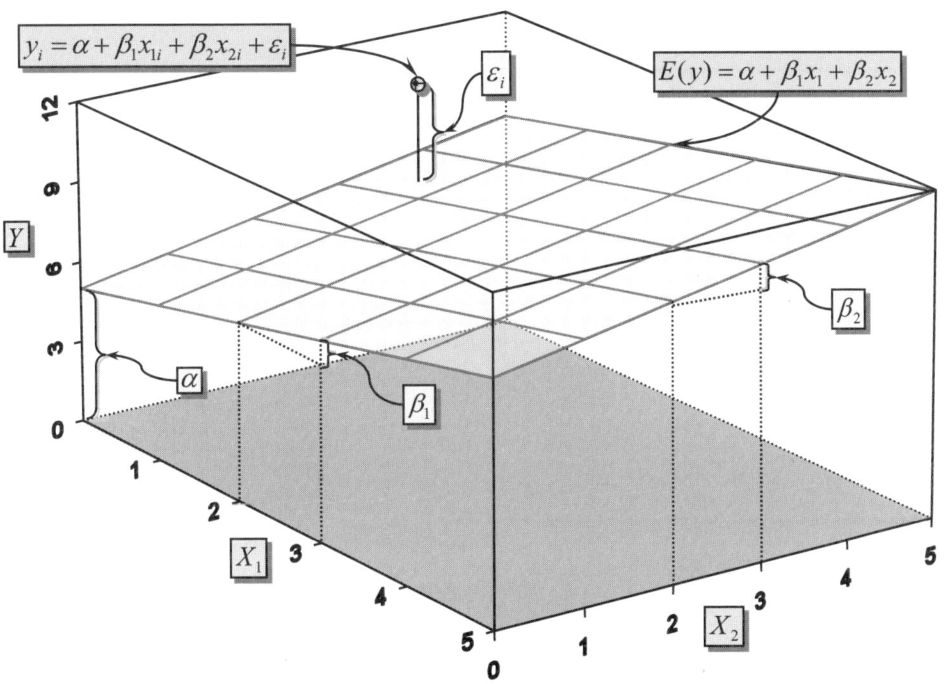

고정되어 있는 X_2의 수준의 변화는 절편에는 영향을 주지만 기울기 β_1에는 영향을 주지 않는다. 그러므로 β_1은 X_2의 수준에 관계없이 X_1의 단위증가에 따른 평균반응의 변화를 나타내는 것이다.

평균반응에 대한 X_1의 영향이 X_2의 수준에 따라 달라지지 않고 반대로 X_2의 영향이 X_1의 수준에 따라 달라지지 않는다면 두 독립변수는 **가법효과**(additive effects)를 갖지 않는다. 이는 두 독립변수가 서로 상호작용이 없음을 의미한다.

단순회귀의 다중공선성

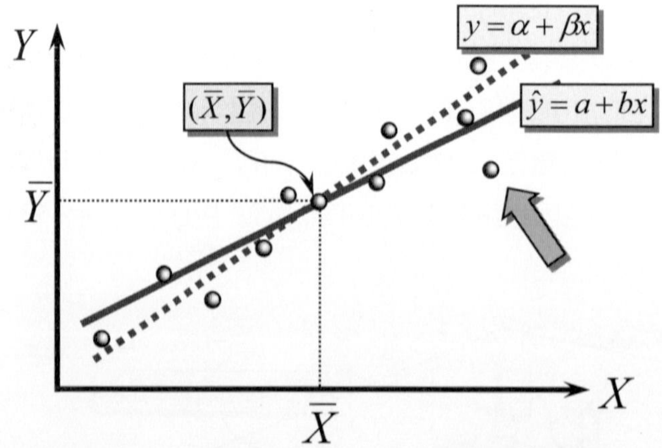

X의 변화가 큰 경우가 변화가 작은 경우보다 더 회귀계수 추정에 신뢰도가 좋다는 것을 알 수 있다.

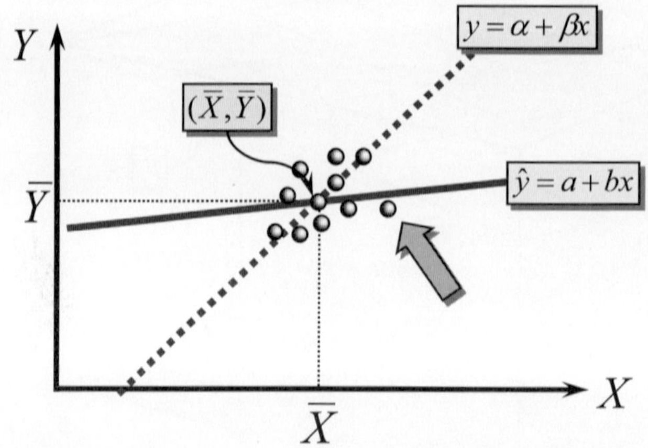

Multicollinearity

마지막 그림은 X의 모든 값들이 평균에 집중되어 있다. 이 경우는 기울기는 특정한 값으로 결정될 수 없다. $(\bar{X}, \bar{Y})$을 통과하는 여러 개의 기울기가 다른 직선들이 존재한다. 결과적으로 X의 값들이 거의 변화하지 않을 경우 Y에 대한 X의 영향은 민감하지 않다. 그러므로 Y에 대한 X의 영향을 검사하는 것이 목적이 아니라 Y를 예측하는 것이 목적이라면 이러한 X 값들의 집중은 문제되지 않는다. 즉 가장 훌륭한 예측값은 모든 직선들이 동일하게 예측하고 있는 $\bar{Y}$가 될 것이다.

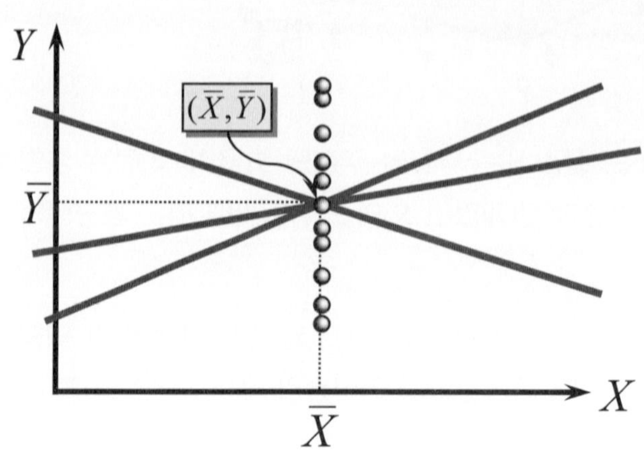

다중회귀의 다중공선성

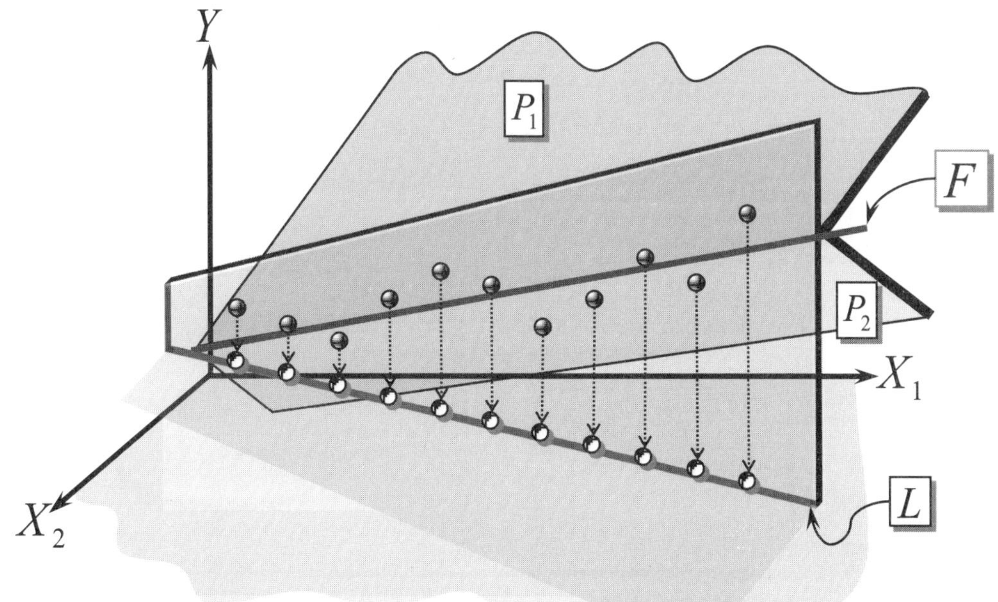

다중공선성 - Multicollinearity

직선 L은 독립변수 X_1과 X_2가 선형관계가 있음을 나타내며 모든 관측값들이 직선 L을 통과하는 평면 상에 놓여 있음을 나타낸다. **다중공선성**(multicollinearity)이란 2차원 공간(단순회귀)에서 Y를 설명하는데 가장 최적의 적합은 직선이 아니라 하나의 점 $(\bar{X},\bar{Y})$ 이었다. 그러나 3차원 공간에서는 평면이 아니라 직선 F이다. 직선 F는 L을 통과하는 평면 위에 있는 점들을 통과하는 최소제곱직선을 구하면 된다. 즉 이는 다중회귀모형인데도 불구하고 단순회귀의 최소제곱 추정법이 되는 것이다. 그러므로 Y를 예측하는 데는 문제가 없다. 회귀선 F를 사용하면 된다. 그러나 Y에 대한 X의 영향을 검사할 수 있는 방법은 없다. Y에 대한 X_1의 영향(X_2는 고정) β_1을 정의하기 위해서는 L을 통과하는 평면을 이동시켜야 하나 L을 통과하는 평면이외에 평면에 대한 정보는 전혀 가지고 있지 않기 때문이다. 다시 말해 직선이 아니라 평면으로 Y를 설명하기 위해서는 F를 통과하는 여러 개의 평면이 있어야 한다. 즉 평면 P_1과 P_2와 같은 평면들을 말한다. 각 평면은 F를 통과하기 때문에 각 평면의 편차의 제곱합은 같다. 따라서 각 평면은 동일한 적합도를 가진다. 결국 X_1과 X_2가 공선적(collinear)일 때 다중공선성의 문제가 발생된다.

Path Analysis

$$자녀\ 수 = 0.062 \cdot 현재연령 - 0.05 \cdot 교육정도 - 0.28 \cdot 결혼연령$$

$$결혼연령 = 0.012 \cdot 현재연령 + 0.38 \cdot 교육정도$$

$$교육정도 = -0.32 \cdot 현재연령$$

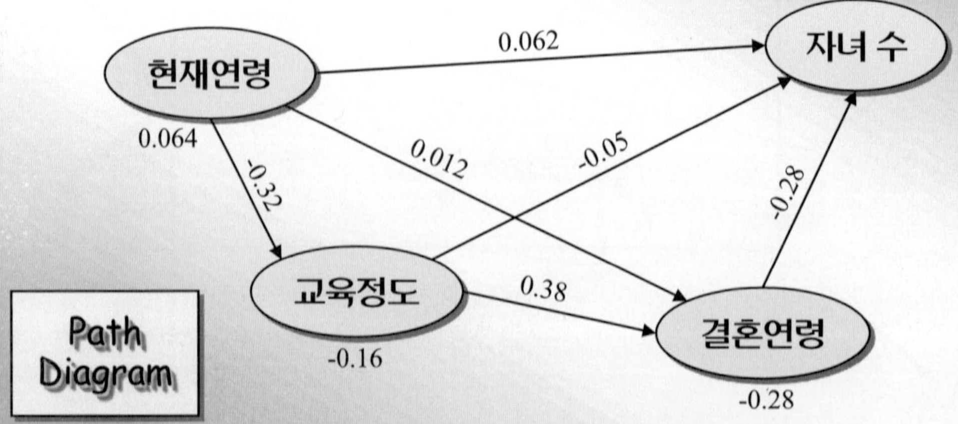

현재연령이 자녀 수에 미치는 전체효과

직접효과 : 0.062

간접효과 : (0.012)(-0.28)=-0.003

(-0.32)(-0.05)=+0.002

(-0.032)(0.38)(-0.05)=+0.003

전체효과 : 0.064

교육정도가 자녀 수에 미치는 전체효과

직접효과 : -0.05

간접효과 : (0.38)(-0.28)=-0.11

전체효과 : -0.16

결혼연령이 자녀 수에 미치는 전체효과

직접효과 : -0.28

전체효과 : -0.28

Total effect = Direct effect s+ Indirect effects

회귀분석 절차

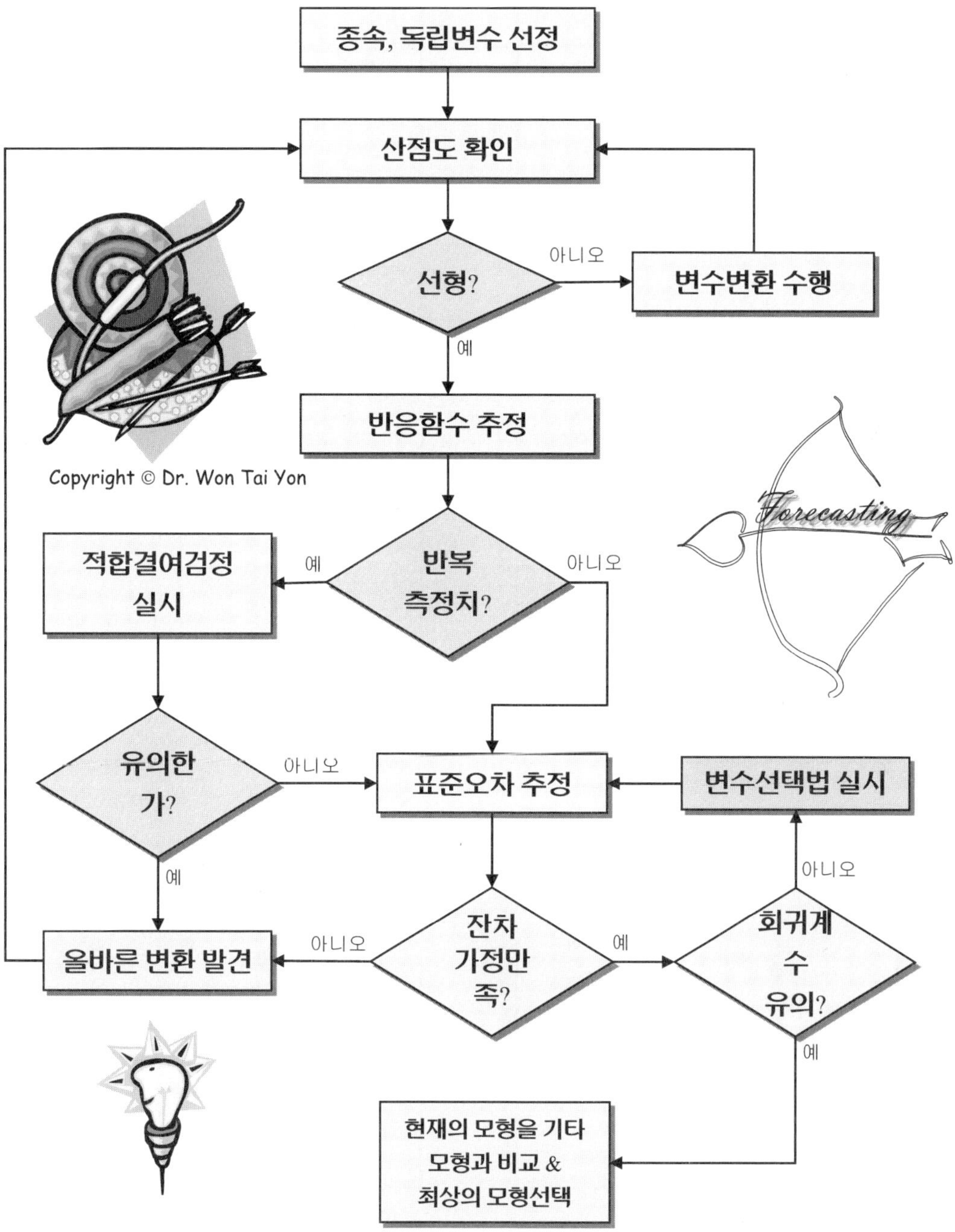
종속, 독립변수 선정
산점도 확인
선형?
아니오
변수변환 수행
예
반응함수 추정
Copyright © Dr. Won Tai Yon
반복
측정치?
예
아니오
적합결여검정
실시
Forecasting
유의한
가?
아니오
표준오차 추정
변수선택법 실시
예
아니오
올바른 변환 발견
아니오
잔차
가정만
족?
예
회귀계
수
유의?
예
현재의 모형을 기타
모형과 비교 &
최상의 모형선택

산점도와 상관계수

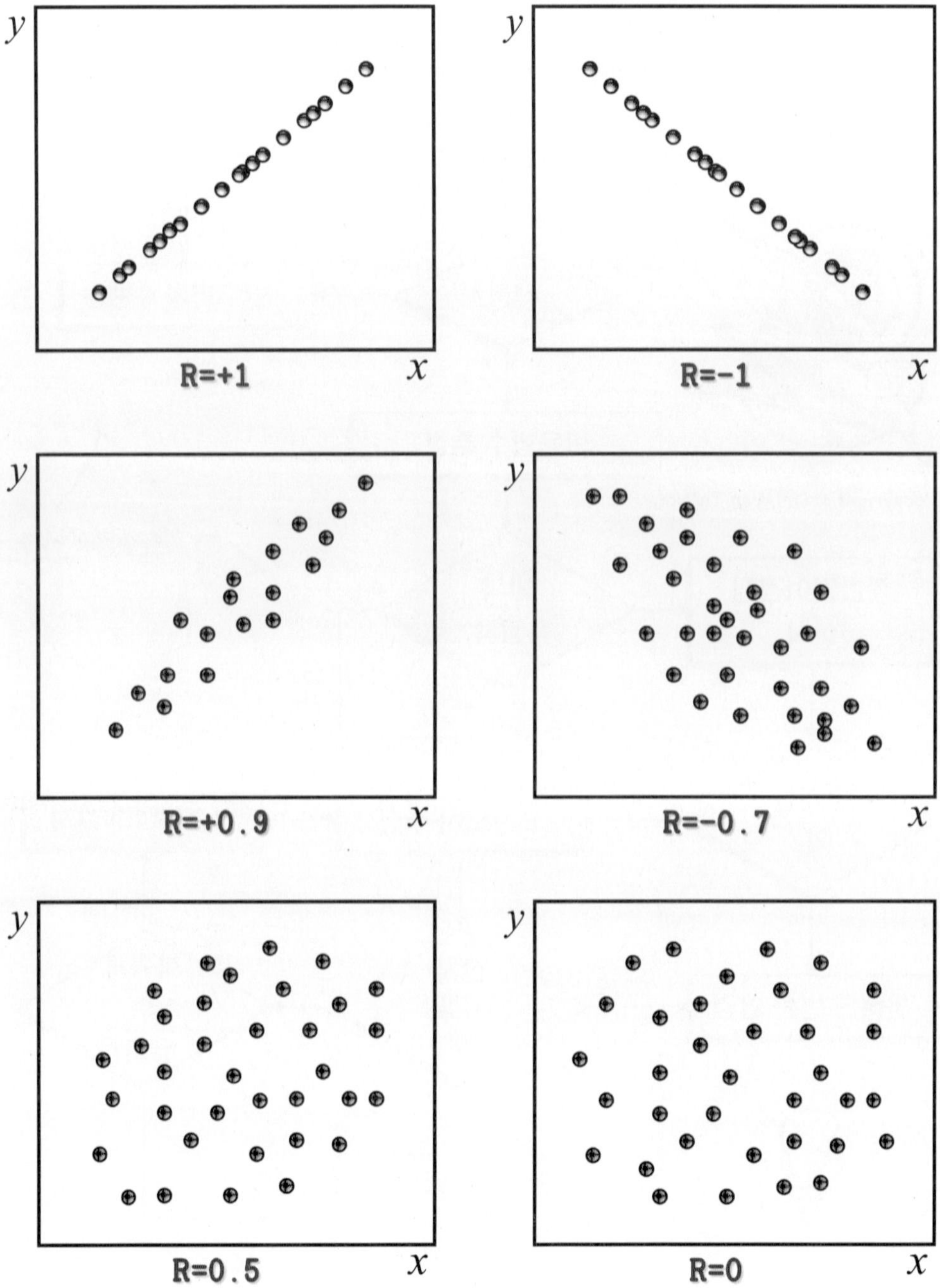

행렬 산점도

그래프 ☞ 레거시 대화상자 ☞ 산점도/점도표 ...

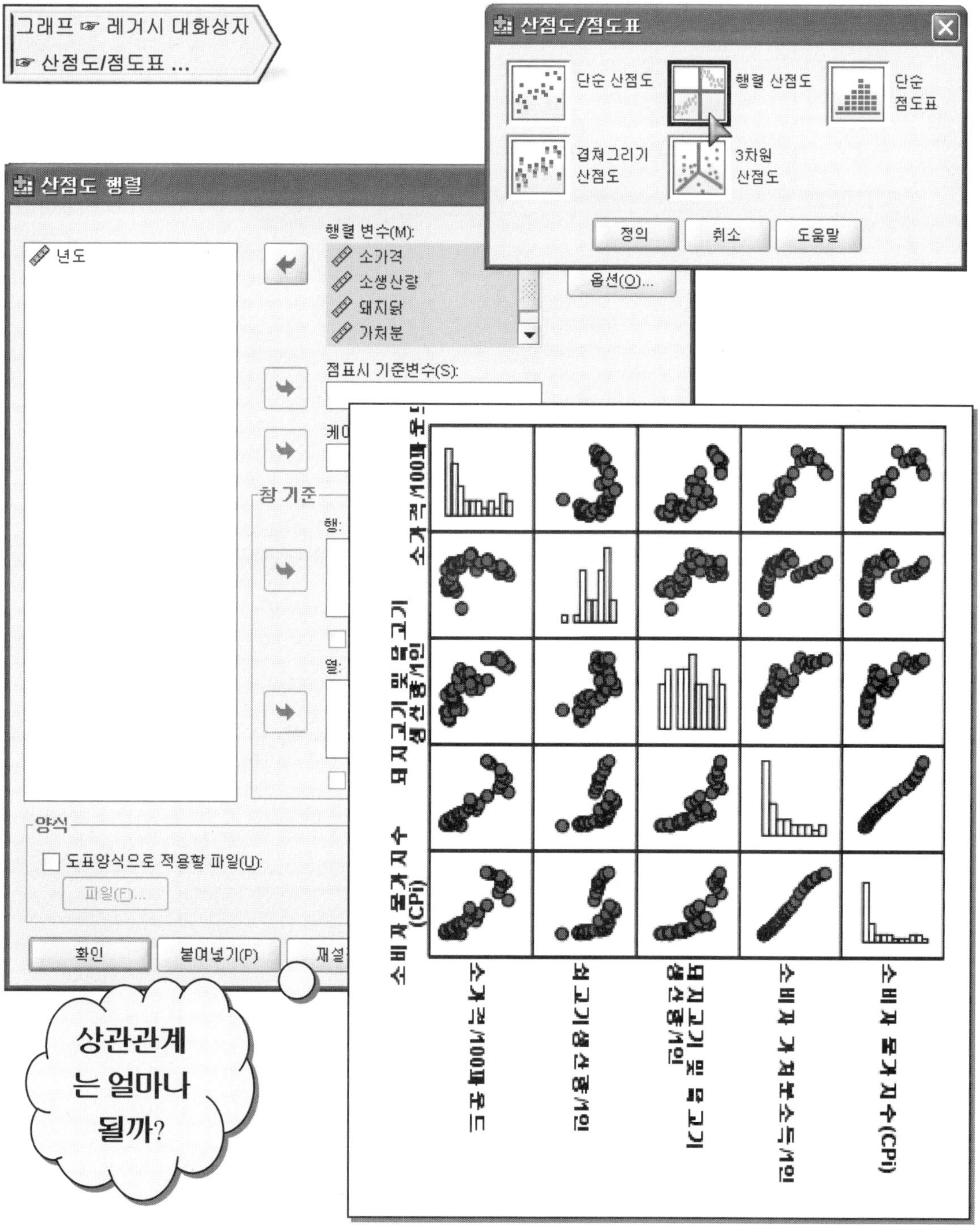

상관계수

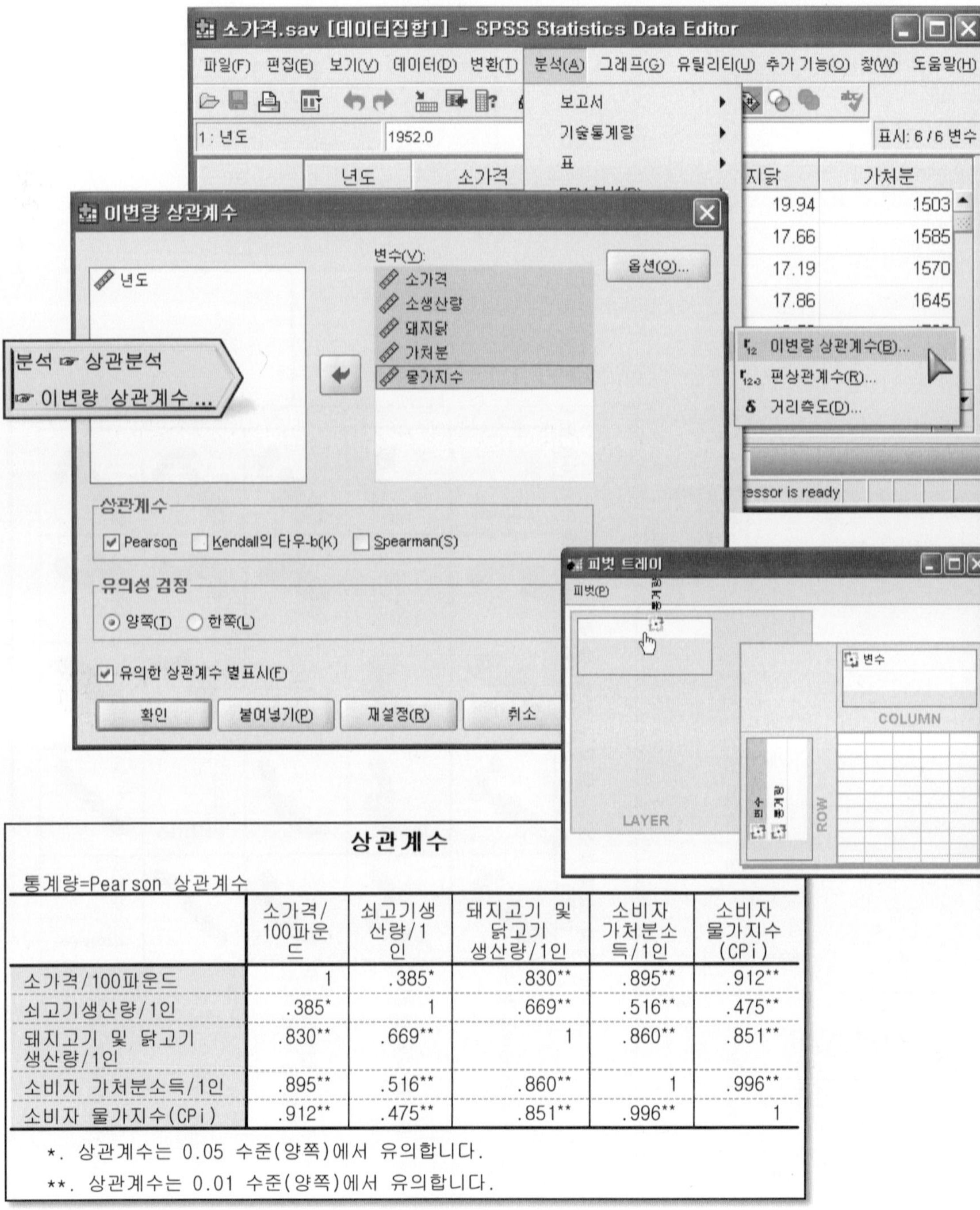

상관계수

통계량=Pearson 상관계수

	소가격/100파운드	쇠고기생산량/1인	돼지고기 및 닭고기 생산량/1인	소비자 가처분소득/1인	소비자 물가지수(CPi)
소가격/100파운드	1	.385*	.830**	.895**	.912**
쇠고기생산량/1인	.385*	1	.669**	.516**	.475**
돼지고기 및 닭고기 생산량/1인	.830**	.669**	1	.860**	.851**
소비자 가처분소득/1인	.895**	.516**	.860**	1	.996**
소비자 물가지수(CPi)	.912**	.475**	.851**	.996**	1

*. 상관계수는 0.05 수준(양쪽)에서 유의합니다.

**. 상관계수는 0.01 수준(양쪽)에서 유의합니다.

3차원 산점도-회전모드

그래프 ☞ 레거시 대화상자 ☞ 산점도/점도표 ...

3차원 산점도를 다양하게 회전시켜 보고 3차원공간 상에 각 점이 어떻게 위치해 있으며 선형성은 어떠한가를 눈으로 확인하기 바란다.

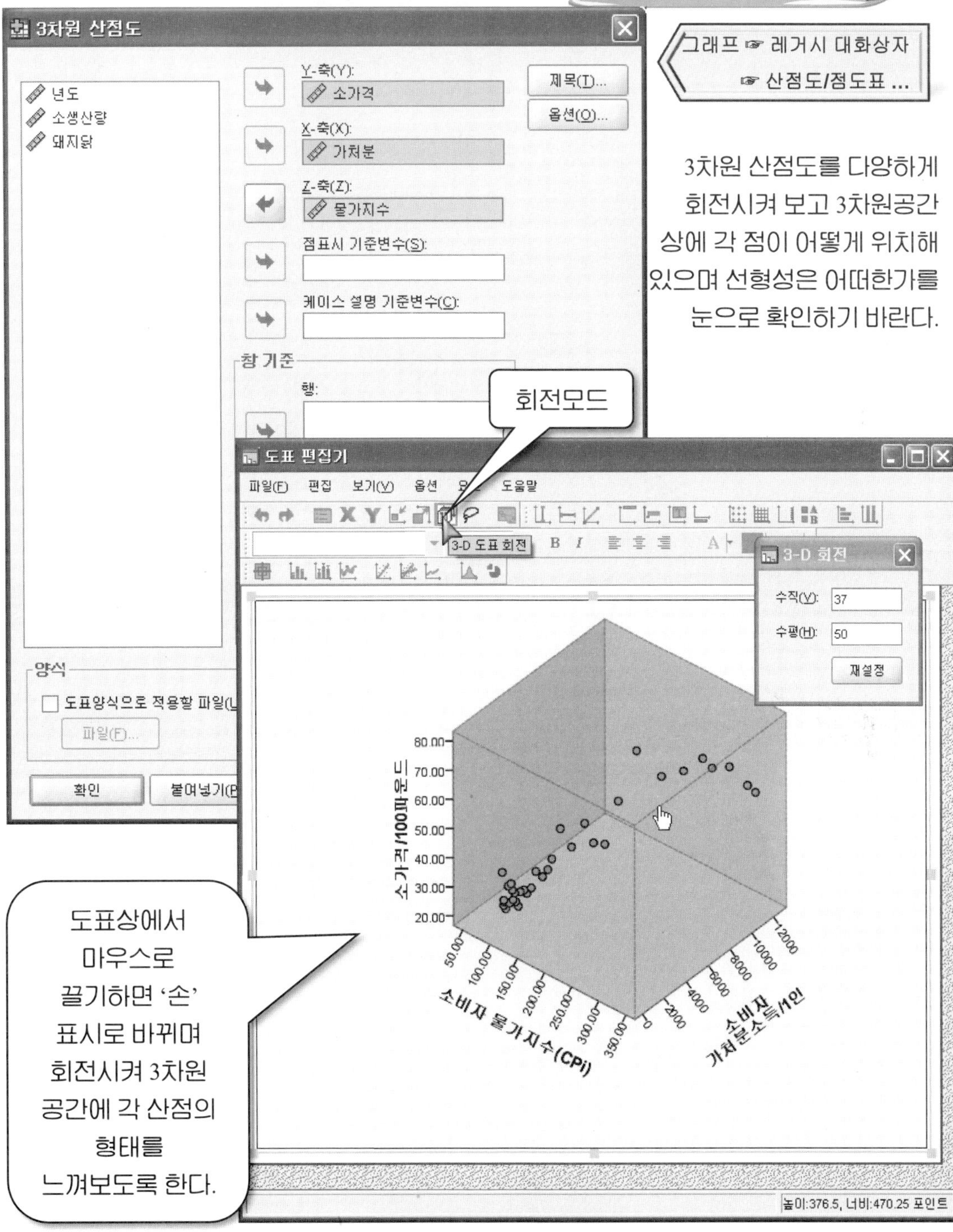

도표상에서 마우스로 끌기하면 '손' 표시로 바뀌며 회전시켜 3차원 공간에 각 산점의 형태를 느껴보도록 한다.

회귀분석 실행

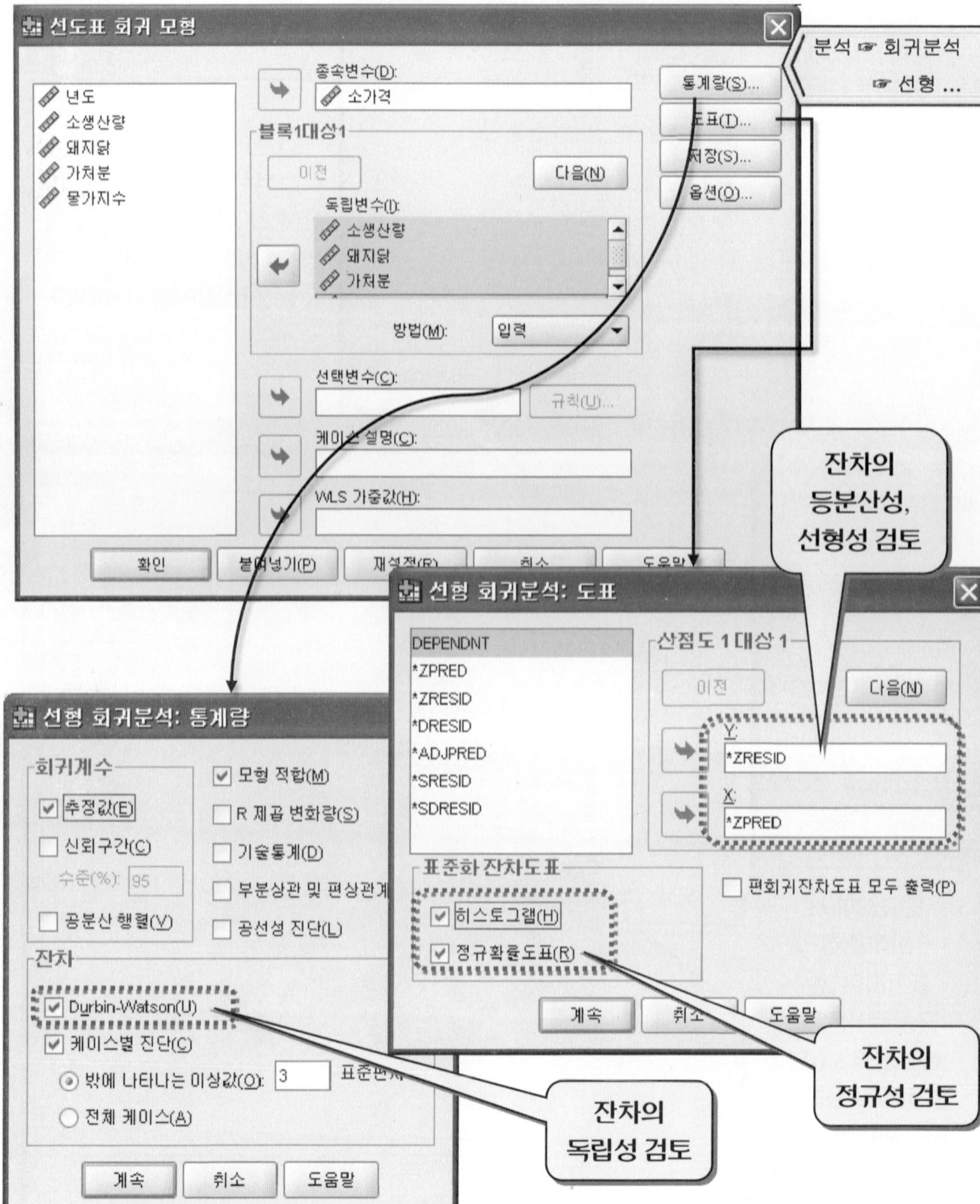
선도표 회귀 모형
분석 ☞ 회귀분석
☞ 선형 ...
종속변수(D):
소가격
블록1대상1
이전
다음(N)
독립변수(I):
소생산량
돼지닭
가처분
방법(M):
입력
선택변수(C):
규칙(U)...
케이스 설명(C):
WLS 가중값(H):
년도
물가지수
통계량(S)...
도표(T)...
저장(S)...
옵션(O)...
확인
붙여넣기(P)
잔차의
등분산성,
선형성 검토
선형 회귀분석: 도표
DEPENDNT
*ZPRED
*ZRESID
*DRESID
*ADJPRED
*SRESID
*SDRESID
산점도 1 대상 1
Y:
*ZRESID
X:
*ZPRED
표준화 잔차도표
히스토그램(H)
정규확률도표(R)
편회귀잔차도표 모두 출력(P)
계속
취소
도움말
잔차의
정규성 검토
선형 회귀분석: 통계량
회귀계수
추정값(E)
신뢰구간(C)
수준(%): 95
공분산 행렬(V)
모형 적합(M)
R 제곱 변화량(S)
기술통계(D)
부분상관 및 편상관계
공선성 진단(L)
잔차
Durbin-Watson(U)
케이스별 진단(C)
밖에 나타나는 이상값(O): 3
전체 케이스(A)
잔차의
독립성 검토

ANOVA & T - 검정

모형 요약[b]

모형	R	R 제곱	수정된 R 제곱	표준 오차 추정값의 표준오차	Durbin-Watson
1	.937[a]	.878	.862	6.29022	1.108

a. 예측값: (상수), 소비자 물가지수(CPi), 쇠고기생산량/1인, 돼지고기 및 닭고기 생산량/1인, 소비자 가처분소득/1인

b. 종속변수: 소가격/100파운드

분산분석[b]

모형		제곱합	자유도	평균 제곱	F	유의확률
1	회귀 모형	8548.697	4	2137.174	54.014	.000[a]
	잔차	1187.005	30	39.567		
	합계	9735.702	34			

a. 예측값: (상수), 소비자 물가지수(CPi), 쇠고기생산량/1인, 돼지고기 및 닭고기 생산량/1인, 소비자 가처분소득/1인

b. 종속변수: 소가격/100파운드

계수[a]

모형		비표준화 계수		표준화 계수	t	유의확률
		B	표준 오차 오류	베타		
1	(상수)	-14.61[illegible]	[illegible].68[illegible]		-1.068	.294
	쇠고기생산량/1인	-.4[illegible]	[illegible]508	-.094	-.929	.360
	돼지고기 및 닭고기 생산량/1인	1.2[illegible]3	[illegible]0	.367	2.478	.019
	소비자 가처분소득/1인	-.00[illegible]	.004	-1.681	-2.012	.053
	소비자 물가지수(CPi)	.480	.171	2.318	2.810	.009

a. 종속변수: 소가격/100파운드

D-W 통계량이 1.108로 오차항이 대략적으로 독립임을 가정할 수 있다. 그리고 현제 적합된 회귀모형의 모든 회귀계수가 동시에 '0'이라는 가설을 기각(분산분석 p-값=0.000)함으로 모형은 타당성이 있으나 각 회귀계수의 유의성 검정 결과는 5%에서 유의하지 않은 변수(소고기 생산량 p= 0.360)가 있으므로 모형에 포함된 독립변수들 간의 관계 및 종속변수를 선형으로 잘 설명해 주는 독립변수들을 선정하는 방법을 사용해 보기로 한다.

단계선택

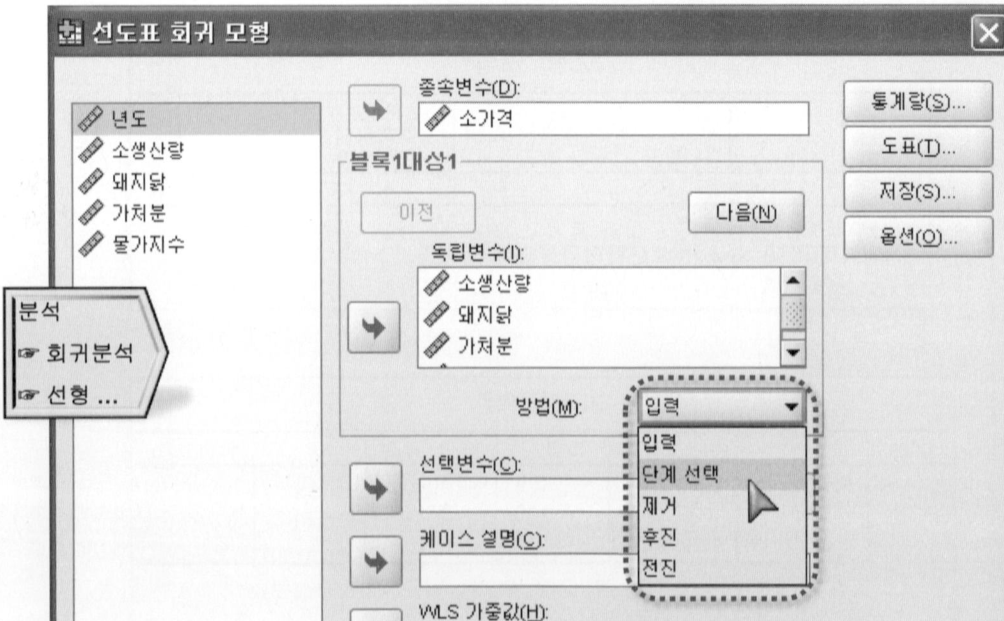

진입/제거된 변수[a]

모형	진입된 변수	제거된 변수	방법
1	소비자 물가지수(CPi)	.	단계선택 (기준: 입력할 F의 확률 <= .050, 제거할 F의 확률 >= .100).
2	소비자 가처분소득/1인	.	단계선택 (기준: 입력할 F의 확률 <= .050, 제거할 F의 확률 >= .100).
3	돼지고기 및 닭고기 생산량/1인	.	단계선택 (기준: 입력할 F의 확률 <= .050, 제거할 F의 확률 >= .100).

a. 종속변수: 소가격/100파운드

모형 요약[d]

모형	R	R 제곱	수정된 R 제곱	표준 오차 추정값의 표준오차	Durbin-Watson
1	.912[a]	.831	.826	7.05200	
2	.923[b]	.852	.843	6.70297	
3	.935[c]	.875	.862	6.27631	1.243

a. 예측값: (상수), 소비자 물가지수(CPi)

b. 예측값: (상수), 소비자 물가지수(CPi), 소비자 가처분소득/1인

c. 예측값: (상수), 소비자 물가지수(CPi), 소비자 가처분소득/1인, 돼지고기 및 닭고기 생산량/1인

d. 종속변수: 소가격/100파운드

오차항에 대한 4가정

가정	확인
정규성 (Normality)	P-P 도표
독립성 (Independence)	D-W 통계량
등분산성 (Equal Var.)	잔차도표
선형성 (Linearity)	잔차도표

iid : identically independent distribution

잔차의 독립성

1차 자기상관이 존재하지 않으면 2차 이상의 자기상관도 존재하지 않는 것으로 생각하는 것이 타당하다. 그러므로 1차 자기상관이 존재하지 않으면 오차항에 대한 독립성을 가정할 수 있다.

$$DW = 2(1-r)$$

r은 1차 자기상관계수

$$r = +1 \Rightarrow DW = 0$$
$$r = 0 \Rightarrow DW = 2$$
$$r = -1 \Rightarrow DW = 4$$

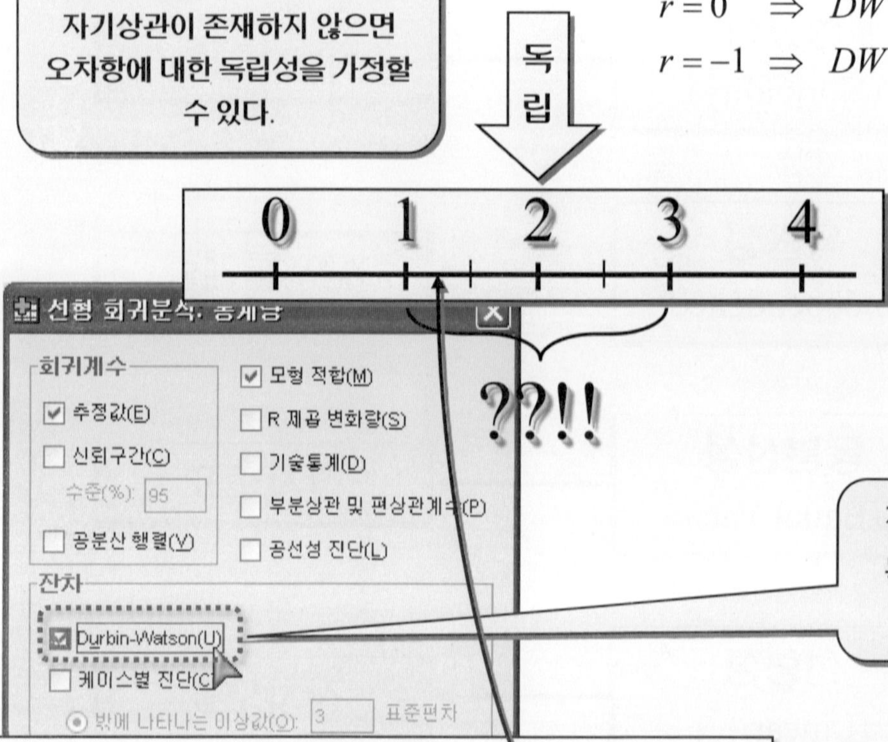

잔차의 독립성 검토

모형 요약[d]

모형	R	R 제곱	수정된 R 제곱	표준 오차 추정값의 표준오차	Durbin-Watson
1	.912[a]	.831	.826	7.05200	
2	.923[b]	.852	.843	6.70297	
3	.935[c]	.875	.862	6.27631	1.243

a. 예측값: (상수), 소비자 물가지수(CPi)

b. 예측값: (상수), 소비자 물가지수(CPi), 소비자 가처분소득/1인

c. 예측값: (상수), 소비자 물가지수(CPi), 소비자 가처분소득/1인, 돼지고기 및 닭고기 생산량/1인

d. 종속변수: 소가격/100파운드

D-W 통계량이 1.243으로 대략 1~3 사이의 범위에 포함되므로 이는 1차 자기상관을 가진다고 할 수 없다. 어림잡아 약 0.5보다 작으므로 이는 단순선형회귀의 기본가정 중의 하나인 오차항의 독립성 가정을 만족하는 것으로 판단된다..

ANOVA & T 검정

분산분석[d]

모형		제곱합	자유도	평균 제곱	F	유의확률
1	회귀 모형	8094.588	1	8094.588	162.768	.000[a]
	잔차	1641.115	33	49.731		
	합계	9735.702	34			
2	회귀 모형	8297.947	2	4148.974	92.343	.000[b]
	잔차	1437.755	32	44.930		
	합계	9735.702	34			
3	회귀 모형	8514.549	3	2838.183	72.050	.000[c]
	잔차	1221.153	31	39.392		
	합계	9735.702	34			

a. 예측값: (상수), 소비자 물가지수(CPi)
b. 예측값: (상수), 소비자 물가지수(CPi), 소비자 가처분소득/1인
c. 예측값: (상수), 소비자 물가지수(CPi), 소비자 가처분소득/1인, 돼지고기 및 닭고기 생산량/1인
d. 종속변수: 소가격/100파운드

계수[a]

모형		비표준화 계수		표준화 계수	t	유의확률
		B	표준 오차 오류	베타		
1	(상수)	10.242	2.512		4.078	.000
	소비자 물가지수(CPi)	.189	.015	.912	12.758	.000
2	(상수)	-1.624	6.067		-.268	.791
	소비자 물가지수(CPi)	.518	.155	2.497	3.337	.002
	소비자 가처분소득/1인	-.008	.004	-1.592	-2.127	.041
3	(상수)	-22.624	10.605		-2.133	.041
	소비자 물가지수(CPi)	.562	.146	2.711	3.836	.001
	소비자 가처분소득/1인	-.011	.004	-2.058	-2.826	.008
	돼지고기 및 닭고기 생산량/1인	.974	.415	.295	2.345	.026

a. 종속변수: 소가격/100파운드

소가격 = -22.624 + 0.562 ***소비자물가지수** -0.011***가처분소득** + 0.974* **돼지닭 생산량**

잔차분석-정규성

케이스별 진단[a]

케이스 번호	표준 오차 잔차	소가격/100 파운드	예측값	잔차
28	3.228	72.51	52.2513	20.25868

a. 종속변수: 소가격/100파운드

잔차 통계량[a]

	최소값	최대값	평균	표준 오차 편차	N
예측값	22.4348	71.5582	38.4486	15.82491	35
잔차	-7.76962	20.25868	.00000	5.99302	35
[illegible]	-1.012	2.092	.000	1.000	35
[illegible]	-1.238	3.228	.000	.955	35

…격/100파운드

위의 도표는 정규확률도표로 각 점들이 대각선 상에 정확하게 놓여 있으면 잔차(residuals)가 정규성(normality)을 만족하게 된다. 그런데 잔차는 오차(error)의 추정량이므로 역시 오차항이 정규성을 만족한다고 추론할 수 있다. 일반적으로 대각선 상의 점들이 크게 벗어나지 않으면 정규성을 만족하는 것으로 간주하게 된다. 여기에서의 형상 역시 잔차가 정규성을 만족하는 것으로 판단할 수 있다. 다음 두 페이지에 걸쳐 정규 P-P 도표와 이에 대응하는 분포의 형태를 그림으로 요약하였으므로 이를 참조하여 판단하기 바란다.

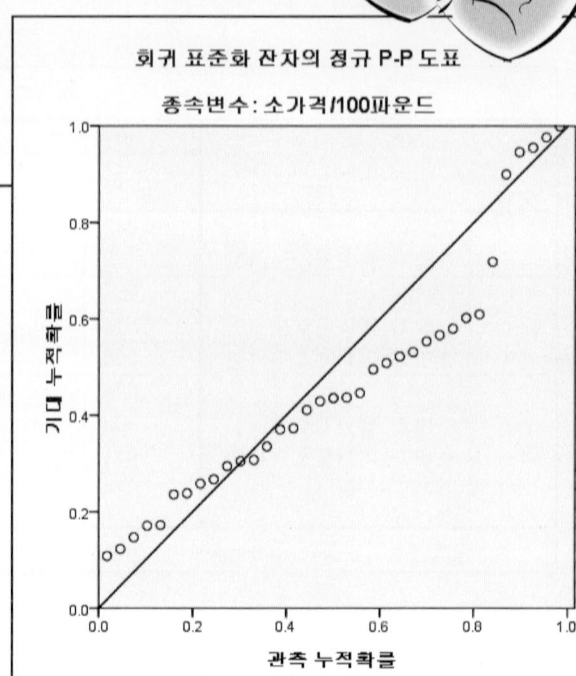

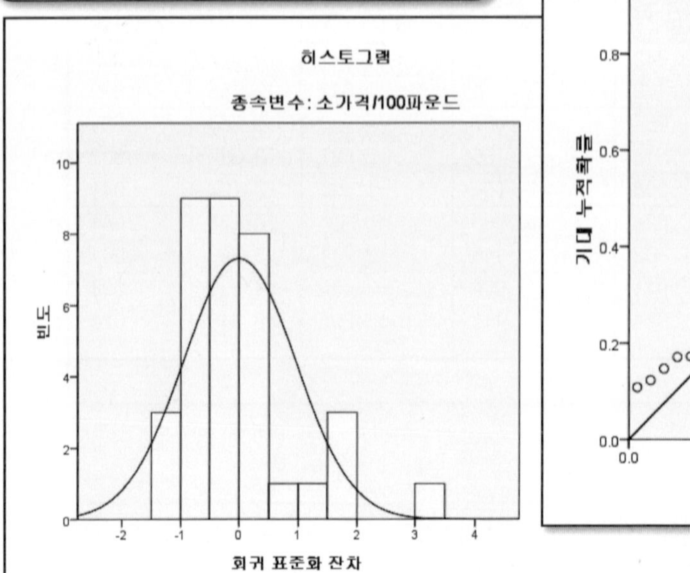

P-P 도표 판정-1

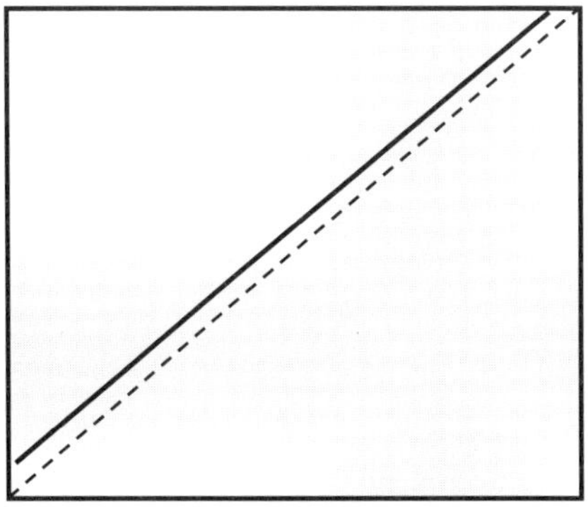

P-P 도표

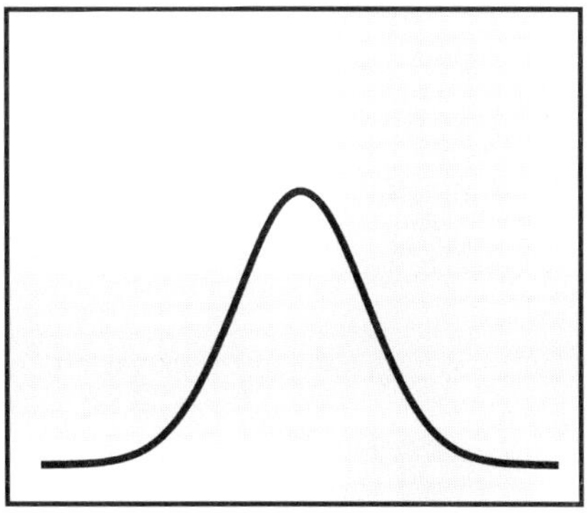

정규분포

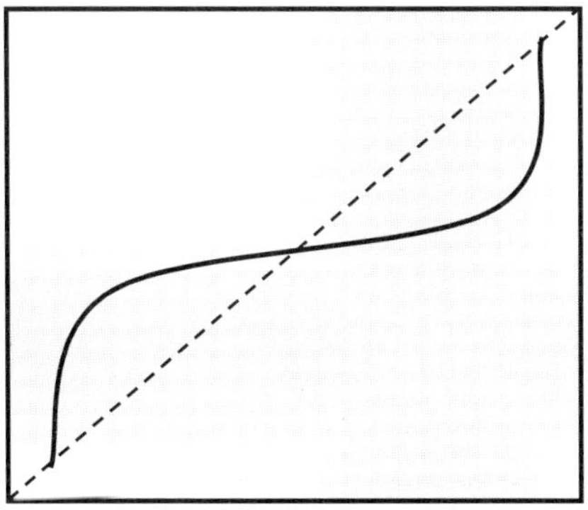

P-P 도표

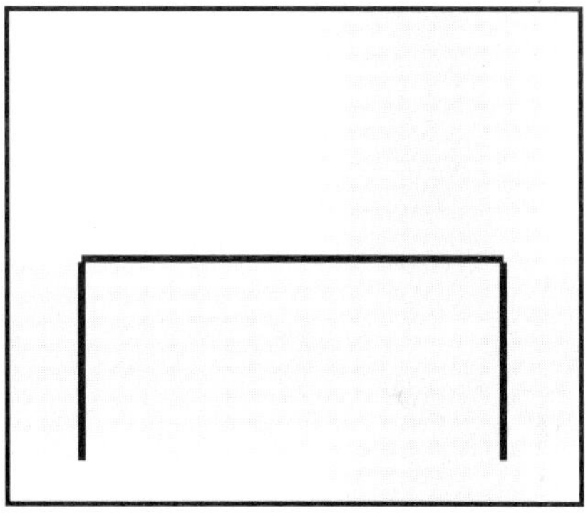

균일분포

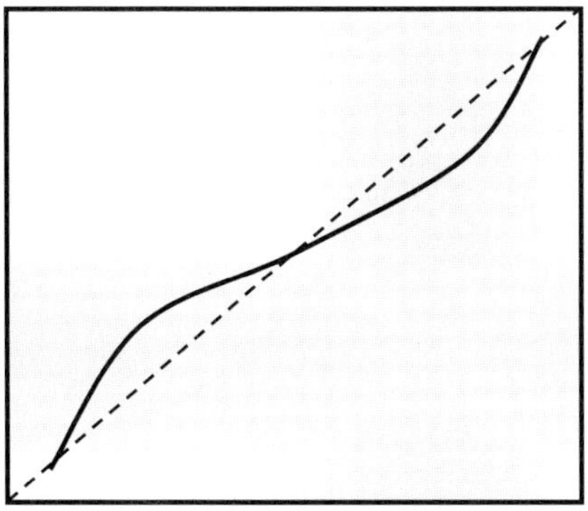

P-P 도표

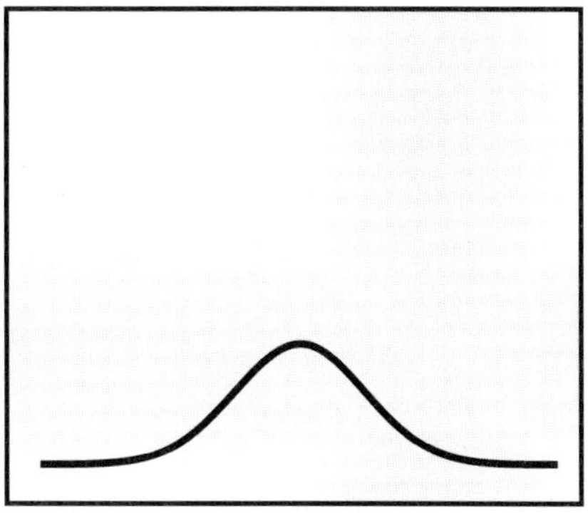

납작한 분포

P-P 도표 판정-2

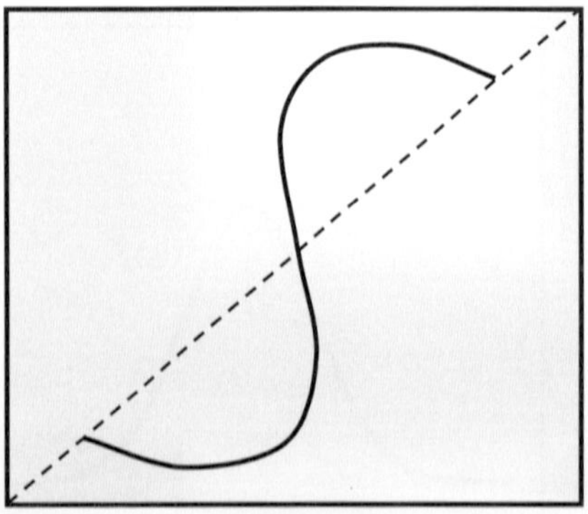

P-P 도표

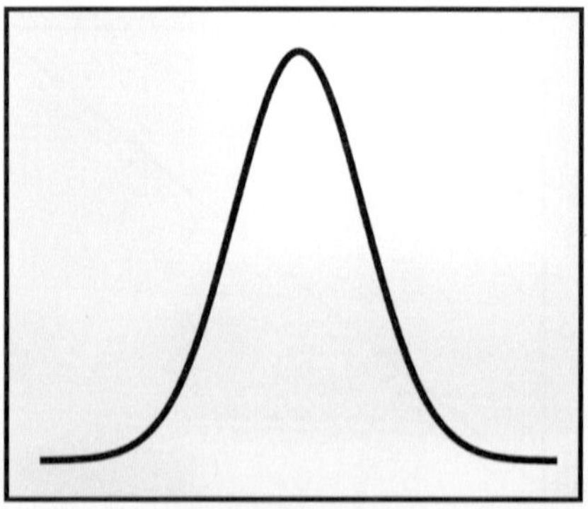

뾰족한 분포

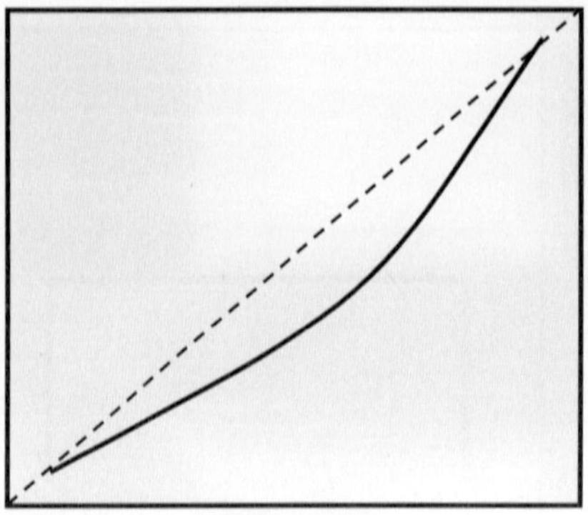

P-P 도표

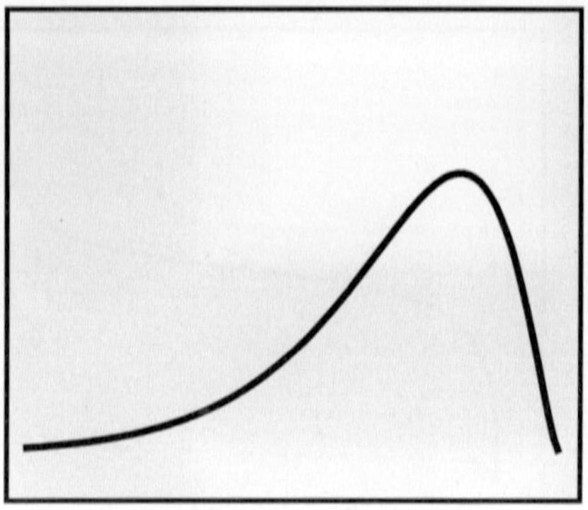

왼쪽으로 긴 꼬리 분포

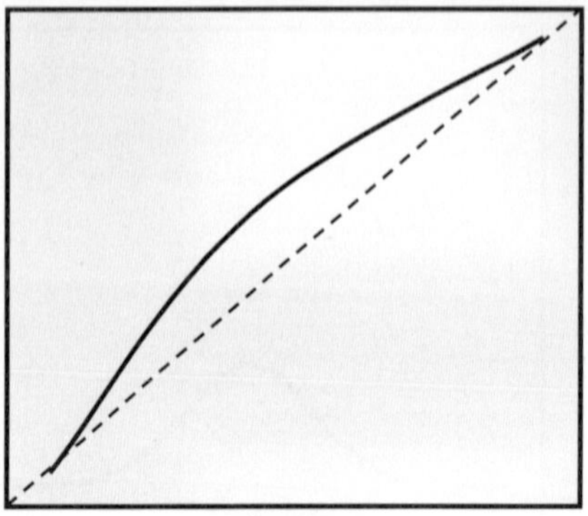

P-P 도표

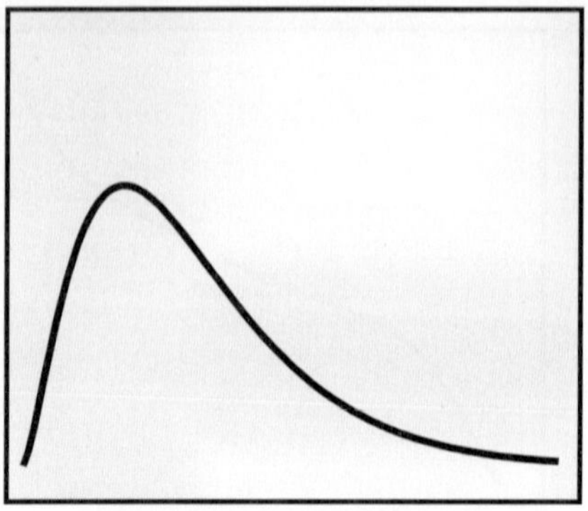

오른쪽으로 긴 꼬리 분포

잔차도표

3*표준편차를 표시하는 참조선

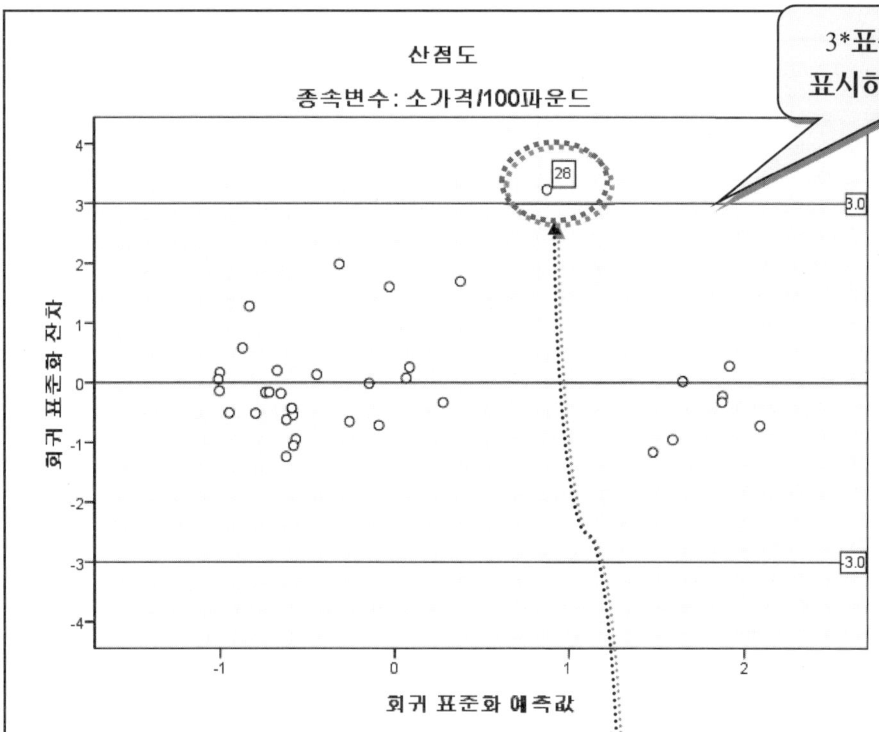

케이스별 진단[a]

케이스 번호	표준 오차 잔차	소가격/100 파운드	예측값	잔차
28	3.228	72.51	52.2513	20.25868

a. 종속변수: 소가격/100파운드

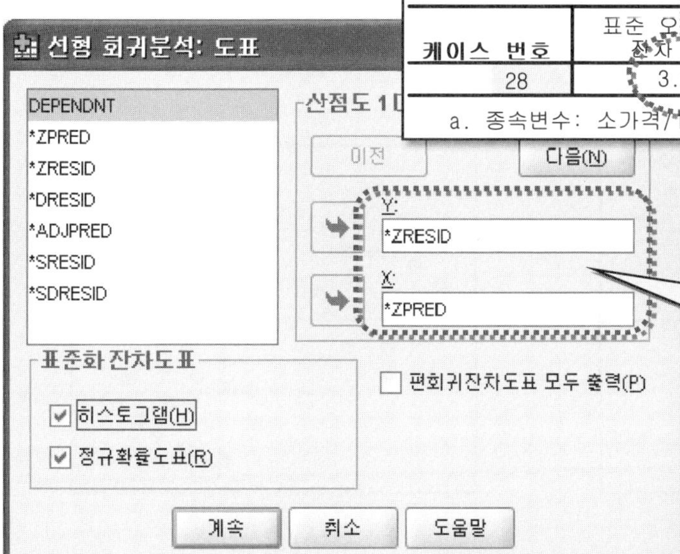

잔차도표를 출력하며 등분산성, 선형성 검토할 수 있다.

등분산, 선형성 판정

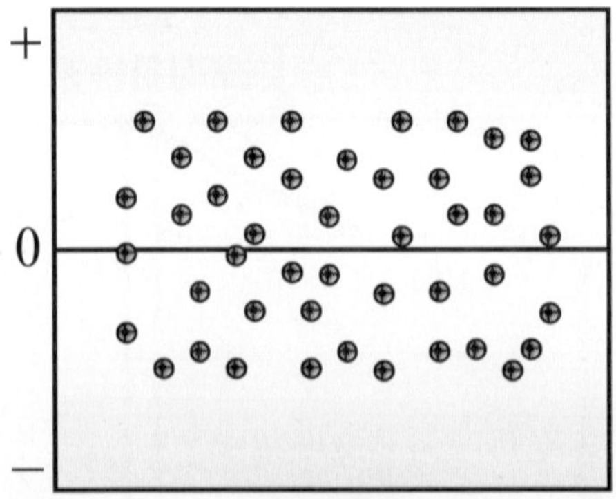

1. 이상적

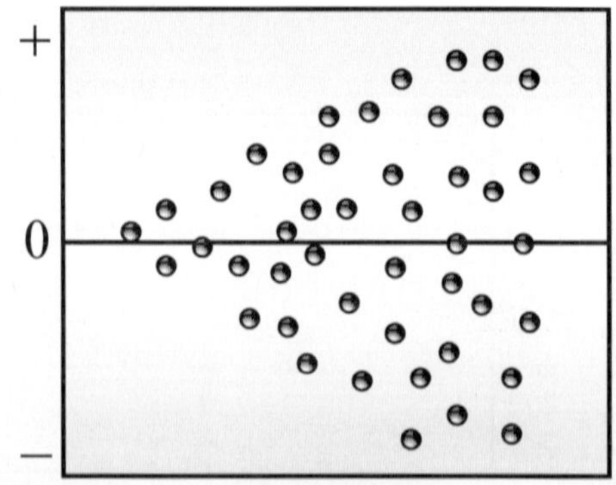

2. 이분산

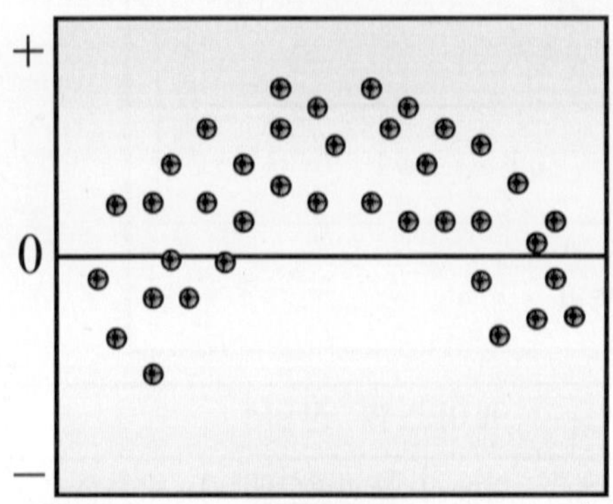

3. 비선형

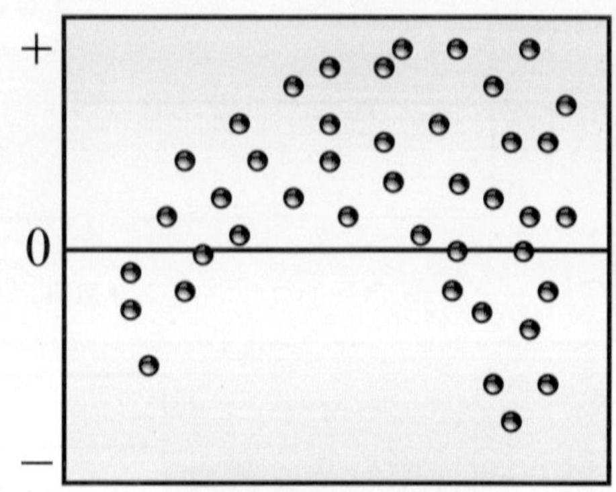

4. 이분산, 비선형

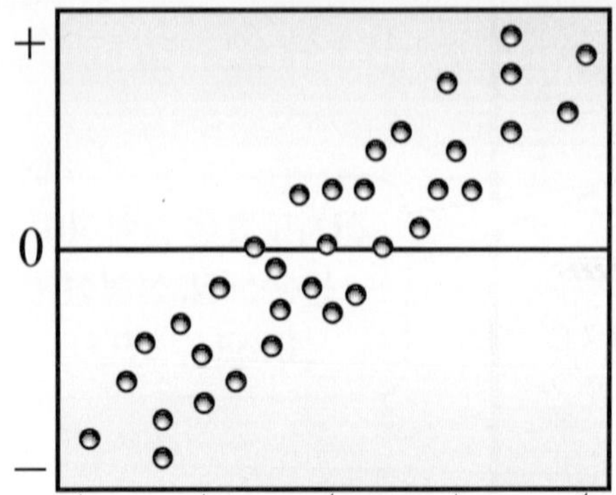

a. 시간종속

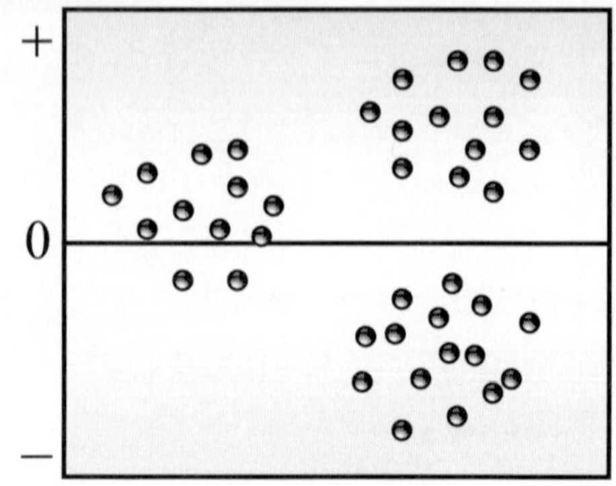

b. 사건종속

적합된 회귀식

계수[a]

모형		비표준화 계수 B	비표준화 계수 표준 오차 오류	표준화 계수 베타	t	유의확률
1	(상수)	10.242	2.512		4.078	.000
	소비자 물가지수(CPi)	.189	.015	.912	12.758	.000
2	(상수)	-1.624	6.067		-.268	.791
	소비자 물가지수(CPi)	.518	.155	2.497	3.337	.002
	소비자 가처분소득/1인	-.008	.004	-1.592	-2.127	.041
3	(상수)	-22.624	10.605		-2.133	.041
	소비자 물가지수(CPi)	.562	.146	2.711	3.836	.001
	소비자 가처분소득/1인	-.011	.004	-2.058	-2.826	.008
	돼지고기 및 닭고기 생산량/1인	.974	.415	.295	2.345	.026

a. 종속변수: 소가격/100파운드

$$소가격 = -22.624 + 0.562 \times 물가지수 - 0.0107 \times 가처분소득 + 0.974 \times 돼지닭\ 생산량$$

측정단위가 같을 경우 소가격에 가장 영향을 많이 주는 설명변수는 무엇인가?

물가지수

표준화 회귀계수의 절대값이 가장 크므로 ...

실제로 어떤 변수가 소가격에 민감한 영향을 줄까???

실제 상황을 고찰한 후에 일정기간 동안의 변수들의 증감 폭의 크기와 민감도를 확인한다. 그리고 증감 폭을 대입하여 소가격 변동폭을 계산하여 보면 알 수 있다.

공선성 진단

$$I_i = \sqrt{\frac{\lambda_{\max}}{\lambda_i}}, i = 0,1,\cdots,p$$

상태지수 중에서 최대값이 '10'을 넘으면 다중공선성을 경계하고 '15'가 넘으면 문제가 있다고 본다. 최대값이 '100'을 넘으면 문제가 심각하다고 판단한다.

공선성 진단[a]

모형	차원	고유값	상태지수	분산비율: (상수)	분산비율: 소비자 물가지수 (CPi)	분산비율: 소비자 가처분소득/1인	분산비율: 돼지고기 및 닭고기 생산량/1인
1	1	1.880	1.000	.06	.06		
	2	.120	3.962	.94	.94		
2	1	2.792	1.000	.00	.00	.00	
	2	.207	3.673	.11	.00	.00	
	3	.001	50.727	.88	1.00	1.00	
3	1	3.752	1.000	.00	.00	.00	.00
	2	.241	3.949	.02	.00	.00	.00
	3	.006	24.295	.47	.02	.00	.92
	4	.001	60.687	.51	.98	1.00	.07

a. 종속변수: 소가격/100파운드

설명변수의 수 + 1 = 고유값들의 합

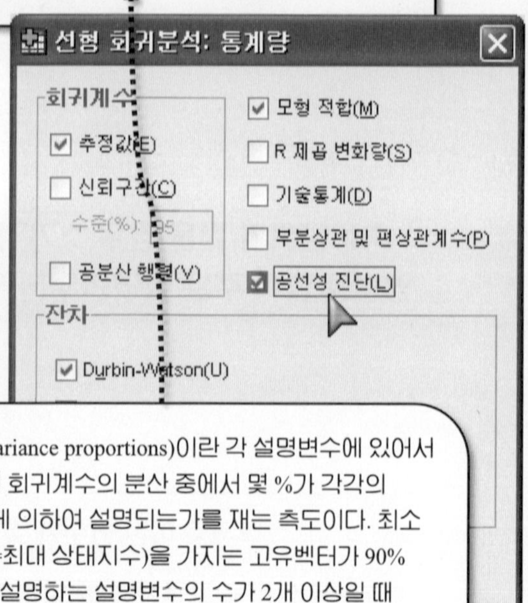

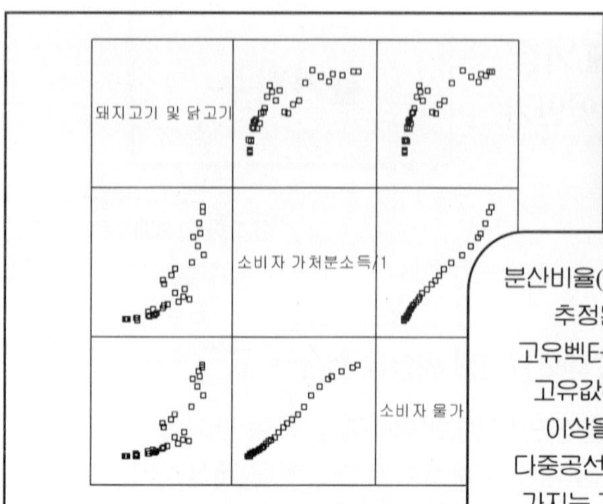

분산비율(variance proportions)이란 각 설명변수에 있어서 추정된 회귀계수의 분산 중에서 몇 %가 각각의 고유벡터에 의하여 설명되는가를 재는 측도이다. 최소 고유값(=최대 상태지수)을 가지는 고유벡터가 90% 이상을 설명하는 설명변수의 수가 2개 이상일 때 다중공선성의 문제가 있다고 본다. 즉 최대 상태지수를 가지는 고유벡터로의 분산비율이 높은 설명변수들은 다중공선성으로 인해 영향을 크게 받는다.

분산팽창요인(VIF)

R_i^2 : i 번째 설명변수를 종속변수로 하고 나머지 설명변수들을 독립변수로 하여 회귀모형을 적합하였을 때의 결정계수

계수[a]

모형		비표준화 계수		표준화 계수			공선성 통계량	
		B	표준 오차 오류	베타	t	유의확률	공차	VIF
1	(상수)	10.242	2.512		4.078	.000		
	소비자 물가지수(CPi)	.189	.015	.912	12.758	.000	1.000	1.000
2	(상수)	-1.624	6.067		-.268	.791		
	소비자 물가지수(CPi)	.518	.155	2.497	3.337	.002	.008	121.361
	소비자 가처분소득/1인	-.008	.004	-1.592	-2.127	.041	.008	121.361
3	(상수)	-22.624	10.605		-2.133	.041		
	소비자 물가지수(CPi)	.562	.146	2.711	3.836	.001	.008	123.403
	소비자 가처분소득/1인	-.011	.004	-2.058	-2.826	.008	.008	131.119
	돼지고기 및 닭고기 생산량/1인	.974	.415	.295	2.345	.026	.256	3.909

a. 종속변수: 소가격/100파운드

공차: $1-R_i^2$

$$VIF_i = \frac{1}{1-R_i^2}$$

i 번째 설명변수가 나머지 설명변수들과 상관관계가 없다면 결정계수는 '0'이 될 것이고 공차한계(tolerance)와 VIF(variance inflation factor)는 '1'이 되며, 완전한 상관관계가 일수록 결정계수는 '1'에 접근하게 되며 공차한계는 '0'에 접근하고 VIF는 ∞로 접근하게 된다. 보통 VIF가 '10'을 넘거나 마찬가지로 공차한계가 '0.1'이하일 경우 다중공선성의 있다고 판단하게 된다.

편회귀잔차도표

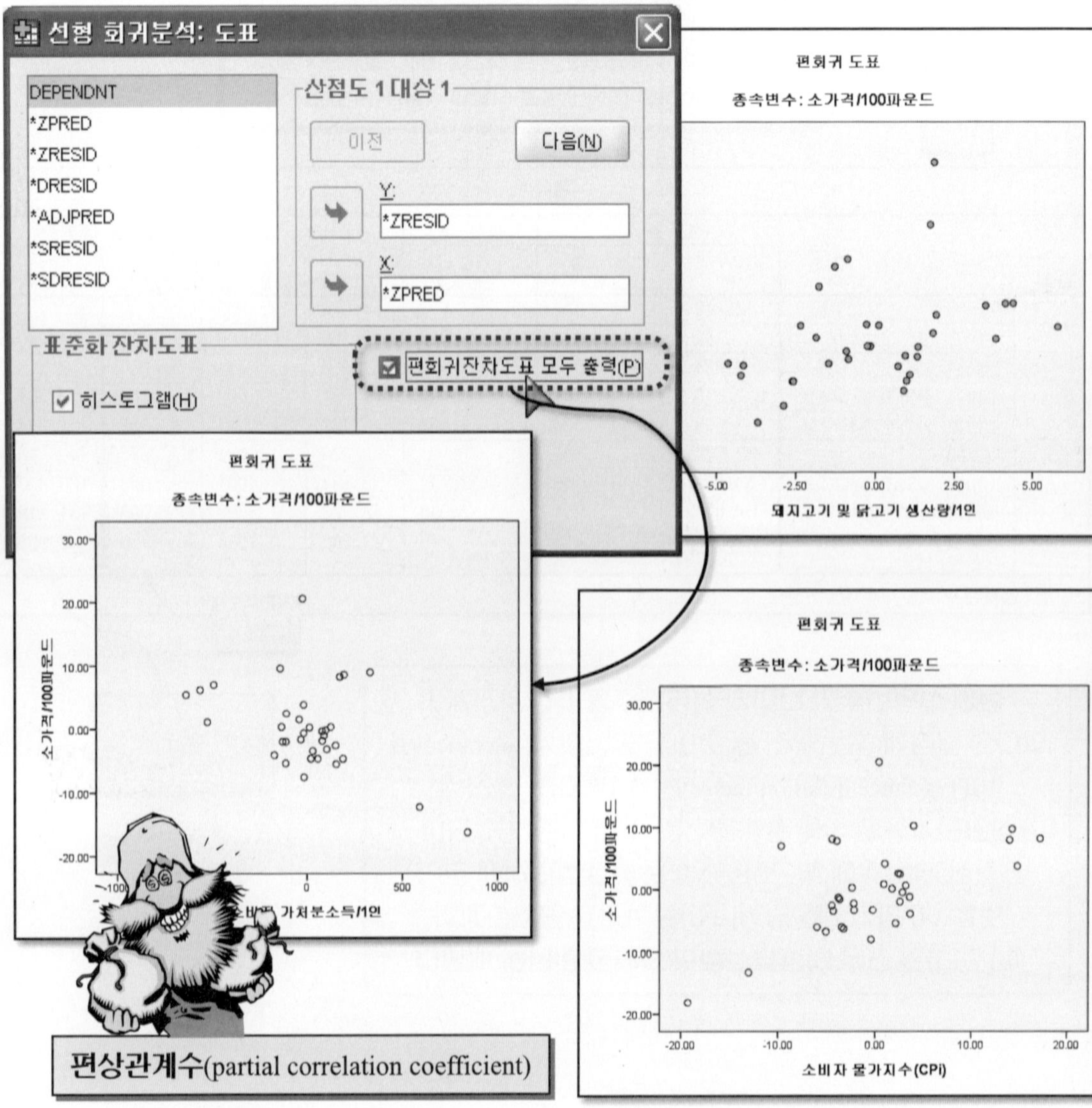

편상관계수(partial correlation coefficient)

$$y = \alpha + \beta_2 x_2 + \beta_3 x_3 + \varepsilon_0$$

$$x_1 = \alpha + \beta_2 x_2 + \beta_3 x_3 + \varepsilon_1$$

잔차 → $\hat{\varepsilon}_0$, $\hat{\varepsilon}_1$ → $Corr(\hat{\varepsilon}_0, \hat{\varepsilon}_1)$

편회귀잔차도표는 $\hat{\varepsilon}_0$와 $\hat{\varepsilon}_1$의 산점도임

편상관계수

두 변수간의 상관관계를 다루는데 있어서 기타 다른 변수들의 영향을 제거한 뒤에 두 변수 간의 상관관계를 계산할 수 있을 것이다. 즉 X_i와 X_j 간의 상관계수를 구할 때 X_k의 영향을 제거한 후에 X_i와 X_j 간의 상관계수를 1차 편상관계수(first order partial correlation coefficient)라고 하며, 여기에서 X_k를 통제변수(control variable)라고 한다. 이 통제변수의 수가 편상관계수의 차수(order)가 된다. 1차 편상관계수는 X_k가 X_i와 X_j에 주는 선형효과를 단순회귀를 적합하여 계산된 두 잔차 변수간의 상관계수를 계산한 것이다. 이와 동일한 방법으로 2차 편상관계수는 X_k와 X_l 를 독립변수로 하고 X_i와 X_j를 따로따로 종속변수로 하는 두 다중회귀모형을 적합하여 계산된 두 잔차 변수간의 상관계수를 계산한 것이다. 3차 이상 역시 동일한 방법으로 확장된다.

편상관계수(partial correlation coefficient)

$$r_{ij.k} = \frac{r_{ij.k} - r_{ki}r_{kj}}{\sqrt{(1-r_{ki}^2)(1-r_{kj}^2)}} \quad \text{(1차 편상관계수)}$$

$$r_{ij.kl} = \frac{r_{ij.k} - r_{il.k}r_{jl.k}}{\sqrt{(1-r_{il.k}^2)(1-r_{jl.k}^2)}} \quad \text{(2차 편상관계수)}$$

통제변수의 수에 따라 1차, 2차, …

검정통계량:

$$T = \frac{r}{\sqrt{\dfrac{1-r^2}{n-m-2}}} \sim t_{n-m-2}$$

표본크기 → n, 차수(order) → m

Part, partial, multiple Corr

$$y = \alpha + \beta_1 x_1 + \beta_2 x_2 + \beta_3 x_3 + \varepsilon$$

부분상관계수(part correlation coefficient)

$$x_1 = \alpha + \beta_2 x_2 + \beta_3 x_3 + \varepsilon_1$$

잔차

$$\hat{\varepsilon}_1 = x_1 - (\hat{\alpha} + \hat{\beta}_2 x_2 + \hat{\beta}_3 x_3)$$

$Corr(y, \hat{\varepsilon}_1)$: y, $\hat{\varepsilon}_1$

다중상관계수(multiple correlation coefficient)

$$y = \alpha + \beta_1 x_1 + \beta_2 x_2 + \beta_3 x_3 + \varepsilon \rightarrow y$$

$$\hat{y} = \hat{\alpha} + \hat{\beta}_1 x_1 + \hat{\beta}_2 x_2 + \hat{\beta}_3 x_3 \rightarrow \hat{y}$$

$Corr(y, \hat{y})$

R : 다중상관계수

R^2 : 결정계수

편상관계수(partial correlation coefficient)

$$y = \alpha + \beta_2 x_2 + \beta_3 x_3 + \varepsilon_0$$

$$x_1 = \alpha + \beta_2 x_2 + \beta_3 x_3 + \varepsilon_1$$

잔차 → $\hat{\varepsilon}_0$, $\hat{\varepsilon}_1$

$Corr(\hat{\varepsilon}_0, \hat{\varepsilon}_1)$

참고 : 편회귀잔차도표는 $\hat{\varepsilon}_0$와 $\hat{\varepsilon}_1$의 산점도임

부분, 편, 다중, 단순.. 상관계수??

다중상관계수(multiple correlation coefficients)로 종속변수와 그 예측값과의 상관계수로 설명변수가 하나일 경우는 그 설명변수와 종속변수간의 단순상관계수와 같다.

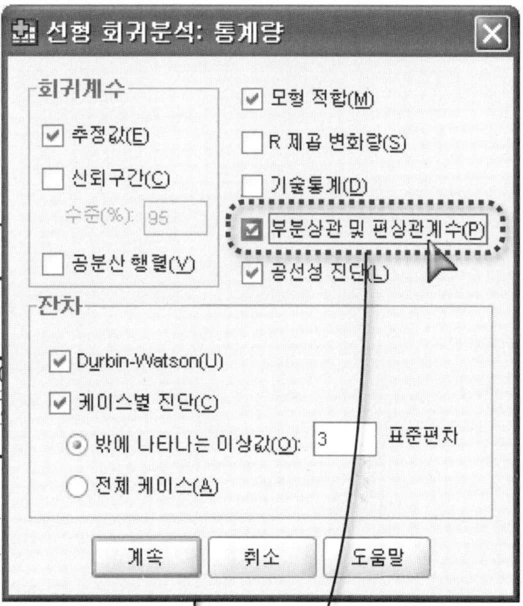

모형 요약[d]

모형	R	R 제곱	수정된 R 제곱	표준 오차 추정값의 표준오차
1	.912[a]	.831	.826	7.0520
2	.923[b]	.852	.843	6.7029
3	.935[c]	.875	.862	6.2763

a. 예측값: (상수), 소비자 물가지수(CPi)
b. 예측값: (상수), 소비자 물가지수(CPi), 소비자 가
c. 예측값: (상수), 소비자 물가지수(CPi), 소비자 가
돼지고기 및 닭고기 생산량/1인
d. 종속변수: 소가격/100파운드

단순상관계수를 '0차 상관계수(zero order correlation coefficients)'라고도 한다.

편(partial)상관, 부분(part) 상관의 의미는 앞 쪽을 참고하여 그 의미를 새기고 새기도록 하시오.

계수[a]

모형		비표준화 계수 B	비표준화 계수 표준오차 오류	표준화 계수 베타	t	유의확률	상관계수 0차	상관계수 편상관	상관계수 부분상관	공선성 통계량 공차	공선성 통계량 VIF
1	(상수)	10.242	2.512		4.078	.000					
	소비자 물가지수(CPi)	.189	.015	.912	12.758	.000	.912	.912	.912	1.000	1.000
2	(상수)	-1.624	6.067		-.268	.791					
	소비자 물가지수(CPi)	.518	.155	2.497	3.337	.002	.912	.508	.227	.008	121.361
	소비자 가처분소득/1인	-.008	.004	-1.592	-2.127	.041	.895	-.352	-.145	.008	121.361
3	(상수)	-2.2E1	10.605		-2.133	.041					
	소비자 물가지수(CPi)	.562	.146	2.711	3.836	.001	.912	.567	.244	.008	123.403
	소비자 가처분소득/1인	-.011	.004	-2.058	-2.826	.008	.895	-.453	-.180	.008	131.119
	돼지고기 및 닭고기 생산량/1인	.974	.415	.295	2.345	.026	.830	.388	.149	.256	3.909

a. 종속변수: 소가격/100파운드

다변량 통계분석
Multivariate
Statistical Analysis
SPSS
1 7

다변량 통계분석이란?

흔히 하나 이상의 독립변수와 단일 종속변수 간의 인과관계를 파악하고자 할 때 일변량 통계분석(univariate statistical analysis)을 적용한다. 즉, 한 변수의 변동원인을 규명하기 위하여 많은 수의 요인 중 한 요인을 선택하여, 선택된 요인과 연구하고자 하는 변수와의 관계를 분석한 후, 또 다른 요인을 선택하여, 같은 절차를 반복하게 된다. 그리고 개별적으로 분석된 결과를 종합하여 연구하고자 하는 변수를 이들 요인에 의하여 설명하는 것이다. 이러한 일변량 통계분석은 각각의 요인들이 서로 상호작용을 하지 않는 상태에서 연구하고자 하는 변수에만 작용한다고 가정하였을 때에는 아무런 문제가 없다. 그러나 현실에서는 요인들간의 상호작용이 존재하며, 연구하고자 하는 변수 또한 요인들에게 영향을 주는 경우가 많다. 즉, 어떤 변수가 종속변수이고 어떤 변수가 독립변수인지 불분명하며, 독립변수들 간에도 종속독립의 관계가 존재한다. 이러한 문제점들을 해결하기 위하여 개발된 분석방법이 바로 다변량 통계분석(multivariate statistical analysis)이다.

다변량 통계분석은 한마디로 말한다면, 차원(dimension)을 줄이고자 하는 통계분석체계라고 할 수 있다. 즉, 많은 수의 변수를 최소한의 정보손실(information loss)을 유지하면서 가능한 한 적은 수의 변수로 줄이는 분야와 많은 수의 케이스를 그 특성이 비슷한 몇 가지 집단으로 분류하여 전체 케이스가 가지고 있는 의미를 이들 분류된 몇 개의 집단으로 설명하고자 하는 분야 등으로 양분되는 분석방법을 다변량통계분석이라 한다.

다변량 데이터 구조

p×n **행렬**(Matrix): p**개 행**, n**개 열** = p**개 변수**, n**개 케이스**

$$\mathbf{X} = \begin{bmatrix} \mathbf{x}_1 & \mathbf{x}_2 & \cdots & \mathbf{x}_n \end{bmatrix} = \begin{bmatrix} x_{11} & x_{12} & \cdots & x_{1n} \\ x_{21} & x_{22} & \cdots & x_{2n} \\ \vdots & \vdots & \ddots & \vdots \\ x_{p1} & x_{p2} & \cdots & x_{pn} \end{bmatrix}$$

	케이스1	**케이스**2	. . .	**케이스**n
변수1	x_{11}	x_{12}	$\cdots$	x_{1n}
변수2	x_{21}	x_{22}	$\cdots$	x_{2n}
$\vdots$	$\vdots$	$\vdots$	$\ddots$	$\vdots$
변수p	x_{p1}	x_{p2}	$\cdots$	x_{pn}

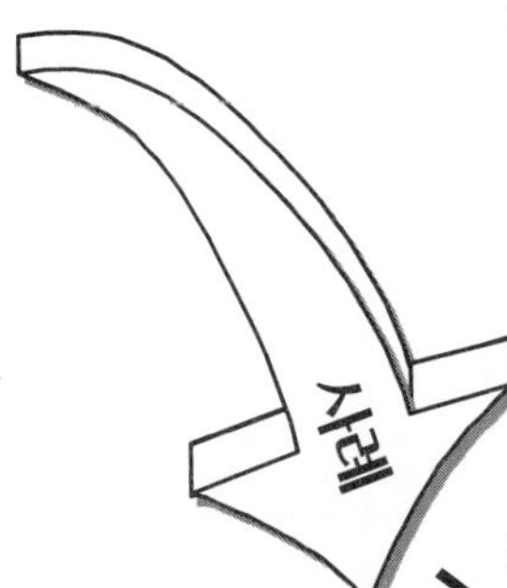

도시별 사고수

	1	2	3	4	5	6	7	8	9	10
도시일련번호	1	2	3	4	5	6	7	8	9	10
교통사고건수	1	4	5	4	3	4	2	1	4	2
차량대수	4	10	15	12	8	16	5	7	9	10
경찰관수	20	6	2	8	9	8	12	15	10	10

데이터 전치하여 입력

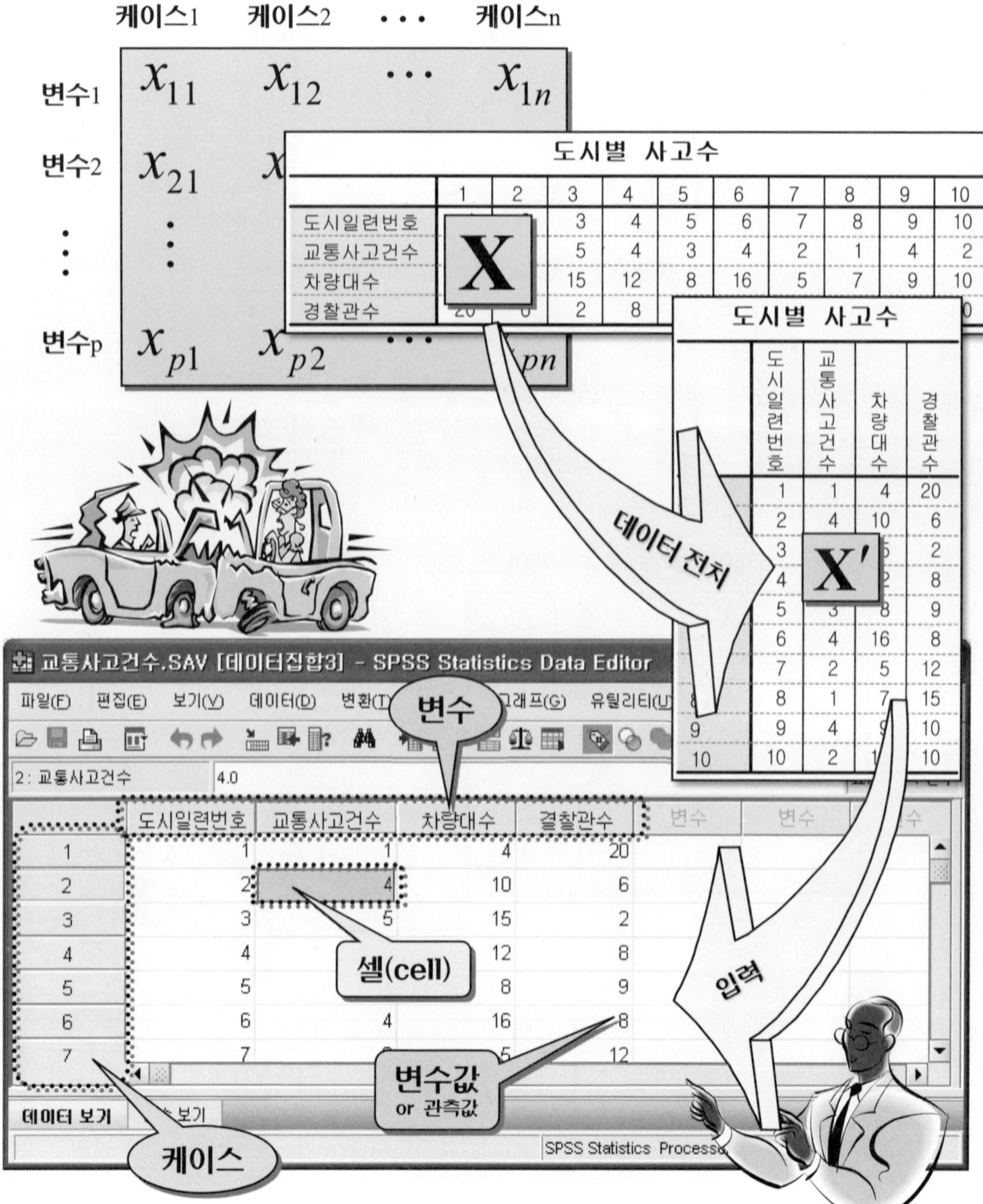

케이스1 케이스2 ... 케이스n
변수1 x_{11} x_{12} ... x_{1n}
변수2 x_{21}
변수p x_{p1} x_{p2} ... x_{pn}
도시별 사고수
도시일련번호
교통사고건수
차량대수
경찰관수
X
데이터 전치
X'
입력
교통사고건수.SAV [데이터집합3] - SPSS Statistics Data Editor
변수
셀(cell)
변수값
or 관측값
케이스
데이터 보기
SPSS Statistics Processor

표준화 점수(Z-score)

Z-점수, 즉 표준화 점수는 항상 평균이 '0' 이고 표준편차가 '1' 이 된다. 만일 X가 N(μ,σ)를 따른다면 Z-점수는 N(0,1)을 따르게 된다. 결국 표준화는 많은 변수들의 측정단위가 동일하지 않을 경우 변수들의 단위를 제거하여 동일한 단위로 변환하기 위한 수단으로 응용된다. 각 변수들의 중심 경향값(평균)을 동일한 위치로 이동시키고 이를 중심으로 퍼짐정도(분산)를 동일하게 하여 여러 가지 통계량을 계산하거나 분석기법을 적용할 경우 동등한 조건에서 계산해야 상대적인 비교나 평가 등이 올 바르게 된다. 그러므로 다변량분석에서는 많은 변수들이 서로 측정단위가 다른 경우가 많으므로 표준화의 여부를 항상 고려해야 한다.

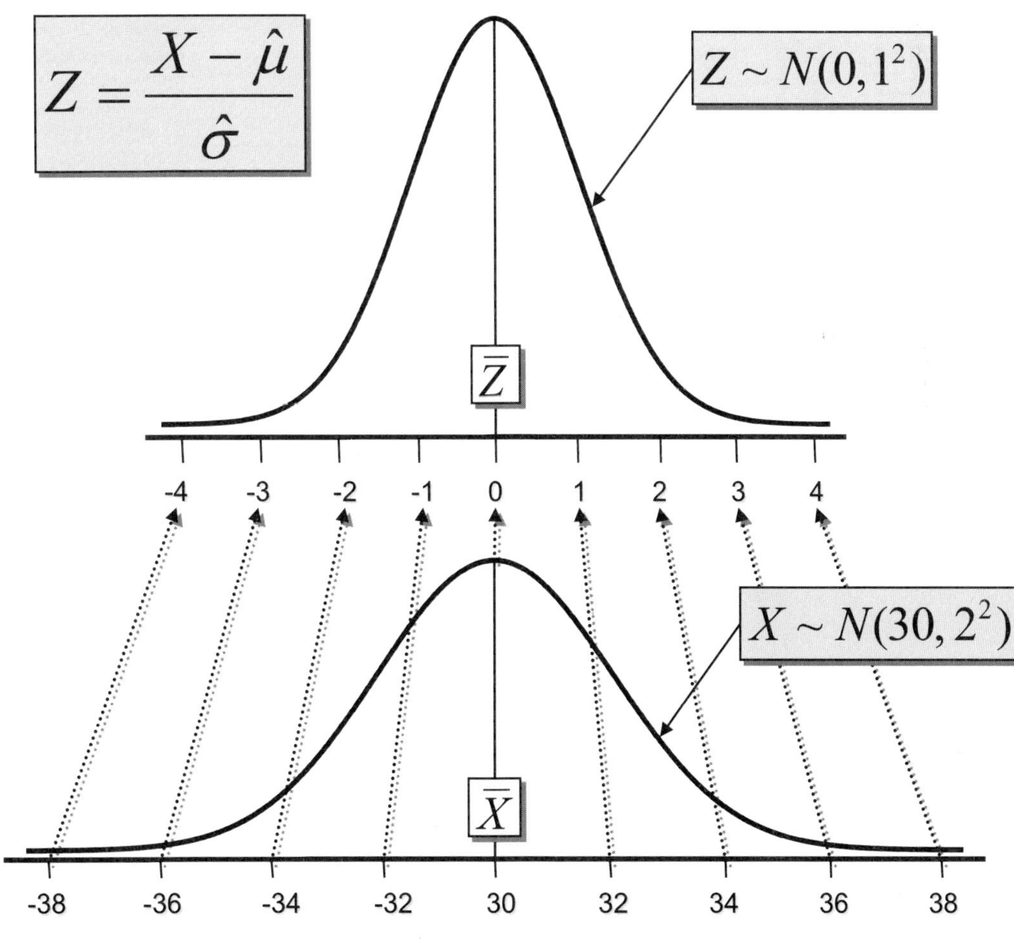

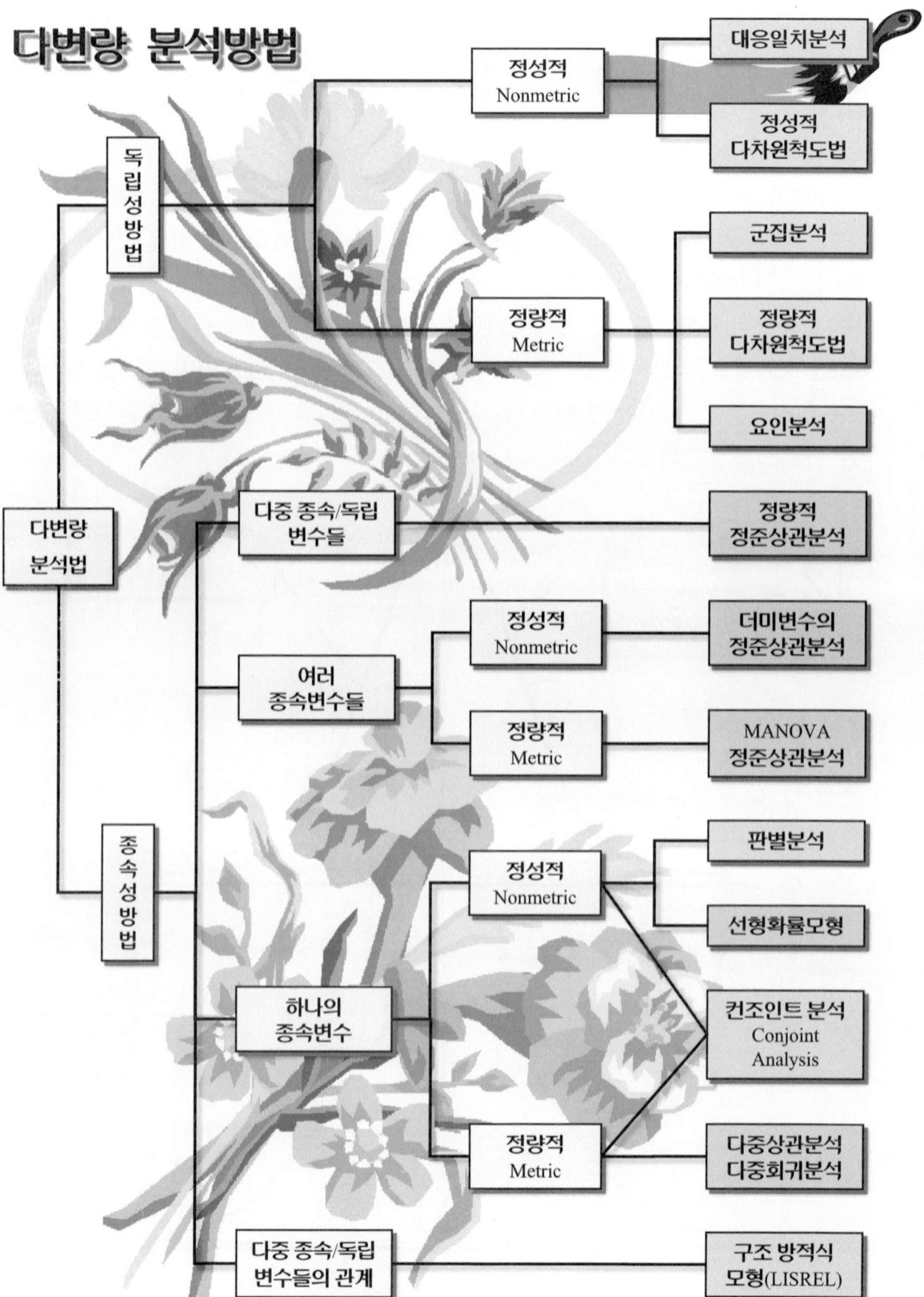
다변량 분석방법
다변량 분석법
독립성방법
정성적 Nonmetric
대응일치분석
정성적 다차원척도법
정량적 Metric
군집분석
정량적 다차원척도법
요인분석
종속성방법
다중 종속/독립 변수들
정량적 정준상관분석
여러 종속변수들
정성적 Nonmetric
더미변수의 정준상관분석
정량적 Metric
MANOVA 정준상관분석
하나의 종속변수
정성적 Nonmetric
판별분석
선형확률모형
컨조인트 분석 Conjoint Analysis
정량적 Metric
다중상관분석 다중회귀분석
다중 종속/독립 변수들의 관계
구조 방적식 모형(LISREL)

종속모형의 연관성

▶ 정준상관분석 : Canonical Correlation

$$Y_1 + Y_2 + \cdots + Y_m = X_1 + X_2 + \cdots + X_n$$

(정량적, 정성적) (정량적, 정성적)

▶ 다변량 분산분석 : MANOVA

$$Y_1 + Y_2 + \cdots + Y_m = X_1 + X_2 + \cdots + X_n$$

(정량적) (정성적)

▶ 분산분석 : ANOVA

$$Y_1 = X_1 + X_2 + \cdots + X_n$$

(정량적) (정성적)

▶ 판별분석 : Multiple Discriminant analysis

$$Y_1 = X_1 + X_2 + \cdots + X_n$$

(정성적) (정량적)

▶ 다중회귀분석 : Multiple Regression analysis

$$Y_1 = X_1 + X_2 + \cdots + X_n$$

(정량적) (정량적)

▶ 컨조인트분석 : Conjoint analysis

$$Y_1 = X_1 + X_2 + \cdots + X_n$$

(정량적, 정성적) (정성적)

▶ 구조방정식 모형 : Structural Equation Modeling

$$\begin{aligned} Y_1 &= X_{11} + X_{12} + \cdots + X_{1n} \\ Y_2 &= X_{21} + X_{22} + \cdots + X_{2n} \\ &\vdots \qquad \ddots \qquad \vdots \\ Y_m &= X_{m1} + X_{m2} + \cdots + X_{mn} \end{aligned}$$

(정량적) (정량적, 정성적)

Memo

유사성과 상이성

Similarities & Dissimilarities

유사성과 상이성 행렬

상관행렬
Correlation Matrix

Similarities
유사성 행렬

$$\mathbf{R} = \begin{bmatrix} 1 & r_{12} & \cdots & r_{1p} \\ r_{21} & 1 & \cdots & r_{2p} \\ \vdots & \vdots & \ddots & \vdots \\ r_{p1} & r_{p2} & \cdots & 1 \end{bmatrix}$$

분산-공분산 행렬
Variance-Covariance Matrix

Dissimilarities
상이성 행렬

$$\mathbf{S} = \begin{bmatrix} s_{11} & s_{12} & \cdots & s_{1p} \\ s_{21} & s_{22} & \cdots & s_{2p} \\ \vdots & \vdots & \ddots & \vdots \\ s_{p1} & s_{p2} & \cdots & s_{pp} \end{bmatrix}$$

거리행렬
Distance Matrix

Dissimilarities
상이성 행렬

$$\mathbf{D} = \begin{bmatrix} 0 & d_{12} & \cdots & d_{1p} \\ d_{21} & 0 & \cdots & d_{2p} \\ \vdots & \vdots & \ddots & \vdots \\ d_{p1} & d_{p2} & \cdots & 0 \end{bmatrix}$$

상관계수

상관행렬
Correlation Matrix

$$\mathbf{R} = \begin{bmatrix} 1 & r_{12} & \cdots & r_{1p} \\ r_{21} & 1 & \cdots & r_{2p} \\ \vdots & \vdots & \ddots & \vdots \\ r_{p1} & r_{p2} & \cdots & 1 \end{bmatrix}$$

$$-1 \le r_{ij} \le +1$$

$$s_{ij} = \frac{1}{n}\sum_{k=1}^{n}(x_{ik} - \bar{x}_i)(x_{jk} - \bar{x}_j) \qquad i, j = 1, 2, \cdots, p$$

$$r_{ij} = \frac{s_{ij}}{\sqrt{s_{ii}}\sqrt{s_{jj}}}$$

$$= \frac{\sum_{k=1}^{n}(x_{ik} - \bar{x}_i)(x_{jk} - \bar{x}_j)}{\sqrt{\sum_{k=1}^{n}(x_{ik} - \bar{x}_i)^2}\sqrt{\sum_{k=1}^{n}(x_{jk} - \bar{x}_j)^2}}$$

두 개체의 상관계수가 크면 그 만큼 상대적으로 유사함을 의미하며, 이러한 동질적인 속성을 가지는 상관계수는 유사성 측도로 사용된다.

분산, 공분산

분산-공분산 행렬
Variance-Covariance Matrix

$$\mathbf{S} = \begin{bmatrix} s_{11} & s_{12} & \cdots & s_{1p} \\ s_{21} & s_{22} & \cdots & s_{2p} \\ \vdots & \vdots & \ddots & \vdots \\ s_{p1} & s_{p2} & \cdots & s_{pp} \end{bmatrix}$$

$$\bar{x}_i = \frac{1}{n}\sum_{k=1}^{n} x_{ik} \qquad i, j = 1, 2, \cdots, p$$

$$s_{ij} = \frac{1}{n-1}\sum_{k=1}^{n}(x_{ik} - \bar{x}_i)(x_{jk} - \bar{x}_j)$$

$$s_{ii} = \frac{1}{n-1}\sum_{k=1}^{n}(x_{ik} - \bar{x}_i)^2$$

두 개체의 공분산이 크면 그 만큼 상대적으로 유사하지 않음을 의미하며, 이와 같이 이질적인 속성을 가지는 측도는 상이성 측도로 사용된다.

유클리드 거리

거리행렬 Distance Matrix

$$\mathbf{D} = \begin{bmatrix} 0 & d_{12} & \cdots & d_{1p} \\ d_{21} & 0 & \cdots & d_{2p} \\ \vdots & \vdots & \ddots & \vdots \\ d_{p1} & d_{p2} & \cdots & 0 \end{bmatrix}$$

유클리드 거리

$$d_{ij} = \sqrt{(z_{i1} - z_{j1})^2 + (z_{i2} - z_{j2})^2 + \cdots + (z_{in} - z_{jn})^2}$$

유클리드 제곱거리

$$d_{ij}^2 = (z_{i1} - z_{j1})^2 + (z_{i2} - z_{j2})^2 + \cdots + (z_{in} - z_{jn})^2$$

두 개체의 거리가 크면 그 만큼 상대적으로 유사하지 않음을 의미하며, 이와 같이 이질적인 속성을 가지는 거리는 상이성 측도로 사용된다.

벡터의 길이와 각도

The Length & Angle of Vector

벡터의 종류

n개의 실수 $x_1, x_2, \cdots, x_n$ 의 배열(array) $\mathbf{x}$를 벡터라고한다.

열 벡터
column vector

$$\mathbf{x} = \begin{bmatrix} x_1 \\ x_2 \\ \vdots \\ x_n \end{bmatrix}$$

행 벡터
row vector

$$\mathbf{x}' = \begin{bmatrix} x_1 & x_2 & \cdots & x_n \end{bmatrix}$$

전치

벡터의 기하적 표현

$$\mathbf{x}' = \begin{bmatrix} x_1 & x_2 & x_3 \end{bmatrix} = \begin{bmatrix} 1 & 3 & 2 \end{bmatrix}, \quad n = 3$$

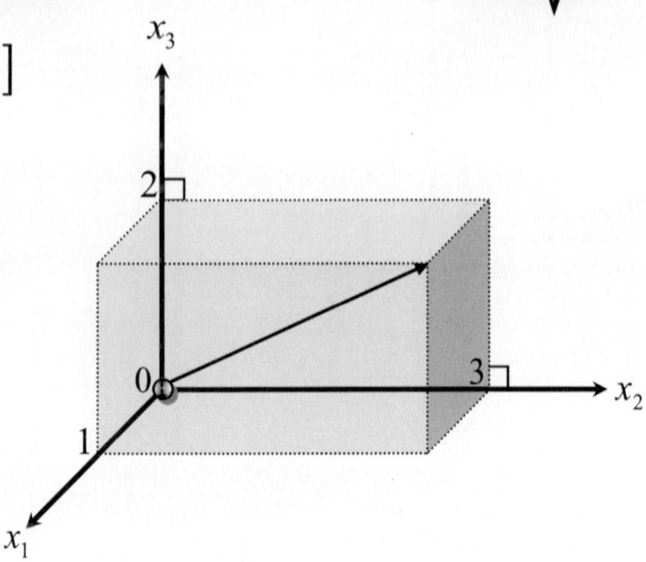

스칼라×벡터

n개의 실수 $x_1, x_2, \cdots, x_n$ 의 배열(array) $\mathbf{x}$를 벡터라고한다.

$$\mathbf{x} = \begin{bmatrix} x_1 \\ x_2 \\ \vdots \\ x_n \end{bmatrix} \quad \xrightarrow{\text{상수 곱하기}} \quad c\mathbf{x} = \begin{bmatrix} cx_1 \\ cx_2 \\ \vdots \\ cx_n \end{bmatrix}$$

Scalar를 곱한 벡터

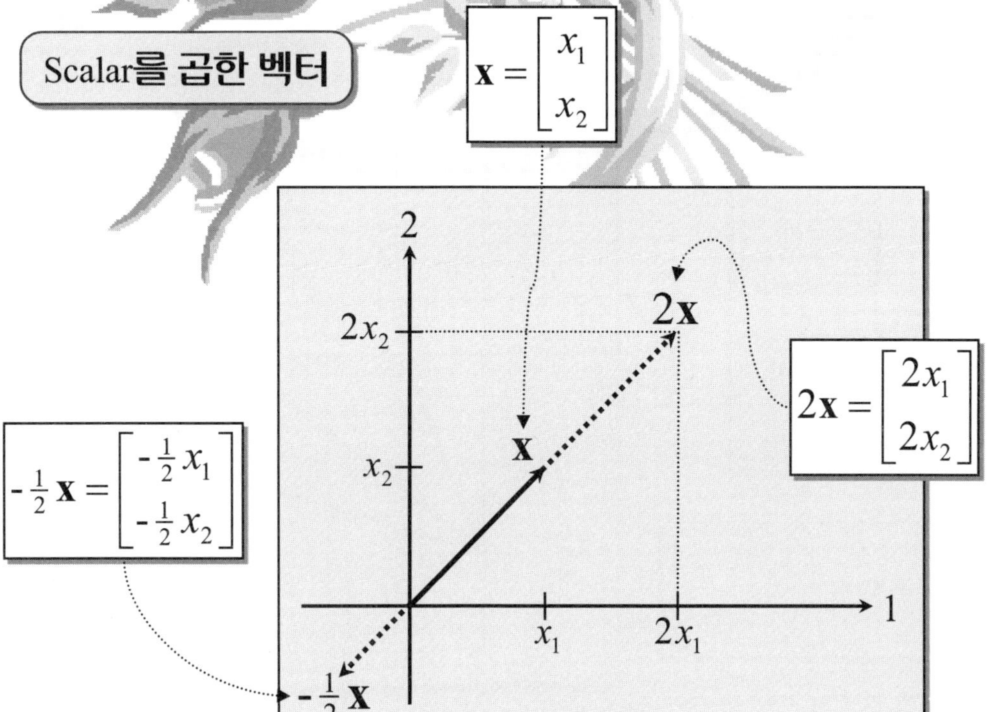

벡터의 합

n개의 실수 $x_1, x_2, \cdots, x_n$ 의 배열(array) $\mathbf{x}$를 벡터라고한다.

$$\mathbf{x}+\mathbf{y}=\begin{bmatrix} x_1 \\ x_2 \\ \vdots \\ x_n \end{bmatrix}+\begin{bmatrix} y_1 \\ y_2 \\ \vdots \\ y_n \end{bmatrix}=\begin{bmatrix} x_1+y_1 \\ x_2+y_2 \\ \vdots \\ x_n+y_n \end{bmatrix}$$

벡터의 합

$$\mathbf{x}=\begin{bmatrix} x_1 \\ x_2 \end{bmatrix}$$

$$\mathbf{y}=\begin{bmatrix} y_1 \\ y_2 \end{bmatrix}$$

$$\mathbf{x}+\mathbf{y}=\begin{bmatrix} x_1+y_1 \\ x_2+y_2 \end{bmatrix}$$

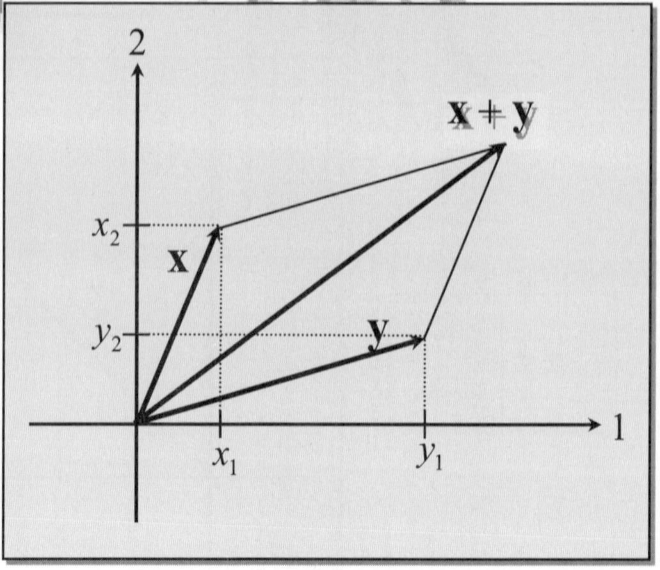

벡터의 길이

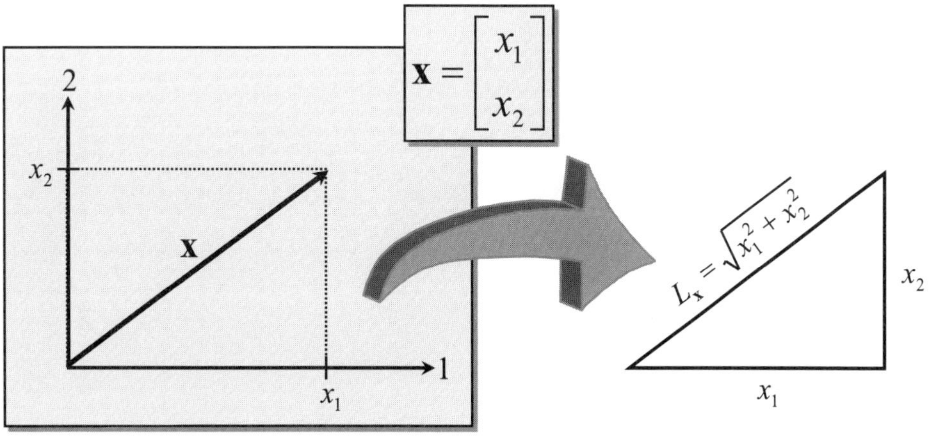

$\mathbf{x}' = [x_1 \quad x_2 \quad \cdots \quad x_n]$의 길이

$$L_\mathbf{x} = \sqrt{x_1^2 + x_2^2 + \cdots + x_n^2}$$

$c\mathbf{x}' = [cx_1 \quad cx_2 \quad \cdots \quad cx_n]$의 길이

$$\begin{aligned} L_{c\mathbf{x}} &= \sqrt{c^2 x_1^2 + c^2 x_2^2 + \cdots + c^2 x_n^2} \\ &= |c| \sqrt{x_1^2 + x_2^2 + \cdots + x_n^2} \\ &= |c| L_\mathbf{x} \end{aligned}$$

정규화(normalize)

벡터의 길이가 '1' 이면 단위벡터(unit vector)라고 하며, 벡터의 길이를 '1' 로 만드는 과정을 정규화(normalize)라고 한다.

$$\mathbf{x} = \begin{bmatrix} x_1 \\ x_2 \end{bmatrix} \Longrightarrow \text{정규화} \Longrightarrow \text{단위벡터: } \frac{1}{\sqrt{\mathbf{x}'\mathbf{x}}}\mathbf{x}$$

$$= L_{\mathbf{x}}^{\ 1}\ \mathbf{x}$$

$$\mathbf{x} = \begin{bmatrix} 3 \\ 1 \end{bmatrix} \text{의 단위 벡터 } \frac{1}{\sqrt{3^2+1^2}}\begin{bmatrix} 3 \\ 1 \end{bmatrix} = \begin{bmatrix} \frac{3}{\sqrt{10}} \\ \frac{1}{\sqrt{10}} \end{bmatrix}$$

$$L_{\mathbf{x}} = \sqrt{\left(\tfrac{3}{\sqrt{10}}\right)^2 + \left(\tfrac{1}{\sqrt{10}}\right)^2} = 1$$

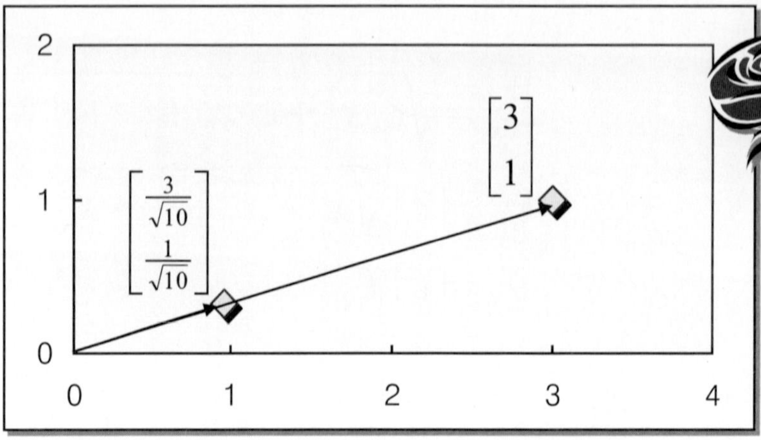

벡터의 각도(방향)

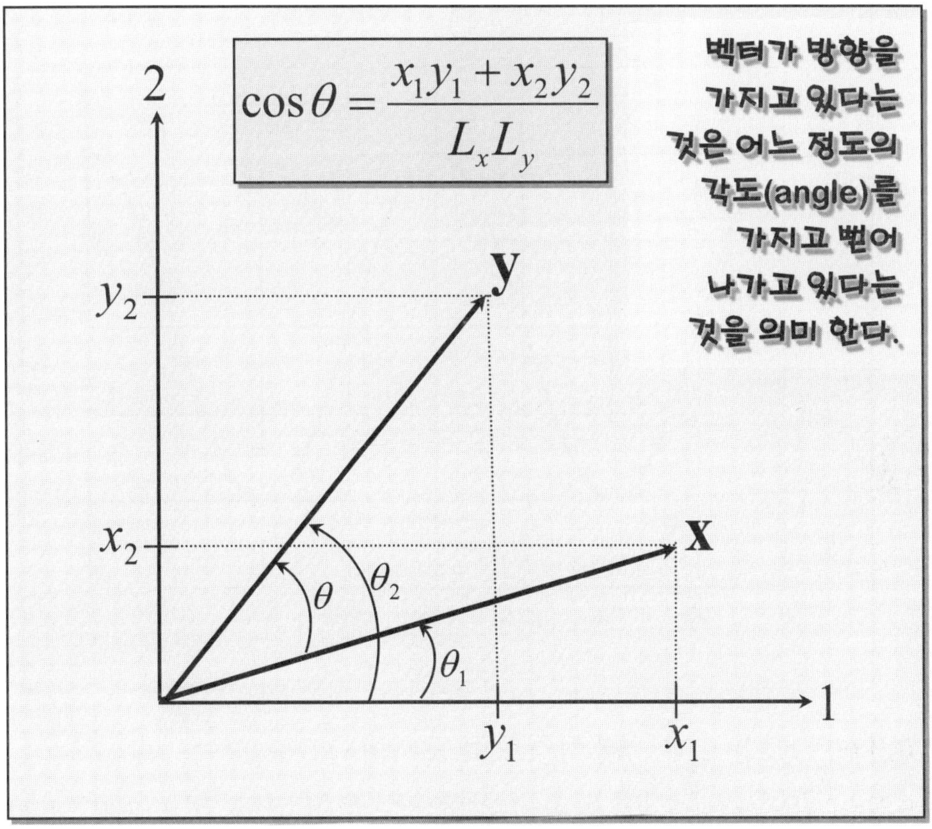

$$\cos\theta_1 = \frac{x_1}{L_x} \qquad \cos\theta_2 = \frac{y_1}{L_y}$$

$$\sin\theta_1 = \frac{x_2}{L_x} \qquad \sin\theta_2 = \frac{y_2}{L_x}$$

$L_{\mathbf{x}}$ = 벡터 $\mathbf{x}$의 길이

$= \sqrt{\mathbf{x}'\mathbf{x}}$

$L_{\mathbf{y}}$ = 벡터 $\mathbf{y}$의 길이

$= \sqrt{\mathbf{y}'\mathbf{y}}$

$$\begin{aligned}\cos\theta &= \cos(\theta_2 - \theta_1)\\ &= \cos\theta_2\cos\theta_1 + \sin\theta_2\sin\theta_1\\ &= \left(\frac{y_1}{L_{\mathbf{y}}}\right)\left(\frac{x_1}{L_{\mathbf{x}}}\right) + \left(\frac{y_2}{L_{\mathbf{y}}}\right)\left(\frac{x_2}{L_{\mathbf{x}}}\right)\\ &= \frac{x_1y_1 + x_2y_2}{L_{\mathbf{x}}L_{\mathbf{y}}}\\ &= \frac{\mathbf{x}'\mathbf{y}}{\sqrt{\mathbf{x}'\mathbf{x}}\sqrt{\mathbf{y}'\mathbf{y}}}\end{aligned}$$

벡터의 내적(inner product): $\mathbf{x}'\mathbf{y} = x_1y_1 + x_2y_2$

cos θ는 무엇을 의미?

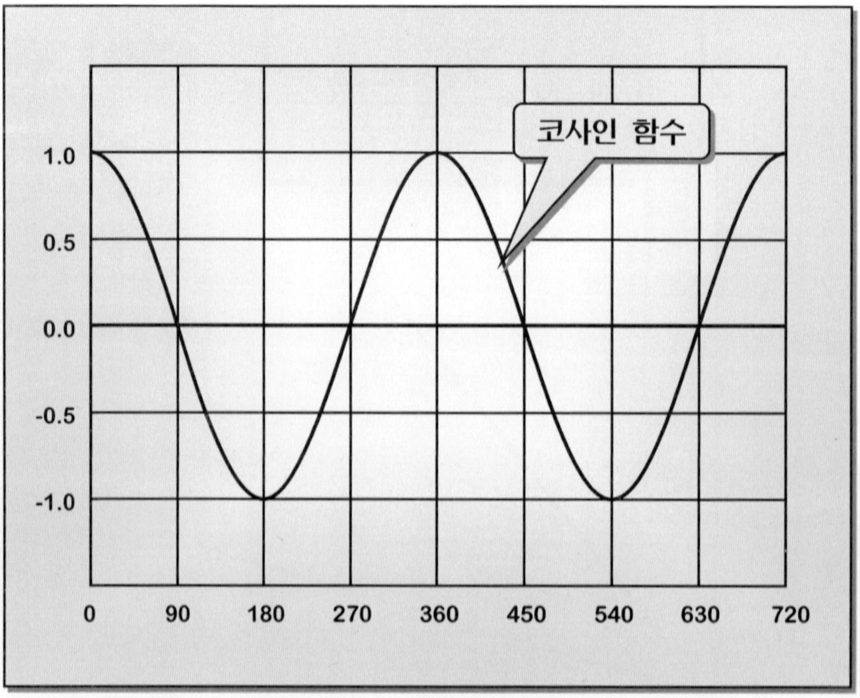

θ가 90° (**또는** 270°)**면 직각으로 교차한다** (cos 90° = 0).

θ가 0° (**또는** 360°)**면 동일한 방향으로 뻗어 나아간다**(cos 0° = +1).

θ가 180° **면 정반대 방향으로 뻗어 나아간다**(cos 180° = -1).

$$\cos\theta = Corr(\mathbf{x}, \mathbf{y})$$

변수들의 관계가 독립인 상태는 두 변수 벡터의 사이각이 90 °를 이루면 상관계수는 '0'에 가까워져 서로 간의 방향성을 설명할 수 없게 된다. 두 벡터의 사이각이 작아져 서로 같은 방향을 가르키게 되면 즉, cos θ 가 작아지면 상관계수는 '1'에 접근하게 된다. 결국 이는 상관계수가 양의 큰 값이 되면 두 축의 사이각이 작아 같은 방향으로 가르키게 된다는 의미이며 상관계수가 '-1'에 접근한다면 두 벡터가 서로 정반대 방향으로 가르키게(180 °) 된다는 것을 의미한다. 이는 두 변수가 서로 반대 방향을 가르키므로 한 변수가 커지면 다른 변수는 작아지는 현상을 설명하는 것이다. 이 의미를 이해해야만 다음 장들에서 구현하는 시각적 도표인 여러 가지 인지도(perceptual map)를 이해하고 설명할 수 있게 된다. 그리고 그 응용/활용성 다양함과 분석의 강력함을 깨닫게 될 것이다.

통계적 거리
Statistical Distance
SPSS
1 7
5
May 2005

거리개념과 표준화

앞 절에서 주로 언급된 통계량들은 데이터의 형상인 분포의 중심개념인 평균을 주로 다루웠으며, 이 중심으로 부터 각 데이터들이 평균적으로 얼마나 떨어져 있는지의 개념인 표준편차를 다루웠다. 여기에서 표준편차는 제곱거리의 개념인 분산으로 주로 언급되었다. 그리고 또 중요한 통계량으로 상관계수를 들 수 있는데 상관계수는 두 연속형 변수간의 선형관계를 나타내는 측도로 정의되었다. 이제 여기에 하나를 더하면 거리의 개념이 필요하다. 일변량 분석법에서와는 달리 통계량들을 거리의 개념으로 이해할 필요가 있다. 이러한 거리의 개념은 판별분석, 군집분석 , 다차원척도법, 대응일치 등 통계학 전반에 응용되고 사용되는 개념이다. 즉 비유하면 두 변인의 분산이 크다는 것은 거리개념으로 표현하면 거리가 상대적으로 멀리 떨어져 있다는 의미이며 두 변인의 관계도 그 만큼 이질적이고 상이성을 가진다고 이해할 수 있다. 또한 상관계수를 살펴보면 계수값이 양으로 크면 클수록 두 변인은 같은 방향으로 움직임을 나타내면 거리로 이해할 때 거리가 가까워 두 변인의 관계가 동질적이고 유사성을 의미하게 된다. 음으로 크다면 두 변인 의 관계가 서로 반대 방향으로 움직여서 거리로 보면 멀리 떨어지게 된다. 물론 이 경우는 두 변인이 서로 반대 방향으로 움직이므로 예측이 가능하다. 그것도 선형으로 예측이 가능하지 않은 경우가 상관계수가 '0'에 접근할 때이다. 이제부터 자주 언급되어야 할 거리는 크게 수학적 거리와 통계적 거리로 나누어 판단할 수 있는데 수학적 거리는 유클리드의 거리를 말한다. 이 유클리드 거리는 대응되는 절대적인 수치의 차이의 제곱합을 제곱근 한 것이다. 그런데 이와 같은 거리 계산을 통계적 변수들에 적용하면 변수들의 측정단위의 상이함으로 인해 정당한 거리를 계산할 수 없게 되고 크게 왜곡된 거리를 산출하게 된다. 이는 측정단위가 다르기 때문인데 결국 이는 통계적으로는 분산이 다르기 때문이다. 그러므로 통계적 거리를 계산할 경우 반드시 측정단위가 다른 변수들은 분산을 동일하게 하기 위하여 표준화 점수(Z-점수라고도 함))를 사용해야 한다. 요인분석이나 판별분석 등에서는 기본적으로 상관행렬을 사용함으로 표준화가 됨 경우이지만 군집, 다차원척도법 같은 경우는 분석 변수들의 분산이 다른 경우에는 반드시 표준화를 해야 한다. 이 장 이후에 다루는 다변량 분석법에서 표준화 문제를 고려해야 함을 잊지 말고 학습하기 바란다.

거리 - Distance

일차원 : 직선상의 거리

이차원 : 평면상의 거리

삼차원 : 공간상의 거리

다차원 : 3차원에서 확장 응용한 거리

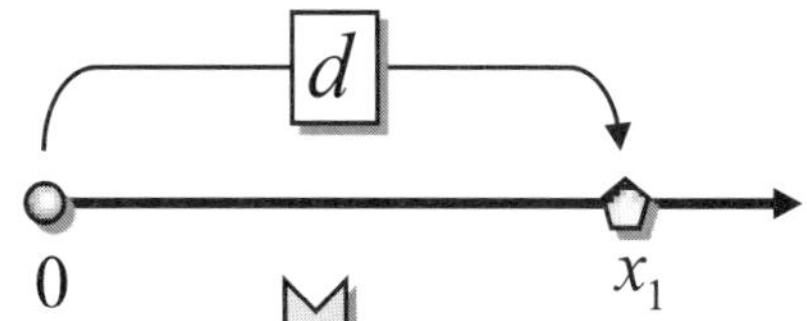

$$d = x_1 \quad \therefore d = \sqrt{(x_1 - 0)^2}$$

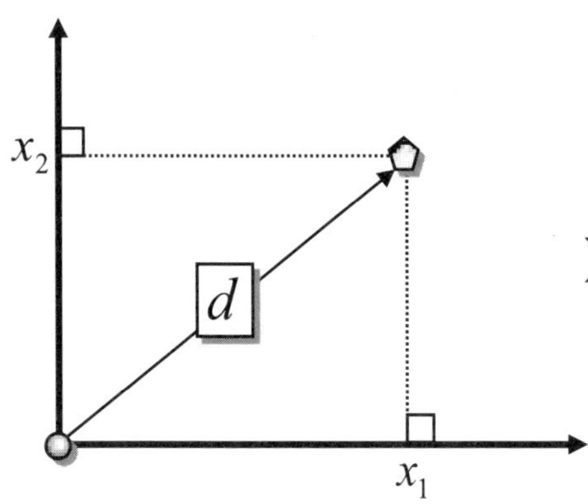

$$d = \sqrt{x_1^2 + x_2^2}$$

○ 원점

⬠ 개체위치

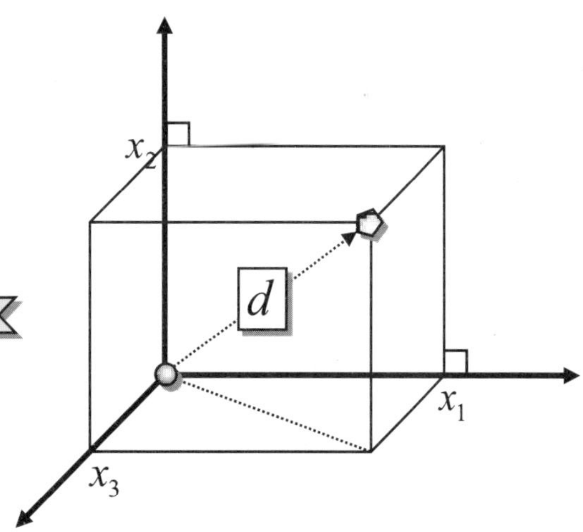

$$d = \sqrt{x_1^2 + x_2^2 + x_3^2}$$

p차원 !!???

$$d = \sqrt{x_1^2 + x_2^2 + \cdots + x_p^2}$$

특정좌표로부터의 거리

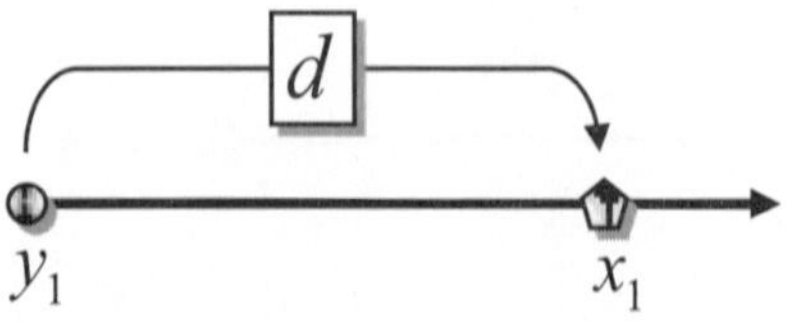

$$d = \sqrt{(x_1 - y_1)^2}$$

특정좌표

개체위치

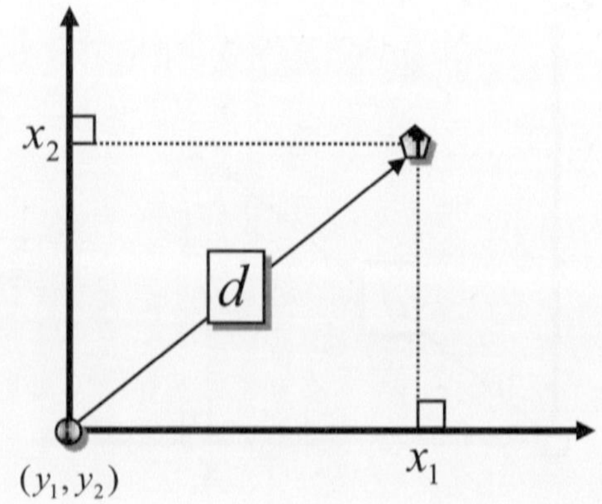

$$d = \sqrt{(x_1 - y_1)^2 + (x_2 - y_2)^2}$$

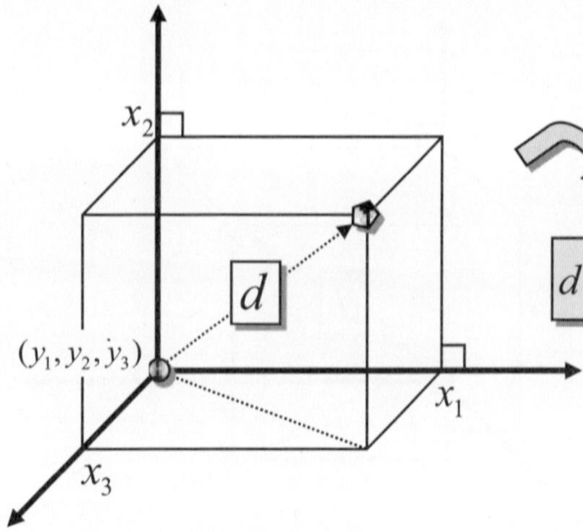

$$d = \sqrt{(x_1 - y_1)^2 + (x_2 - y_2)^2 + (x_3 - y_3)^2}$$

p차원 !!???

$$d = \sqrt{(x_1 - y_1)^2 + \cdots + (x_p - y_p)^2}$$

변동의 차이

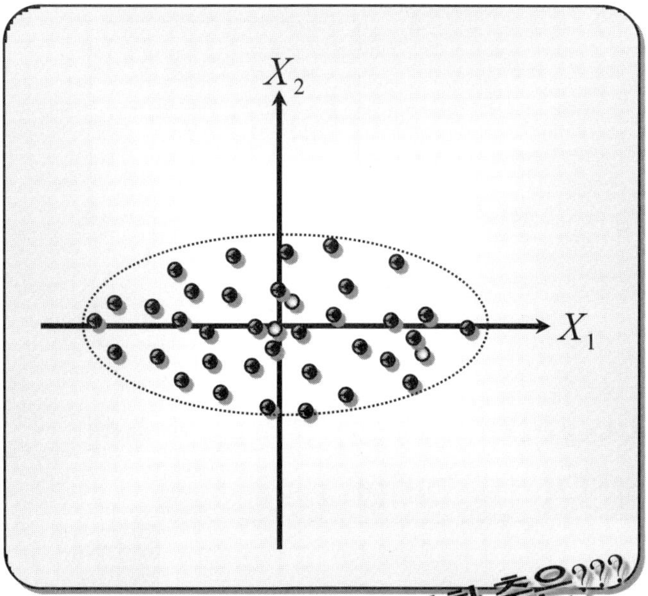

좌표는 크기변화를 나타내는 측정치를 나타내기 때문에 변동이 심한 변수와 그렇지 않은 변수에 따라 좌표에 가중치를 주어야 한다.

변동이 가장 심한 축은???

X_1축!

표준편차로 나누어 변동의 차이를 제거(표준화)한 후에 표준직선거리를 고려한다.

$$x_1^* = \frac{x_1}{\sqrt{s_{11}}}$$

X_1의 표본분산

$$x_2^* = \frac{x_2}{\sqrt{s_{22}}}$$

X_2의 표본분산

통계적 거리

$$x_1^* = \frac{x_1}{\sqrt{s_{11}}}$$

X_1의 표본분산

표준화

$$x_2^* = \frac{x_2}{\sqrt{s_{22}}}$$

X_2의 표본분산

표준편차로 나누어 변동의 차이를 제거(표준화)한 후에 표준직선거리를 고려한다.

$$d = \sqrt{(x_1^*)^2 + (x_2^*)^2} = \sqrt{\frac{x_1^2}{s_{11}} + \frac{x_2^2}{s_{22}}}$$

표본분산이 서로 같으면 가중치도 같아진다. 이러한 경우는 가중치를 고려할 필요가 없게 되고, 일반적으로 유클리드 거리를 사용하게 된다.

$$w_1 = 1/s_{11}$$
$$w_2 = 1/s_{22}$$

가중치

$$\frac{x_1^2}{s_{11}} + \frac{x_2^2}{s_{22}} = c^2$$

모든 점들이 원점으로부터 일정한 제곱거리 C^2을 만족하는 공식

타원의 방정식

$$\frac{x_1^2}{s_{11}} + \frac{x_2^2}{s_{22}} = c^2$$

모든 점들이 원점으로부터 일정한 제곱거리 C^2을 만족하는 공식

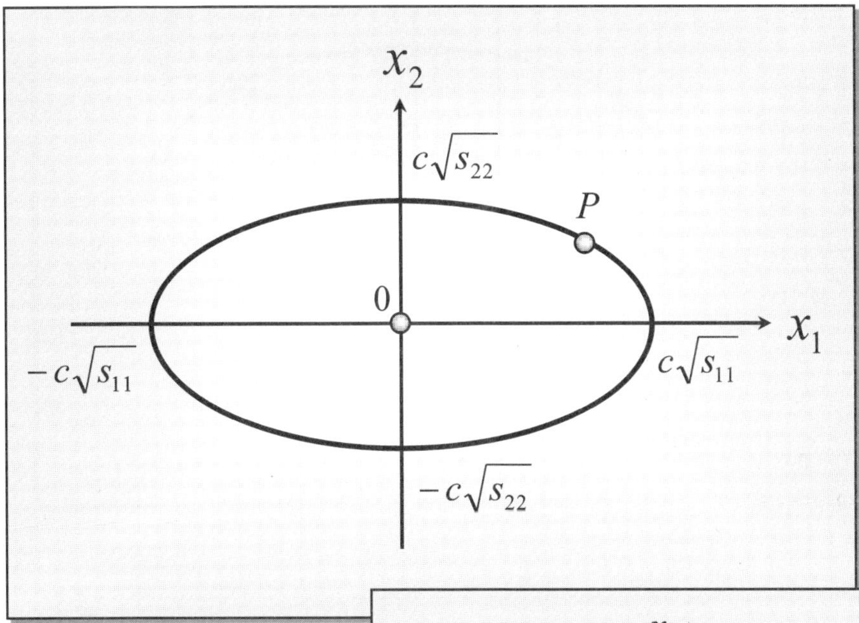

$$\frac{x_1^2}{4} + \frac{x_2^2}{1} = 1$$

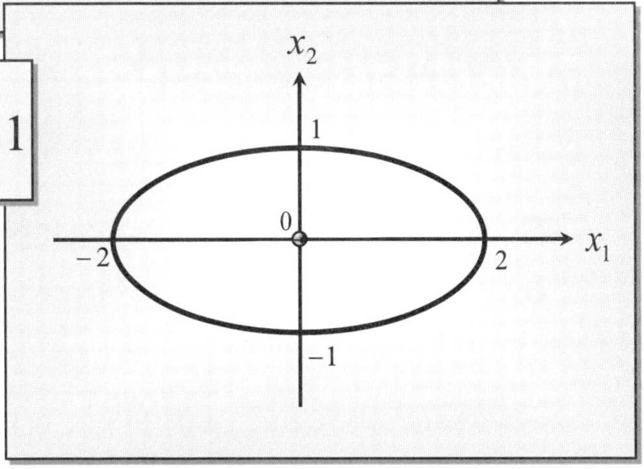

P차원 확장

$$d(P,Q)=\sqrt{\frac{(x_1-y_1)^2}{s_{11}}+\frac{(x_2-y_2)^2}{s_{22}}}$$

$P(x_1,x_2)$와 $Q(y_1,y_2)$ 사이의 유클리드 거리

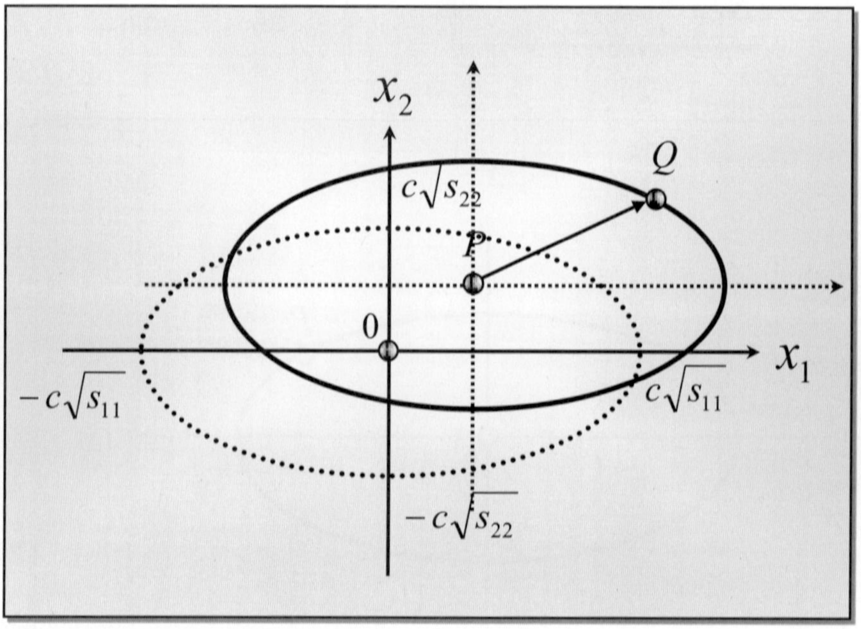

$$d(P,Q)=\sqrt{\frac{(x_1-y_1)^2}{s_{11}}+\frac{(x_2-y_2)^2}{s_{22}}+\cdots+\frac{(x_p-y_p)^2}{s_{pp}}}$$

❶ $y_1, \cdots, y_p$가 '0'이면 원점 O와 P 사이의 거리가 된다.

❷ 만일 표준편차가 동일하다면($s_{11}= s_{22}= \cdots =s_{pp}$), 다음의 유클리드 거리 공식을 사용한다.

$$d(P,Q)=\sqrt{(x_1-y_1)^2+(x_2-y_2)^2+\cdots+(x_p-y_p)^2}$$

독립이 아니라면??!!

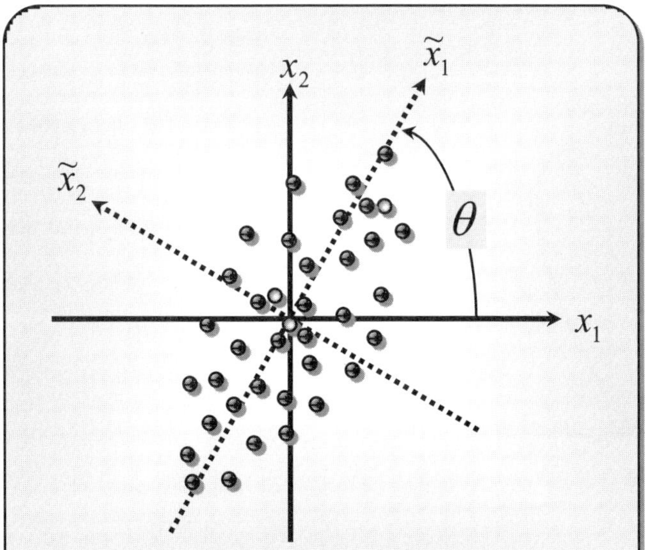

$$d(O,P)=\sqrt{\frac{\tilde{x}_1^2}{\tilde{s}_{11}}+\frac{\tilde{x}_2^2}{\tilde{s}_{22}}}$$

지금까지는 변수들의 관계가 독립인 상태를 가정하고 거리를 계산하였다. 그러나 보다 현실적으로는 변수들 간의 관계는 어느 정도 상관도가 존재하기 마련이다. 두 변수 간의 양의 상관이 존재한다면 통계적 거리는 어떻게 측정할 것인가? 양의 상관관계가 존재하는 경우, 각도 θ 만큼 회전된 경우를 생각해 본다.

원래 좌표와 회전된 좌표간의 관계

$$\begin{cases} \tilde{x}_1 = \ \ x_1\cos\theta + x_2\sin\theta \\ \tilde{x}_2 = -x_1\sin\theta + x_2\cos\theta \end{cases}$$

원래 좌표로 거리를 표현하면 ...

$$d(O,P)=\sqrt{a_{11}x_1^2+2a_{12}x_1x_2+a_{22}x_2^2}$$

$$a_{11}=\frac{\cos^2\theta}{\cos^2\theta\, s_{11}+2\sin\theta\cos\theta\, s_{12}+\sin^2\theta\, s_{22}}+\frac{\sin^2\theta}{\cos^2\theta\, s_{22}-2\sin\theta\cos\theta\, s_{12}+\sin^2\theta\, s_{11}}$$

$$a_{22}=\frac{\sin^2\theta}{\cos^2\theta\, s_{11}+2\sin\theta\cos\theta\, s_{12}+\sin^2\theta\, s_{22}}+\frac{\cos^2\theta}{\cos^2\theta\, s_{22}-2\sin\theta\cos\theta\, s_{12}+\sin^2\theta\, s_{11}}$$

$$a_{12}=\frac{\cos\theta\sin\theta}{\cos^2\theta\, s_{11}+2\sin\theta\cos\theta\, s_{12}+\sin^2\theta\, s_{22}}-\frac{\sin\theta\cos\theta}{\cos^2\theta\, s_{22}-2\sin\theta\cos\theta\, s_{12}+\sin^2\theta\, s_{11}}$$

독립이 아니라면 ... -2

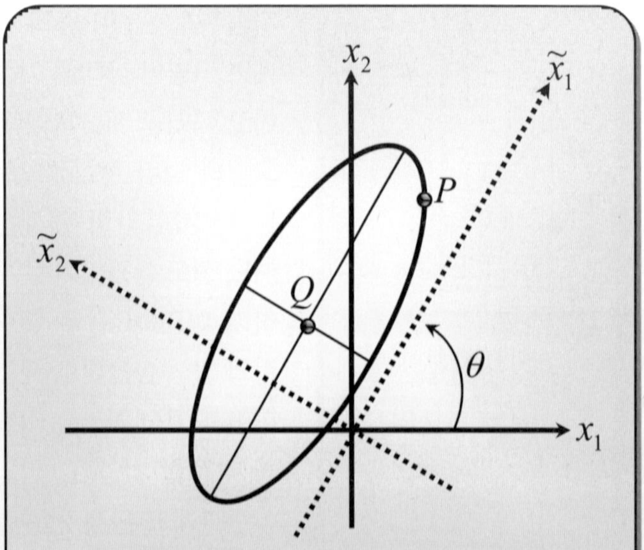

$$d(Q,P)=\sqrt{\frac{(\tilde{x}_1-\tilde{y}_1)^2}{\tilde{s}_{11}}+\frac{(\tilde{x}_2-\tilde{y}_2)^2}{\tilde{s}_{22}}}$$

지금까지는 변수들의 관계가 독립인 상태를 가정하고 거리를 계산하였다. 그러나 보다 현실적으로는 변수들 간의 관계는 어느 정도 상관도가 존재하기 마련이다. 두 변수 간의 양의 상관이 존재한다면 통계적 거리는 어떻게 측정할 것인가? 양의 상관관계가 존재하는 경우, 각도 θ 만큼 회전된 경우를 생각해 본다.

원래 좌표와 회전된 좌표간의 관계

$$\begin{cases}\tilde{x}_1 = x_1\cos\theta + x_2\sin\theta \\ \tilde{y}_1 = y_1\cos\theta + y_2\sin\theta \\ \tilde{x}_2 = -x_1\sin\theta + x_2\cos\theta \\ \tilde{y}_2 = -y_1\sin\theta + y_2\cos\theta\end{cases}$$

원래 좌표로 거리를 표현하면 ...

$$d(Q,P)=\sqrt{a_{11}(x_1-y_1)^2+2a_{12}(x_1-y_1)(x_2-y_2)+a_{22}(x_2-y_2)^2}$$

$$a_{11}=\frac{\cos^2\theta}{\cos^2\theta\, s_{11}+2\sin\theta\cos\theta\, s_{12}+\sin^2\theta\, s_{22}}+\frac{\sin^2\theta}{\cos^2\theta\, s_{22}-2\sin\theta\cos\theta\, s_{12}+\sin^2\theta\, s_{11}}$$

$$a_{22}=\frac{\sin^2\theta}{\cos^2\theta\, s_{11}+2\sin\theta\cos\theta\, s_{12}+\sin^2\theta\, s_{22}}+\frac{\cos^2\theta}{\cos^2\theta\, s_{22}-2\sin\theta\cos\theta\, s_{12}+\sin^2\theta\, s_{11}}$$

$$a_{12}=\frac{\cos\theta\sin\theta}{\cos^2\theta\, s_{11}+2\sin\theta\cos\theta\, s_{12}+\sin^2\theta\, s_{22}}-\frac{\sin\theta\cos\theta}{\cos^2\theta\, s_{22}-2\sin\theta\cos\theta\, s_{12}+\sin^2\theta\, s_{11}}$$

주성분 분석
PCA
Principal Component Analysis

주성분 분석이란?

주성분 분석(principal component analysis)이란 변수들이 가지고 있는 정보의 손실을 최대한 줄이면서 원래의 변수들의 선형결합을 구성하여 분산-공분산 구조를 설명하는 통계적 방법이다. 이 때의 선형결합을 주성분이라고 한다. 주성분분석의 목적은 일반적으로 자료의 축소와 해석에 있다. 예를 들어 원래 데이터에 p개의 변수가 있다고 할 때 p보다 작은 숫자인 k개(k<p)의 주성분으로 전체변동 중에서 상당 부분을 설명할 수 있다면 매우 효과적이라 할 수 있다. 따라서 원래 데이터가 p개 변수와 n개의 관측값으로 구성되어 있을 때 k개의 주성분과 n의 관측값으로 데이터를 축소할 수 있을 것이다. 이렇게 축소된 주성분을 통하여 데이터를 해석함으로써 원래 데이터에 나타나 있지 않은 관계들을 찾아내 원래 데이터에서 파악할 수 없었던 새로운 사실을 찾아낼 수 있다. 또한 이것이 시사하는 것은 변수의 수만큼의 차원에서 원래 데이터를 설명하는 것보다 보다 작은 차원으로 데이터를 축소한 다음 원래 데이터를 설명하는 것이 훨씬 용이하다.

1) 선형결합을 통하여 분산-공분산 구조를 설명하는 통계기법
2) 직교 변환을 이용한 반응변수의 선형결합(주성분)을 찾고
3) p개의 원래 변수를 중요한 몇 개(보통 2-3개)의 주성분으로 분석하고 원래 데이터에 나타나 있지 않는 관계를 찾아냄(자료의 축소와 해석)

주성분 분석의 목적

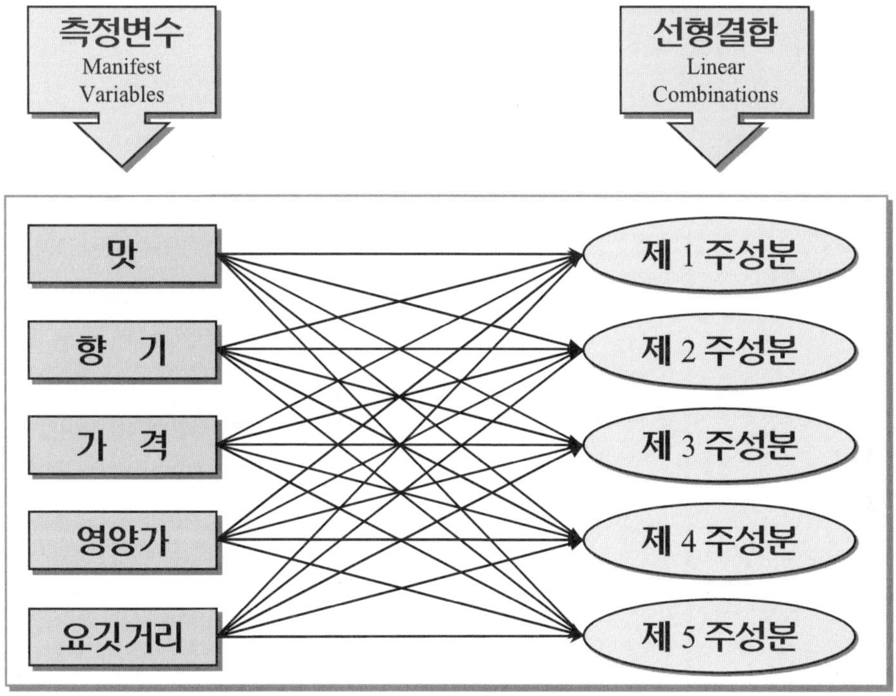

주성분 분석의 기본개념은 다변량 자료의 변동(분산)을 가장 많이 설명해 주는 선형결합을 찾는 것이다.

주성분의 기하적 의미

주성분의 기하적 의미를 설명하기 위해서는 2차원으로 설명하는 것이 가장 적절하다. 이상의 차원은 이에 대한 확장으로 생각할 수 있다.

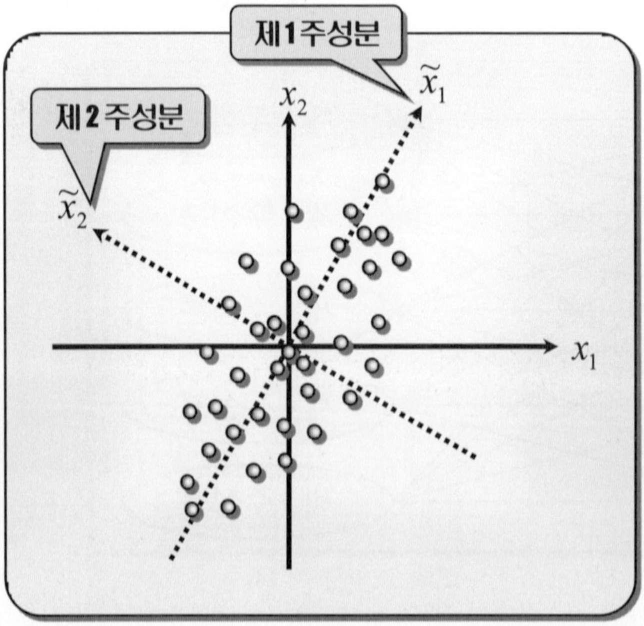

두 연속형 변수가 있을 때 이들의 관계를 그림으로 표현하면 산점도로 표현된다. 이 산점도에서 변동을 가장 많이 설명하는 축, 즉 두 변수의 함수(선형결합)는 산점의 형상을 타원으로 표현한다면 장축에 해당할 것이다. 즉 이 장축이 제 1 주성분이고 이는 두 변수로 이루어진 분포의 변동을 가장 많이 설명하게 된다. 그리고 이 제 1 주성분과 직교하면서 지나가는 단축은 제 2 주성분으로 제 1 주성분이 설명하지 못하는 변동량 중에서 가장 많은 변동을 설명하게 된다. 두 성분이 직교(orthogonal)하는 것은 두 주성분의 관계가 독립임을 의미한다.

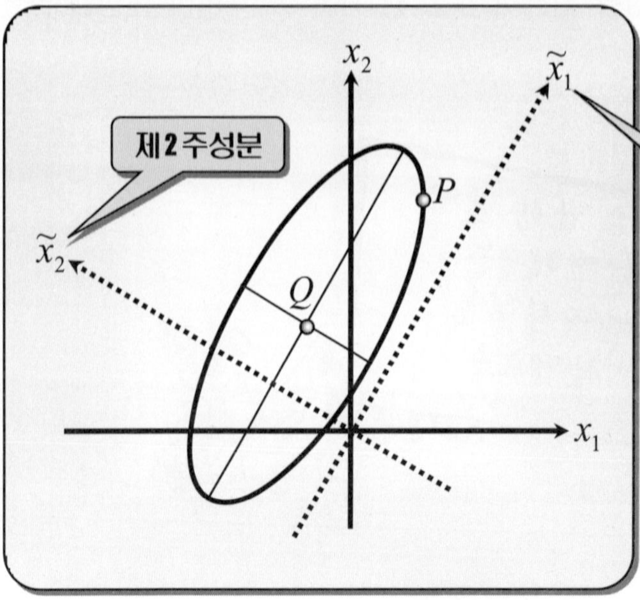

시리얼 시장조사

새로운 제품에 대한 여러 가지 특성 (변수)들이 소비자의 선호도와 관련하여 어떤 요인들을 형성하는지 알아보기 위하여 100명의 소비자를 대상으로 '맛', '가격', '향기', '적당한 요깃거리', '영양가' 등의 다섯 가지 특성에 대하여 조사를 하였다. 즉, 각 요소가 소비자의 제품선정에 중요한가를 질문하는 문항에 대하여 선호도 정도에 따라 '적극반대', '반대', '약간반대', '중립', '약간찬성', '찬성', '적극찬성' 등의 7점 척도로 응답하게 하였다. 수집된 데이터는 정리하여 '시리얼시장조사.sav' 라는 파일로 저장되어 있다.

주성분 지정하기

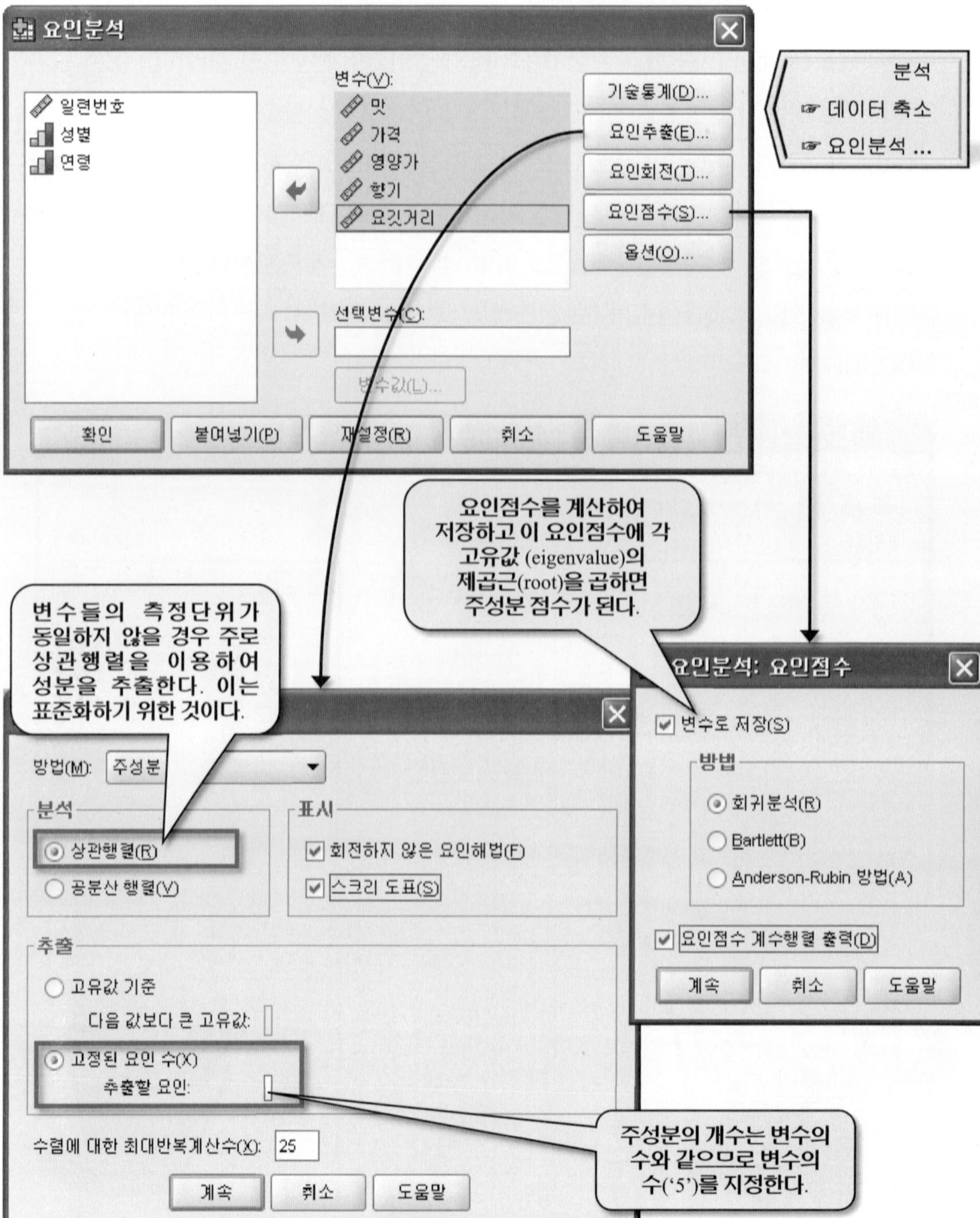
요인분석
변수(V):
일련번호
성별
연령
맛
가격
영양가
향기
요깃거리
기술통계(D)...
요인추출(E)...
요인회전(T)...
요인점수(S)...
옵션(O)...
선택변수(C):
변수값(L)...
확인
붙여넣기(P)
재설정(R)
취소
도움말
분석
☞ 데이터 축소
☞ 요인분석 ...
요인점수를 계산하여 저장하고 이 요인점수에 각 고유값 (eigenvalue)의 제곱근(root)을 곱하면 주성분 점수가 된다.
변수들의 측정단위가 동일하지 않을 경우 주로 상관행렬을 이용하여 성분을 추출한다. 이는 표준화하기 위한 것이다.
방법(M): 주성분
분석
상관행렬(R)
공분산 행렬(V)
표시
회전하지 않은 요인해법(F)
스크리 도표(S)
추출
고유값 기준
다음 값보다 큰 고유값:
고정된 요인 수(X)
추출할 요인:
수렴에 대한 최대반복계산수(X): 25
계속
취소
도움말
요인분석: 요인점수
변수로 저장(S)
방법
회귀분석(R)
Bartlett(B)
Anderson-Rubin 방법(A)
요인점수 계수행렬 출력(D)
계속
취소
도움말
주성분의 개수는 변수의 수와 같으므로 변수의 수('5')를 지정한다.

주성분 분석법

설명된 총분산

성분	초기 고유값			추출 제곱합 적재값		
	합계	% 분산	% 누적	합계	% 분산	% 누적
1	2.655	53.092	53.092	2.655	53.092	53.092
2	1.869	37.381	90.473	1.869	37.381	90.473
3	.316	6.327	96.800	.316	6.327	96.800
4	.127	2.530	99.330	.127	2.530	99.330
5	.034	.670	100.000	.034	.670	100.000

추출 방법: 주성분 분석.

고유값이 '1' 이상인 주성분이 2개이고 이 두 성분이 전체분산의 90.473%를 설명한다.

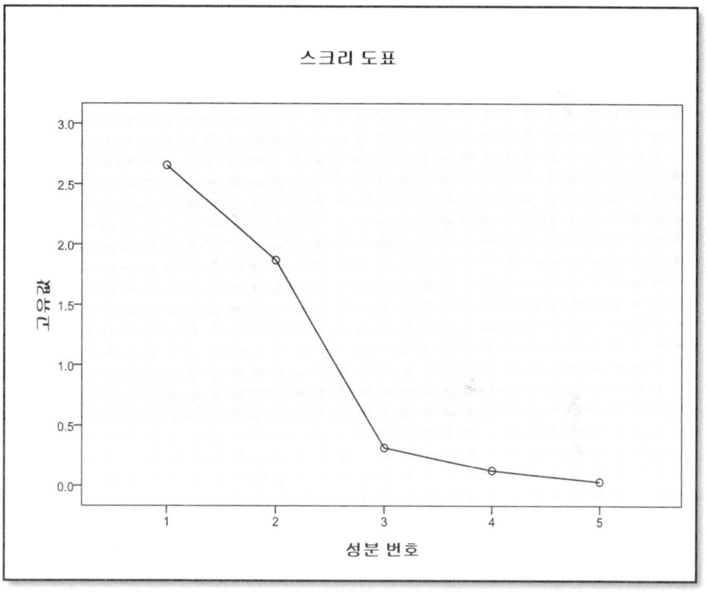

주성분 계수와의 관계

성분행렬[a]

	성분				
	1	2	3	4	5
맛	.439	.889	.011	-.012	-.130
가격	.877	-.261	-.359	.184	-.002
영양가	.910	-.297	-.060	-.282	.009
향기	.355	.926	-.012	.005	.129
적당한 요깃거리	.859	-.256	.4[illegible]	.115	.006

요인추출 방법: 주성분 분석.
a. 추출된 5 성분.

요인적재값(loading)으로 해당요인점수와 각 변수의 표준화 점수 간의 상관계수이다. 이는 각 고유벡터에 고유값의 제곱근을 곱한 값이다.

$$\frac{Loading}{\sqrt{고유값}}$$

주성분 계수(고유벡터의 원소)

고유벡터	1	2	3	4	5
맛	0.269	0.650	0.020	−0.033	−0.709
가격	0.538	−0.191	−0.638	0.517	−0.012
영양가	0.559	−0.217	−0.106	−0.792	0.047
향기	0.218	0.677	−0.021	0.013	0.702
요깃거리	0.527	−0.187	[illegible]	0.2[illegible]	[illegible]
고유값	2.655	1.869	0.316	[illegible]	[illegible]

요인적재값(loading)을 고유값의 제곱근으로 나누면 고유벡터를 구할 수 있으며 이는 주성분 점수를 계산하기 위한 주성분 계수이다.

$$\frac{고유벡터원소}{\sqrt{고유값}}$$

$$\frac{Loading}{고유값}$$

성분점수 계수행렬

	성분				
	1	2	3	4	5
맛	.165	.476	.035	-.092	-3.875
가격	.330	-.140	-1.134	1.453	-.066
영양가	.343	[illegible]	-.188	[illegible]	[illegible]
향기	.134	.495	[illegible]	[illegible]	[illegible]
적당한 요깃거리	.323	-.137	1.35[illegible]	[illegible]	[illegible]

요인추출 방법: 주성분 분석.
요인 점수.

요인점수계수(factor score coefficients)로 주성분 점수를 계산하려면 계산된 각 요인점수에 각 고유값의 제곱근을 곱하면 주성분 점수가 된다.

주성분 함수 및 점수

주성분 계수(고유벡터의 원소)

고유벡터	1	2	3	4	5
맛	0.269	0.650	0.020	−0.033	−0.709
가격	0.538	−0.191	−0.638	0.517	−0.012
영양가	0.559	−0.217	−0.106	−0.792	0.047
향기	0.218	0.677	−0.021	0.013	0.702
요깃거리	0.527	−0.187	0.763	0.323	0.034
고유값	2.655	1.869	0.316	0.127	0.034

$$\text{제1주성분} = 0.269 \cdot Z_{\text{맛}} + 0.538 \cdot Z_{\text{가격}} + 0.559 \cdot Z_{\text{영양가}} + 0.218 \cdot Z_{\text{향기}} + 0.529 \cdot Z_{\text{요깃거리}}$$

$$\text{제2주성분} = 0.650 \cdot Z_{\text{맛}} - 0.191 \cdot Z_{\text{가격}} - 0.217 \cdot Z_{\text{영양가}} + 0.677 \cdot Z_{\text{향기}} - 0.187 \cdot Z_{\text{요깃거리}}$$

$$\text{제3주성분} = 0.020 \cdot Z_{\text{맛}} - 0.638 \cdot Z_{\text{가격}} - 0.106 \cdot Z_{\text{영양가}} - 0.021 \cdot Z_{\text{향기}} + 0.763 \cdot Z_{\text{요깃거리}}$$

⋮　　　　⋮

결국 요인점수계수(factor score coefficients)로 계산된 각 요인점수에 각 고유값의 제곱근을 곱하여 주성분 점수를 계산할 수 있다.

요인점수는 요인점수계수(factor score coefficients)의 선형결합으로 계산하였으므로 각 요인점수에 해당하는 고유값의 제곱근을 곱하면 주성분 점수가 된다.

$$\text{요인점수계수} = \frac{\text{고유벡터원소}}{\sqrt{\text{고유값}}}$$

$$\text{제1주성분 점수} = \text{요인1 점수} \cdot \sqrt{\text{고유값}_1}$$

$$\text{제2주성분 점수} = \text{요인2 점수} \cdot \sqrt{\text{고유값}_2}$$

$$\text{제3주성분 점수} = \text{요인3 점수} \cdot \sqrt{\text{고유값}_3}$$

$$\text{제4주성분 점수} = \text{요인4 점수} \cdot \sqrt{\text{고유값}_4}$$

$$\text{제5주성분 점수} = \text{요인5 점수} \cdot \sqrt{\text{고유값}_5}$$

단, $\text{고유값}_1 \geq \text{고유값}_2 \geq \text{고유값}_3 \geq \text{고유값}_4 \geq \text{고유값}_5$

주성분 점수 계산

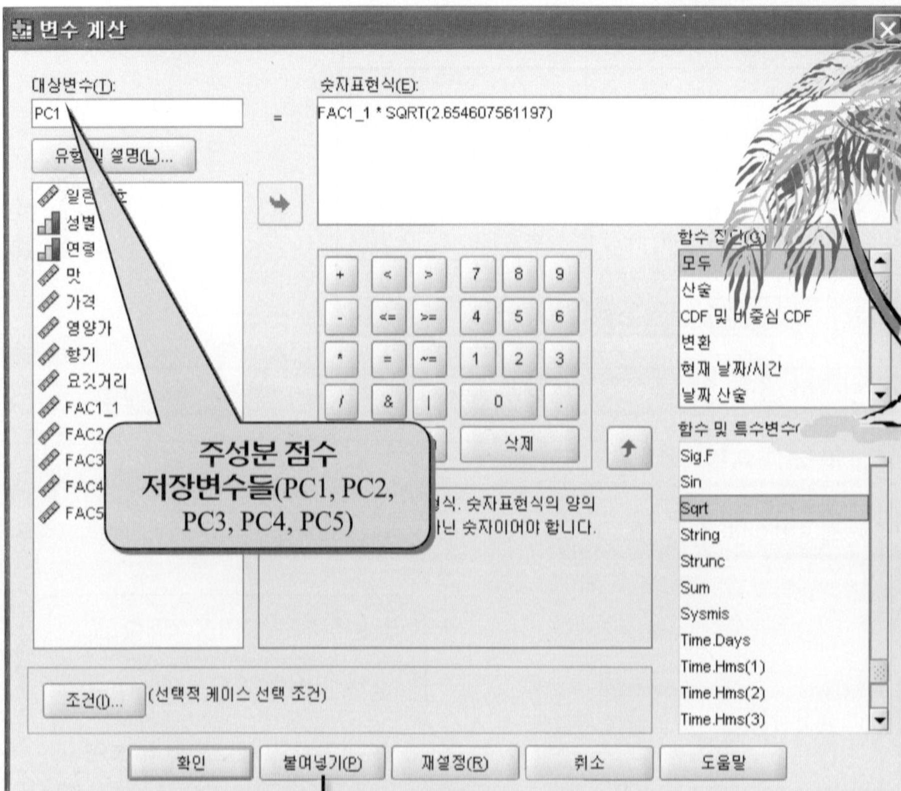
변수 계산
대상변수(T):
PC1
숫자표현식(E):
FAC1_1 * SQRT(2.654607561197)
유형 및 설명(L)...
성별
연령
맛
가격
영양가
향기
요깃거리
FAC1_1
함수 집단(G):
모두
산술
CDF 및 비중심 CDF
변환
현재 날짜/시간
날짜 산술
함수 및 특수변수(
Sig.F
Sin
Sqrt
String
Strunc
Sum
Sysmis
Time.Days
Time.Hms(1)
Time.Hms(2)
Time.Hms(3)
삭제
조건(I)... (선택적 케이스 선택 조건)
확인
붙여넣기(P)
재설정(R)
취소
도움말
주성분 점수 저장변수들(PC1, PC2, PC3, PC4, PC5)

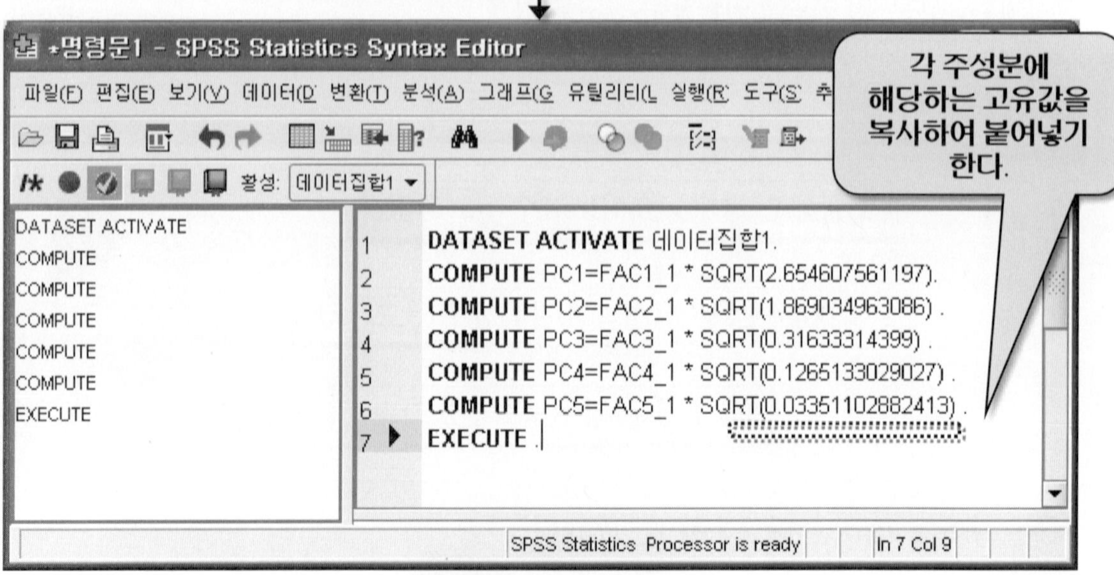
*명령문1 - SPSS Statistics Syntax Editor
파일(F) 편집(E) 보기(V) 데이터(D) 변환(T) 분석(A) 그래프(G) 유틸리티(L) 실행(R) 도구(S)
활성: 데이터집합1
DATASET ACTIVATE
COMPUTE
COMPUTE
COMPUTE
COMPUTE
COMPUTE
EXECUTE
DATASET ACTIVATE 데이터집합1.
COMPUTE PC1=FAC1_1 * SQRT(2.654607561197).
COMPUTE PC2=FAC2_1 * SQRT(1.869034963086) .
COMPUTE PC3=FAC3_1 * SQRT(0.31633314399) .
COMPUTE PC4=FAC4_1 * SQRT(0.1265133029027) .
COMPUTE PC5=FAC5_1 * SQRT(0.03351102882413) .
EXECUTE .
SPSS Statistics Processor is ready
In 7 Col 9
각 주성분에 해당하는 고유값을 복사하여 붙여넣기 한다.

주성분 점수의 특성파악

설명된 총분산

성분	초기 고유값			추출 제곱합 적재값		
	합계	% 분산	% 누적	합계	% 분산	% 누적
1	2.655	53.092	53.092	2.655	53.092	53.092
2	1.869	37.381	90.473	1.869	37.381	90.473
3	.316	6.327	96.800	.316	6.327	96.800
4	.127	2.530	99.330	.127	2.530	99.330
5	.034	.670	100.000	.034	.670	100.000

추출 방법: 주성분 분석.

각 주성분 점수의 평균은 '0'이고 분산이 결국 고유값임을 알 수 있다.

기술통계량

	N	최소값	최대값	평균	표준편차	분산
PC1	100	-3.57	2.90	.0000	1.62930	2.655
PC2	100	-3.80	2.25	.0000	1.36713	1.869
PC3	100	-1.22	1.93	.0000	.56244	.316
PC4	100	-1.51	1.18	.0000	.35569	.127
PC5	100	-.81	.29	.0000	.18306	.034
유효수 (목록별)	100					

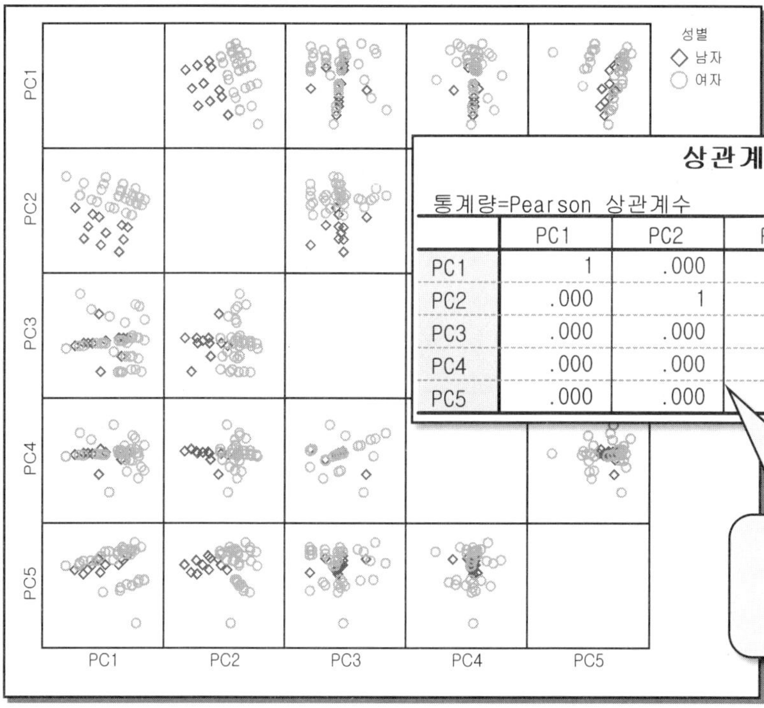

상관계수

통계량=Pearson 상관계수

	PC1	PC2	PC3	PC4	PC5
PC1	1	.000	.000	.000	.000
PC2	.000	1	.000	.000	.000
PC3	.000	.000	1	.000	.000
PC4	.000	.000	.000	1	.000
PC5	.000	.000	.000	.000	1

각 주성분들이 서로 직교(독립)하고 있으므로 상관계수가 '0'이 됨을 확인할 수 있다.

주성분 점수 응용

주성분 점수의 평균이 '0'이고 분산이 고유값임을 확인하였다. 그리고 주성분 간의 관계는 직교함으로 상관계수가 '0'이 된다. 각 주성분에 그에 맞는 의미를 부여하여 주성분에 이름을 붙여주고 이 주성분들 중에서 분산을 가장 많이 설명하는 2개 만을 선택하여 시각화한다. 이렇게 한 다음 각 주성분 점수의 중심경향값(대표값)이 '0' 이므로 이 '0'을 중심으로 점수가 높고 낮음으로 분리할 수 있다. 이와 같이 점수를 세분하여 각 응답자들의 특성을 세분하여 분석을 확장할 수 있다.

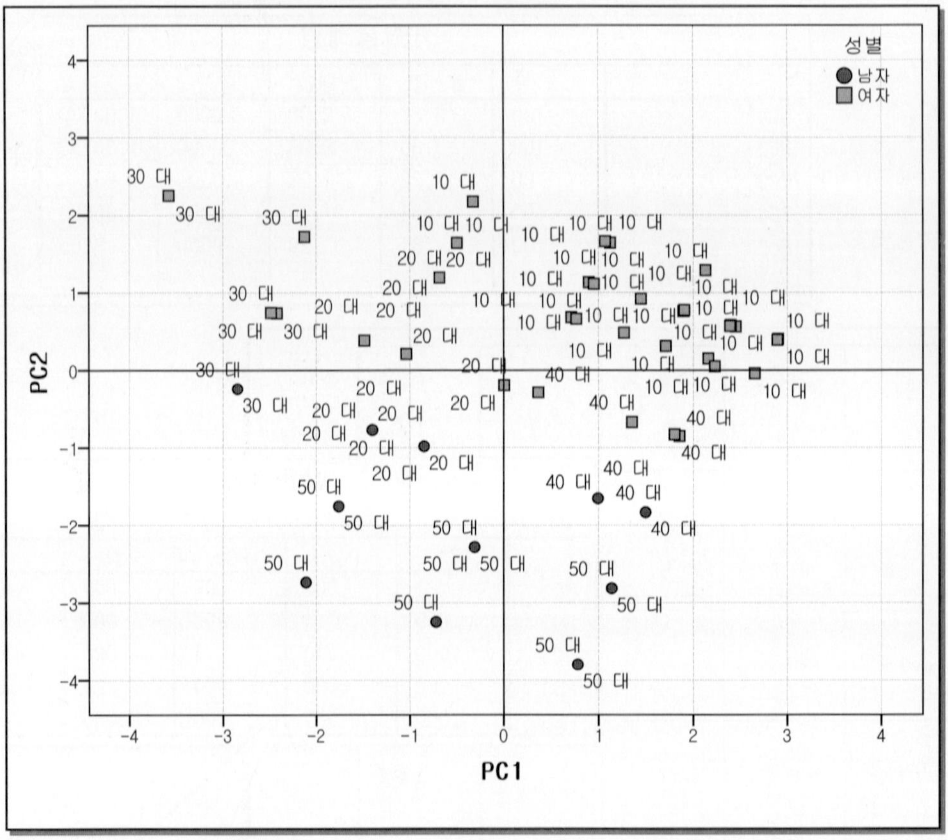

즉 제 1,2 주성분만 분석에 이용한다면 총분산의 약 90.473%를 설명할 수 있다. 이렇게 함으로서 이해하거나 설명하기가 불가능한 5차원의 현상을 2차원으로 축소하여 보다 쉽게 이해하고 설명할 수 있게 되었다. 5차원을 2차원으로 설명함으로써 잃어버리는 정보의 손실은 약 9.5%에 해당하는 셈이 된다.

주성분 계수의 시각화

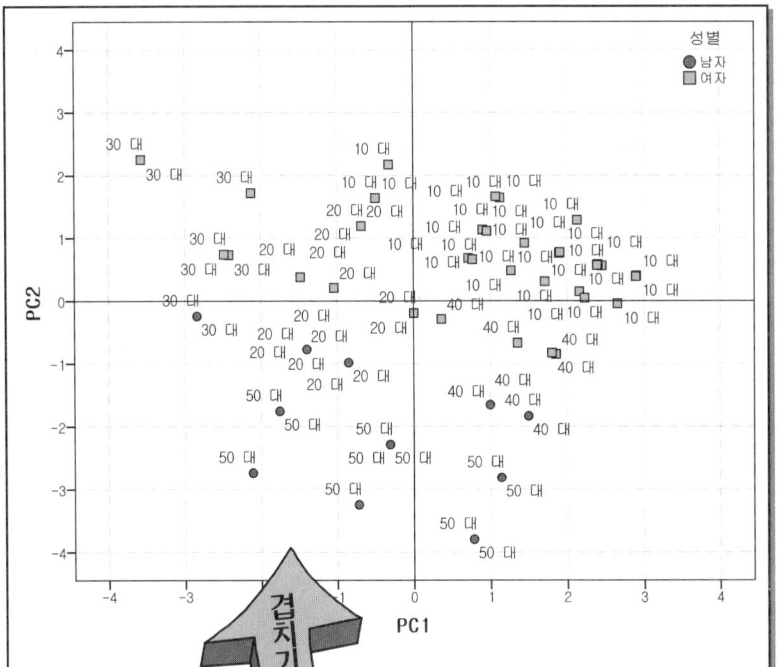

주성분 점수를 계산하는 계수, 즉 고유벡터의 원소들을 구하고 이를 산점도로 그린 후에 원점을 중심으로 말뚝(spike)을 표시한다. 그리고 이를 축으로 하는 부분을 고객들의 산점도 위에 겹쳐 놓고 해석한다.

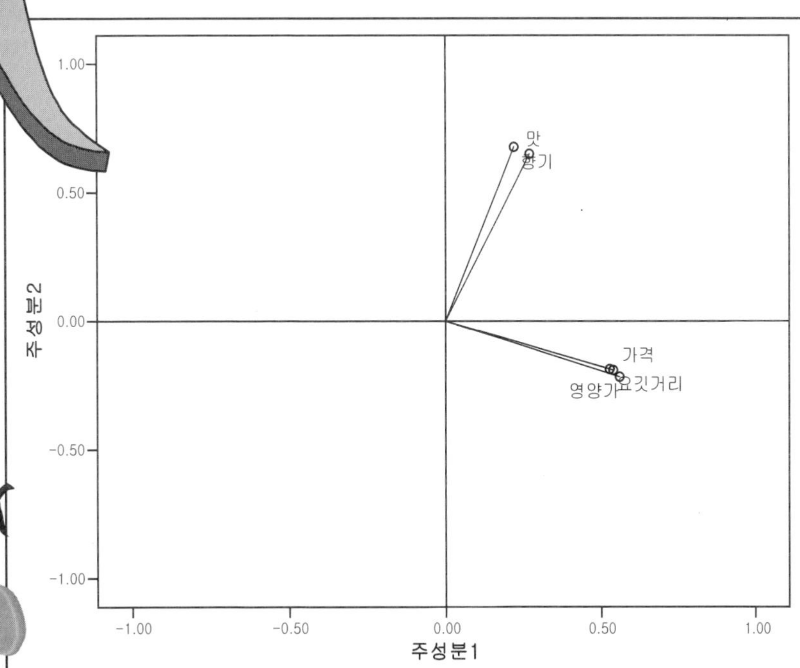

주성분의 행동전략적 해석과 확장성

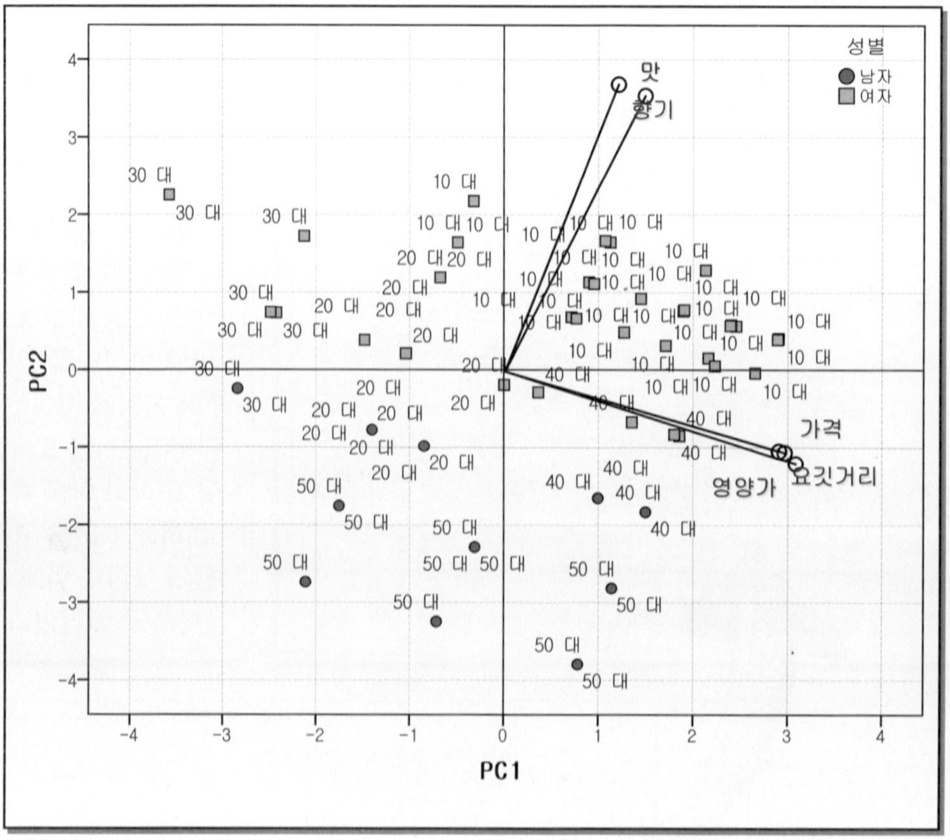

각 변수에 연결된 화살표(벡터)를 축으로 하여 해당된 축의 방향으로 나타난 응답자일수록 반응점수가 상대적으로 높음을 의미한다. 예를 들어, 맛과 향기 축 방향으로 나타나 있는 고객들은 맛과 향기에 대해 비교적 높은 평가점수를 부여한 고객들이다. 즉 남자보다는 여자가 높은 반응을 나타내었고 연령대는 주로 '10대'인 경우가 많음을 알 수 있다. 이 화살표의 정반대 방향에 위치한 남자 '50대'는 맛과 향기에 대해 비교적 낮은 점수에 응답했음을 알 수 있다. 즉, 연구자가 어떤 변수의 방향을 기준으로 보느냐에 따라 다양하고 강력한 해석을 내릴 수 있을 것이다.

요인분석
Factor Analysis

요인분석의 용어

❖ **변수**(variable) : 분석에 적용하고자 하는 내용을 포함하고 있는 데이터를 뜻한다.

❖ **요인**(factor) : 서로 상관계수가 높은 변수들끼리 모아서 작은 수의 변수집단으로 나눈 것이다.

❖ **요인적재값**(factor loading) : 변수들과 요인 사이의 상관계수로서, 요인적재값의 제곱은 해당변수가 요인에 의하여 설명되는 분산의 비율을 나타낸다.

❖ **요인행렬**(factor matrix) : 각 요인들에 대한 모든 변수들의 요인적재값을 모아 놓은 행렬이다.

❖ **공통성**(communality) : 여러 요인에 의하여 설명되어질 수 있는 한 변수의 분산 양을 백분율로 나타낸 것으로, 어떤 변수에 대하여 추출된 요인들에 의하여 그 변수에 담겨진 정보(분산)를 얼마나 표현할 수 있는가를 나타내는 비율이다.

❖ **고유값**(eigenvalue) : 각각의 요인으로 설명할 수 있는 변수들의 분산 총합으로 각 요인별로 모든 변수의 요인적재값을 제곱하여 더한 값이다. 즉, 변수 속에 담겨진 정보(분산)가 어떤 요인에 의하여 어느 정도 표현될 수 있는가를 말해 주는 비율이다. 먼저 추출된 요인의 고유값은 항상 다음에 추출되는 요인의 고유값보다 크다.

❖ **요인점수**(factor score) : 몇 개로 축소된 추상적인 각 요인에 대해 점수로 환산된 값으로 요인점수 계수(factor score coefficient)를 사용하여 계산된다. 이 요인점수를 이용하여 회귀분석, 판별분석 등의 기타 분석방법을 사용할 수 있다.

요인분석이란?

요인분석(factor analysis)은 많은 변수의 상호관련성을 소수의 기본적인 **요인**(factor)으로 집약하는 방법의 하나로 전체변수에 공통적인 요인이 있다고 가정하고 이 요인을 찾아내어 각 변수가 어느 정도 영향을 받고 있는지 그 정도를 산출하기도 하고 그 변수집단의 특성이 무엇인가를 기술하려는 통계분석방법이다.

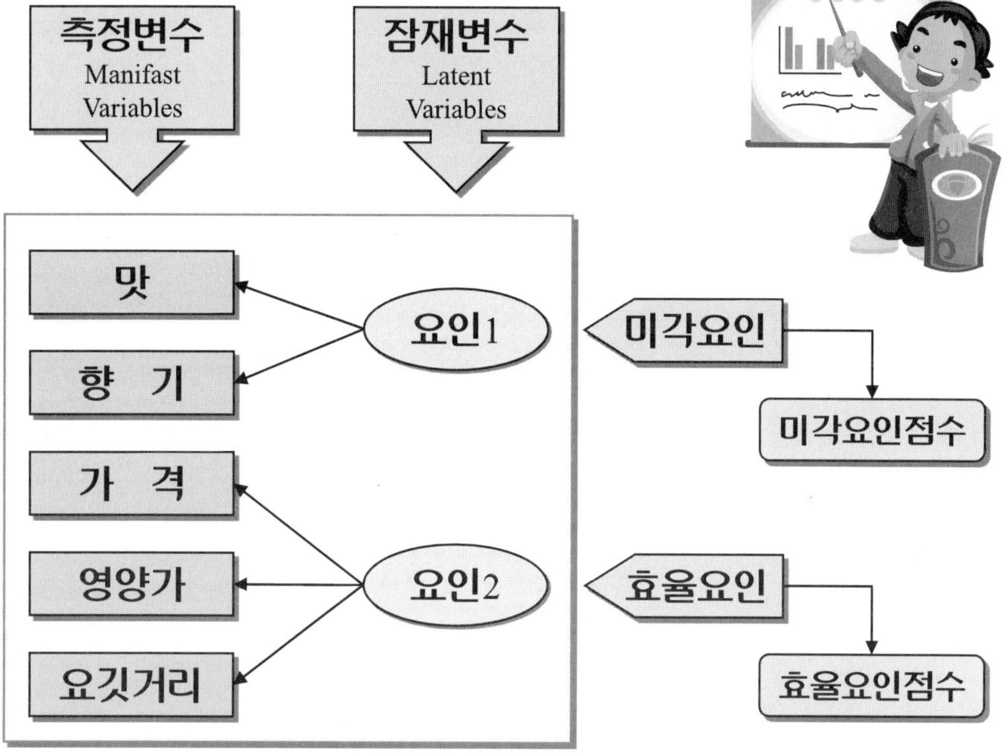

예를 들어 설문지의 질문 중에 '맛'과 '향기'를 묻는 질문이 있다면 이 두 질문(두 변수)은 '미각'라는 요인에 의하여 좌우된다고 볼 수 있을 것이다. 이와 같이 설문이나 검사 또는 실험에서 나오는 여러 개의 질문에 대한 응답에서 실제 그 결과를 초래하게 된 작은 수의 요인을 찾아내고 그 요인을 통하여 목표로 하는 명제를 설명, 분석하는 다변량 통계분석방법이 바로 요인분석이다.

요인분석의 목적

요인분석의 목적은 여러 개의 변수들에 내재된 정보를 최대한 사용하여, 보다 적은 수의 요인들로 축소, 요약하는데 있다.

일반적인 요인분석의 목적들을 기술하면 다음과 같다.

1) 많은 수의 변수들 속에 숨어 있는 일련의 요인들을 찾아낸다.
   - 요인분석의 결과로서 나타나는 요인적재값(factor loading)의 추정으로 가능
2) 많은 수의 변수들로부터 회귀분석이나 상관분석 또는 판별분석 등의 통계분석에 사용할 적절한 변수를 선정한다.
   - 요인적재값에 의존하는데 분석하려는 다른 통계분석에서 사용할 변수들을 선택하는 근거로서 그 적재값들을 사용한다.
3) 회귀분석이나 상관분석 또는 판별분석에 사용할 적은 수의 변수를 새로 만들어 낸다.
   - 요인점수(factor score)를 추정하고, 그 요인점수를 새로운 독립변수로 취급하여 다른 통계분석방법에 적용한다.

요인분석 선행조건

요인분석을 하기 위해서는 다음과 같은 선행조건이 지켜져야 한다.

첫째, 요인분석의 대상이 되는 모든 변수는 등간척도 이상의 연속형이어야 한다. 또 각 변수는 정규분포를 이루어야 하고, 각 변수의 관찰치는 상호독립적이며, 각 변수의 분산은 같아야 한다.

둘째, 표본의 수는 일반적으로 최소한 50 이상으로써 100 을 넘는 것이 정상이며, 분석하려는 변수 수의 약 4-5배 정도로 표본을 관찰하는 것이 일반적이다. 하지만 이 비율은 다소 보수적이므로 경우에 따라서는 변수 수의 약 2배 정도의 관찰치를 갖고 분석해야만 하는 경우도 있을 수 있다. 적은 수의 표본으로 분석할 경우에는 통계분석 결과를 설명할 때에 좀더 신중하여야 한다.

셋째, 변수의 분산은 다른 모든 변수와 공유하는 분산인 요인공통분산(common variance), 특정변수에만 존재하는 변수고유분산(unique variance), 그리고 여러 가지 오류에 의해 발생된 오차분산(error variance)이 있다. 주요인분석(principal factor analysis 또는 common factor analysis)에서는 체계적 분산을 요인공통분산과 변수고유분산으로 분리하고 단지 요인공통분산만을 분석의 대상으로 삼는 반면 주성분분석(principal component analysis)에서는 체계적 분산 전부를 분석의 대상으로 한다.

요인분석 절차

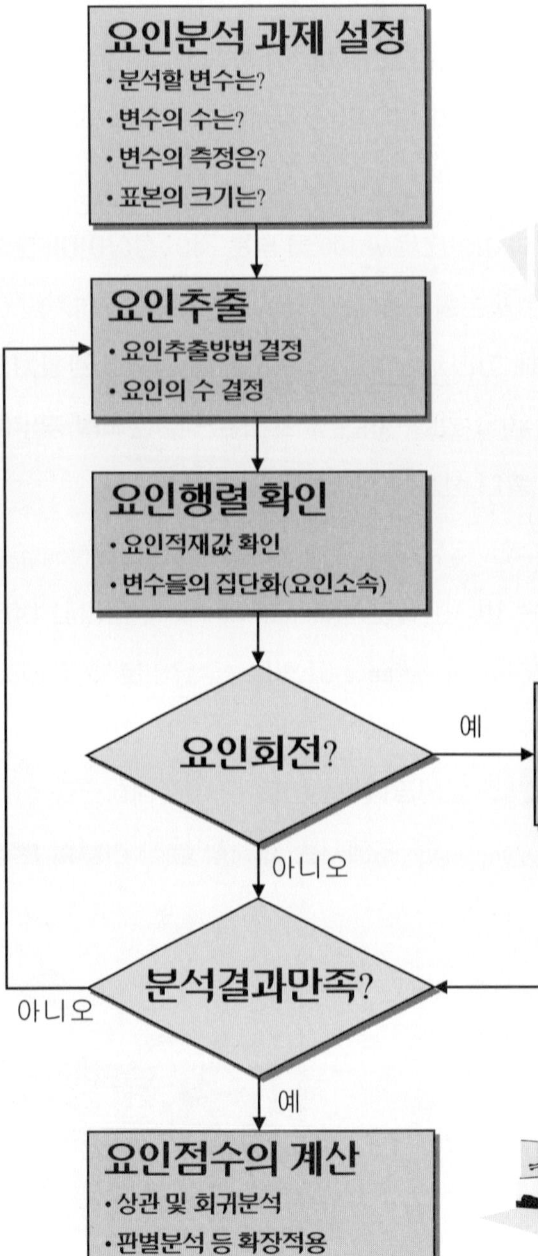
요인분석 과제 설정
• 분석할 변수는?
• 변수의 수는?
• 변수의 측정은?
• 표본의 크기는?
요인추출
• 요인추출방법 결정
• 요인의 수 결정
요인행렬 확인
• 요인적재값 확인
• 변수들의 집단화(요인소속)
요인회전?
예
요인회전
• 직각회전 또는 사각회전
•회전 후 요인적재값 확인
아니오
분석결과만족?
아니오
예
요인점수의 계산
• 상관 및 회귀분석
• 판별분석 등 확장적용

시리얼 시장조사

새로운 제품에 대한 여러 가지 특성 (변수)들이 소비자의 선호도와 관련하여 어떤 요인들을 형성하는지 알아보기 위하여 100명의 소비자를 대상으로 '맛', '가격', '향기', '적당한 요깃거리', '영양가' 등의 다섯 가지 특성에 대하여 조사를 하였다. 즉, 각 요소가 소비자의 제품선정에 중요한가를 질문하는 문항에 대하여 선호도 정도에 따라 '적극반대', '반대', '약간반대', '중립', '약간찬성', '찬성', '적극찬성' 등의 7점 척도로 응답하게 하였다. 수집된 데이터는 정리하여 "시리얼시장조사.sav" 라는 시스템파일로 보관하였다.

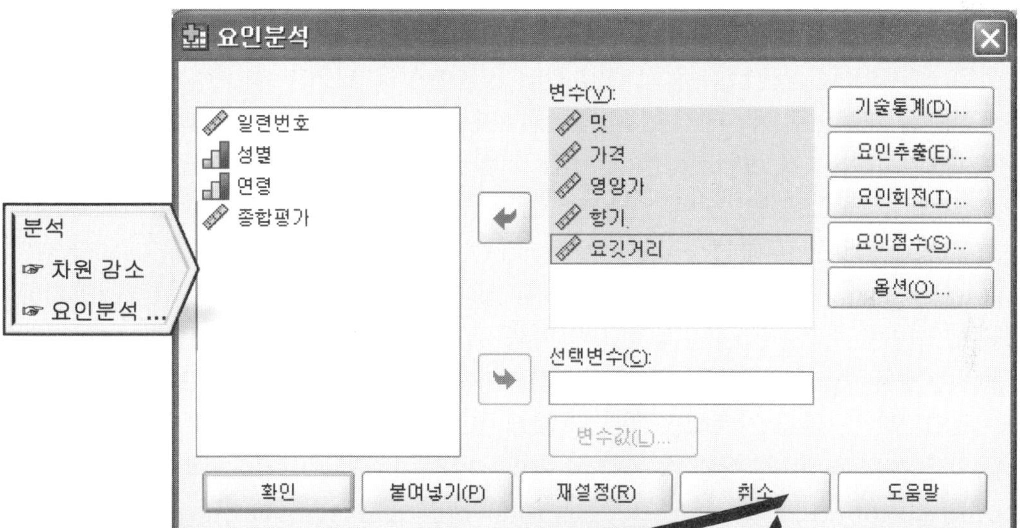

요인분석의 적합성 검토

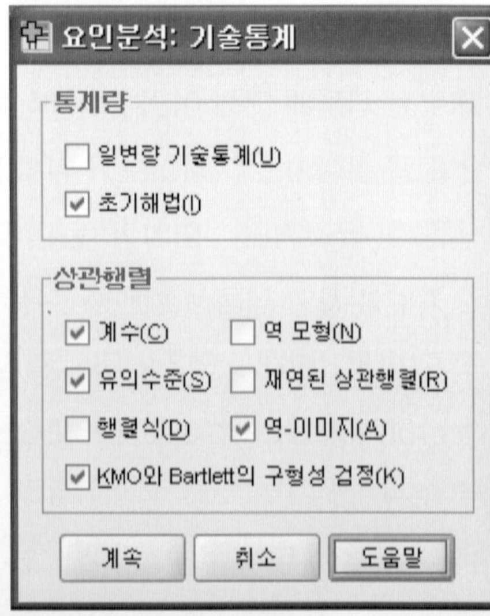

요인분석을 실시하기 전에 데이터가 요인분석에 적합한 지 검토하기 위하여 먼저 할 수 있는 것은 상관행렬의 상관계수를 살펴보는 것이다. 만일 모든 변수간의 상관관계가 전체적으로 낮으면 요인분석에 부적합한 데이터로 판단할 수 있다. 그러나, 일부 변수들 사이에는 비교적 높은 상관관계를 보이고, 다른 변수들 사이에서는 낮은 상관관계를 보인다면, 그 데이터는 요인분석모형에 적합시켜 볼만하다고 할 수 있다. 일반적으로 변수들간의 상관관계가 0.3 정도 이상을 보이는 변수군에서 요인분석을 할 수 있다. 또한 SPSS에서는 역이미지상관행렬(Anti-image correlation matrix)을 제공한다. 역-이미지 상관행렬은 각 변수간에 공통분산을 제거한 후 변수의 고유분산과 오차분산만을 대상으로 계산한 편상관행렬을 의미한다. 역-이미지 상관행렬의 대각원소인 MSA(표본적합도) 를 제외한 나머지 비대각 원소들의 값이 작을수록 요인분석에 적합함을 나타낸다. 또 다른 방법으로 요인분석에 사용될 모상관행렬이 단위행렬인지를 검정해보기 위해 바틀렛의 구형성검정(Bartlett`s test of sphericity)과 Kaiser-Meyer-Olkin(KMO)의 MSA(표본적합도)을 검토한다. 바틀렛의 구형성검정은 변수들이 서로 독립적인지 아닌지를 파악하는 가장 편리한 방법이다. 여기서 귀무가설은 “모상관행렬은 단위행렬이다”인데 이는 모든 변수들 간의 상관성이 없음을 의미한다. 그러므로 이를 채택하면 변수들의 상관성이 없으므로 요인분석은 의미가 없게 된다. 변수들 간의 상관성이 있어야 이 들 변수들 끼리 하나의 '잠재요인'으로 추출할 수 있기 때문에 귀무가설을 기각해야 요인분석을 실시할 자격이 된다고 할 수 있다. 전체변수에 대한 표본적합도를 나타내주는 KMO통계량은 변수쌍들 간의 상관관계 가 다른 변수에 의해 잘 설명되는 정보(편상관계수)를 나타내는 것이므로 이 측도의 값이 적으면 요인분석을 위한 변수들의 선정이 적절하지 못함을 나타낸다. KMO 값이 ‘0.9’ 이상이면 좋고 ‘0.5’ 이하이면 받아들일 수 없는 것으로 판정한다.이렇게 변수간에 통계적으로 상관관계가 충분히 있어야 요인분석에 사용할 수 있다.

KMO와 Bartlett의 검정

표준형성 적절성의 Kaiser-Meyer-Olkin 측도.		.620
Bartlett의 구형성 검정	근사 카이제곱	483.709
	자유도	10
	유의확률	.000

요인추출법

1) **주성분 분석법**(Principal component) : 디폴트로 가장 널리 사용되고 있는 요인추출 방법이나, 요인분석의 목적이 변수의 분산의 대부분을 설명할 수 있는 요인을 찾는 것일 경우에는 잘 사용되지 않고 있다.

2) **최소제곱 요인추출법**(Least squares) : 공통요인분석방법의 하나로 연구에 사용되는 변수가 모집단이고 대상자가 표본이라고 가정할 수 있을 때 사용된다. 요인수에 대한 가설검정이 가능하다. 이 방법에는 **가중되지 않은 최소제곱법**(unweighted least squares)과 **일반화 최소제곱법**(generalized least squares)이 있다.

3) **최대우도 요인추출법**(Maximum likelihood) : 최소제곱요인추출법과 마찬가지로 공통요인분석방법의 하나로 연구에 사용되는 변수가 모집단 전체이고 대상자는 모집단의 일부인 표본일 경우에 사용된다. 요인 수에 대한 가설검정이 가능하다. 또 표본의 수가 많을 경우 다른 방법보다 우수한 분석 결과를 얻을 수 있는 것으로 알려져 있다.

4) **주축요인추출법**(Principal axis factoring) : 주축요인추출법은 측정대상자와 변수가 모두 모집단이기에 그 분석결과는 다른 모집단에 대해 일반화시킬 수는 없다. 따라서 많은 표본과 많은 변수와의 관계를 기술하는 것이 목적일 경우에 유용한 방법이다.

5) **알파요인추출법**(Alpha factoring) : 알파요인추출법은 측정대상자는 모집단이고 변수는 모집단으로부터 추출된 표본이기에 연구목적이 최대우도 요인추출법이나 최소제곱법과는 달리 표본인 변수를 분석하여 얻은 결론을 변수의 모집단에 일반화시킬 수 있는 방법이다. 따라서 정신측정학적 추정(psychometric inference)에 많이 사용된다.

6) **이미지요인추출법**(Image factoring) : 이미지요인추출법은 주축요인추출법과 마찬가지로 측정대상자와 변수가 모두 모집단이기에 그 분석결과는 다른 모집단에 대해 일반화시킬 수는 없다. 따라서 많은 표본과 많은 변수와의 관계를 기술하는 것이 목적일 경우에 유용한 방법이다.

주성분 분석법

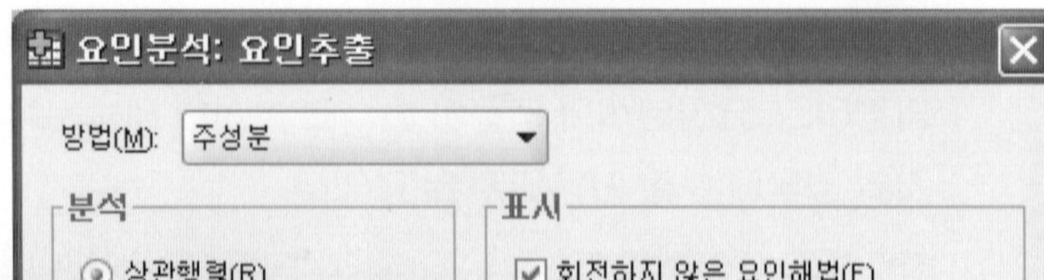

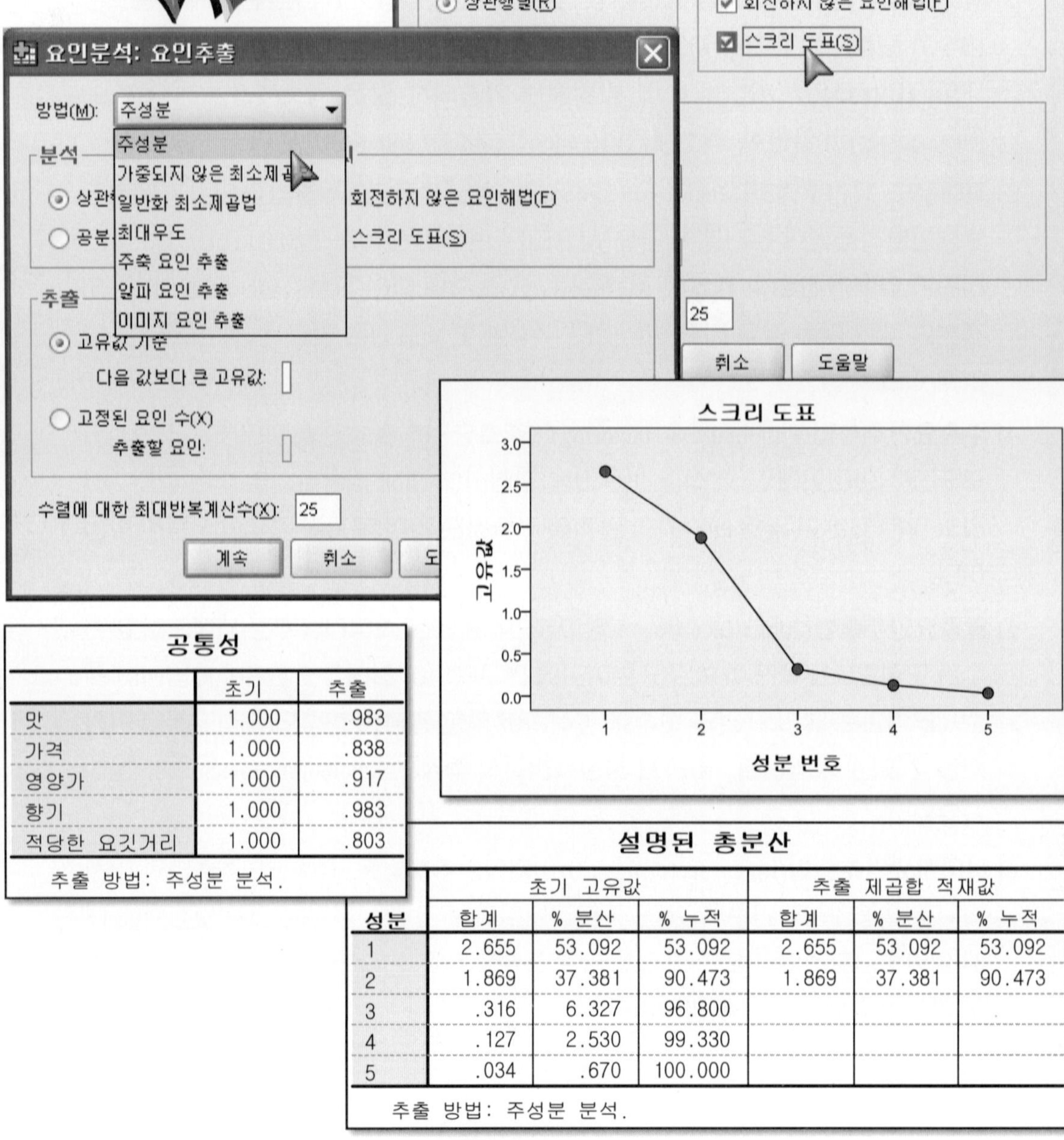

공통성

	초기	추출
맛	1.000	.983
가격	1.000	.838
영양가	1.000	.917
향기	1.000	.983
적당한 요깃거리	1.000	.803

추출 방법: 주성분 분석.

설명된 총분산

	초기 고유값			추출 제곱합 적재값		
성분	합계	% 분산	% 누적	합계	% 분산	% 누적
1	2.655	53.092	53.092	2.655	53.092	53.092
2	1.869	37.381	90.473	1.869	37.381	90.473
3	.316	6.327	96.800			
4	.127	2.530	99.330			
5	.034	.670	100.000			

추출 방법: 주성분 분석.

요인의 수 결정방법(1)

1) **최소고유값**(minimum eigenvalue) 기준 : 가장 많이 사용되는 방법의 하나로 적용하기가 매우 간단하지만 분석자가 기본 모형으로 주대각성분분석법 또는 공통요인분석법을 사용하는가에 따라 적용이 달라진다. 주대각성분분석법에서는 상관행렬의 대각에 '1'이 들어간다는 것을 상기하면 분석에서 전체 변량이 고려된다. 주대각 성분분석법에서 요인들은 고유값(eigenvalue)가 '1'보다 적을 경우에는 의미가 없는 것으로 간주하고 무시한다. 공통요인분석법을 선택할 경우 고유치는 약간 하향 조정되어야 한다. 요인수의 결정에 있어서 최소고유값 기준 하나만으로 결정하는 것은 매우 위험하다. 다른 기준들도 고려한 후 결정하는 것이 좋다. 대부분의 통계팩키지에서는 요인추출을 결정하는 최소고유값은 기본값이 '1'로 되어 있다.

2) **스크리검정** (scree test) : 주대각성분분석법에서 뒤에 추출되는 요인들은 공통변량과 고유변량을 포함한다. 모든 요인들은 고유변량을 포함하는데 초기에 추출된 요인의 고유변량의 비율은 뒤에 추출되는 요인들의 고유변량의 비율보다 적은데 근거하여, 요인의 수가 증가하면 고유치의 값이 점점 작아지다가 일정수준에 이르면 완만하게 된다. X-축과 평행을 이루기 직전의 요인이 추출하여야 할 요인의 수이다. 실제에 있어서 고유값에 의한 기준보다 스크리 검정 기준(scree test criterion)에 의한 것이 하나 또는 두, 세 개의 요인이 더 추출되는 경향이 있다. 스크리 도표를 보고 요인의 수를 결정하는 방법은 팔꿈치를 연상하여 팔꿈치에 해당하는 부분을 찾아보도록 한다. 대략 팔꿈치로 가정할 수 있는 부분이 있을 것이다. 스크리 도표에서 팔꿈치로 생각되는 부분을 제외하고 위에 나타난 점의 수가 곧 요인의 수로 결정하면 된다. 팔꿈치 부분에 점표시가 존재하면 그 점은 요인의 수에서 제외시킨다.

요인의 수 결정방법(2)

3) **분산의 비율**(percentage of variance): 각 변수의 고유값을 변수의 수로 나누면 각 요인이 설명할 수 있는 요인공통분산의 총분산에 대한 비율을 구할 수 있다. 모든 자료에서 채택될 수 있는 기준은 없지만 엄격하게는 가장 작은 분산의 비율이 5%가 될 때까지, 또 전체의 추출된 요인이 95%를 설명하게 될 때까지로 기준을 삼는다. 하지만 사회과학에서는 자료가 덜 단순하기 때문에 전체분산의 약 60%를 설명하는 것이 보통의 기준이다.

4) **선행이론**: 선행이론에 의한 방법은 특별한 상황에서 믿을 만하게 사용될 수 있는 좋은 방법이다. 이것을 적용할 때에는 몇 개의 요인이 추출될 것인가를 분석 전에 알고 있어야 한다. 분석자는 간단하게 지정된 숫자에서 컴퓨터는 수행을 멈출 것이다. 이러한 상황은 선행연구에 대한 복사연구, 이론이나 가설의 검정에서 사용될 수 있다. 요인추출 대화상자에서 '요인의 수'를 선택하고 연구자가 직접 요인의 수를 지정한다.

요인회전의 필요성

요인들의 회전은 요인분석에서 중요한 개념이다. 요인회전이란 단어의 의미 그대로 요인들의 축을 어떤 원하는 위치에 도달할 때까지 원점을 중심으로 돌리는 것을 말한다. 이때 각 요인의 축 사이의 각도를 90° 로 유지하면 직각회전(orthogonal rotation), 직각을 유지하지 않으면 사각회전(oblique rotation)이라 한다. 직각회전에는 쿼티멕스(QUARTIMAX), 베리멕스(VARIMAX), 이퀴멕스(EQUIMAX)등의 방법이 있다. 요인분석에서 요인을 회전시키는 것은 보다 간편하고 이론적으로 더 의미가 있는 요인의 해(solution)를 구하기 위함이다. 대부분의 경우 요인들의 회전은 초기 회전되지 않은 요인의 해에서 보여지는 불확실성을 줄여서 설명하기 편하게 만든다.

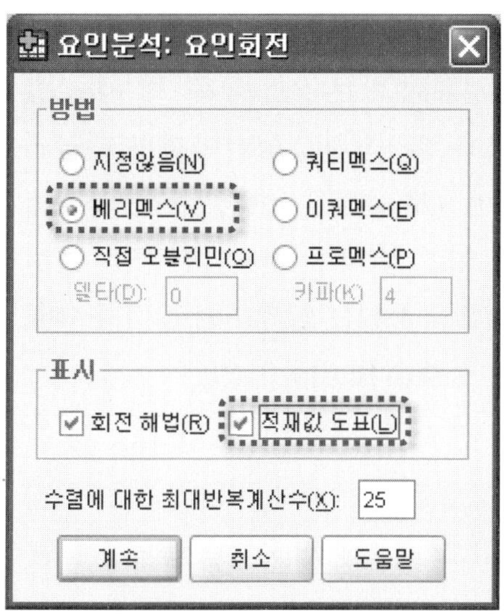

요인회전 방법

1) **베리멕스** 회전(VARIMAX) : 쿼티맥스 회전이 각 변수 별로 각 요인에 실린 적재값 제곱의 분산이 최대가 되도록 회전하는 방법인데 비해 베리멕스 회전은 각 요인 별로 전체의 관찰변수에 실린 적재값 제곱에 대한 분산이 최대가 되도록 요인 축을 회전하는 방법이다. 즉 쿼티맥스 회전은 요인행렬의 각 변수를 단순화시키려는 것임에 반해 베리멕스 회전은 요인행렬의 각 요인을 단순구조에 맞도록 단순화시키려는 차이가 있다. 이 원칙에 따라 요인을 단순화시키면 동시에 변수도 단순구조에 부합되어간다는 논리이다. 이와 같이 요인행렬의 요인의 변량을 극대화하면 가능성과 단순화가 극대화된다.

2) **쿼티멕스** 회전(QUARTIMAX) : 쿼티멕스 회전의 궁극적인 목적은 요인행렬의 행을 단순화하는 것이다. 그것은 요인행렬의 열에 해당하는 각 변수의 요인들 중 요인적재값이 작은 것은 더욱 극소화시키고 요인적재값이 큰 것은 더욱 극대화시킴으로써 그 차이를 극대화하려는 방법이다. 그래서 요인적재값 행렬의 행에 해당되는 각 변수에 대해서 단 하나의 요인에 의해서만 크게 실리고, 나머지 요인에 대해서는 극히 적게 실리든지 '0'의 값으로 실리도록 하는 것이다. 이 방법은 어떤 특정 변수에 대해서 그 변수와 관련된 요인의 수를 작게 회전하는 방법이므로 그 변수에 대한 해석을 쉽게 하는 대신 요인에 대한 해석을 소홀히 할 위험이 있다.

3) **이쿼멕스** 회전(EQUIMAX) : 이쿼멕스 회전은 쿼티멕스 회전(QUARTIMAX)과 베리멕스 회전(VARIMAX)을 절충한 방법이다. 행과 열을 동시에 간략히 하려는 방법이다. 하지만 이 방법은 널리 인정받지 못하고 있고, 따라서 자주 사용되지 않는다.

4) **오블리민** 회전(OBLIMIN) : 대부분의 사회과학에 관련된 요인들 간의 관계가 상호독립적인 경우는 매우 드물다. 일반적으로 어느 정도의 관계는 항상 존재하기 때문에 앞에서 사용한 직각회전 방법들을 사용하는 것은 현실성을 외면하는 것이다. 보통 분석자가 단순히 이론적으로 더 의미있는 구조, 차원을 얻는데 관심이 있다면 사각회전을 많이 사용한다.

요인해석 - 회전않음

각 변수가 추출된 요인에 높게 적재되어 있는 적재값에 표시하면 요인 1은 '가격', '영양가', '요깃거리' 등이 높게 적재되어 있으므로 '효율요인'으로, 요인 2는 '맛'과 '향기'가 높은 적재값을 나타내므로 를 '미각요인'으로 볼 수 있다.

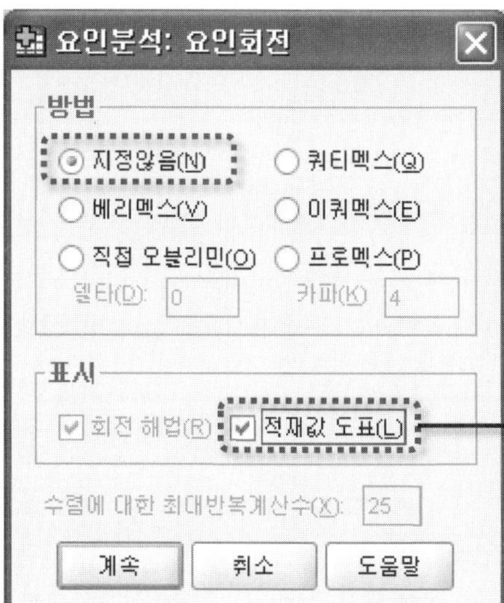

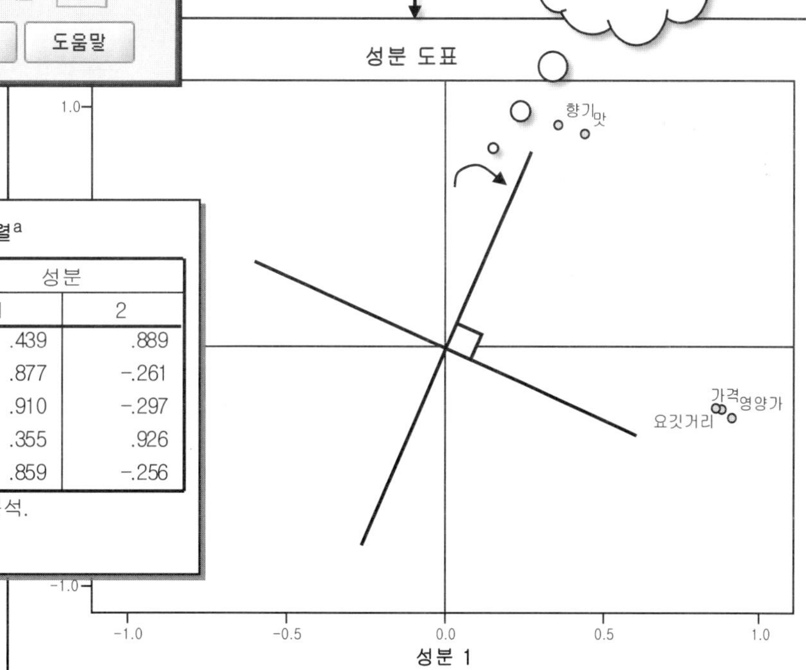

성분행렬[a]

	성분	
	1	2
맛	.439	.889
가격	.877	-.261
영양가	.910	-.297
향기	.355	.926
적당한 요깃거리	.859	-.256

요인추출 방법: 주성분 분석.
a. 추출된 2 성분

요인해석- 직각회전

요인에 따라 높게 적재되어 있는 적재값에 표시하면 요인 1은 '가격', '영양가', '요깃거리' 등이 높게 적재되어 있고, 요인 2는 '맛'과 '향기'가 높은 적재값을 나타내므로 회전하지 않은 결과와 동일하다. 또한 직각을 유지하고 회전한다는 것은 두 잠재요인들 간의 관계를 독립(직교)으로 유지한다는 것을 시사하며, 결국 두 요인의 상관계수를 '0'으로 간주하여 분석하는 것이다.

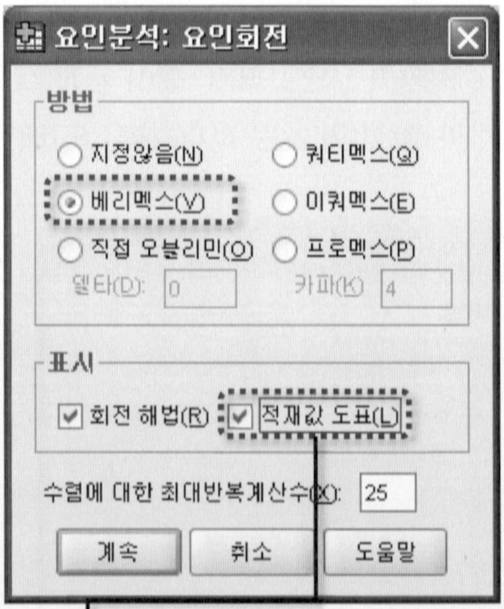

성분 변환행렬

성분	1	2
1	.938	.348
2	-.348	.938

요인추출 방법: 주성분 분석.
회전 방법: Kaiser 정규화가 있는 베리멕스.

회전된 성분행렬[a]

	성분	
	1	2
맛	.103	.986
가격	.913	.060
영양가	.957	.038
향기	.011	.992
적당한 요깃거리	.894	.058

요인추출 방법: 주성분 분석.
회전 방법: Kaiser 정규화가 있는 베리멕스.

a. 3 반복계산에서 요인회전이 수렴되었습니다.

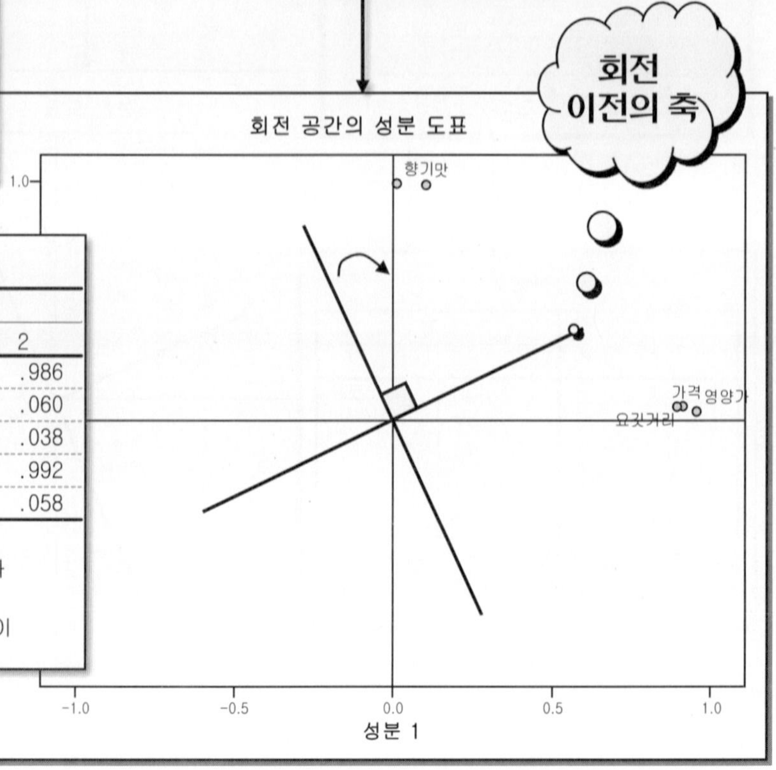

요인해석- 사각회전

일반적으로 사회과학에서는 추출된 요인들 간의 관계를 독립으로 인정하지 않는 경우가 많다. 즉 요인들 간의 상관관계를 인정하고 상관계수를 구하여 요인들 간의 상관성을 연구하고 나아가 요인들 간의 인과관계를 분석하는 경우가 종종 발생하게 된다. 이러한 경우에는 사각회전을 시도하여 요인들 간의 상관계수를 추정하는 방법을 주로 사용하게 된다. 즉, 효율요인과 미각요인 간의 상관성을 인정한다면 사각회전을 실시하여 잠재요인들 간의 상관계수를 고려해야 한다.

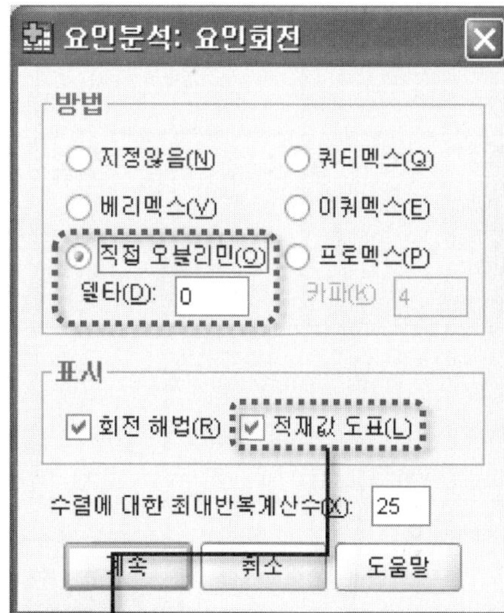

패턴 행렬[a]

	성분	
	1	2
맛	.047	.985
가격	.914	.008
영양가	.959	-.016
향기	-.045	.996
적당한 요깃거리	.895	.007

요인추출 방법: 주성분 분석.
회전 방법: Kaiser 정규화가 있는 오블리민.

a. 3 반복계산에서 요인회전이 수렴되었습니다.

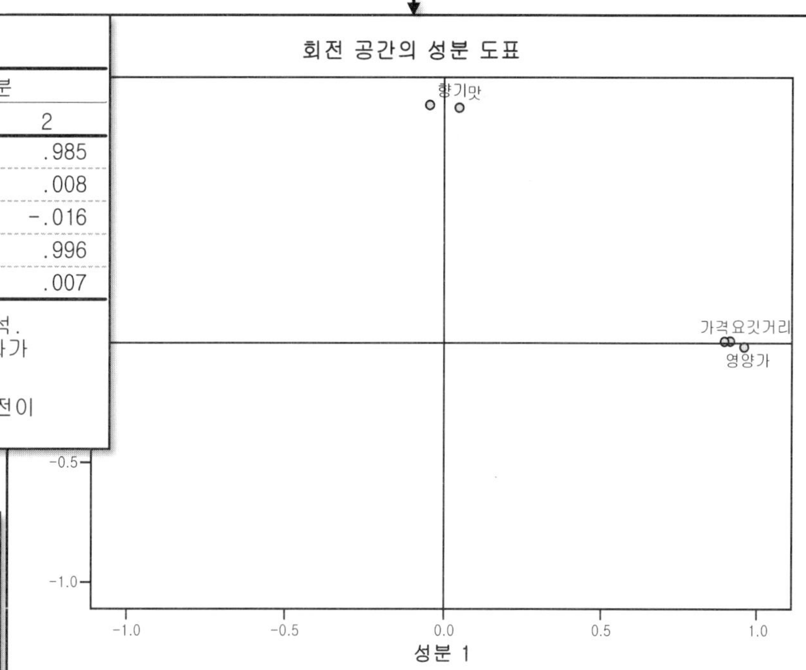

성분 상관행렬

성분	1	2
1	1.000	.113
2	.113	1.000

요인추출 방법: 주성분 분석.
회전 방법: Kaiser 정규화가 있는 오블리민.

두 요인 간의 상관계수

사각회전 - 경로분석

패턴 행렬[a]

	성분 1	성분 2
맛	.047	.985
가격	.914	.008
영양가	.959	-.016
향기	-.045	.996
적당한 요깃거리	.895	.007

요인추출 방법: 주성분 분석.
회전 방법: Kaiser 정규화가 있는 오블리민.

a. 3 반복계산에서 요인회전이 수렴되었습니다.

성분 상관행렬

성분	1	2
1	1.000	.113
2	.113	1.000

요인추출 방법: 주성분 분석.
회전 방법: Kaiser 정규화가 있는 오블리민.

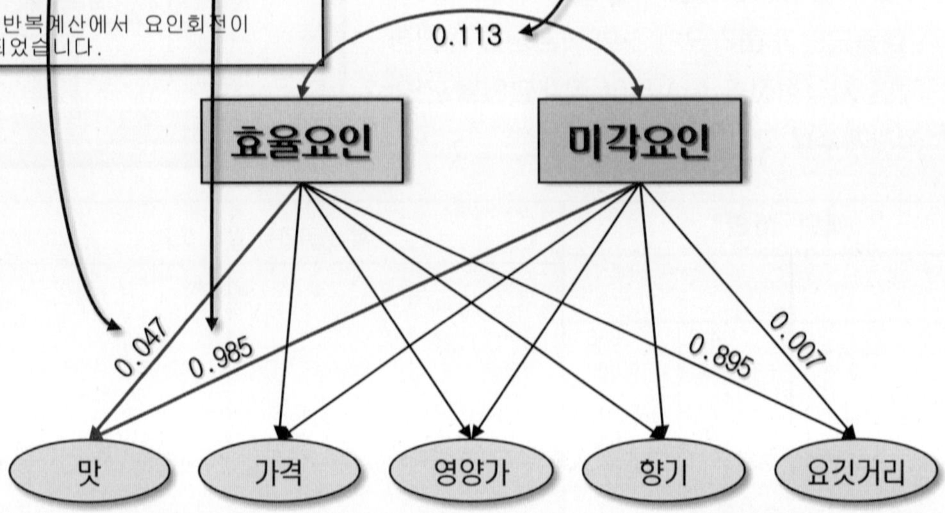

$$단순상관계수 = direct\ \ effects + indirect\ \ effects$$
$$= 0.047 + (0.113 \times 0.985)$$
$$= 0.158\ (= total\ \ effects)$$

구조행렬

	성분 1	성분 2
맛	.158	.990
가격	.915	.112
영양가	.957	.092
향기	.067	.991
적당한 요깃거리	.896	.109

요인추출 방법: 주성분 분석.
회전 방법: Kaiser 정규화가 있는 오블리민.

이 값은 효율요인점수와 맛의 상관계수로서 효율요인점수를 독립변수로 맛을 종속변수로 하여 단순회귀모형을 적합하면 R과 같으며 표준화 회귀계수인 베타와 같다. 결국 이 값은 효율요인이 맛에 미치는 총효과(total effects)를 의미한다.

요인점수

요인분석을 적용하려는 목적에 따라, 요인에 의한 설명뿐만 아니라 **요인점수**(factor score)를 구한 후 다른 통계분석으로 연결될 수도 있다. 만약 연구 목적이 변수나 응답자의 합리적인 조합을 만들어 내는 것이라면 요인에 대한 설명으로 분석이 끝난다. 그러나 연구목적이 다른 통계분석에 적용하기 위하여 적절한 변수를 가려내는 것이라면 요인행렬을 검토한 후 각 요인에 대하여 가장 큰 적재값을 갖는 변수를 뽑아야 하고, 다른 통계분석에 적용하기 위하여 원래 변수들을 대신할 수 있는 적은 수의 새로운 변수들을 만들어 내는 것이 목적이라면, 각 요인을 대표할 수 있는 요인점수를 계산한다. 이러한 요인점수는 이어서 사용될 **회귀분석**(regression analysis)이나 **판별분석**(discriminant analysis), **상관분석**(correlation analysis)등 다른 통계분석의 독립변수로 사용된다. 즉, 요인점수는 어떤 대상이 원래의 변수보다는 새로 만들어진 요인에 대하여 어떤 수준을 갖는지를 나타낸다.

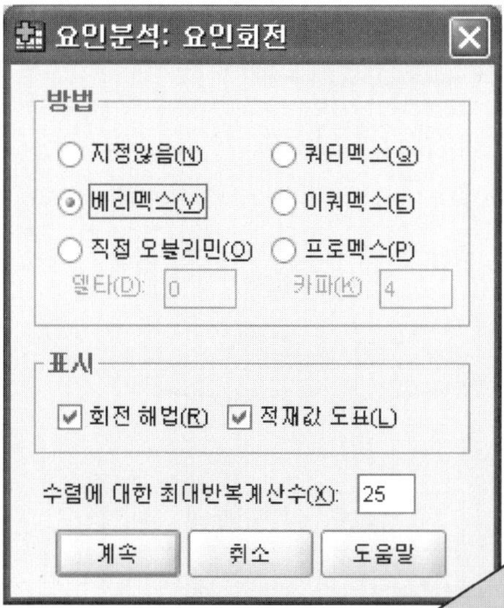

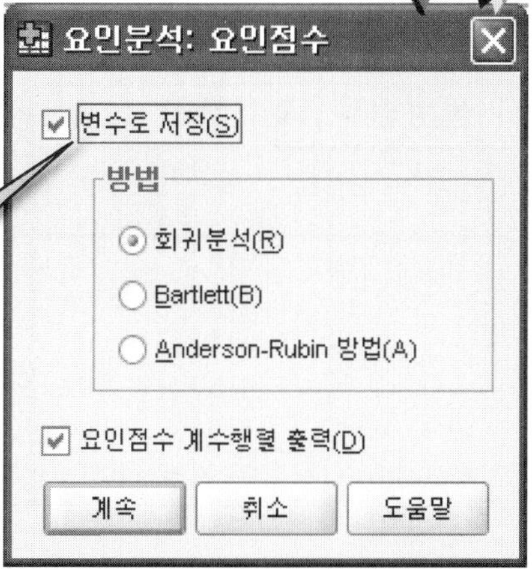

요인회전 방법에 따라 요인점수 값이 달라진다.

요인점수 계수행렬

성분점수 계수행렬

	성분	
	1	2
맛	.165	.476
가격	.330	-.140
영양가	.343	-.159
향기	.134	.495
적당한 요깃거리	.323	-.137

요인추출 방법: 주성분 분석.
요인 점수.

회전 않음
요인 간의 상관계수 = 0

요인점수는 표준화 되어 있는 값이다!
표준화? - 평균이 0, 표준편차가 1 ....

성분점수 계수행렬

	성분	
	1	2
맛	-.010	.503
가격	.358	-.016
영양가	.377	-.030
향기	-.047	.511
적당한 요깃거리	.351	-.016

요인추출 방법: 주성분 분석.
회전 방법: Kaiser 정규화가 있는 베리멕스.
요인 점수.

직각회전
요인 간의 상관계수 = 0

사각회전
요인 간의 상관계수 = 0.113

성분점수 계수행렬

	성분	
	1	2
맛	.018	.502
가격	.357	.004
영양가	.374	-.008
향기	-.018	.507
적당한 요깃거리	.349	.004

요인추출 방법: 주성분 분석.
회전 방법: Kaiser 정규화가 있는 오블리민.
요인 점수.

성분 상관행렬

성분	1	2
1	1.000	.113
2	.113	1.000

요인추출 방법: 주성분 분석.
회전 방법: Kaiser 정규화가 있는 오블리민.

과연 그런가? - 요인점수 확인

요인점수는 표준화되어 있는가를 확인한다. 그리고 요인점수들 간의 상관계수는 직각회전인 경우와 사각회전의 경우를 확인한다.

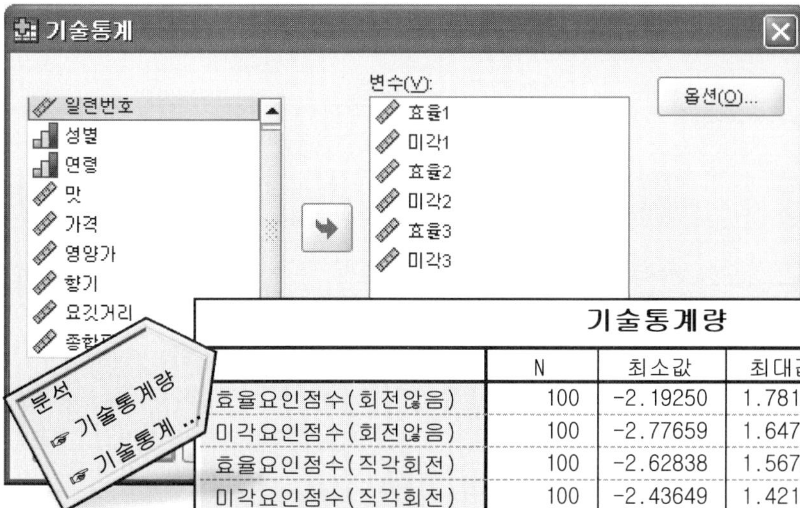

기술통계량	N	최소값	최대값	평균	표준편차
효율요인점수(회전않음)	100	-2.19250	1.78132	.0000000	1.00000000
미각요인점수(회전않음)	100	-2.77659	1.64710	.0000000	1.00000000
효율요인점수(직각회전)	100	-2.62838	1.56796	.0000000	1.00000000
미각요인점수(직각회전)	100	-2.43649	1.42168	.0000000	1.00000000
효율요인점수(사각회전)	100	-2.57981	1.61619	.0000000	1.00000000
미각요인점수(사각회전)	100	-2.35260	1.38457	.0000000	1.00000000

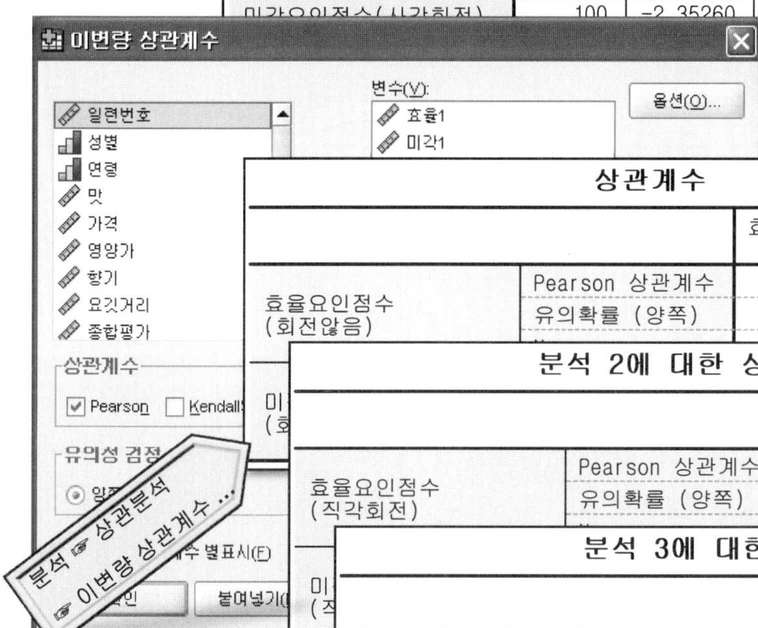

상관계수

		효율요인점수 (회전않음)	미각요인점수 (회전않음)
효율요인점수 (회전않음)	Pearson 상관계수	1	.000
	유의확률 (양쪽)		1.000

분석 2에 대한 상관계수

		효율요인점수 (직각회전)	미각요인점수 (직각회전)
효율요인점수 (직각회전)	Pearson 상관계수	1	.000
	유의확률 (양쪽)		1.000

분석 3에 대한 상관계수

		효율요인점수 (사각회전)	미각요인점수 (사각회전)
효율요인점수 (사각회전)	Pearson 상관계수	1	.113
	유의확률 (양쪽)		.263
	N	100	100
미각요인점수 (사각회전)	Pearson 상관계수	.113	1
	유의확률 (양쪽)	.263	
	N	100	100

```
CORRELATIONS
 /VARIABLES=효율1 미각1
 /VARIABLES=효율2 미각2
 /VARIABLES=효율3 미각3
 /PRINT=TWOTAIL NOSIG
 /MISSING=PAIRWISE.
```

개체들의 위치도 : 요인점수해석

성분점수 계수행렬		
	성분	
	1	2
맛	.165	.476
가격	.330	-.140
영양가	.343	-.159
향기	.134	.495
적당한 요깃거리	.323	-.137

요인추출 방법: 주성분 분석.
요인 점수.

회전 않음
요인 간의 상관계수 = 0

요인점수는 표준화되어 있는 값이다!
표준화? - 평균이 0, 표준편차가 1 ....

그래프
☞ 레거시 대화상자
☞ 산점도/점도표...

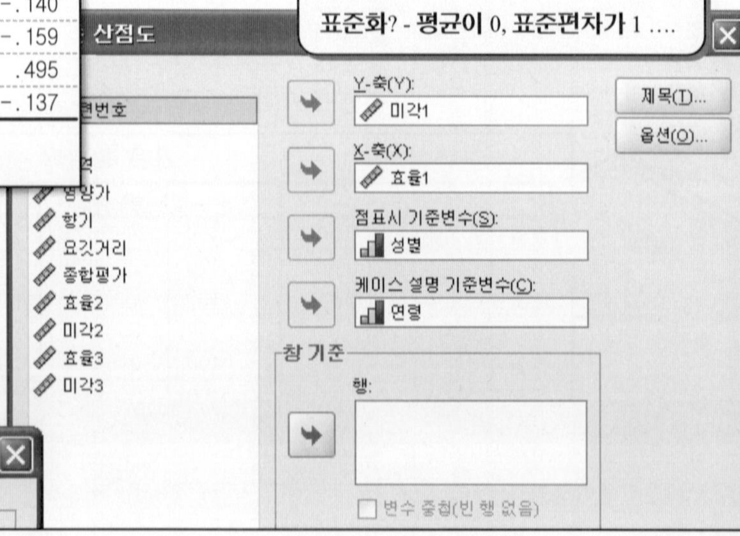

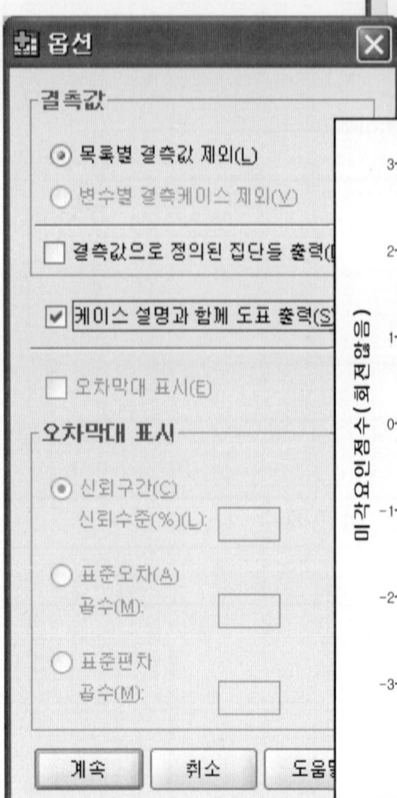

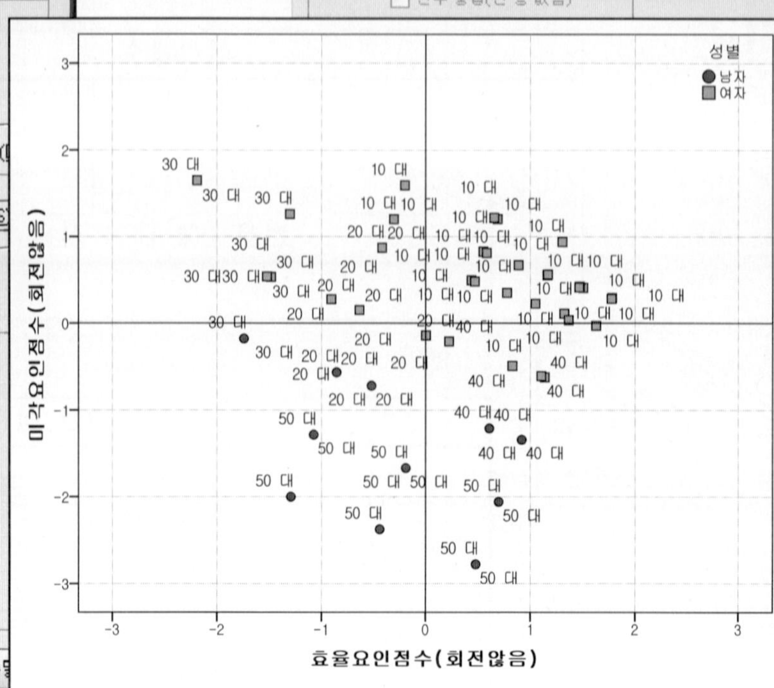

요인점수계수의 방향성 시각화

회전 않음

요인 간의 상관계수 = 0

성분점수 계수행렬

	성분	
	1	2
맛	.165	.476
가격	.330	-.140
영양가	.343	-.159
향기	.134	.495
적당한 요깃거리	.323	-.137

요인추출 방법: 주성분 분석.
요인 점수.

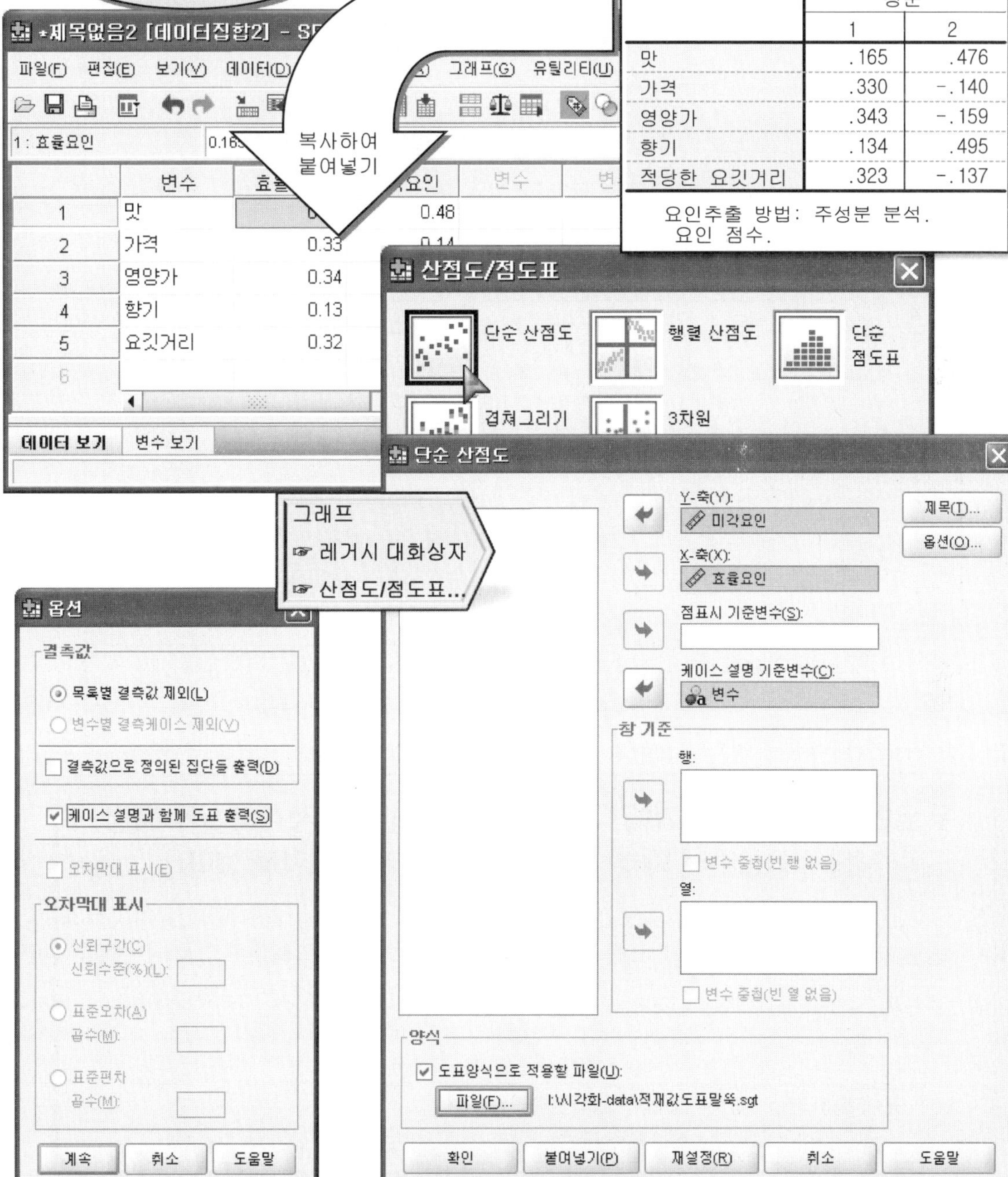

요인점수계수의 방향성 그림

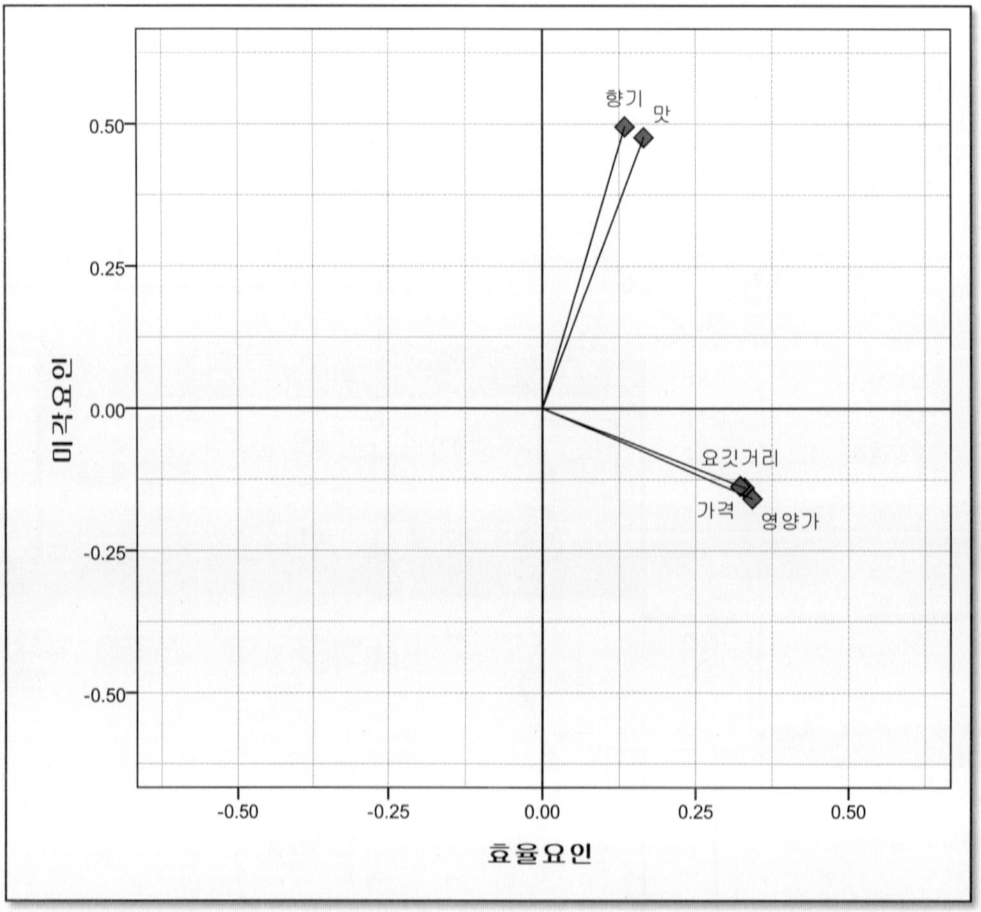

두 요인점수의 값의 크기에 따른 의미는 5가지 변수 각각의 실제 응답자의 반응점수에 따라 어떻게 달라지는가를 생각해 보라!

참고! 제1주성분 점수 = 요인1 점수 * SQRT(고유값1)

제2주성분 점수 = 요인2 점수 * SQRT(고유값2)　　단, 고유값1 ≥ 고유값2 ≥ 고유값3 ≥ …

고객특성 위치도 : 시각화

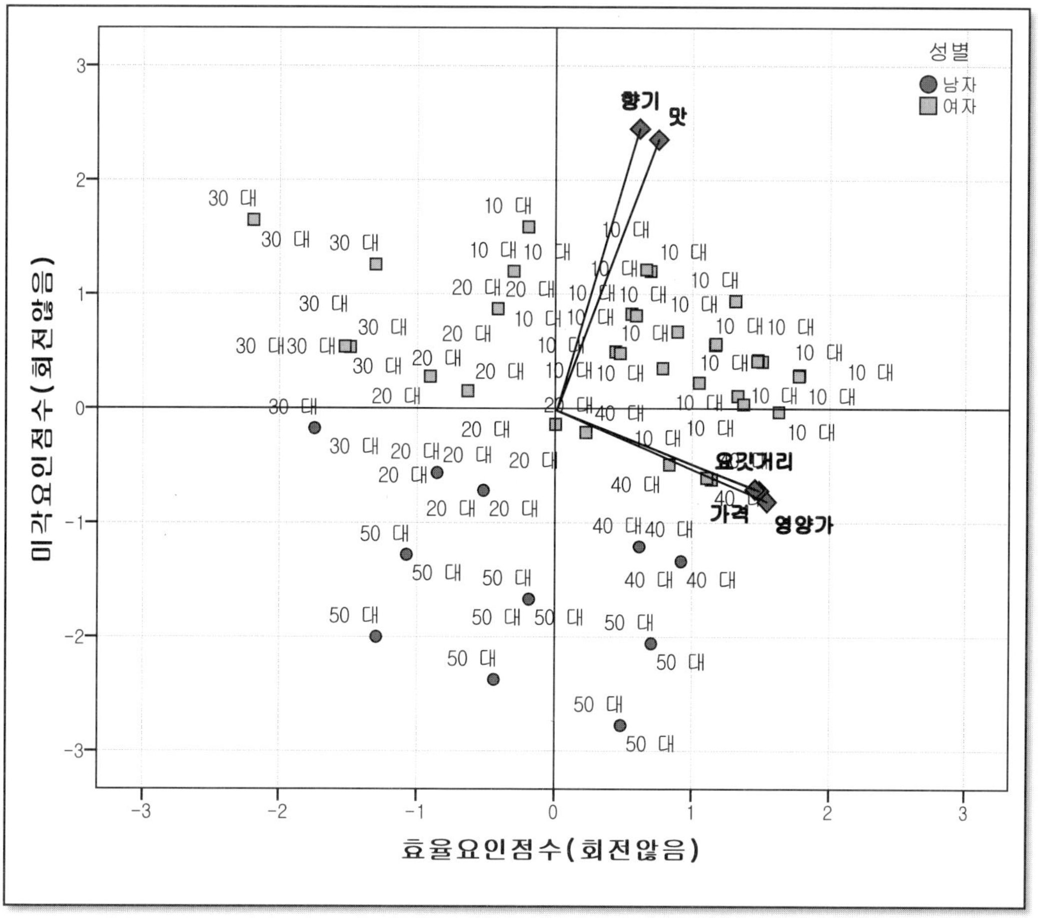

두 요인점수의 값의 크기에 따른 의미는 5가지 변수 각각의 실제 응답자의 반응점수에 따라 어떻게 달라지는가를 생각해 보라!

Memo

신뢰도 분석
Reliability Analysis

신뢰도란?

측정이론(measurement theory)은 전통적으로 심리학과 교육학 분야에서 설문지와 시험지의 구성과 관련하여 연구되어 왔으나 근래에 들어와서는 의학, 심리학, 사회학, 정치학, 인류학, 가정학, 경영학, 경제학 등 거의 모든 분야로 확산되었고 관심을 끌고 있다.

측정은 추상적인 개념을 경험적 지표로 구현시키는 과정이라고 할 수 있다. 이때 문제가 되는 것은 측정의 **신뢰성**(reliability)과 **타당성**(validity)이다. 그 중 전자의 측도인 **신뢰성**(reliability)은 반복측정이 얼마나 동일한 결과를 표출하는지에 관한 것이며, **타당성**은 경험적 지표가 그것이 측정하고자 한 추상적인 개념을 얼마나 충실하게 반영하고 있는가 하는 것이다.

예를 들어 특정 제품에 대해 고객의 만족도를 조사한다고 하자. 이 조사의 목적이 설문을 사용하여 그 제품을 사용해 본 고객들이 제품에 얼마나 만족하고 있는가를 측정하는데 목적이 있다. 과연 의도대로 '만족도'라는 추상적인 개념이 설문조사를 통해 경험적 지표로 나타내어지고 있는지 평가하기 위해서 신뢰성과 타당성의 두 관점에서 분석이 요구된다.

신뢰도가 낮은 설문은 마치 측정할 때마다 다른 수치를 가리키는 저울과 같은 것으로, 이 경우에 신뢰도란 고객이 서로 동등한 여러 설문지로 만족도를 측정하였을 경우 과연 만족도 점수가 어느 정도 유사하게 나타나는가에 관한 것이다. 즉, 신뢰도란 한 조사가 측정대상이 되는 내용을 어느 정도 안정성을 가지고 일관성 있게 측정하고 있느냐라는 것과 관련된 정확성(accuracy)을 말한다.

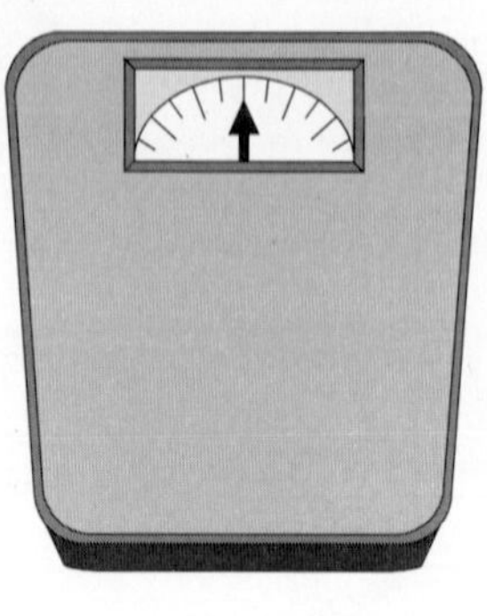

신뢰도 분석 활용위치

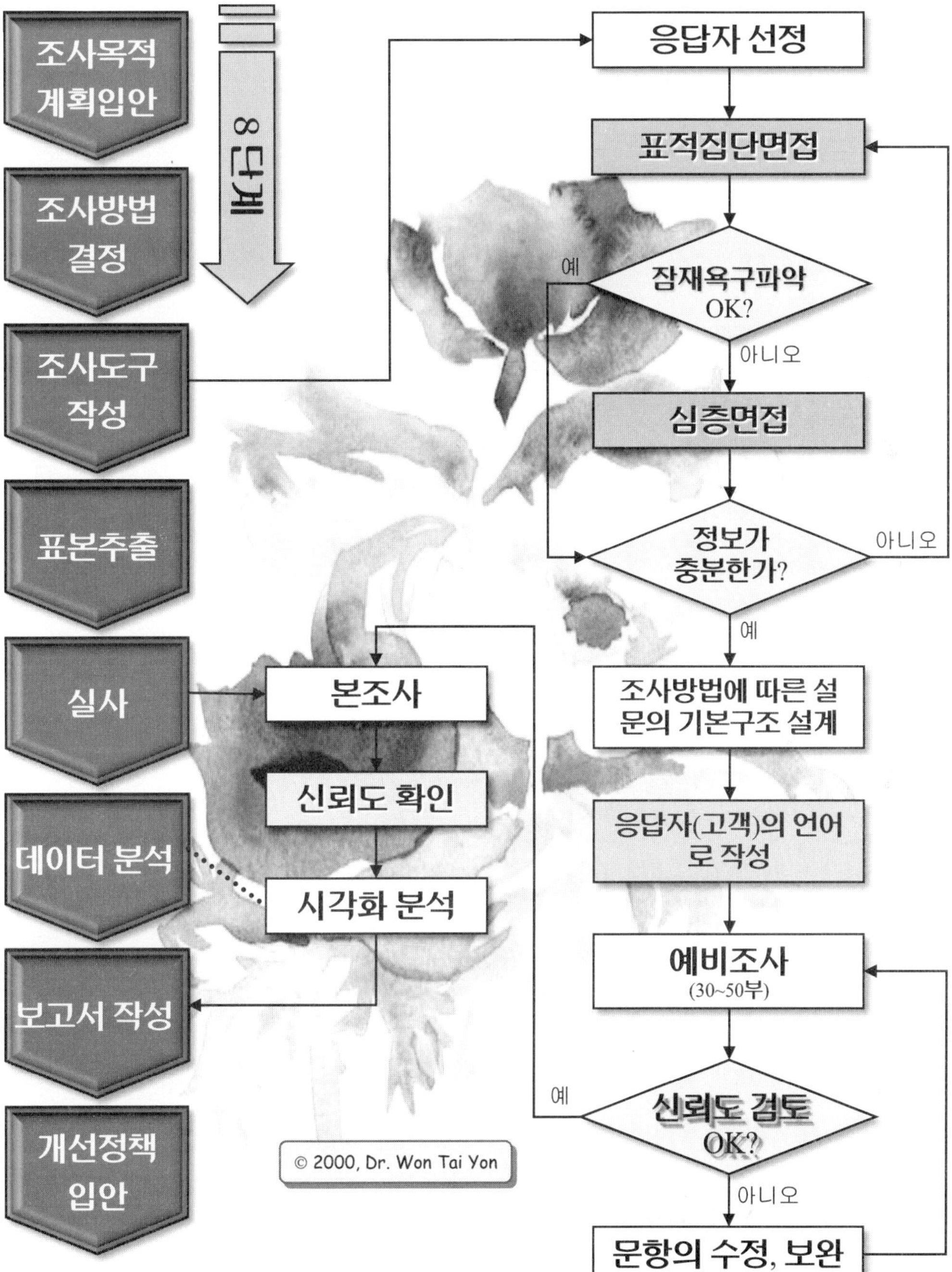
조사목적 계획입안
조사방법 결정
조사도구 작성
표본추출
실사
데이터 분석
보고서 작성
개선정책 입안
8 단계
응답자 선정
표적집단면접
잠재욕구파악 OK?
예
아니오
심층면접
정보가 충분한가?
아니오
예
조사방법에 따른 설문의 기본구조 설계
응답자(고객)의 언어로 작성
예비조사 (30~50부)
신뢰도 검토 OK?
예
아니오
문항의 수정, 보완
본조사
신뢰도 확인
시각화 분석
© 2000, Dr. Won Tai Yon

신뢰도의 정의

신뢰도란 한 조사가 측정대상이 되는 내용을 어느 정도 안정성을 가지고 일관성 있게 측정하고 있느냐라는 것과 관련된 정확성(accuracy)을 말한다.

검사결과점수 = 참 점수 + 측정오차

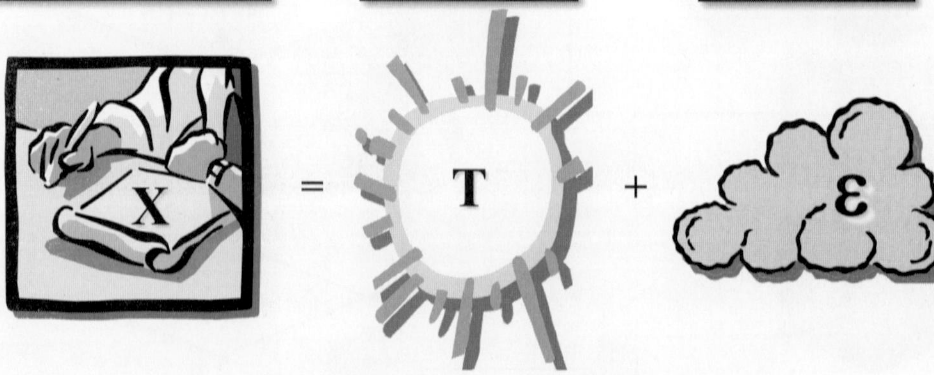

$$신뢰도 = \frac{T}{T+\varepsilon}$$

신뢰도가 '1'이 되면 측정오차(ε)가 '0'이라는 의미이며, 설문은 마치 측정할 때마다 동일한 반응을 응답자로부터 얻게 되는 신뢰할 만한 측정도구(설문지)라고 할 수 있다. 그러나 신뢰도가 '0'이거나 '0'에 가까운 값이 되면 측정오차가 커서 마치 측정할 때마다 다른 수치를 가리키는 저울과 같은 것으로, 응답자의 반응을 일관성 있게 측정하지 못하는 측정도구로 판단할 수 있다.

신뢰도의 종류

1) **재검사 신뢰도** (test-retest reliability)

- 이 방법은 동일한 설문을 일정 시간 후에 단순히 반복하여 신뢰도를 추정하는 고전적인 방법이다. 이 방법은 매우 단순하다는 이점이 있으나, 응답자의 기억효과(memory effect)로 인하여 신뢰도가 과대 추정될 소지가 있다.

2) **동형검사신뢰도**(equivalent form reliability)

- 형식이 같은 A형과 B형의 설문을 실시하는 것으로 수준이 같고 내용은 다른 문항의 제작에 어려움이 있다. 이 방법에서는 두 설문지의 각 문항들은 서로 유사하나 같지는 않으므로 재검사 신뢰도에서 나타나는 기억효과가 여기에서는 문제가 되지 않는다. 그러나 동형(equivalent form)의 설문지 개발이 경우에 따라서는 상당히 어려울 수 있다는 사실이 현실적 문제로 남는다.

3) **반분신뢰도**(split-half reliability)

- 설문의 문항들을 양분하여 각각 채점하는 방법이다. 이 방법은 한 설문지의 문항들을 반으로 나누어 구성된 두 부분의 상관계수로부터 신뢰도의 추정값을 얻는 방법이다. 반분신뢰도의 결점은 실제의 자료분석에 있어서는 어떻게 설문지를 두 부분으로 나누느냐에 따라 신뢰도의 추정값이 달라진다는 사실이다.

4) **문항내적합치도**(inter-item consistency reliability)

- 한 개의 문항을 한 개의 검사로 가정하는 것으로, 예를 들어 문항이 10개라면 시험을 10번 본 것처럼 가정한다. 이는 **Cronbach의 Alpha**(크론바 알파) 혹은 그냥 **알파계수**라고 한다. 만약 각 문항의 동등성에 관한 가정이 깨지게 되면 알파는 신뢰도 ρ를 과소 측정하게 된다는 사실이 알려져 있으므로 실제 알파계수는 신뢰도의 하한(lower bound)으로 생각될 수 있다.

Cronbach의 Alpha 계수

X_1, ···, X_n을 각 문항 점수라고 하고, $X_1^`$, ···, $X_n^`$을 동형의 문항점수라고 한다면, 등분산성(equal variance)과 등공분산성(equal covariance)의 가정하에서

$$Cov(X_1+\cdots+X_n,\ X_1^{'}+\cdots+X_n^{'}) = n^2\sigma_{12}$$
$$Var(X_1+\cdots+X_n) = Var(X_1^{'}+\cdots+X_n^{'})$$
$$= n\sigma^2 + n(n-1)\sigma_{12}$$
$$\text{여기에서},\sigma_{12} = Cov(X_i, X_j),\ \sigma^2 = Var(X_i)$$

$$Cov(X_1+\cdots+X_n,\ X_1^{'}+\cdots+X_n^{'}) = \frac{n}{n-1}\left[Var(X_1+\cdots+X_n) - \sum Var(X_i)\right]$$

이 된다. 그러므로 신뢰도는

$$\rho = Corr(X_1+\cdots+X_n,\ X_1^{'}+\cdots+X_n^{'})$$
$$= \frac{n}{n-1}\frac{Var(X_1+\cdots+X_n) - \sum Var(X_i)}{Var(X_1+\cdots+X_n)}$$
$$= \frac{n}{n-1}\left(1 - \frac{\sum Var(X_i)}{Var\left(\sum X_i\right)}\right)$$

1) Cronbach, L. J. 1951. Coefficient alpha and the internal structure of tests. Psychometrika, 16:3, 297-334.

으로 표현된다. 이 공식을 Cronbach의 Alpha(크론바 알파) 혹은 그냥 알파계수라고 한다. 만약 각 문항의 동등성에 관한 가정이 깨지게 되면 알파는 신뢰도 ρ를 과소 측정하게 된다는 사실이 알려져 있으므로 실제 알파계수는 신뢰도의 하한(lower bound)으로 생각될 수 있다. 알파계수는 각 문항이 이분형('0' 또는 '1')인 경우 KR-20(Kuder-Richardson-20) 계수로도 알려져 있다. 만약 모든 문항점수를 표준화하여 $Var(X_i)=1$이라면

$$\rho = \frac{n\rho_{12}}{1+\rho_{12}(n-1)}$$

이 된다. 이 식에서 n이 '2'인 경우는 스피어만-브라운 공식과 일치하며, 또 이 식으로부터 신뢰도 ρ는 문항간의 상관계수 ρ_{12}에 뿐만 아니라 문항수 n에도 의존하고 있음을 알 수 있다.

문항작성시 주의사항

1) 명확하고 간단한 문항을 쓴다. 되도록 "만약에", "왜냐하면"등의 단어를 포함하는 절은 쓰지 않는다.

   예) 만약 내가 죽으면 많은 사람들이 슬퍼할 것이다. (X)

2) 각 문항은 단일한 idea를 가져야 한다.

   예) 많은 국민들이 건강 상태가 안 좋고, 의사들은 너무 많은 돈을 요구하므로 정부는 낮은 비용의 의료서비스를 제공해야 한다.(X)

3) 이중 부정은 혼돈을 일으킬 수 있으므로 피한다.

   예) 나는 흡연자들이 공공 장소에서 담배를 피우지 않아야 한다는 것을 믿지 않는다. (X)

4) 문장이 애매해서 사람에 따라 해석이 두 개 이상으로 될 수 있는 문장은 피한다.

5) 서술적 문장을 사용해야 하며 모든 사람이 동의해야 하는 사실을 다루어서는 안 된다.

   예) 담배를 피우는 것은 건강에 좋지 않다.

6) 문장은 현재의 시제로 쓴다.

7) 긍정과 부정의 느낌을 표현하는 문항들의 수가 거의 같도록 한다.

8) 문법적으로 적절한 문장이어야 한다.

9) 항상(always), 모두(all), 절대로(never), 아무도(none) 등의 전체긍정이나 부정어를 포함하는 문장을 피하는 것이 좋다.

10) 응답자들이 이해하기 쉬운 단어를 사용한다.

척도화(Scaling)란?

우리는 태어나는 그 순간부터 수많은 측정의 세계를 경험하게 된다. 신체측정, 지능측정, 학업성취도 측정, 직업적성 측정, 신용도 측정, 제품선호도 측정, 제품만족도 측정 등 수없이 많은 측정의 대상물이 된다.

개인의 키나 몸무게등과 같은 물리적 특성들은 계측기에 의해 직접 측정할 수 있지만, 성격, 지능, 태도, 신념 등과 같은 심리적 특성들은 직접 측정하기가 매우 곤란하다. 그러므로 이러한 심리적 특성들을 측정하기 위해서는 특별히 고안된 측정도구가 필요하다.

과거에는 경험적 관측을 통하여 이러한 심리적 특성들을 직감하였으나, 과학적인 분석법이 중시되는 현시점에서는 보다 합리적이고 계량적인 측정방법이 요구된다. 체계적인 법칙과 의미있는 측정의 단위를 개발하여 경험적 관측들을 적절히 수량화하는 과정을 척도화(scaling)라고 한다.

척도화의 목적은 같은 속성 또는 태도를 가진 사람들 중 대부분이 같은 점수(score)를 갖도록 숫자를 배정하는데 있다. 이러한 목적을 달성하기 위해 여러 가지 척도화 방법들이 제안되었는데, Thurstone 척도법, Likert 척도법, Guttman 척도법 등이 있다.

- Thurstone 척도법 - 자극 또는 문항 중심의 접근방법
- Likert 척도법 - 응답자 중심의 접근방법
- Guttman 척도법 - 반응 중심의 접근방법

이중에서 제작이 용이하고 경제적인 Likert 척도법이 가장 널리 사용된다.

리커트 척도 제작방법 - 1

리커트 척도화 방법은 응답자에게 언어적 자극을 준 후 나타나는 반응으로부터 측정하고자 하는 속성을 척도화하는 것이다. 리커트 척도의 제작과정을 살펴보면 다음과 같다.

1. 측정하려고 하는 일차원의 속성을 정의한다.
    - TV광고에 대한 호의도
2. 정의된 속성에 대해 강한 긍정의 문항과 강한 부정의 문항들을 만든다. 긍정의 문항과 부정의 문항들이 반반씩 되도록 한다. 이러한 문항들을 무작위로 배열한다.
    - TV광고는 재미있다. (호의적)
    - 나는 TV광고의 제품들을 구입하려고 한다. (호의적)
    - TV광고는 좋은 제품을 구입하도록 도와 준다. (호의적)
    - TV광고는 정규 TV프로그램보다 더 재미있다. (호의적)
    - TV광고는 다양한 정보를 제공하여 준다. (호의적)
    - TV광고를 법적으로 금지해야 한다. (비호의적)
    - TV광고를 보는 것은 시간 낭비이다. (비호의적)
    - TV광고는 해롭다. (비호의적)
    - TV광고는 허위이거나 과장되어 있다. (비호의적)
    - TV광고는 백해무익하다. (비호의적)
3. 연구대상과는 비슷하면서도 측정하려는 속성 또는 태도에 관해 다양성을 보일 수 있는 사람들(보통 50-100명)에게 각 문항마다 주어진 범주(보통 5-7개)중 하나를 택하도록 한다.

범 주	강한 부정	부 정	보 통	긍 정	강한 긍정
점 수	1	2	3	4	5

범 주	적극 반대	반 대	중 립	찬 성	적극 찬성
점 수	1	2	3	4	5

주의! 코딩할 때 부정적인 문항은 범주 점수를 반대로 부여한다.

리커트 척도 제작방법 - 2

4. 응답자들이 택한 각 범주 점수를 합하여 그들의 점수로 한다.

5. 다음 4 가지 기준에 근거하여 문항을 평가한다.

   - ❒ 각 문항과 전체점수(그 문항을 제외한)간의 상관계수를 계산한다.
   - ❒ 음수의 상관계수가 나오면 부정적인 문항들의 범주점수를 거꾸로 주었는지를 확인하고, 제대로 주었는데도 음수의 상관계수가 나오면 해당 문항은 뜻이 애매모호한 것으로 간주하여 수정하거나 삭제한다.
   - ❒ '0'에 가까운 상관계수가 나오면, 응답자들이 구별하지 못하는 불명료한 문항이거나, 모든 사람들이 동의해야 하는 사실에 대한 문항이거나, 또는 처음에 정의한 일차원 속성 이외의 속성을 측정하는 문항일 수 있으므로 배제하는 것이 바람직하다.
   - ❒ 척도의 내적일치도를 측정하기 위하여 알파계수나 반분계수 신뢰도를 구한다.

6. 바람직한 상관계수를 나타내고, 또 알파계수가 높은 값을 가지는데 기여하는 문항들로써 개정된 척도를 제작한다. SPSS에서 신뢰도 분석 프로시저를 사용하면 상관계수와 알파계수를 쉽게 구할 수 있다.

7. 개정된 척도를 규준집단(보통 수백명)을 대상으로 실시한다. 이러한 과정을 통해서 앞에서 얻은 상관계수와 알파계수가 우연히 얻은 값이 아님을 확인할 수 있다. 규준집단에서도 계속 바람직한 상관계수와 알파계수를 유지하는 문항들로 구성된 최종적 척도를 만든다.

8. 이 검사를 연구대상 집단에게 실시하여 응답자들의 척도값, 즉, 합산점수를 구한다.

   ☞ 주의! 결측값이 존재할 때는 평균값을 구한다.

신뢰도분석 예제

PC를 보유하고 있는 29명의 대학생을 대상으로, 현재 보유하고 있는 PC에 대한 종합적인 만족도를 측정하는 다음과 같은 14개 항목에 대하여 '전혀 아니다', '아니다', '보통', '그렇다', '매우 그렇다' 등의 5개의 범주를 제시하고 이중에 하나씩을 선택하도록 하여 "대학생PC만족도.sav"라는 파일로 저장하였다.

- 주위에 추천하고 싶다.
- 최고의 제품이다.
- 다음에도 같은 회사제품을 구입하겠다.
- 주위에서 같은 제품을 산다면 만류하겠다.
- 나에게 충분한 제품이다.
- 기대 이상의 성능을 가지고 있다.
- 가끔 갖다 버리고 싶도록 화가 난다.
- 타인의 PC에 비하여 성능이 떨어진다.
- 본 제품을 구매한 것을 후회한다.
- 정말 매력적인 제품이다.
- 생각보다 괜찮은 제품이다.
- 타사의 제품광고에 관심이 있다.
- 만족스럽다.
- 역시 현명한 선택이었다.

응답자들로부터 설문지를 수집하여, '전혀 아니다'에 1점, '아니다'에 2점, '보통'에 3점, '그렇다'에 4점, '매우 그렇다'에 5점을 부여하였다. 부정적인 질문항목에 대하여는 반대로 점수를 부여하였다. 신뢰도분석을 통하여 14개 문항에 대한 신뢰도를 구하고 전체 신뢰계수에 악영향을 주는 문항을 제거하여 전체 신뢰도를 향상시켜 보시오.

SPSS 신뢰도 분석

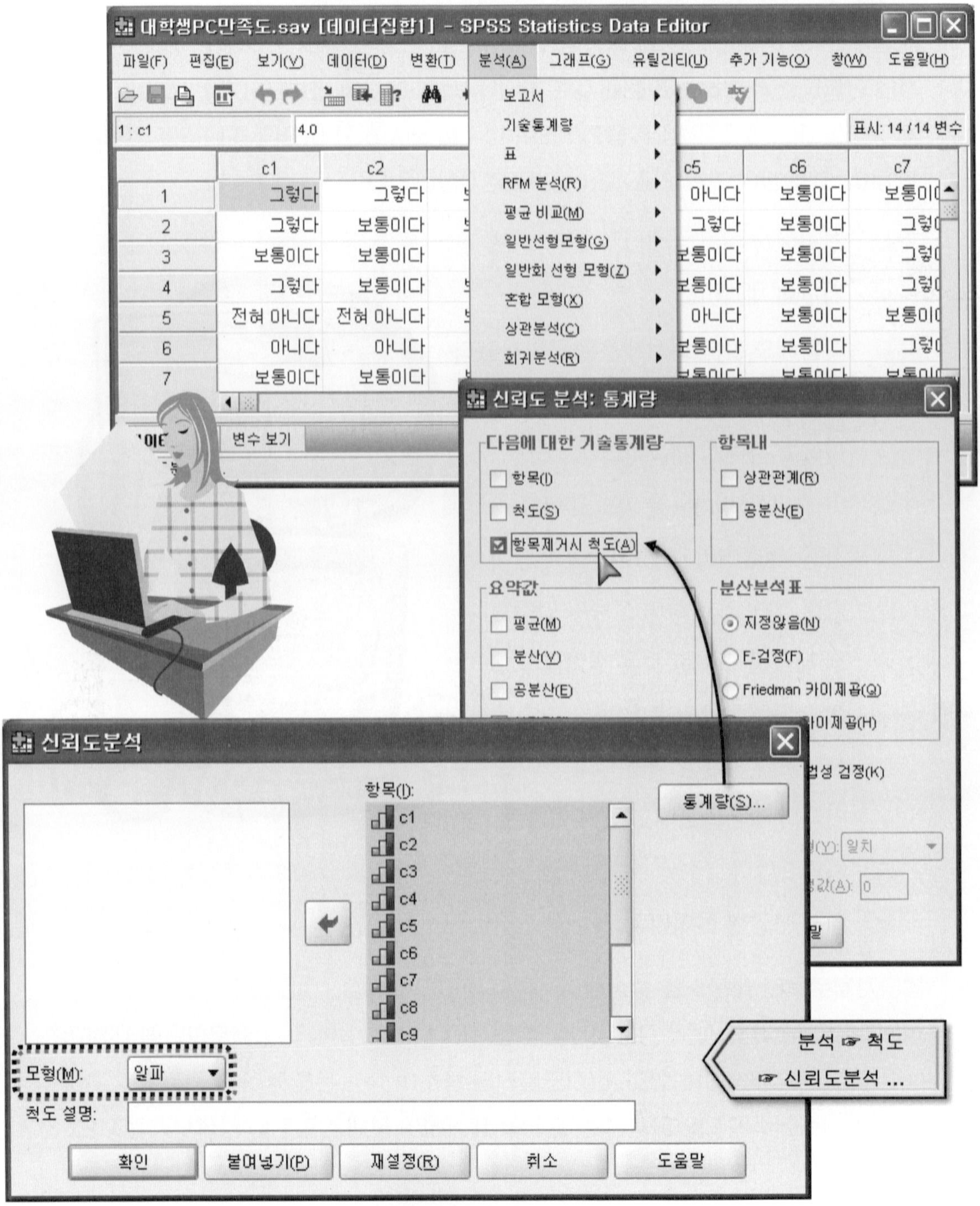
대학생PC만족도.sav [데이터집합1] - SPSS Statistics Data Editor
파일(F) 편집(E) 보기(V) 데이터(D) 변환(T) 분석(A) 그래프(G) 유틸리티(U) 추가 기능(O) 창(W) 도움말(H)
보고서
기술통계량
표
RFM 분석(R)
평균 비교(M)
일반선형모형(G)
일반화 선형 모형(Z)
혼합 모형(X)
상관분석(C)
회귀분석(R)
신뢰도 분석: 통계량
다음에 대한 기술통계량
항목(I)
척도(S)
항목제거시 척도(A)
항목내
상관관계(R)
공분산(E)
요약값
평균(M)
분산(V)
공분산(E)
분산분석표
지정않음(N)
F-검정(F)
Friedman 카이제곱(Q)
신뢰도분석
항목(I):
c1
c2
c3
c4
c5
c6
c7
c8
c9
통계량(S)...
모형(M): 알파
척도 설명:
확인
붙여넣기(P)
재설정(R)
취소
도움말
분석 ☞ 척도
☞ 신뢰도분석 ...

문항 신뢰도

14개 문항 전체의 내적합치도 =0.896

신뢰도 통계량	
Cronbach의 알파	.896
항목 수	14

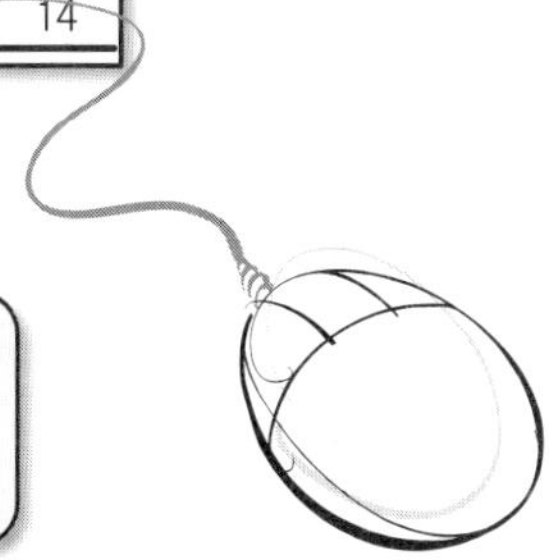

해당문항과 나머지 문항들의 합계와의 상관계수

항목 총계 통계량

	항목이 삭제된 경우 척도 평균	항목이 삭제된 경우 척도 분산	수정된 항목-전체 상관관계	항목이 삭제된 경우 Cronbach 알파
c1 주위에 추천하고 싶다.	38.55	60.613	.356	.908
c2 최고의 제품이다.	38.90	59.096	.755	.881
c3 다음에도 같은 회사제품을 구입하겠다.	38.76	60.333	.518	.893
c4 주위에서 같은 제품을 산다면 만류하겠다.	38.55	58.185	.764	.880
c5 나에게 충분한 제품이다.	38.52	62.830	.499	.892
c6 기대 이상의 성능을 가지고 있다.	38.90	64.739	.671	.889
c7 가끔 갖다 버리고 싶도록 화가 난다.	38.17	64.005	.413	.896
c8 타인의 PC에 비하여 성능이 떨어진다.	38.59	57.823	.741	.881
c9 본제품을 구매한 것을 후회한다.	38.28	61.707	.674	.886
c10 정말 매력적인 제품이다.	39.03	60.677	.718	.884
c11 생각보다 괜찮은 제품이다.	38.69	61.365	.753	.884
c12 타사의 제품광고에 관심이 있다.	39.17	64.719	.304	.901
c13 만족스럽다.	38.66	59.948	.800	.881
c14 역시 현명한 선택이었다.	38.[illegible]6	62.047	.697	.886

해당문항을 제외한 나머지 문항들 합계의 평균과 분산

해당 문항을 제거하고 나머지 문항만을 가지고 계산한 내적합치도

최종 신뢰도

14개 문항에 대한 알파계수는 '0.896'으로 비교적 높게 나타났으나, "항목이 삭제된 경우 Cronbach 알파" 의 알파계수와 전체 알파계수 "알파 = 0.896"와 비교하여 값이 크게 나타난 항목은 수정 또는 보완하거나 최악의 경우에는 삭제하는 것이 바람직하다. 여기에서는 문항을 수정 보완하고 다시 조사할 수 없으므로 전체 신뢰도를 낮추는 문항을 제외하면 다음과 같이 10개의 문항까지 남게 된다. 여기에서는 0.921보다 큰 알파계수가 없으므로 제거해야 할 문항이 없는 것으로 판단할 수 있다.

10개 문항 전체의 내적합치도 =0.921

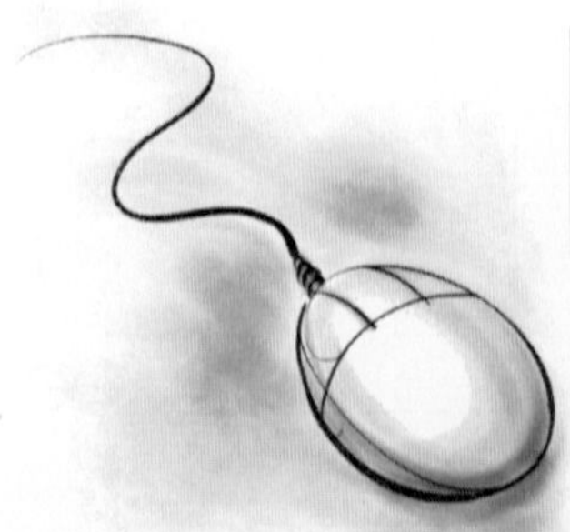

신뢰도 통계량

Cronbach의 알파	항목 수
.921	10

전체 신뢰도 0.921 보다 큰 값이 없으므로 더 이상 제거할 문항이 없다.

항목 총계 통계량

	항목이 삭제된 경우 척도 평균	항목이 삭제된 경우 척도 분산	수정된 항목-전체 상관관계	항목이 삭제된 경우 Cronbach 알파
c2 최고의 제품이다.	26.93	31.567	.749	.910
c4 주위에서 같은 제품을 산다면 만류하겠다.	26.59	31.180	.729	.912
c5 나에게 충분한 제품이다.	26.55	33.399	.585	.920
c6 기대 이상의 성능을 가지고 있다.	26.93	35.709	.673	.917
c8 타인의 PC에 비하여 성능이 떨어진다.	26.62	30.101	.786	.909
c9 본제품을 구매한 것을 후회한다.	26.31	34.007	.605	.918
c10 정말 매력적인 제품이다.	27.07	32.567	.731	.911
c11 생각보다 괜찮은 제품이다.	26.72	33.135	.761	.910
c13 만족스럽다.	26.69	32.150	.801	.908
c14 역시 현명한 선택이었다.	26.79	33.670	.700	.913

만일 음의 상관계수가 나타나면 혹시 척도값을 긍정적인 방향으로 뒤집어 코딩변경하지 않았을 가능성이 있으므로 확인해 본다.

타당성(Validity)

타당성은 연구자가 알고자 하는 개념을 정확하게 측정하고 있는가를 나타내며, 설문의 작성단계에서 주로 고려되어야 한다. 타당성은 크게 내용타당성과 개념타당성으로 나누어 볼 수 있다.

내용타당성(Content Validity)

측정항목이 연구자가 의도한 내용을 실제로 측정하는가의 문제이다. 이는 조사영역에 대한 전문적인 지식을 가지고 있는 연구자의 주관적인 판단에 의하여 결정된다.

다음의 두 질문 중에 선호도를 측정한다면 ①을 사용해야 할 것이다. 그러나 만일 ②를 사용했다면 이는 구매의사를 묻는 질문이 되어 내용타당성이 결여된 질문이 될 것이다.

① 귀하가 좋아하는 브랜드는 무엇입니까? - 선호도 측정

② 귀하가 구매하려는 브랜드는 무엇입니까? - 구매의사 측정

개념타당성(Construct Validity)

이는 측정 문항들이 조사하고자 하는 추상적인 개념을 충분히 반영하느냐에 관한 것이다. 예를 들어 고객의 상표충성도나 만족도와 같이 추상적인 관념들은 직접적으로 측정할 수 없기 때문에 측정가능한 여러 문항들을 이용하여 측정하게 되는데 이때 추상적인 개념을 측정하는데 문항들이 적절한가의 문제를 다룬다.

- **판별타당성**(Discriminant Validity) - 하나의 측정방법으로 서로 다른 개념을 측정하는 상관관계가 서로 작아야 한다는 것이다.
- **집중타당성**(Convergent Validity) - 하나의 개념을 서로 다른 측정방법을 사용하여 측정한다 해도 결과값들 간의 높은 상관관계가 나타나야 한다는 것이다.

타당성 향상방법

타당성은 측정상의 체계적 오류로 주로

- ❒ **잘못된 연구가설 설정**
- ❒ **개념에 대한 부정확한 정의**
- ❒ **설문작성시 오류**

등에 의해 영향을 받는다.

연구자의 관심분야의 경험 및 이론적 지식의 정도에 의해 결정

그러므로 관심영역 전반에 대한 지식 습득

이미 타당성을 인정 받은 측정방법을 이용하는 것

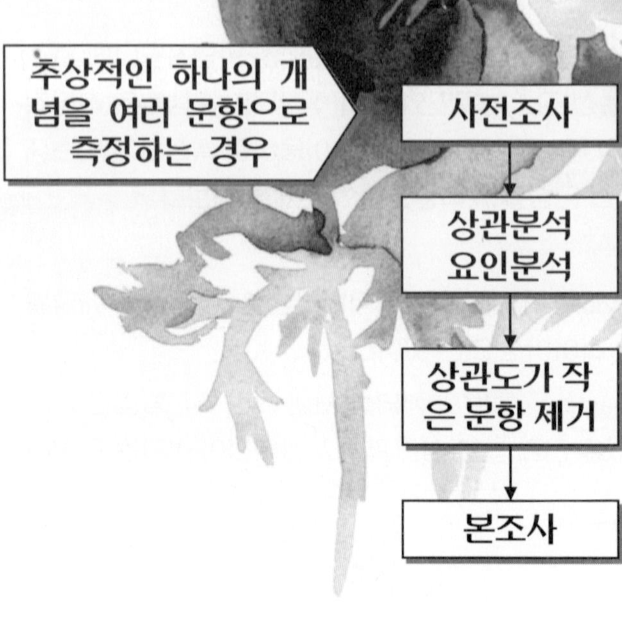

선형판별분석

Linear Discriminant Analysis

판별분석이란?

수정구슬을 통하여 앞으로 일어날 일을 예견하는 일은 이제 더 이상 점쟁이들만의 점유물이 아니다. 판사, 회계사, 금융인 및 기타 많은 전문인들이 법정판결, 기업 재무구조의 적정여부, 고객의 신용도 판정등과 같이 미지의 현상을 예측하여야만 한다.

이러한 문제들을 해결하기 위해서 먼저 해볼 수 있는 일은, 이미 결과를 알고 있는 개체들의 사례를 비교해 보는 것이다. 이렇게 함으로써 결과가 다르게 나타난 개체들의 집단간에 유사점과 차이점을 기준으로 아직 결과를 알 수 없는 개체에 대한 결과를 예측할 수 있는 것이다. 통상적으로 이러한 예측은 의사결정자의 경험과 지식을 바탕으로 한 주관적인 판단에 의하여 수행된다. 그러나 당면한 문제가 점점 더 복잡해지고 잘못된 판단으로 야기되는 손실이 점점 더 심각해지면서, 결과를 예측하는데 보다 객관적인 절차를 만드는 것이 점점 더 필요하게 되었다.

판별분석(discriminant analysis)은 R. A. Fisher에 의하여 체계화 된 통계이론으로서 앞에서 언급한 것들과 유사한 문제들을 다루는데 많이 적용되고 있다. 판별분석의 기초개념은 비교적 단순한 것으로, 사전에 정의된 하나의 집단변수(group variable) 개개의 변수값을 판별하는데 중요한 역할을 하는 판별변수(discriminant variable)의 선형결합(linear combination)인 판별함수(discriminant function)를 만든 후, 이 판별함수에 새로운 개체의 특성을 대입하여 어떤 집단에 속할지를 판별하는 것이다. 여기에서 사전에 정의된 하나의 집단변수는 종속변수(dependent variable)라 하겠고 판별에 중요한 역할을 하는 판별변수는 독립변수(independent variable)라고 할 수 있다.

판별변수들과 가정

판별분석에서 사용되는 변수들의 특성은 다음과 같다.

1. 집단변수(종속변수)는 범주형 변수(categorical variable)이어야 한다. 즉, 신용도 양호 ,모호 또는 불량, 사고, 비사고 또는 파산, 비파산등 어떤 범주나 집단을 구별하는 변수이어야 한다.
2. 판별변수(독립변수)들은 연속형 변수(continuous variable)이어야 한다. 그러나 연속형 변수가 아닌 범주형 변수가 판별변수로 사용되기도 한다. 이는 범주형 변수가 사용되어도 연속형이라는 가정사항에 그리 민감하지 않은 것으로 알려져 있다.

판별함수가 최적(optimal)이 되기 위해서는 즉, 잘못 판별되는 확률이 최소가 되는 판별함수를 도출하기 위해서는 다음과 같은 몇 가지 가정들이 필요하다.

① 판별함수의 도출에 사용된 개체들이 **다변량 정규분포**(multivariate normal distribution)로부터 추출된 표본이어야 한다.

② 각 부분 집단들의 모집단 분포가 동일한 **공분산 행렬**(covariance matrix)을 가지고 있어야 한다.

상기의 가정사항들은 극단적으로 틀리지 않는 한 일반적으로 큰 문제를 발생시키지는 않는다.

판별분석 과정

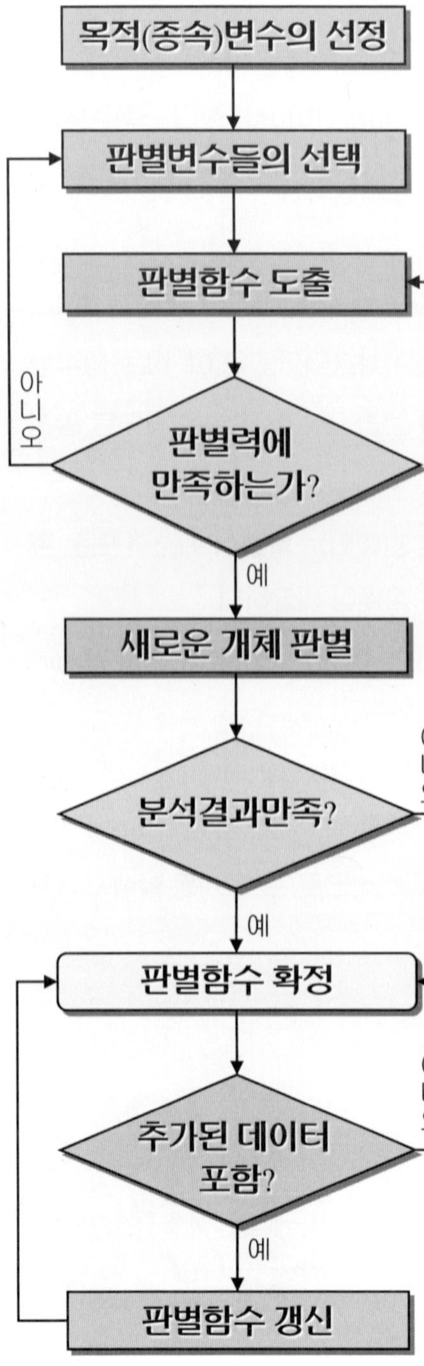

① 어떤 집단에 속하는지 구별하는데 중요한 역할을 하는 판별변수들을 독립변수들 중에서 택한다.

② 선택된 판별변수들의 선형결합(판별함수)을 만들어 개체들을 집단으로 분류하는 기준을 마련한다.

③ 판별함수에 의하여 개체들이 얼마나 정확히 분류되는지 그 판별정도를 파악한다.

④ 새로운 개체가 유입되었을 때 판별변수와 판별함수에 적용하여 어떤 집단에 속할지를 판단한다.

⑤ 기존의 데이터에 새로운 개체들의 데이터를 포함하여 다시 판별함수의 계수들을 갱신한다.

판별함수의 수

판별분석에서 판별함수는 하나 이상이 도출될 수 있는데 판별함수의 수는, 집단의 수에서 하나를 뺀 값과 판별변수의 수중에서 작은 값보다 같거나 작아야 한다. 즉, [**판별함수의 수** ≤ min(**집단의 수** - 1), **판별변수의 수**] 이다. 본 예에서는 집단의 수가 3이고 판별변수의 수가 10이므로 판별변수의 수는 2개까지 가능하다. 판별함수는 집단을 판별하는데 기여도가 가장 큰 것부터 순서대로 도출되므로 나중에 도출되는 판별함수 일수록 기여도가 점점 작아 진다. 따라서 몇 개의 판별함수까지 도출하여야 하는가 하는 문제가 발생되는데, 일반적으로 둘 이하의 판별함수를 도출하는 경우가 많다. 판별함수의 수를 결정하는 데는 다음과 같은 몇 가지 기준들이 있다.

✐ 고유값 상대비율 (relative percentage of eigenvalue)

각 판별함수에 대하여 고유값(eigenvalue)이 계산되는데 이 고유값이 클수록 판별함수의 기여도가 커지므로 각 판별함수의 중요도를 판단하는 기준이 될 수 있다. 즉, 특정 판별함수의 고유값을 모든 판별함수들의 고유값의 합으로 나눈 값(고유값 비율=분산비율)은 특정 판별함수의 상대적인 기여도로 볼 수 있다.

✐ 정준상관계수(canonical correlation)

정준상관계수는 고유값과 비슷한 의미를 가지는데, 정준상관계수의 제곱은 집단들에 의하여 설명될 수 있는 판별함수의 분산의 비율을 말한다. 정준상관계수는 1에 가까울수록 설명력이 크게 된다.

✐ 유의성 검정

이미 도출된 판별함수에 의하여 반영되지 못한 정보의 양이 얼마나 통계적으로 유의한지를 검정하는 방법으로, 검정결과 유의하다면 판별함수를 더 도출하여야 할 필요가 생기며, 유의하지 않다면 판별함수를 더 도출한다 하여도 별로 도움이 되지 않을 것이다.

판별함수의 기하적 의미

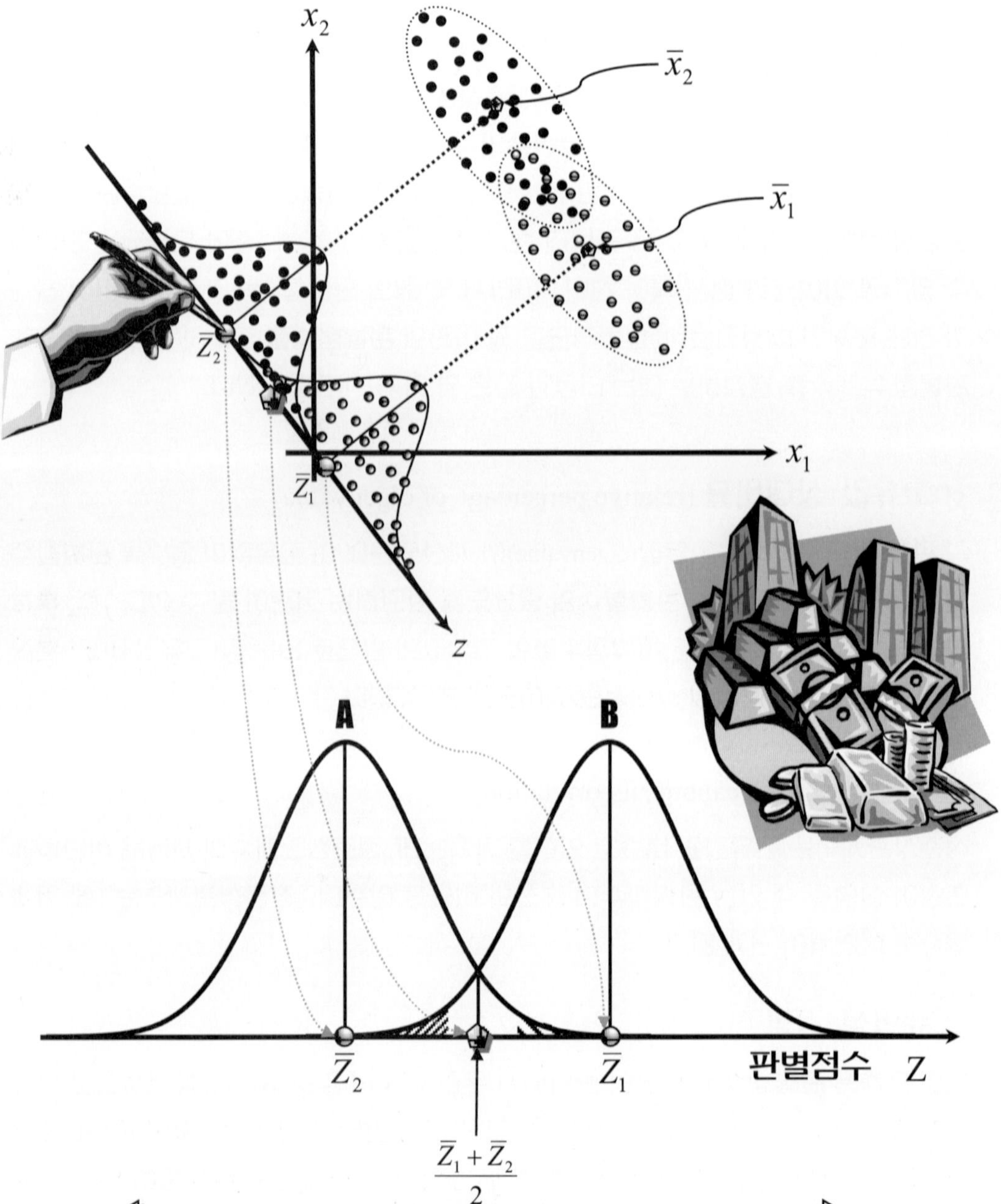
x_2
$\bar{x}_2$
$\bar{x}_1$
x_1
$\bar{Z}_2$
$\bar{Z}_1$
z
A
B
$\bar{Z}_2$
$\bar{Z}_1$
판별점수 Z
$\frac{\bar{Z}_1 + \bar{Z}_2}{2}$
A집단으로 판별
판별분리점
B집단으로 판별

표준화 판별점수

$$Z = W_1X_1 + W_2X_2 + W_3X_3 + \cdots + W_nX_n$$

Z : 판별점수
W : 판별함수의계수(가중치)
X : 판별변수

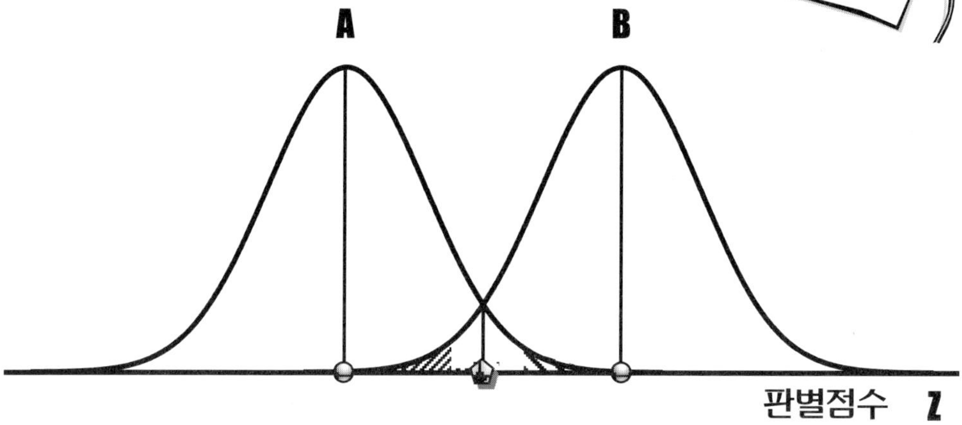

집단중심점(Group Centroid)
분리점(Cutting Score)

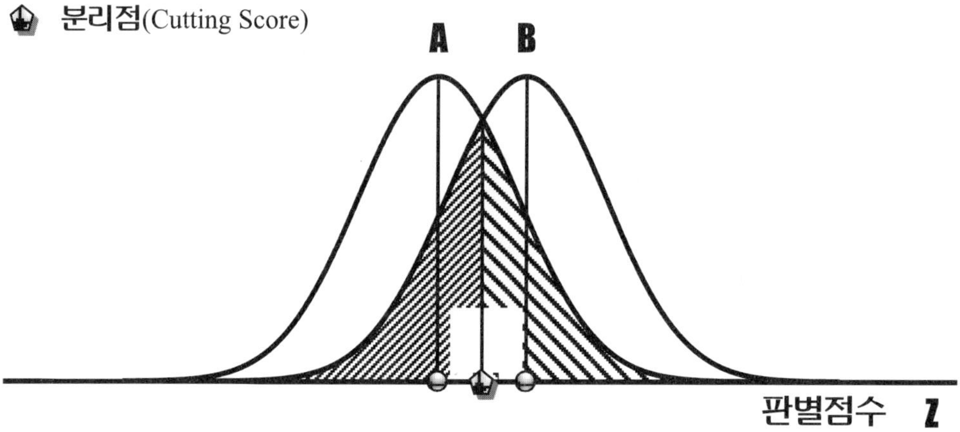

은행신용도 데이터

은행에서 대출담당자에게 대출신청이 너무 많이 밀려 있고, 그 절차 또한 매우 까다롭기 때문에, 그 많은 서류를 일일이 다 검토하고 대출여부를 결정하는 것은 너무나 많은 시간과 비용이 소비된다고 느꼈다. 따라서 어떻게 하면 가장 적은 수의 변수로 고객의 신용도가 좋은지 나쁜지를 효과적으로 판별할 수 있는가 하는 것이 대출담당자의 주된 관심사이다. 이 문제를 해결하기 위하여 기존의 대출실적이 있는 고객들을 대상으로 데이터를 수집하였다.

변수명	내 용	코 딩 형 식
일련번호	고객의 일련번호	
결혼상태	결혼상태	0 = 미혼, 1 = 기혼, 2 = 이혼
신용카드	신용카드 사용여부	0 = 미사용, 1 = 사용
주택소유	주택 소유여부	0 = 미소유, 1 = 소유
집세	월 평균 집세	단위 1,000엔(￥)
수입	월 평균 수입	단위 1,000엔(￥)
연령	연령	단위 년
거주년수	현재의 주택에 거주한 년수	단위 년
교육년수	피교육 년수	단위 년
고객년수	은행의 고객이 된 년수	단위 년
근무년수	현 직장에서 근무한 년수	단위 년
신용도	은행에서 판별한 신용도 정도	0 = 신용도 양호 1 = 신용도 모호 2 = 신용도 불량

고객의 신용도 정도 (RISK)는 상기 은행에서 다음과 같은 기준으로 판정한 것이다.

- **신용도 양호** - 현재까지 입금일자를 어긴 적이 없이 대출금을 모두 입금하였음.
- **신용도 모호** - 현재까지 대출금은 모두 입금하였으나, 가끔 입금일자를 지키지 않았음.
- **신용도 불량** - 현재까지 대출금을 모두 입금하지 않았고, 입금일자를 지키지 않은 적이 많음.

고객집단 판별분석

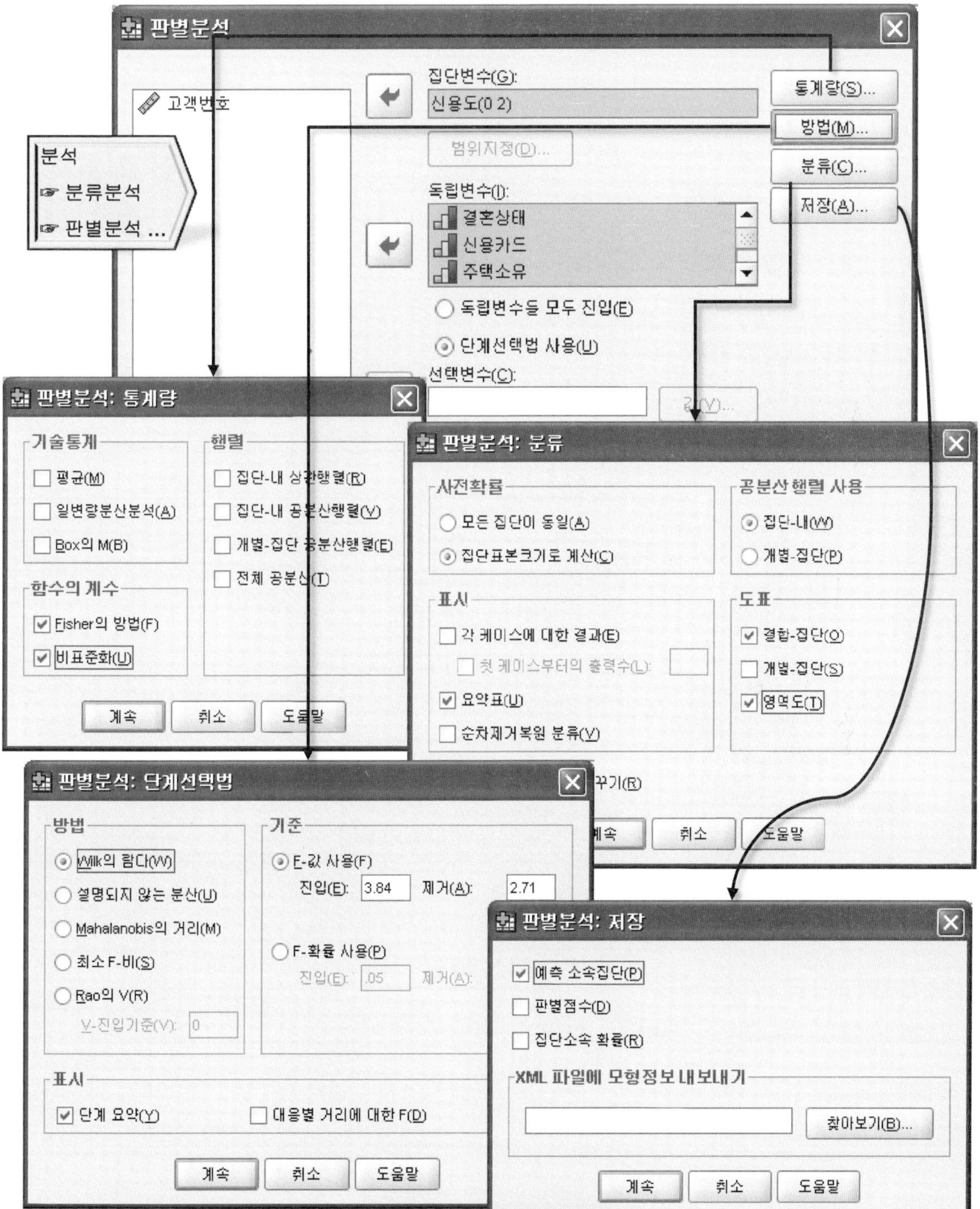
분석
☞ 분류분석
☞ 판별분석 ...
판별분석
고객번호
집단변수(G):
신용도(0 2)
범위지정(D)...
독립변수(I):
결혼상태
신용카드
주택소유
독립변수들 모두 진입(E)
단계선택법 사용(U)
선택변수(C):
통계량(S)...
방법(M)...
분류(C)...
저장(A)...
판별분석: 통계량
기술통계
평균(M)
일변량분산분석(A)
Box의 M(B)
함수의 계수
Fisher의 방법(F)
비표준화(U)
행렬
집단-내 상관행렬(R)
집단-내 공분산행렬(V)
개별-집단 공분산행렬(E)
전체 공분산(T)
계속
취소
도움말
판별분석: 분류
사전확률
모든 집단이 동일(A)
집단표본크기로 계산(C)
공분산 행렬 사용
집단-내(W)
개별-집단(P)
표시
각 케이스에 대한 결과(E)
첫 케이스부터의 출력수(L):
요약표(U)
순차제거복원 분류(V)
도표
결합-집단(O)
개별-집단(S)
영역도(T)
판별분석: 단계선택법
방법
Wilk의 람다(W)
설명되지 않는 분산(U)
Mahalanobis의 거리(M)
최소 F-비(S)
Rao의 V(R)
V-진입기준(V): 0
기준
F-값 사용(F)
진입(E): 3.84
제거(A): 2.71
F-확률 사용(P)
진입(E): .05
제거(A):
표시
단계 요약(Y)
대응별 거리에 대한 F(D)
판별분석: 저장
예측 소속집단(P)
판별점수(D)
집단소속 확률(R)
XML 파일에 모형정보 내보내기
찾아보기(B)...

판별변수의 선택

진입된/제거된 변수[a,b,c,d]

단계	진입된	Wilks 람다							
						정확한 F			
		통계량	자유도1	자유도2	자유도3	통계량	자유도1	자유도2	유의확률
1	신용카드 사용여부	.641	1	2	354.000	99.269	2	354.000	.000
2	피교육년수	.377	2	2	354.000	110.933	4	706.000	.000
3	결혼상태	.310	3	2	354.000	93.257	6	704.000	.000
4	은행의 고객이 된 년수	.303	4	2	354.000	71.755	8	702.000	.000

각 단계에서 전체 Wilks의 람다를 최소화하는 변수가 입력됩니다.

a. 최대 단계 수는 20입니다.

b. 입력할 최소 부분 F는 3.84입니다.

c. 제거할 최대 부분 F는 2.71입니다.

d. F 수준, 공차한계 또는 VIN 부족으로 계산을 더 수행할 수 없습니다.

분석할 변수

단계		공차한계	제거할 F	Wilks 람다
1	신용카드 사용여부	1.000	99.269	
2	신용카드 사용여부	.885	133.849	.663
	피교육년수	.885	123.396	.641
3	신용카드 사용여부	.881	129.210	.538
	피교육년수	.864	128.838	.538
	결혼상태	.977	37.777	.377
4	신용카드 사용여부	.875	130.802	.528
	피교육년수	.864	128.036	.523
	결혼상태	.975	37.913	.368
	은행의 고객이 된 년수	.992	4.512	.310

Wilks의 람다

단계	변수의 수	람다	자유도1	자유도2	자유도3	정확한 F			
						통계량	자유도1	자유도2	유의확률
1	1	.641	1	2	354	99.269	2	354.000	.000
2	2	.377	2	2	354	110.933	4	706.000	.000
3	3	.310	3	2	354	93.257	6	704.000	.000
4	4	.303	4	2	354	71.755	8	702.000	.000

판별함수 도출

고유값

함수	고유값	분산의 %	누적 %	정준 상관
1	1.497[a]	82.3	82.3	.774
2	.323[a]	17.7	100.0	.494

a. 첫 번째 2 정준 판별함수가 분석에 사용되었습니다.

Wilks의 람다

함수의 검정	Wilks의 람다	카이제곱	자유도	유의확률
1에서 2	.303	421.298	8	.000
2	.756	98.666	3	.000

표준화 정준 판별함수 계수

	함수 1	함수 2
결혼상태	-.046	.861
신용카드 사용여부	.886	.267
피교육년수	.858	-.438
은행의 고객이 된 년수	-.169	-.184

$$ZF_1 = -0.046 \cdot Z_{결혼상태} + 0.886 \cdot Z_{신용카드} + 0.858 \cdot Z_{피교육년수} - 0.169 \cdot Z_{은행고객년수}$$

$$ZF_2 = 0.861 \cdot Z_{결혼상태} + 0.267 \cdot Z_{신용카드} - 0.438 \cdot Z_{피교육년수} - 0.184 \cdot Z_{은행고객년수}$$

표준화 정준 판별함수를 보고할 경우 반드시 판별변수들의 평균과 표준편차를 제시해야 한다. 그래야 표준화 점수를 구할 수 있기 때문이다.

구조행렬

	함수 1	함수 2
신용카드 사용여부	.581*	.414
피교육년수	.551*	-.410
월평균수입(1000엔)[a]	.338*	-.258
연령[a]	.303*	-.086
현 직장에서 근무한 년수[a]	.140*	.014
현재의 주택에 거주한 년수[a]	.094*	.029
월평균집세(1000엔)[a]	.069*	-.043
주택소유여부[a]	.014*	.000
결혼상태	.079	.797*
은행의 고객이 된 년수	-.098	-.131*

판별변수와 표준화 정준 판별함수 간의 집단-내 통합 상관행렬. 변수는 함수내 상관행렬의 절대값 크기순으로 정렬되어 있습니다.

*. 각 변수와 임의의 판별함수 간의 가장 큰 절대 상관행렬

a. 이 변수는 분석에 사용되지 않습니다.

정준 판별함수 계수

	함수 1	함수 2
결혼상태	-.085	1.604
신용카드 사용여부	3.616	1.090
피교육년수	.493	-.252
은행의 고객이 된 년수	-.038	-.041
(상수)	-10.813	1.815

표준화하지 않은 계수

$$F_1 = -10.813 - 0.085 \cdot 결혼상태 + 3.616 \cdot 신용카드 + 0.493 \cdot 피교육년수 - 0.038 \cdot 은행고객년수$$

$$F_2 = 1.815 + 1.604 \cdot 결혼상태 + 1.090 \cdot 신용카드 - 0.252 \cdot 피교육년수 - 0.041 \cdot 은행고객년수$$

사전확률(prior probability)

판별하고자 하는 집단들이 **모집단에서 차지하는 비율**

집단에 대한 사전확률				
			분석에 사용된 케이	
은행에서 판별한 신용도 정도		사전확률	가중되지 않음	가
	양호	.605	216	216.
	모호	.232	83	83.00
	불량	.162	58	58.000
	합계	1.000	357	357.000

사전확률의 차이

Z_{CE} : 사전확률이 동일한경우분리점(*cutting score*)

Z_{CU} : 사전확률이 다른경우분리점

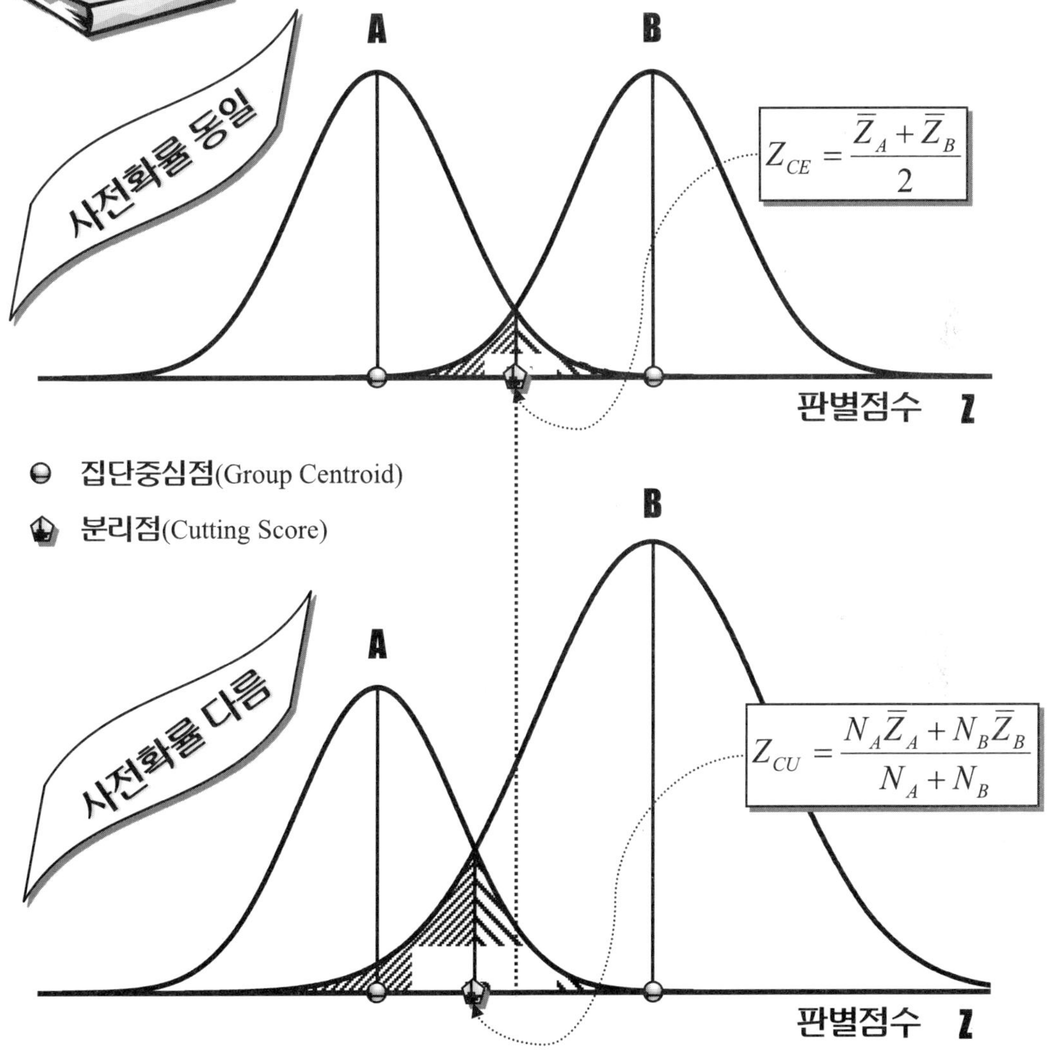

$\bar{Z}_A$: A집단의판별점수의 평균(A집단 중심점)　　N_A : A집단의 표본크기

$\bar{Z}_B$: B집단의판별점수의 평균(B집단 중심점)　　N_B : B집단의 표본크기

판별함수와 분류함수

새로운 개체의 판별변수들의 값을 함수에 대입하여 계산한 다음 집단 중심점에 가장 가까운 집단으로 판별한다.

표준화 정준 판별함수 계수

	함수	
	1	2
결혼상태	-.046	.861
신용카드 사용여부	.886	.267
피교육년수	.858	-.438
은행의 고객이 된 년수	-.169	-.184

정준 판별함수 계수

	함수	
	1	2
결혼상태	-.085	1.604
신용카드 사용여부	3.616	1.090
피교육년수	.493	-.252
은행의 고객이 된 년수	-.038	-.041
(상수)	-10.813	1.815

표준화하지 않은 계수

함수의 집단중심점

	함수	
은행에서 판별한 신용도 정도	1	2
양호	.814	-.257
모호	-.334	1.016
불량	-2.552	-.496

표준화하지 않은 정준 판별함수가 집단 평균에 대해 계산되었습니다.

분류함수는 새로운 개체의 판별변수들의 값을 3가지 함수에 대입하여 계산한 다음 가장 큰 값으로 계산된 집단으로 분류한다.

분류 함수 계수

	은행에서 판별한 신용도 정도		
	양호	모호	불량
결혼상태	-.516	1.626	-.612
신용카드 사용여부	33.644	30.881	21.213
피교육년수	7.232	6.346	5.633
은행의 고객이 된 년수	.162	.153	.299
(상수)	-78.804	-65.243	-47.171

Fisher의 선형 판별함수

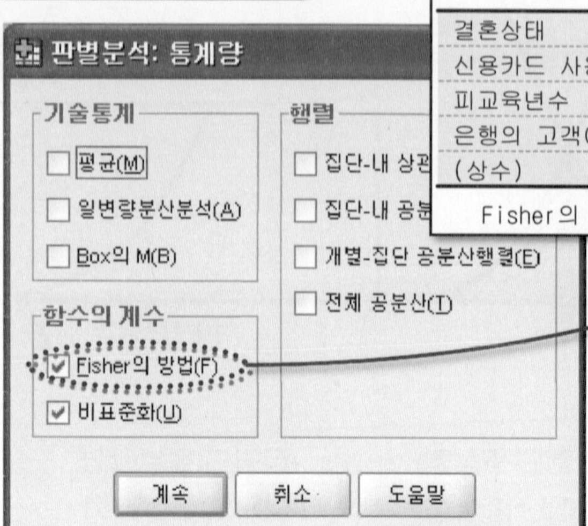

영역도와 집단 중심점

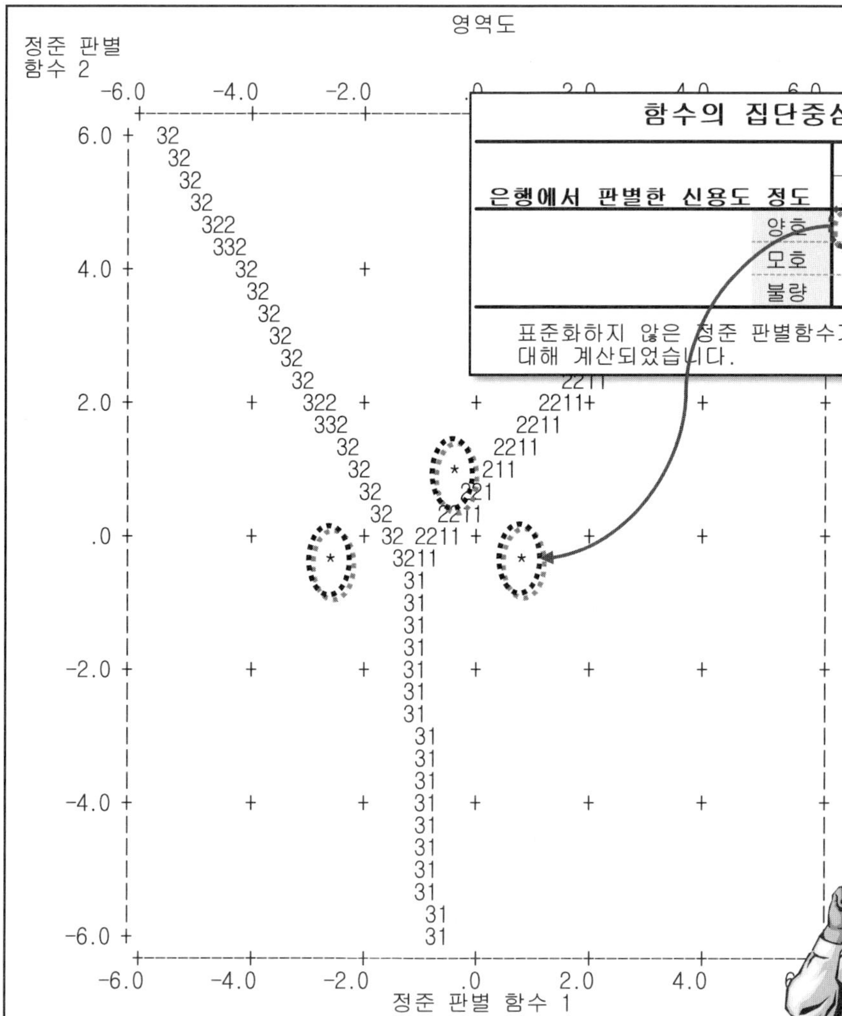

함수의 집단중심점

은행에서 판별한 신용도 정도	함수 1	함수 2
양호	.814	-.257
모호	-.334	1.016
불량	-2.552	-.496

표준화하지 않은 정준 판별함수가 집단 평균에 대해 계산되었습니다.

영역도에서 사용한 기호

기호	집단	설명
1	0	양호
2	1	모호
3	2	불량
*		집단 중심 표시

고해상도의 영역도 그리기

사전확률이 동일한 경우 :

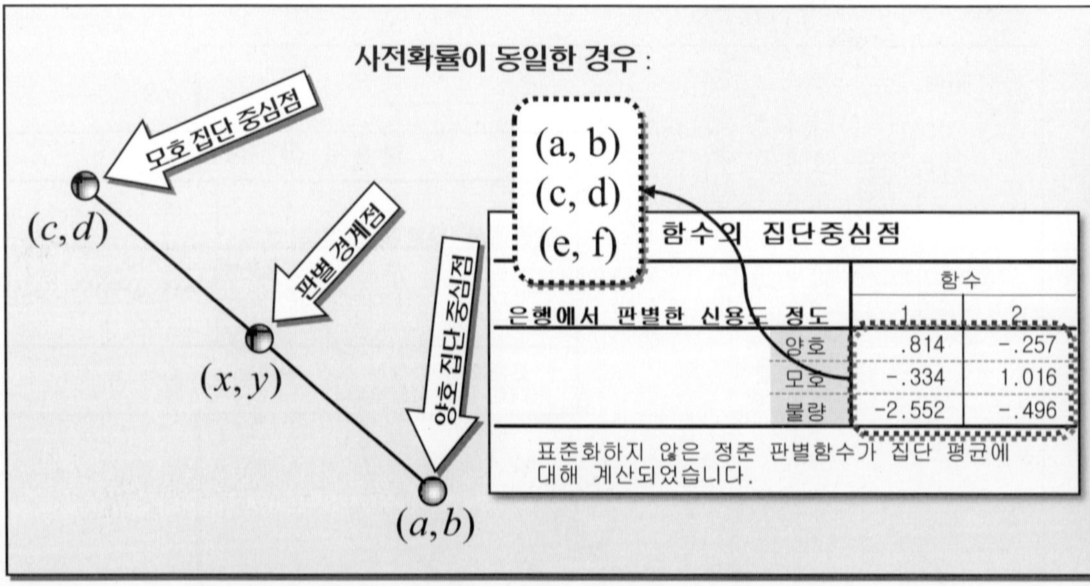

함수의 집단중심점

은행에서 판별한 신용도 정도	함수 1	함수 2
양호	.814	-.257
모호	-.334	1.016
불량	-2.552	-.496

표준화하지 않은 정준 판별함수가 집단 평균에 대해 계산되었습니다.

$$\sqrt{(x-a)^2+(y-b)^2}=\sqrt{(x-c)^2+(y-d)^2}$$

$$x^2-2ax+a^2+y^2-2by+b^2=x^2-2cx+c^2+y^2-2dy+d^2$$

$$2(d-b)y=2(a-c)x+c^2-a^2+d^2-b^2$$

$$\therefore \quad y=\frac{a-c}{d-b}x+\frac{c^2-a^2+d^2-b^2}{2(d-b)}$$

$$y_1=\frac{a-c}{d-b}x+\frac{c^2-a^2+d^2-b^2}{2(d-b)}$$

$$y_2=\frac{c-e}{f-d}x+\frac{e^2-c^2+f^2-d^2}{2(f-d)}$$

$$y_3=\frac{a-e}{f-b}x+\frac{e^2-a^2+f^2-b^2}{2(f-b)}$$

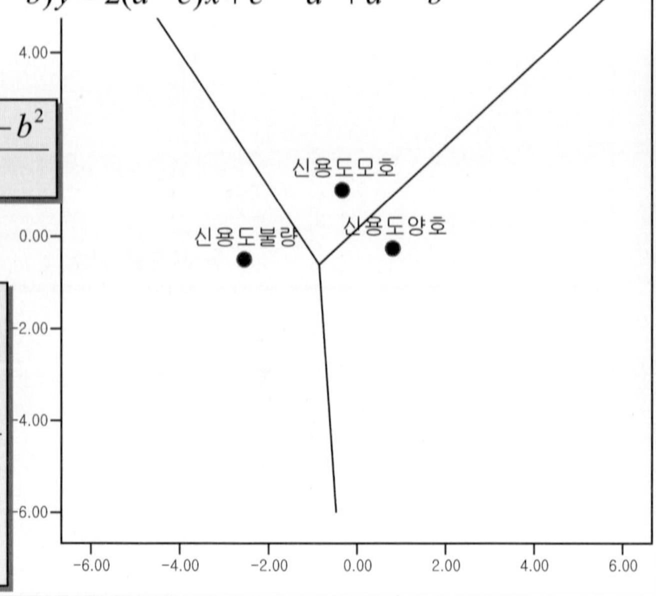

영역도 작성 명령문

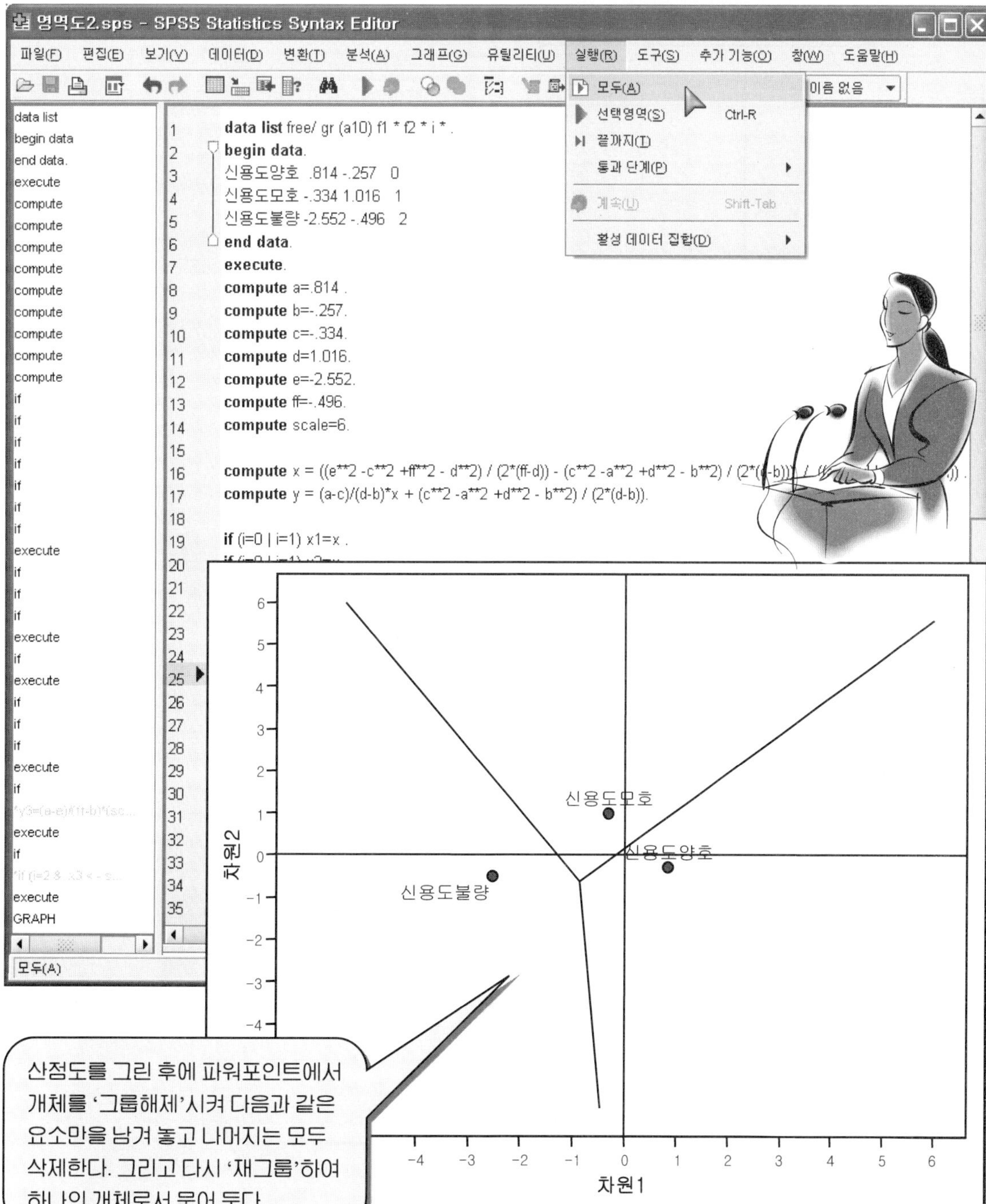

산점도를 그린 후에 파워포인트에서 개체를 '그룹해제'시켜 다음과 같은 요소만을 남겨 놓고 나머지는 모두 삭제한다. 그리고 다시 '재그룹'하여 하나의 개체로서 묶어 둔다.

비표준화 판별함수의 계수의 방향성

정준 판별함수 계수

	함수	
	1	2
결혼상태	-.085	1.604
신용카드 사용여부	3.616	1.090
피교육년수	.493	-.252
은행의 고객이 된 년수	-.038	-.041
(상수)	-10.813	1.815

표준화하지 않은 계수

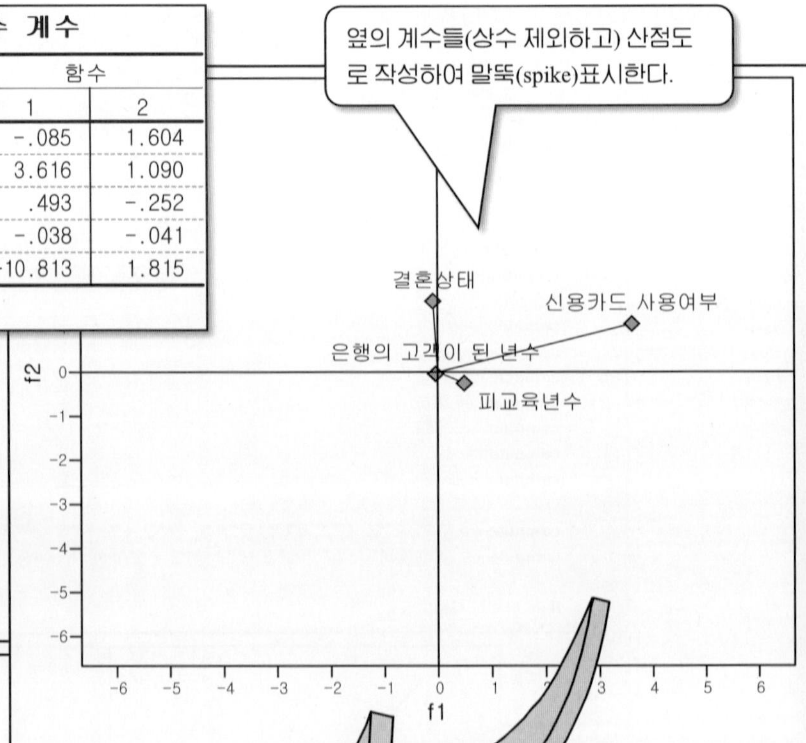

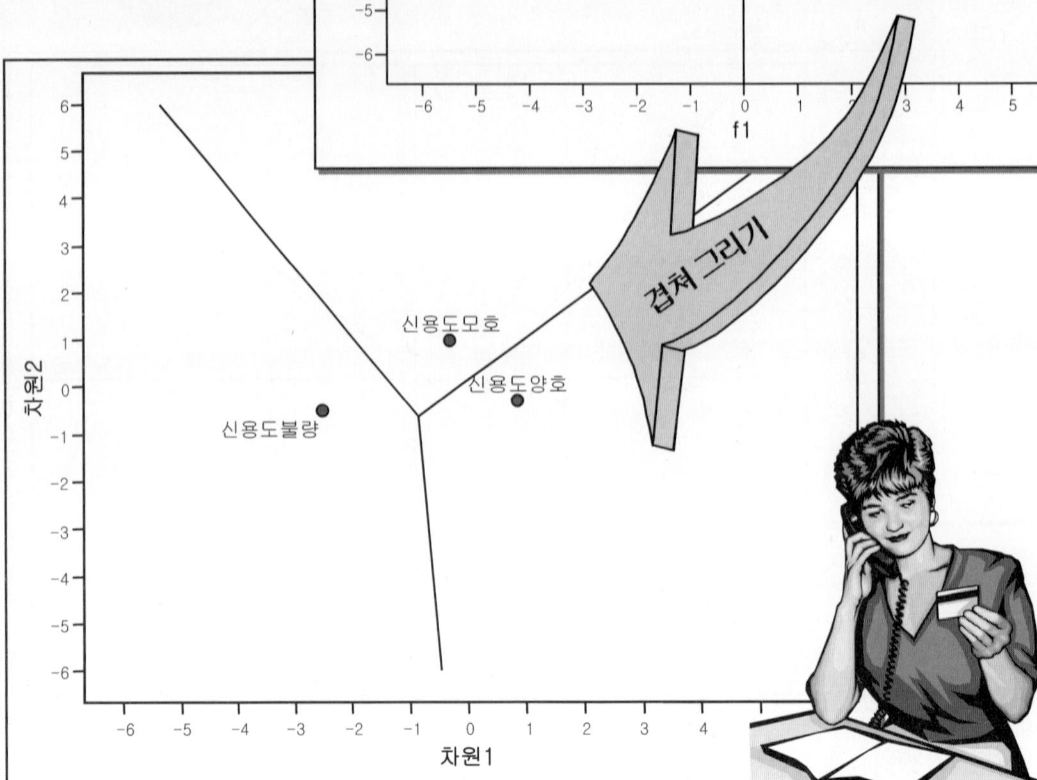

그림 결합

정준 판별함수 계수

	함수	
	1	2
결혼상태	-.085	1.604
신용카드 사용여부	3.616	1.090
피교육년수	.493	-.252
은행의 고객이 된 년수	-.038	-.041
(상수)	-10.813	1.815

표준화하지 않은 계수

좌표

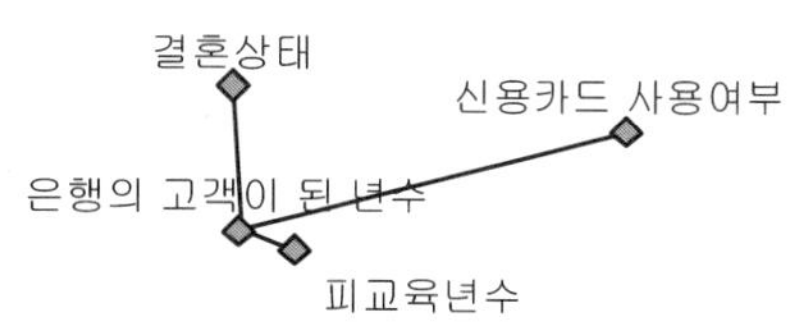

겹치기

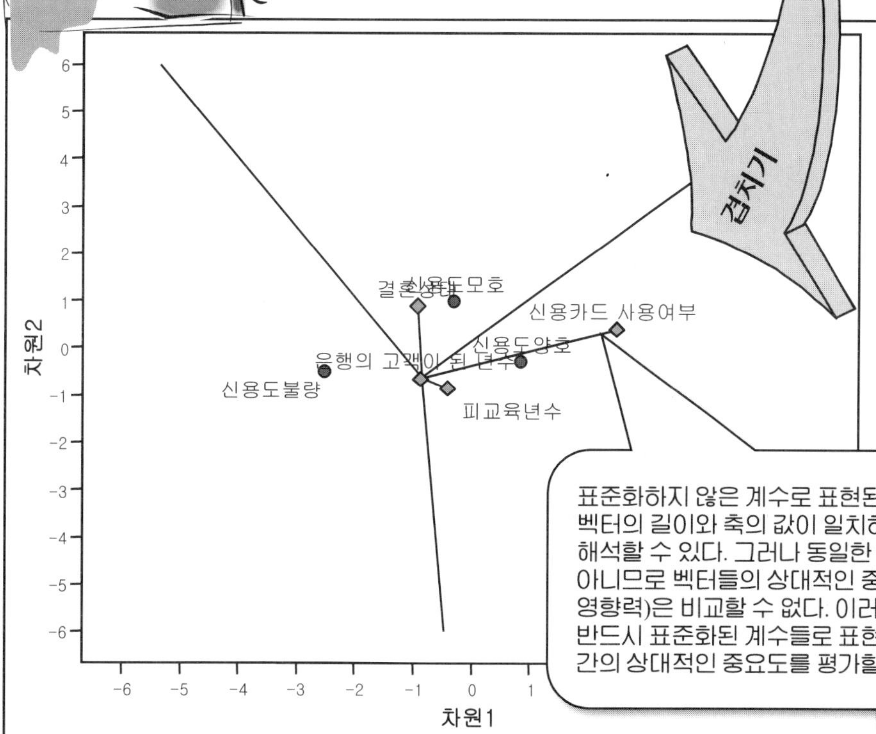

표준화하지 않은 계수로 표현된 그림으로 벡터의 길이와 축의 값이 일치하며 그 의미를 해석할 수 있다. 그러나 동일한 측정 단위가 아니므로 벡터들의 상대적인 중요도(또는 영향력)은 비교할 수 없다. 이러한 문제는 반드시 표준화된 계수들로 표현해야 변수들 간의 상대적인 중요도를 평가할 수 있다.

집단도표

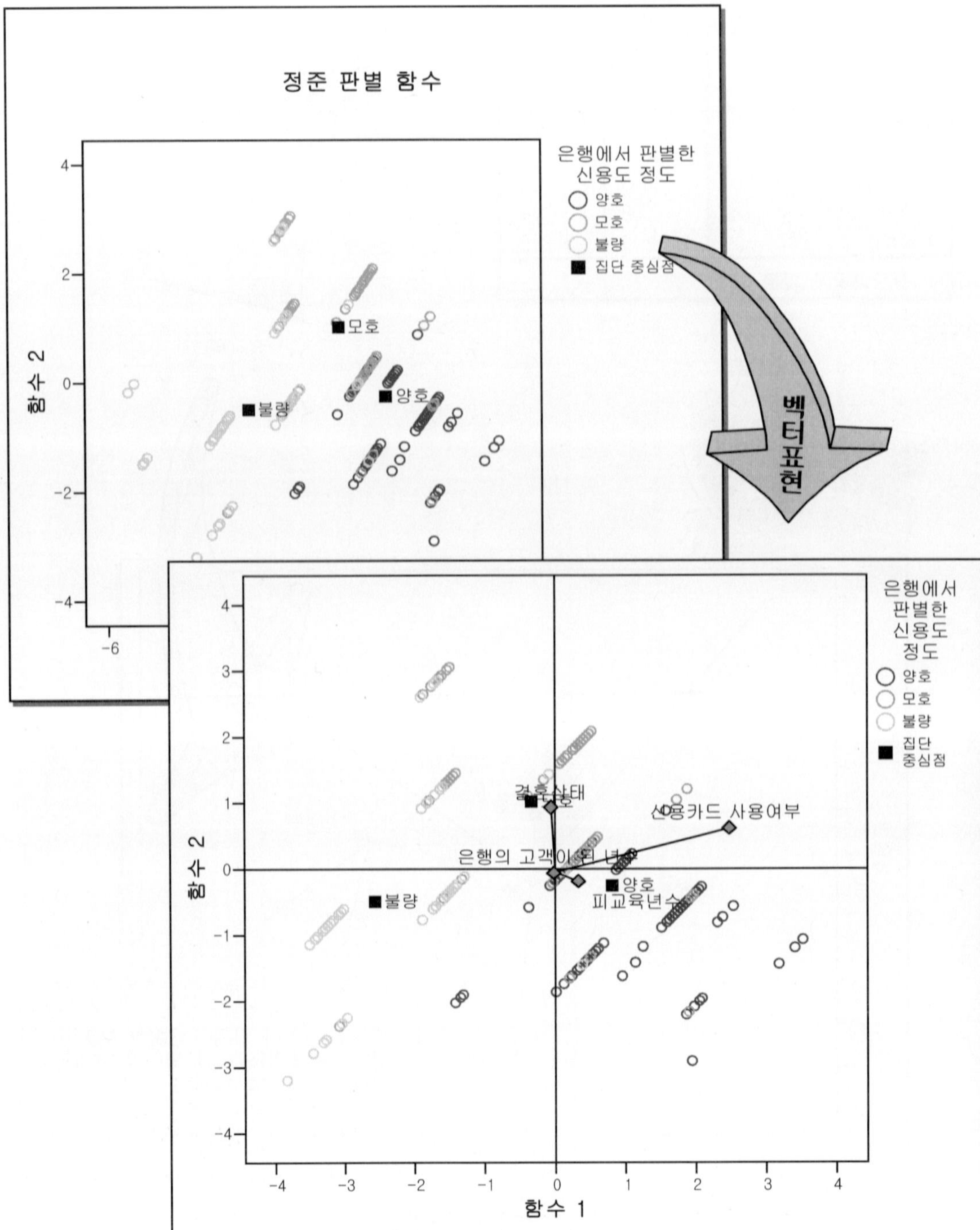
정준 판별 함수
은행에서 판별한 신용도 정도
양호
모호
불량
집단 중심점
함수 2
벡터표현
은행에서 판별한 신용도 정도
결혼상태
신용카드 사용여부
은행의 고객이된 년수
피교육년수
함수 1

다항 로지스틱 회귀모형으로 적합?

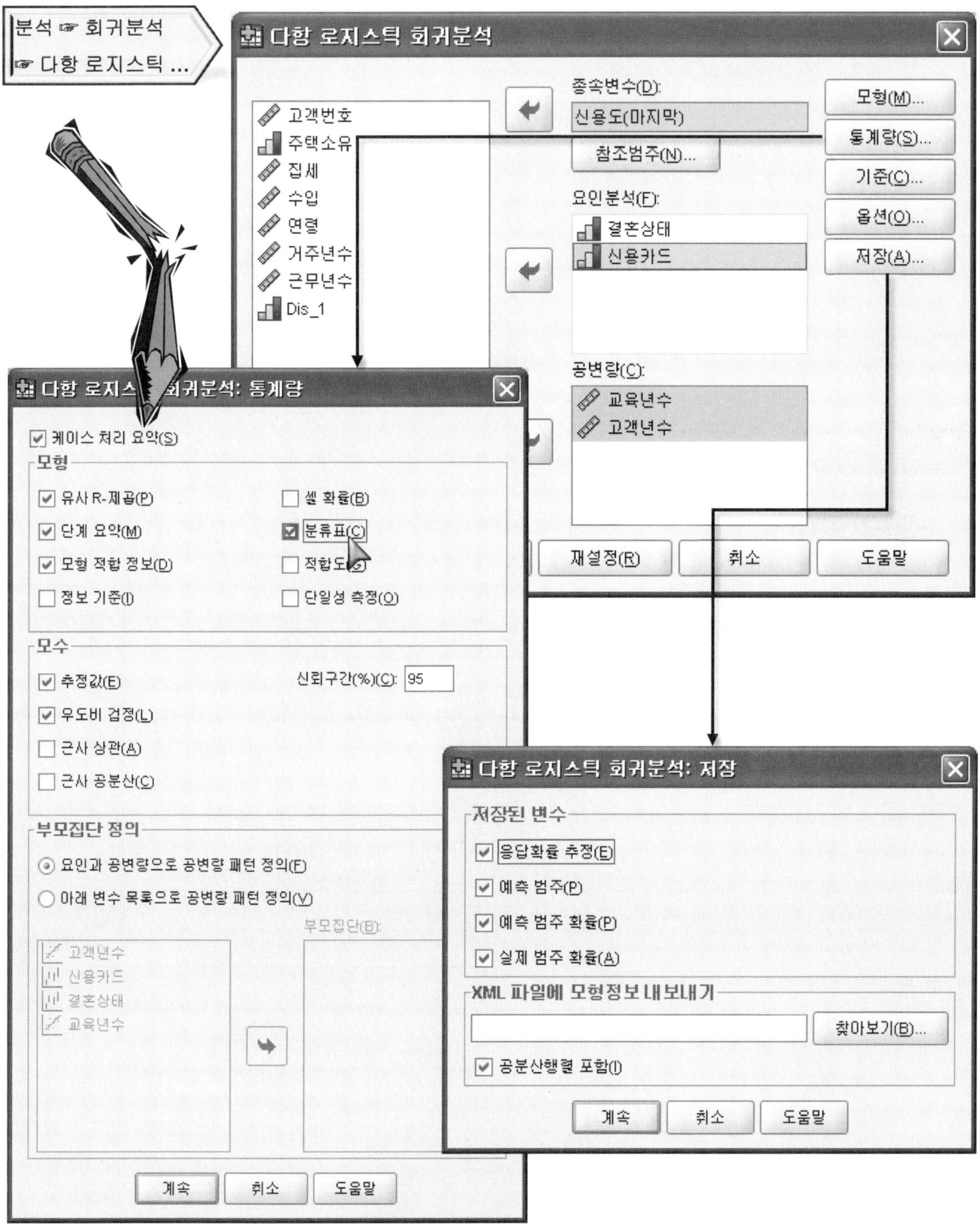

다항 로지스틱 모형의 결과

모형 적합 정보

모형	모델 맞춤 기준	우도비 검정		
	-2 로그 우도	카이 제곱	자유도	유의확률
절편 만	562.777			
최종모형	188.822	373.955	10	.000

Pseudo R-제곱

Cox 및 Snell	.649
Nagelkerke	.767
McFadden	.558

우도비 검정

효과	모델 맞춤 기준	우도비 검정		
	축소모형의 -2 Log 우도	카이 제곱	자유도	유의확률
절편	1.888E2	.000	0	.
교육년수	344.354	155.532	2	.000
고객년수	204.911	16.089	2	.000
결혼상태	274.198	85.376	4	.000
신용카드	321.980	133.158	2	.000

카이제곱 통계량은 최종모형과 축소모형 사이의 -2 Log 우도 차입니다. 축소모형은 최종모형에서 효과 하나를 생략하여 만든 모형입니다. 영가설은 효과의 모든 모수가 0입니다.

a. 이 축소모형은 효과를 생략해도 자유도가 증가되지 않으므로 최종모형과 동일합니다.

판별분석의 분류 정확도

분류결과[a]

		은행에서 판별한 신용도 정도	예측 소속집단 양호	예측 소속집단 모호	예측 소속집단 불량	전체
원래값	빈도	양호	208	5	3	216
		모호	25	49	[illegible]	[illegible]
		불량	3	11	[illegible]	[illegible]
	%	양호	96.3	2.3	1.4	100.0
		모호	30.1	59.0	10.8	100.0
		불량	5.2	19.0	75.9	100.0

a. 원래의 집단 케이스 중 84.3%이(가) 올바로 분류되었습니다.

다항 로지스틱 분석의 분류 정확도

분류

감시됨	예측 양호	예측 모호	예측 불량	정확도(%)
양호	211	5	0	97.7%
모호	25	47	11	56.6%
불량	3	6	49	84.5%
전체 퍼센트	66.9%	16.2%	16.8%	86.0%

다항 로지스틱 회귀모형으로 적합?

분석 ☞ 회귀분석
☞ 다항 로지스틱 ...

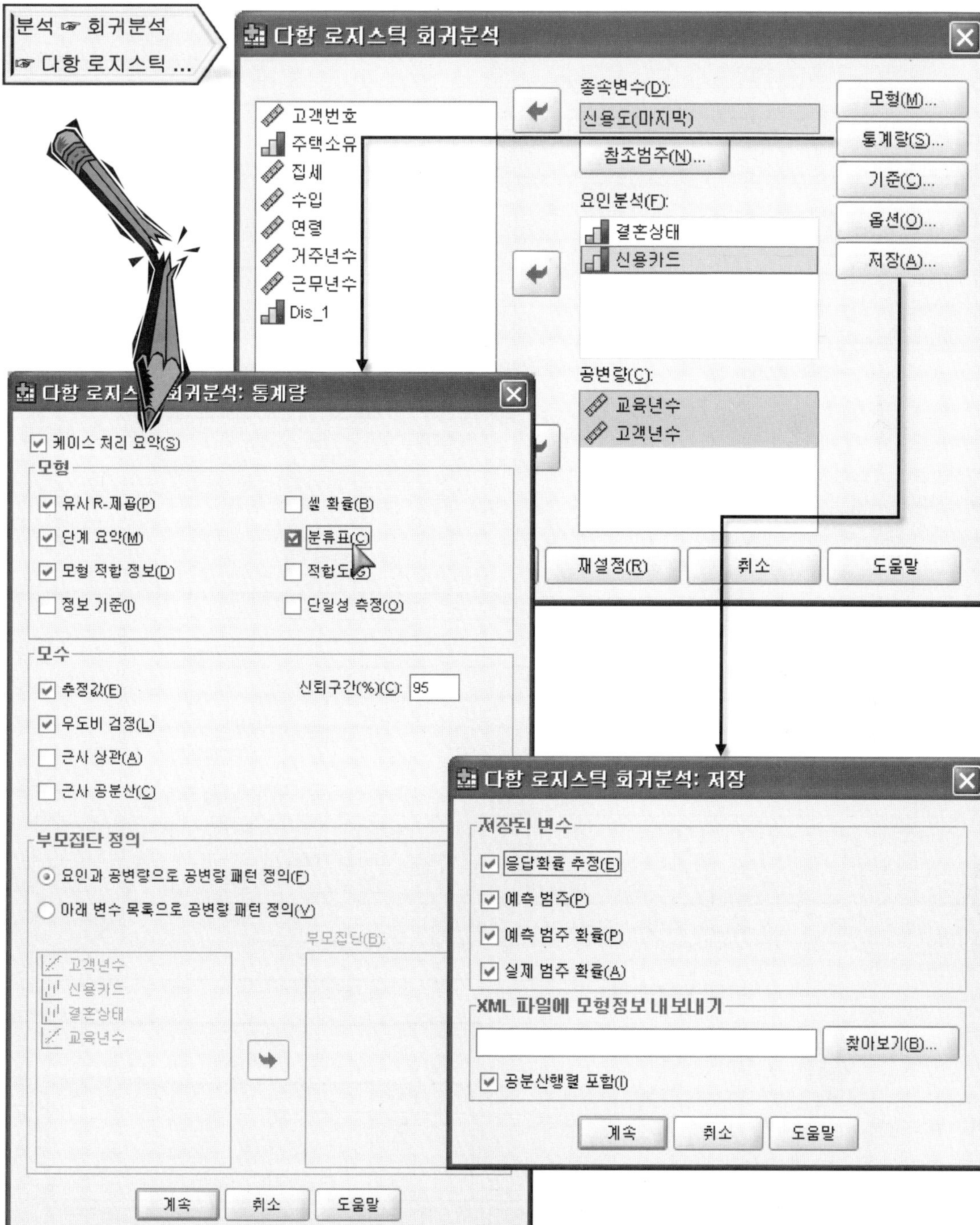

다항 로지스틱 모형의 결과

모형	모델 맞춤 기준 -2 로그 우도	우도비 검정 카이 제곱	자유도	유의확률
절편 만	562.777			
최종모형	188.822	373.955	10	.000

Pseudo R-제곱

Cox 및 Snell	.649
Nagelkerke	.767
McFadden	.558

우도비 검정

효과	모델 맞춤 기준: 축소모형의 -2 Log 우도	우도비 검정: 카이 제곱	자유도	유의확률
절편	1.888E2	.000	0	.
교육년수	344.354	155.532	2	.000
고객년수	204.911	16.089	2	.000
결혼상태	274.198	85.376	4	.000
신용카드	321.980	133.158	2	.000

카이제곱 통계량은 최종모형과 축소모형 사이의 -2 Log 우도 차입니다. 축소모형은 최종모형에서 효과 하나를 생략하여 만든 모형입니다. 영가설은 효과의 모든 모수가 0입니다.

a. 이 축소모형은 효과를 생략해도 자유도가 증가되지 않으므로 최종모형과 동일합니다.

판별분석의 분류 정확도

분류결과a

		은행에서 판별한 신용도 정도	예측 소속집단: 양호	모호	불량	전체
원래값	빈도	양호	208	5	3	216
		모호	25	49	[illegible]	[illegible]
		불량	3	11	[illegible]	[illegible]
	%	양호	96.3	2.3	1.4	100.0
		모호	30.1	59.0	10.8	100.0
		불량	5.2	19.0	75.9	100.0

a. 원래의 집단 케이스 중 84.3%이(가) 올바로 분류되었습니다.

다항 로지스틱 분석의 분류 정확도

분류

감시됨	예측: 양호	모호	불량	정확도(%)
양호	211	5	0	97.7%
모호	25	47	11	56.6%
불량	3	6	49	84.5%
전체 퍼센트	66.9%	16.2%	16.8%	86.0%

프로빗 & 로짓 반응모형

Probit & Logit Response Model

프로빗 & 로짓

한 마리의 페스트(pest)균을 죽이는 데는 살충제가 얼마나 필요할까? 소비자가 상품을 구매하도록 하기 위해서는 판매가격을 얼마나 낮추어야 할까? 이러한 두 가지 문제의 주된 관심사는 자극(stimulus)의 강도를 평가하는데 있다. 즉, 첫 번째 질문에서의 자극의 강도는 살충제의 양에 의존하며, 두 번째 질문은 상품의 판매가격에 의존하게 된다. 최대의 관심사는 두 가지 경우 모두에 반응이 있던가 없는 경우이다. 해충은 각각 살아있거나 또는 죽은 경우로 나타나고 판매는 판매되거나 또는 안 되는 경우로 나타난다. 그러나 모든 해충이 동일한 방식으로 반응하지 않으며, 또한 모든 구매자가 동일한 방식으로 반응하지 않으므로 살충제나 판매가격에 대해 각각 다른 허용오차(tolerance; 공차한계)를 갖게 된다. 그러므로 이러한 문제는 자극들의 각 수준에서 반응하는 비율(proportion)로써 공식화되어야 한다.

선형회귀분석에서는 독립변수뿐만 아니라 종속변수까지도 모두 연속형을 가정하고 그러나 종속인 반응변수가 이분형(binary type)으로 (구매, 비구매), (우량, 불량), (정상, 비정상), (생존, 사망) 등으로 측정된 경우 독립변수들의 효과를 추정하고자 할 때 프로빗(Probit : probability unit) 모형이나 로짓(Logit : log unit) 모형을 사용할 수 있다. 여기에서는 일반적으로 사용하는 프로빗 반응모형(probit response model)과 로짓 반응모형(logit response model)을 논의할 것이다.

프로빗 모형의 유래

프로빗 모형은 Bliss(1934)가 처음으로 제안하였다. Bliss는 독성물질의 용량을 늘이면서 생체 사망률을 관찰해 보다가 용량에 따른 반응곡선이 S자 모양의 곡선을 그리는 것을 알게 되었고 이 S자 모양의 용량-반응 곡선을 표준정규분포의 분포함수(=Φ(·))에 적합시켜 보았다. 즉 용량 x와 생체 사망률 p(x)는 다음과 같은 관계를 가진다.

$$\Phi(\beta_0 + \beta_1 x) = p(x)$$

이는 다음과 같은 그림으로 표현할 수 있다.

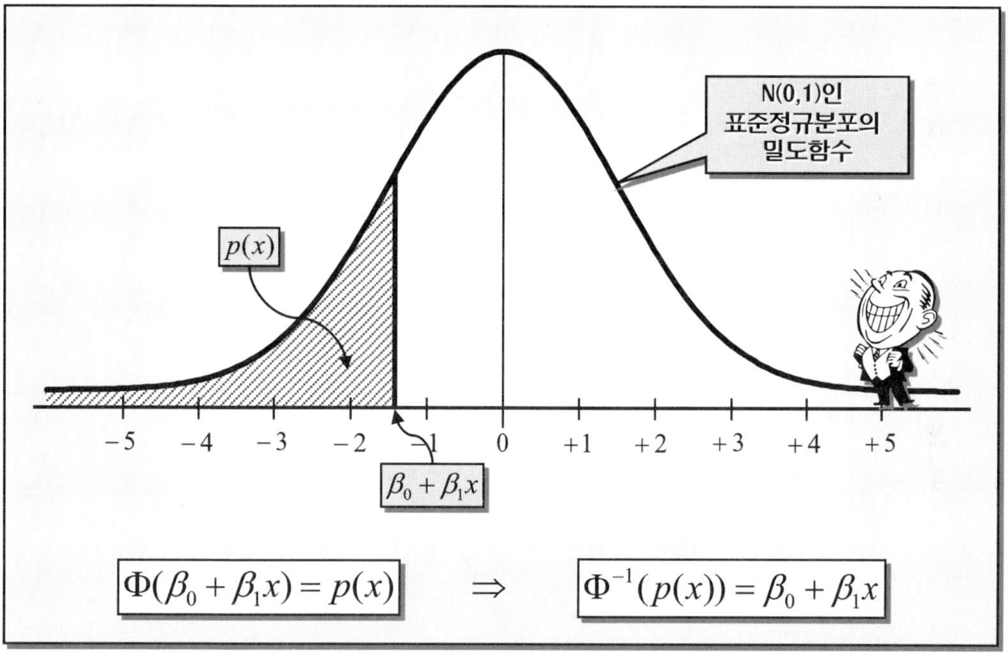

양변에 Φ^{-1}를 취하면 다음과 같은 식을 얻게 되며, 여기에서 $\Phi^{-1}(p(x))$를 '프로빗(probit)'이라고 하며 대개의 경우는 –3 에서 +3 사이의 값을 가지게 된다. Bliss는 이 프로빗의 값을 양수로 만들기 위하여 $\Phi^{-1}(p(x)) + 5$ 로 변환하고 이를 'probability unit'이라고 하였으며 이를 줄여 'probit'이라고 하였다.

로짓 모형

만일 앞에서 설명한 프로빗 변환을 사용하지 않고, ln[p/(1-p)]/2 +5 를 사용하면 로짓 모형이 되며, 여기서 ln[p/(1-p)]를 로짓(logit; log unit)이라 부르며, 로짓을 2로 나누고 5를 더해준 이유는 양수값 만을 갖게 하기 위한 것이며, 또한 프로빗 변환과 유사한 스케일로 만들어 주기 위해서 이다. 만일 관측비율이 0.5라면 로짓변환값은 '0+5'가 된다. 이는 프로빗 변환과 동일한 값으로 '5'가 된다. 이와 비슷하게 관측비율이 0.95라면 로짓변환 값은 6.47(1.47 + 5)이 되는데, 이것은 관측비율이 0.95인 경우의 프로빗 값인 6.64 와는 약간의 차이가 난다.(대부분의 경우 로짓과 프로빗에 의한 분석은 매우 유사한 결과가 나타난다).

$$\ln\left(\frac{p_i}{1-p_i}\right) = \beta_0 + \beta_1 x \quad \Rightarrow \quad p_i = \frac{\exp(\beta_0 + \beta_1 x)}{1+\exp(\beta_0 + \beta_1 x)}$$

S자 모양의 반응곡선- 정규분포함수

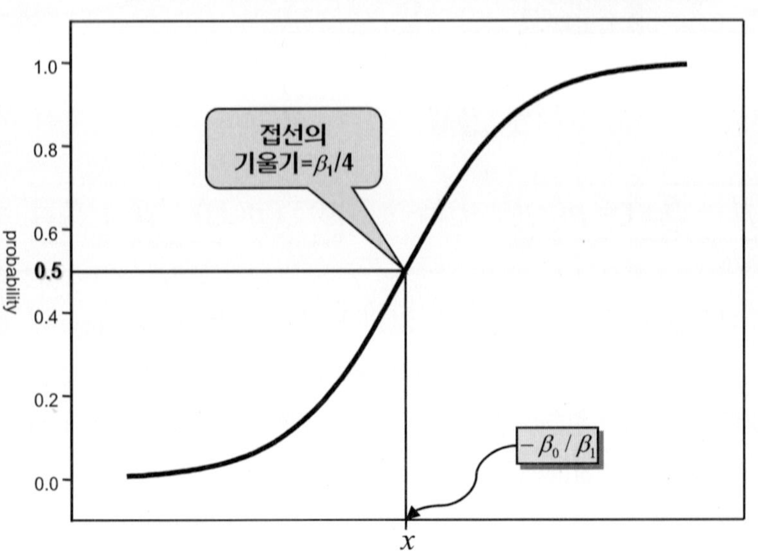

변환값

프로빗 모형과 로짓 모형에서 자극의 값들에 따라 실제 반응하는 비율을 회귀시키는 대신 로짓 혹은 프로빗 변환을 사용하여 반응하는 비율로 변환한다. 프로빗 변환을 하기 위해 관측비율 각각을 표준정규곡선의 값으로 대체하는데, 이 표준정규곡선의 값을 통하여 특정 부분의 관측비율을 알 수 있다. 음수값이 나타나는 것을 피하기 위해 보통 상수값 '5'를 더하게 된다.

예를 들어 실험대상들의 절반(0.5)이 특정한 투약량에 반응한다면, 이 때의 프로빗 값은 '0'이 된다. 왜냐하면, 표준정규곡선에서 면적의 반은 Z-값 '0'을 기준으로 구해지기 때문이다. 상수 5가 더해지면 비율의 변환된 값은 '5'가 된다. 만일 관측비율이 0.95라면, 이때의 프로빗 값은 '1.64'가 되고 상수 '5'가 더해지면 비율의 변환된 값은 '6.64'가 된다.

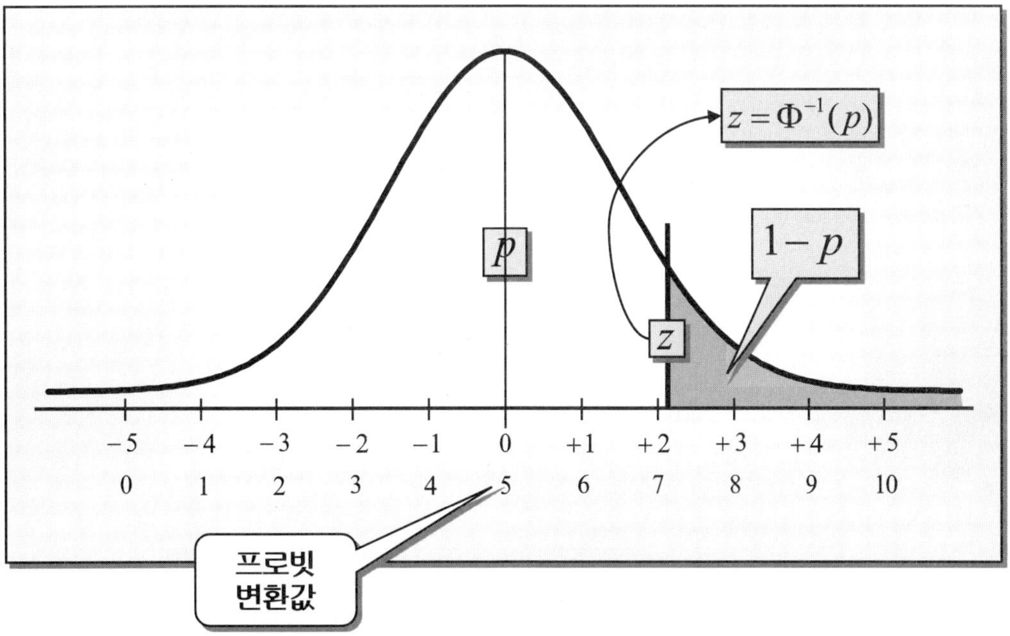

투약량과 반응비율

하나 또는 그 이상의 자극인 투약량(dose)과 이에 반응하는 비율(proportion) 사이의 관계를 나타내기 위하여 여러 가지 수학적 모형들을 사용할 수 있다. 관심의 대상인 자극이 하나 또는 그 이상의 자극으로 구성되어 있으며, 각 자극들은 몇 가지 투약량의 수준으로 구성되어 있다고 가정하자. 자극의 조합들을 각기 다른 집단에 적용시킨다. 각 조합에 대해 적용된 개체수 및 반응한 개체수를 기록한다.

투약량	관측수	사망수	사망비율	프로빗	로짓
10.2	50	44	0.88	6.17	6.00
7.7	49	42	0.86	6.07	5.90
5.1	46	24	0.52	5.05	5.04
3.8	48	16	0.33	4.57	4.65
2.6	50	6	0.12	3.83	4.00

p_i $\quad \Phi^{-1}(p_i)+5$ $\quad \dfrac{\ln[p_i/(1-p_i)]}{2}+5$

프로빗 변환

로짓 변환

Φ^{-1}(사망비율)$=\beta_0+\beta_1$투약량

ln[사망비율/(1-사망비율)] $=\beta_0+\beta_1$투약량

프로빗 프로시저

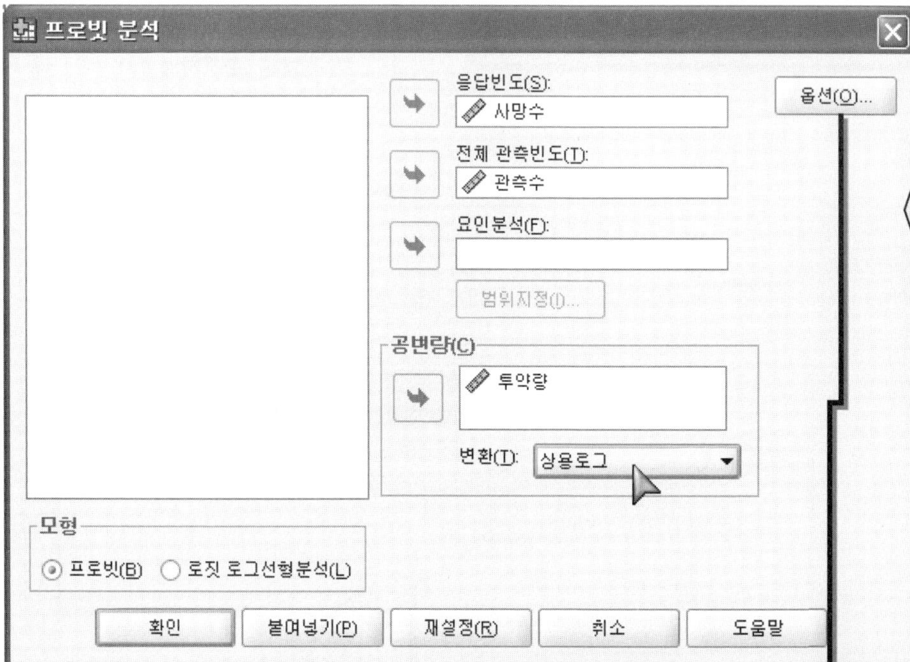

분석
☞ 회귀분석
☞ 프로빗 ...

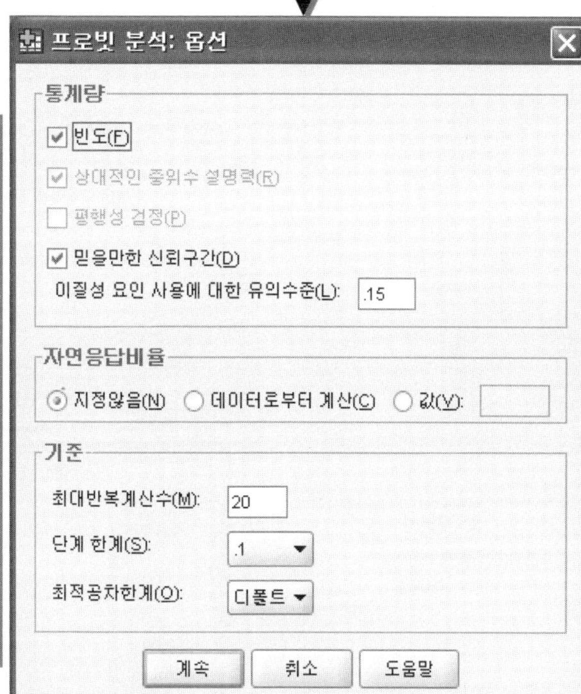


```
PROBIT response-count-varname
    OF observation-count-varname
    WITH varlist [BY varname(min,max)]
[/MODEL={PROBIT**}] [/LOG[={10** }]]
        {LOGIT   }          {2.718}
        {BOTH    }          {base }
                            {NONE }
 [/CRITERIA=[{OPTOL   }(n)] [P({0.15**})] ]
             {CONVERGE}         {p     }
        [ITERATE(n)] [STEPLIMIT({0.1**})]
                                {n    }
 [/NATRES[=c]]
 [/PRINT=[ALL][CI**][FREQ**][RMP**] ]
         [PARALL][NONE][DEFAULT]
 [/MISSING={EXCLUDE**}]
           {INCLUDE  }
```

프로빗 모형 적합

$\Phi^{-1}(p(\text{투약량})) = -2.887 + 4.213 * \text{Log}_{10}(\text{투약량})$

유의수준 0.05보다 크므로 '프로빗 모형을 따른다' 는 영가설을 채택하게 되므로 유의수준 5% 하에서 프로빗 모형이 타당하고 인정된다.

모수 추정값

모수		추정값	표준 오차	Z	유의확률	95% 신뢰구간 하한	상한
PROBIT[a]	투약량	4.213	.478	8.809	.000	3.276	5
	절편	-2.887	.350	-8.247	.000	-3.238	-2.

a. PROBIT 모형: PROBIT(p) = 절편 + BX (공변량 X는 밑 10.000 로그를 사용하여 변환됩니다.)

카이제곱검정

		카이제곱검정	자유도[a]	유의확률
PROBIT	Pearson 적합도 검정	1.729	3	.631[b]

a. 각 케이스를 기준으로 하는 통계량은 통합 케이스를 기준으로 하는 통계량과 다릅니다.

...에 이질성 요인이 신뢰한계

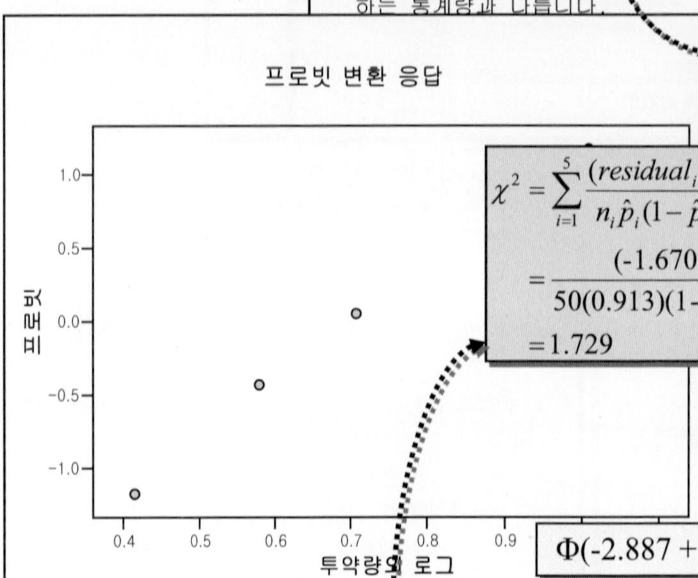

$$\chi^2 = \sum_{i=1}^{5} \frac{(residual_i)^2}{n_i \hat{p}_i (1-\hat{p})}$$

$$= \frac{(-1.670)^2}{50(0.913)(1-0.913)} + \cdots + \frac{(-.366)^2}{50(0.127)(1-0.127)}$$

$$= 1.729$$

$\Phi(-2.887 + 4.213 * \text{Log}_{10}(\text{투약량})) = \text{Prob}$

Log_{10}(**투약량**)

셀 빈도 및 잔차

	숫자	투약량	개체의 수	관측응답	기대응답	잔차	확률
PROBIT	1	1.009	50	44	45.670	-1.670	.913
	2	.886	49	42	39.280	2.720	.802
	3	.708	46	24	24.716	-.716	.537
	4	.580	48	16	15.756	.244	.328
	5	.415	50	6	6.366	-.366	.127

투약량에 따른 치사율

신뢰한계

	확률	투약량에 대한 95% 신뢰한계			로그(투약량)에 대한 95% 신뢰한계[a]		
		추정값	하한	상한	추정값	하한	상한
PROBIT	.010	1.359	.917	1.756	.133	-.038	[illegible]
	.020	1.577	1.108	1.987	.198	.045	[illegible]
	.030	1.734	1.249	2.150	.239	.097	[illegible]
	.040	1.861	1.367	2.282	.270	[illegible]	[illegible]
	.050	1.972	1.471	2.396	.295	[illegible]	[illegible]
	.060	2.072	1.566	2.497	.316	[illegible]	[illegible]
	.070	2.163	[illegible]	[illegible]	[illegible]	[illegible]	[illegible]
	.080	2.248	[illegible]	[illegible]	[illegible]	[illegible]	[illegible]
	.090	2.329	[illegible]	[illegible]	[illegible]	[illegible]	[illegible]
	.100	2.405	[illegible]	[illegible]	[illegible]	[illegible]	[illegible]
	.150	2.750	2.234	3.176	.439	.349	.502
	.200	3.059	2.548	3.484	.486	.406	.542
	.250	3.352	2.849	3.776	.525	.455	.577
	.300	3.638	3.145	4.065	.561	.498	.609
	.350	3.925	3.441	4.359	.594	.537	.639
	.400	4.219	[illegible]	4.667	.625	.573	.669
	.450	4.524	4.047	[illegible]	[illegible]	[illegible]	.699
	.500	4.846	4.363	5.354	[illegible]	[illegible]	.729
	.550	5.190	4.693	5.753	[illegible]	[illegible]	.760
	.600	5.565	5.040	6.204	[illegible]	[illegible]	.793
	.650	5.981	5.411	6.725	.777	.733	.828
	.700	6.454	5.818	[illegible]	[illegible]	[illegible]	[illegible]
	.750	7.005	6.277	[illegible]	[illegible]	[illegible]	[illegible]
	.800	7.675	6.816	[illegible]	[illegible]	[illegible]	[illegible]
	.850	8.538	7.486	[illegible]	[illegible]	[illegible]	[illegible]
	.900	9.762	8.405	[illegible]	[illegible]	[illegible]	[illegible]
	.910	10.083	8.641	[illegible]	[illegible]	[illegible]	[illegible]
	.920	10.443	8.904	[illegible]	[illegible]	[illegible]	[illegible]
	.930	10.855	9.202	[illegible]	[illegible]	[illegible]	[illegible]
	.940	11.334	9.545	[illegible]	[illegible]	[illegible]	[illegible]
	.950	11.905	9.950	[illegible]	[illegible]	[illegible]	[illegible]
	.960	12.614	10.447	[illegible]	[illegible]	[illegible]	[illegible]
	.970	13.544	11.089	[illegible]	[illegible]	[illegible]	[illegible]
	.980	14.887	12.002	[illegible]	[illegible]	[illegible]	[illegible]
	.990	17.278	13.588	[illegible]	[illegible]	[illegible]	[illegible]

a. 로그 밑 = 10입니다.

p

$$10^{[\Phi^{-1}(p)-\text{intercept}]/\text{coef.}}$$

상용로그를 취하지 않은 실제 투약량의 추정값들이다.

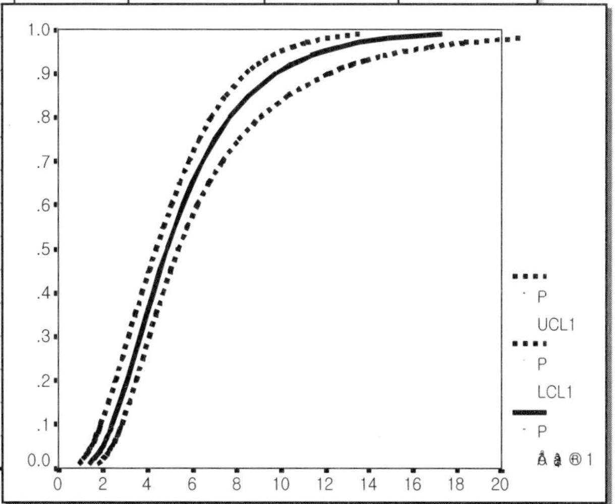

자연치사율 추정

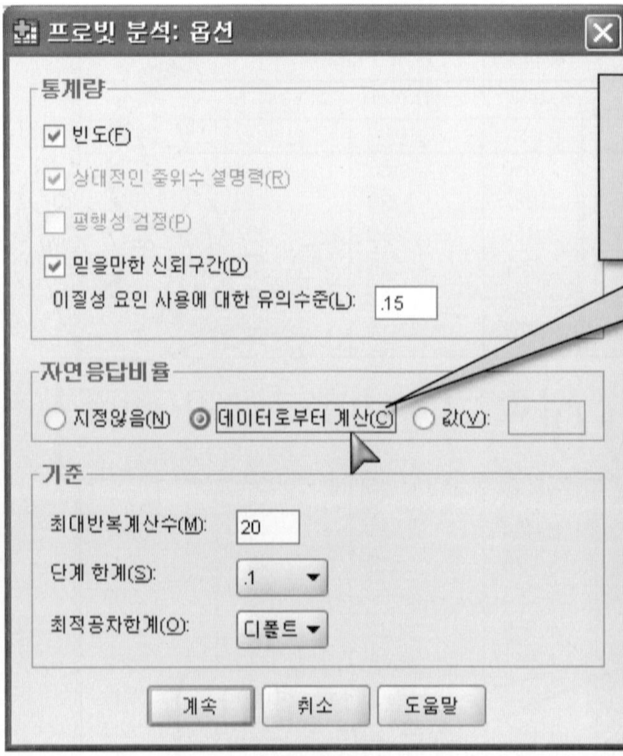

투약량이 전혀 없는데도 치사하는 경우의 치사율을 자연반응비율(natural response rate)이라고 하며, 이 경우 투약량에 따른 반응을 조절해 주어야 한다.

모수 추정값

	모수	추정값	표준 오차	Z	유의확률	95% 신뢰구간 하한	95% 신뢰구간 상한
PROBIT[a]	투약량	4.213	.929	4.535	.000	2.392	6.034
	절편	-2.887	.878	-3.288	.001	-3.766	-2.009

a. PROBIT 모형: PROBIT(p) = 절편 + BX (공변량 X는 밑 10.000 로그를 사용하여 변환됩니다.)

모수 추정값의 공분산 및 상관관계

		투약량	자연응답
PROBIT	투약량	.863	.857
	자연응답	.119	.022

공분산(아래) 및 상관(위)입니다.

로짓 모형 적합

$$LN\left(\frac{p}{1-p}\right) = -4.88693 + 7.14621 * \text{Log10(투약량)}$$

유의수준 0.05보다 크므로 '로짓 모형을 따른다'는 영가설을 채택하게 되므로 유의수준 5% 하에서 로짓 모형이 타당하고 인정된다.

모수 추정값

모수		추정값	표준 오차	Z	유의확률	95% 신뢰구간 하한	95% 신뢰구간 상한
LOGIT[a]	투약량	7.146	.893	8.005	.000	5.396	8.896
	절편	-4.887	.643	-7.601	.000	-5.530	-4.244

a. LOGIT 모형: LOG(p/(1-p)) = 절편 + BX (공변량 X는 밑 10.000 로그를 사용하여 변환됩니다.)

카이제곱검정

		카이제곱검정	자유도[a]	유의확률
LOGIT	Pearson 적합도 검정	1.422	3	.700[b]

a. 각 케이스를 기준으로 하는 통계량은 통합 케이스를 기준으로 한 ... 다릅니다.

... 크기 때문에 이질성 요인이 신뢰한계

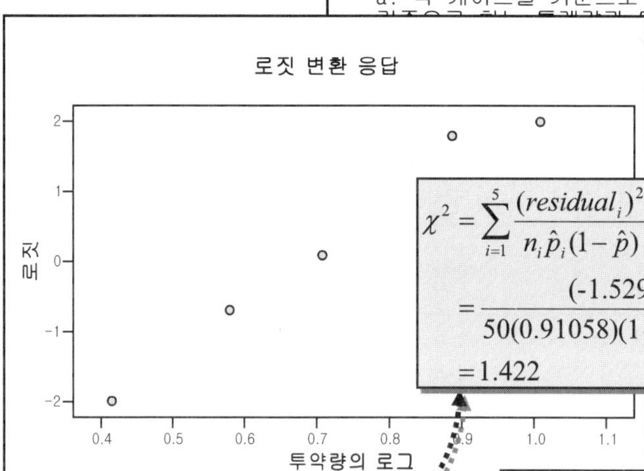

$$\chi^2 = \sum_{i=1}^{5} \frac{(residual_i)^2}{n_i \hat{p}_i (1-\hat{p})}$$
$$= \frac{(-1.529)^2}{50(0.91058)(1-0.91058)} + \cdots + \frac{(-0.385)^2}{50(0.12770)(1-0.12770)}$$
$$= 1.422$$

$$\frac{\text{Exp}(-4.88693 + 7.14621 * \text{Log}_{10}(\text{투약량}))}{1+\text{Exp}(-4.88693 + 7.14621 * \text{Log}_{10}(\text{투약량}))} = \text{Prob}$$

Log_{10}(투약량)

셀 빈도 및 잔차

	숫자	투약량	개체의 수	관측응답	기대응답	잔차	확률
LOGIT	1	1.009	50	44	45.529	-1.529	.911
	2	.886	49	42	39.676	2.324	.810
	3	.708	46	24	24.945	-.945	.542
	4	.580	48	16	15.466	.534	.322
	5	.415	50	6	6.385	-.385	.128

투약량과 치사율(로짓)

신뢰한계

	확률	투약량에 대한 95% 신뢰한계 추정값	하한	상한	로그(투약량)에 대한 95% 신뢰한계 추정값	하한	상한
LOGIT	.010	1.099	.664	[illegible].499	.041	-.178	.176
	.020	1.378	.894	[illegible].803	.139	-.049	[illegible]
	.030	1.576	1.066	2.011	.197	.028	[illegible]
	.040	1.734	1.208	2.176	.239	.082	[illegible]
	.050	1.870	1.333	2.314	.272	.125	[illegible]
	.060	1.990	1.446	2.436	.299	.160	[illegible]
	.070	2.098	[illegible]	[illegible]	[illegible]	[illegible]	[illegible]
	.080	2.198	[illegible]	[illegible]	[illegible]	[illegible]	[illegible]
	.090	2.291	[illegible]	[illegible]	[illegible]	[illegible]	[illegible]
	.100	2.379	[illegible]	[illegible]	[illegible]	[illegible]	[illegible]
	.150	2.761	2.208	3.202	.441	.344	.505
	.200	3.089	2.547	3.525	.490	.406	.547
	.250	3.389	2.862	3.822	.530	.457	.582
	.300	3.675	3.162	4.109	.565	.500	.614
	.350	3.956	[illegible]	4.396	.597	.539	.643
	.400	4.238	3.748	[illegible]	.627	.574	.671
	.450	4.527	4.042	5.008	[illegible]	[illegible]	[illegible]
	.500	4.829	4.341	5.350	[illegible]	[illegible]	[illegible]
	.550	5.151	4.650	5.731	[illegible]	[illegible]	[illegible]
	.600	5.503	4.974	6.165	[illegible]	[illegible]	[illegible]
	.650	5.895	5.322	6.671	.770	.726	.824
	.700	6.345	5.705	[illegible]	[illegible]	[illegible]	[illegible]
	.750	6.880	6.143	[illegible]	[illegible]	[illegible]	[illegible]
	.800	7.548	6.670	[illegible]	[illegible]	[illegible]	[illegible]
	.850	8.445	7.350	[illegible]	[illegible]	[illegible]	[illegible]
	.900	9.802	8.340	[illegible]	[illegible]	[illegible]	[illegible]
	.910	10.177	8.606	[illegible]	[illegible]	[illegible]	[illegible]
	.920	10.608	8.909	[illegible]	[illegible]	[illegible]	[illegible]
	.930	11.113	9.261	[illegible]	[illegible]	[illegible]	[illegible]
	.940	11.719	9.678	[illegible]	[illegible]	[illegible]	[illegible]
	.950	12.470	10.188	[illegible]	[illegible]	[illegible]	[illegible]
	.960	13.445	10.840	[illegible]	[illegible]	[illegible]	[illegible]
	.970	14.800	11.728	[illegible]	[illegible]	[illegible]	[illegible]
	.980	16.922	13.086	[illegible]	[illegible]	[illegible]	[illegible]
	.990	21.226	15.738	[illegible]	[illegible]	[illegible]	[illegible]

a. 로그 밑 = 10입니다.

p

$$\text{투약량} = 10^{\frac{LN[p/(1-p)] - \text{intercept}}{\text{coef.}}}$$

상용로그를 취하지 않은 실제 투약량의 추정값들이다.

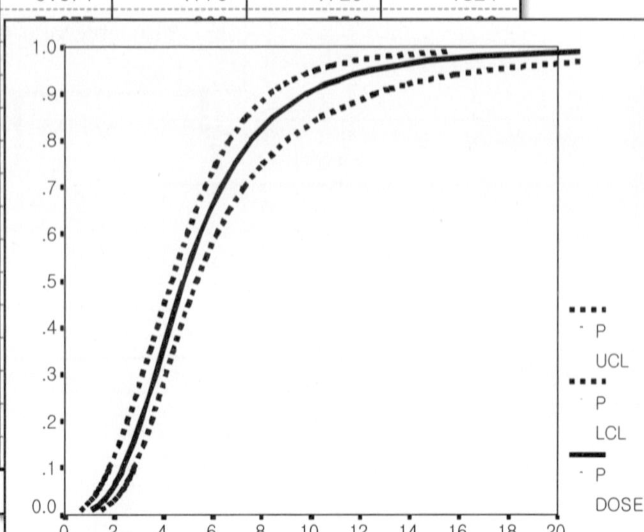

이분형 로지스틱 회귀분석

Binary Logistic Regression Analysis

이분형 로지스틱 회귀분석이란?

어떤 사건의 발생 여부를 예측하는 것과 예측에 중요한 역할을 하는 변수를 규명하는 것은 현실에서는 물론 대부분의 학문분야에서도 대단히 중요한 문제이다. 약리학이나 생체실험 분야에서 실험대상에 일정한 자극을 주고 이에 대한 반응을 조사하고자 하는 경우에 로지스틱 회귀분석(간단히 '로짓분석'이라고도 함)을 적용할 수 있으며, 이 경우 자극의 수준(독립변수)은 약이나 독성 투입량의 정도를 뜻하게 되고, 두 가지의 반응(종속변수)은 사망(0)과 생존(1)이 된다. 또한 어떤 시민들은 투표를 하고 어떤 시민들은 투표를 하지 않는 이유는 무엇일까? 왜 어떤 사업가는 실패하는 반면 어떤 사업가는 성공하는 것일까? 또한 어떤 고객은 지속적으로 구매하는 반면 어떤 고객은 왜 구매하지 않는 것일까? 등의 문제 또한 자극의 정도에 따라 행동이 2가지 양상으로 나타나는 현상을 설명하는데도 이용할 수 있다.

여러 독립변수들로부터 두 범주만을 가지는 종속변수를 예측하는 데는 다양한 다변량 통계 기법들이 사용될 수 있다. 그 중 다중회귀분석과 판별분석은 널리 사용되고 있으며, 이들은 서로 연관성이 있는 기법들이다. 그러나 이러한 기법들은 종속변수가 '사건이 일어났느냐' 또는 '일어나지 않았느냐'와 같은 두 가지의 값만을 갖게 될 때 여러 가지 문제점이 발생한다. 종속변수가 단지 두 개의 값만 취하게 될 때, 회귀분석의 경우에 가설검정에 필요한 가정들이 성립하지 않는다. 예를 들어, 이러한 경우에는 오차항이 정규분포를 따른다는 가정이 만족되지 않는다. 다중회귀분석에 있어서의 또 다른 문제점은 예측값들을 확률로써 설명할 수 없다는 것이다. 즉, 확률이 '0'과 '1' 구간 밖의 값을 가질 수도 있다. 선형판별분석의 경우에는 집단구성원을 직접 추정하는 것은 가능하지만, 예측방법이 최적이기 위해서는 독립변수들이 다변량 정규분포에서 추출되었다는 것과 두 집단간의 분산-공분산 행렬이 동일하다는 가정이 필요하게 된다. 이 장에서는 어떤 사건이 일어날 확률을 추정할 수 있는 또 다른 기법인 이분형 로지스틱 회귀모형(Binary Logistic Regression Model)을 다루기로 한다.

로지스틱 모형의 효용

이 로지스틱 모형은 판별분석보다 훨씬 적은 가정들을 사용하며, 판별분석에서 필요한 가정들이 만족될 때에도 로지스틱 회귀분석은 잘 적합된다(Hosmer & Lemeshow, 1989,"an introduction to logistic regression" 참고). 로지스틱 반응함수(logistic response function)는 종속변수가 '0'에서 '1'의 값을 갖는 회귀모형이 선형이 아닌 경우에 독립변수와 종속변수 사이의 관계를 정확히 나타낼 수 있도록 변환된 비선형 함수로서 '0'과 '1'의 값을 가지며 단조 증가(monotone increase)하는 함수이다. 로그 선형모형에서 특정한 변수의 비율에 관심이 있는 경우, 특히 다른 범주형 변수들은 설계변수(즉, 실험자에 의해서 수준의 조절이 가능한 변수)이고 두 개의 값을 갖는 반응변수(종속변수)에 대한 범주형 변수의 효과를 평가하는 모형에 관심이 있을 때, 반응변수의 비율에 대한 연구를 위해서는 자료에 적합한 모형을 찾아야 한다. 이 때 적용할 수 있는 적합한 모형이 로지스틱 모형(logistic model)이며, 이 때 사용되는 통계적 분석방법이 로지스틱 회귀분석(logistic regression)이다. 로지스틱 모형은 생물학적 연구에서 광범위하게 이용되고 있으며, 특히 반응의 종류가 두 가지인 자료에서 비율을 분석하는 경우에 매우 설득력이 있고 적용하기도 쉽다. 그러나, 독립변수들이 다변량 정규분포를 따르는 경우에는 로지스틱 회귀분석보다 판별분석을 사용하면 더 좋은 예측값을 얻을 수 있는 것으로 알려져 있다. 로지스틱 회귀분석은 독립변수가 명목척도나 순서척도와 같은 범주형 데이터와 등간척도(interval scale) 데이터가 섞여 있으면서 변수들이 다변량 정규분포를 따른다는 가정이 불확실할 때 좋은 분석방법이라 할 수 있다.

회귀분석에서의 문제점

종속변수가 이분형인 경우 회귀분석을 그대로 적용하는 데는 여러 가지 문제점이 야기된다. 단순회귀모형에서 종속변수가 가변수라 하면

$$y_i = \beta_0 + \beta_1 x_i + \varepsilon_i$$

으로 표현되며, 여기에서 y_i는 '0' 또는 '1'을 가지는 변수이고, $E(\varepsilon_i)=0$이라고 하면

$$E(y_i) = \beta_0 + \beta_1 x_i$$

으로 표현되며, y_i가 '0' 또는 '1'을 가지는 변수이므로 변수 y_i는 성공의 확률이 $p_i=Pr(y_i=1)$인 베르누이(bernoulli) 확률변수임을 알 수 있다. 따라서 $E(y_i)=\beta_0+\beta_1 x_i = p_i$이므로 독립변수가 x_i의 값을 취할 때 y_i의 기대반응(expected response)은 단순히 $y_i =1$이 되는 확률이 된다. 여기서 반응함수는 확률을 나타내고 있음에 유의하여야 한다.

이처럼 종속변수가 0과 1만을 가지는 가변수(dummy variable)인 경우에도 회귀분석을 할 수 있으나 통계적인 추정과 검정에 다음과 같은 문제점이 발생한다.

1) **오차항의 비정규성**(non-normality of errors)

종속변수가 2개의 값밖에 취할 수 없기 때문에 오차항 또한 2개의 값밖에 취할 수 없으므로 오차항 ε_i가 정규분포를 따르지 않고 있음은 명백하다. 따라서 오차가 정규분포를 따른다는 것을 가정했던 회귀분석과 관련된 각종의 t-검정, F-검정 등이 성립하지 않는다.

2) **오차항의 비등분산성**(unequal variance of errors)

오차항 ε_i는 같은 분산을 갖고 있지 않다. 따라서 오차벡터의 분산-공분산 행렬은 $Var(\varepsilon_i)=I\sigma^2$의 형태가 아니며, 회귀계수의 추정에서 보통최소제곱(ordinary least square)추정방법을 그대로 도입시키는 것이 적절하지 않으며 가중최소제곱(weighted least square) 추정방법을 적용해야 한다.

3) **반응함수의 제약성**

반응함수 $E(y)$는 확률이므로 이 함수의 범위는 $0 \le E(y)=p \le 1$ 이 되며, 회귀직선을 아무런 제약조건 없이 그대로 적합시키고 해석하는 것은 타당하지 않다.

로지스틱 반응함수

반응비율과 설명변수의 관계가 단조증가함수를 구성하고, 특히 곡선의 모양이 S자 형태를 이룬다면 이에 적합한 함수형태는 다음과 같이 표현된다.

$$p(x) = \frac{\exp(\beta_0 + \beta_1 x)}{1 + \exp(\beta_0 + \beta_1 x)} \quad \Leftrightarrow \quad p(x) = \frac{1}{1 + e^{-(\beta_0 + \beta_1 x)}}$$

로지스틱 회귀모형

S자 모양의 반응곡선

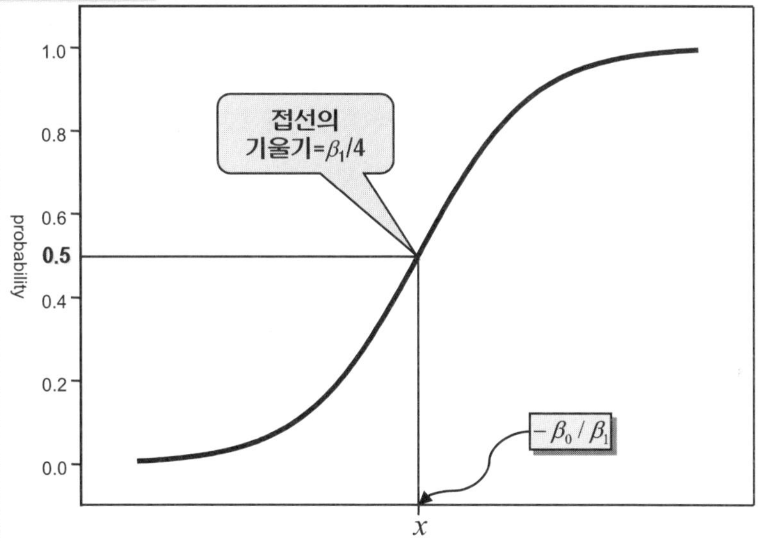

$$\ln\left(\frac{p(x)}{1 - p(x)}\right) = \beta_0 + \beta_1 x$$

결국, 로짓모형은 로지스틱 회귀모형을 로그-오즈(log-odds)로 나타낸 모형임을 알 수 있다.

$\ln\left(\frac{p(x)}{1-p(x)}\right)$: $\log odds$

로지스틱 회귀 확장

다중회귀분석에서 처럼 역시 로지스틱 회귀모형도 설명변수가 k개인 경우로 확장된다. 즉, 설명변수 x 들의 선형결합이 다음과 같다면

$$Z = \beta_0 + \beta_1 x_1 + \cdots + \beta_k x_k$$

로지스틱 회귀모형은 다음과 같이 표현된다.

$$p(x_1, \cdots, x_k) = \frac{\exp(Z)}{1 + \exp(Z)} \quad \Leftrightarrow \quad p(x_1, \cdots, x_k) = \frac{1}{1 + e^{-Z}}$$

로지스틱 회귀모형은 설명변수들과 확률 p(x) 간의 관계가 비선형이며 설명변수가 어떤 값을 가지더라도 확률에 대한 추정값은 '0' 과 '1' 사이의 값을 가지게 된다. 일반적인 회귀분석에서는 회귀계수인 모수의 추정치를 최소제곱법(least square method)에 의해 구하지만 로지스틱 회귀모형에서는 비선형 관계를 고려하여 최대우도 추정법 (maximum likelihood estimation)에 의한 반복계산 알고리즘을 사용하여 추정하게 된다.

신용등급 분류

과연 Amex 카드를 사용하는 고객들은 신용상태가 양호한가? 혹 신용등급에 고객의 직업이나 급여상태 또는 이외의 어떤 변인들이 영향을 주는 것은 아닐까? 등 신용등급에 영향을 주는 변수를 찾을 수 있다면 미리 신용등급을 파악하거나 앞으로 어떠한 고객을 주 목표고객으로 설정할 것인가? 등에 대한 해법을 제시해 줄 수 있을 것이다. 또한 새로운 고객이 앞으로 양호고객일 가능성이 높은지 아니면 불량고객이 될 가능성이 큰지도 알 수 있을 것이다.

표본크기 323명의 고객들에서 Amex 카드 사용여부와 직업, 급여상태(주급, 월급), 연령대등을 조사하고 이들의 신용등급을 추가로 조사하였다. 신용등급은 양호와 불량으로 측정하였고 양호는 '1'로 불량은 '0'으로 코딩입력하였다. 이렇게 조사된 데이터는 '신용등급.sav'라는 파일로 저장되어 있다.

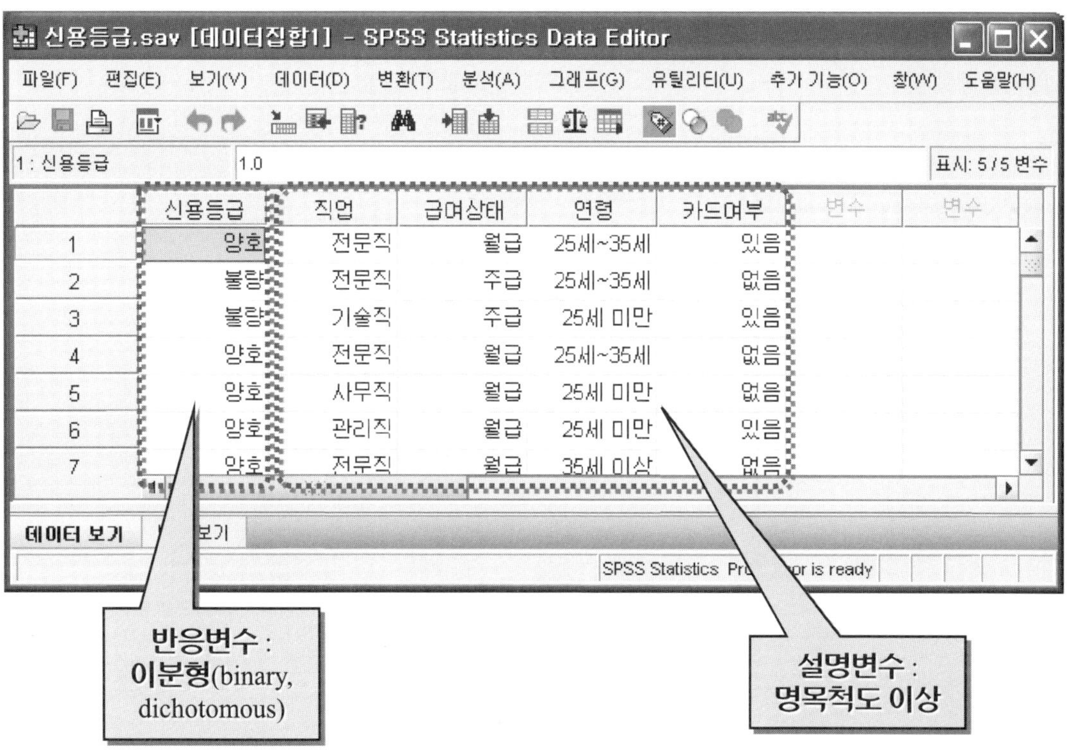

이분형 로지스틱 프로시저

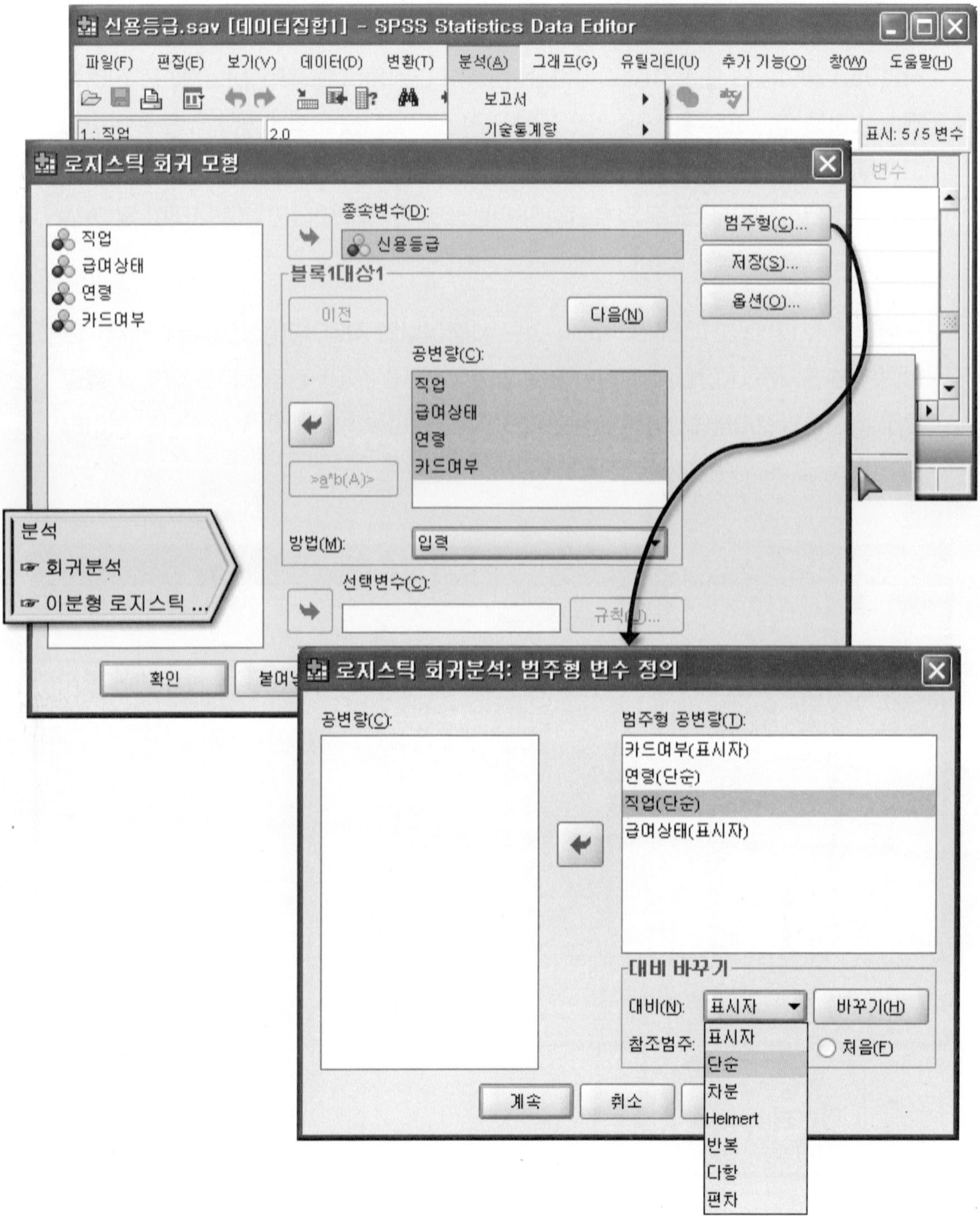

대비(Contrasts) 지정

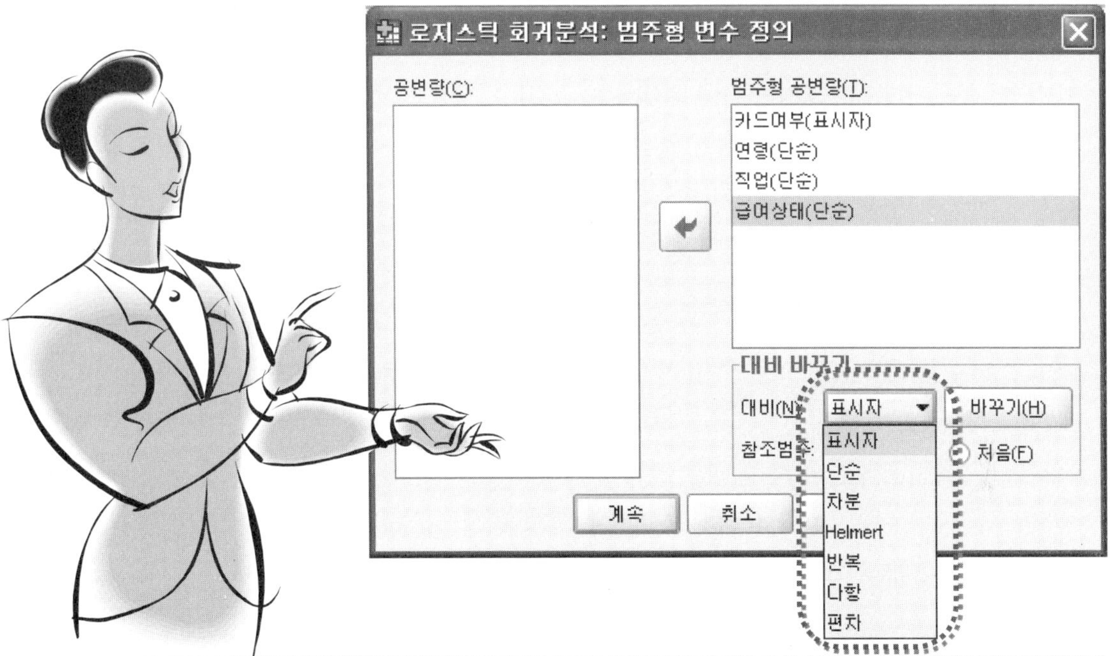

- **표시자(Indicator)**. 이는 사건이 발생했는가 또는 미발생을 나타내는 이분형(1 또는 0)의 범주를 가지는 경우에 사용한다. 참조범주는 대비행렬에서 '0' 행으로 표시된다.
- **단순(Simple)**. 설명변수의 참조범주(reference category)를 제외한 각 범주와 참조범주를 비교할 경우에 사용한다.
- **차분(Difference)**. 설명변수의 첫 번째 범주(reference category)를 제외한 각 범주와 이전 범주들의 평균효과를 비교할 경우에 사용한다. 이는 역-Helmert 대조라고도 한다.
- **Helmert**. 설명변수의 마지막 범주(reference category)를 제외하고 각 범주는 후속 범주들의 평균효과와 비교할 경우에 사용한다.
- **반복(Repeated)**. 첫 번째 범주를 제외하고 각 범주와 바로 앞의 범주와 비교할 경우에 사용한다.
- **다항(Polynomial)**. 직교다항대비(orthogonal polynomial contrasts)를 사용한다. 범주는 동일한 간격으로 떨어져 있어야 한다. 다항대비는 연속형 변수(등간, 비율척도)에만 사용할 수 있다.
- **편차(Deviation)**. 참조범주를 제외한 나머지 각 범주와 전체효과(overall effect)와 비교할 경우에 사용한다.

만일 차분, 단순, 표시자(**Deviation**, **Simple**, **Indicator)**를 선택할 경우만 참조범주를 마지막(Last)이나 처음(First)를 선택가능하다.

모형 적합도

로지스틱 모형이 얼마나 잘 적합되는지를 알아보는 한가지 방법은 모형이 관측된 데이터를 얼마나 잘 분류하는지를 알아보는 것이다. 모형의 적합도를 평가할 수 있는 또 다른 방법은 모수 추정량이 표본 결과값들이 얻어질 확률을 얼마나 크게 하는지 실제로 조사하는 것이다.(로지스틱 회귀모형에서는 관측값이 얻어질 확률이 가장 커지도록 모수 추정량을 선택함을 상기하자.)

-2LL : 모수 추정량으로 얻어지는 관측 결과들의 확률은 우도(likelihood)라고 알려져 있다. 우도는 '1' 보다 작은 수이기 때문에, 일반적으로 로그 우도의 '-2'배 한 것이(-2Log 우도; -2LL) 추정된 모형이 데이터를 얼마나 잘 적합시키는 지에 관한 측도로 사용된다. 좋은 모형은 관측 결과들의 우도를 높아지게 한다. 이것은 -2LL의 값이 작아지는 것과 같은 의미이다. 만일, 모형이 완벽하게 적합되었다면 우도는 '1'이 되고, 로그 우도의 '-2'배 한 값은 '0'이 된다.

Cox와 Snell의 R^2 : 선형회귀모형에서 데이터의 설명력을 결정계수인 R^2로 확인하였다. 로지스틱 회귀모형에서도 이와 같은 성질의 통계량이 Cox와 Snell의 R^2이다. 여기에서 L(0)은 상수항만 포함된 likelihood이고, L(B)는 현재 고려하고 있는 모형에 대한 likelihood이다. n은 표본크기를 나타낸다.

$$Cox\ \&\ Snell's\ R^2 = 1 - \left[\frac{L(0)}{L(B)}\right]^{2/n}$$

Cox와 Snell의 R^2은 로지스틱 회귀모형에 대해서 최대값이 '1' 에 도달하지 못하는 문제가 있다. 이를 수정 보안한 통계량이 Nagelkerke가 제안한 통계량이다. 반응변수의 변동 중 약 75.3% 변동을 현재 로지스틱 모형이 설명하고 있음을 의미한다.

$$\text{Nagelkerke's } \widetilde{R}^2 = \frac{Cox\ \&\ Snell's\ R^2}{1-[L(0)]^{2/n}}$$

모형 요약

단계	-2 Log 우도	Cox와 Snell의 R-제곱	Nagelkerke R-제곱
1	178.829[a]	.564	.753

a. 모수 추정값이 .001보다 작게 변경되어 계산반복수 7에서 추정을 종료하였습니다.

모형 계수 전체 테스트

		카이제곱	자유도	유의확률
1 단계	단계	268.420	8	.000
	블록	268.420	8	.000
	모형	268.420	8	.000

독립변수들과 관련된 모든 계수들이 '0'이라는 가설을 검증한다.

분류표

분류표[a]

감시됨			예측 신용등급 불량	예측 신용등급 양호	예측 분류정확 %
1 단계	신용등급	불량	156	12	92.9
		양호	23	132	85.2
	전체 퍼센트				89.2

a. 절단값은 .500입니다.

위의 분류표를 보면, 신용등급이 '불량'이라고 관측된 168명의 환자 가운데 156명이 '불량'이라고 추정되었음을 알 수 있다. 마찬가지로 신용등급이 '양호'인 155명의 환자에 대해서도 모형에 의하여 132명만이 '양호'인 것으로 추정되었다. 분류표의 대각원소가 아닌 값들은 잘못 분류된 사람의 수를 나타낸다. 이 예제에서는 12명의 신용등급이 양호로 23명의 신용등급이 불량으로 잘못 분류되어 모두 35명이 잘못 분류된 것이다. 신용등급이 불량인 사람들의 92.9%와 양호한 사람들의 85.2%가 정확하게 분류되어 전체 324명 중에서 89.2%가 정확하게 분류되었음을 알 수 있다. 그리고 전체적으로 오분류율은 10.8%(=100%-89.2%)에 달하고 있다.

분류표는 두 집단 내의 고객들에 대해 추정된 확률의 분포를 나타내는 것은 아니다. 분류표는 각각의 예측된 집단에 대하여 추정된 확률이 0.5 보다 큰 지, 작은 지만을 나타낸다. 예를 들어 신용등급이 '불량'으로 잘못 분류된 23명의 고객들에 대한 추정된 확률이 50% 정도 되는지 또는 그 이하인지는 알 수 없다. 그러나, 상식적으로 두 집단의 추정된 확률은 매우 차이가 커야 할 것이다. 즉, 신용등급이 '불량'인 모든 고객에 대해서는 신용등급이 '양호하다'고 추정된 확률은 작고, 신용등급이 '양호'한 고객들에 대해서는 신용등급이 '양호하다'고 추정된 확률이 크게 나타나는 것이 바람직하다고 할 수 있다.

로지스틱 회귀식

$$\ln\left(\frac{p(\text{양호})}{1-p(\text{양호})}\right)=\beta_0+\beta_1x_1+\cdots+\beta_kx_k$$

로그오즈

$$Wald=\left(\frac{B}{S.E.}\right)^2=\left(\frac{-2.987}{1.444}\right)^2=4.276$$

방정식에 포함된 변수

		B	S.E.	Wals	자유도	유의확률	Exp(B)
1 단계[a]	직업			8.114	4	.087	
	직업(1)	2.987	1.444	4.276	1	.039	19.818
	직업(2)	-.600	.821	.535	1	.465	.549
	직업(3)	.012	.818	.000	1	.988	1.012
	직업(4)	-1.118	1.195	.875	1	.349	.327
	급여상태(1)	-3.310	.525	39.756	1	.000	.037
	연령			35.206	2	.000	
	연령(1)	-4.848	1.123	18.629	1	.000	.008
	연령(2)	-2.373	1.174	4.088	1	.043	.093
	카드여부(1)	.322	.396	.658	1	.417	1.379
	상수항	3.267	.718		1	.000	26.229

a. 변수가 1: 단계에 진입했습니다 직업, 카드여부. 직업, 급여상태, 연령, 카드여부.

오즈비 (승산비)

$$p(\text{양호})=\frac{1}{1+e^{-Z}} \quad \Longleftrightarrow \quad \ln\left(\frac{p(\text{양호})}{1-p(\text{양호})}\right)=Z$$

이것을 실제로 관리직, 월급, 25세 미만, Amex 카드가 있는 경우는 직업(1), 연령(1)만 '1'에 해당하므로 나머지 변수들의 값은 모두 '0'인 고객으로 적용시키면 Z값은

$$Z=5.418+2.987-4.848=3.55627$$

이 되며, 따라서 신용등급이 '양호'할 확률은 다음과 같이 추정된다.

$$p(\text{양호})=1/[1+e^{-3.55627}]=0.97225$$

이러한 추정량에 근거하여 이 고객은 신용등급이 '양호'할 것이라고 추측할 수 있다. 일반적으로 어떤 사건의 발생확률의 추정량이 0.5보다 작으면, 실제로 사건은 일어나지 않을 것이라고 추측하고, 0.5보다 크면 사건이 일어날 것이라고 추측한다.

계수의 해석

다중선형회귀에서의 회귀계수는 독립변수가 한 단위 변할 때 종속변수의 변화량을 의미한다. 로지스틱 회귀계수의 해석을 이해하기 위하여, 변형된 로지스틱 모형의 식을 생각해 보자. 로지스틱 모형은 사건이 일어날 오즈(odds; 승산이라고도 함)로 표현될 수 있다.(여기서 사건이 일어날 오즈는 사건이 일어날 확률과 일어나지 않을 확률의 비율로 정의된다.) 예를 들어 동전(fair coin)을 한번 던져서 앞면이 나올 오즈는 0.5/0.5로 1이 된다. 마찬가지로 카드 한 벌을 돌릴 때 다이아몬드 무늬를 받을 오즈는 0.25/0.75로 1/3이 된다.(오즈라는 특수한 의미와 일반적인 확률의 의미를 혼동하면 안 된다.) 먼저 로지스틱 모형을 로짓(logit)이라고 부르는 오즈에 로그를 취한 항들로 표현하자.

$$\ln\left(\frac{p(\text{양호})}{1-p(\text{양호})}\right) = B_0 + B_1x_1 + \cdots + B_kx_k$$

오즈비(승산비)

로지스틱 회귀계수는 독립변수가 한 단위 변할 때 로그오즈의 변화량으로 설명할 수 있다. 예를 들어 변수 '직업(1)' 의 계수는 '2.987'로 이것은 '직업(1)'이 '0'에서 '1'로 변하고(즉, 미숙련직에 비해 관리자인 경우) 다른 독립변수들은 변화가 없을 때 양호할 신용등급의 로그오즈는 '+2.897'만큼 증가한다는 것을 의미한다.

그런데 로그오즈보다는 오즈를 생각하는 것이 더욱 쉽기 때문에 로지스틱 회귀식은 다음과 같이 오즈의 항들로 나타낼 수 있다.

$$\left(\frac{p(\text{양호})}{1-p(\text{양호})}\right) = e^{B_0+B_1x_1+\cdots+B_kx_k} = e^{B_0}\, e^{B_1x_1} \cdots e^{B_kx_k}$$

i번째 독립변수가 한 단위 변할 때 종속변수의 변화율을 나타내는 값 B_i와 독립변수들의 선형결합을 지수로 갖는 오즈는 각각의 B_i의 부호에 따라 변화한다. 즉, B_i가 양수이면 i번째 요인에 대해 오즈가 증가하는 것을 의미하며, B_i가 음수라면 오즈가 감소하는 것을 의미한다. 또한 B_i가 '0'이면 i번째 요인에 대해 오즈가 변하지 않는 것을 의미한다. 예를 들어 Exp(B)라는 설명이 붙은 열에서 볼 수 있는 것처럼 '직업(1)'이 '0'에서 '1'로 한 단위 변할 때의 오즈는 $e^{2.897} \fallingdotseq 19.818$로 약 20배 만큼 증가(음수계수는 감소로 해석함)함을 알 수 있다.

계수에 대한 가설 검증

표본크기가 큰 대표본인 경우 회귀계수가 '0'인지에 대한 검정은 카이제곱(chi-square) 분포를 따르는 Wald 통계량(Wald statistic)을 사용한다. 변수의 자유도가 '1'인 경우의 Wald 통계량 값은 회귀계수를 표준오차로 나눈 값의 제곱이 되고, 범주형 변수인 경우의 Wald 통계량은 '(범주의 수-1)'의 자유도를 갖는다.

예를 들어 변수 '직업(1)'에 대한 회귀계수는 2.987, 표준오차는 1.444이다.(로지스틱 회귀계수의 표준오차는 S.E. 라는 설명이 붙여진 열에 해당한다.) 따라서 Wald 통계량은 (2.987/1.444)**2로 약 4.276이 된다. Wald 통계량에 대한 P-값은 유의확률이라 설명이 붙여진 열에 해당한다. 이 예제에서는 상수항, '직업(1)'과 '급여상태(1)', '연령'의 회귀계수만이 유의수준 0.05에서 '0'이 아니라고 할 수 있다.

그런데 Wald 통계량에는 매우 바람직하지 못한 성질이 있다. 만일 회귀계수의 절대값이 커지게 되면 이에 따라 표준오차의 추정량도 커지게 되므로 Wald 통계량이 매우 작아지게 되어 회귀계수가 '0'이라는 귀무가설을 기각하지 못하게 된다. 그러므로 회귀계수의 절대값이 큰 경우에 Wald 통계량은 가설검증에 적합하지 못하다. 이러한 경우에는 회귀계수의 절대값이 큰 변수를 포함한 모형과 제외한 모형을 설정하여 두 모형에서 산출된 우도비 카이제곱(likelihood-ratio chi-squares) 간의 차를 이용한 가설검증을 해야 한다(Hauck & Donner,1977).

표준오차

회귀계수

방정식에 포함된 변수

		B	S.E.	Wals	자유도	유의확률	Exp(B)
1 단계[a]	직업			8.114	4	.087	
	직업(1)	2.987	1.444	4.276	1	.039	19.818
	직업(2)	-.600	.821	.535	1	.465	.549
	직업(3)	.012	.818	.000	1	.988	1.012
	직업(4)	-1.118	1.195	.875	1	.349	.327
	급여상태(1)	-3.310	.525	39.756	1	.000	.037
	연령			35.206	2	.000	
	연령(1)	-4.848	1.123	18.629	1	.000	.008
	연령(2)	-2.373	1.174	4.088			
	카드여부(1)	.322	.396	.658			
	상수항	3.267	.718	20.695	1	.000	26.229

a. 변수가 1: 단계에 진입했습니다 직업, 급여상태, 연령, 카드여부. 직업, 급여상태, 연령, 카드여부.

$$Wald = \left(\frac{B}{S.E.}\right)^2 = \left(\frac{2.987}{1.444}\right)^2 = 4.276$$

분류도표

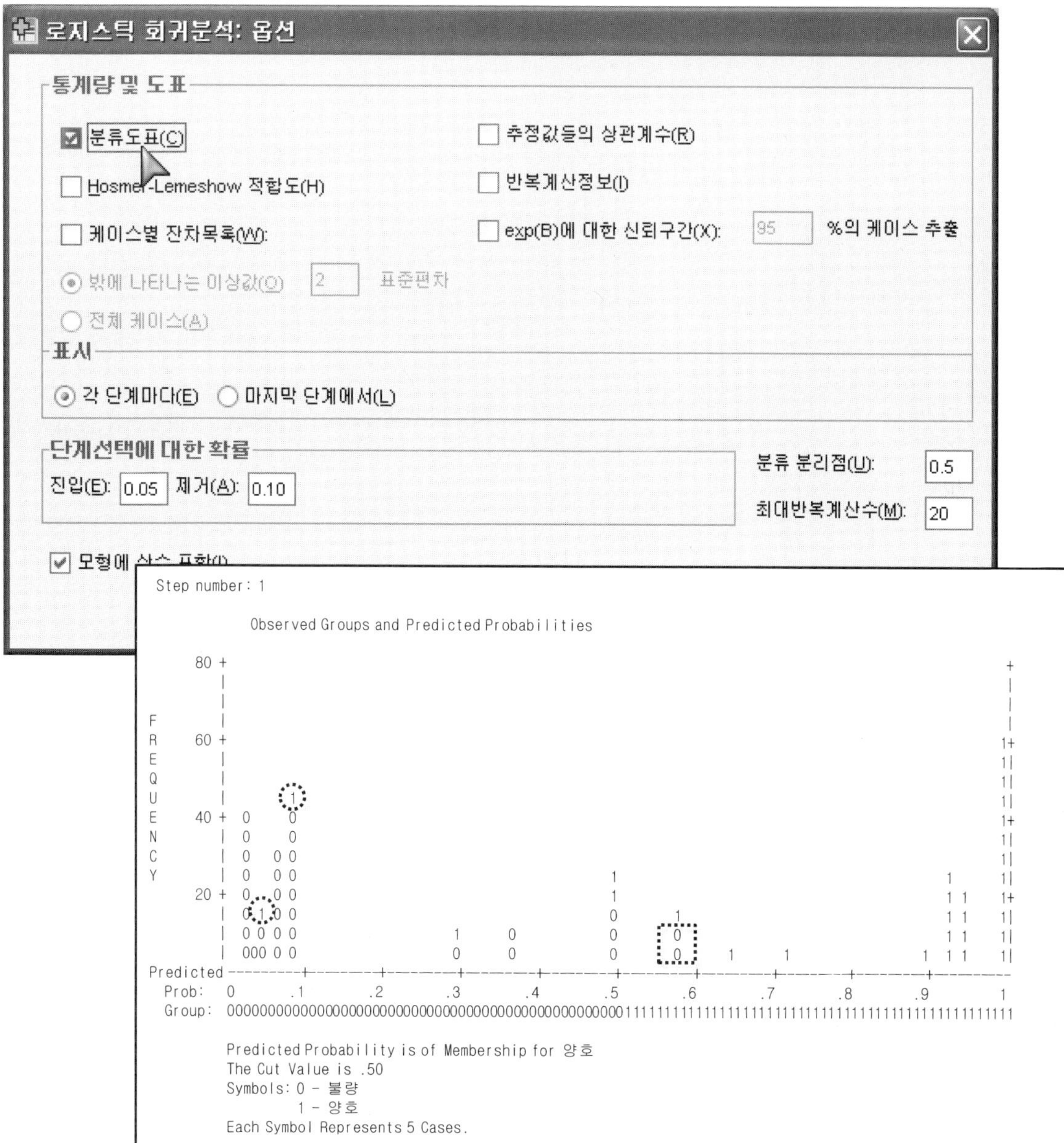

실제는 신용등급이 '양호'지만 '불량'일 확률이 높게 추정된 경우가 약 10명 정도 있음을 알 수 있다(이 케이스는 확률값이 약 0.1 미만인 곳에 2개의 타원으로 표시되어 있다). 그러고 불량이지만 0.5를 약간 넘어서 '양호'로 판단된 경우(네모표시)도 있음을 알 수 있다.

Memo

다항 로지스틱 회귀분석

Multinomial Logistic Regression Analysis

다항 로지스틱 회귀분석이란?

우리는 앞 장에서 변수값이 단지 두 가지인 경우인 이분형 종속변수와 여러 독립변수들 간의 관계를 모형화하기 위하여 이분형 로지스틱 회귀모형을 사용하였다.

예를 들어 대기업에서 사원들에게 제공하는 의료혜택이 세 개있을 때 하나를 선택하도록 하였다. 즉, 이를 각각 A, B, C라는 세 종류의 결과 변수이다. 이때 이 변수에 영향을 주는 공변량이 성(gender), 나이(age), 소득(income), 가족 수(family size)와 여타의 것이라고 하자. 이때 목표는 의료선택의 오즈(odds)를 공변량의 함수로 모형화하고 결과를 각각 다른 선택에 대해 오즈(odds)로 표현하는 것이다.

어느 영화사에서 영화를 흥행시킬 수 있도록 관객이 선호하는 영화의 종류를 예측하려 한다. 이 경우 영화사에서는 개인의 나이, 성별, 데이트 성향이 영화의 선호도에 미치는 영향도를 측정할 수 있다. 이 결과에 따라 영화사에서는 특정영화에 대해 그 영화를 볼 가능성이 높다고 예상되는 관객 층에 집중적으로 광고할 수 있다.

라이프 스타일이 3대 성인병(혈압, 당뇨, 암)에 대한 위험요인이 될까? 환자 표본의 흡연상태, 식습관, 운동, 음주에 대해 상태를 측정한다면 네 가지 라이프 스타일 변수를 사용한 뒤 모형을 구축하여 환자표본에 대해 어떤 성인병이 발생할지 예측할 수 있다. 모형으로 각 요인에 대한 오즈비(odds ratio) 추정값을 구할 수 있다. 생명과학에서는 이런 형태의 모형을 다항 로지스틱 회귀모형(Multinomial Logistic Regression Model)이라 하며 경영학 및 계량경제학에서는 이산형 선택(discrete choice) 모형이라고 부른다. 물론 다항 로지스틱 회귀분석은 이분형 로지스틱 회귀분석과 유사하지만 종속변수가 두 개의 범주로 제한되어 있지 않으므로 이분형 로지스틱 회귀분석보다 일반적으로 사용될 수 있다. 이 장에서는 어떤 사건이 일어날 확률을 추정할 수 있는 또 다른 기법인 다항 로지스틱 회귀모형을 다루기로 한다.

로짓 모형

두 집단이 있을 때 하나는 우리가 관심을 가지는 집단(사건발생)이고 다른 하는 그렇지 않은 집단(사건 미발생)이라고 할 때 로지스틱 모형은 다음과 같이 표현할 수 있다.

$$\ln\left(\frac{p(\text{사건발생})}{1-p(\text{사건발생})}\right)=\beta_0+\beta_1 X_1+\cdots+\beta_p X_p$$

여기에서 β_0는 절편(intercept)이고 β_1 에서 β_p 까지는 로지스틱 회귀계수이며, X_1에서 X_p 는 독립변수이다. 등호(=)를 중심으로 왼쪽 항을 로짓(logit)이라고 한다. 이는 사건이 발생할 가능성인 오즈에 자연로그를 취한 것이다. 종속변수가 단지 2개의 값만을 가질 때 단지 하나의 중복이 없는 로짓 만을 사용하여 표현된다. 왜냐하면 역으로 로짓 ln[(1-p(사건)/p(사건))]을 사용한다고 해도 독립변수에 대한 로지스틱 회귀계수들은 단지 부호만이 바뀔 뿐 그 절대값이 동일한 결과를 출력하게 된다.

만일 종속변수가 J 개(3개 이상)의 값을 가진다면 중복이 없는 로짓의 수는 J-1 개가 된다. 이러한 상황에서 가장 단순한 형태의 로짓을 기준범주로짓(baseline category logit)이라고 부른다. 이는 기준범주와 기타 다른 범주를 비교하는 것이다. 종속변수가 순서척도(ordinal scale)로 측정된 경우의 로짓형태는 Agresti(1990)[1)]의 서적을 참고하기 바란다. 만일 기준범주가 J이고 i번째 범주에 대한 모형을 표현한다면 다음과 같다.

$$\ln\left(\frac{p(\text{범주}i)}{p(\text{범주}J)}\right)=\beta_{i0}+\beta_{i1}X_1+\cdots+\beta_{ip}X_p$$

결국 각각의 로짓모형마다 계수들을 얻게 될 것이다. 모형식에서 계수들의 첫 번째 첨자는 로짓을 구분하기 위한 것이고 두 번째 첨자는 변수를 구분하기 위한 것이다. 기준범주에 대해 계수들이 모두 '0'이 된다. 예를 들어 종속변수가 3가지 값을 가진다면 '0'이 아닌 계수들 2 sets 을 얻게 된다. 즉, 마지막 집단과 첫 번째 집단간의 관계를 나타내는 계수들과 마지막 집단과 두 번째 집단의 관계를 나타내는 계수들이 나타나게 된다.

1) Agresti, A.(1990). *Categorical data analysis*. New York: John Wiley and Sons.

교차분석

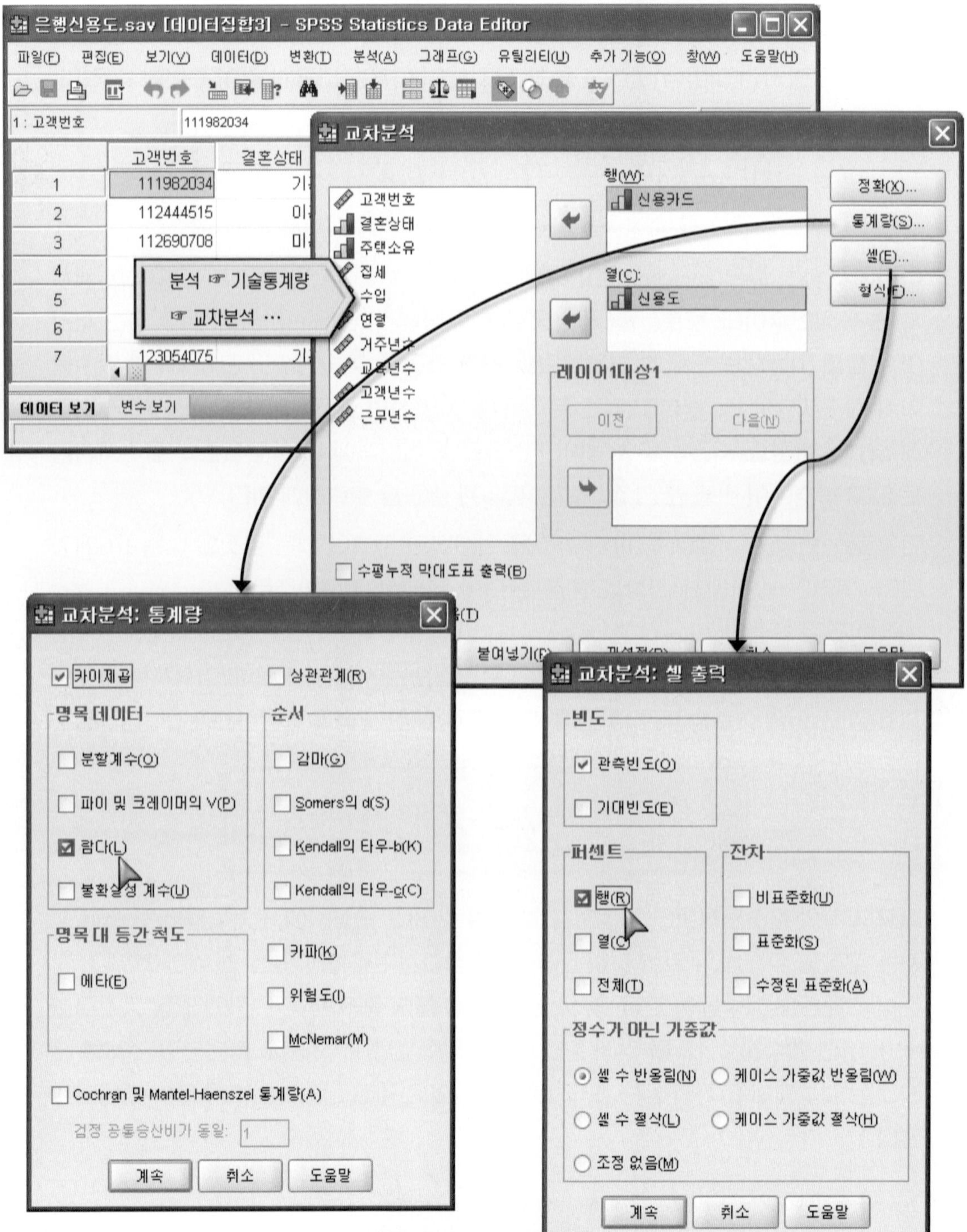
은행신용도.sav [데이터집합3] - SPSS Statistics Data Editor
분석 ☞ 기술통계량
☞ 교차분석 …
교차분석
행(W):
신용카드
열(C):
신용도
정확(X)...
통계량(S)...
셀(E)...
형식(F)...
교차분석: 통계량
카이제곱
상관관계(R)
명목 데이터
분할계수(O)
파이 및 크레이머의 V(P)
람다(L)
불확실성 계수(U)
순서
감마(G)
Somers의 d(S)
Kendall의 타우-b(K)
Kendall의 타우-c(C)
명목 대 등간척도
에타(E)
카파(K)
위험도(I)
McNemar(M)
Cochran 및 Mantel-Haenszel 통계량(A)
계속
취소
도움말
교차분석: 셀 출력
빈도
관측빈도(O)
기대빈도(E)
퍼센트
행(R)
열(C)
전체(T)
잔차
비표준화(U)
표준화(S)
수정된 표준화(A)
정수가 아닌 가중값
셀 수 반올림(N)
케이스 가중값 반올림(W)
셀 수 절삭(L)
케이스 가중값 절삭(H)
조정 없음(M)

독립성 검정과 결합도

신용카드 사용여부 * 은행에서 판별한 신용도 정도 교차표

			은행에서 판별한 신용도 정도			전체
			양호	모호	불량	
신용카드 사용여부	미사용	빈도	3	4	30	37
		신용카드 사용여부 중 %	8.1%	10.8%	81.1%	100.0%
	사용	빈도	213	79	28	320
		신용카드 사용여부 중 %	66.6%	24.7%	8.8%	100.0%
전체		빈도	216	83	58	357
		신용카드 사용여부 중 %	60.5%	23.2%	16.2%	100.0%

카이제곱 검정

	값	자유도	점근 유의확률 (양측검정)
Pearson 카이제곱	128.277[a]	2	.000
우도비	93.751	2	.000
선형 대 선형결합	98.962	1	.000
유효 케이스 수	357		

a. 0 셀 (.0%)은(는) 5보다 작은 기대 빈도를 가지는 셀입니다. 최소 기대빈도는 6.01입니다.

피어슨의 카이제곱 통계량에 대한 유의확률(p-값)로 '신용카드 사용여부와 신용도 간에는 연관성이 없다' 라는 영가설을 유의수준 5%하에서 기각하게 되므로 신용카드와 신용도 간에 연관성이 존재하는 것으로 판단할 수 있다.

피어슨의 카이제곱 통계량은 전체 셀 중에서 기대빈도가 5개 미만인 셀이 약 20% 이상이 되면 검정력이 약화되어 검정의 결과를 신뢰할 수 없게 된다. 그러므로 이때는 몬테칼로(Monte Carlo) 방법을 사용하기를 권한다.

방향성 측도

			값	점근 표준오차[a]	근사 T 값[b]	근사 유의확률
명목척도 대 명목척도	람다	대칭적	.163	.064	2.379	.017
		신용카드 사용여부 종속	.054	.200	.263	.793
		은행에서 판별한 신용도 정도 종속	.191	.037	4.853	.000
	Goodman과 Kruskal 타우	신용카드 사용여부 종속	.359	.071		.000[c]
		은행에서 판별한 신용도 정도 종속	.148	.025		.000[c]

a. 영가설을 가정하지 않음.

b. 영가설을 가정하는 점근 표준오차 사용

c. 카이제곱 근사법을 기준으로

유의수준 5%하에서 '신용카드'와 '신용도' 간의 연관성이 존재하는 것으로 판단하였으므로 과연 얼마나 강하게 연관되어 있는가를 재는 측도인 결합도를 확인한다. 두 변수가 모두 명목척도이므로 이 때의 결합도로서 '람다(lambda)계수' 를 확인한다. '신용카드'가 '신용도'에 영향을 주므로 '신용도'가 종속변수가 되어야 한다. 그러므로 신용도 종속에 해당하는 결합도는 '0.191'이 된다.

로짓모형 설정과 실행

은행의 신용도와 신용카드 사용여부와의 관계를 알아보기 위하여 다항로지스틱 회귀모형을 알아 보자. 종속변수가 3개의 범주를 가지므로 디폴트인 마지막 범주 즉, '불량'을 기준범주로 하고 '신용카드'를 하나의 독립변수로 하여 두 개의 로짓(logit)을 만들 수 있다.

$$\ln\left(\frac{p(\text{양호})}{p(\text{불량})}\right) = B_{10} + B_{11} \times (\text{미사용})$$

$$\ln\left(\frac{p(\text{모호})}{p(\text{불량})}\right) = B_{20} + B_{21} \times (\text{미사용})$$

SPSS에서는 요인(factor)에 지정한 변수는 마지막 수준을 기준범주(또는 참조범주)로 한다. 그러므로 '신용카드'는 '사용'이 기준 범주가 된다.

분석
☞ 회귀분석
☞ 다항 로지스틱 …

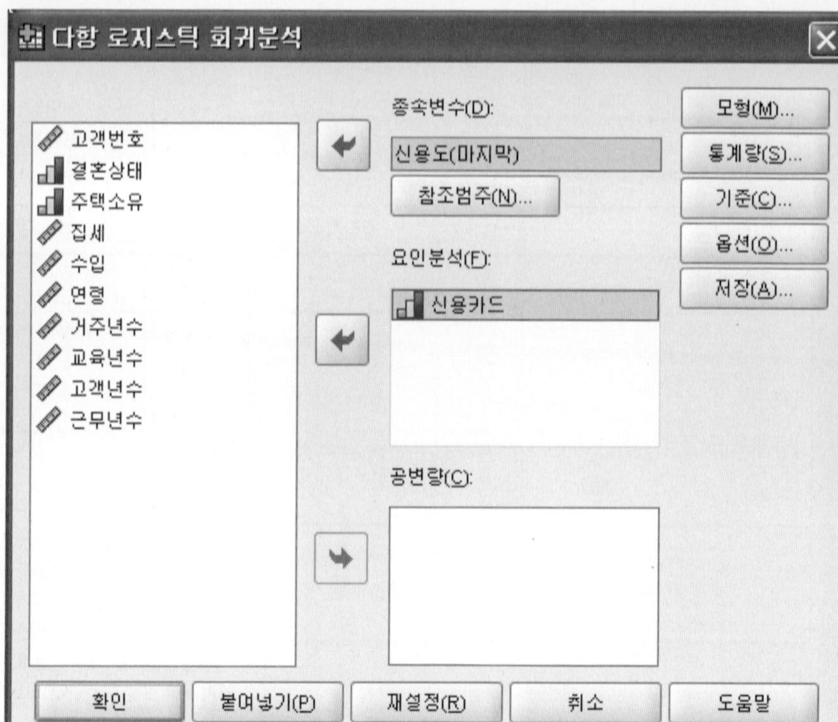

모수 추정값

절편항은 단순히 '사용'에 대한 로짓이다. 즉 처음 절편항 2.029[=ln(213/28)]는 신용카드 '사용' 고객들이 '불량'이 될 확률에 대한 '양호'가 될 확률의 비율에 로그를 취하여 얻어진 것이다.

신용카드 '미사용'이 '사용'에 비해 '불량' 보다 '양호'가 될 가능성이 Exp(-4.332)=0.013배이고, 모호가 될 가능성은 Exp(-3.052)=0.047배가 됨을 알 수 있다.

모수 추정값

은행에서 판별한 신용도 정도[a]		B	표준 오차 오류	Wald	자유도	유의확률	Exp (B)	Exp(B)에 대한 95% 신뢰구간 하한값	상한값
양호	절편	2.029	.201	101.888	1	.000			
	[신용카드=0]	-4.332	.638	46.093	1	.000	.013	.004	.046
	[신용카드=1]	0[b]	.	.	0	.	.	.	.
모호	절편	1.037	.220	22.241	1	.000			
	[신용카드=0]	-3.052	.576	28.084	1	.000	.047	.015	.146
	[신용카드=1]	0[b]	.	.	0	.	.	.	.

a. 참조 범주는 불량입니다.: 불량.

b. 이 모수는 중복되었으므로 0으로 설정됩니다.

[신용카드=0]는 '미사용'이고 [신용카드=1]은 '사용'을 나타낸다.

각 로지스틱 회귀계수가 '0'이라는 가설을 검정한다. 유의수준 5% 하에서 모두 유의하게 나타났다.

모형

$$\ln\left(\frac{p(\text{양호})}{p(\text{불량})}\right) = 2.029 - 4.332 \times (\text{미사용})$$

$$\ln\left(\frac{p(\text{모호})}{p(\text{불량})}\right) = 1.037 - 3.052 \times (\text{미사용})$$

모호 대비 양호의 로짓을 알고 싶은 경우 이미 추정된 두 개의 계수들의 차이를 계산하면 된다. 또는 기준범주를 '모호'로 설정하여 다시 실행하면 로짓의 계수와 표준오차를 구할 수 있다.

$$\ln\left(\frac{p(\text{양호})}{p(\text{모호})}\right) = \ln\left(\frac{p(\text{양호})}{p(\text{불량})}\right) - \ln\left(\frac{p(\text{모호})}{p(\text{불량})}\right)$$

다항 로지스틱 회귀분석 수행

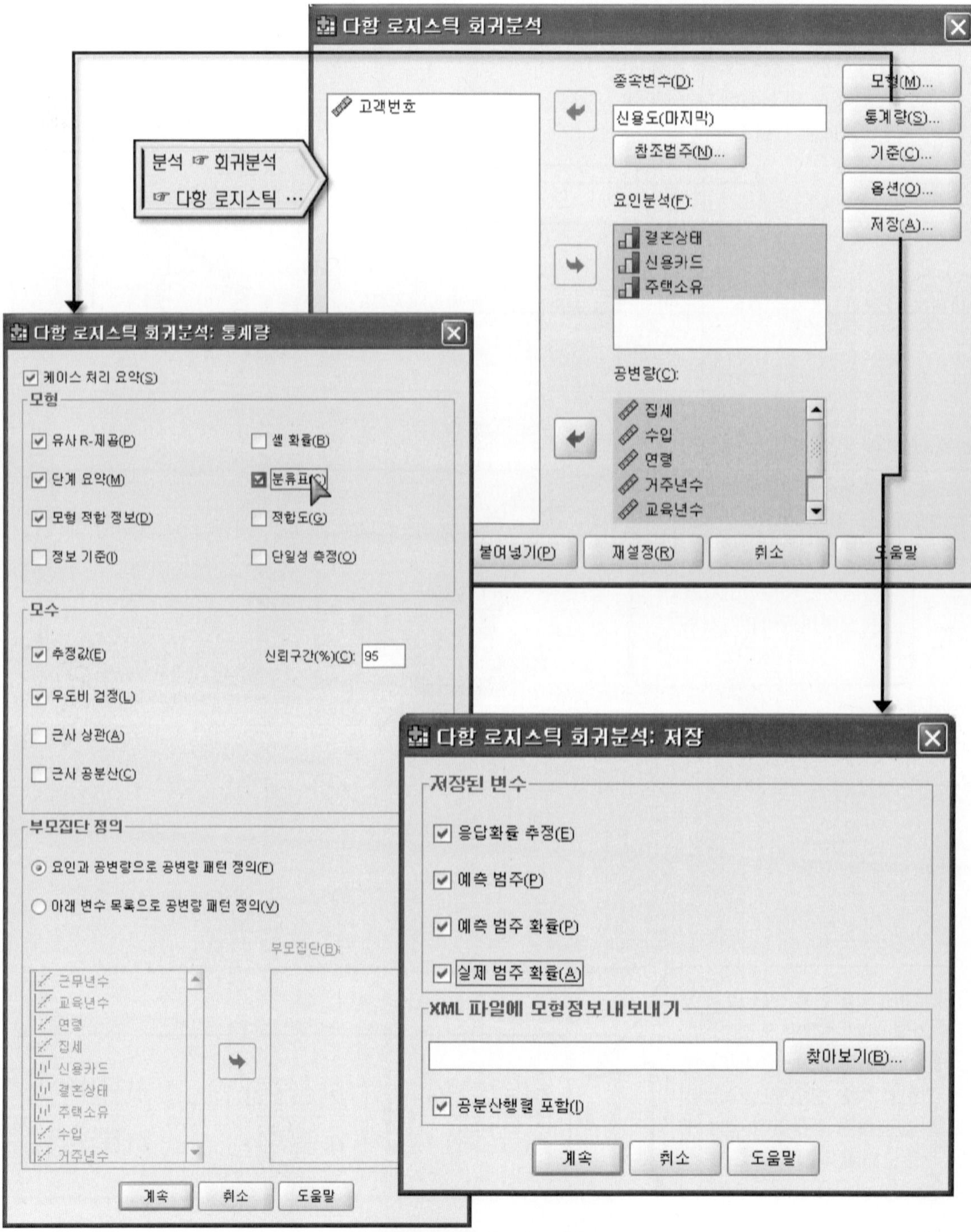

로지스틱 모형 적합

모형 적합 정보

모형	모델 맞춤 기준	우도비 검정		
	-2 로그 우도	카이 제곱	자유도	유의확률
절편 만	670.044			
최종모형	251.535	418.509	22	.000

절편항만을 갖는 모형과 최종모형에 대한 -2(Log우도)의 값을 확인할 수 있으며 두 값의 차이가 '카이제곱' 값이다. 만일 p-값이 작으면 모든 계수들이 '0'이라는 귀무가설을 기각하게 된다. 즉 최종모형이 절편항만을 포함한 모형보다 더 낫다(유의하다)고 결론 내릴 수 있다. 로그우도함수는 모수들에 영향받지 않는 상수부분과 모수에 영향을 받는 핵(kernel)부분의 합으로 표현될 수 있다. 대부분의 검정은 로그우도값의 차이에 근거하기 때문에 로그우도함수의 상수부분은 중요하지 않다. 케이스의 수가 공변량패턴의 수와 같으면 상수는 '0'이 된다.

우도비 검정

효과	모델 맞춤 기준	우도비 검정		
	축소모형의 -2 Log 우도	카이 제곱	자유도	유의확률
절편	251.535[a]	.000	0	.
집세	258.559	7.024	2	.030
수입	273.137	21.602	2	.000
연령	272.822	21.287	2	.000
거주년수	254.873	3.338	2	.188
교육년수	281.497	29.962	2	.000
고객년수	265.890	14.355	2	.001
근무년수	257.406	5.871	2	.053
결혼상태	341.261	89.726	4	.000
신용카드	379.135	27.600	2	.000
주택소유	252.71	1.179	2	.555

카이제곱 통계량은 ... 과 축소모형 사이의 -2 Log 우도 차입니다. ... 최종모형에서 효과 하나를 생략하여 만든 ... 영가설은 효과의 모든 모수가 0입...

모든 변수들을 포함하는 최종모형에서 개별적 효과를 나타내는 우도비 검정이다. 이는 해당변수의 효과가 최종모형으로부터 제거되었을 때 -2(로그우도)의 변화된 값이 카이제곱값이다. 만일 한 효과에 대한 모든 계수들이 "0"이면, 이 변화는 제거된 효과의 자유도와 동일한 자유도를 갖는 카이제곱 분포를 따른다.

각 로지스틱 회귀모형의 설명력으로 회귀분석의 R^2와 유사한 개념이다. 이를 통해 모형의 적합도를 판단할 수 있다.

Pseudo R-제곱

Cox 및 Snell	.690
Nagelkerke	.815
McFadden	.625

모형 적합도 설명

로지스틱 모형이 얼마나 잘 적합되는지를 알아보는 한가지 방법은 모형이 관측된 데이터를 얼마나 잘 분류하는지를 알아보는 것이다. 모형의 적합도를 평가할 수 있는 또 다른 방법은 모수 추정량이 표본 결과값들이 얻어질 확률을 얼마나 크게 하는지 실제로 조사하는 것이다.(로지스틱 회귀모형에서는 관측값이 얻어질 확률이 가장 커지도록 모수 추정량을 선택함을 상기하자.)

-2LL : 모수 추정량으로 얻어지는 관측 결과들의 확률은 우도(likelihood)라고 알려져 있다. 우도는 '1'보다 작은 수이기 때문에, 일반적으로 로그 우도의 '-2'배 한 것이(-2Log 우도; -2LL) 추정된 모형이 데이터를 얼마나 잘 적합시키는 지에 관한 측도로 사용된다. 좋은 모형은 관측 결과들의 우도를 높아지게 한다. 이것은 -2LL의 값이 작아지는 것과 같은 의미이다. 만일, 모형이 완벽하게 적합되었다면 우도는 '1'이 되고, 로그 우도의 '-2'배 한 값은 '0'이 된다.

$$Cox\ \&\ Snell's\ R^2 = 1 - \left[\frac{L(0)}{L(B)}\right]^{2/n}$$

Cox와 Snell의 R^2 : 선형회귀모형에서 데이터의 설명력을 결정계수인 R^2로 확인하였다. 로지스틱 회귀모형에서도 이와 같은 성질의 통계량이 Cox와 Snell의 R^2이다. 여기에서 L(0)은 상수항만 포함된 likelihood이고, L(B)는 현재 고려하고 있는 모형에 대한 likelihood이다. n은 표본크기를 나타낸다.

Cox와 Snell의 R^2은 로지스틱 회귀모형에 대해서 최대값이 '1' 에 도달하지 못하는 문제가 있다. 이를 수정 보안한 통계량이 Nagelkerke가 제안한 통계량이다. 반응변수의 변동 중 약 81.5% 변동을 현재 로지스틱 모형이 설명하고 있음을 의미한다.

$$\text{Nagelkerke's}\ \tilde{R}^2 = \frac{Cox\ \&\ Snell's\ R^2}{1-[L(0)]^{2/n}}$$

Pseudo R-제곱

Cox 및 Snell	.690
Nagelkerke	.815
McFadden	.625

$$McFadden's\ R^2 = \frac{L(0)-L(B)}{L(0)}$$

McFadden의 R^2 는 로지스틱 회귀모형에 의해 설명되는 로그우도 함수값 중 핵(kernel)이 차지하는 비율이다.

모수 추정값의 해석

모수 추정값

은행에서 판별한 신용도 정도[a]		B	표준 오차 오류	Wald	자유도	유의확률	Exp(B)	Exp(B)에 대한 95% 신뢰구간 하한값	Exp(B)에 대한 95% 신뢰구간 상한값
양호	절편	-21.822	3.919	30.997	1	.000			
	집세	.002	.001	2.333	1	.127	1.002	.999	1.005
	수입	.022	.005	17.833	1	.000	1.023	1.012	1.033
	연령	-.212	.072	8.679	1	.003	.809	.702	.931
	거주년수	.075	.042	3.145	1	.076	1.078	.992	1.172
	교육년수	1.235	.314	15.503	1	.000	3.438	1.859	6.358
	고객년수	-.227	.081	7.881	1	.005	.797	.680	.934
	근무년수	.290	.145	4.003	1	.045	1.336	1.006	1.774
	[결혼상태=0]	2.211	1.125	3.864	1	.049	9.124	1.007	82.699
	[결혼상태=1]	3.793	1.073	12.495	1	.000	44.367	5.418	3.633E2
	[결혼상태=2]	0[b]	.	.	0	.	.	.	.
	[신용카드=0]	-11.715	1.913	37.520	1	.000	8.173E-6	[illegible].92E-7	.000
	[신용카드=1]	0[b]	.	.	0	.	.	.	.
	[주택소유=0]	.985	.910	1.171	1	.279	2.677	.450	15.931
	[주택소유=1]	0[b]	.	.	0	.	.	.	.
모호	절편	-5.144	2.831	3.303	1	.069			
	집세	.000	.001	.107	1	.743	1.000	.998	1.003
	수입	.015	.005	9.348	1	.002	1.015	1.005	1.024
	연령	-.072	.067	1.143	1	.285	.931	.816	1.062
	거주년수	.055	.038	2.056	1	.152	1.057	.980	1.139
	교육년수	.393	.268	2.151	1	.142	1.481	.876	2.503
	고객년수	-.248	.073	11.712	1	.001	.780	.677	.899
	근무년수	.120	.127	.886	1	.346	1.127	.879	1.445
	[결혼상태=0]	-1.932	.879	4.827	1	.028	.145	.026	.812
	[결혼상태=1]	-.785	.870	.816	1	.366	.456	.083	2.507
	[결혼상태=2]	0[b]	.	.	0	.	.	.	.
	[신용카드=0]	-6.880	1.392	24.418	1	.000	.001	6.71E-5	.016
	[신용카드=1]	0[b]	.	.	0	.	.	.	.
	[주택소유=0]	.723	.822	.774	1	.379	2.060	.412	10.308
	[주택소유=1]	0[b]	.	.	0	.	.	.	.

a. 참조 범주는W 불량입니다. 불량.

b. 이 모수는 중복되었으므로 0으로 설정됩니다.

앞 페이지의 우도비 검정은 변수효과에 대한 전반적인 검정을 하는데 비해 Wald의 검정은 로짓 내에 각 범주에 해당하는 효과를 검정하는 것이다.

'불량'을 기준범주로 했을 때 '양호'나 '모호'가 될 가능성의 배수이다.

분류 정확도

분류

감시됨	예측 양호	예측 모호	예측 불량	정확도(%)
양호	208	7	1	96.3%
모호	24	53	6	63.9%
불량	2	5	51	87.9%
전체 퍼센트	65.5%	18.2%	16.2%	87.4%

집단 구분 없이 전체적으로 분류의 정확도는 87.4%임을 알 수 있다.

집단별 분류 정확도

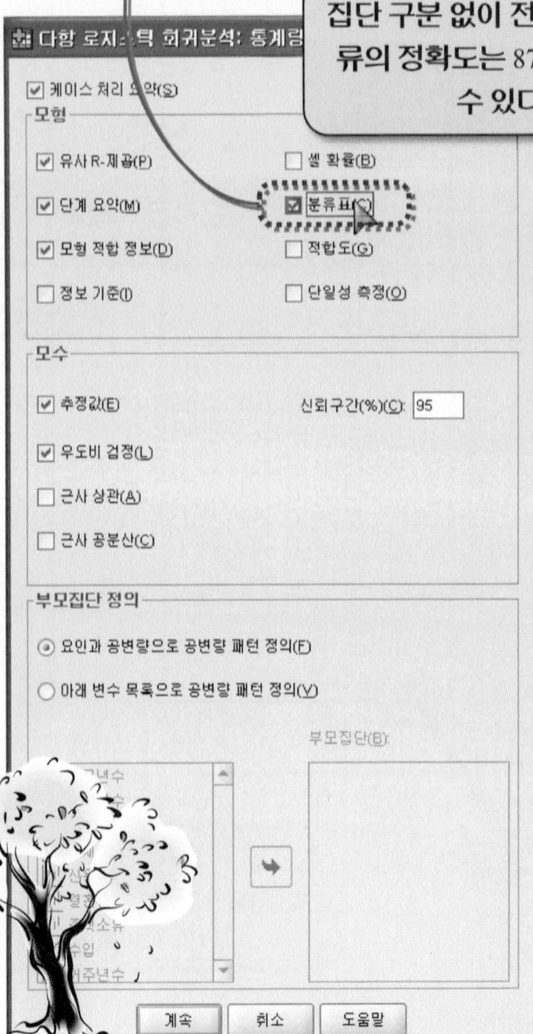

분류표

분류

감시됨	예측 양호	예측 모호	예측 불량	정확도(%)
양호	208	7	1	96.3%
모호	24	53	6	63.9%
불량	2	5	51	87.9%
전체 퍼센트	65.5%	18.2%	16.2%	87.4%

집단 구분 없이 전체적으로 분류의 정확도는 87.4%임을 알 수 있다.

집단별 분류 정확도

위의 분류표를 보면, 신용도가 '양호'라고 관측된 216명의 고객 가운데 208명이 '양호'로 추정되었음을 알 수 있다. 마찬가지로 신용등급이 '모호'인 83명의 고객에 대해서도 모형에 의하여 53명만이 '모호'로, 그리고 '불량'인 고객 58명 중에서 '불량'으로 추정된 고객은 51명 이었다. 분류표의 대각원소가 아닌 값들은 원 데이터의 신용도와는 다르게 분류된 사람의 수를 나타낸다. 이 예제에서는 신용도가 오분류된 케이스는 모두 45명으로 전체적으로 87.4%에 달하고 있다. 분류의 정확도는 신용도가 '양호'인 고객을 '양호'로 분류할 가능성이 96.3%, '모호'는 63.9%, '불량'은 87.9%로 나타났다.

예측값 및 예측확률 저장하기

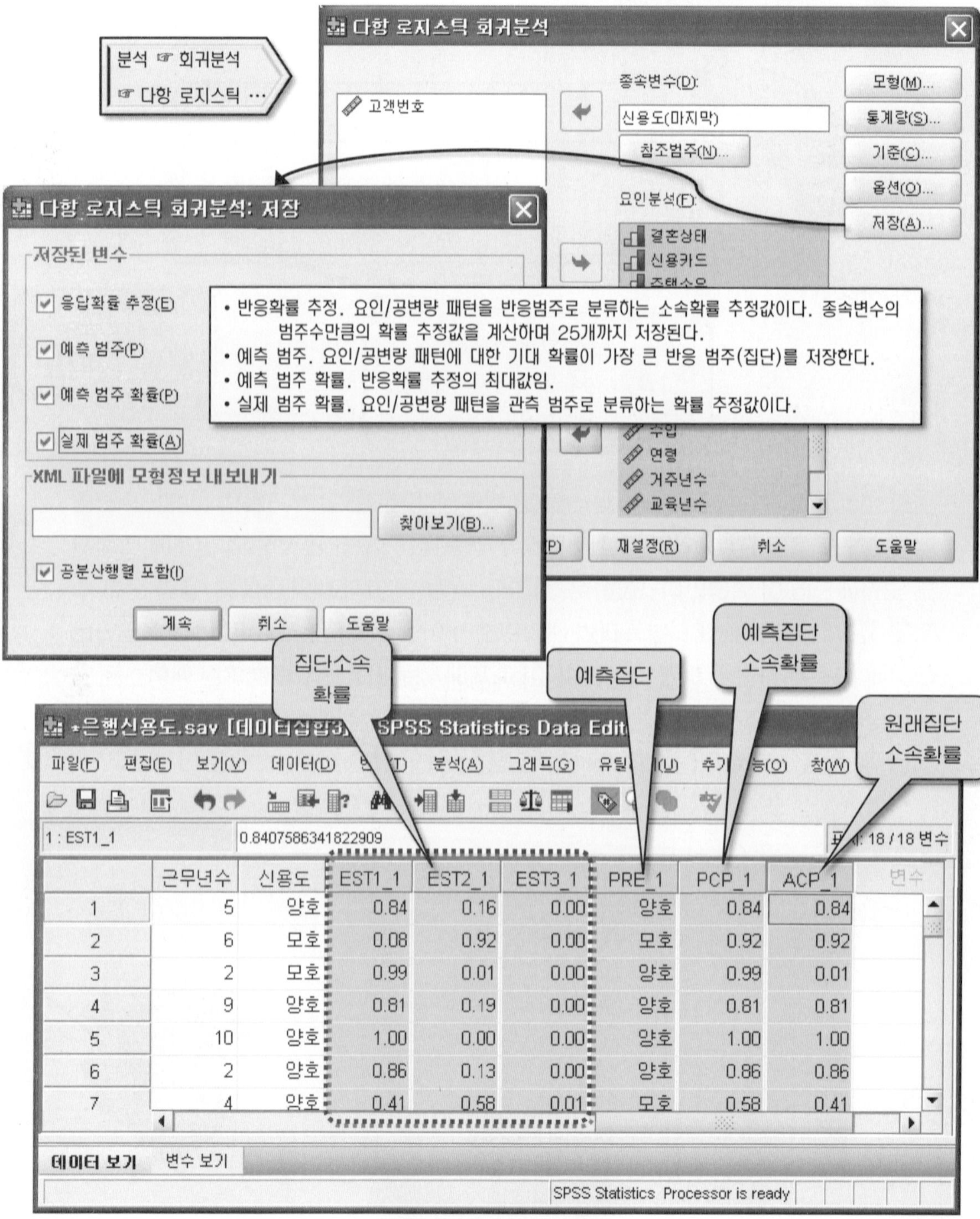

- 반응확률 추정. 요인/공변량 패턴을 반응범주로 분류하는 소속확률 추정값이다. 종속변수의 범주수만큼의 확률 추정값을 계산하며 25개까지 저장된다.
- 예측 범주. 요인/공변량 패턴에 대한 기대 확률이 가장 큰 반응 범주(집단)를 저장한다.
- 예측 범주 확률. 반응확률 추정의 최대값임.
- 실제 범주 확률. 요인/공변량 패턴을 관측 범주로 분류하는 확률 추정값이다.

	근무년수	신용도	EST1_1	EST2_1	EST3_1	PRE_1	PCP_1	ACP_1
1	5	양호	0.84	0.16	0.00	양호	0.84	0.84
2	6	모호	0.08	0.92	0.00	모호	0.92	0.92
3	2	모호	0.99	0.01	0.00	양호	0.99	0.01
4	9	양호	0.81	0.19	0.00	양호	0.81	0.81
5	10	양호	1.00	0.00	0.00	양호	1.00	1.00
6	2	양호	0.86	0.13	0.00	양호	0.86	0.86
7	4	양호	0.41	0.58	0.01	모호	0.58	0.41

군집분석
Cluster Analysis
SPSS
1 7
5

군집분석이란?

"새들은 깃털이 같은 것끼리 모인다."라는 말이 있다. 이러한 말 이면에는 전체 새들을 특성이 서로 유사한 몇 개의 집단으로 분류할 수 있다는 의미를 내포하고 있다.

이 경우 개개의 새들을 가르쳐 '개체' 또는 '대상(objets)'이라 하고 특성이 서로 유사한 각각의 집단을 '군집(cluster)'이라 하며 집단의 분류에 기준이 되는 유사성들을 가르쳐 '속성' 또는 '설명변수'라 한다.

군집분석(cluster analysis)이란 많은 개체(object)들을 일정한 속성에 따라 몇 개의 군집(cluster)으로 분류하여, 같은 군집에 속한 객체들의 유사성과 서로 다른 군집에 속한 객체간의 상이성을 규명하고자 하는 통계분석방법이다.

생물학에서 동식물들을 분류하는데 군집분석이 사용되며, 의학에서는 환자를 대상으로 질병의 종류 및 상태를 분류하는데 군집분석을 사용할 수 있으며, 심리학에서는 성격유형에 따른 개인의 분류에 군집분석이 사용된다. 또한, 마케팅조사(marketing research)에서는 소비자들의 상품구매행태나 생활 양식에 따라 몇 개의 소비자 군으로 분류하여 시장세분화(market segmentation) 전략을 수립하고자 할 때에 군집분석을 이용하며, 동종업종에서 생산된 많은 기존 상품들을 몇 개의 속성에 근거하여 군집화(clustering)함으로써 새로운 상품의 시장진출 가능성을 예측해 볼 때에도 군집분석이 사용된다.

군집분석 절차

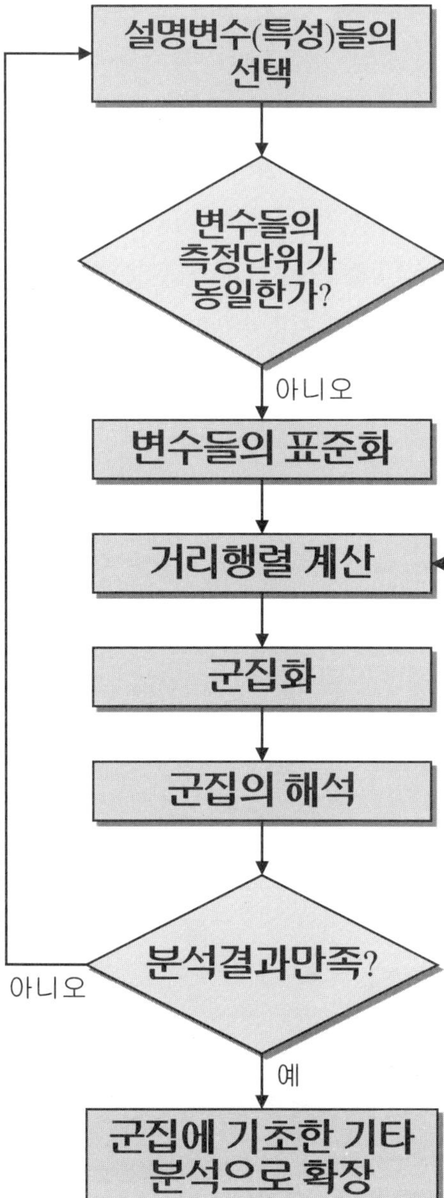

군집분석의 기본원리는 분석하고자 하는 객체들의 여러 가지 특성들을 유사성 거리로 환산하여, 유사성 거리가 상대적으로 가까운 객체들을 동질적인 집단으로 군집화(clustering)하는 것으로, 다음과 같은 3가지 중심과제가 있다.

① 어떠한 특성들을 비교할 것인가 ?
(설명변수들의 선정문제)

② 어떻게 유사성 거리를 측정할 것인가?
(유사성 거리의 측정방법)

③ 어떻게 동질적인 집단으로 분류할 것인가 ?
(군집화 방법)

설명변수의 선정

군집분석에서 가장 중요한 문제로, 중요한 설명변수를 제외시키거나 불필요한 설명변수가 추가되는 경우 유사성 거리가 제대로 측정되지 못하게 된다. 회귀분석이나, 판별분석 등과는 달리 군집분석에는 의미없는 설명변수들을 제외시키는 기능이 없으므로 특히 설명변수의 선정에 유의하여야 한다. 즉, 군집분석에서는 선정된 설명변수들이 모두 동일한 비중으로 유사성 거리의 측정에 반영되므로, 잘못된 설명변수의 선정은 엉뚱한 결과를 도출하게 되는 직접적인 원인이 된다. 또한 군집분석은 다른 분석방법들과는 달리 최종결과에 대한 통계적 유의성 검정의 방법이 없으므로, 더욱 설명변수의 선정에 유의하여야 한다.

경우에 따라서는 요인분석(Factor Analysis)을 통하여 사전에 변수들간의 중복부분을 제거한 순수요인(요인점수)들을 도출하여 군집분석의 설명변수로 사용하기도 한다.

유사성 거리측정 방법(1)

각 객체들이 가지고 있는 여러 특성들을 종합하여, 각 객체간의 유사성거리를 측정하게 되는데, 두 객체간의 속성이 유사할 수록 유사성거리는 가깝게, 두 객체간의 속성이 상이할 수록 유사성거리는 멀게 측정되어야 한다. 이와 같은 유사성 거리의 측정 방법에는 다음과 같은 것들이 있다.

- 유클리드 거리 (Euclidean Distances)
  - 변수값 차이를 제곱하여 합산한 거리로 다차원공간에서 직선 최단거리를 말한다. 가장 일반적으로 사용되는 측정방법이다.

$$D(O_1, O_2) = \sqrt{\sum_{j=1}^{n} (X_{1j} - X_{2j})^2}$$

단, $O_i = i$ 번째 객체, $X_{ij} = i$ 번째 객체의 j 번째 변수값

- 유클리드 제곱거리(Squared Euclidean Distances)
  - 유클리드 거리를 제곱한 거리이다.

$$D(O_1, O_2) = \sum_{j=1}^{n} (X_{1j} - X_{2j})^2$$

단, $O_i = i$ 번째 객체, $X_{ij} = i$ 번째 객체의 j 번째 변수값

- 시티-블록, 맨하턴 거리 (City-Block Distances, Manhattan Distances)
  - 변수값 차이를 절대치하여 합한 거리

$$D(O_1, O_2) = \sum_{j=1}^{n} | X_{1j} - X_{2j} |$$

단, $O_i = i$ 번째 객체, $X_{ij} = i$ 번째 객체의 j 번째 변수값

유사성 거리측정 방법(2)

코사인 거리(Cosine Distance)

- 변수값의 코사인 벡터로 환산한 거리

$$Similarity(O_1, O_2) = \frac{\sum_{j=1}^{n}(X_{1j} \cdot X_{2j})}{\sqrt{\sum_{j=1}^{n} X_{1j}^2 \sum_{j=1}^{n} X_{2j}^2}}$$

단, $O_i = i$ 번째 객체, $X_{ij} = i$ 번째 객체의 j 번째 변수값

체비셰프 거리(Chebychev Distance)

- 변수값 차이의 절대치 중 가장 큰 값을 환산한 거리

$$D(O_1, O_2) = \max_j | X_{1j} - X_{2j} |$$

단, $O_i = i$ 번째 객체, $X_{ij} = i$ 번째 객체의 j 번째 변수값

민코우스키 거리(Minkowski Distance)

- 변수값 차이의 p 제곱합의 1/r 누승근으로 환산한 거리

$$D(O_1, O_2) = \left(\sum_{j=1}^{n} | X_{1j} - X_{2j} |^p \right)^{1/r}$$

단, $O_i = i$ 번째 객체, $X_{ij} = i$ 번째 객체의 j 번째 변수값

유사성거리의 측정시 주의해야 할 점은 변수값들을 표준화(standardized)하여야 한다는 점이다. 만약 변수값을 표준화하지 않는다면 변수값의 단위에 따라 상이한 결과를 초래할 수 있기 때문이다. 예를 들어 자동차의 배기량과 가격을 기준으로 자동차를 군집화할 때 배기량은 1000 - 2000 CC 정도의 편차가 있을 수 있지만, 가격은 1,000,000원 이상의 편차가 있을 수 있다. 그러므로 배기량에서는 1000이란 차이가 매우 큰 차이이지만, 가격에 있어서 1,000 이란 차이는 매우 적은 차이이므로, 유사성 거리의 측정에 있어서 배기량의 차이가 거의 무시되며 가격의 차이가 객체간의 거리를 완전히 좌우하게 될 것이다. 따라서 선정된 설명변수들의 단위가 서로 다를 경우에는 표준화를 통하여 설명변수들의 중요도를 동일하게 하여야만 한다.

군집화 방법(1)

객체들을 군집화하는 방법에는 다음과 같은 것들이 있는데, 모든 방법들이 같은 군집내의 유사성 거리는 되도록 가깝게 하고 군집간의 유사성 거리는 되도록 멀게 한다는 기본원리에 입각한 것이다.

1) **군집간 평균연결법**(Between Average Linkage Method)

- 군집간의 거리는 각 군집에 속해 있는 객체와의 평균거리로 산정된다. 따라서 새로운 객체가 기존의 군집에 포함될 때 기존의 군집 내에 있는 모든 객체와의 평균거리가 가장 가까운 군집에 포함시키는 방법으로 SPSS에서 디폴트로 사용하는 방법이다.

2) **군집내 평균연결법**(Within Average Linkage Method)

- 앞의 군집간 평균연결법과 유사하나, 새로운 객체를 기존의 군집에 포함시킬 때 새로운 객체를 포함한 모든 객체간의 평균거리가 최소가 되는 군집에 포함시키는 방법이다. 즉, 군집내의 객체들의 응집에 더 중점을 두는 군집화 방법이다.

3) **최단연결법**(Single Linkage Method)

- 기존의 군집에 속해 있는 객체들 중에서 어느 한 객체와 가장 가까운 객체부터 군집에 포함시키는 방법이다.

4) **최장연결법**(Complete Linkage Method)

- 기존의 군집에 포함되어 있는 모든 객체에 대하여 일정거리 이내에 들어와야만 동일한 군집에 포함시키는 방법이다. 또한 군집간의 거리는 각 군집에 속해 있는 객체간에 가장 먼 거리로 산정된다. 따라서 새로운 객체를 포함시킬 때도 가장 먼 거리에 있는 객체와 비교하여 그 거리가 가장 가까운 군집에 포함시킨다.

군집화 방법(2)

5) **중심 연결법**(Centroid Linkage Method)

- 군집간의 거리는 각 군집의 중심들 사이의 '거리'를 사용한다. 따라서 새로운 객체를 포함시킬 때도 군집의 중심과의 거리가 가장 가까운 군집에 객체를 포함시킨다. 중심연결법은 반드시 유클리드 제곱거리로 측정한 유사성거리를 사용하여야 한다. 또한, 중심연결법은 이상값(outlier)의 영향을 적게 받으므로, 특이한 객체들이 포함되어 있는 경우의 군집화에 매우 효과적이다.

6) **중위수 연결법**(Median Linkage Method)

- 앞의 중심연결법은 새로운 군집의 중심은 군집의 크기에 따른 가중평균값(weighted mean)을 사용한다. 이러한 군집화 방법은 군집의 크기가 매우 상이한 경우에는 크기가 작은 군집이 크기가 큰 군집에 포함되는 단점이 생긴다. 그러므로 중위수 연결법에서는 이러한 단점을 극복하기 위하여 군집의 크기에 관계없이 일정한 중심을 갖도록 하였다. 중위수 연결법은 앞의 중심연결법과 마찬가지로 반드시 유클리드 제곱거리로 측정한 유사성거리를 사용하여야 한다.

7) **왈드 군집법**(Ward's Method)

- 중심 연결법과 유사한 방법으로 군집중심(centroid)간의 거리에 가중치를 부여하여 군집간의 거리를 계산한다는 점이 다르다. 왈드 군집법은 앞의 중심 연결법, 중위수 연결법과 마찬가지로 반드시 유클리드 제곱거리로 측정한 유사성거리를 사용하여야 한다.

미국맥주의 군집화

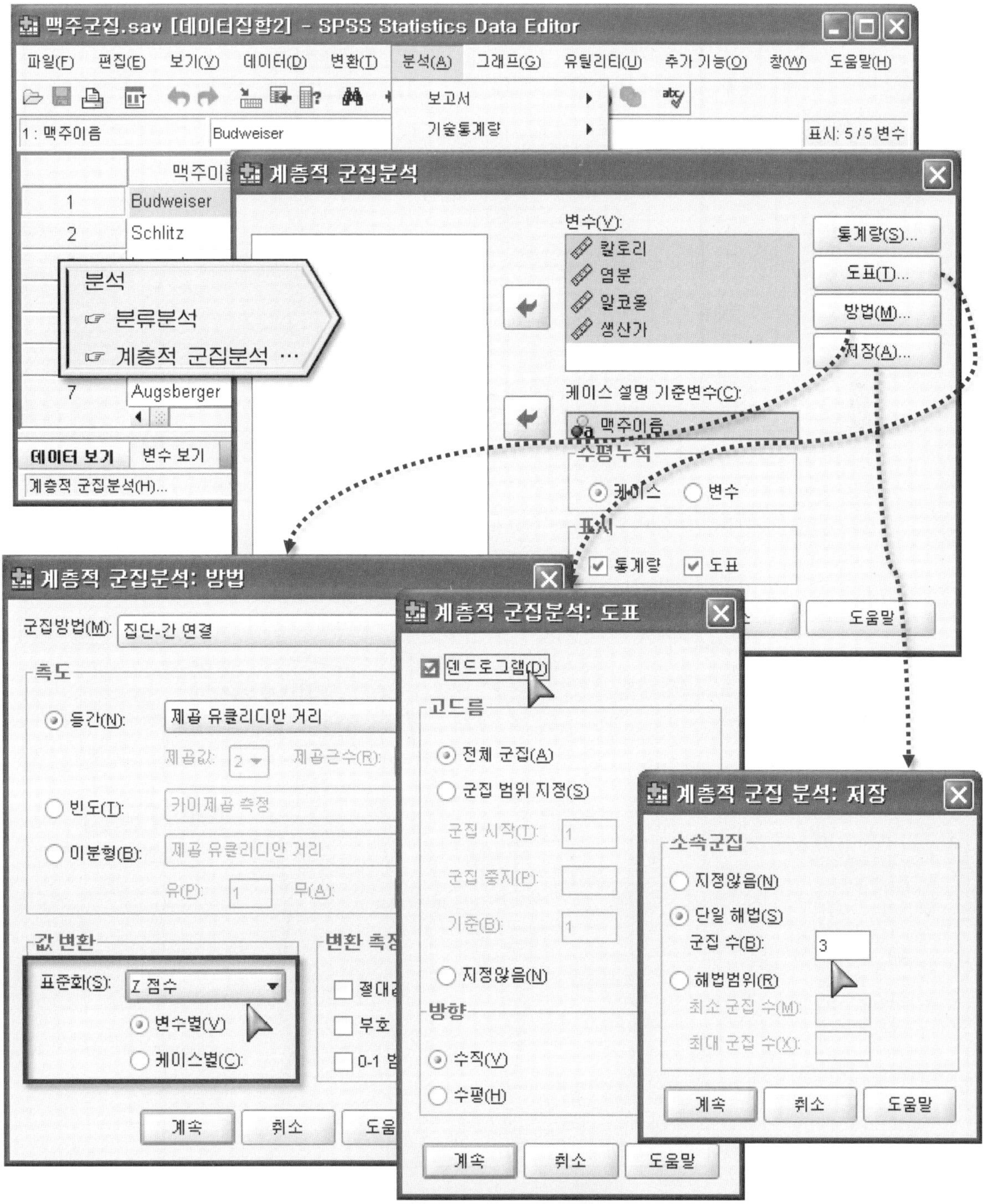
맥주군집.sav [데이터집합2] - SPSS Statistics Data Editor
파일(F) 편집(E) 보기(V) 데이터(D) 변환(T) 분석(A) 그래프(G) 유틸리티(U) 추가 기능(O) 창(W) 도움말(H)
보고서
기술통계량
1 : 맥주이름 Budweiser
표시: 5 / 5 변수
Budweiser
Schlitz
Augsberger
데이터 보기 변수 보기
계층적 군집분석(H)...
분석
☞ 분류분석
☞ 계층적 군집분석 …
계층적 군집분석
변수(V):
칼로리
염분
알코올
생산가
케이스 설명 기준변수(C):
맥주이름
수평누적
케이스 변수
표시
통계량 도표
통계량(S)...
도표(T)...
방법(M)...
저장(A)...
도움말
계층적 군집분석: 방법
군집방법(M): 집단-간 연결
측도
등간(N): 제곱 유클리디안 거리
제곱값: 2 제곱근수(R):
빈도(T): 카이제곱 측정
이분형(B): 제곱 유클리디안 거리
유(P): 1 무(A):
값 변환
표준화(S): Z 점수
변수별(V)
케이스별(C):
변환 측정
절대값
부호
0-1 범
계속 취소 도움말
계층적 군집분석: 도표
덴드로그램(D)
고드름
전체 군집(A)
군집 범위 지정(S)
군집 시작(T): 1
군집 중지(P):
기준(B): 1
지정않음(N)
방향
수직(V)
수평(H)
계속 취소 도움말
계층적 군집 분석: 저장
소속군집
지정않음(N)
단일 해법(S)
군집 수(B): 3
해법범위(R)
최소 군집 수(M):
최대 군집 수(X):
계속 취소 도움말

덴드로그램

군집화 일정표						
	결합 군집			처음 나타나는 군집의 단계		
단계	군집 1	군집 2	계수	군집 1	군집 2	다음 단계
1	11	17	.115	0	0	5
2	9	20	.307	0	0	9
3	8	18	.309	0	0	11
4	1	3	.375	0	0	7
5	2	11	.497	0	1	7
6	5	15	.606	0	0	8
7	1	2	.671	4	5	13
8	4	5	.809	0	6	16
9	9	10	.857	2	0	10
10	9	12	1.262	9	0	12
11	6	8	1.311	0	3	13
12	9	13	1.670	10	0	17
						15
						19
						17
						18
						18
						19
						0

```
******HIERARCHICAL CLUSTER ANALYSIS******

Dendrogram using Average Linkage (Between Groups)

                         Rescaled Distance Cluster Combine

     C A S E              0         5        10        15        20        25
  Label             Num   +---------+---------+---------+---------+---------+

  Coors              11   -+
  Hamms              17   -+
  Schlitz             2   -+---+
  Budweiser           1   -+   |
  Lowenbrau           3   -+   +---+
  Strohs Bohemian Styl 8  -+-+ |   |
  Heilemans Old Style 18  -+ +-+   +---------+
  Old Milwaukee       6   ---+     |         |
  Augsberger          7   ---------+         |
  Miller Light        9   -+-+               +---------+
  Schlitz Light      20   -+ |               |         |
  Budweiser Light    10   ---+-+             |         |
  Coors Light        12   ---+ +-------------+         +-------------------+
  Michelob Light     13   -----+                       |                   |
  Heineken            5   -+-+                         |                   |
  Kirin              15   -+ +-----+                   |                   |
  Kronenbourg         4   ---+     +-------------------+                   |
  Becks              14   ---------+                                       |
  Pabst Extra Light  16   ---------+---------------------------------------+
  Olympia Gold Light 19   ---------+
```

4개의 군집

3개의 군집

2개의 군집

군집변수

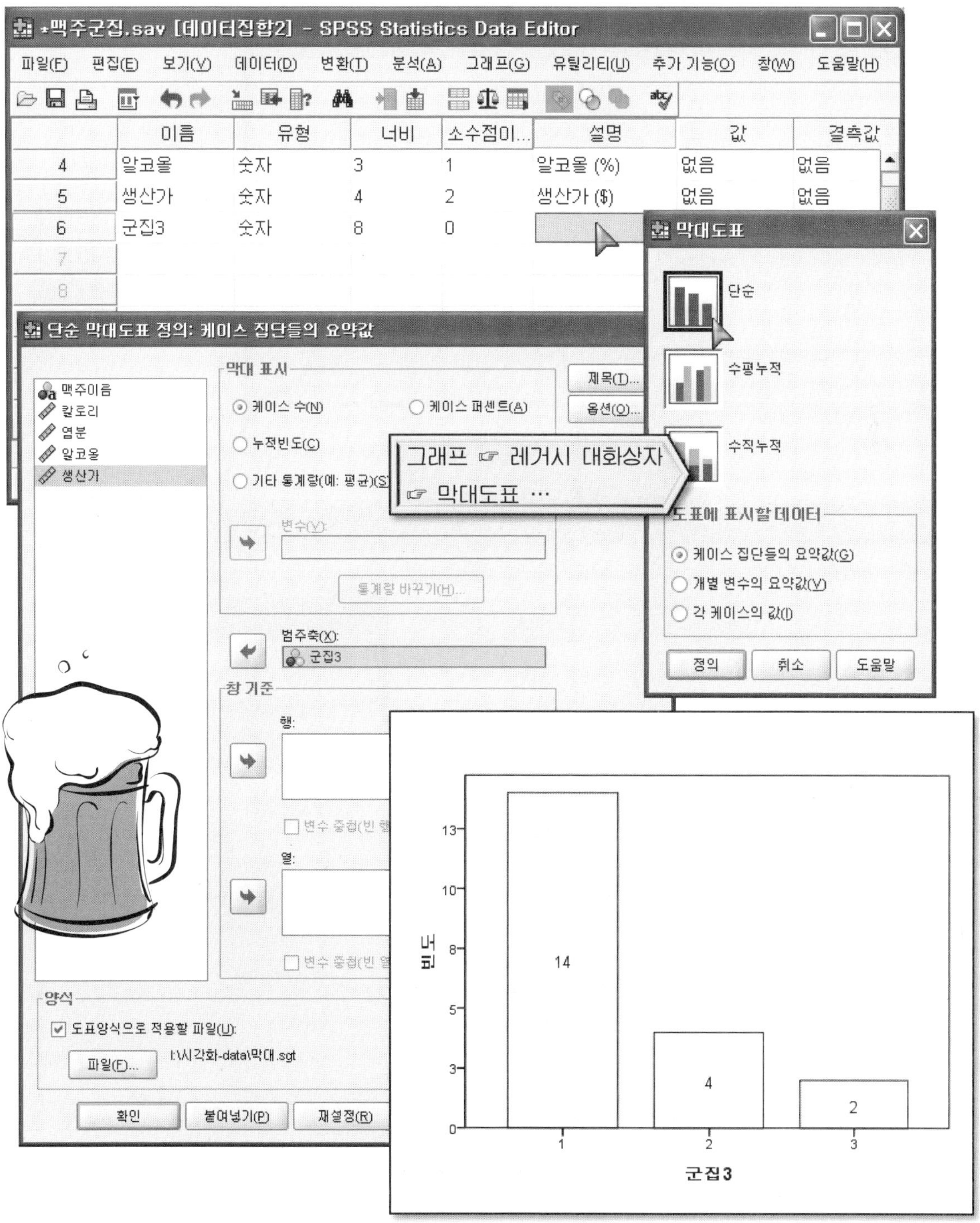

군집속성 파악

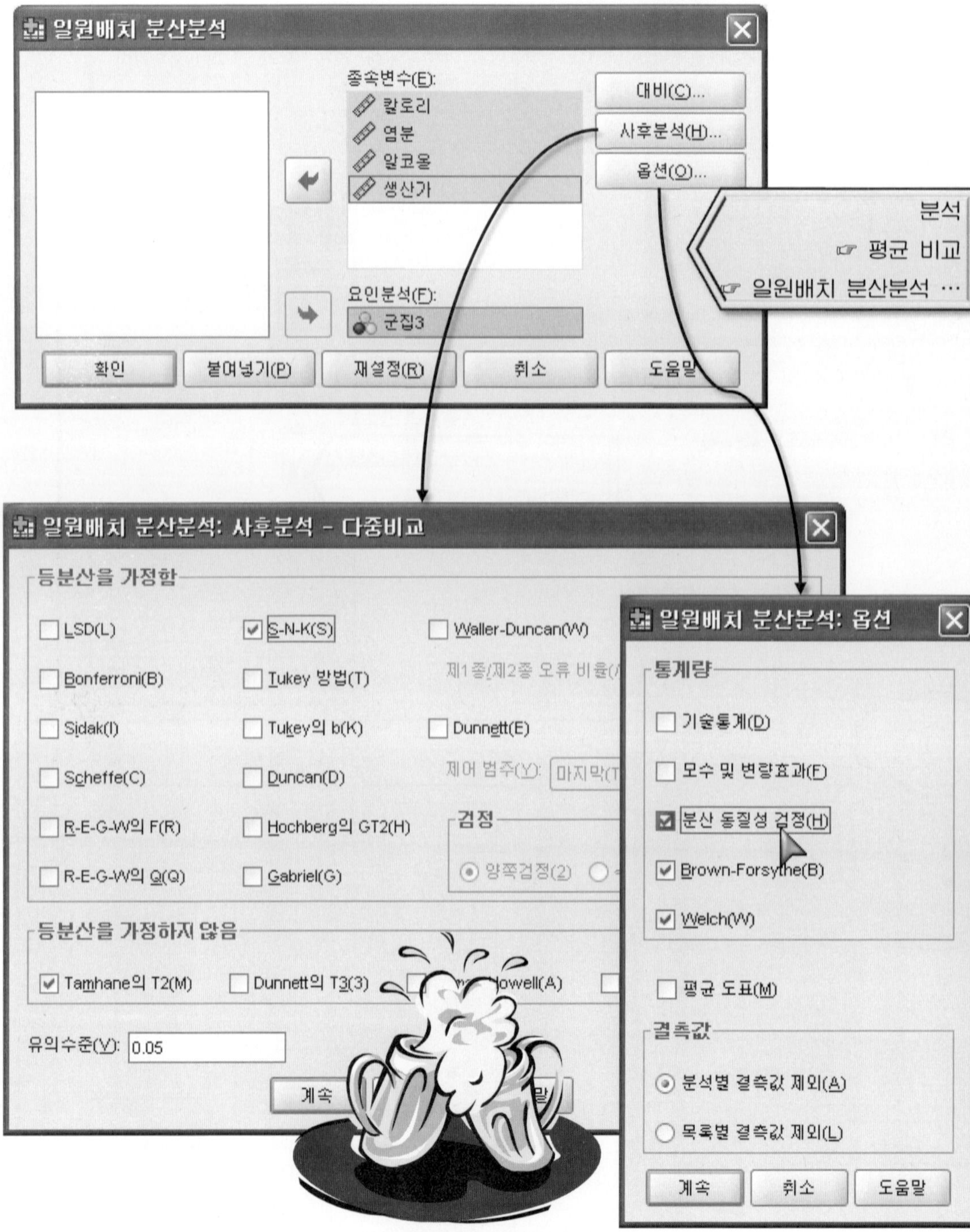
일원배치 분산분석
종속변수(E):
칼로리
염분
알코올
생산가
요인분석(F):
군집3
대비(C)...
사후분석(H)...
옵션(O)...
확인
붙여넣기(P)
재설정(R)
취소
도움말
분석
☞ 평균 비교
☞ 일원배치 분산분석 …
일원배치 분산분석: 사후분석 - 다중비교
등분산을 가정함
LSD(L)
S-N-K(S)
Waller-Duncan(W)
Bonferroni(B)
Tukey 방법(T)
Sidak(I)
Tukey의 b(K)
Dunnett(E)
Scheffe(C)
Duncan(D)
R-E-G-W의 F(R)
Hochberg의 GT2(H)
검정
R-E-G-W의 Q(Q)
Gabriel(G)
양쪽검정(2)
등분산을 가정하지 않음
Tamhane의 T2(M)
Dunnett의 T3(3)
유의수준(V): 0.05
계속
일원배치 분산분석: 옵션
통계량
기술통계(D)
모수 및 변량효과(F)
분산 동질성 검정(H)
Brown-Forsythe(B)
Welch(W)
평균 도표(M)
결측값
분석별 결측값 제외(A)
목록별 결측값 제외(L)
계속
취소
도움말

군집별 평균비교

분산의 동질성 검정

	Levene 통계량	df1	df2	유의확률
칼로리 (cal)	2.421	2	17	.119
염분 (mg)	.165	2	17	.849
알코올 (%)	1.137	2	17	.344
생산가 ($)	.276	2	17	.762

Levene의 등분산 검정 결과 유의수준 5% 하에서 4개 변수 모두 등분산이므로 Welch 나 Brown-Forsythe의 근사 F-검정을 하지 않고 분산분석표를 보아야 한다.

분산분석

		제곱합	df	평균 제곱	거짓	유의확률
칼로리 (cal)	집단-간	9955.693	2	4977.846	11.375	.001
	집단-내	7439.107	17	437.595		
	합계	17394.800	19			
염분 (mg)	집단-간	157.343	2	78.671	2.009	.165
	집단-내	665.607	17	39.153		
	합계	822.950	19			
알코올 (%)	집단-간	8.086	2	4.043	23.843	.000
	집단-내	2.883	17	.170		
	합계	10.968	19			
생산가 ($)	집단-간	.354	2	.177	77.862	.000
	집단-내	.039	17	.002		
	합계	.393	19			

등분산을 가정할 수 있으므로 평균의 동일성 검정은 <u>분산분석표</u>를 보고 판단한다.

평균의 동질성 검정

		통계량[a]	df1	df2	Sig.
칼로리 (cal)	Welch	146.691	2	7.369	.000
	Brown-Forsythe	39.746	2	14.948	.000
염분	Welch	1.660		2.599	.343
	Brown-Forsythe	2.060	2	3.648	.252
		23.041		2.729	.020
	orsythe	31.655	2	2.425	.018
		137.171	2	2.653	.002
	the	85.206	2	2.049	.011

이분산인 경우 평균의 동일성 검정이므로 여기에서는 사용하지 않는다.

등분산 가정 다중비교

칼로리 (cal)

	군집3	N	유의수준 = 0.05에 대한 부집단 1	2
Student-Newman-Keuls[a,b]	3	2	70.00	
	1	14		134.79
	2	4		155.25
	유의확률		1.000	.204

동일 집단군에 있는 집단에 대한 평균이 표시됩니다.

a. 조화평균 표본 크기 3.652을(를) 사용합니다.

b. 집단 크기가 동일하지 않습니다. 집단 크기의 조화평균이 사용됩니다. I 유형 오차 수준은 보장되지 않습니다.

염분 (mg)

	군집3	N	유의수준 = 0.05에 대한 부집단 1
	3	2	10.50
	2	4	10.75
	1	14	16.79
	유의확률		.384

집단군에 있는 집단에 대한 평균이 니다.

화평균 표본 크기 3.652을(를) 니다.

단 크기가 동일하지 않습니다. 집단 조화평균이 사용됩니다. I 유형 수준은 보장되지 않습니다.

알코올 (%)

	군집3	N	유의수준 = 0.05에 대한 부집단 1	2
Student-Newman-Keuls[a,b]	3	2	2.600	
	1	14		4.550
	2	4		4.975
	유의확률		1.000	.181

동일 집단군에 있는 집단에 대한 평균이 표시됩니다.

a. 조화평균 표본 크기 3.652을(를) 사용합니다.

b. 집단 크기가 동일하지 않습니다. 집단 크기의 조화평균이 사용됩니다. I 유형 오차 수준은 보장되지 않습니다.

생산가 ($)

	군집3	N	유의수준 = 0.05에 대한 부집단 1	2
Student-Newman-Keuls[a,b]	3	2	.4200	
	1	14	.4314	
	2	4		.7625
	유의확률		.750	1.000

동일 집단군에 있는 집단에 대한 평균이 표시됩니다.

a. 조화평균 표본 크기 3.652을(를) 사용합니다.

b. 집단 크기가 동일하지 않습니다. 집단 크기의 조화평균이 사용됩니다. I 유형 오차 수준은 보장되지 않습니다.

다중비교 시각화

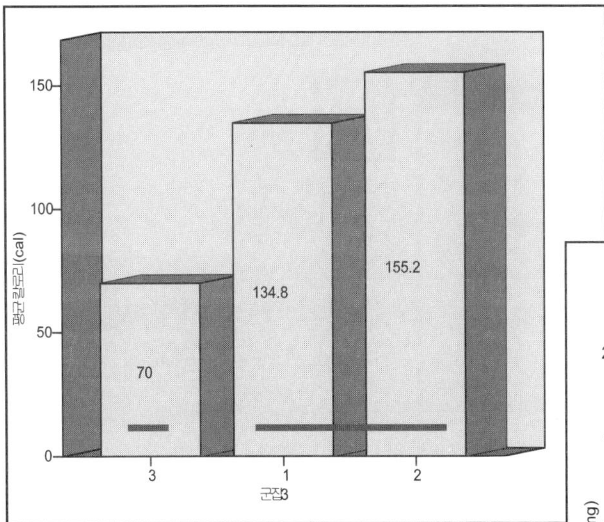
150
100
50
0
70
134.8
155.2
3
1
2
군집3

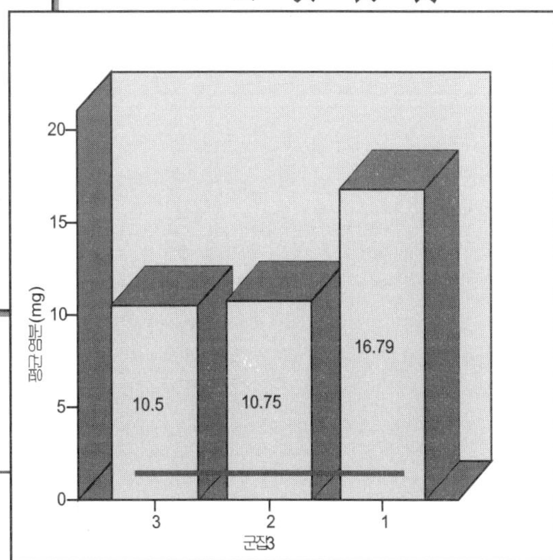
20
15
10
5
0
10.5
10.75
16.79
3
2
1
군집3

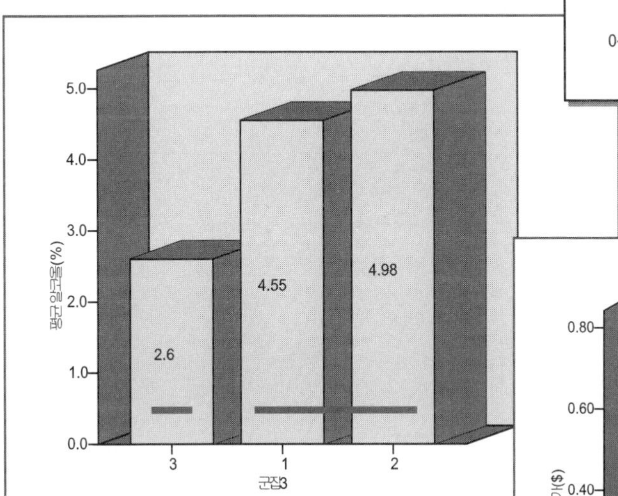
5.0
4.0
3.0
2.0
1.0
0.0
2.6
4.55
4.98
3
1
2
군집3

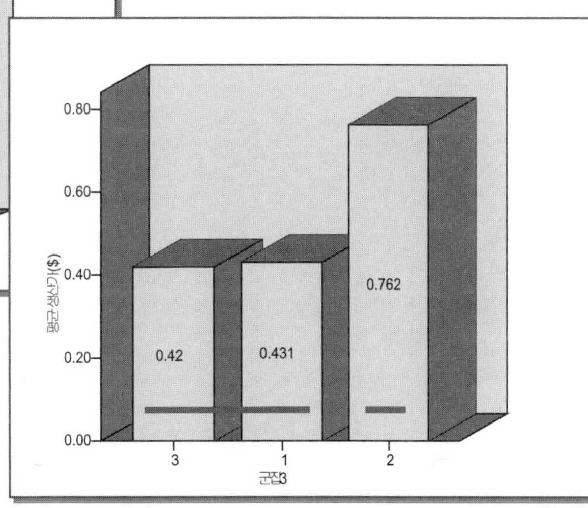
0.80
0.60
0.40
0.20
0.00
0.42
0.431
0.762
3
1
2
군집3

95% 신뢰구간 시각화

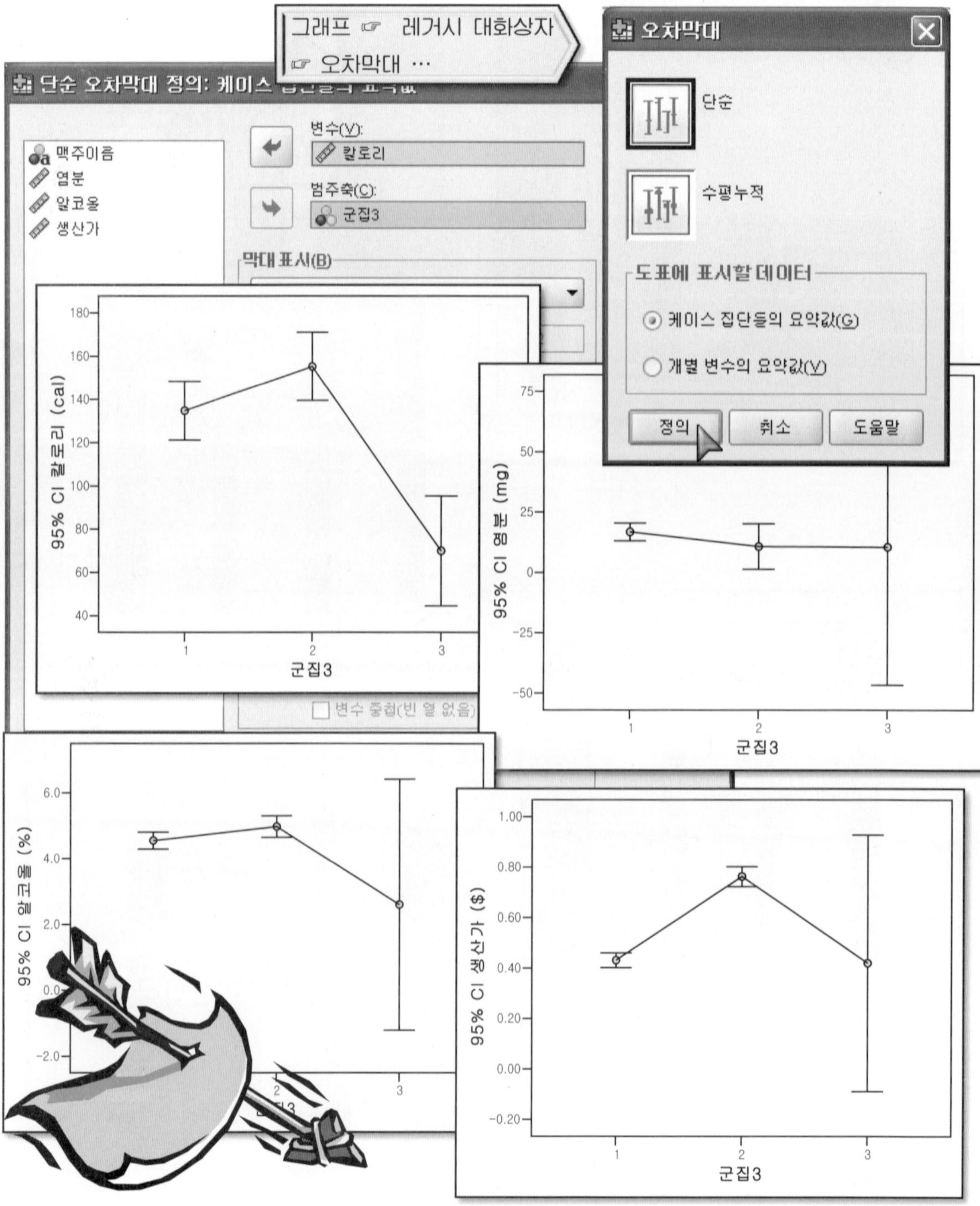
그래프 ☞ 레거시 대화상자
☞ 오차막대 …
단순 오차막대 정의: 케이스 집단들의 요약값
맥주이름
열분
알코올
생산가
변수(V):
칼로리
범주축(C):
군집3
막대 표시(B)
변수 중첩(빈 열 없음)
오차막대
단순
수평누적
도표에 표시할 데이터
케이스 집단들의 요약값(G)
개별 변수의 요약값(V)
정의
취소
도움말
95% CI 칼로리 (cal)
95% CI 염분 (mg)
95% CI 알코올 (%)
95% CI 생산가 ($)
군집3

군집의 시각화?!!

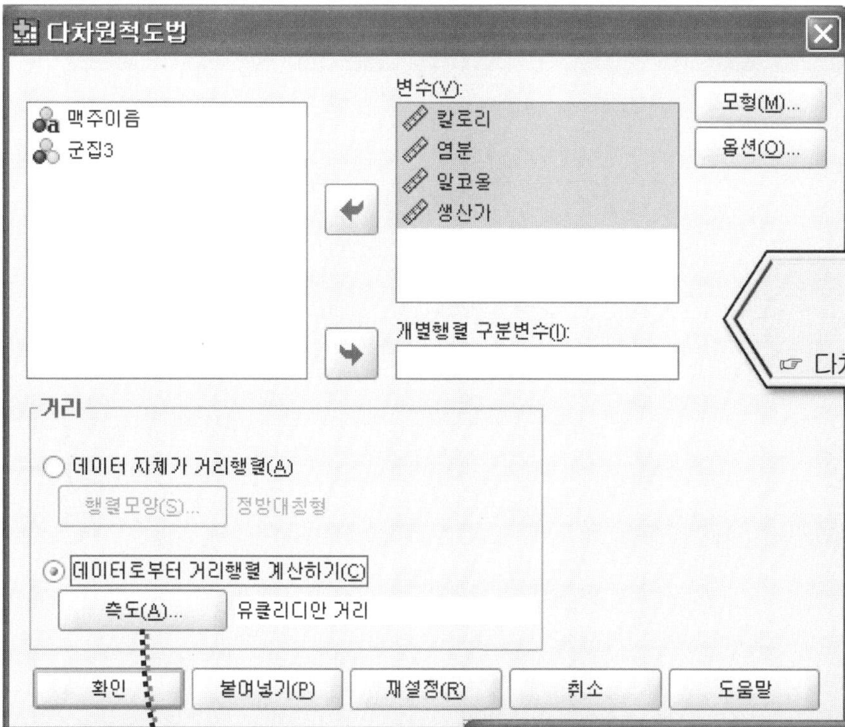

분석
☞ 척도
☞ 다차원척도법(ALSCAL) …

모형/옵션 지정

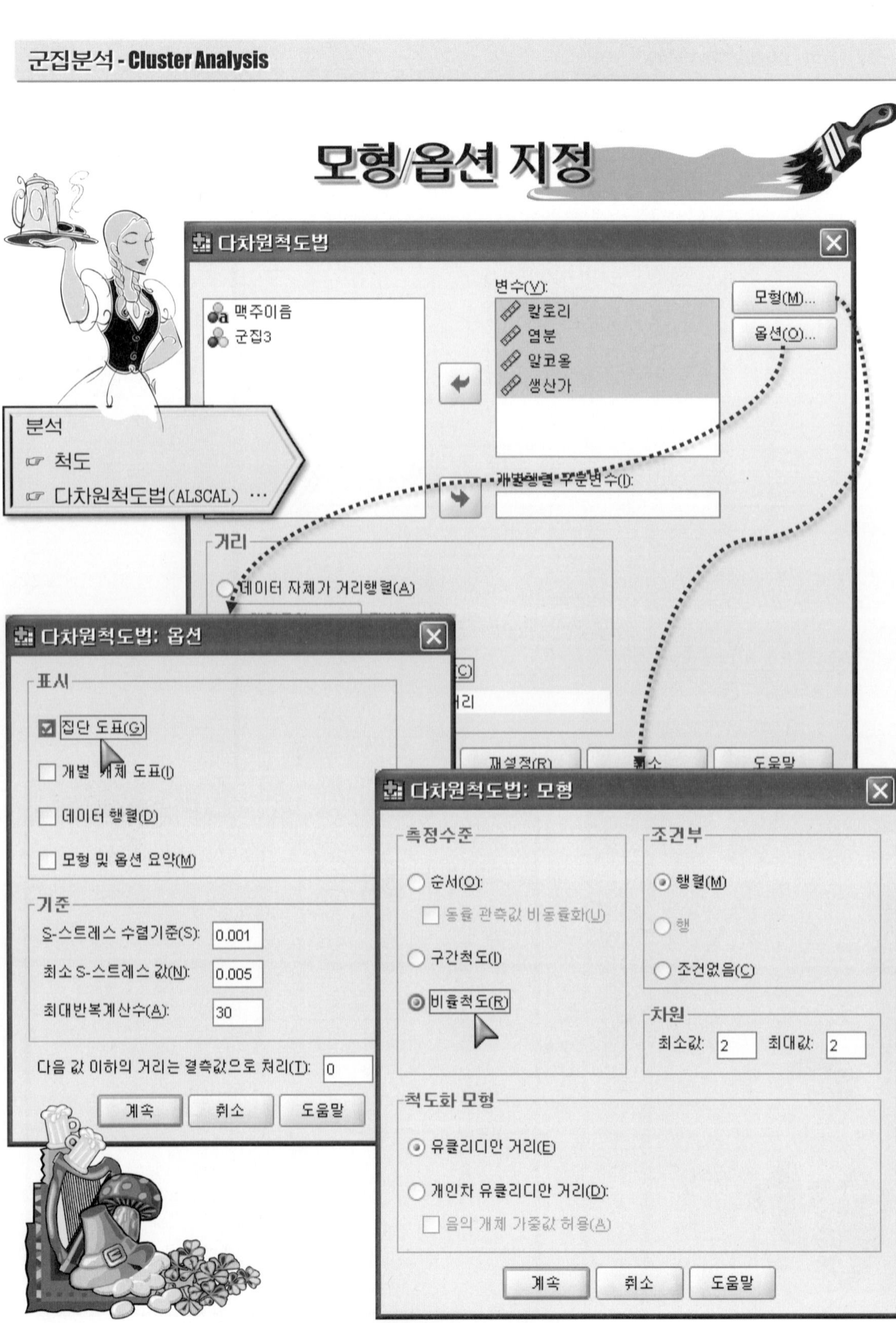
다차원척도법
변수(V):
칼로리
염분
알코올
생산가
모형(M)...
옵션(O)...
맥주이름
군집3
개별행렬 구분변수(I):
거리
데이터 자체가 거리행렬(A)
분석
☞ 척도
☞ 다차원척도법(ALSCAL) …
다차원척도법: 옵션
표시
집단 도표(G)
개별 개체 도표(I)
데이터 행렬(D)
모형 및 옵션 요약(M)
기준
S-스트레스 수렴기준(S): 0.001
최소 S-스트레스 값(N): 0.005
최대반복계산수(A): 30
다음 값 이하의 거리는 결측값으로 처리(T): 0
계속 취소 도움말
다차원척도법: 모형
측정수준
순서(O):
동률 관측값 비동률화(U)
구간척도(I)
비율척도(R)
조건부
행렬(M)
행
조건없음(C)
차원
최소값: 2 최대값: 2
척도화 모형
유클리디안 거리(E)
개인차 유클리디안 거리(D):
음의 개체 가중값 허용(A)
계속 취소 도움말

군집별 위치도

소속 군집별로 각 맥주의 점표시를 다르게 나타내도록 하면 된다. 그리고 각 점표시에 맥주의 이름이 나타나도록 해야 한다.

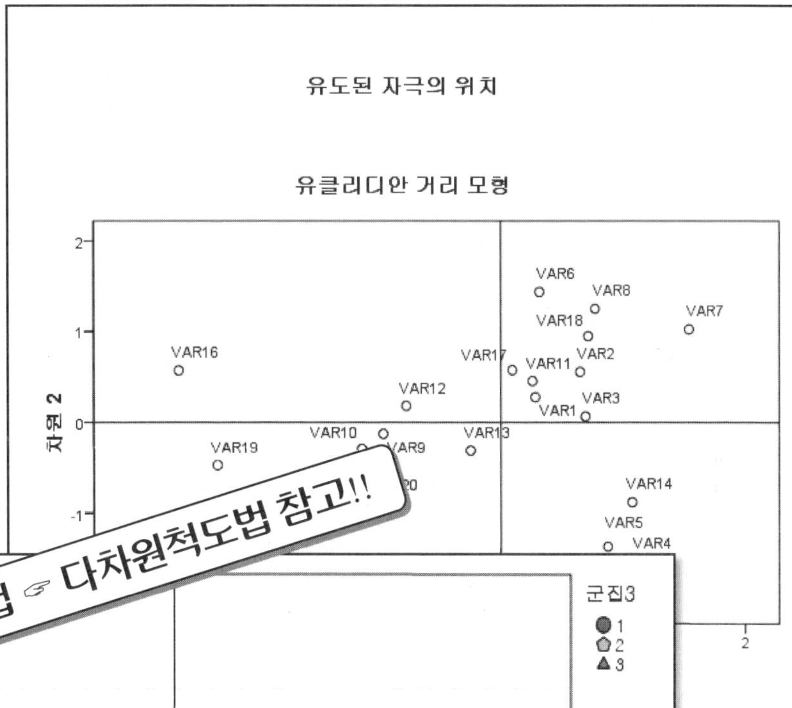

세부 작성방법 ☞ 다차원척도법 참고!!

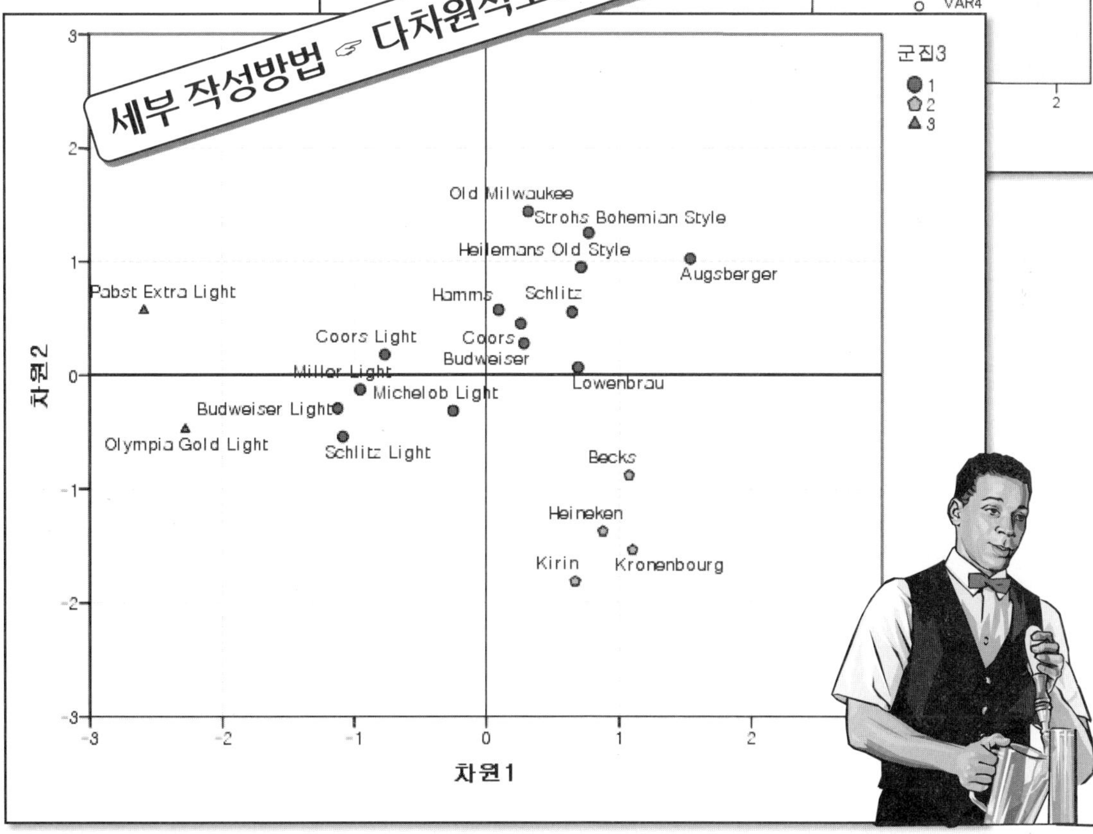

상대적 위치도와 변수벡터

요인분석에서 요인의 수를 '2'로 지정하고 요인회전을 'VARIMAX'로... 그리고 Loading Plot(적재값도표)를 출력하여 위치도 위에 방향을 설정하여 겹쳐그리기 한다.

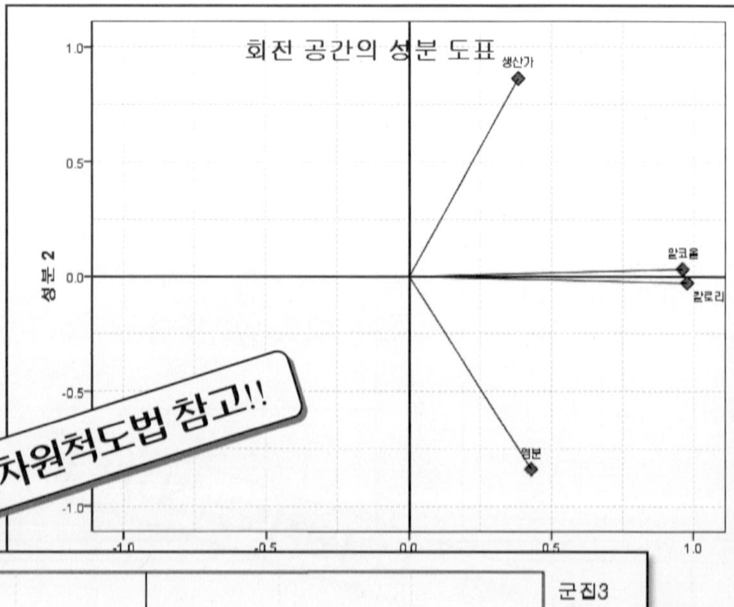

세부 작성방법 ☞ 다차원척도법 참고!!

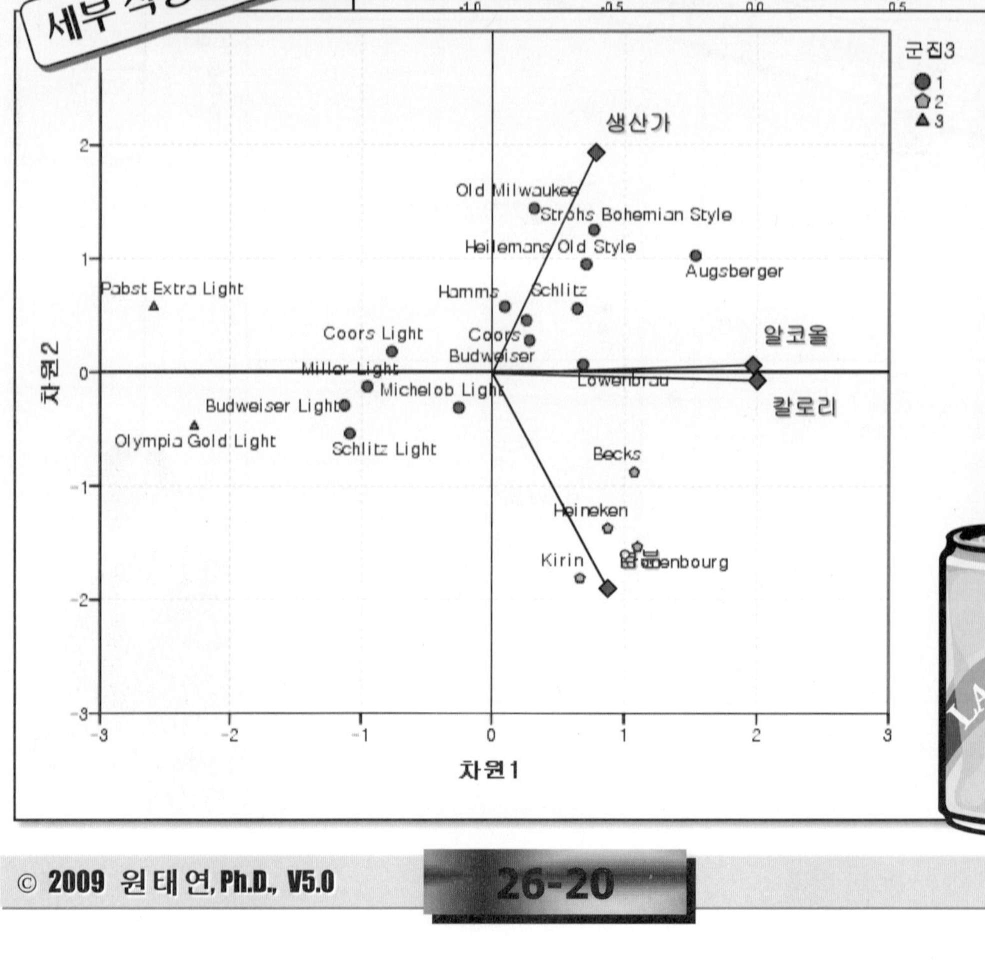

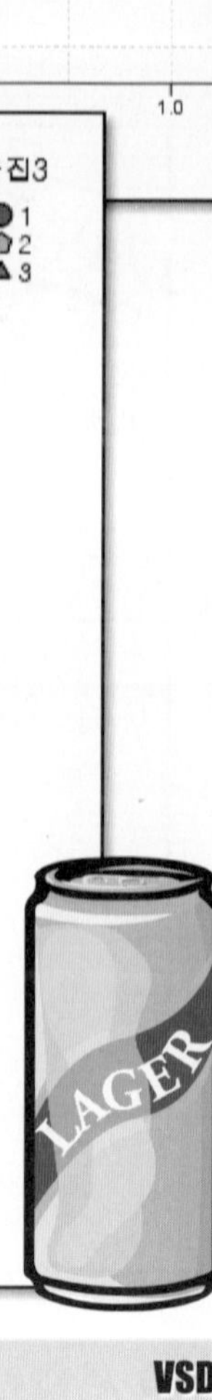

다차원척도법

MDS

MultiDimensional Scaling

다차원 척도법이란?

지도(map)는 흔히 각 지리적 개체의 상대적 위치에 대한 정보를 표현하는 매체이다. 이러한 지도에서는 두 점들간의 거리를 쉽게 계산할 수 있으며 특정한 개체들이 다른 개체들과 얼마나 유사한가를 알아볼 수 있다. 즉, 지도를 보면 한 도시가 다른 도시와 얼마나 가까운가를 알 수 있다. 또한 각 개체들의 좌표를 알면 쉽게 지도를 그릴 수 있다. 즉, 축을 먼저 그리고 좌표에 따라 각 개체들을 위치시키면 되는 것이다. 대부분의 데이터분석에서 하나의 그림은 수천 개의 수치들보다 더 가치가 있다. 이 말은 그림으로 표현된 정보가 수치로 표현된 정보보다 훨씬 더 이해하기가 쉽다는 것을 의미한다.

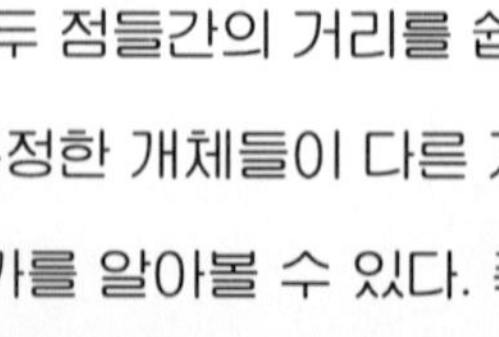

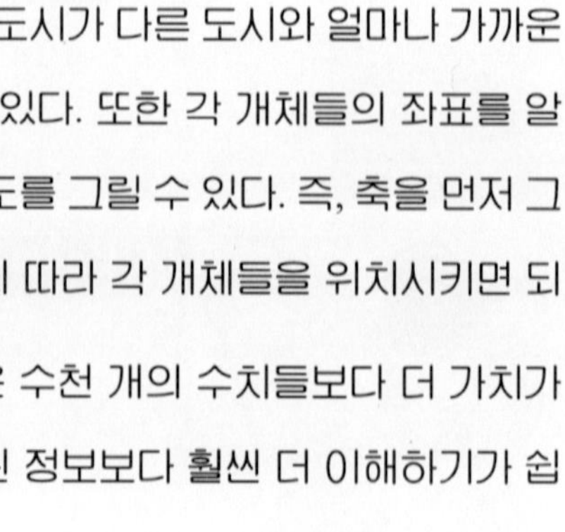

다차원척도법(Multi-Dimensional Scaling: MDS)은 개체들 간의 상대적인 거리를 계산하여 사람이 인지할 수 있는 2차원 평면상에 상대적 거리로 나타내는 방법이다. 이렇게 표현한 위치도에서 서로 가까운 곳에 위치한 개체들은 상대적으로 유사함을 의미하게 된다. 분석자에 관한 한 MDS의 장점은 물리적인 개념 뿐만 아니라 추상적인 개념도 상대적인 위치를 그림으로 표현할 수 있다는 것이다.

위치도

도시명	동거	북거
A	1	2
B	5	2
C	1	5

지도는 흔히 각 지리적 개체의 상대적 위치에 대한 정보를 표현한 매체이다. 이러한 지도상에서 두 점들간의 거리를 쉽게 계산할 수 있다. 세 개 도시의 상대적인 위치도(positioning map)를 작성해 보기로 한다.

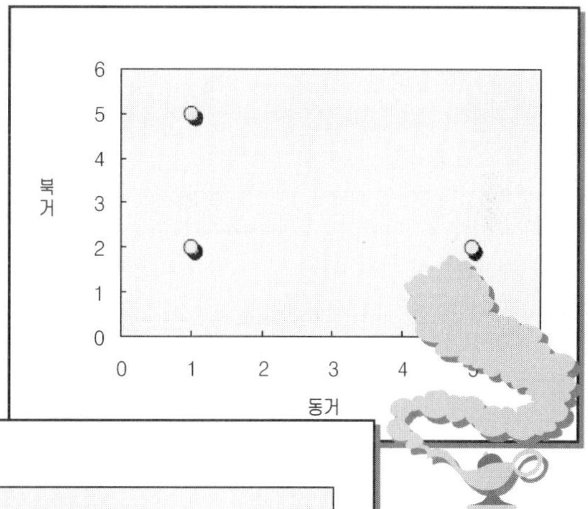

수평선을 긋고 'A - B'의 거리에 따라 A, B 두 도시를 표시한다. 그런 다음 A를 중심점으로 반지름이 'A - C'의 거리인 3이 되는 원을 그리고 B를 중심점으로 반지름이 'B - C'의 거리인 5가 되는 원을 그리면, 두 원이 교차하는 점에 도시 C를 위치시키면 된다.

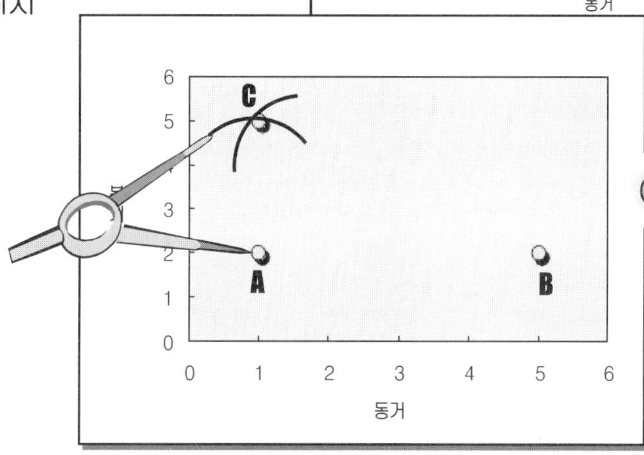

개체의 수가 3개인 경우에 위치화는 비교적 쉬운 편이나, 개체의 수가 3개를 넘어가면 훨씬 더 복잡해지게 된다. 그러나 다행히 여러 개의 개체들을 위치화시켜 주는 매우 강력한 도구가 있다. 그것은 다차원척도법(MDS)라고 불리는 분석기법으로 많은 수의 개체들의 상대적 거리에 기초하여 2차 평면 또는 다차원 공간상에 위치화시켜 주는 분석법이다.

승용차 선호도 측정 - BIB 테스트

각 19개 문항에 나타난 3가지 승용차에 대하여 가장 구입하고 싶은 차에 숫자 "1"을 부여하고, 그 다음 차에 "2", 가장 구입하고 싶지 않은 차에 "3"을 부여하세요.

문 1	문 2	문 3
___ 라노스1.5 DOHC ___ 프라이드 웨곤 ___ 액센트 1.5 DOHC	___ 다이너스티V6 3500 ___ 뉴프린스1.8 DOHC ___ 프라이드 웨곤	___ 엔터프라이즈 3.6 CEO ___ 크레도스2.0 EXCESS ___ 아카디아 로얄 3.2
문 4	문 5	문 6
___ 쏘나타 III 2.0 GOLD ___ 그랜저 V6 3000 ___ 무 쏘 602	___ 티 코 SE ___ 뉴브로엄2200 DOHC ___ 아반떼1.5 GLS	___ 티뷰론2.0 TGX ___ 포텐샤 V6 3000 ___ 세피아 레오1.5 DOHC
문 7	문 8	문 9
___ 뉴프린스1.8 DOHC ___ 엔터프라이즈 3.6 CEO ___ 다이너스티V6 3500	___ 크레도스2.0 EXCESS ___ 누비라1.5 DOHC ___ 그랜저 V6 3000	___ 무 쏘 602 ___ 세피아 레오1.5 DOHC ___ 쏘나타 III 2.0 GOLD
문 10	문 11	문 12
___ 누비라1.5 DOHC ___ 액센트 1.5 DOHC ___ 레간자2.0 DOHC	___ 아반떼1.5 GLS ___ 레간자2.0 DOHC ___ 뉴프린스1.8 DOHC	___ 아카디아 로얄 3.2 ___ 다이너스티V6 3500 ___ 티 코 SE
문 13	문 14	문 15
___ 포텐샤 V6 3000 ___ 라노스1.5 DOHC ___ 뉴브로엄2200 DOHC	___ 액센트 1.5 DOHC ___ 아반떼1.5 GLS ___ 티뷰론2.0 TGX	___ 뉴브로엄2200 DOHC ___ 쏘나타 III 2.0 GOLD ___ 크레도스2.0 EXCESS
문 16	문 17	문 18
___ 그랜저 V6 3000 ___ 티 코 SE ___ 엔터프라이즈 3.6 CEO	___ 프라이드 웨곤 ___ 무 쏘 602 ___ 라노스1.5 DOHC	___ 레간자2.0 DOHC ___ 티뷰론2.0 TGX ___ 포텐샤 V6 3000
문 19	지금까지의 설문에 응답해 주신 귀하께 감사드리며, 귀하의 안녕을 기원합니다. 감사합니다.	
___ 세피아 레오1.5 DOHC ___ 아카디아 로얄 3.2 ___ 누비라1.5 DOHC		

BIB-테스트 점수화

일단 응답자로부터 설문지가 수집되면 BIB 검사문항들을 다음과 같이 각 응답에 대한 선호도를 계산하여야 한다.

만약 한 응답자가 위와 같이 응답하였을 경우 각 선호도는 숫자 '4'에서 각 순위의 값을 빼면 된다. 그런 후 각 승용차별로 부여된 점수를 합산하면 된다. 각 승용차별로 3번 반복되어 있으므로 각 승용차의 선호도 점수는 최소 '3'점에서 최고 '9'점이 된다.

BIB – Scoring 예

문 1	선호점수계산
_1_ **라노스**1.5 DOHC	☞ 4 - 1 = 3
_3_ **프라이드 웨곤**	☞ 4 - 3 = 1
_2_ **액센트** 1.5 DOHC	☞ 4 - 2 = 2

```
compute 승용차01 = (4-선호03)+(4-선호29)+(4-선호40).
compute 승용차02 = (4-선호15)+(4-선호31)+(4-선호41).
compute 승용차03 = (4-선호10)+(4-선호27)+(4-선호44).
compute 승용차04 = (4-선호16)+(4-선호42)
compute 승용차05 = (4-선호11)+(4-선호24)
compute 승용차06 = (4-선호04)+(4-선호21)
compute 승용차07 = (4-선호13)+(4-선호36)
compute 승용차08 = (4-선호23)+(4-선호28)
compute 승용차09 = (4-선호01)+(4-선호38)
compute 승용차10 = (4-선호30)+(4-선호32)
compute 승용차11 = (4-선호05)+(4-선호19)
compute 승용차1
compute 승용차1
compute 승용차1
compute 승용차1
compute 승용차1
compute 승용차1
compute 승용차1
compute 승용차19 = (4-선호12)+(4-선호25)
execute.
format 승용차01 to 승용차19 (f3.0).
```

어떤 변수가 어떤 차종을 의미하는 선호점수인지를 쉽게 확인할 수 있도록 하기 위하여 ...

```
VARIABLE LABELS
승용차01 '액센트 1.5 DOHC'
승용차02 '아반떼1.5 GLS'
승용차03 '쏘나타 III 2.0 GOLD'
승용차04 '티뷰론2.0 TGX'
승용차05 '그랜저 V6 3000'
승용차06 '다이너스티V6 3500'
승용차07 '티 코 SE'
승용차08 '누비라1.5 DOHC'
승용차09 '라노스1.5 DOHC'
승용차10 '레간자2.0 DOHC'
승용차11 '뉴프린스1.8 DOHC'
승용차12 '뉴브로엄2200 DOHC'
승용차13 '아카디아 로얄 3.2'
승용차14 '프라이드 웨곤'
승용차15 '세피아 레오1.5 DOHC'
승용차16 '크레도스2.0 EXCESS'
승용차17 '포텐샤 V6 3000'
승용차18 '엔터프라이즈 3.6 CEO'
승용차19 '무 쏘 602'.
```

명령문 파일: BIB측정-선호도.SPS

평균선호점수

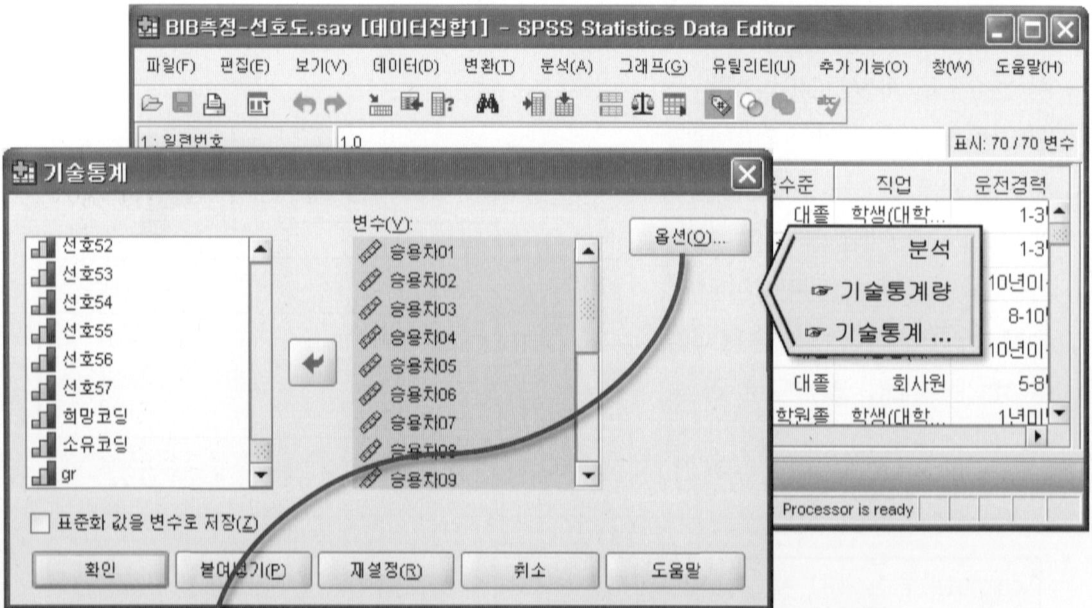

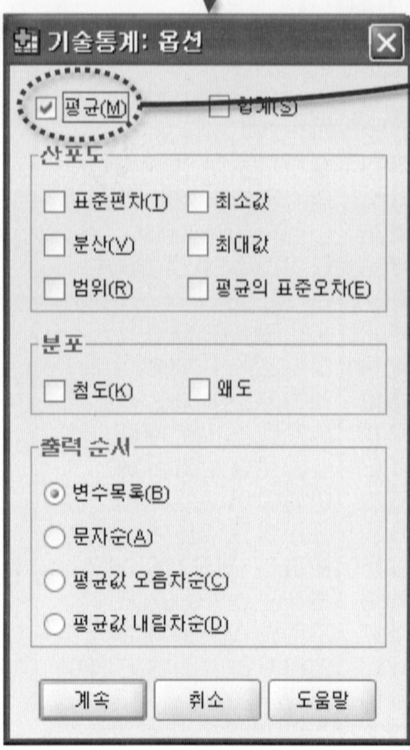

기술통계량

	N	평균
액센트 1.5 DOHC	215	4.67
아반떼1.5 GLS	215	6.55
쏘나타 III 2.0 GOLD	215	6.56
티뷰론2.0 TGX	215	7.25
그랜저 V6 3000	215	6.35
다이너스티V6 3500	215	6.80
티 코 SE	215	3.69
누비라1.5 DOHC	215	5.83
라노스1.5 DOHC	215	6.11
레간자2.0 DOHC	215	6.39
뉴프린스1.8 DOHC	215	6.27
뉴브로엄2200 DOHC	215	6.19
아카디아 로얄 3.2	215	6.45
프라이드 웨곤	215	4.59
세피아 레오1.5 DOHC	215	4.48
크레도스2.0 EXCESS	215	6.05
포텐샤 V6 3000	215	6.04
엔터프라이즈 3.6 CEO	215	7.10
무 쏘 602	215	6.74
유효수 (목록별)	215	

선호도 변수추가

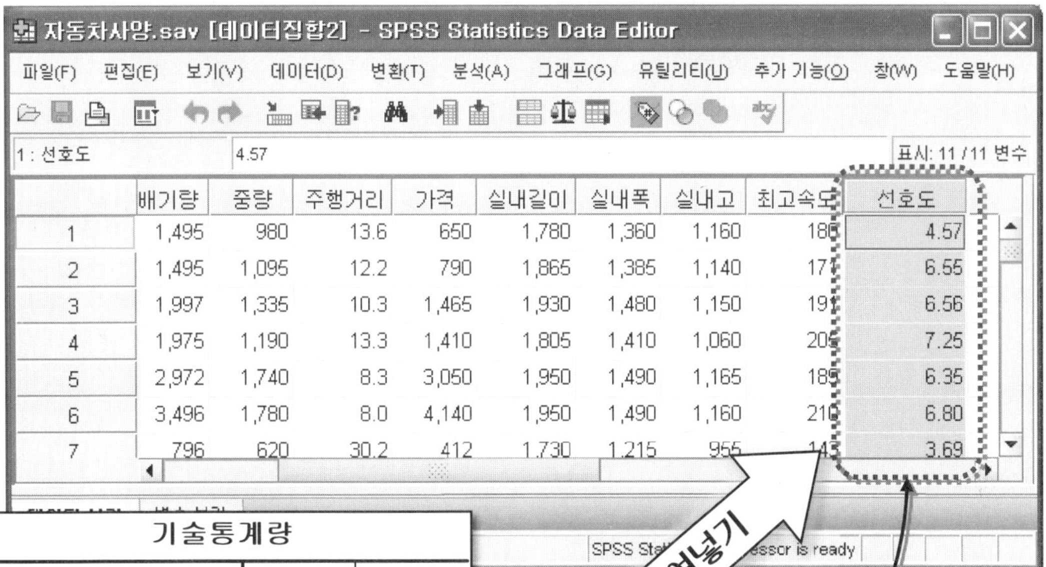

	배기량	중량	주행거리	가격	실내길이	실내폭	실내고	최고속도	선호도
1	1,495	980	13.6	650	1,780	1,360	1,160	18	4.57
2	1,495	1,095	12.2	790	1,865	1,385	1,140	17	6.55
3	1,997	1,335	10.3	1,465	1,930	1,480	1,150	19	6.56
4	1,975	1,190	13.3	1,410	1,805	1,410	1,060	20	7.25
5	2,972	1,740	8.3	3,050	1,950	1,490	1,165	18	6.35
6	3,496	1,780	8.0	4,140	1,950	1,490	1,160	21	6.80
7	796	620	30.2	412	1,730	1,215	955	14	3.69

기술통계량

	N	평균
액센트 1.5 DOHC	215	4.57
아반떼1.5 GLS	215	6.55
쏘나타 III 2.0 GOLD	215	6.56
티뷰론2.0 TGX	215	7.25
그랜저 V6 3000	215	6.35
다이너스티V6 3500	215	6.80
티 코 SE	215	3.69
누비라1.5 DOHC	215	5.83
라노스1.5 DOHC	215	6.11
레간자2.0 DOHC	215	6.39
뉴프린스1.8 DOHC	215	6.27
뉴브로엄2200 DOHC	215	6.19
아카디아 로얄 3.2	215	6.45
프라이드 웨곤	215	4.59
세피아 레오1.5 DOHC	215	4.48
크레도스2.0 EXCESS	215	6.05
포텐샤 V6 3000	215	6.04
엔터프라이즈 3.6 CEO	215	7.10
무 쏘 602	215	6.74
유효수 (목록별)	215	

MDS - ALSCAL 수행

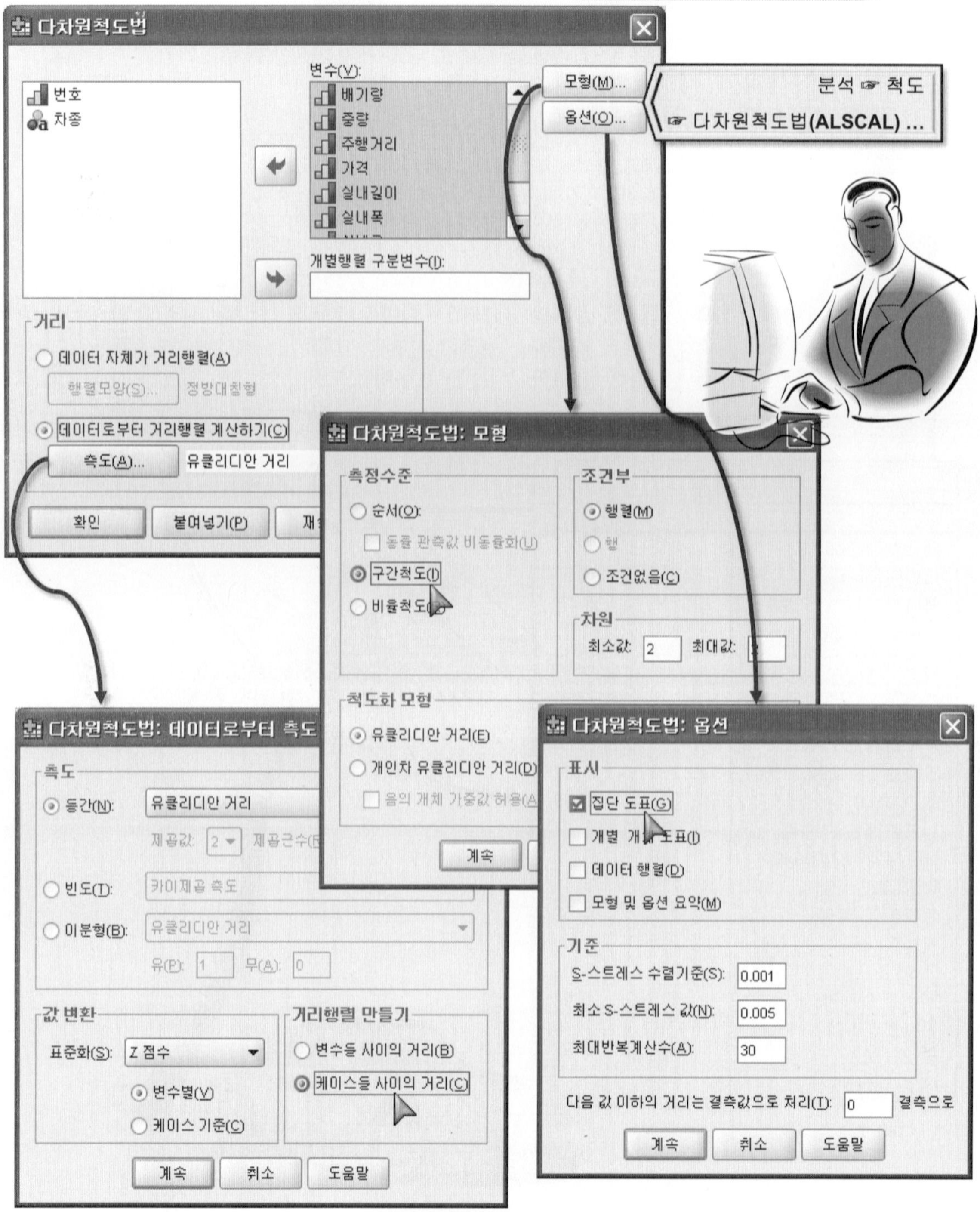

부적합도 = STRESS

```
Iteration history for the 2 dimensional solution (in squared distances)

              Young's S-stress formula 1 is used.

             Iteration      S-stress      Improvement

                 1           .06753
                 2           .04567          .02187
                 3           .04349          .00218
                 4           .04328          .00021

                    Iterations stopped because
             S-stress improvement is less than   .001000


          Stress and squared correlation (RSQ) in distances

RSQ values are the proportion of variance of the scaled data (disparities)
         in the partition (row, matrix, or entire data) which
          is accounted for by their corresponding distances.
           Stress values are Kruskal's stress formula 1.


             For  matrix
   Stress  =   .06457      RSQ =  .98753
```

모형의 적합은 부적합도를 최소로 하는 방법으로 반복알고리즘을 사용하여 최적해(optimal solutions)를 찾게 되며 이 값이 일정한 값(0.001)보다 작을 때 최종적으로 적합된 모형으로 제시하게 된다.

R-Square 값으로 0~1 사이의 값으로 STRESS 값의 보조용으로 사용한다. 값이 클수록 모형의 설명력이 좋아진다.

2차원 평면에 표현된 최적 위치의 부적합도는 Kruskal은 Stress의 또는 S-Stress를 사용한다. 이 값은 0~1 사이의 값으로 주어지며 '0'에 가까울수록 적합된 모형이 적절하다고 판단한다.

STRESS	적합 정도
0	Perfect
0~0.05	Excellent
0.05~0.10	Satisfactory
0.10~0.15	Acceptable, but doubt
0.15 이상	Poor

$$STRESS = \sqrt{\frac{\sum_{i<j}(S_{ij}-\hat{S}_{ij})^2}{\sum_{i<j}S_{ij}^2}}$$

$$S-STRESS = \sqrt{\frac{\sum_{i<j}(S_{ij}-\hat{S}_{ij})^2}{\sum_{i<j}(S_{ij}^2)^2}}$$

Stress : STandardized REsidual Sum of Squares

참고문헌) Kruskal, J. B. 1964. *Multidimensional scaling by optimizing goodness of fit to a nonmetric hypothesis.* Psychometrika, 29, 1-28.

위치도 결과

```
Iteration history for the 2 dimensional solution (in squared distances)

              Young's S-stress formula 1 is used.

              Iteration      S-stress      Improvement

                  1           .06753
                  2           .04567          .02
                  3           .04349          .00
                  4           .04328          .00

                    Iterations stopped becaus
              S-stress improvement is less than

           Stress and squared correlation (RSQ) i

RSQ values are the proportion of variance of the s
           in the partition (row, matrix, or entir
            is accounted for by their correspondin
             Stress values are Kruskal's stress fo

              For  matrix
    Stress  =   .06457       RSQ =  .98753
```

Stimulus Coordinates

Stimulus Number	Stimulus Name	Dimension 1	Dimension 2
1	VAR1	1.1914	-.0895
2	VAR2	.5724	.0522
3	VAR3	-.4630	.1060
4	VAR4	.0156	.7752
5	VAR5	-1.2199	-.0624
6	VAR6	-1.8118	.0991
7	VAR7	3.5953	.5485
8	VAR8	.54[illegible]	-.1198
9	VAR9	.80[illegible]	-.0833
10	VAR10	-.2[illegible]	.0613
11	VAR11	[illegible]	.0761
12	VAR12	[illegible]	.0729
[illegible]	[illegible]	[illegible]9	.4120
[illegible]	[illegible]	[illegible]036	-.3299
[illegible]	[illegible]	[illegible]1227	.0499
[illegible]	[illegible]	-.3657	.1333
[illegible]	[illegible]	-.8611	-.0376
[illegible]	[illegible]	-2.2476	.2486
[illegible]	[illegible]	-.6386	-1.9127

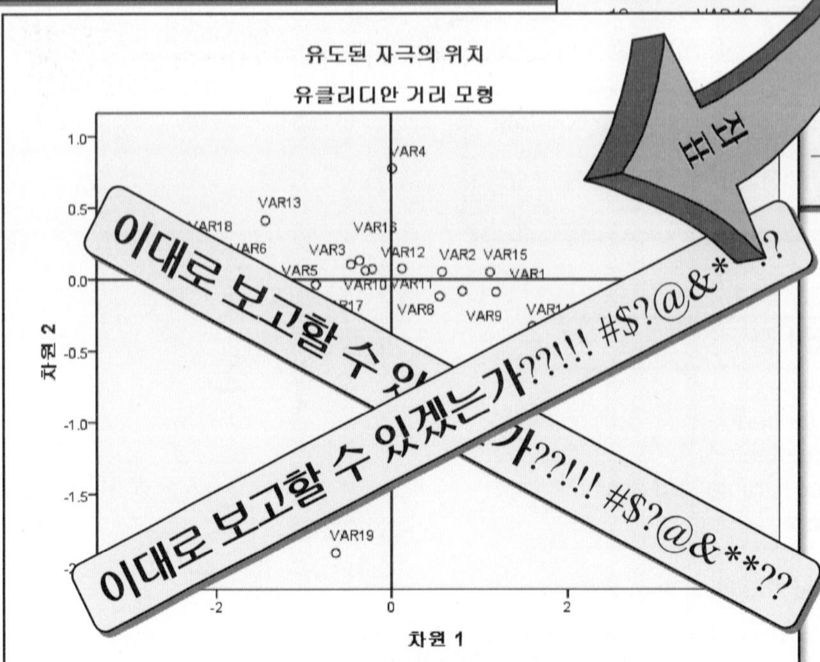

위치도 재작성-1

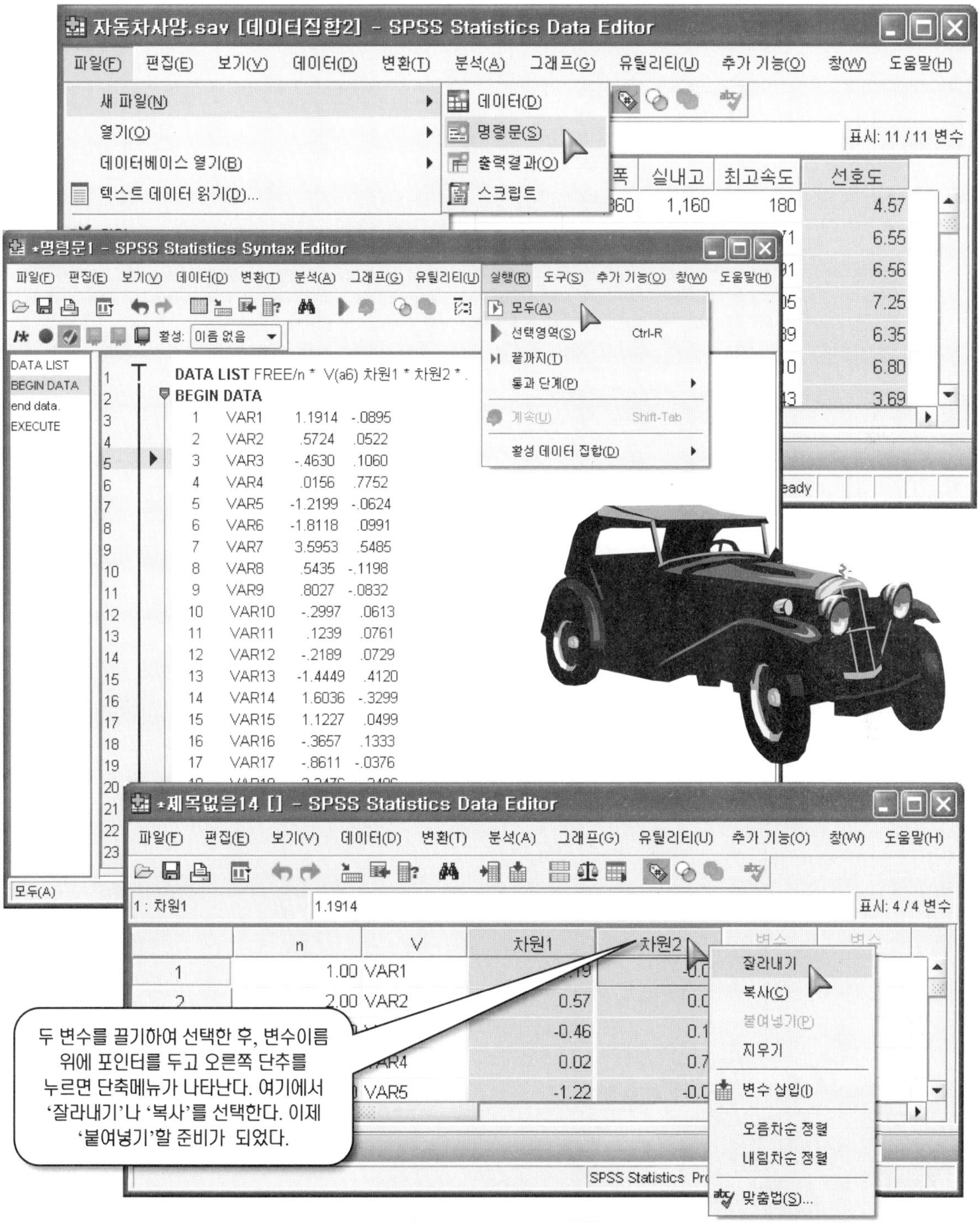
자동차사양.sav [데이터집합2] - SPSS Statistics Data Editor
*명령문1 - SPSS Statistics Syntax Editor
*제목없음14 [] - SPSS Statistics Data Editor
두 변수를 끌기하여 선택한 후, 변수이름 위에 포인터를 두고 오른쪽 단추를 누르면 단축메뉴가 나타난다. 여기에서 '잘라내기'나 '복사'를 선택한다. 이제 '붙여넣기'할 준비가 되었다.

위치도 재작성-2

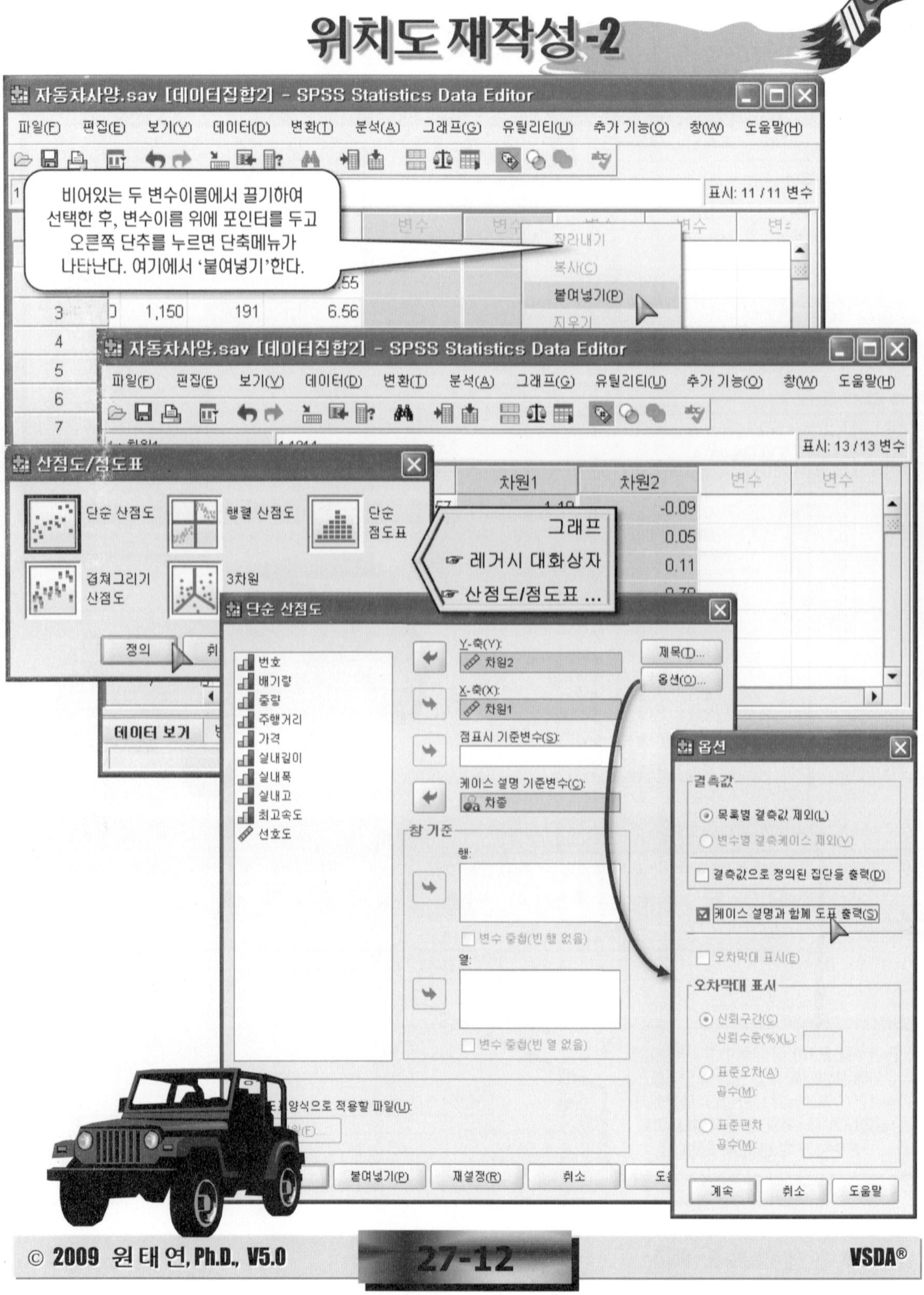
비어있는 두 변수이름에서 끌기하여 선택한 후, 변수이름 위에 포인터를 두고 오른쪽 단추를 누르면 단축메뉴가 나타난다. 여기에서 '붙여넣기'한다.
그래프
☞ 레거시 대화상자
☞ 산점도/점도표 ...
자동차사양.sav [데이터집합2] - SPSS Statistics Data Editor
잘라내기
복사(C)
붙여넣기(P)
산점도/점도표
단순 산점도
행렬 산점도
단순 점도표
겹쳐그리기 산점도
3차원
단순 산점도
Y-축(Y): 차원2
X-축(X): 차원1
케이스 설명 기준변수(C): 차종
옵션
케이스 설명과 함께 도표 출력(S)

위치도

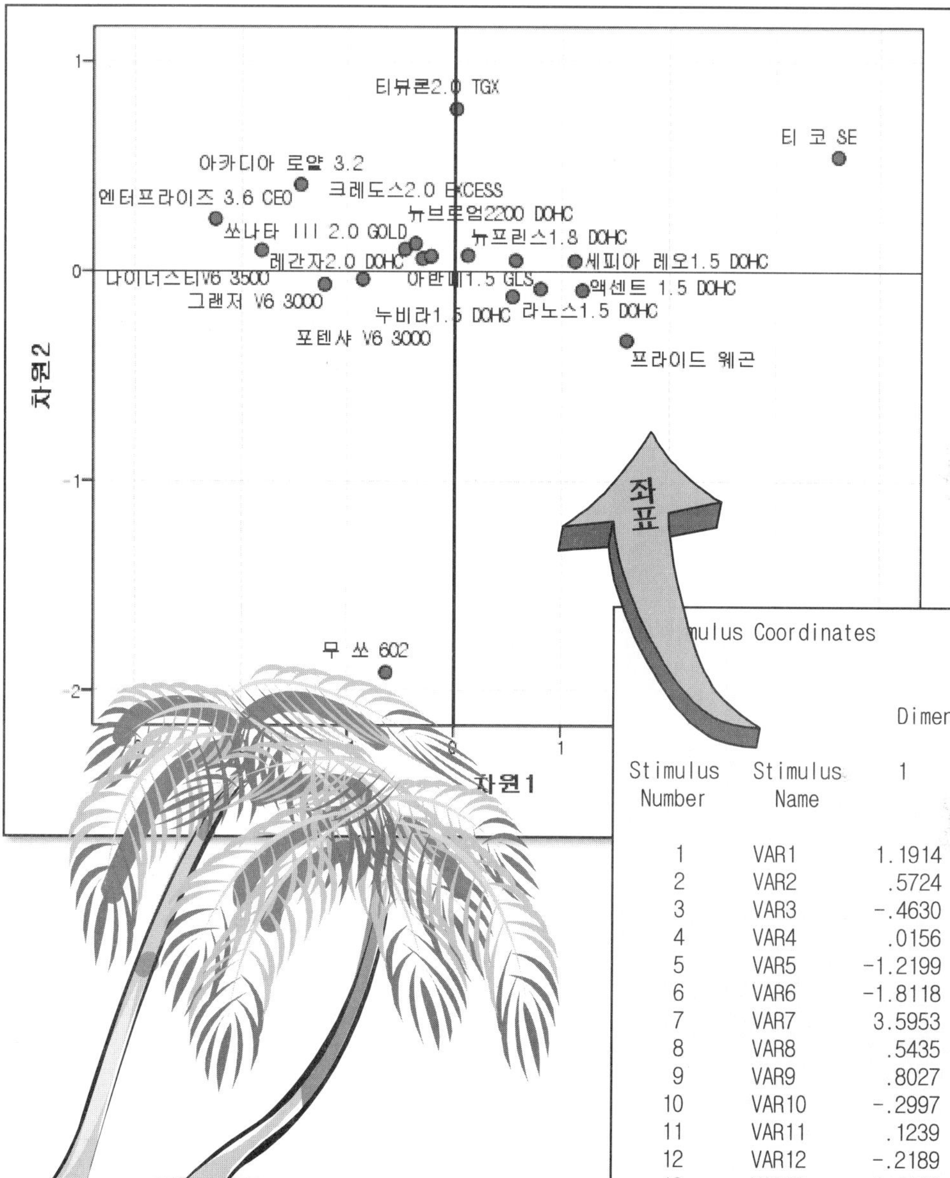

mulus Coordinates

Stimulus Number	Stimulus Name	Dimension 1	Dimension 2
1	VAR1	1.1914	-.0895
2	VAR2	.5724	.0522
3	VAR3	-.4630	.1060
4	VAR4	.0156	.7752
5	VAR5	-1.2199	-.0624
6	VAR6	-1.8118	.0991
7	VAR7	3.5953	.5485
8	VAR8	.5435	-.1198
9	VAR9	.8027	-.0833
10	VAR10	-.2997	.0613
11	VAR11	.1239	.0761
12	VAR12	-.2189	.0729
13	VAR13	-1.4449	.4120
14	VAR14	1.6036	-.3299
15	VAR15	1.1227	.0499
16	VAR16	-.3657	.1333
17	VAR17	-.8611	-.0376
18	VAR18	-2.2476	.2486
19	VAR19	-.6386	-1.9127

군집화

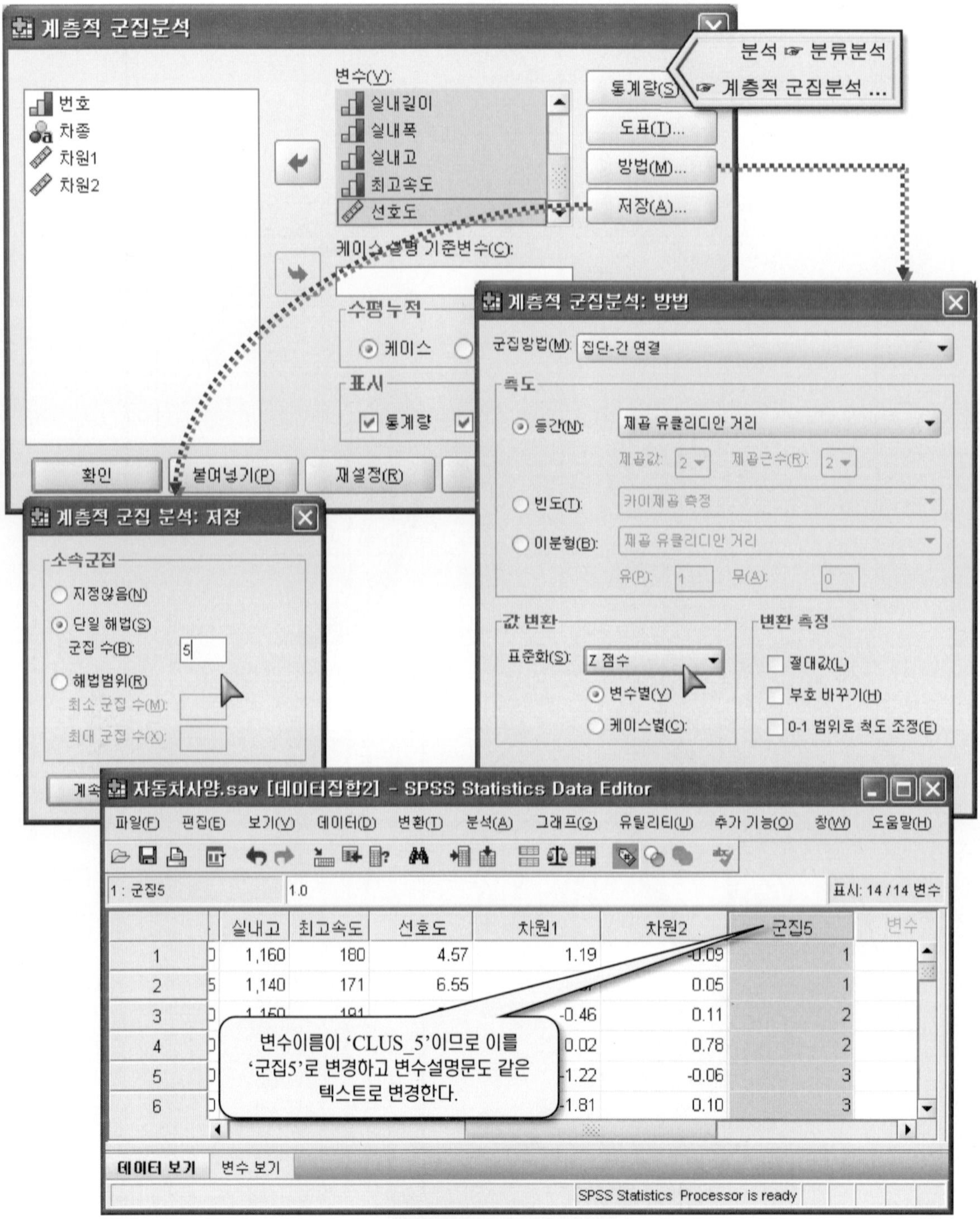
분석 ☞ 분류분석
☞ 계층적 군집분석 ...
계층적 군집분석
계층적 군집분석: 방법
계층적 군집 분석: 저장
자동차사양.sav [데이터집합2] - SPSS Statistics Data Editor
변수이름이 'CLUS_5'이므로 이를 '군집5'로 변경하고 변수설명문도 같은 텍스트로 변경한다.

위치도+군집화

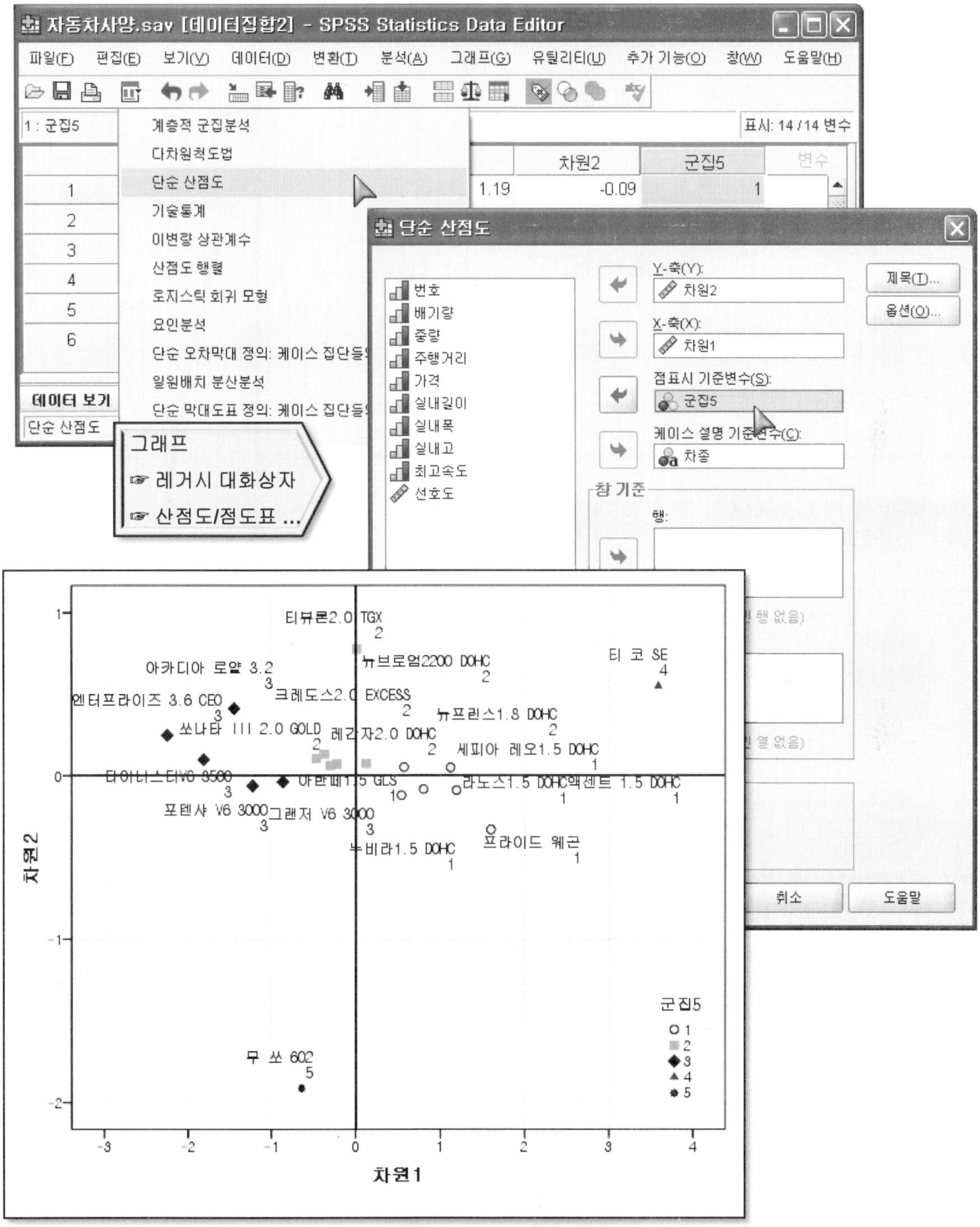
자동차사양.sav [데이터집합2] - SPSS Statistics Data Editor
파일(F) 편집(E) 보기(V) 데이터(D) 변환(T) 분석(A) 그래프(G) 유틸리티(U) 추가 기능(O) 창(W) 도움말(H)
계층적 군집분석
다차원척도법
단순 산점도
기술통계
이변량 상관계수
산점도 행렬
로지스틱 회귀 모형
요인분석
일원배치 분산분석
그래프
☞ 레거시 대화상자
☞ 산점도/점도표 ...
단순 산점도
Y-축(Y): 차원2
X-축(X): 차원1
점표시 기준변수(S): 군집5
케이스 설명 기준변수(C): 차종
번호
배기량
중량
주행거리
가격
실내길이
실내폭
실내고
최고속도
선호도
제목(T)...
옵션(O)...
취소
도움말
차원1
차원2
군집5
티뷰론2.0 TGX
뉴브로엄2200 DOHC
티코 SE
아카디아 로얄 3.2
엔터프라이즈 3.6 CEO
크레도스2.0 EXCESS
뉴프린스1.8 DOHC
쏘나타 III 2.0 GOLD
레간자2.0 DOHC
세피아 레오1.5 DOHC
다이너스티V6 3500
아반떼1.5 GLS
라노스1.5 DOHC
액센트 1.5 DOHC
포텐샤 V6 3000
그랜저 V6 3000
누비라1.5 DOHC
프라이드 웨곤
무쏘 602

요인분석

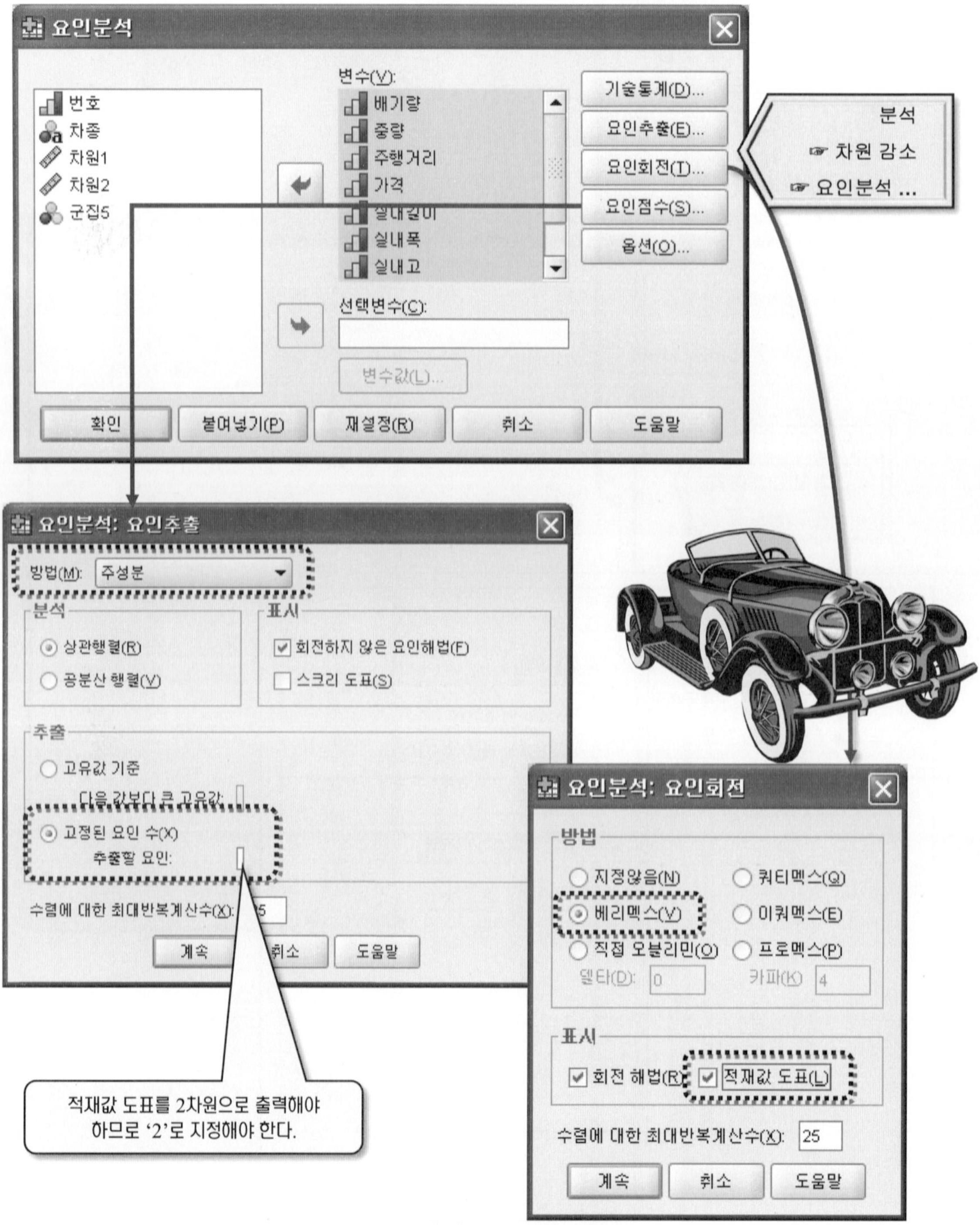
요인분석
변수(V):
번호
차종
차원1
차원2
군집5
배기량
중량
주행거리
가격
실내길이
실내폭
실내고
선택변수(C):
변수값(L)...
기술통계(D)...
요인추출(E)...
요인회전(T)...
요인점수(S)...
옵션(O)...
확인
붙여넣기(P)
재설정(R)
취소
도움말
분석
☞ 차원 감소
☞ 요인분석 ...
요인분석: 요인추출
방법(M): 주성분
분석
상관행렬(R)
공분산 행렬(V)
표시
회전하지 않은 요인해법(F)
스크리 도표(S)
추출
고유값 기준
다음 값보다 큰 고유값:
고정된 요인 수(X)
추출할 요인:
수렴에 대한 최대반복계산수(X):
계속
취소
도움말
적재값 도표를 2차원으로 출력해야
하므로 '2'로 지정해야 한다.
요인분석: 요인회전
방법
지정않음(N)
쿼티멕스(Q)
베리멕스(V)
이쿼멕스(E)
직접 오블리민(O)
프로멕스(P)
델타(D): 0
카파(K) 4
표시
회전 해법(R)
적재값 도표(L)
수렴에 대한 최대반복계산수(X): 25
계속
취소
도움말

적재값 도표- Loading Plot

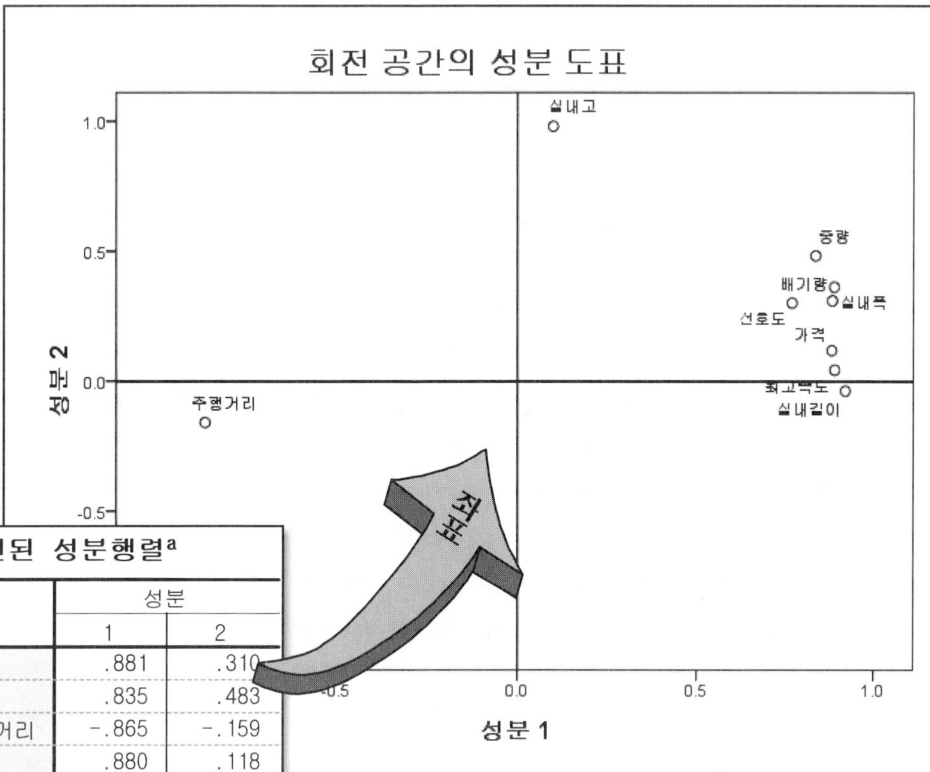

회전된 성분행렬[a]

	성분	
	1	2
엔진크기	.881	.310
무게(Kg)	.835	.483
리터당 주행거리	-.865	-.159
가격(만원)	.880	.118
실내길이	.919	-.037
실내폭	.886	.363
실내높이	.100	.981
최고속도	.888	.043
선호도	.769	.301

요인추출 방법: 주성분 분석.
회전 방법: Kaiser 정규화가 있는 베리멕스.

a. 3 반복계산에서 요인회전이 수렴되었습니다.

설명된 총분산

				추출 제곱합 적재값			회전 제곱합 적재값		
				합계	% 분산	% 누적	합계	% 분산	% 누적
				6.514	72.383	72.383	6.015	66.837	66.837
2	1.057	11.749	84.131	1.057	11.749	84.131	1.556	17.294	84.131
3	.615	6.834	90.965						
4	.331	3.677	94.642						
5	.235	2.606	97.248						
6	.139	1.549	98.797						
7	.077	.861	99.658						
8	.026	.293	99.952						
9	.004	.048	100.000						

추출 방법: 주성분 분석.

2개의 요인추출 = 2 차원
(설명력=84.131%)

겹쳐 그리기

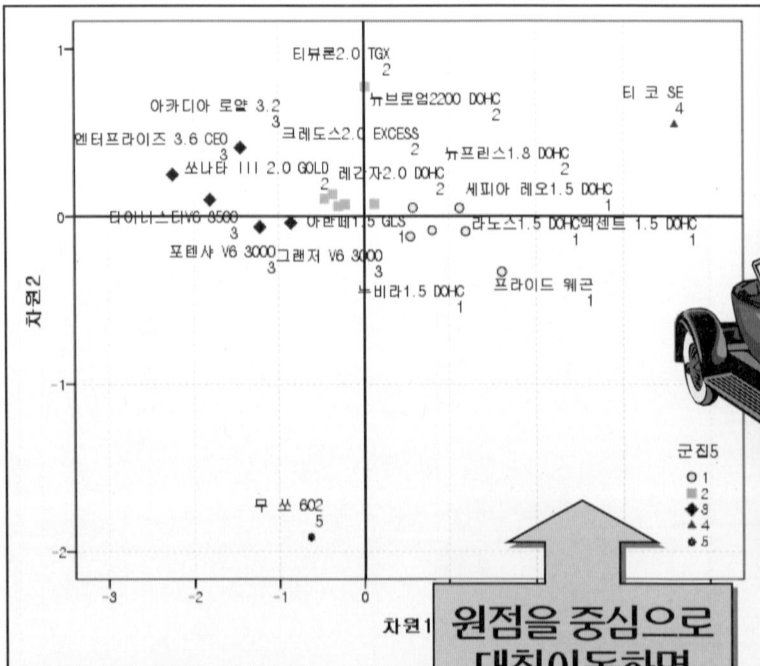

원점을 중심으로 대칭이동하면 …OK!

MDS를 적용하여 작성된 그림은 방위가 표현되어 있지 않으므로 적재값 도표를 겹쳐 그릴 경우 변수의 방향을 맞추어 겹쳐 그려야 한다.

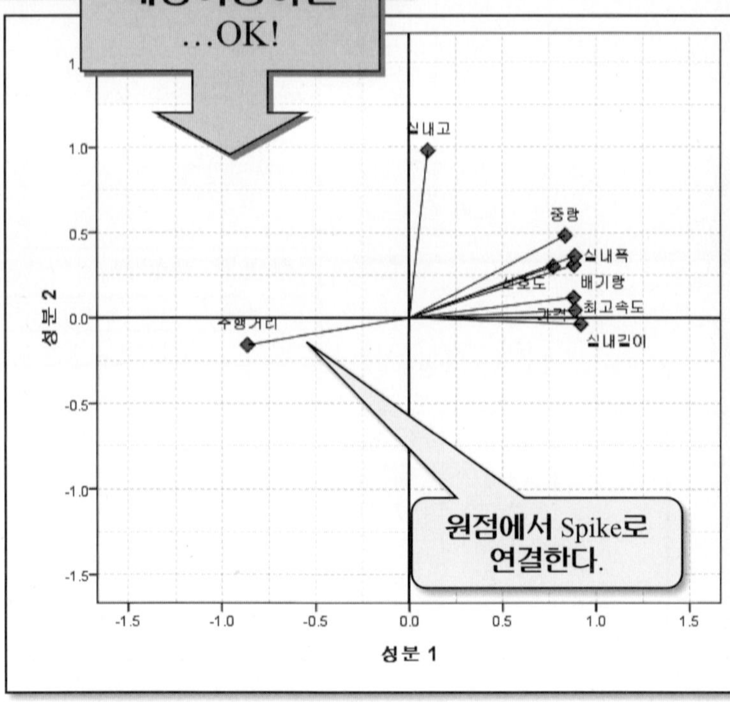

원점중심대칭 - 위치도

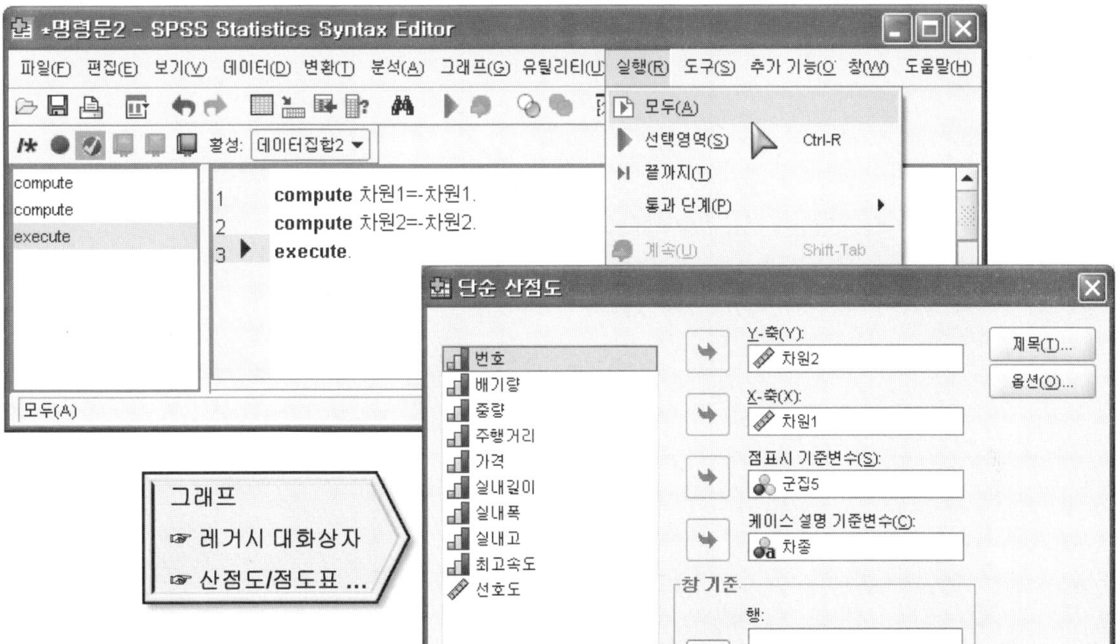

그래프
☞ 레거시 대화상자
☞ 산점도/점도표 ...

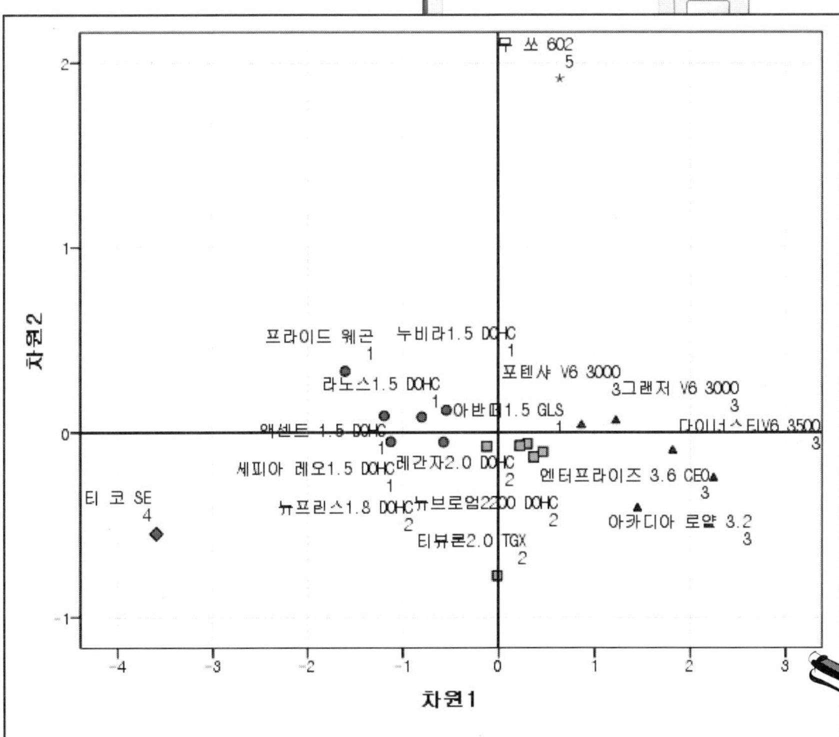

변수의 방향성 겹치기

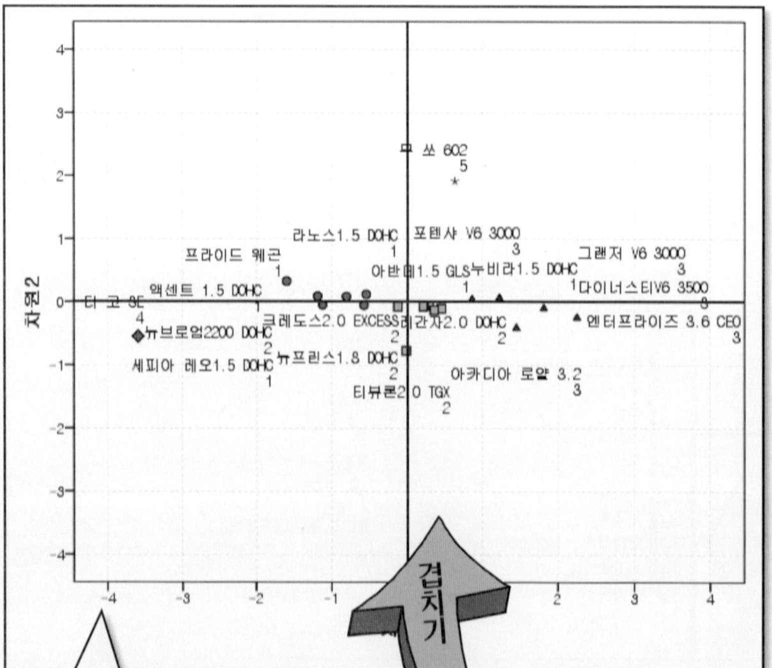

X축과 Y축의 스케일을 동일하게 해야 도표의 축의 스케일이 다름으로 인한 그림의 왜곡을 피할 수 있으며 분석의 정확도를 높일 수 있다, 그러므로 반드시 축의 스케일을 동일하게 조정해야 한다. 잊지 않기를 바란다. 이러한 세심함이 하수와 고수의 차이다. ^.^

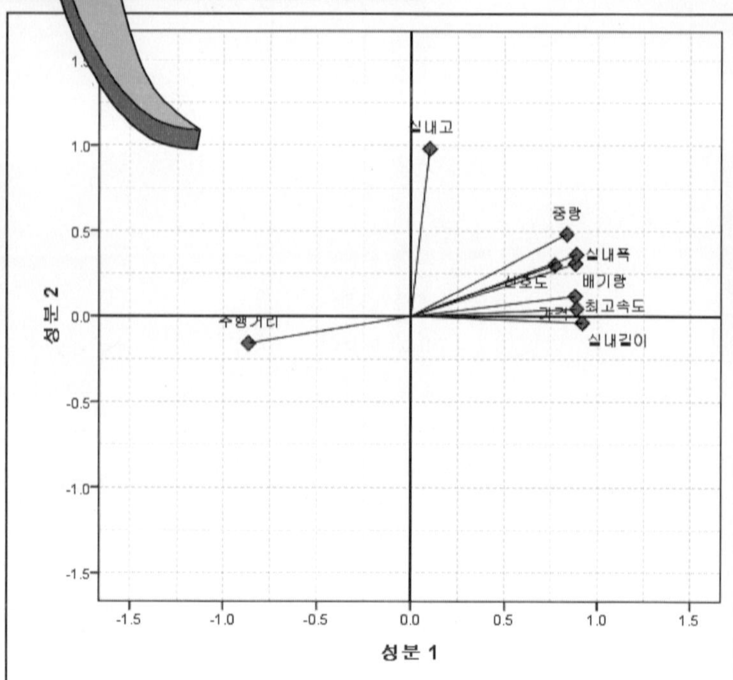

최종 위치도

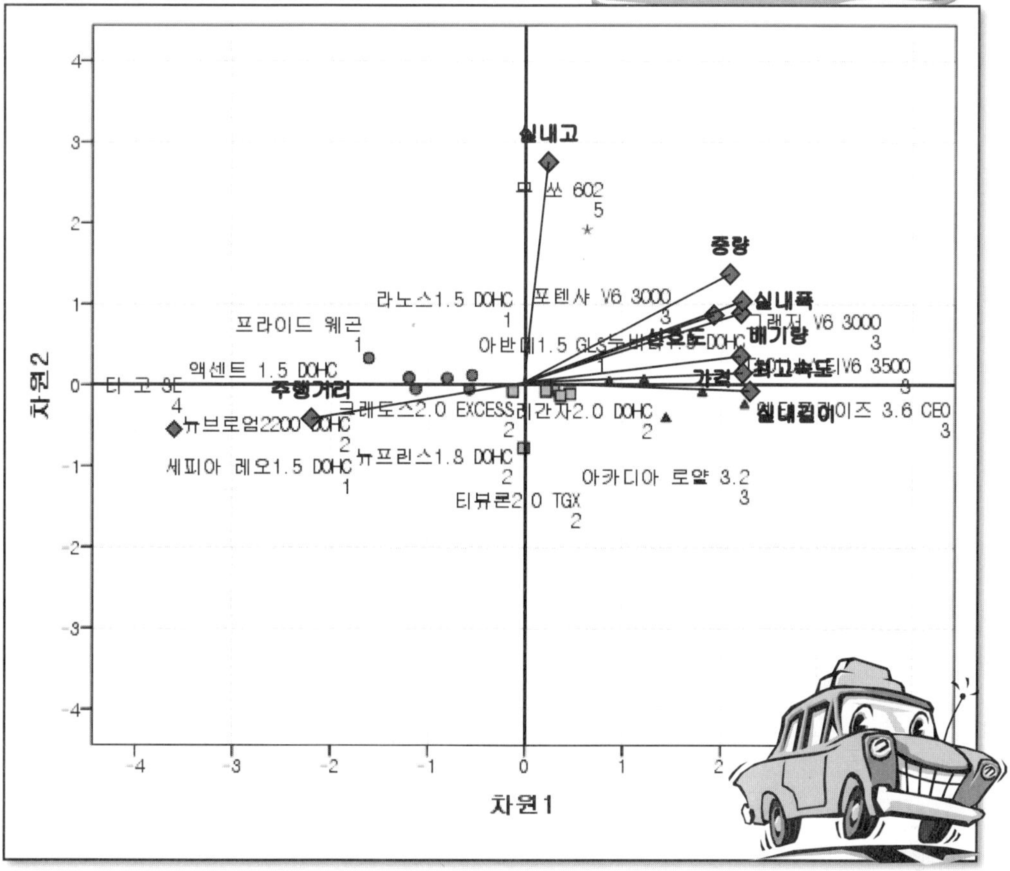

X축(차원 1)의 음의 방향, 예를 들어, 리터당 주행거리 축 방향으로 나타나 있는 티코 SE는 리터당 주행거리가 가장 긴 승용차로 이 화살표의 정반대 방향(양의 방향)에 있는 차종과는 반대로 경제적이며, 승용차의 중량이 가볍고, 저가의 승용차, 작은 엔진크기, 실내 공간이 작은 차종임을 알 수 있으며, 이 화살표의 반대방향으로 나타나 있는 차종은 티코 SE와는 반대로 보통 고가의 승용차, 비경제적, 배기량이 크며, 중량이 많이 나가고, 실내 공간이 넓은 차종이며 선호도가 높은 차종임을 알 수 있다.Y축(차원 2)의 양의 방향으로 실내높이가 위치하고 있는 화살표를 축으로 보면 "무쏘 602"가 높게 적재되어 있음으로 무쏘 602의 실내높이가 가장 높음을 알 수 있다. 이와 정반대 방향으로 나타난 차종들은 위치도상의 거리가 멀수록 실내높이가 낮음을 의미한다. 프라이드 웨곤은 무쏘 다음으로 실내높이가 높음을 알 수 있다. 선호점수 방향의 화살표를 축으로 보면 대형급의 고급 승용차들을 선호하는 것으로 판단할 수 있으며 이 축의 정반대방향의 끝에 티코가 위치하고 있는데 이는 티코가 다른 차종들에 비해 선호점수가 작음을 나타낸다.선호점수만을 기준으로 볼 때, 전체적으로 오른쪽에 위치한 차종은 선호도가 높은 차종(무쏘, 엔터프라이즈, 다이너스티 등)이라 할 수 있으며, 왼쪽에 위치한 차종일수록 선호도가 낮은 차종(티코, 티뷰론, 프라이드 웨곤 등)으로 해석할 수 있다. 즉, 연구자가 어떤 변수의 방향을 기준으로 보느냐에 따라 다양한 해석을 내릴 수 있을 것이다.

중앙확대 표현

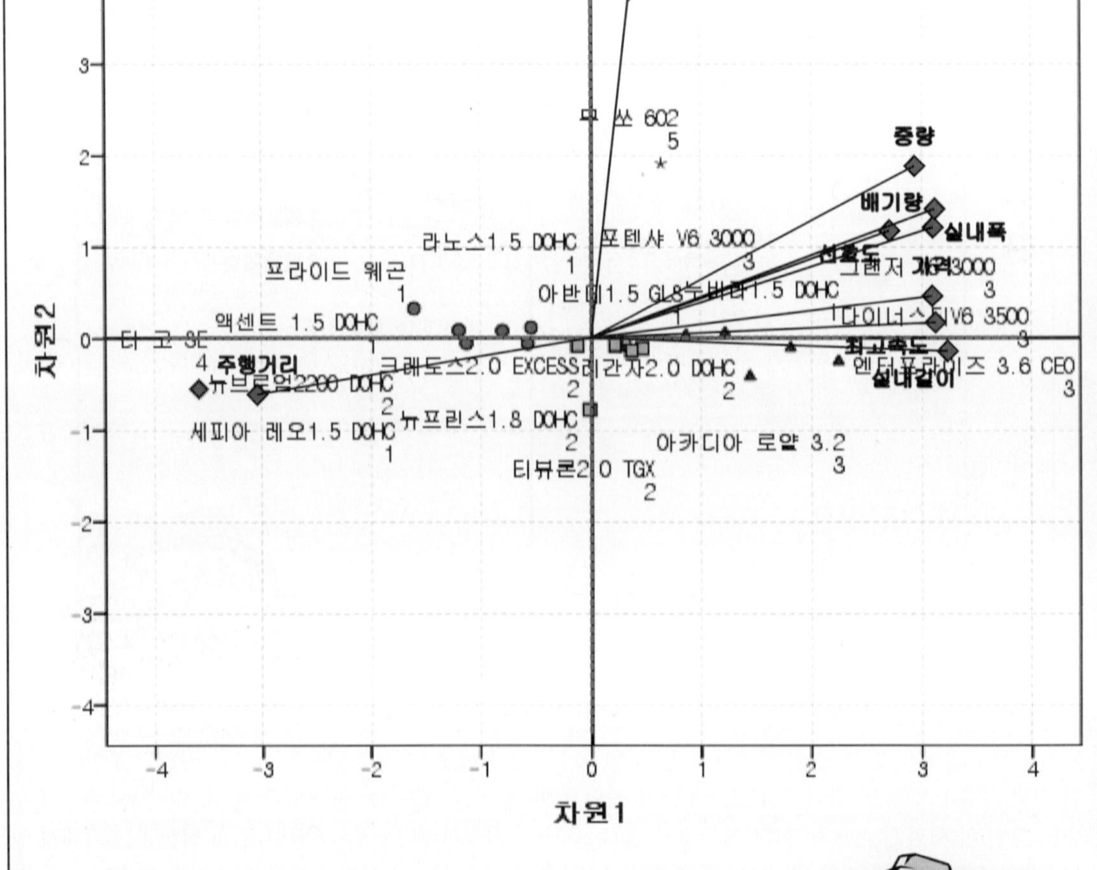

Y축(차원 2)의 스케일을 –1에서 +1로 조정하면 위치도의 중앙부분을 확대하여 볼 수 있으며, 여기에 변수들의 방향성을 벡터로 표현하면 중앙에 조밀하게 모여진 차종들의 특성과 선호경향을 자세하게 파악할 수 있다.

대응일치분석
Correspondence Analysis

최적화 척도법

시장조사, 서베이조사를 비롯한 많은 사회과학적 조사에서 가장 많이 접하는 데이터는 범주형 데이터이다. 실제로 많은 조사분석가들이 전적으로 범주형 데이터만을 취급하고 있다. 범주형 데이터를 요약하는 가장 전통적인 방법은 교차표를 작성하는 것이다. 교차표로 요약된 데이터를 분석하는데 있어서 적용되는 통계적 분석모형은 통상적인 상관분석이나 회귀분석과 같은 연속형 데이터에 적용되는 통계적 접근법과는 성격을 달리하고 있다.

최적화 척도법(optimal scaling)은 변수들간의 관계를 가능한 한 적은 수의 차원(2차원 또는 3차원)에 표시함으로써 변수들간의 내적구조나 패턴을 설명하고자 하는 통계적 분석기법이다. 시장조사분야에서는 이러한 분석기법을 위치도(positioning map)라고 하는 인지지도 작성에 활용할 수 있다. 인지도(perceptual map)란 사람들이 유사한 많은 제품이나 개체들 중에서 각 제품이나 개체의 이미지를 어떻게 지각하는가를 나타내는 지도이다. 이러한 위치도는 통상적으로 지각도, 인지도 또는 'Positioning Map'이라고도 부른다. 최적화 척도법으로는 다음과 같은 방법들이 있다.

1. **대응일치분석** (Correspondence Analysis: ANACOR): 2차원 교차표로 나타낼 수 있는 범주형 데이터의 분석

2. **동질성분석** (Homogeneity Analysis: HOMALS): 다차원 교차표로 나타낼 수 있는 범주형 데이터의 분석

3. **범주형 주성분분석** (Categorical Principal Components Analysis: CATPCA): 한 종류의 혼합형 변수군의 변동유형을 분석

4. **비선형 정준상관분석** (Nonlinear Canonical Correlation Analysis: OVERALS): 두 종류 이상의 혼합형 변수군들의 변동유형을 분석

대응일치분석

대응일치분석(correspondence analysis)은 2차원 교차표로 나타낼 수 있는 정보를 일목요연하게 도식화하는 분석방법이다.

위치도(perceptual map)작성에 널리 사용되는 통계분석 기법인 다차원척도법(MDS)은 주로 연속형 변수에 적용되는데 반하여 대응일치분석은 주로 범주형 변수에 폭 넓게 적용될 수 있다.

흔히 두 범주형 변수의 연관관계를 분석하고자 할 때 교차표(Crosstabs)를 작성하고, 두 변수간의 독립성검정(카이제곱검정)을 하여 통계적으로 유의한 상관이 있다고 판단될 때에는 두 변수간에 얼마만큼의 연관성이 있는지를 나타내는 연관도, 즉 결합도(measure of association)를 계산한다. 그러나 결합도는 단지 두 변수간의 연관성의 정도만을 나타내 줄 뿐 두 변수의 각 수준별로 어떻게 연관되어 있는지에 대한 정보를 제시하여 주지 못한다. 대응일치분석은 두 변수의 각 수준별 관측점들을 2차 평면상에 도식화 하여줌으로써 개개의 수준에 따른 차이를 명확히 볼 수 있게 해 준다.

브랜드 & PC이미지 조사

대우, 삼보, 삼성, 용산상가조립품, 현대, LG의 6가지 컴퓨터 브랜드에 대하여 32명의 대학생을 대상으로 가격, 다기능, 디자인, 성능, 안정성, 확장성, A/S 등의 7가지 제품이미지를 중복을 허용하여 선택하도록 하여 수집된 데이터는 다음 표와 같다.

		제품 이미지						
		가격	다기능	디자인	성능	안정성	확장성	A/S
제조사	대우	5	6	6	8	6	6	8
	삼보	7	9	10	19	14	10	13
	삼성	6	15	15	13	14	12	23
	상가조립	30	12	7	13	6	15	8
	현대	6	8	7	7	12	8	9
	LG	6	9	14	8	10	9	9

PC이미지.sav 파일을 읽고 '빈도'변수를 가중치로 선언하여 교차분석을 실행해 보고 이를 시각화하는 대응일치분석을 수행해 보기로 한다.

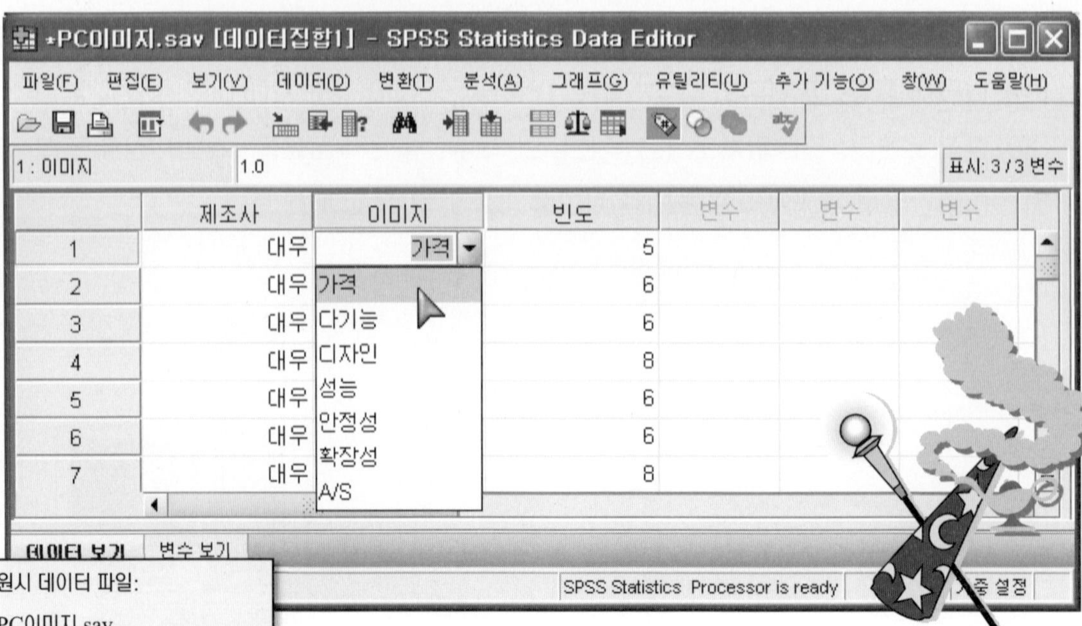

원시 데이터 파일:
PC이미지.sav

교차표 – 연관성 분석

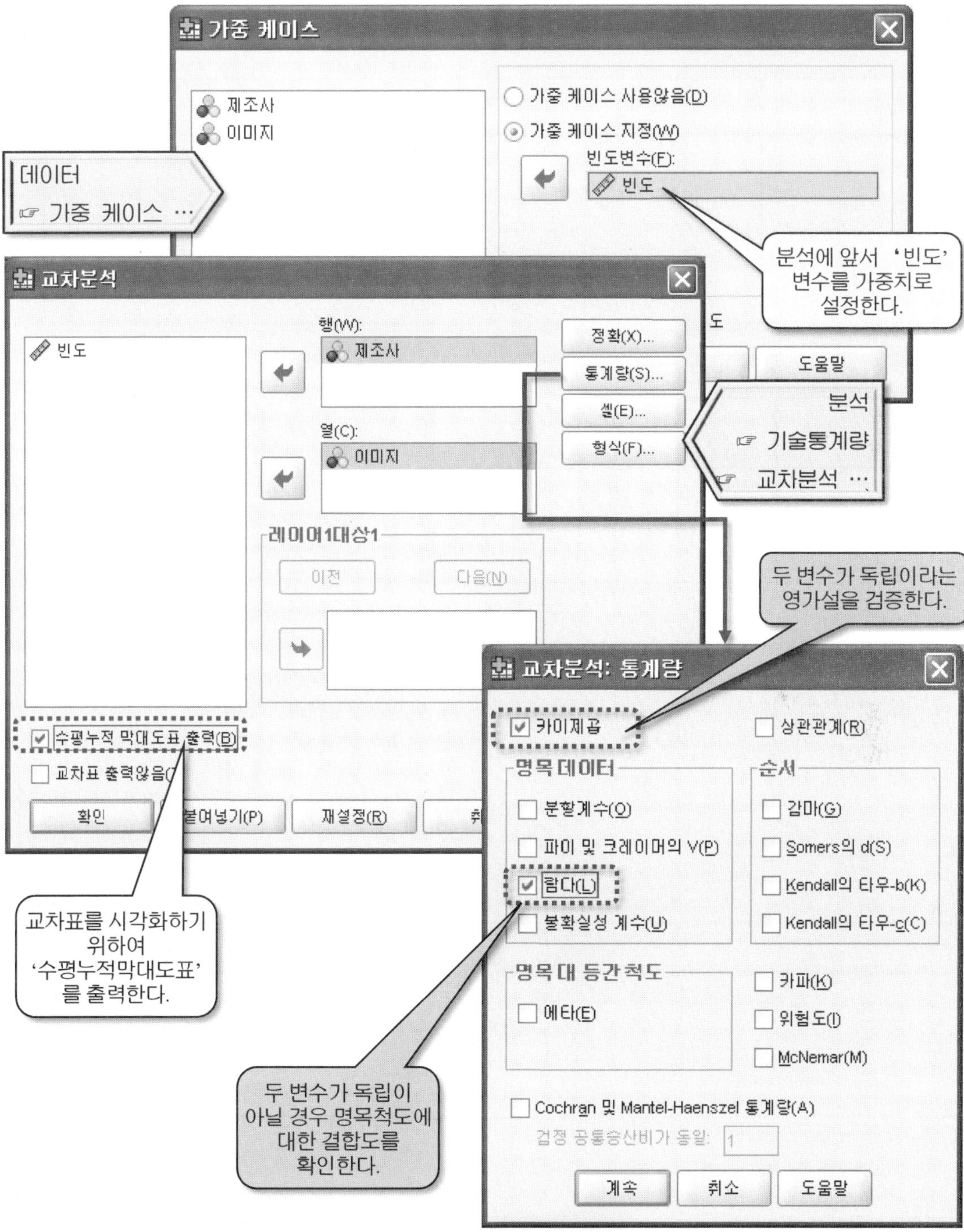
가중 케이스
제조사
이미지
가중 케이스 사용않음(D)
가중 케이스 지정(W)
빈도변수(F):
빈도
데이터
☞ 가중 케이스 …
분석에 앞서 '빈도' 변수를 가중치로 설정한다.
도움말
교차분석
빈도
행(W):
제조사
열(C):
이미지
정확(X)...
통계량(S)...
셀(E)...
형식(F)...
분석
☞ 기술통계량
☞ 교차분석 …
레이어1대상1
이전
다음(N)
수평누적 막대도표 출력(B)
교차표 출력않음(T)
확인
붙여넣기(P)
재설정(R)
두 변수가 독립이라는 영가설을 검증한다.
교차분석: 통계량
카이제곱
상관관계(R)
명목 데이터
분할계수(O)
파이 및 크레이머의 V(P)
람다(L)
불확실성 계수(U)
순서
감마(G)
Somers의 d(S)
Kendall의 타우-b(K)
Kendall의 타우-c(C)
명목 대 등간척도
에타(E)
카파(K)
위험도(I)
McNemar(M)
Cochran 및 Mantel-Haenszel 통계량(A)
검정 공통승산비가 동일: 1
계속
취소
도움말
교차표를 시각화하기 위하여 '수평누적막대도표'를 출력한다.
두 변수가 독립이 아닐 경우 명목척도에 대한 결합도를 확인한다.

교차표 – 연관성 분석

제조사 * 이미지 교차표

빈도

		이미지							전체
		가격	다기능	디자인	성능	안정성	확장성	A/S	
제조사	대우	5	6	6	8	6	6	8	45
	삼보	7	9	10	19	14	10	13	82
	삼성	6	15	15	13	14	12	23	98
	상가조립품	30	12	7	13	6	15	8	91
	현대	6	8	7	7	12	8	9	57
	LG	6	9	14	8	10	9	9	65
전체		60	59	59	68	62	60	70	438

카이제곱 검정

	값	자유도	점근 유의확률 (양측검정)
Pearson 카이제곱	56.518[a]	30	.002
우도비	51.349	30	.009
선형 대 선형결합	1.447	1	.229
유효 케이스 수	438		

a. 0 셀 (.0%)은(는) 5보다 작은 기대 빈도를 가지는 셀입니다. 최소 기대빈도는 6.06입니다.

유의수준 5%하에서 '두 범주형 변수 간의 연관성이 존재한다'고 할 수 있다. 그러므로 즉 브랜드에 따라 PC 이미지가 달라진다(차이가 있음)고 판단하게 된다.

전체 셀의 수는 42(=6 x 7)개 중에 기대빈도가 5개 미만인 셀의 %가 '0'이므로 현재 검정하고자 하는 카이제곱 검정통계량의 검정력을 신뢰할 만하다. 만일 약 20% 정도를 상회하면 통계적으로 결과에 너무 의존하지 않는 것이 좋다. 이 경우 대안으로 보통 Exact Test 나 Monte Carlo 방법을 사용하여 분석할 수 있다.

람다는 합리적 판단에 대한 '오류감소율'을 나타내며 이는 제조사를 모르는 상태에서 이미지를 예측할 경우보다 알고 판단했을 때 잘못 판단할 확률을 9.8% 줄여 준다는 의미이다. 그만큼 제조사는 이미지를 판단하는 도움이 된다는 뜻이다.

방향성 측도

			값	점근 표준오차[a]	근사 T 값[b]	근사 유의확률
명목척도 대 명목척도	람다	대칭적	.097	.025	3.741	.000
		제조사 종속	.097	.031	3.006	.003
		이미지 종속	.098	.029	3.194	.001
	Goodman과 Kruskal 타우	제조사 종속	.031	.009		.000[c]
		이미지 종속	.021	.007		.003[c]

a. 영가설을 가정하지 않음.

b. 영가설을 가정하는 점근 표준오차 사용

c. 카이제곱 근사법을 기준으로

대응일치 수행

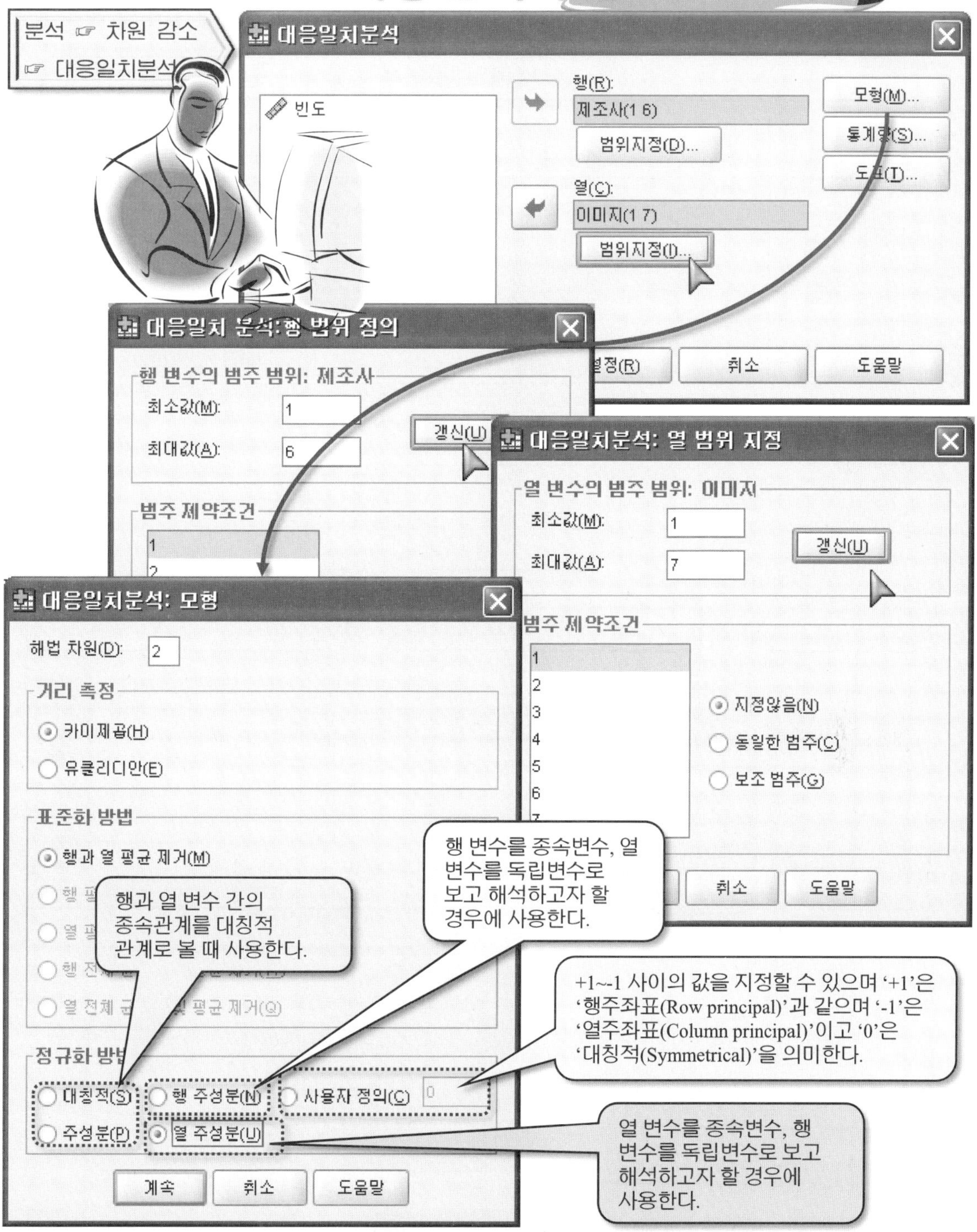
분석 ☞ 차원 감소 ☞ 대응일치분석
대응일치분석
빈도
행(R):
제조사(1 6)
범위지정(D)...
열(C):
이미지(1 7)
범위지정(I)...
모형(M)...
통계량(S)...
도표(T)...
취소
도움말
대응일치 분석: 행 범위 정의
행 변수의 범주 범위: 제조사
최소값(M):
1
최대값(A):
6
갱신(U)
범주 제약조건
대응일치분석: 열 범위 지정
열 변수의 범주 범위: 이미지
최소값(M):
1
최대값(A):
7
갱신(U)
범주 제약조건
지정않음(N)
동일한 범주(C)
보조 범주(G)
취소
도움말
대응일치분석: 모형
해법 차원(D):
2
거리 측정
카이제곱(H)
유클리디안(E)
표준화 방법
행과 열 평균 제거(M)
정규화 방법
대칭적(S)
행 주성분(N)
사용자 정의(C)
주성분(P)
열 주성분(U)
계속
취소
도움말
행과 열 변수 간의 종속관계를 대칭적 관계로 볼 때 사용한다.
행 변수를 종속변수, 열 변수를 독립변수로 보고 해석하고자 할 경우에 사용한다.
+1~-1 사이의 값을 지정할 수 있으며 '+1'은 '행주좌표(Row principal)'과 같으며 '-1'은 '열주좌표(Column principal)'이고 '0'은 '대칭적(Symmetrical)'을 의미한다.
열 변수를 종속변수, 행 변수를 독립변수로 보고 해석하고자 할 경우에 사용한다.

대응일치모형의 설명력

대응일치표

제조사	이미지							
	가격	다기능	디자인	성능	안정성	확장성	A/S	액티브 주변
대우	5	6	6	8	6	6	8	45
삼보	7	9	10	19	14	10	13	82
삼성	6	15	15	13	14	12	23	98
상가조립품	30	12	7	13	6	15	8	91
현대	6	8	7	7	12	8	9	57
LG	6	9	14	8	10	9	9	65
액티브 주변	60	59	59	68	62	60	70	438

비정칙값을 제곱한 값으로 고유값이며 inertia라고도 한다. 마지막 0.129는 관성들의 합이다.

고유값의 비율과 누적비율로 2개의 차원으로 총관성의 약 89.6%설명할 수 있다..

요약

차원	비정칙값	관성	카이제곱	유의확률	비율		신뢰 비정칙값	
								상관계수
					설명됨	누적	표준편차	2
1	.318	.101			.785	.785	.052	.025
2	.119	.014			.111	.896	.051	
3	.090	.008			.063	.959		
4	.072	.005			.041	1.000		
5	.005	.000			.000	1.000		
전체		.129	56.518	.002[a]	1.000	1.000		

a. 자유[illegible]0

고유값의 제곱근을 취한 값으로 비정칙값(singular value)이라 하며 이는 각 차원별 행과 열 변수의 결합도를 나타낸다. 이 값이 클수록 행과 열변수가 보다 강한 연관성을 가짐을 의미한다.

(표본크기 n*고유값의 합=56.518)으로 두 변수는 연관성이 없다는 가설을 검증하는 카이제곱값으로 옆에 p-값이 0.002이므로 유의수준 5%하에서 영가설을 기각하여 연관성이 있다고 판단한다.

주좌표, 표준좌표

요약

차원	비정칙값	요약 관성	카이제곱	유의확률	관성비율 설명됨	관성비율 누적	신뢰 비정칙값 표준편차	신뢰 비정칙값 상관계수 2
$\sqrt{\lambda_1}$	.318	.101 (λ_1)			.785	.785	.052	.025
$\sqrt{\lambda_2}$	.119	.014 (λ_2)			.111	.896	.051	
3	.090	.008			.063	.95[illegible]		
4	.072	.005			.041	1[illegible]		
5	.005	.000			.000	[illegible]		
전체		.129	56.518	.002[a]	1.00[illegible]	[illegible]		

a. 자유도 30

2차원으로 위치도를 작성할 경우 모형의 설명력은 약 89.6% 정도된다. 이는 전체 데이터가 가지고 있는 정보의 87.9%를 나타내 준다는 의미이며 역으로 2차원 공간에 각 관측점을 투영했을 때 약 10.4% 의 정보손실이 발생된다는 것을 의미한다.

• 표준좌표 : Row Standardized Coordinates

행- 표준좌표

행 포인트 개요[a]

제조사	매스	차원의 점수 1	차원의 점수 2	요약 관성	기여도: 차원의 관성에 대한 포인트 1	기여도: 차원의 관성에 대한 포인트 2	기여도: 포인트의 관성에 대한 차원 1	기여도: 포인트의 관성에 대한 차원 2	기여도: 포인트의 관성에 대한 차원 전체
대우	.103	.217	-.386	.001	.005	.015	.441	.197	.638
삼보	.187	.445	-1.846	.013	.037	[illegible]	[illegible]	[illegible]	[illegible]
삼성	.224	.791	.698	.019	.140	[illegible]	[illegible]	[illegible]	[illegible]
상가조립품	.208	-1.923	.134	.078	.768	[illegible]	[illegible]	[illegible]	[illegible]
현대	.130	.363	.121	.006	.017	.002	.272	.004	.276
LG	.148	.469	1.250	.011	.033	.232	.303	.303	.606
액티브 전체	1.000			.129	1.000	1.000			

a. 열 주성분 정규화

X축 행표준좌표 = $RSC_i = \frac{RPC_i}{\sqrt{\lambda_1}}$

열- 주좌표

열 포인트 개요[a]

이미지	매스	차원의 점수 1	차원의 점수 2	요약 관성	기여도: 차원의 관성에 대한 포인트 1	기여도: 차원의 관성에 대한 포인트 2	기여도: 포인트의 관성에 대한 차원 1	기여도: 포인트의 관성에 대한 차원 2	기여도: 포인트의 관성에 대한 차원 전체
가격	.137	-.729	.027	.073	.719	.007	.99[illegible]	.001	1.000
다기능	.135	.021	.091	.001	.001	.078	.03[illegible]	.750	.789
디자인	.135	.225	.152	.013	.067	.219	.51[illegible]	.235	.750
성능	.155	.026	-.243	.010	.001	.641	.01[illegible]	.896	.907
안정성	.142	.260	-.059	.014	.094	.034	.679	.035	.713
확장성	.137	-.108	.030	.002	.016	.009	.859	.069	.928
A/S	.160	.255	.034	.015	.102	.013	.681	.012	.693
액티브 전체	1.000			.129	1.000	1.000			

a. 열 주성분 정규화

• 열-주좌표 : Column Principal Coordinates

좌표의 계산과 적용

$$\frac{\text{주좌표}}{\sqrt{\lambda_i}}$$

$$\frac{\text{표준좌표}}{\sqrt{\lambda_i}}$$

행변수		주좌표		표준좌표		정준좌표	
		1	2	1	2	1	2
제조사	대우	0.069	-0.046	0.217	-0.386	0.122	-0.133
	삼보	0.142	-0.221	0.445	-1.846	0.251	-0.638
	삼성	0.252	0.083	0.791	0.698	0.446	0.241
	상가조립품	-0.612	0.016	-1.923	0.134	-1.085	0.046
	현대	0.116	0.014	0.363	0.121	0.205	0.042
	LG	0.149	0.149	0.469	1.250	0.265	0.432

Row Principal
비대칭

Principal
대칭(프랑스)

Column Principal
비대칭

수량화 III(하야시)
대칭(일본)

Symmetrical
대칭(SPSS)

열변수		주좌표		표준좌표		정준좌표	
		1	2	1	2	1	2
이미지	가격	-0.729	0.027	-2.291	0.222	-1.292	0.077
	다기능	0.021	0.091	0.065	0.761	0.037	0.263
	디자인	0.225	0.152	0.707	1.274	0.399	0.440
	성능	0.026	-0.243	0.082	-2.031	0.046	-0.702
	안정성	0.260	-0.059	0.817	-0.491	0.461	-0.170
	확장성	-0.108	0.030	-0.339	0.255	-0.191	0.088
	A/S	0.255	0.034	0.800	0.284	0.451	0.098

비대칭, 열-주좌표 vs 행-표준좌표 Biplot

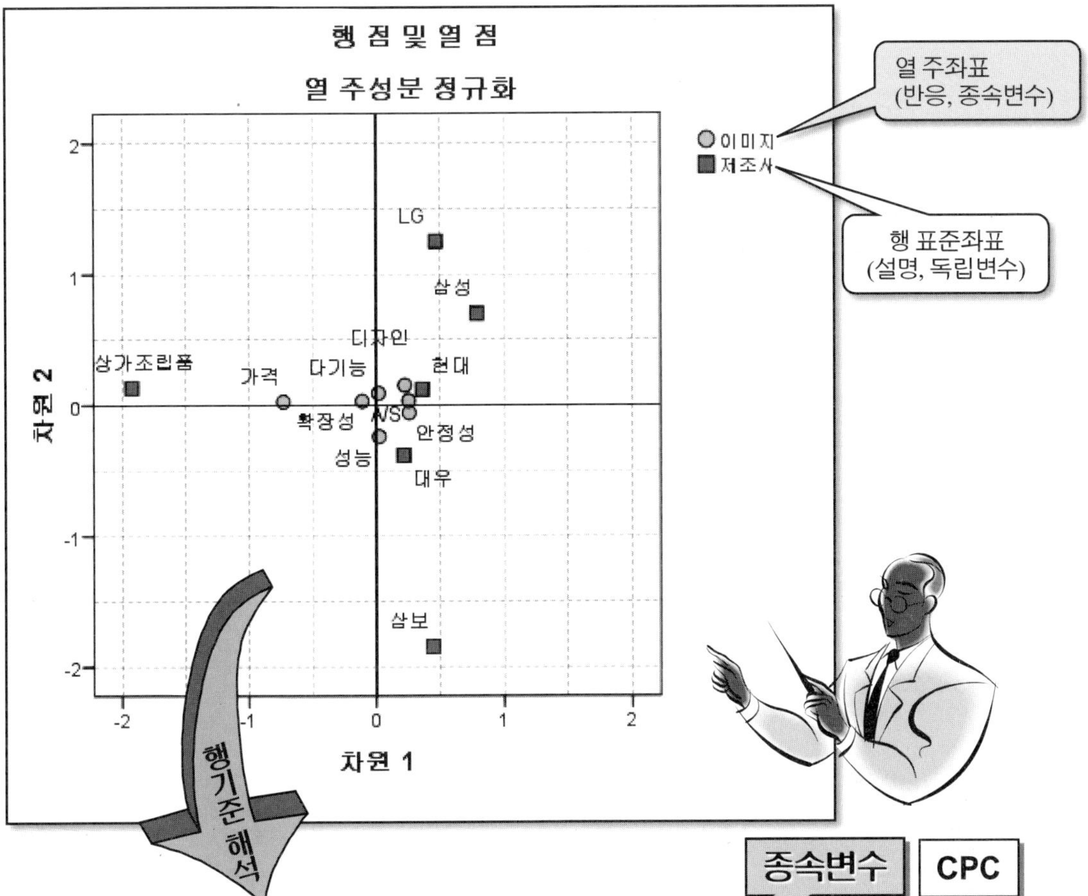

종속변수 CPC

열 프로파일								
	이미지							
제조사	가격	다기능	디자인	성능	안정성	확장성	A/S	매스
대우	.083	.102	.102	.118	.097	.100	.114	.103
삼보	.117	.153	.169	.279	.226	.167	.186	.187
삼성	.100	.254	.254	.191	.226	.200	.329	.224
상가조립품	.500	.203	.119	.191	.097	.250	.114	.208
현대	.100	.136	.119	.103	.194	.133	.129	.130
LG	.100	.153	.237	.118	.161	.150	.129	.148
액티브 [illegible]변	1.000	1.000	1.000	1.000	1.000	1.000	1.000	

독립변수 RSC

- CPC : Column Principal Coordinates – 열 주좌표
- RSC : Row Standardized Coordinates – 행 표준좌표

비대칭, 행-주좌표 vs 열-표준좌표

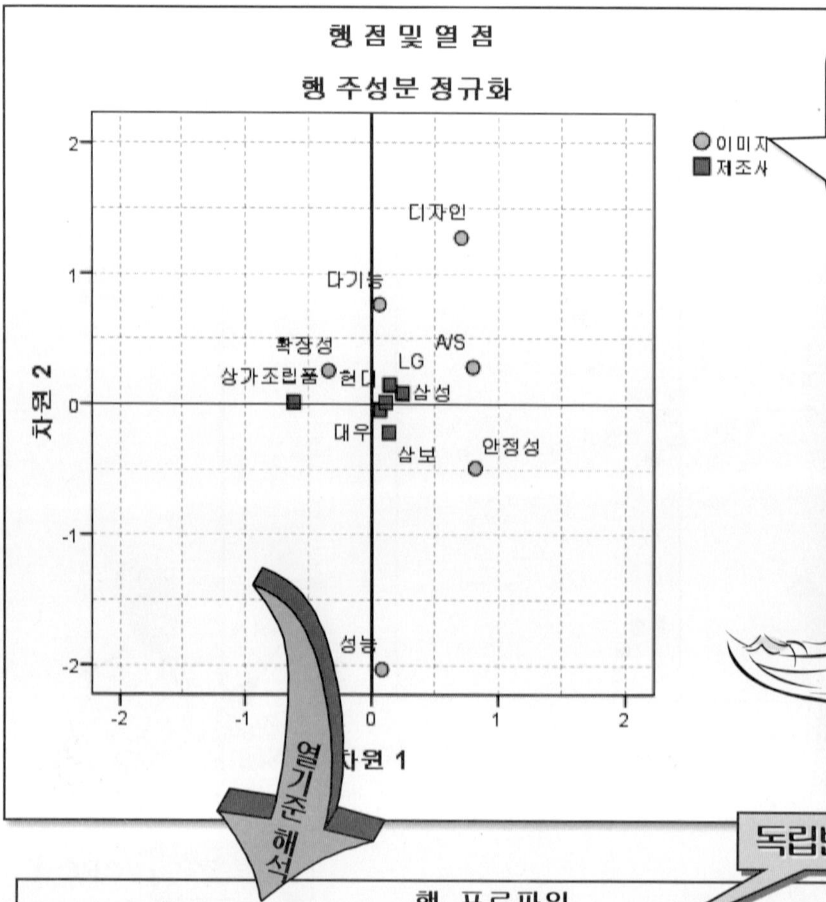

열변수(이미지)의 범주들이 표준좌표이므로 이를 기준으로 해석한다.

독립변수 CSC

행 프로파일

제조사	이미지							
	가격	다기능	디자인	성능	안정성	확장성	A/S	액티브 주변
대우	.111	.133	.133	.178	.133	.133	.178	1.000
삼보	.085	.110	.122	.232	.171	.122	.159	1.000
삼성	.061	.153	.153	.133	.143	.122	.235	1.000
상가조립품	.330	.132	.077	.143	.066	.165	.088	1.000
현대	.105	.140	.123	.123	.211	.140	.158	1.000
LG	.092	.138	.215	.123	.154	.138	.138	1.000
매스	.137	.135	.135	.155	.142	.137	.160	

종속변수 RPC

- CSC : Column Standardized Coordinates – 열 표준좌표
- RPC : Row Principal Coordinates – 행 주좌표

대칭 - 행열플롯

'대칭적 관계'란 두 범주형 변수들이 각각 서로 간에 영향 주고 받는 관계를 의미한다. 데이터의 내용에 따라 대칭적 관계를 가정하고 그린 위치도와 비대칭 관계를 가정하고 작성한 그림은 해석에 차이가 있다. 그러므로 데이터의 내용을 파악하고 어떤 변수가 종속변수이고 독립변수인지를 파악하는 것이 매우 중요하다.

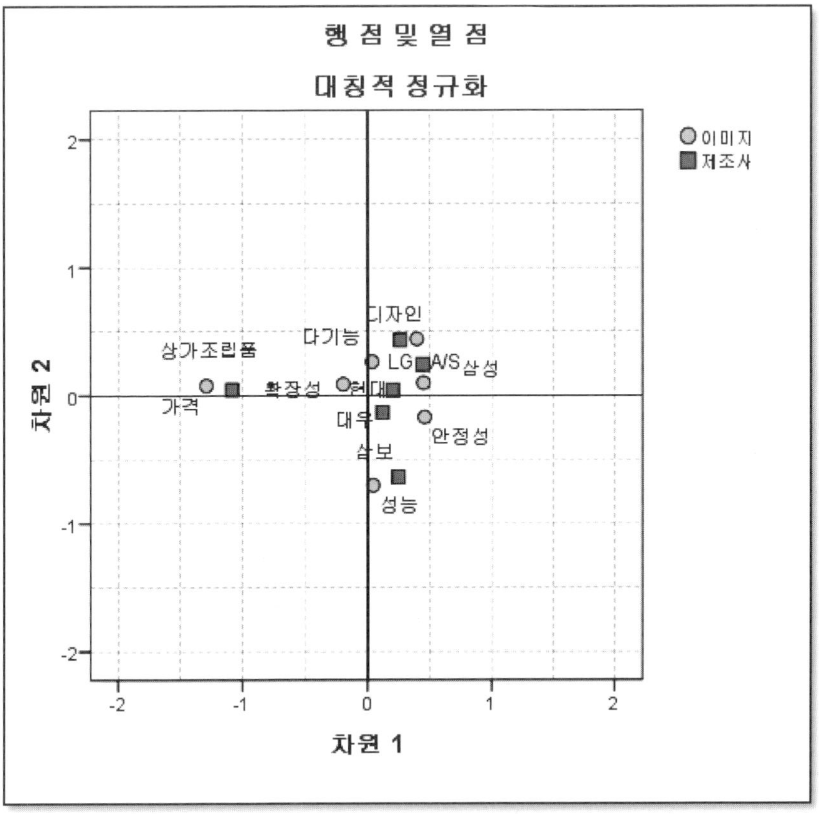

종속, 독립 | CCC

제조사 * 이미지 교차표

전체 %

		이미지							전체
		가격	다기능	디자인	성능	안정성	확장성	A/S	
제조사	대우	1.1%	1.4%	1.4%	1.8%	1.4%	1.4%	1.8%	10.3%
	삼보	1.6%	2.1%	2.3%	4.3%	3.2%	2.3%	3.0%	18.7%
	삼성	1.4%	3.4%	3.4%	3.0%	3.2%	2.7%	5.3%	22.4%
	상가조립품	6.8%	2.7%	1.6%	3.0%	1.4%	3.4%	1.8%	20.8%
	현대	1.4%	1.8%	1.6%	1.6%	2.7%	1.8%	2.1%	13.0%
	LG	1.4%	2.1%	3.2%	1.8%	2.3%	2.1%	2.1%	14.8%
전체		13.7%	13.5%	13.5%	15.5%	14.2%	13.7%	16.0%	100.0%

독립, 종속 | RCC

- CCC : Column Canonical Coordinates – 열 정준좌표
- RCC : Row Canonical Coordinates – 행 정준좌표

컨조인트 분석
Conjoint Analysis
SPSS
1 7
5

컨조인트 분석이란?

소비재 상품을 생산, 판매하는 대부분의 기업들은 효율적인 상품의 개발 및 성공적인 판매를 위하여 상품개발, 제조, 판매, 마케팅조사 등의 4단계의 관리모형을 구성하고 있다. 이러한 경우에 상품개발은 상품기획실 혹은 상품개발실 등의 부서에서, 제조는 생산부에서, 판매는 영업부에서, 마케팅조사는 마케팅부에서 담당하게 된다.

마케팅조사란 효율적인 상품의 개발 및 성공적인 판매에 매우 큰 역할을 수행하게 된다. 마케팅조사를 잘 수행하면 목표시장 구매자들의 필요와 욕구에 일치하는 상품이 어떠한 것인지를 판단할 수 있게 되므로, 이를 기초로 상품을 개발하여 성공적인 판매를 이끌어 낼 수 있기 때문이다.

마케팅조사에서 매우 빈번히 수행되는 분야가 바로 특정한 상품에 대하여 소비자들이 가장 중요하게 생각하는 특성들을 찾아내는 것이다. 컨조인트분석(conjoint analysis)이란 바로 이와 같은 분야에 가장 적합한 마케팅조사 도구이다.

컨조인트분석을 통하여 조사자는 특정 상품의 어떠한 특성이 소비자에게 중요한가를 알 수 있으며, 특정한 상품특성이 어떤 경우에 소비자에게 바람직하게 인식되고, 어떤 경우에 바람직하지 않게 인식되는지 등의 각 특성의 상대적 중요성을 알 수 있으며, 자사의 기존 상품이나 개발예정의 상품이 경쟁사의 상품과 비교하여 소비자의 선호도를 어느 정도 충족시켜 줄 수 있는가? 등을 알 수 있다. 어떤 경우에는 소비자가 가장 선호하는 상품이 가격 등의 이유로 현실적이지 못할 수 있는데, 이런 경우 컨조인트 분석을 통하여 차선의 상품이 어떠한 것인지를 알 수 있다. 또한 응답자의 연령, 직업, 경제력 등 여러 가지 사회적 배경 등의 정보를 같이 조사하면, 특정한 상품의 전체시장을 몇 개의 표적시장으로 분할하여, 분할된 표적시장에 따라 상품 차별화를 실시할 수 있다. 이와 같은 내용들은 성공적인 상품의 개발 및 판매에 결정적으로 중요한 요소이다. 이와 같은 컨조인트 분석은 유형의 상품의 경우에만 적용되는 것이 아니라 교육, 정보제공, 관광안내 등의 무형의 서비스 상품에까지 확대하여 적용할 수 있다.

컨조인트분석 절차

문제 탐색

- 고려해야 할 상품/서비스/아이디어에 대한 효용도(utility) 요소는 무엇인가?
- 이 선정절차에서 사용될 주요 의사결정기준은 무엇인가?

↓

요인 및 수준 설정

- 사용할 속성들(요인)
- 각 요인의 수준들

↓

기본모형 설정

- additive vs. interactive
- 선형, 2차형, Part-worth

↓

자극 만들기

→ **Factorial Design** / **Fractional Factorial Design**

↓

보여주기 방법 선정

Full-profile vs. trade-off

↓

선호도 측정규준 결정

정량적(등급) vs 정성적(순위)

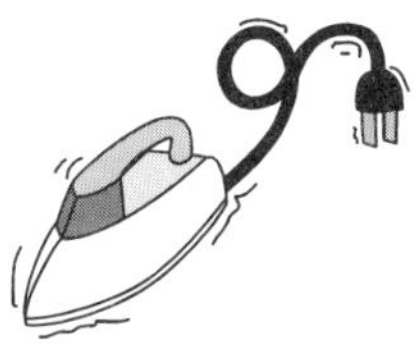

↓

추정기법 결정

↓

결과평가

신뢰도, 예측 정확도 진단

↓

결과 해석

정량적(등급) vs 정성적(순위)

↓

컨조인트 결과 적용

세분화 정의, 수익성 분석, 실험상품선택

여행상품 개발 예제

어떤 여행사는 소규모 여행상품의 개발에 주력하고 있다. 즉, 계절에 따라 새로운 고객에게 특별한 내용의 여행상품을 소개하고 있었다. 처음에는 매우 성공적이었으나, 시간이 지나갈 수록 고객들의 예약건수가 현저하게 줄었고, 특히 새로운 여행상품에 대한 고객들의 선호도가 매우 떨어져 있었다. 이 문제를 해결하기 위하여 먼저 고객들이 여행상품을 결정하는데 중요한 요인이 되는 것이 무엇인가를 조사한 결과 다음과 같은 내용을 알 수 있었다.

1. 여 행 지 : 하와이가 가장 인기가 있다.
2. 가 격 : 싸면 쌀수록 좋다.
3. 숙박시설 : 질이 높을수록 좋다.
4. 부가사항 : 식사와 여행안내자가 포함되면 좋다.

위와 같은 정보를 바탕으로 하여 미래의 고객들에게 다음과 같은 내용의 질문을 하였다.

1. (여 행 지) 하와이, 호주, 싱가폴
2. (가 격) ₩176,000, ₩242,000, ₩305,000
3. (숙박시설) 최상급, 특급, 보통
4. (부가사항) 식사와 여행안내자의 제외, 포함

위의 내용을 중심으로 생각해 보면, 총 54가지 (3 x 3 x 3 x 2)의 서로 다른 여행상품을 생각해 낼 수 있는데, 응답자들이 검토하기에는 여행상품의 수가 너무 많다. 그러므로 보다 적은 수의 조합으로 각 요인의 수준들을 평가할 수 있는 방법이 필요하다. 이러한 효율적인 조합을 생성해 주는 방법이 바로 직교계획(orthogonal design)이다. 직교계획을 사용하면 보다 적은 수의 가상여행상품으로 선호도를 측정할 수 있게 된다.

직교계획

SPSS의 ORTHOPLAN 프로시저(직교계획)를 사용하면, 선호도 특성을 분석하는데 필요한 최소의 여행상품을 선정하여 줄 것이다. 여행상품의 선정에 있어서 직교배열이라는 통계적 기법을 사용하기 때문에 그 결과는 가능한 모든 조합의 여행상품을 선정한 것과 같은 효과를 얻을 수 있다.

이 경우 전체 54가지의 가능한 여행상품들 중에서 잘 선정한 단 9가지의 서로 다른 여행상품만으로도 고객들의 선호도를 분석하기에 충분하다. 그리고, 분석된 선호도 모형의 타당성을 검정하기 위하여, 2가지의 여행상품을 추가로 선정하여야 한다.

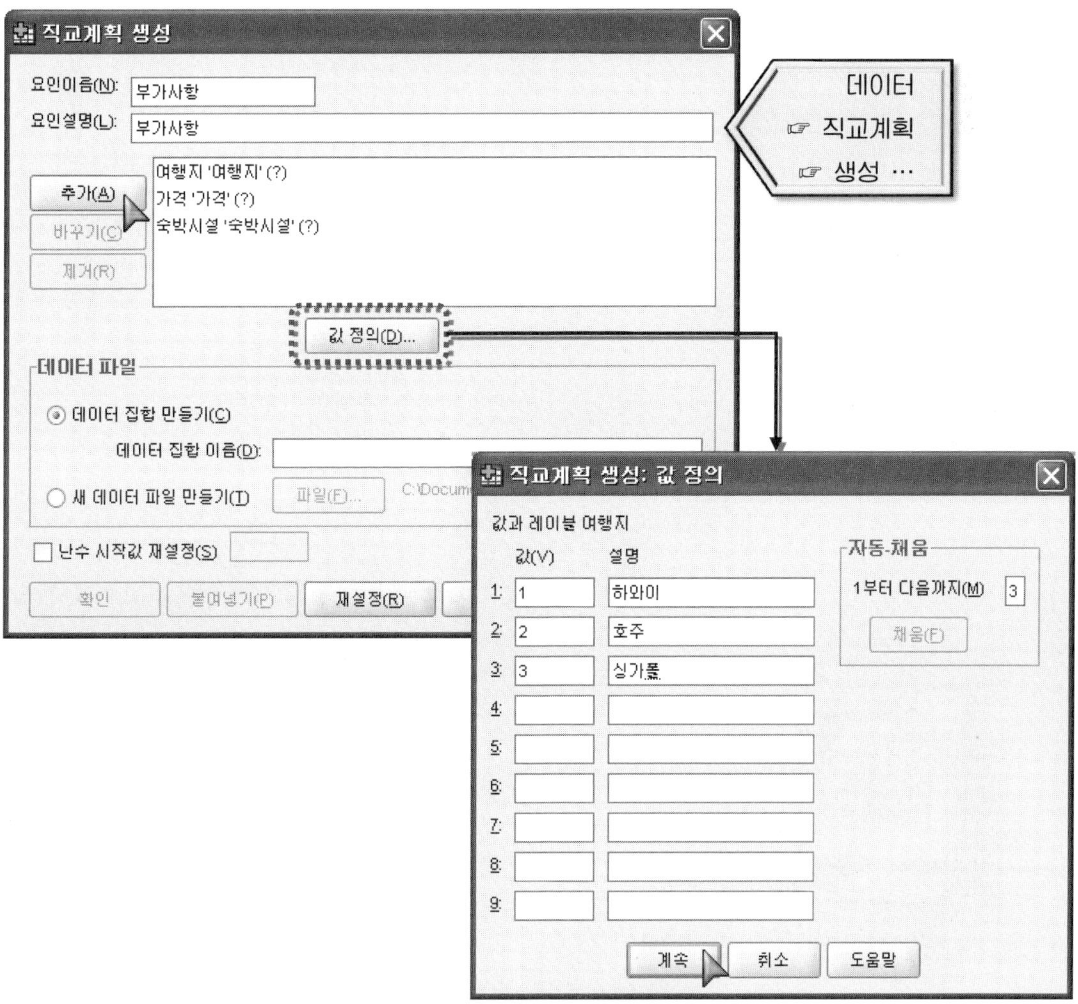

검정용 상품 추출

차후에 컨조인트분석을 수행할 때, 모형의 타당성을 검정하기 위하여 타당성 검정용(Holdout) 상품을 추출할 수 있다.

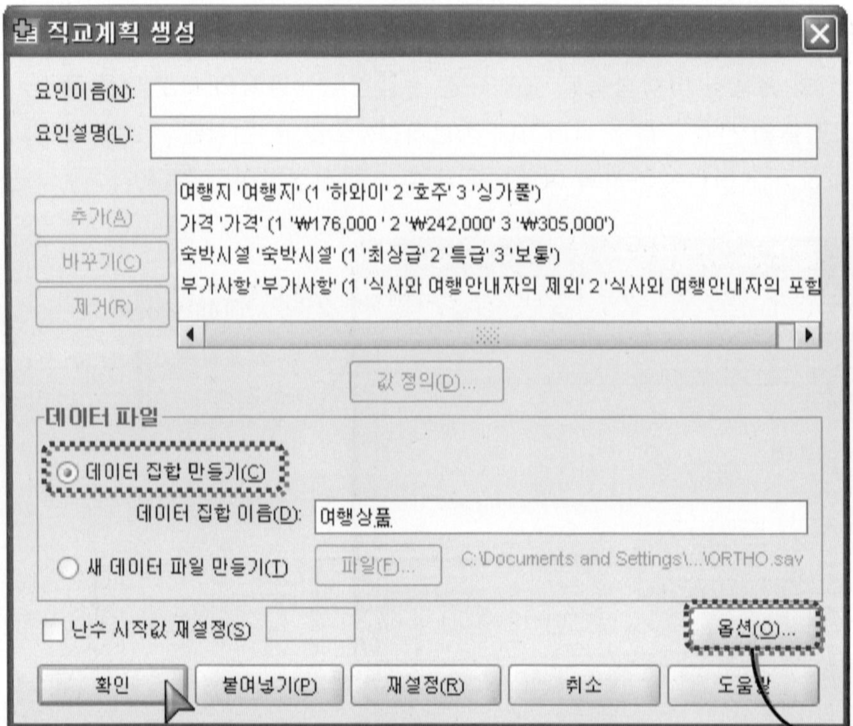

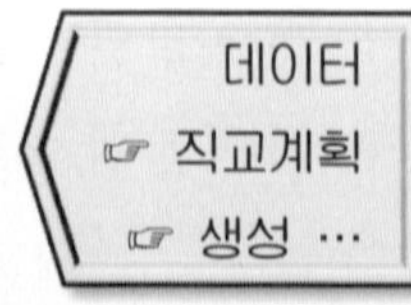

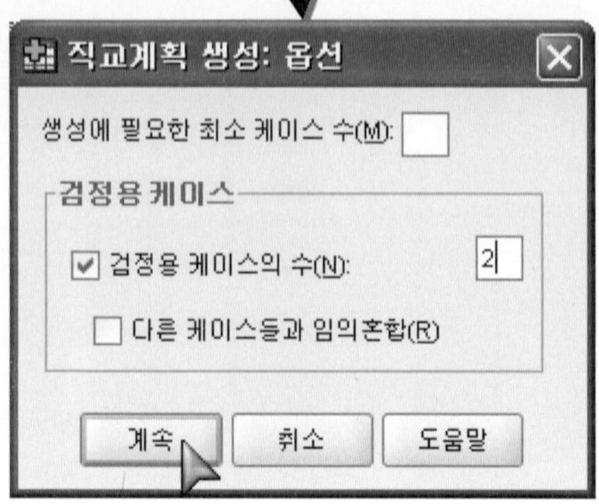

직교계획 실험상품 목록표시

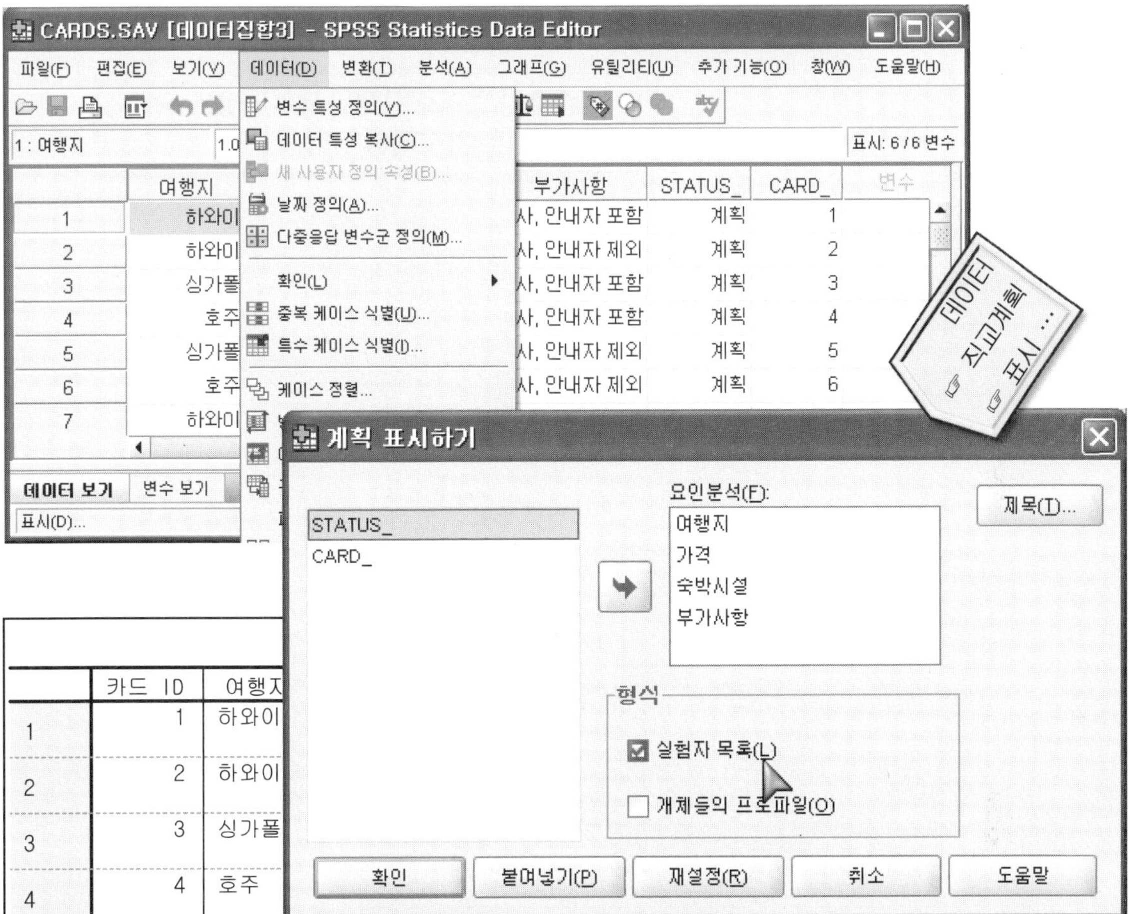

	카드 ID	여행지			
1	1	하와이			
2	2	하와이			
3	3	싱가폴			
4	4	호주			
5	5	싱가폴	242,000	특급	식사, 안내자 제외
6	6	호주	305,000	보통	식사, 안내자 제외
7	7	하와이	242,000	보통	식사, 안내자 제외
8	8	호주	176,000	특급	식사, 안내자 제외
9	9	싱가폴	305,000	최상급	식사, 안내자 제외
10[a]	10	싱가폴	242,000	보통	식사, 안내자 포함
11[a]	11	호주	305,000	특급	식사, 안내자 제외

a. 검증용

컨조인트 명령문

```
CONJOINT [PLAN={*    }]
               {파일}
   [/DATA={*    }]
          {파일}
    /{SEQUENCE}=변수목록
     {RANK     }
     {SCORE    }
   [/SUBJECT=변수]
   [/FACTORS=변수목록['설명들']([{DISCRETE[{MORE}]}][값들['설명들']])]
                                            {LESS}
                                 {LINEAR[{MORE}]   }
                                          {LESS}
                                 {IDEAL            }
                                 {ANTIIDEAL        }
          변수목록...
  [/PRINT={ALL**       }[SUMMARYONLY] ]
          {ANALYSIS   }
          {SIMULATION}
          {NONE       }
  [/UTILITY=파일]
  [/PLOT={[SUMMARY][SUBJECT][ALL]}]
         {NONE** }
```

주) 컨조인트 프로시저는 메뉴에 없으므로 명령어로 처리해야 한다.

** 부명령문이 생략될 경우 디폴트로 적용됨.
* PLAN 및 /DATA에 대한 디폴트로 작업데이터파일(*)이다.

주명령어

사양

```
CONJOINT PLAN='CARDS.SAV'
 /DATA=*
 /SEQUENCE=NUM1 TO NUM11
 /FACTORS=여행지 부가사항(DISCRETE) 가격 숙박시설(LINEAR LESS)
 /PLOT=ALL
 /PRINT=SIMULATIONS
 /UTILITY= 'UTIL.SAV' .
```

키워드

부명령어

명령어 마침표

선호도 측정 지정방법

```
CONJOINT [PLAN={*    }]
               {파일}
  [/DATA={*    }]
          {파일}
  /{SEQUENCE}=변수목록
   {RANK      }
   {SCORE     }
  [/SUBJECT=변수]
  [/FACTORS=변수목록
```

```
/{SEQUENCE}=변수목
 {RANK      }
 {SCORE     }
```

k개의 프로파일이 있을 경우 선호도 측정방법:

1) 선호하는 순서대로 프로파일을 나열하도록 유도한다 (SEQUENCE).
2) 가장 선호하는 프로파일(카드)에 순위 1을 부여하고 … 가장 덜 선호하는 프로파일에 k를 지정한다(RANK).
3) 각 프로파일에 선호점수를 부여하는 방법(SCORE).

선호 순서

/SEQUENCE = PREF01 TO PREF12
가장 좋아하는 상품**카드번호**를 PREF01에 기록 ...

/RANK = RANK01 TO RANK12
상품카드번호 1의 **순위**를 RANK01에 기록

Profile(카드) 번호

/SCORE = SCORE01 TO SCORE12
상품카드번호 1의 **선호점수**를 SCORE01에 기록 …

수준들 간의 관계

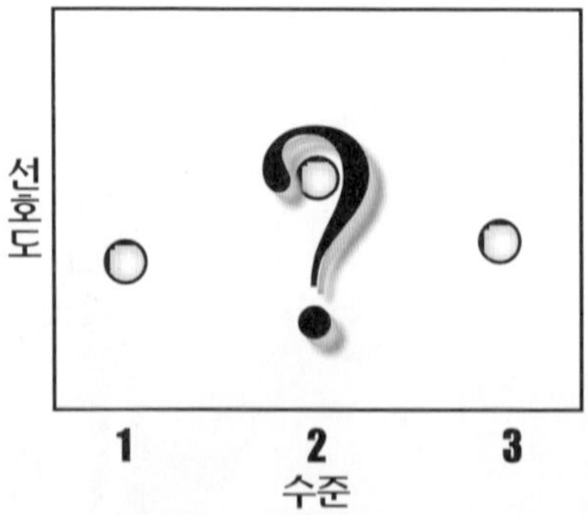

D=Discrete, 범주형

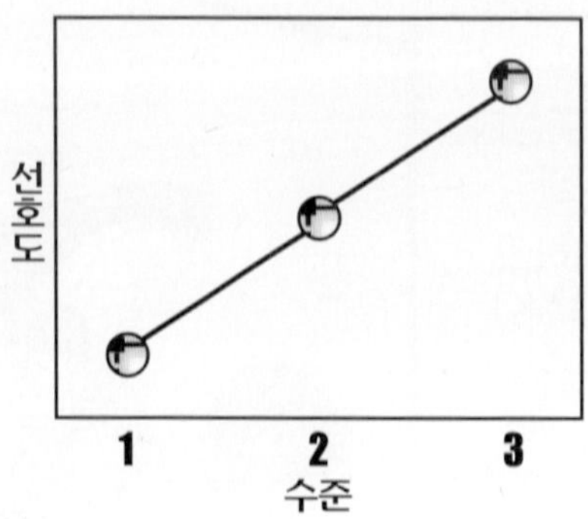

l=Linear, >=more

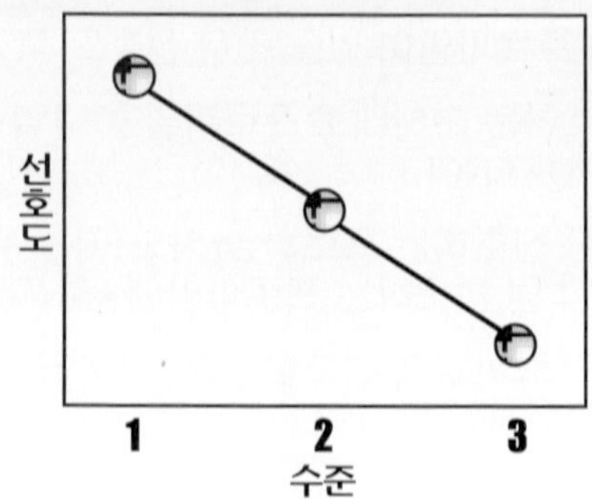

l=Linear, <=less

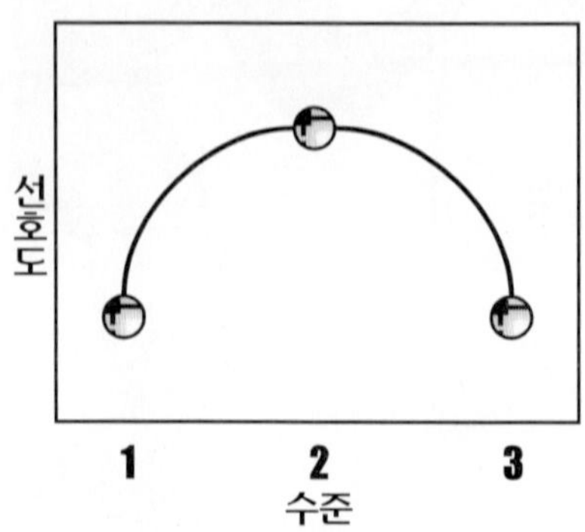

i=Ideal(quadratic)

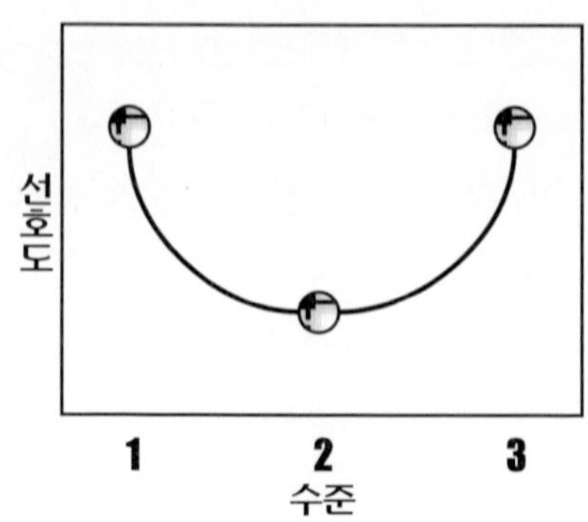

ai=Antiideal

컨조인트 분석 명령작성

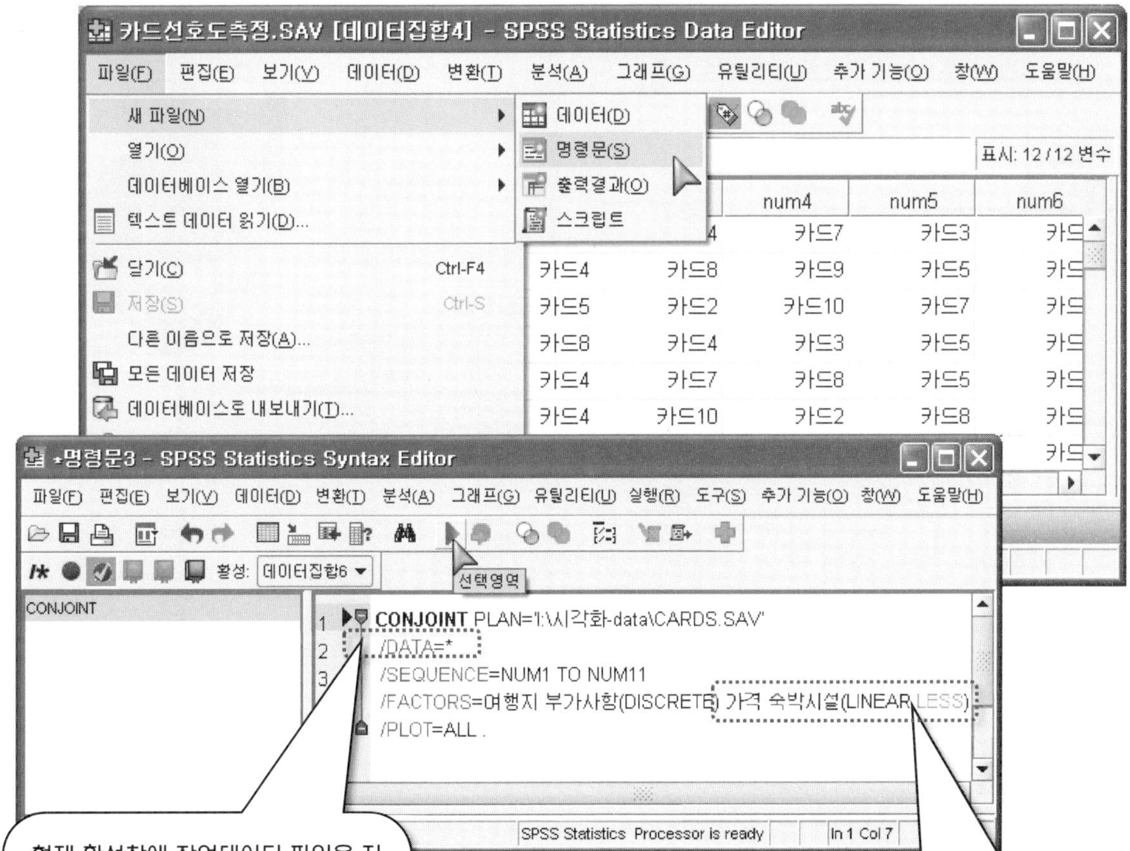

현재 활성창에 작업데이터 파일을 지정할 경우 "*"로 표시하며 직접 파일명을 지정할 경우 "/DATA='I:\시각화-data\카드선호도측정.SAV' " 라고 지정해야 한다.

가격 및 숙박시설은 선형이며, 수준의 값이 작으면 작을수록 선호하는 경향이 있으므로(LINEAR LESS) 라고 지정한다.

컨조인트 결과

모형 설명

	수준 수	순위 또는 점수에 관련
여행지	3	이산형
가격	3	선형 (적은)
숙박시설	3	선형 (적은)
부가사항	2	이산형

모든 요인이 직교됩니다.

```
(Models: d=discrete, l=linear, i=ideal, ai=antiideal, <=less, >=more)

All the factors are

 Averaged
Importance   Utilit

           +-+
13.79      | |    .5556
           +-+   -.0556
             |   -.5000
             |
             |
 2.72        |   -.1042
             |    .1042
             |
+-----------+
155.17       | -2.1111
               -4.2222         ---|          242,000
               -6.3333        ----|          305,000
               B = -2.1111

                          숙박시설      숙박시설
               -1.0833         -|        최상급
               -2.1667         -|        특급
               -3.2500        --|        보통
               B = -1.0833
             |
              11.4236        CONSTANT

                                       Significance =  .0000
                                       Significance =
                                       Significance =
```

유틸리티

		유틸리티 추정	표준 오차
여행지	하와이	.556	.215
	호주	-.056	.215
	싱가폴	-.500	.215
부가사항	식사, 안내자 제외	-.104	.162
	식사, 안내자 포함	.104	.162
가격	176,000	-2.111	.187
	242,000	-4.222	.373
	305,000	-6.333	.560
숙박시설	최상급	-1.083	.187
	특급	-2.167	.373
	보통	-3.250	.560
(상수)		11.424	.552

중요도 값

여행지	13.793
부가사항	2.722
가격	55.172
숙박시설	28.312

평균 중요도 점수

계수

	B 계수 추정값
가격	-2.111
숙박시설	-1.083

상관계수[a]

	값	유의확률
Pearson의 R	.991	.000
Kendall의 타우	.889	.000
검증용 Kendall의 타우	1.000	.

a. 관측 및 추정 기본 설정 간 상관관계

효용도 계산하기

모형 설명

	수준 수	순위 또는 점수에 관련
여행지	3	이산형
가격	3	선형 (적은)
숙박시설	3	선형 (적은)
부가사항	2	이산형

모든 요인이 직교됩니다.

유틸리티

		유틸리티 추정	표준 오차
여행지	하와이	.556	.215
	호주	-.056	.215
	싱가폴	-.500	.215
부가사항	식사, 안내자 제외	-.104	.162
	식사, 안내자 포함	.104	.162
가격	176,000	-2.111	.187
	242,000	-4.222	.373
	305,000	-6.333	.560
숙박시설	최상급	-1.083	.187
	특급	-2.167	.373
	보통	-3.250	.560
(상수)		11.424	.552

계수

	B 계수 추정값
가격	-2.111
숙박시설	-1.083

가상상품:
- ★ 여행지 하와이
- ★ 가 격 176,000
- ★ 숙박시설 최상급
- ★ 부가사항 식사, 안내자 제외

$$\text{가상상품의 효용도} = 0.556 - 0.104 - 2.111 - 1.083 + 11.424$$
$$= 8.681$$

중요도 및 효용도 막대도표

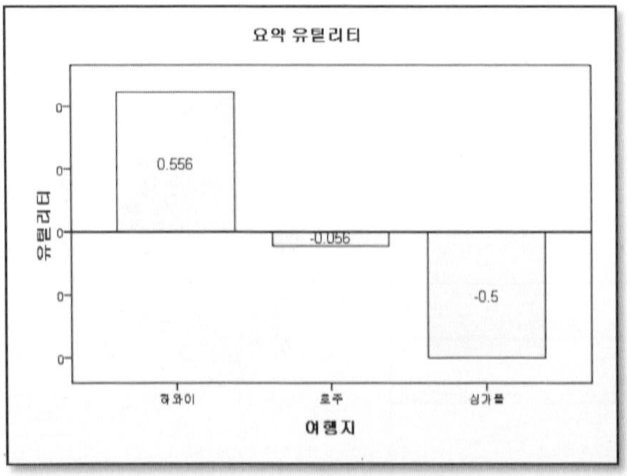

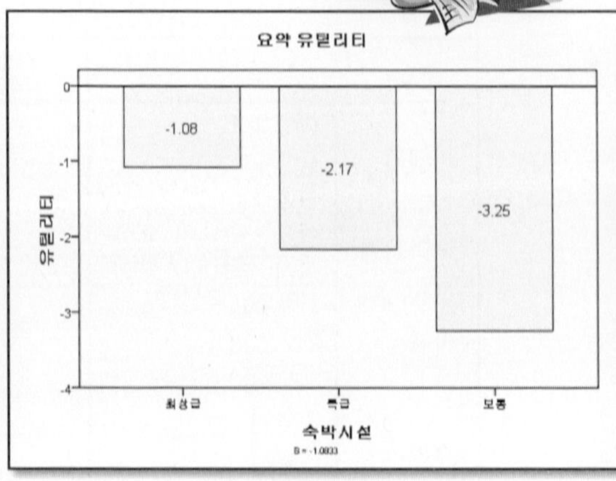

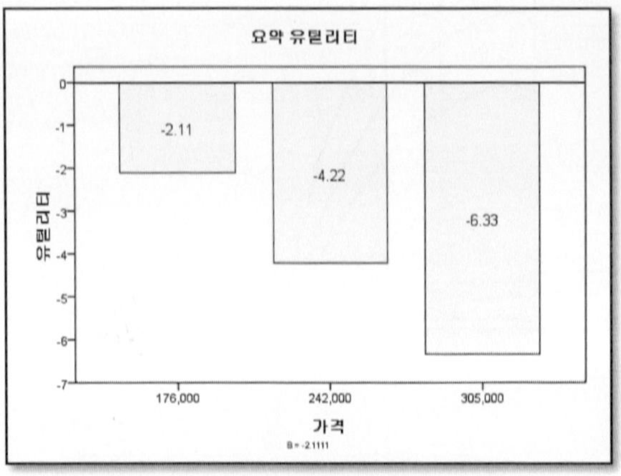

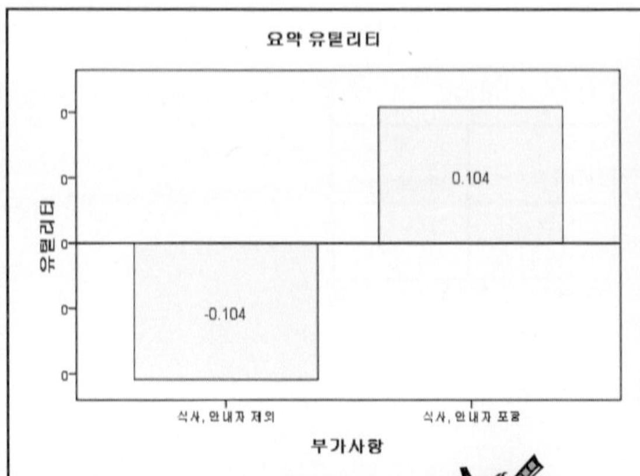

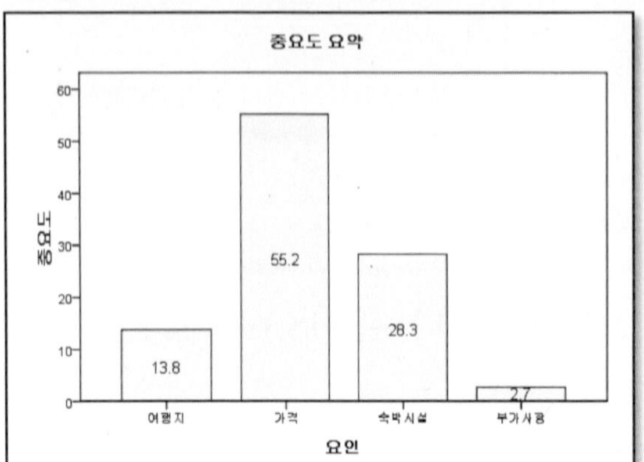

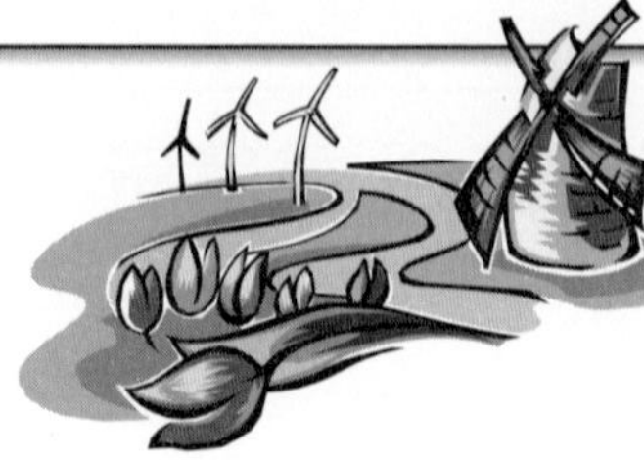

출시상품-모의실험

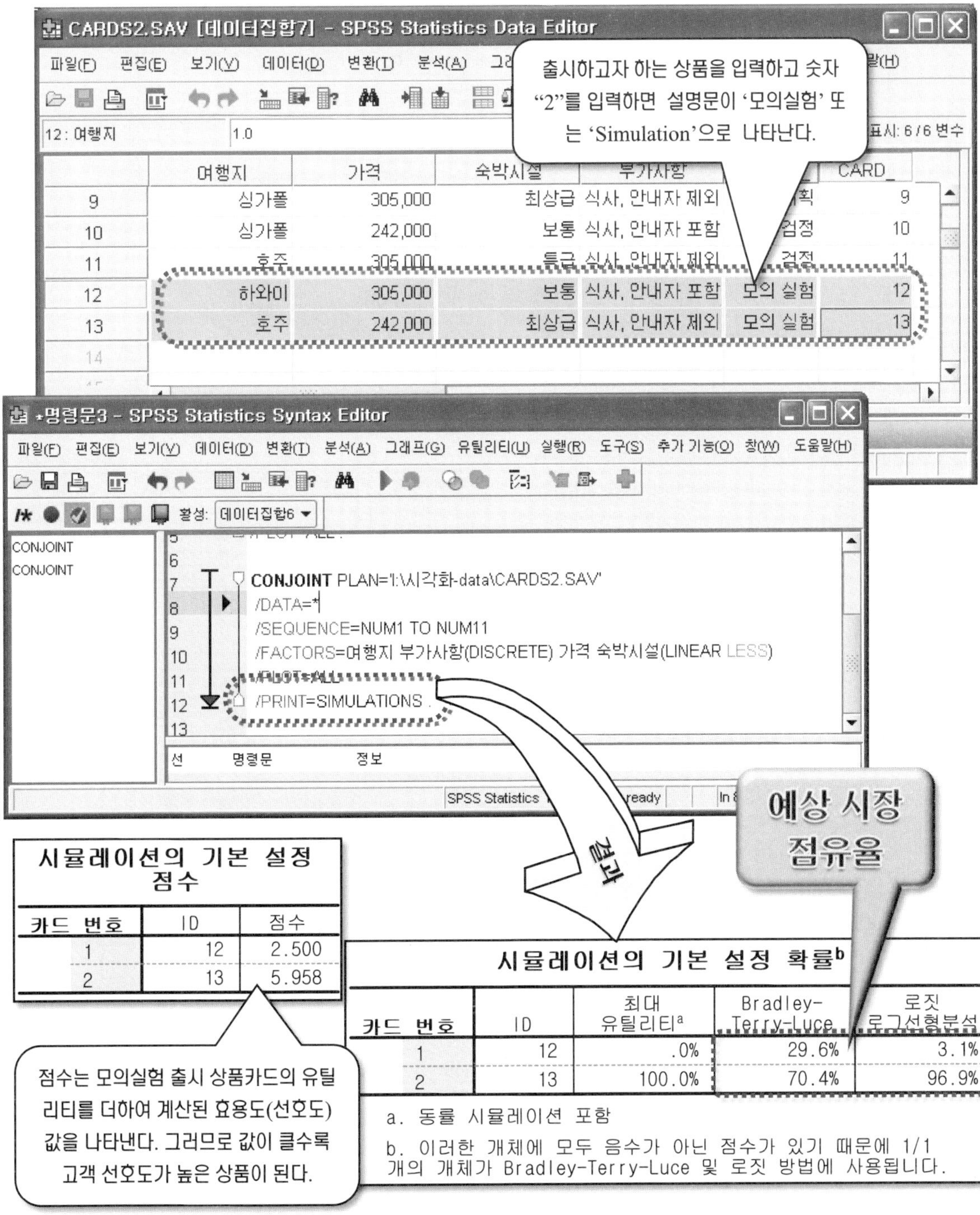

예상 시장 점유율

시뮬레이션의 기본 설정 점수		
카드 번호	ID	점수
1	12	2.500
2	13	5.958

점수는 모의실험 출시 상품카드의 유틸리티를 더하여 계산된 효용도(선호도) 값을 나타낸다. 그러므로 값이 클수록 고객 선호도가 높은 상품이 된다.

시뮬레이션의 기본 설정 확률[b]				
카드 번호	ID	최대 유틸리티[a]	Bradley-Terry-Luce	로짓 로그선형분석
1	12	.0%	29.6%	3.1%
2	13	100.0%	70.4%	96.9%

a. 동률 시뮬레이션 포함

b. 이러한 개체에 모두 음수가 아닌 점수가 있기 때문에 1/1 개의 개체가 Bradley-Terry-Luce 및 로짓 방법에 사용됩니다.

효용도 및 시장점유율

Card 12
여행지 하와이
가 격 305,000
숙박시설 보통
부가사항 식사, 안내자 포함

시뮬레이션의 기본 설정 점수		
카드 번호	ID	점수
1	12	2.500
2	13	5.958

Card 13
여행지 호주
가 격 242,000
숙박시설 최상급
부가사항 식사, 안내자 제외

모형 설명		
	수준 수	순위 또는 점수에 관련
여행지	3	이산형
가격	3	선형 (적은)
숙박시설	3	선형 (적은)
부가사항	2	이산형

모든 요인이 직교됩니다.

12번 상품과 13번 상품의 효용도는 2.5와 5.958이다. 아래 예상 시장 점유율을 보면 역시 13번이 점유율이 더 우수함을 알 수 있다. 그러므로 점유율이 큰 상품을 시장에 출시하는 것이 합리적이다. BTL의 단순합에 대한 백분비에 비해 로짓을 이용한 예상점유율은 13번이 12번에 비해 상대적으로 격차가 크게 나타난다. 이는 아래 표현한 계산 방법의 차이로 효용도가 클수록 작은 상품에 비해 기하적으로 더 크게 점유율을 계산해주는 특성을 가지기 때문이다. 아래계산식을 연구해 보길 바란다.

예상 시장 점유율

시뮬레이션의 기본 설정 확률[b]				
카드 번호	ID	최대 유틸리티[a]	Bradley-Terry-Luce	로짓 로그선형분석
1	12	.0%	29.6%	3.1%
2	13	100.0%	70.4%	96.9%

a. 동률 시뮬레이션 포함

b. 이러한 개체에 모두 음수가 아닌 점수가 있기 때문에 1/1 개의 개체가 Bradley-Terry-Luce 및 로짓 방법에 사용됩니다.

시장점유율:

$$BTL_{12} = \frac{2.500}{2.500 + 5.958} \times 100 = 29.6\% \qquad Logit_{12} = \frac{e^{2.500}}{e^{2.500} + e^{5.958}} \times 100 = 3.1\%$$

$$BTL_{13} = \frac{5.958}{2.500 + 5.958} \times 100 = 70.4\% \qquad Logit_{13} = \frac{e^{5.958}}{e^{2.500} + e^{5.958}} \times 100 = 96.9\%$$

갈증해소음료 조사

조사배경

■ 일반적 배경

국민들의 소득수준이 높아짐에 따라 여가활동의 시간이 점점 늘어나고 있다. 선행된 조사결과에 따르면, 미국의 경우 국민의 65%가 여가활동을 하고 있다. 또한 이 중에 54%가 스포츠를 여가활동으로 하고 있으며, 이중에 42%가 스포츠종목으로 테니스를 하고 있다. (국민적 스포츠의 개념)

한편, 다른 조사결과에 따르면 스포츠와 관련하여 소비되는 음료가 전체 음료 소비의 57 %에 해당한다고 한다. (주소비시장)

■ 조사배경 및 조사대상

1984년 미국의 한 음료회사 마케팅조사부에서 갈증해소음료(스포츠 음료)의 신규 판매를 계획하기 위하여, 테니스를 즐기는 사람들을 최초 목표시장으로 설정하고, 미국의 3개 회사들이 운영하는 스포츠용품 체인점들에서 다음과 같은 시장조사를 하였다. 즉, 'Flight Sports'라는 스포츠 용품 전문상점들의 테니스 용품코너, 'Searbuck & Co'라는 대형 백화점의 스포츠 코너, 'Ms. Tennis'라는 여성 테니스용품 전문상점등에서 테니스용품이나 테니스 의복을 구입하는 고객들을 대상으로 면접형식으로 수행되었다.

■ 데이터 수집, 코딩, 입력

총 1200명이 응답하였으며, 이중 유효한 설문지 895매가 다음과 같은 코딩형식에 따라 코딩되어 '갈증음료.sav'라는 데이터파일에 입력 저장되어 있다.

단, 중북부지방에는 'Ms. Tennis'상점의 체인점이 없으므로, 여기에 해당하는 응답자는 존재하지 않는다.

참고: 통계조사분석 pp. 202 ~ 209

갈증해소음료 설문지

일련번호 : __________
조사지역 : __________
면접장소 : __________

1. 귀하의 성별은 ? (여(F)□ / 남(M) □)

2. 귀하의 연령은 ? (　　) 세

3. 귀하는 교육년수는 ? (　　) 년

4. 현재 귀하의 취업상태는 ?
   - □ 0 = 미취업
   - □ 1 = 시간제 취업
   - □ 2 = 전일제 취업

5. 귀하의 년간 총수입은 얼마나 됩니까 ?
   - □ 1 = $10,000 미만
   - □ 2 = 10,000 ~ 14,999
   - □ 3 = 15,000 ~ 19,999
   - □ 4 = 20,000 ~ 24,999
   - □ 5 = 25,000 ~ 29,999
   - □ 6 = 30,000 ~ 34,999
   - □ 7 = 35,000 ~ 39,999
   - □ 8 = $40,000 이상

6. 귀하는 테니스를 하신 지 몇 년이나 되었습니까 ? (　　) 년

7. 현재 활동중인 다음 6명의 프로테니스 중에 누구를 가장 존경하거나 좋아하십니까 ? (가장 존경하거나 좋아하는 한 사람을 선택하십시오)
   - □ 0 Ivan Lendl
   - □ 1 John McEnroe
   - □ 2 Martina Navratilova
   - □ 3 Jimmy Connors
   - □ 4 Chris Evert Llyod
   - □ 5 Yannick Noah

■ 스포츠 활동을 한 후에 생기는 갈증을 해소를 위하여 다음의 음료를 자주 마시는 편입니까? 해당 번호에 ☑ 표시해 주십시오.

		À Ộ ¶Å½Å ß¼Á´ Ù	¾Å¼Ù Ñ ¹ø ¾ ¶Å½Ù	°¡ Ô ¶Å½Ù	Å Å ¶Å½Ù	Ç× ó ¶Å½Ù
8	'	1	2	3	4	5
9	Crokade	1	2	3	4	5
10	ÆÅ	1	2	3	4	5
11	Åº é Å½á	1	2	3	4	5
12	Æµ Å	1	2	3		5
13	¹· ó Å ½	1	2	3		
14	Å¿ » Å Å ½	1	2	3		
15	Ã Å÷/Ã Å¿ Ç	1	2	3	4	5

16. 귀하가 좋아하는 테니스 스타가 포장사인한 스포츠 연관 음료가 시판된다면, 이 제품을 구매하겠는가 ?

___ 1 구매하겠다.
___ 2 구매할 것 같다.
___ 3 그때 가서 결정하겠다.
___ 4 구매하지 않을 것 같다.
___ 5 구매하지 않겠다.

17. 테니스 이외에 참여하는 운동 종목은 ? (있는 대로 다 선택)

___ 1 라켓볼, 스쿼시, 핸드볼
___ 2 달리기, 조깅
___ 3 에어로빅
___ 4 자전거 타기
___ 5 야구, 소프트볼
___ 6 축구
___ 7 배구

TV 고객조사
설문지
SPSS
1 7
5
May 2005

TV 고객조사 설문지

1. TV하면 가장 먼저 생각나는 회사는 ? (국내 회사 중 하나만)

2. 가장 구입하고 싶은 TV는 어느 회사 제품입니까? (국내 회사 중 하나만)

3. 현재 소유하고 계신 TV의 제조회사, 크기 및 구입시기는 ?

   •제조회사 ____________ •크기 ______ 인치 •구입시기 ______ 년

4. 상기의 제품을 선택한 가장 결정적인 요인은 ? (한가지만)

   ___ 1.저렴한 가격
   ___ 2.선명한 화질
   ___ 3.웅장한 음질
   ___ 4.세련된 디자인
   ___ 5.다양한 기능
   ___ 6.편리한 조작성
   ___ 7.화면의 크기
   ___ 8.우수한 사후서비스(A/S)
   ___ 9.잘 모르겠다

5. 현재 소유하고 계신 TV에 대해 어느 정도 만족하십니까?

매우불만	불만인편	조금불만	잘모름	조금만족	만족한편	매우만족
☐	☐	☐	☐	☐	☐	☐

6. 차후에 TV를 다시 구입할 경우 다음 중 어느 회사의 TV를 구입하겠습니까 ?
   ___엘지 ___삼성 ___대우 ___아남 ___잘 모름

7. TV를 구매하려는 주위의 사람들에게 다음 중 어느 회사의 TV를 추천하겠습니까?
   ___엘지 ___삼성 ___대우 ___아남 ___잘 모름

만족도 문항

8. 소유하고 계신 TV에 대해 다음의 각 요소별로 어느 정도 만족하십니까 ?

	매우불만	조금불만	중립	조금만족	매우만족
화면의 크기	1	2	3	4	5
화면의 선명도	1	2	3	4	5
가격	1	2	3	4	5
음질	1	2	3	4	5
디자인	1	2	3	4	5
기능의 다양성	1	2	3	4	5
조작의 편리성	1	2	3	4	5
사후서비스(A/S)	1	2	3	4	5
	매우불만	조금불만	중립	조금만족	매우만족

광고 인지도 문항

9. TV제품의 광고 중에 가장 인상적인 것은? (제조회사와 내용을 기술)

10. 상기의 TV 광고 제품에 대해 얼마나 호감이 가십니까?

___매우많음 ___조금있음 ___잘모름 ___없음 ___전혀없음

11. 다음 중에 귀하가 즐겨 보시는 방송프로그램은? (해당되는 항목을 모두 선택)

___ 1.쇼/오락프로 ___2.스포츠/레져 ___3.드라마 ___4.어린이프로

___ 5.영화 ___6.시사/뉴스 ___7.교육/교양프로 ___8.외국방송프로

중요도 문항

12. TV를 선택할 때 다음의 각 요소별로 어느 정도 중요하다고 생각하십니까 ?

	전혀중요	중요않음	중립	조금중요	매우중요
화면의 크기	1	2	3	4	5
화면의 선명도	1	2	3	4	5
가격	1	2	3	4	5
음질	1	2	3	4	5
디자인	1	2	3	4	5
기능의 다양성	1	2	3	4	5
조작의 편리성	1	2	3	4	5
사후서비스(A/S)	1	2	3	4	5
	전혀중요	중요않음	중립	조금중요	매우중요

개인특성 문항

13.귀하의 연령은 ? 만 ________ 세

14.귀하의 성별은 ? ___남자 ___여자

15.현재 거주하고 있는 주택의 형태는 ?

___아파트 ___단독주택 ___연립주택 ___다세대/다가구 ___상가주택

16. 현재 거주하고 있는 주택의 소유형태는?

___자가 ___전세 ___월세 기타____________________

17.현재 거주하고 있는 주택의 규모는 ? ________ 평

(아파트,연립,다세대/다가구 주택은 분양면적 기준, 단독주택은 건평기준)

라이프스타일 문항

18. 아래의 각 문항에 대해 귀하의 생각과 행동에 가장 가까운 곳에 표시하여 주십시오.

		전혀 아니다			보통 이다			매우 그렇다
1	각종 모임에 적극 참여한다	1	2	3	4	5	6	7
2	여행가는 것을 즐긴다	1	2	3	4	5	6	7
3	가격보다 품질이 좋은 제품을 산다	1	2	3	4	5	6	7
4	충동적 구매를 하는 편이다	1	2	3	4	5	6	7
5	편한 것보다 유행에 맞는 옷을 산다	1	2	3	4	5	6	7
6	새로운 제품이 나오면 먼저 구매한다	1	2	3	4	5	6	7
7	스포츠를 좋아한다	1	2	3	4	5	6	7
8	국산차보다 커피나 홍차를 좋아한다	1	2	3	4	5	6	7
9	같은 값이면 외제를 선호한다	1	2	3	4	5	6	7
10	광고를 잘 믿지 않는다	1	2	3	4	5	6	7
11	다른 사람보다 자신감이 강한 편이다	1	2	3	4	5	6	7
12	인스턴트 식품은 잘 먹지 않는다	1	2	3	4	5	6	7
13	문명의 발전은 사람을 병들게 한다	1	2	3	4	5	6	7
14	세세한 일에도 신경을 많이 쓴다	1	2	3	4	5	6	7
15	음악을 좋아한다	1	2	3	4	5	6	7
16	어렸을 때 연예인이 되고 싶었다	1	2	3	4	5	6	7
17	극장에 가는 것보다 비디오를 즐겨본다	1	2	3	4	5	6	7
18	정치에 관심이 많다	1	2	3	4	5	6	7
19	바다보다 산이 더 좋다	1	2	3	4	5	6	7
20	여가를 집에서 보다 외출하여 즐긴다	1	2	3	4	5	6	7
		전혀 아니다			보통 이다			매우 그렇다

은행 고객만족조사

은행고객조사 설문지

안녕하십니까?
저는 시장조사 전문기관인 □□□□□에 근무하는 면접원 ○○○입니다.
이번 저희 기관에서는 "은행에 대한 고객여러분의 만족수준" 을 알아보고자 조사를 실시하고 있습니다. ○○님께서 응답해 주실 내용에는 맞고 틀리는 답이 없으며,, 단지 통계적인 분석에만 사용되며, 그 이외의 목적으로는 결코 사용되지 않습니다. 바쁘시더라도 잠시만 시간을 내어 응답해 주시면 큰 도움이 되겠습니다.

- 조사은행 : 1. 신신은행 2. 평평은행 3. 하하은행
- 조사지점 : ________ 지점/출장소
- 지 역 : 1) 서울 2) 부산 3) 대구 4) 인천 5) 광주 6) 대전
  7) 경기 8) 강원 9) 충북 10) 충남 11) 전북 12) 전남
  13) 경북 14) 경남

- 면접시작시간 : 97년 __월 __일 __시 __분
- 조 사 시 점 : 1. 12:00이전 2. 12:00이후
  1. 주중 2. 주말/공휴일
  1. 초순 2. 중순 3. 하순

SQ1) ○○님께서 지금 이용하고 계신 이 곳은 ○○은행 ××지점입니다. 이 지점을 이용하고 계신지는 얼마나 오래 되셨습니까?
____년 ____개월 ⇨ 3개월 미만은 면접중단

SQ2) 그럼, 한달에 보통 몇 번이나 이 지점을 이용하십니까?
________번 ⇨ 1번 이하는 면접중단

SQ3) 성별 : 1. 남자 2. 여자

SQ4) 실례지만, ○○님께서 올해 만으로 어떻게 되십니까?
________세

고객맞이태도

지금부터 OO님께서 OO은행 OO지점을 이용하시면서 느끼신 점에 대해 여쭈어 보겠습니다. 제가 드리는 질문에 대해 님께서 이 지점에 서비스에 대해 얼마나 만족 또는 불만족하신지 보기를 보시고 가장 가까운 것을 골라 말씀해 주십시오.

문1-가) 먼저 이 지점의 직원들의 <u>고객맞이 태도</u>에 대해 여쭈어 보겠습니다.

고객맞이태도	전혀 그렇지 않다	대체로 그렇지 않은 편이다	보통이다	대체로 그런 편이다	매 우 그렇다
1. 직원들의 표정이 밝고 명랑하다	1	2	3	4	5
2. 용모가 단정하다	1	2	3	4	5
3. 인사를 깍듯이 잘한다	1	2	3	4	5
4. 돈이나 통장, 서류들을 공손하게 주고받는다	1	2	3	4	5
5. 고객의 문의사항에 정성껏 응대한다	1	2	3	4	5
6. 창구 또는 뒷자리에 있는 책임자나 동료가 관심을 보이며 간혹 창구가 복잡할 때 도와준다	1	2	3	4	5
7. 오래 기다릴 경우 양해인사나 미안해하는 태도를 보인다	1	2	3	4	5

문1-나) 손님께서는 이 지점 직원들의 <u>고객맞이 태도</u>에 대해 전반적으로 얼마나 만족하십니까?

전혀 만족스럽지 못함	대체로 만족스럽지 못한 편	보 통	대체로 만족스러운 편	매우 만족스러움
1	2	3	4	5

업무처리능력

문2-가) 이번에는 이 지점의 직원들의 **업무처리능력**에 대해 여쭈어 보겠습니다.

업무처리능력	전혀 그렇지 않다	대체로 그렇지 않은 편이다	보통이다	대체로 그런 편이다	매 우 그렇다
1. 업무접수 후 신속하게 처리해 준다	1	2	3	4	5
2. 요청한 업무에 대한 처리가 정확하다	1	2	3	4	5
3. 상담시 상품이나 서비스에 대한 설명과 답변을 잘한다	1	2	3	4	5

문2-나) 손님께서는 이 지점 직원들의 **업무처리능력**에 대해 전반적으로 얼마나 만족하십니까?'

전혀 만족스럽지 못함	대체로 만족스럽지 못한 편	보 통	대체로 만족스러운 편	매우 만족스러움
1	2	3	4	5

점포환경

문3-가) 이번에는 이 지점의 **점포내 환경**에 대해 여쭈어 보겠습니다.

점포환경	전혀 그렇지 않다	대체로 그렇지 않은 편이다	보통이다	대체로 그런 편이다	매 우 그렇다
1. 각종 서식과 필기구 등이 잘 정리되어 있다	1	2	3	4	5
2. 상품/서비스에 관한 안내 팜플렛이 쉽게 찾을 수 있도록 잘 비치되어 있다	1	2	3	4	5
3. 도서나 잡지들이 보기에 편리하도록 잘 비치되어 있다	1	2	3	4	5
4. 점포내부가 밝고 쾌적한 느낌을 준다	1	2	3	4	5

문3-나) 손님께서는 이 지점의 **점포내 환경**에 대해 전반적으로 얼마나 만족하십니까?'

전혀 만족스럽지 못함	대체로 만족스럽지 못한 편	보 통	대체로 만족스러운 편	매우 만족스러움
1	2	3	4	5

자동화기기

문4-가) 이번에는 이 지점에 설치되어 있는 CD기나 통장정리기 등의 **자동화 기기**에 대해 여쭈어 보겠습니다.

자동화 기기	전혀 그렇지 않다	대체로 그렇지 않은 편이다	보통이다	대체로 그런 편이다	매우 그렇다
1. 기다리지 않고 신속하게 이용할 수 있다	1	2	3	4	5
2. 현금부족이나 기계장애로 인해 지체되는 경우가 거의 없다	1	2	3	4	5
3. 문제 발생시 직원이 신속하게 조치해 준다	1	2	3	4	5

문4-나) 손님께서는 이 지점의 **자동화기기**에 대해 전반적으로 얼마나 만족하십니까?'

전혀 만족스럽지 못함	대체로 만족스럽지 못한 편	보 통	대체로 만족스러운 편	매우 만족스러움
1	2	3	4	5

전반적인 만족 및 거래의사

문5-가) 지금까지 평가해 주신 4개 차원 가운데 이 지점에 대한 OO님의 만족수준에 가장 큰 영향을 미친 것은 어느 것입니까? 두 번째로 큰 영향은 어느 것입니까?

▶ 가장 (　　) ▶ 그 다음 (　　)

1. 고객맞이 태도
2. 업무처리 능력
3. 점포환경
4. 자동화기기

문5-나) OO님께서는 전반적으로 모든 것을 고려해 볼 때 이 지점에 대해 얼마나 만족하십니까

전혀 만족스럽지 못함	대체로 만족스럽지 못 한 편	보 통	대체로 만족스러운 편	매우 만족스러움
1	2	3	4	5

문5-다) OO님께서는 앞으로도 이 지점과 계속 거래하고 싶은 의향이 어느 정도 되십니까?

전혀 없음	없 음	보 통	있 음	매우 많음
1	2	3	4	5

문5-라) ((문5-다)에서 1, 2 점인 경우만) 거래를 계속하실 의향이 없다면, 가장 큰 이유는 무엇입니까?

1. 타행보다 대고객 서비스가 안 좋아서
2. 타행보다 이율이 낮아서
3. 대출받기가 편리하지 않아서
4. 상품이 다양하지 않아서
5. 기타 (＿＿＿＿＿＿＿＿＿＿)

은행 이미지

문6) 지금부터 제가 읽어드리는 각 측면별로 어떤 은행이 그렇다고 생각되시는지를 보기를 보시고 그렇다고 생각되시는 은행을 모두 말씀해 주십시오.

은행 이미지	신신	평평	하하	서로 비슷	없다	모름/무응답
가) 규모가 크다	1	2	3	4	5	6
나) 직원들이 친절하다	1	2	3	4	5	6
다) 다양한 금융상품이 있다	1	2	3	4	5	6
라) 지점수가 많아 이용이 편리하다	1	2	3	4	5	6
마) 타 은행에 비해 이율이 높다	1	2	3	4	5	6
바) 무인점포의 이용이 편리하다	1	2	3	4	5	6
사) 빠르게 성장한다	1	2	3	4	5	6
아) 신뢰가 간다	1	2	3	4	5	6
자) 광고/홍보를 잘한다	1	2	3	4	5	6
차) 전체적으로 호감이 간다	1	2	3	4	5	6

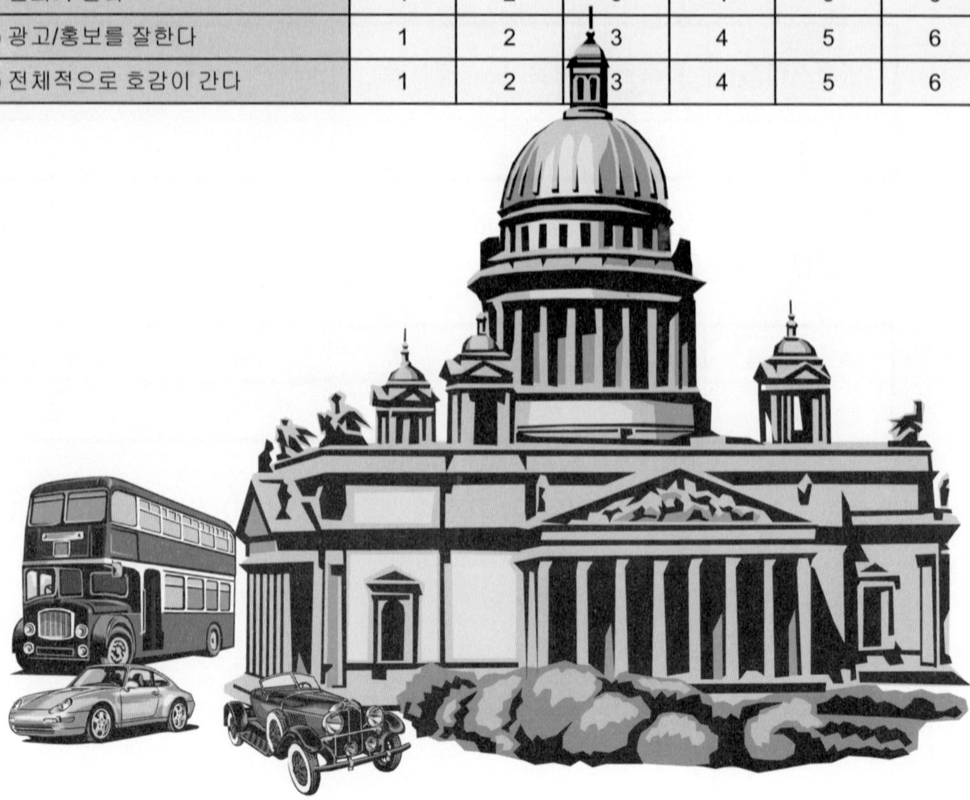

중요요소, 거래동기

문7_가) 귀하는 오늘 이 지점에 무슨 일 때문에 오셨습니까?

1. 예금신규
2. 입출금 및 송금
3. 공과금 납부
4. 환전
5. 대출상담
6. 신용카드 상담
7. 기타(적을 것 ________________)

문7_나) 처음에 이 지점과 거래하게 된 가장 큰 동기는 무엇이었습니까?

1. 대출을 받기 위해
2. 예금을 위해(급여자동이체 포함)
3. 타행관련 업무처리를 위해
4. 거리상 가까워서
5. 기타(적을 것 ________________)

문8) 예금거래시 은행선정에 가장 중요하게 고려하는 점은 무엇입니까?'

▶ 가장 (　　) ▶ 그 다음 (　　)

1. 예금이자율
2. 은행 및 은행원과의 친분관계
3. 예금상품의 다양성
4. 은행의 규모/지점수
5. 은행이미지
6. 대출가능성
7. 은행원의 친절성
8. 거래은행과의 거리
9. 기타(적을 것 ________________)

정보채널, 기대상품

문9) 은행상품 및 은행관련 정보를 주로 어디서 얻으십니까?

1. 은행직원
2. 광고
3. 상품소개서/팜플렛
4. 가족/친척
5. 친구/주변사람
6. 신문기사
7. 인터넷
8. PC통신
9. DM발송

문10) 대출과 관련해서 은행직원이 금품을 요구한적이 있습니까?

1. 있다　　2. 없다

→ 문10_가) 있다면 금품을 제공했습니까?
1. 예　　2. 아니오

문11) 귀하는 어떤 특징을 가진 은행상품을 원하십니까?

1. 이율이 높은 상품
2. 대출이자가 낮은 상품
3. 대출절차가 간소한 상품
4. 대출조건이 간단한 상품
5. 부대서비스(예: 자기앞수표 발행수수료 면제, 송금수수료 면제, 대여금고 무료사용 등)가 다양한 상품

개인특성문항

D1) ○○님의 **직업**은 무엇입니까?

1. 농업, 어업, 임업(가족 종사자 포함)
2. 자영업(종업원 9인 이하의 소규모 장사 및 가족종사자, 목공소주인, 개인택시기사 등)
3. 판매/서비스직 (상점 점원, 세일즈 맨 등)
4. 기능/숙련공(운전사, 선반, 목공 등 숙련공 등)
5. 일반작업직(토목관계의 현장작업, 청소, 수위 등)
6. 사무/기술직(일반회사 사무직, 기술직, 추중고 교사, 항해사 등)
7. 경영/관리직(5급 이상 고급공무원, 기업체 부장 이상, 교장)
8. 전문/자유직(대학교수, 의사, 변호사, 예술가 등)
9. 가정주부(주로 가사에만 종사하는 부인)
10. 학 생
11. 무 직
12. 키 타 (__________)

D2) ○○님 댁의 **월평균 소득**은 얼마정도 되십니까?

_______ 만원

D3) ○○님 댁의 **월평균 저축금액**은 얼마정도 되십니까?

_______ 만원

Memo

정가 33,000원

SPSS 시각화통계자료분석

2009년 8월 15일 초판 인쇄
2009년 8월 25일 초판 발행

저 자 : 원 태 연

발행자 : 우 명 찬 · 송 준

발행처 : 홍릉과학출판사

주 소 : ㊕ 142-885 서울시 강북구 인수동 455-60

등 록 : 1976년 10월 21일 제5-66호

전 화 : 999－2274~5, 996－8341, 903－7037

팩 스 : 905-6729

hongpub@hongpub.co.kr

www.hongpub.co.kr

저자와의 협의하에 인지생략